AF645854

Gabriele Münter
1877–1962

Malen ohne Umschweife

Herausgegeben von Isabelle Jansen für
die Gabriele Münter- und
Johannes Eichner-Stiftung und
Matthias Mühling für die
Städtische Galerie im Lenbachhaus
und Kunstbau München

Gabriele Münter
1877–1962

Malen ohne Umschweife

Isabelle Jansen

LENBACHHAUS
München

GABRIELE MÜNTER- UND
JOHANNES EICHNER-STIFTUNG
München

PRESTEL
München · London · New York

Intro

Tafelteil mit Einführungen von Isabelle Jansen

Anhang

Vorwort zur Neuauflage des Ausstellungskatalogs *Gabriele Münter. Malen ohne Umschweife*

Im Januar 2019 endete die letzte Station der Wanderausstellung »Gabriele Münter (1877–1962). Malen ohne Umschweife« im Museum Ludwig Köln. Die Ausstellung hatte ihren Anfang in der Städtischen Galerie im Lenbachhaus im Oktober 2017 und war über den Sommer 2018 in Humlebæk (bei Kopenhagen) im Louisiana Museum of Modern Art zu sehen.

Als wir diese Ausstellung in München konzipierten, war einer unserer Wünsche, das Werk von Gabriele Münter dem europäischen Publikum außerhalb des deutschsprachigen Raumes näher zu bringen. Und tatsächlich ging dieser Wunsch schneller in Erfüllung, als wir erhofft hatten. Die Ausstellung erhielt große internationale Resonanz, Kooperationen zwischen dem Lenbachhaus, der Gabriele Münter- und Johannes Eichner-Stiftung mit ausländischen Museen begannen Gestalt anzunehmen – durch die Folgen der COVID-19-Pandemie zum Teil mit einer zeitlichen Verschiebung. 2022 fand somit im Zentrum Paul Klee in Bern die Ausstellung »Gabriele Münter. Pionierin der Moderne« statt. Ein gleichnamiger Film der französischen Regisseurin Florence Mauro, von dem europäischen Fernsehsender ARTE beauftragt, begleitete das Projekt.

Das Lenbachhaus widmete sich 2020 den frühen Studien der Künstlerin in der Ausstellung »Unter freiem Himmel. Unterwegs mit Gabriele Münter und Wassily Kandinsky«.

Weitere Kooperationen mit dem Museo Nacional Thyssen-Bornemisza in Madrid und dem Musée d'Art moderne de Paris sind für 2024 und 2025 in Vorbereitung.

Parallel dazu entwickelten Institutionen ihre eigenen Projekte zum Werk von Münter: Im Frühjahr 2023 zeigt das Bucerius Kunst Forum in Hamburg die erste Ausstellung zum Porträt in Münters Schaffen. Der Pavillon Populaire in Montpellier, eine auf Fotografie spezialisierte Kunsthalle, wird sich im Frühjahr 2024 Münters Fotografien aus den USA widmen. Eine Auswahl dieses Konvoluts steht dann Fotografien der amerikanischen Schriftstellerin Eudora Welty gegenüber. Beide Künstlerinnen hielten den Süden der USA in ihren Aufnahmen fest und beide begannen ihre künstlerische Laufbahn mit der Technik der Fotografie, bevor sie sich einem anderen Medium zuwandten.

Für die dauerhafte Verbreitung des Werks einer Künstlerin oder eines Künstlers ist jedoch die Erwerbung einer Arbeit durch ein Museum das Ausschlaggebende. Hier konnten wir ebenfalls Bewegung beobachten. Viele Museen, die eine Expressionismus-Sammlung beherbergen, müssen feststellen, dass sie keine Arbeit von Münter besitzen und versuchen, diese Lücke zu schließen. Das Museum Ludwig in Köln erwarb 2019 den ausdrucksvollen *Knabenkopf (Willi Blab)* von 1908. Kat. 90 Das Van Gogh Museum in Amsterdam ist ebenfalls seit 2019 Eigentümer einer Landschaft von 1909, *Haus in der Wintersonne*. Das Musée national d'art moderne im Centre Pompidou in Paris ergänzte seinen Bestand an Bildern von Münter – 2015 hatten dank der Société Kandinsky zwei Gemälde der Künstlerin in seine Sammlung Eingang gefunden, die ersten in einem französischen Museum – mit zwei Zeichnungen aus den 1920er-Jahren. Das

Museum of Modern Art in New York interessierte sich ebenfalls für diese bis jetzt wenig rezipierte Zeit in Münters Schaffen und kann dank der Großzügigkeit von Marie-Josée und Henry R. Kravis seit 2019 das großformatige Bild *Sinnende II* von 1928 Kat. 180 in seinen Räumen präsentieren.

Nach diesen erfüllten sechs Jahren lag es nahe, eine neue und aktualisiserte Ausgabe des Ausstellungskatalogs von 2017 zu veröffentlichen. Damit wünschen wir uns, dass das Interesse an der noch immer viel zu wenig bekannten Kunst von Gabriele Münter weiter wächst.

Matthias Mühling

Erster Verwaltungsratsvorsitzender der Gabriele Münter- und Johannes Eichner-Stiftung, München

Direktor der Städtischen Galerie im Lenbachhaus und Kunstbau München

Isabelle Jansen

Kuratorin und Geschäftsführerin der Gabriele Münter- und Johannes Eichner-Stiftung, München

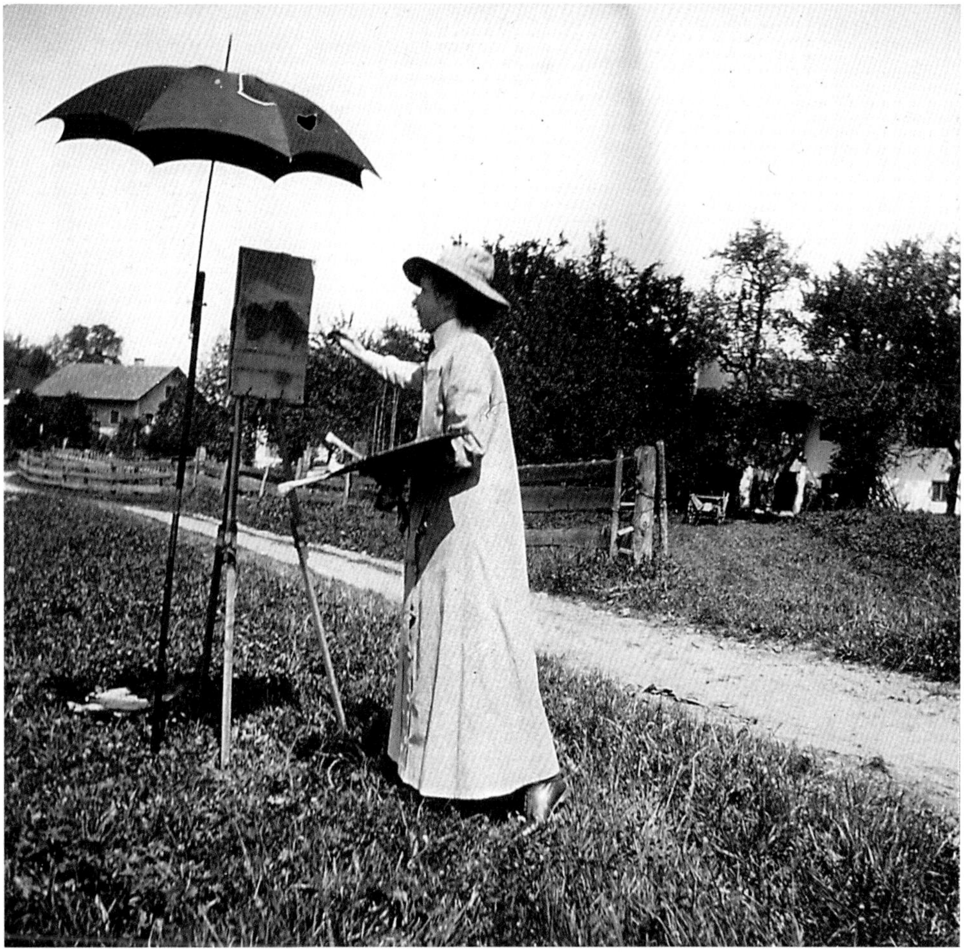

WASSILY KANDINSKY
Münter an der Staffelei im Freien malend, Kochel, 1902
Fotografie | Gabriele Münter- und Johannes Eichner-Stiftung, München, Inv.-Nr. 2391

Dank

Diese Publikation basiert auf dem Ausstellungsprojekt *Gabriele Münter (1877–1962). Malen ohne Umschweife,* welches 2017–2019 in der Städtischen Galerie im Lenbachhaus und Kunstbau München, im Louisiana Museum of Modern Art, Humlebæk und im Museum Ludwig, Köln stattgefunden hat.

Ein so umfangreiches Projekt wie dieses verdankt sich der Mitarbeit und Hilfe vieler Menschen und Institutionen. Ihnen allen sind wir zu großem Dank verpflichtet.

Verwaltungsrat der Gabriele Münter- und Johannes Eichner-Stiftung, München
Matthias Mühling (1. Vorsitzender), Hans-Werner Hürholz (Stellvertretender des 1. Vorsitzenden), Beatrix Burkhardt (Vertreterin des Stadtrates), Alexander Farenholtz

Münter-Haus in Murnau
Michael Rueß, Ingrid Blank, Angelika George, Hildegard Götz, Kathrin Manusch, Christian Schied

Ehemalige Mitarbeiter*innen:
Robert Drexler, Sus Eid, Hanna Glück, Helga Pintsch, Ulrich Ufer †

Darüber hinaus möchten wir folgenden Personen besonders danken:
Frauke Berchtig, Anja Besserer, Andrea Firmenich, Rita Forbes, Helmut Friedel, Dorothee Gutzeit, Katharina Haderer, Sabine Helms, Annegret Hoberg, Micaela Kapitzky, Rupert Keim, Thomas Keller, Robert Ketterer, Cilly Klotz, Ralph Netzer, Tanja Pirsig-Marshall, Brigitte Salmen, Bronwen Saunders, Marieke Schroeder, Bernd Schultz, John Southard, James C. Steward, Katrin Stoll, Sandra Uhrig, Doris Würgert.

Gabriele Münter (1877–1962) Malen ohne Umschweife

»Was an der Wirklichkeit ausdrucksvoll ist, hole ich heraus, stelle ich, [sic!] einfach dar, ohne Umschweife, ohne Drum und Dran. So bleibt die Vollständigkeit der Naturerscheinung ausser acht, die Formen sammeln sich in Umrissen, die Farben zu Flächen, es entstehen Abrisse der Welt, Bilder.«[1]

Dieses Zitat von Gabriele Münter hat uns zum Titel dieser Ausstellung inspiriert: Malen ohne Umschweife. Die Künstlerin spricht ihre Vorstellung von malerischer Kreativität an, in der es darum geht, die Essenz eines Motivs unmittelbar wiederzugeben. Ihre Bilder fassen die Welt in Kunstwerke, deren scheinbar schlichte Formensprache und Eingängigkeit im Gegensatz zu ihrem mehrschichtigen Inhalt stehen. Münters Talent, eine für sie interessante Szene visuell schnell zu erfassen und ihr eine Klarheit des Ausdrucks zu verleihen, verdichtete sich im Klischee der spontan und intuitiv schaffenden Malerin. Sie selbst nahm diese Interpretation gerne an und bediente sich ihrer Wirkmacht. Denn das Klischee korrespondierte mit den Idealen einer europäischen Moderne, die dem Unmittelbaren, dem Naiven und Unverbildeten mehr Autorität beimaß als der akademischen und intellektuellen Arabeske – sie nutzte es als Signet ihrer Malerei.

Malen ohne Umschweife ist deshalb vor allem ein Konzept. In einem Bild »ohne Drum und Dran« steckt ein souveränes und wohlkalkuliertes Prinzip ästhetischer Gestaltung. Die damalige Ausstellung und die vorliegende Publikation möchten genau diese Seite der konzeptuellen Ambiguität – Einfachheit des Erscheinungsbildes versus Komplexität des Inhalts – im Œuvre von Gabriele Münter stark machen.

Münters Kunst ist vielschichtiger, als sie auf den ersten Blick zu sein scheint. Um diesen Reichtum in den Vordergrund zu stellen, haben wir uns für eine thematische Gliederung entschieden, die biografische Daten nur als Ergänzung und nicht mehr als Interpretation ihres Œuvres einsetzt. Tatsächlich wurde ihr Werk bis heute vorwiegend anhand ihrer Lebensumstände interpretiert, ein für die Untersuchung der Arbeit von Künstlerinnen sehr verbreiteter Fallstrick. Für Münter ist dieser Ansatz auch deshalb so unbefriedigend, weil die Künstlerin ihr Privatleben in ihren Bildern kaum thematisierte, auch wenn sie gerne ihre nächste Umgebung darstellte. Ferner hätte ein chronologisch konzipierter Aufbau eine lineare Herangehensweise an das Werk zur Folge, die die Idee einer Entwicklung und damit meistens verbunden eines Fortschritts impliziert, was zu einer Vereinfachung des Schaffensprozesses einer Künstlerin oder eines Künstlers führen kann. Eine auf Linearität gebaute Erzählung der Arbeit dieser Künstlerin erscheint uns nicht mehr zeitgemäß, ja ihre Bilder widersprechen dieser Erzählung. Münter benutzte oft verschiedene Bildsprachen parallel, sodass selten durchgehende Phasen in ihrem Schaffen auszumachen sind. Für sie war der Ausdruck eines Kunstwerks ausschlaggebend und nicht seine Form, und die malerischen Mittel sollten sich diesem Zweck anpassen: »Ich bin nicht auf eine dauernde Stimmung festgelegt und stülpe der Welt keine vorgefaßte Weltanschauung über.«[2]

Innerhalb von zehn inhaltlich unterschiedlichen Sektionen werden Bilder aus verschiedenen Zeiten präsentiert. Die Ordnung nach Themen

1
Undatiertes Manuskript, Gabriele Münter- und Johannes Eichner-Stiftung.

2
Münter 1948, S. 25.

betont den Produktionsprozess und zeigt sowohl die Vielfalt wie auch die Kontinuität von Münters Œuvre. Die einzelnen Sektionen stellen jeweils einen bestimmten Aspekt ihrer Arbeit vor, der im Zusammenspiel mit den anderen die Komplexität ihres Werks verdeutlicht. Sie sind als Hilfsmittel für die Verständlichkeit ihrer Kunst zu begreifen, wobei ein Bild zugleich mehreren Gruppen zugeordnet werden könnte. Die Spannung zwischen dem scheinbar spontan Gemalten sowie den darin aufgehobenen tieferen künstlerischen Fragestellungen wird so sichtbar. Dieses Paradox faszinierte bereits in hohem Maße Münters Kollegen des ›Blauen Reiter‹ und übt bis heute eine große Anziehungskraft auf diejenigen aus, die auf ihre Werke blicken.

Schwerpunkt der Ausstellung *Gabriele Münter. Malen ohne Umschweife* von 2017 war die Malerei. Erstmals wurde ihr jedoch eine größere Anzahl ihrer Fotografien aus dem Nordamerika der Jahrhundertwende direkt gegenübergestellt. Münter schulte nämlich ihr Auge anhand der Technik der Fotografie, bevor sie anfing zu malen. Sie ging auch gerne und häufig in Filmvorstellungen. Diese neuen Medien prägten ihre Wahrnehmung der Welt nachhaltig. Eine Auswahl von Filmen, die sie gesehen hat, wurde in der Ausstellung in Auszügen gezeigt und damit dieses bislang unbekannte Interesse der Künstlerin vergegenwärtigt.

Um unser Ausstellungskonzept zu realisieren, hatten wir vorwiegend auf den Nachlass der Künstlerin, der in der Gabriele Münter- und Johannes Eichner-Stiftung verwaltet wird, zurückgegriffen. Von den 132 seinerzeit präsentierten Gemälden stammten rund 90 aus der Stiftung. Die meisten von ihnen wurden noch nie oder zuletzt zu Lebzeiten der Malerin der Öffentlichkeit vorgestellt. Die Hauptaufgabe der Gabriele Münter- und Johannes Eichner-Stiftung ist die Auseinandersetzung mit Münters Kunst und ihre Verbreitung. Die Kooperationspartner, das Louisiana Museum of Modern Art in Humlebæk und das Museum Ludwig in Köln, waren für dieses Ausstellungsprojekt besonders glücklich ausgewählt: Münter wuchs im Rheinland auf, 1908 hatte sie in Köln ihre erste Einzelausstellung und 1918 in Kopenhagen ihre bis dahin größte Einzelschau. Die vorliegende Publikation möchte nämlich auch daran erinnern, dass Münter Zeit ihres Lebens nach neuen Anfängen gesucht hat, persönlich und ästhetisch. Sie hat in vielen Ländern Europas gelebt und gearbeitet. Sie sprach neben ihrer Muttersprache Englisch, Französisch, Dänisch und Schwedisch. Sie unterhielt Kontakt zu den wichtigen Künstlerinnen und Künstlern ihrer Gegenwart, reiste in die Zentren der Kunst, kannte die bedeutenden Strömungen der jeweiligen Zeit und hatte von 1907 bis zu ihrem Lebensende eine beeindruckend intensive Ausstellungstätigkeit. Mit 73 Jahren zeigte sie 1950 drei Arbeiten auf der XXV. Biennale von Venedig und fünf Jahre später war sie auf der legendären documenta 1 von Arnold Bode vertreten.

Gabriele Münters Werk als Ganzes in all seinen Facetten zu zeigen ist der Versuch und Anspruch der damaligen Ausstellung und dieser Publikation.

Matthias Mühling und Isabelle Jansen

»Augenlust«[1]

Das Werk vor der Malerei

Das Werk vor der Malerei

Gabriele Münter ist vor allem durch ihren eindrucksvollen Umgang mit der Farbe berühmt geworden. Wenig bekannt ist aber, dass sie das Medium der Malerei eher zufällig für sich entdeckte. Ihr frühestes Gemälde entstand 1902, also erst fünf Jahre nach Beginn ihres Kunststudiums. Als Privatschülerin des Porträt- und Genremalers Ernst Bosch (1834–1917) hatte sie 1897 angefangen, Zeichenunterricht in Düsseldorf zu nehmen. Der Tod ihrer Mutter im November desselben Jahres führte jedoch zu einer baldigen Unterbrechung des Studiums und gab den Anstoß zu einer ausgedehnten Amerika-Reise, die entscheidenden Einfluss auf ihren weiteren Werdegang haben sollte. Nur für kurze Zeit nahm sie das Studium an der Düsseldorfer Damenschule von Willy Spatz (1861–1931) wieder auf, bevor sie sich im September 1898 mit ihrer acht Jahre älteren Schwester Emmy Richtung Nordamerika einschiffte, um die Verwandten mütterlicherseits zu besuchen.[2]

Diese insgesamt zweijährige Reise, welche die beiden Schwestern von New York nach Texas, mit Stationen in Missouri und Arkansas, führte, markiert den eigentlichen Anfang von Münters künstlerischem Werdegang. Im Laufe des Jahres 1899 bekam sie von Emmy einen Fotoapparat, ein Kodak Bull's Eye N°2, geschenkt.[3] Von da an fotografierte sie regelmäßig, sodass das Zeichnen in den Hintergrund geriet. Bis zur Rückkehr nach Deutschland im Oktober 1900 entstanden rund 400 Fotografien, deren künstlerische Qualität umso verblüffender ist, als Münter bis dahin nie einen Fotoapparat in den Händen gehalten hatte.[4] Man kann daher behaupten, dass sie ihren Blick anhand der Technik der Fotografie schulte. Sie entwickelte einen fotografischen Blick, der sich auch auf ihre Malerei nachhaltig auswirkte. Den Ausgangspunkt unserer Ausstellung bildet aus diesem Grund eine Auswahl von Münters Fotografien aus Nordamerika, die in diesem Umfang zum ersten Mal ihrem malerischen Œuvre gegenübergestellt werden. Gemäß ihrer Bedeutung in ihrem künstlerischen Schaffen werden sie somit in ihr Gesamtwerk eingegliedert und gleichberechtigt mit ihren Gemälden, Druckgrafiken und Zeichnungen behandelt.[5] Manche Themen der Fotografien sowie zum Teil die Herangehensweise der Künstlerin an ein Motiv finden sich in ihren späteren Gemälden wieder. Diese Kontinuität ist ein typisches Merkmal ihrer Arbeitsweise.

Die Fotografien der Familienmitglieder, die Münter in Interieurs oder im Freien aufnahm, sowie insbesondere die der Landschaft machen die größte Zahl der Bilder aus. Diese Themen setzte sie später häufig malerisch um; die Landschaft ist sogar diejenige Gattung, in der Münter insgesamt am produktivsten war. Weiterhin interessierte sie sich für die verschiedenen Tätigkeiten ihrer Verwandten und hielt sie im Bild fest. Hier sind die Aufnahmen von der Feldarbeit besonders hervorzuheben, deren Komposition und Poesie an manche Gemälde des 19. Jahrhunderts erinnern. Kat. 19; 20 Dieser malerische Aspekt erscheint auch auf anderen Fotografien wie zum Beispiel auf *Frau mit Sonnenschirm am Hochufer des Mississippi* und *Lesende Frau im Profil.* Kat. 25; 18

Die Wiederholung eines Bildmotivs, ein Schaffensprinzip, das Münter ihr Leben lang verwenden wird, taucht ebenfalls bereits in den amerikanischen Fotografien auf. Bei der Fotografie *»Jane Lee's ›shanty‹ in snow while the peaches were blooming«, Guion, Texas* nahm sie das Holzhaus ihrer Cousine zweimal aus dem gleichen Blickwinkel, jedoch mit einem unterschiedlichen Abstand auf. Kat. 5; 6 Nach demselben Verfahren der Sujetwiederholung fotografierte sie Gerichtsgebäude in verschiedenen Orten, sodass eine kleine typologische Serie entstand.

Einige Szenen nahm sie in Form von dicht hintereinander folgenden Sequenzen auf, wie die zwei Mädchen, die eine Theaterparodie aufführen. Kat. 8–12 Dadurch konnte sie den Bewegungsablauf der Protagonisten festhalten. Die Idee, ein Motiv in zeitlicher Abfolge fotografisch zu fixieren, lässt an die neue Erfindung des Kinematografen denken. Münter wurde tatsächlich eine begeisterte Kinogängerin – ihr erster Besuch einer Filmvorführung erfolgte wahrscheinlich bereits um 1900 in Köln.[6]

1
Gabriele Münter: »Später nannte man mich oft verwandt mit Munch, doch handelte es sich dabei nicht um Einflüsse, sondern um gelegentliche Gleichgestimmtheit. Man darf nicht vergessen, daß andre Bilder von mir aus unbeschwerter Augenlust stammten, auch gibt es hin und wieder drollige Züge. Ich bin nicht auf eine dauernde Stimmung festgelegt und stülpe der Welt keine vorgefaßte Weltanschauung über.« Münter 1948, S. 25.

2
Ausst. Kat. München 2006/07, S. 222f.

3
Über die Schwierigkeit zu eruieren, wann genau Gabriele Münter den Fotoapparat bekam, siehe: Annegret Hoberg, »Gabriele Münter in Amerika«, in: Ausst. Kat. München 2006/07, S. 24–26.

4
Isabelle Jansen, »Die Bilderwelt der Amerika-Photos von Gabriele Münter«, in: Ausst. Kat. München 2006/07, S. 179–187.

5
Münter selbst hat die Fotografien nicht für die Öffentlichkeit bestimmt und hat sie auch nie ausgestellt. Über die Stellung der Fotografie in ihrem Schaffensprozess und die Bewertung dieses Mediums als künstlerische Technik, siehe: Isabelle Jansen, »Fotografieren oder Malen? Das Wechselspiel zwischen Fotografie und Malerei im Frühwerk von Gabriele Münter«, in: Ausst. Kat. Kochel am See 2015, S. 151ff.

6
In ihrem Kalender von 1939 schrieb sie zum 9. November: »Und bewundere immer wieder, was aus dem »Cinematograph« von 1899? – als ich mich in Köln über Lausbuben schief lachte – geworden ist«. Da sie sich 1899 noch in den USA aufhielt, war es vermutlich ein wenig später.

Manche Schnappschüsse wie das *Kleine Mädchen im Sonntagsstaat auf einer Straße, Rückenansicht* zeigen den Humor der Künstlerin, der ebenfalls in einigen Gemälden aufscheint, wie zum Beispiel in *Zuhören (Bildnis Jawlensky)*. Kat. 15; 100

Die nordamerikanischen Fotografien Münters zeichnen sich durch ihre herausragenden Kompositionen aus. Bedenkt man, dass der Umgang mit einem solchen Fotoapparat, den sie zum Fotografieren auf Brusthöhe trug, für eine Anfängerin nicht leicht war, ist diese Leistung umso bewundernswerter.[7] Abb. A Die Leichtigkeit, mit der Münter an dieses neue Medium heranging, ist für sie charakteristisch. Als sie 1902 ihr erstes Stillleben in der Malklasse von Wassily Kandinsky (1866–1944) in der ›Phalanx‹-Schule anfertigte, soll es für allgemeines Aufsehen gesorgt haben.[8] Sie selbst schrieb 1952 rückblickend, dass sie dazu heranwuchs, »die Farbe auch so selbstverständlich und unangestrengt zu beherrschen wie die Linie«.[9] Diese Eigenschaft sowie ihre Fähigkeit, eine für sie interessante Szene visuell sehr schnell erfassen zu können, hatten zur Konsequenz, dass sich Münter nie auf Motivsuche begeben musste. So vorteilhaft diese Voraussetzungen für ihr künstlerisches Schaffen waren, so problematisch wirkten sie sich allerdings auf die Rezeption ihres Werkes aus, denn sie unterstützten das verbreitete Klischee der Künstlerin mit angeborener Begabung, die lediglich intuitiv und spontan, ohne gedankliche Durchdringung, arbeitet – ein Urteil, das Münter keinesfalls gerecht wird.[10] Zwar stellte die Bildfindung keine Schwierigkeit für sie dar, mit der malerischen Umsetzung jedoch befasste sie sich äußerst intensiv, bis das Resultat ihren hohen Ansprüchen genügte.[11] Spontaneität und Intuition wurden interessanterweise zu hoch intellektualisierten Prinzipien des ›Blauen Reiter‹ und allgemeiner der Moderne. Die KünstlerInnen versuchten sich zum Beispiel die Bildsprache der Kinder anzueignen. Die Bilder sollten wie spontan gemalte Werke aussehen, auch wenn dies gar nicht der Fall war.[12] Dieses Zusammenspiel zwischen einer scheinbaren Spontaneität und sehr überlegten Kompositionen ist bei Münter bemerkenswert und einmalig. Er faszinierte in hohem Maße ihre Kollegen des ›Blauen Reiter‹.

Nach ihrer Rückkehr aus Nordamerika entschloss sich Münter im April 1901 nach München zu ziehen, um ihr Kunststudium fortzusetzen beziehungsweise damit erst richtig anzufangen. Nachdem der Zeichenunterricht an der Damenakademie des ›Künstlerinnen-Vereins‹ sie wenig zufriedenstellte, versuchte sie sich in der damals wieder aufblühenden Drucktechnik des Holzschnitts. Diese erlernte sie im Schulatelier der bekannten Grafiker Heinrich Wolff (1875–1940) und Ernst Neumann (1871–1954). Vermutlich fertigte sie hier ihre

A **Familiengruppe an einem Holzzaun, Marshall, Texas 1899/1900**

Fotografie von Gabriele Münter | Gabriele Münter- und Johannes Eichner-Stiftung, München, Inv.-Nr. 3607

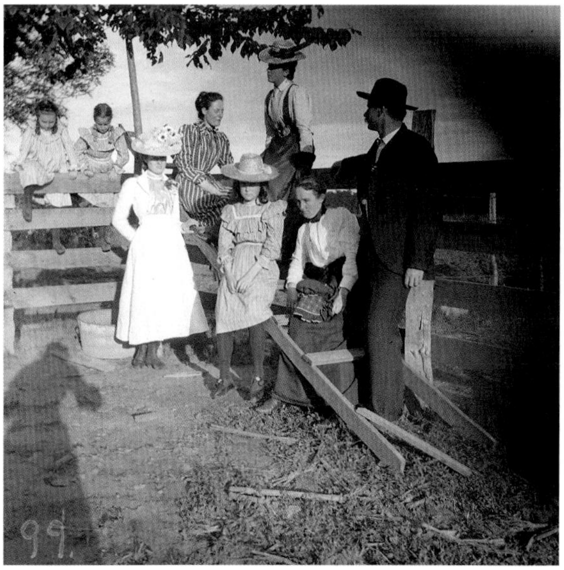

7
Über die Bedienung der Kamera durch Gabriele Münter, siehe: Daniel Oggenfuss, »Kamera- und Verfahrenstechnik der Amerika-Photographien Gabriele Münters«. Über die Eigenschaften der Kodak Bull's Eye N°2, siehe: Ulrich Pohlmann, »Die Fragilität des Augenblicks. Gabriele Münters Photographien der USA-Reise im Spiegel der zeitgenössischen (Moment)Photographie«. Beide Aufsätze in: Ausst. Kat. München 2006/07, S. 191 und S. 205f.

8
Eichner 1957, S. 39.

9
Münter 1952, o. S.

10
Interessanterweise hat Münter diesen Mythos zum Teil selbst verbreitet. Sie sagte zum Beispiel: »My pictures are all moments of my life, I mean instantaneous visual experiences, generally noted very rapidly and spontaneously«, in: Roditi 1960, S. 148. Siehe ferner: Windecker 1991, S. 70f.

11
Siehe Kapitel »Wiederholungen und Variationen«, S. 188–189.

12
Siehe Kapitel »Der ›Primitivismus‹«, S. 136.

13
Ausst. Kat. München/Bonn/Murnau 2000/01, Nr. 1.

erste Platte an, ein überlebensgroßes weibliches Gesicht. Abb. B Es ist die einzige Platte, die sie dort schnitt.[13]

Im Winter besuchte Münter auf Anregung einer Zimmernachbarin ihrer Schwabinger Pension eine Ausstellung der Künstlervereinigung ›Phalanx‹. Dort sah sie Arbeiten des Bildhauers Wilhelm Hüsgen (1877–1962), die sie so begeisterten, dass sie entschied, sich der Bildhauerei zu widmen. Der Künstlervereinigung, die Kandinsky 1901 mit anderen Künstlerkollegen begründet hatte, war eine private Kunstschule angegliedert, an der Hüsgen unterrichtete. Münter trat in seine Bildhauerklasse ein, wo sie Frauenakte modellierte. Abb. C Zuvor hatte sie

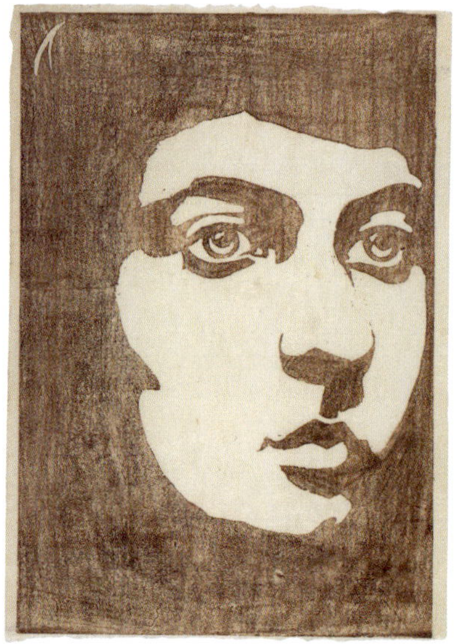

B **Weiblicher Kopf, um 1902**

Holzschnitt auf Japanpapier, ca. 30,5 × 21 cm | Städtische Galerie im Lenbachhaus und Kunstbau München, Inv.-Nr. GMS 820

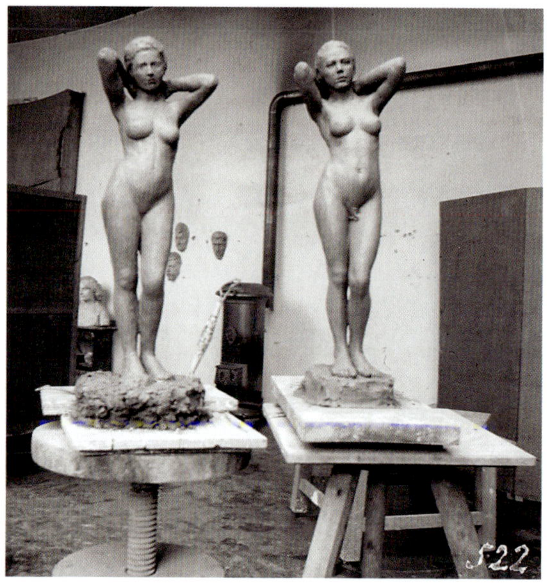

C **Zwei Tonmodelle (links von G. Münter), Bildhauerklasse von Wilhelm Hüsgen, ›Phalanx-Schule‹, München 1902**

Fotografie von Gabriele Münter | Gabriele Münter- und Johannes Eichner-Stiftung, München, Inv.-Nr. 2116

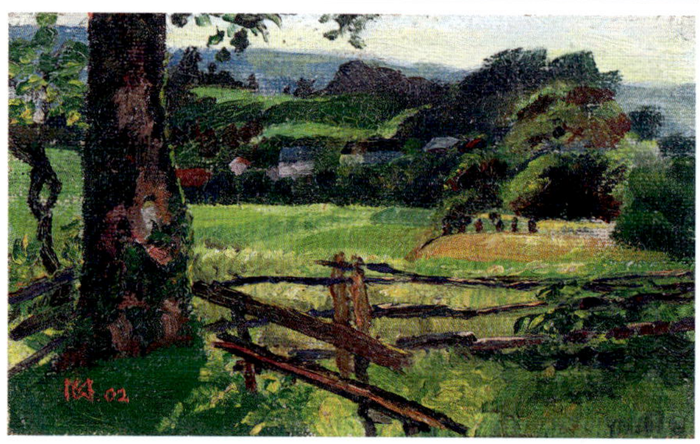

D **Bayerische Landschaft, 1902**

Öl auf Leinwand, 17 × 24,7 cm | Privatsammlung, Deutschland

14 Eichner 1957, S. 37. Abb. in: Ausst. Kat. München 1977, Nr. 112.

schon für sich die Gipsmaske einer lächelnden alten Frau angefertigt.[14] Im Rahmen des Bildhauerkurses besuchte sie auch die Aktzeichen- und Malklasse von Kandinsky, in der sie anfing, sich mit der Technik der Malerei zu beschäftigen. Erst im Frühjahr 1902 in Kandinskys Malklasse der ›Phalanx‹-Schule fand also Münters Berührung beziehungsweise der Beginn ihrer intensiveren Auseinandersetzung mit der Farbe statt. Auch diese für sie neue Technik scheint ihr keinerlei größere Schwierigkeiten bereitet zu haben. Man kann sich jedoch vorstellen, welch elementare Umstellung es bedeutete, ein Motiv mit Farben und nicht mehr nur in Schwarz-Weiß-Werten und Hell-Dunkel-Kontrasten wiederzugeben.

Zu Kandinskys pädagogischem Konzept gehörte die Freilichtmalerei, daher pflegte er mit seiner Malklasse aufs Land zu fahren. Im Sommer 1902 fand der Malkurs in Kochel statt, und dort entstand das erste uns bekannte Gemälde Münters. Abb. D Auffallend ist die besonders strukturierte Komposition des Bildes: Der Baumstamm und der Zaun bilden eine Art Rahmen für die Landschaft im Hintergrund. Dieser ziemlich kühne Bildaufbau mit dem vom Bildrand angeschnittenen Baum könnte von der Fotografie beeinflusst sein. Das Gemälde wirkt ein wenig wie ein Nachklang der Fotografie *Blick über einen Zaun in die Landschaft, Moorefield, Arkansas.* Kat. 7

Landschaften, Porträts, Interieurs, Arbeit und Technik, die Wiederholung eines Motivs, Sequenzen – all diese Themen, die in Münters Fotografien aus Nordamerika erstmals erschienen, sind ebenfalls bedeutende Komponenten ihres malerischen Werkes. Münter erkannte das Potenzial der Fotografie für ihr weiteres Schaffen. Diese Verbindung zwischen Fotografie und Malerei ist unter den Künstlerinnen und Künstlern des ›Blauen Reiter‹ beispiellos und zeugt von einem hochmodernen Ansatz.

Allgemeine Anmerkungen
– Als Vorlage für den Druck wurden die digitalisierten Originalnegative oder Originalabzüge benutzt.
– Der Begriff ›Stillleben‹ wird in Werktiteln, die von der Künstlerin selbst entsprechend überliefert sind, nur mit Doppel-l geschrieben.
– Gabriele Münter- und Johannes Eichner-Stiftung, München, im Folgenden in den Fußnoten: MES.

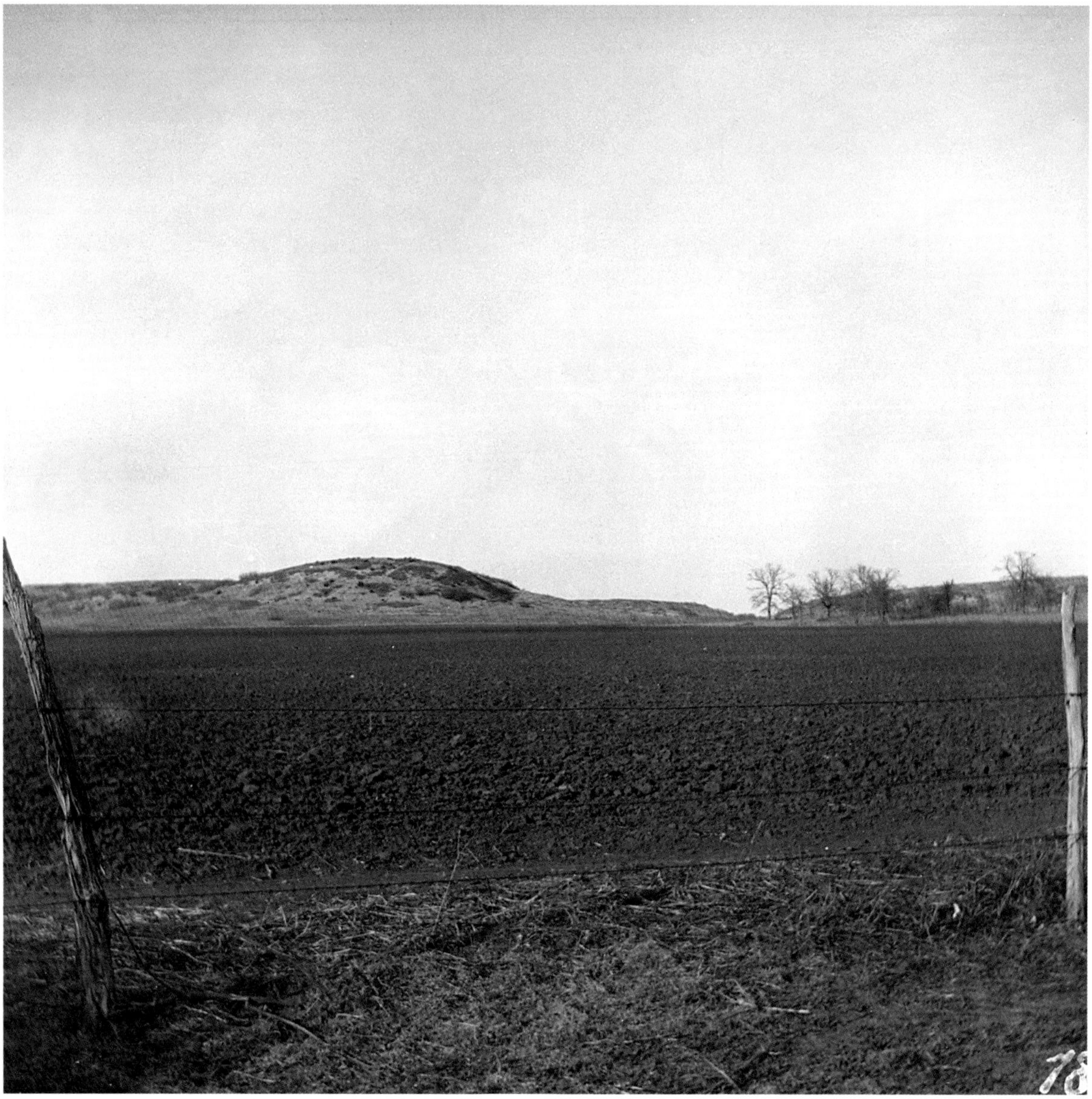

Kat. 1
Landschaft bei Guion, Texas, 9.3.1900
Fotografie | Gabriele Münter- und Johannes Eichner-Stiftung, München, Inv.-Nr. 3532

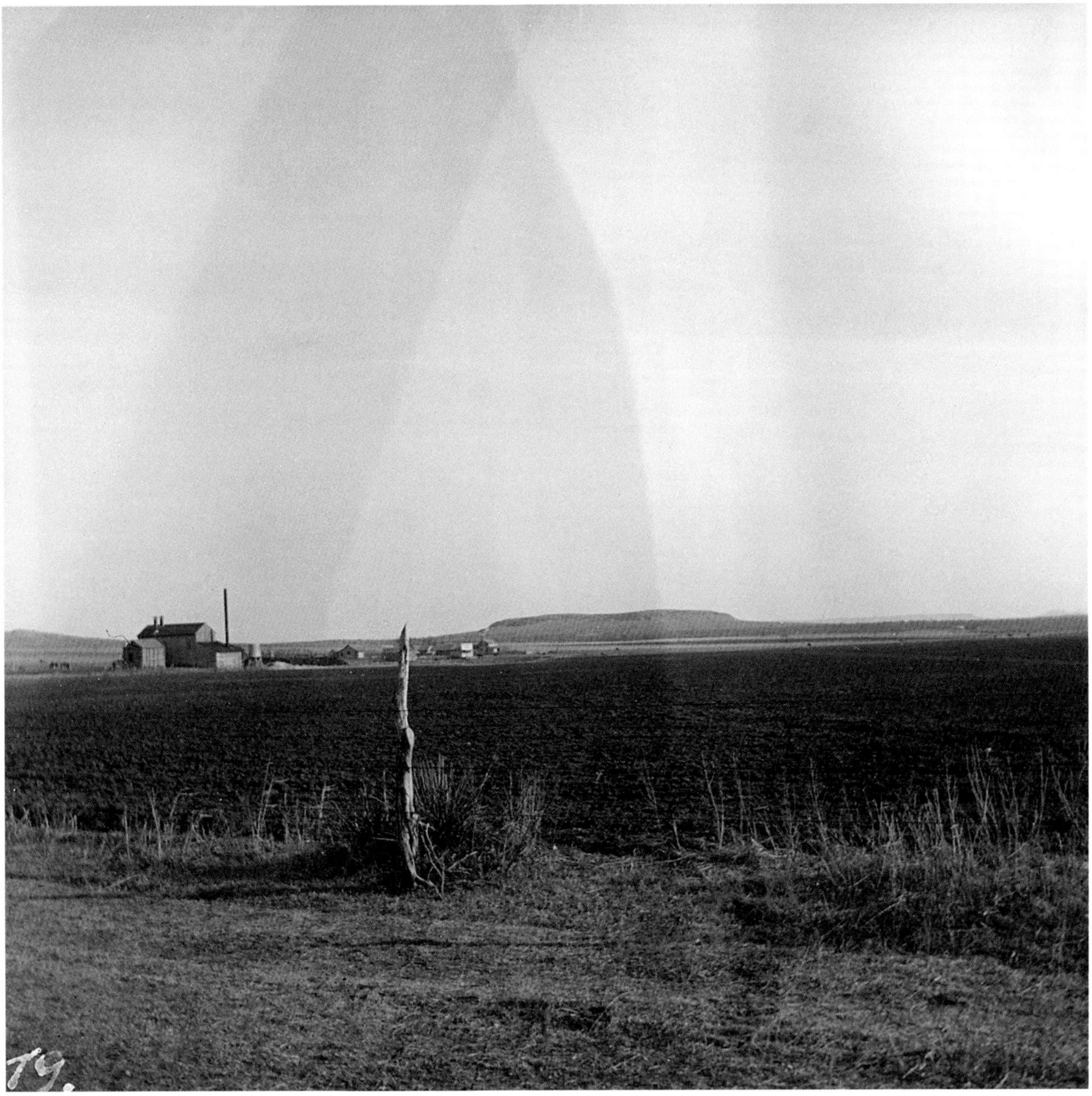

Kat. 2
Haus in der Prärie bei Guion, Texas, 9.3.1900
Fotografie | Gabriele Münter- und Johannes Eichner-Stiftung, München, Inv.-Nr. 3533

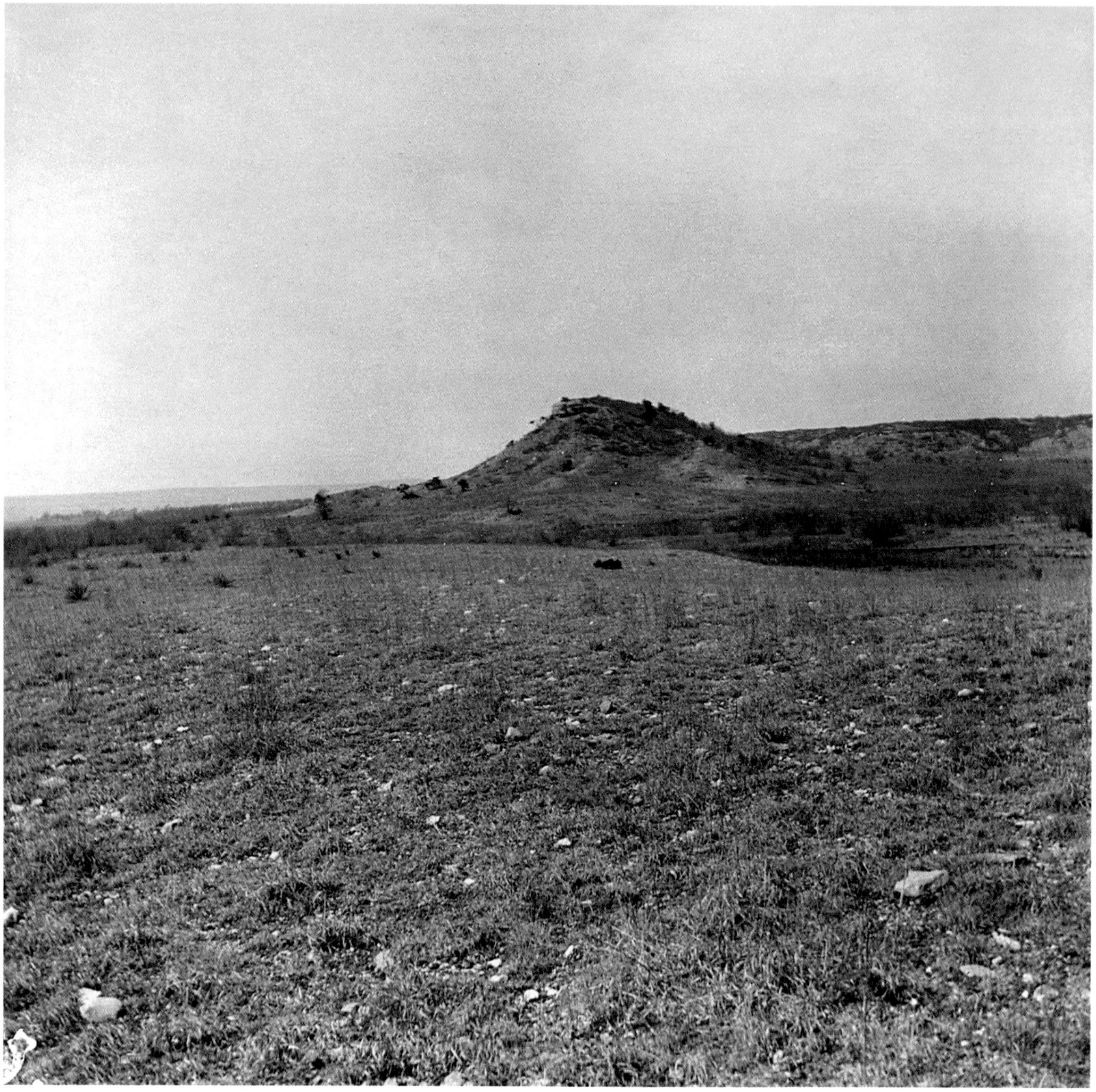

Kat. 3
»Steamboat mountain, east«, bei Guion, Texas, 13.3.1900
Fotografie | Gabriele Münter- und Johannes Eichner-Stiftung, München, Inv.-Nr. 3539

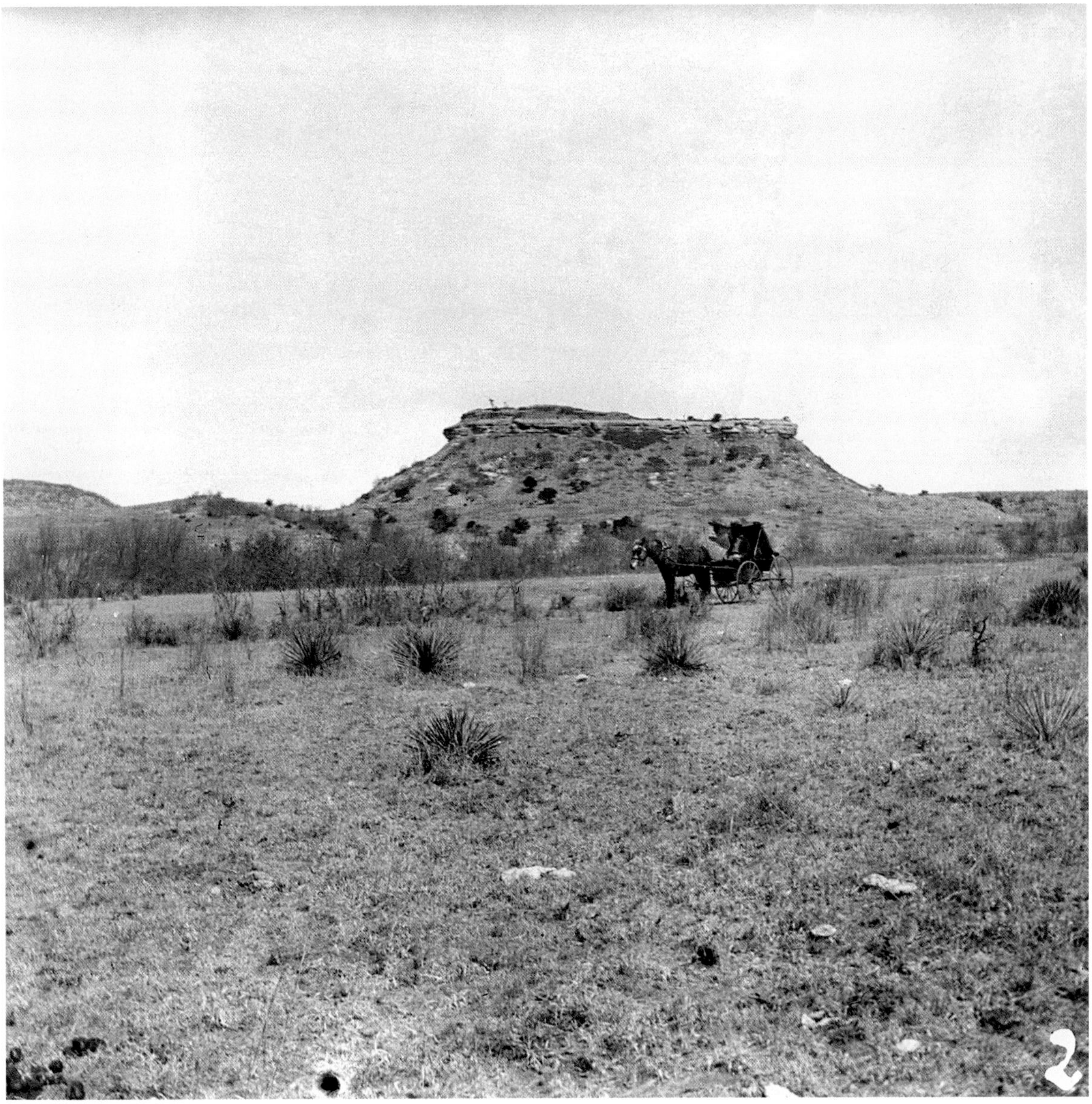

Kat. 4
»Steamboat mountain, south«, bei Guion, Texas, 13.3.1900
Fotografie | Gabriele Münter- und Johannes Eichner-Stiftung, München, Inv.-Nr. 3540

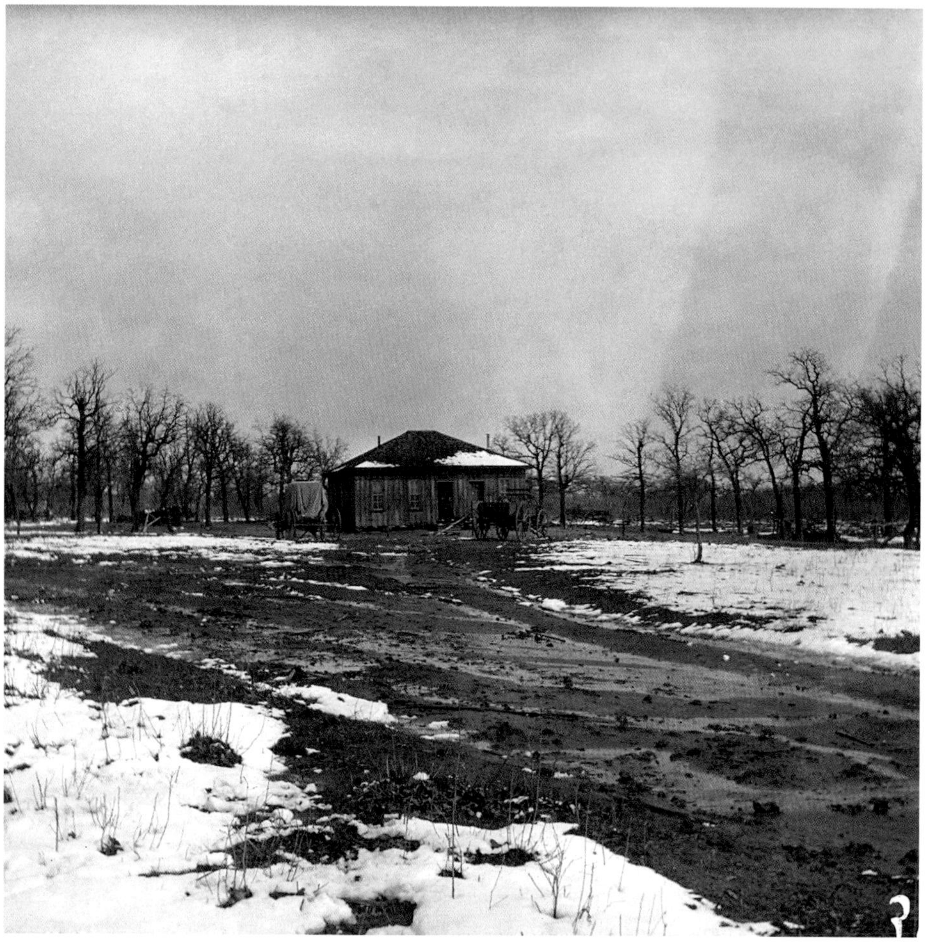

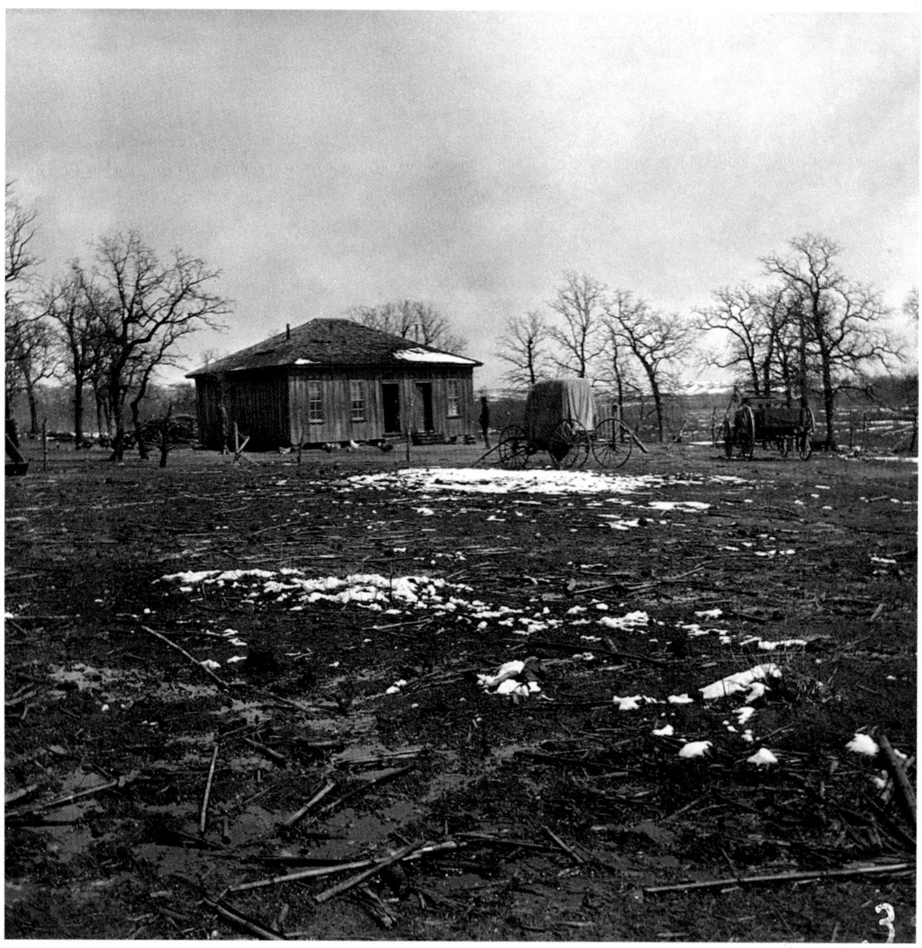

Kat. 5
»Jane Lee's ›shanty‹ in snow while the peaches were blooming«, Guion, Texas, 15.3.1900
Fotografie | Gabriele Münter- und Johannes Eichner-Stiftung, München, Inv.-Nr. 3545

Kat. 6
»Jane Lee's ›shanty‹ in snow while the peaches were blooming«, Guion, Texas, 15.3.1900
Fotografie | Gabriele Münter- und Johannes Eichner-Stiftung, München, Inv.-Nr. 3547

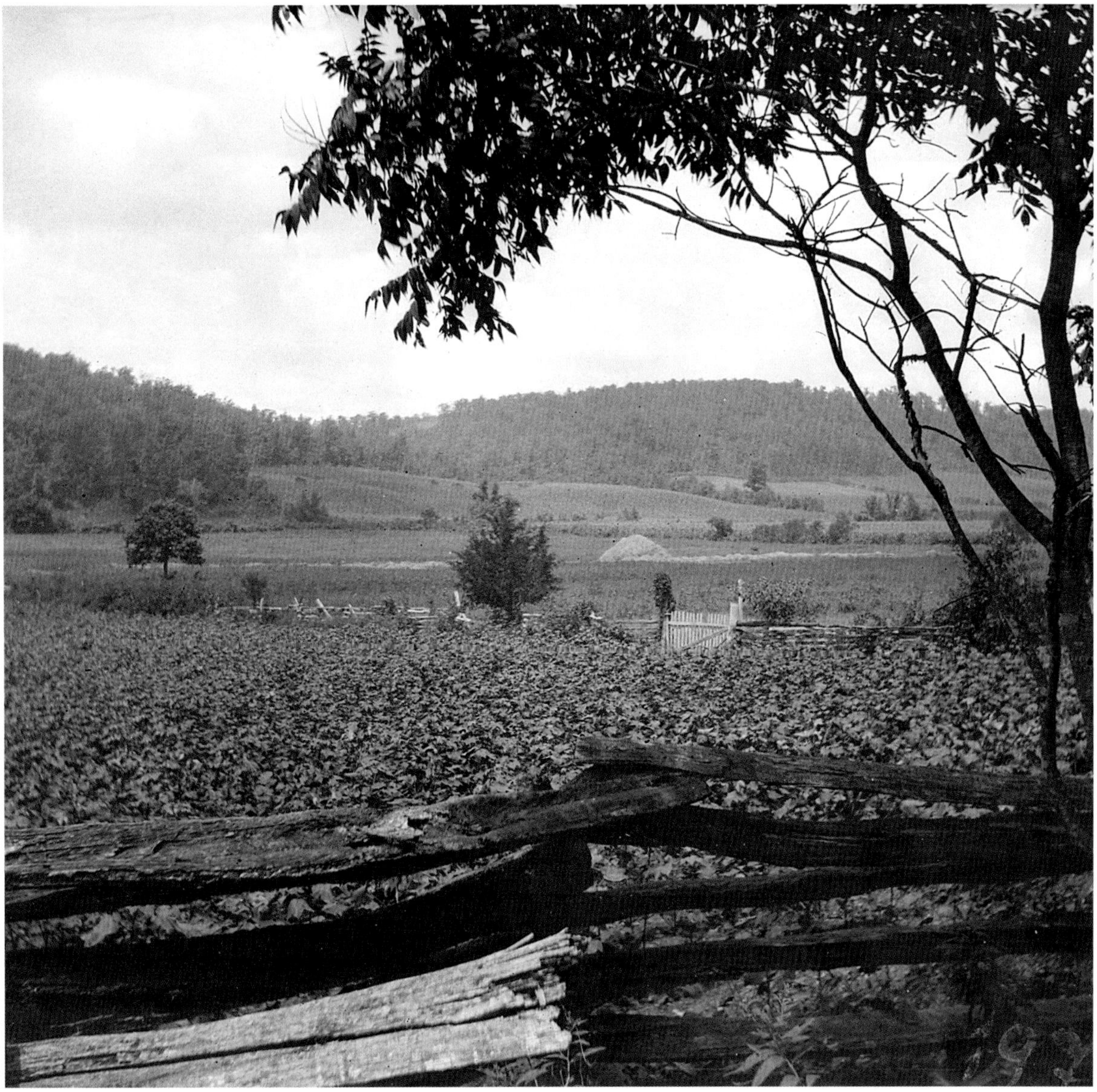

Kat. 7
Blick über einen Zaun in die Landschaft, Moorefield, Arkansas, 1899/1900
Fotografie | Gabriele Münter- und Johannes Eichner-Stiftung, München, Inv.-Nr. 3710

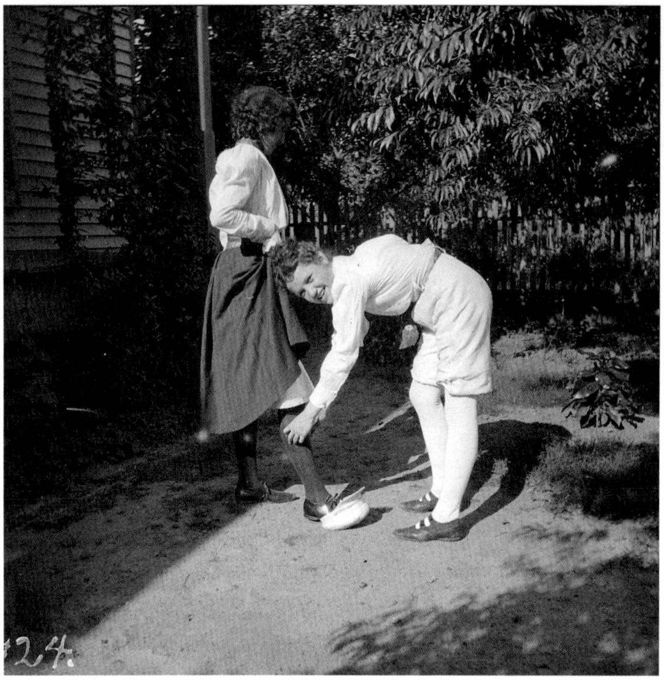

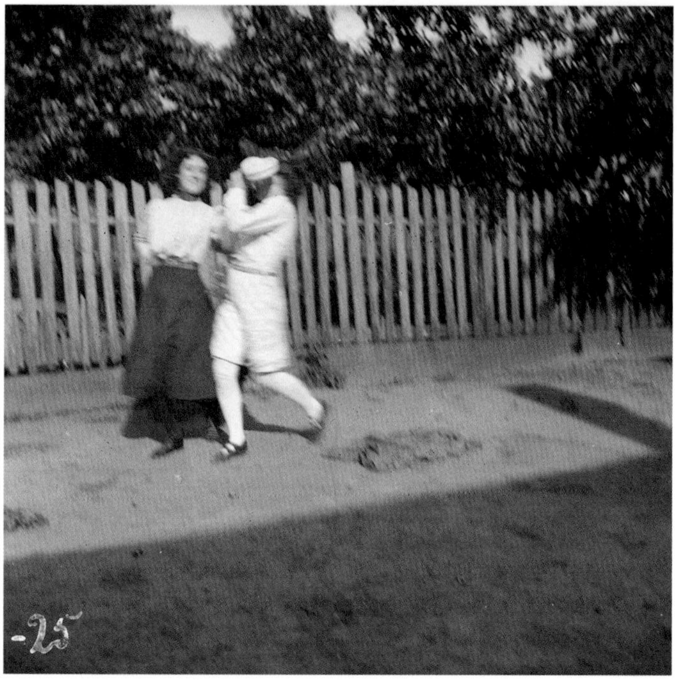

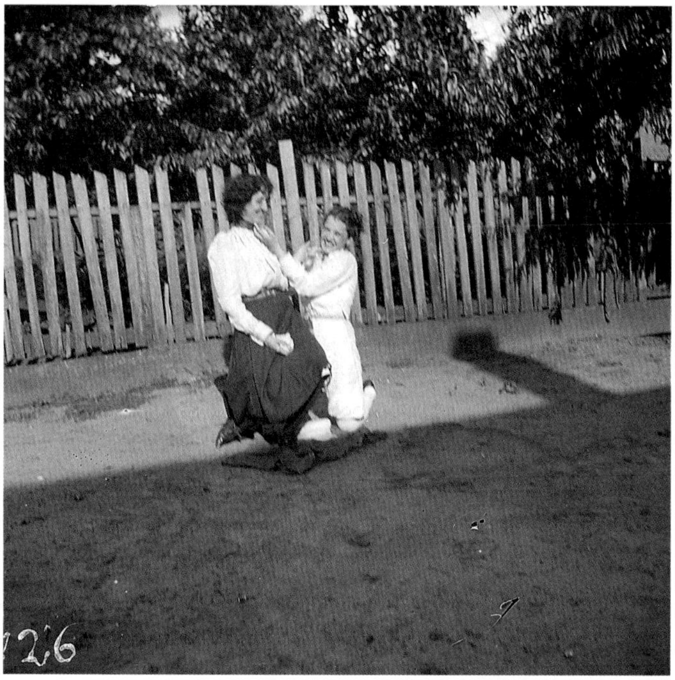

Kat. 8
Zwei Mädchen parodieren eine Theaterszene: Verbeugung, Marshall, Texas 1899/1900
Fotografie | Gabriele Münter- und Johannes Eichner-Stiftung, München, Inv.-Nr. 3630

Kat. 9
Theaterparodie: Spaziergang, Marshall, Texas 1899/1900
Fotografie | Gabriele Münter- und Johannes Eichner-Stiftung, München, Inv.-Nr. 3631

Kat. 10
Theaterparodie: Kniefall, Marshall, Texas, 1899/1900
Fotografie | Gabriele Münter- und Johannes Eichner-Stiftung, München, Inv.-Nr. 3632

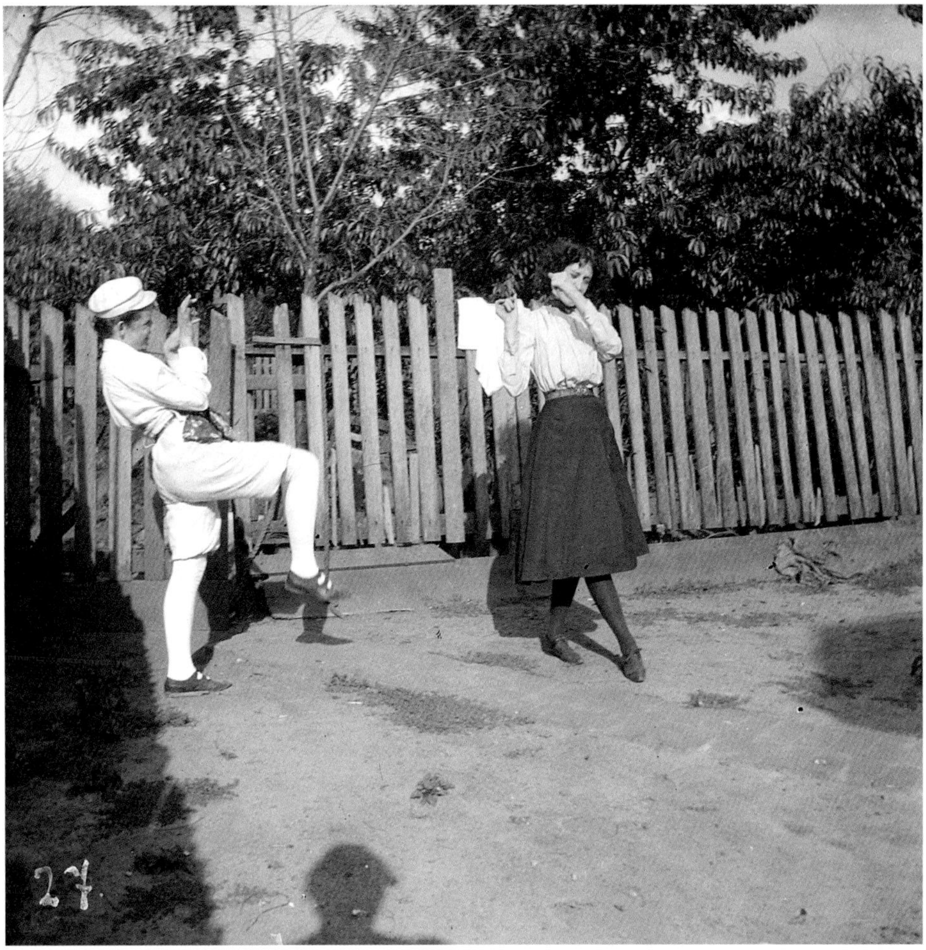

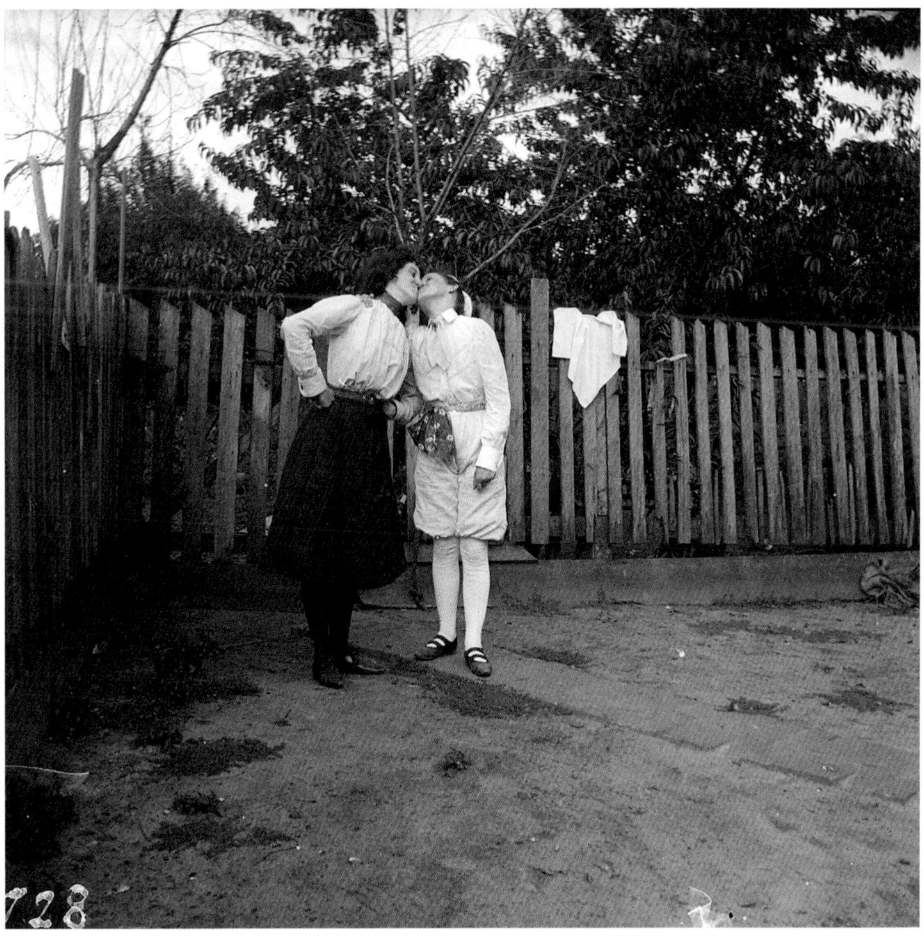

Kat. 11
Theaterparodie: Tanz, Marshall, Texas, 1899/1900
Fotografie | Gabriele Münter- und Johannes Eichner-Stiftung, München, Inv.-Nr. 3633

Kat. 12
Theaterparodie: Kuss, Marshall, Texas, 1899/1900
Fotografie | Gabriele Münter- und Johannes Eichner-Stiftung, München, Inv.-Nr. 3634

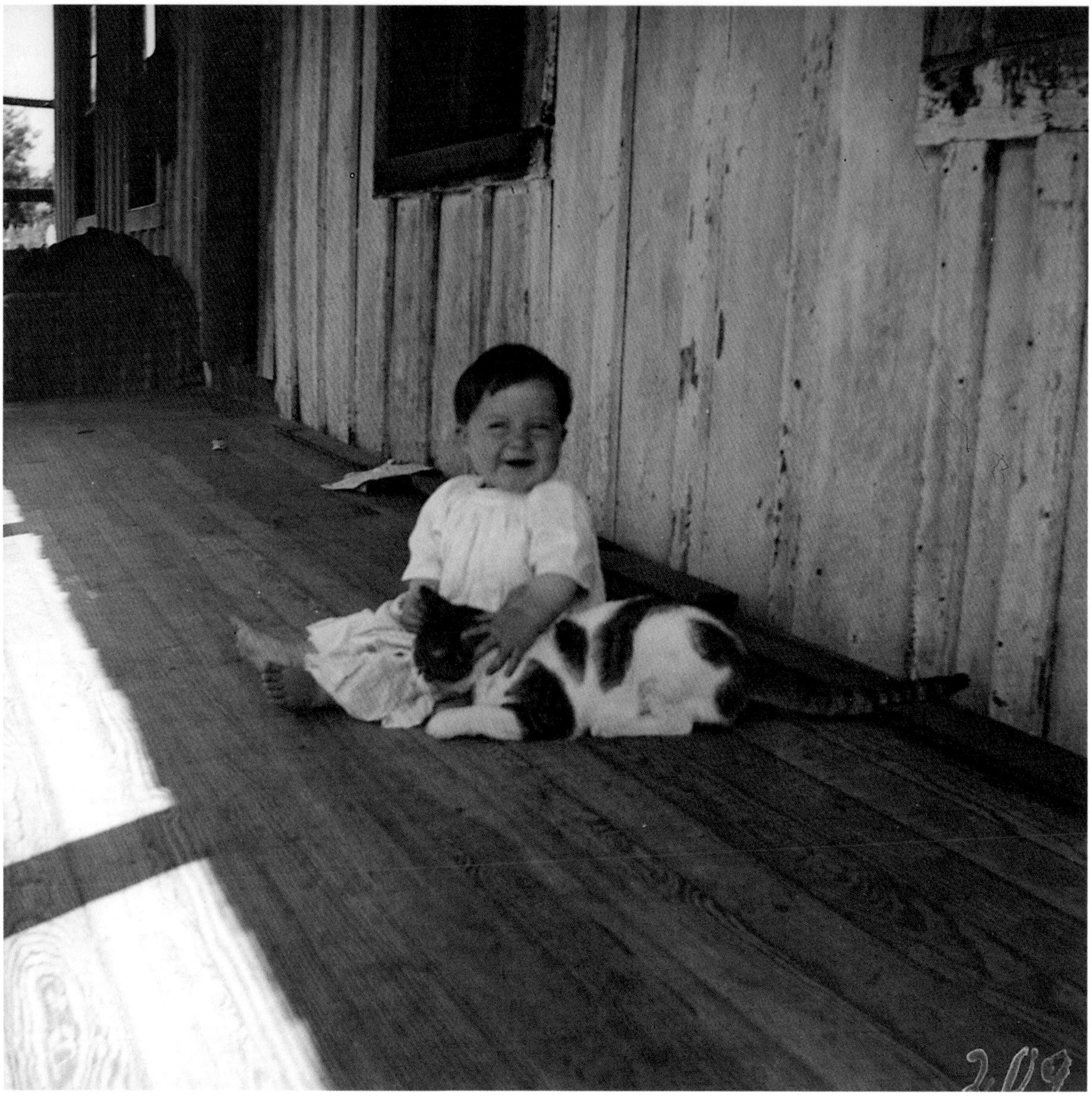

Kat. 13
Paul Leroy Wade mit Katze, Schreiber Hill bei Moorefield, Arkansas, Juli 1900
Fotografie | Gabriele Münter- und Johannes Eichner-Stiftung, München, Inv.-Nr. 3721

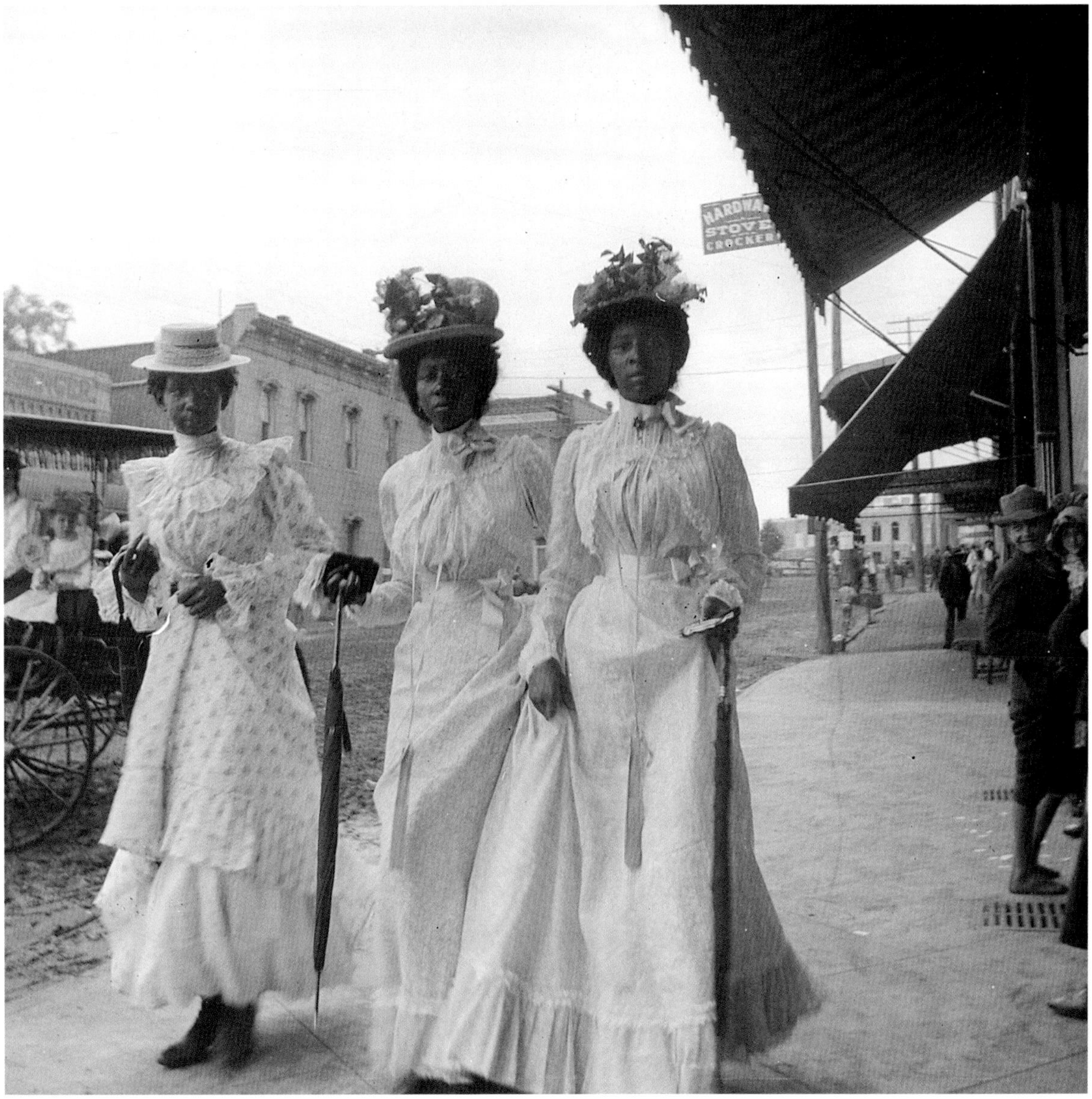

Kat. 14

Drei Frauen im Sonntagsstaat, Marshall, Texas, 1899/1900

Fotografie | Gabriele Münter- und Johannes Eichner-Stiftung, München, Inv.-Nr. 3635

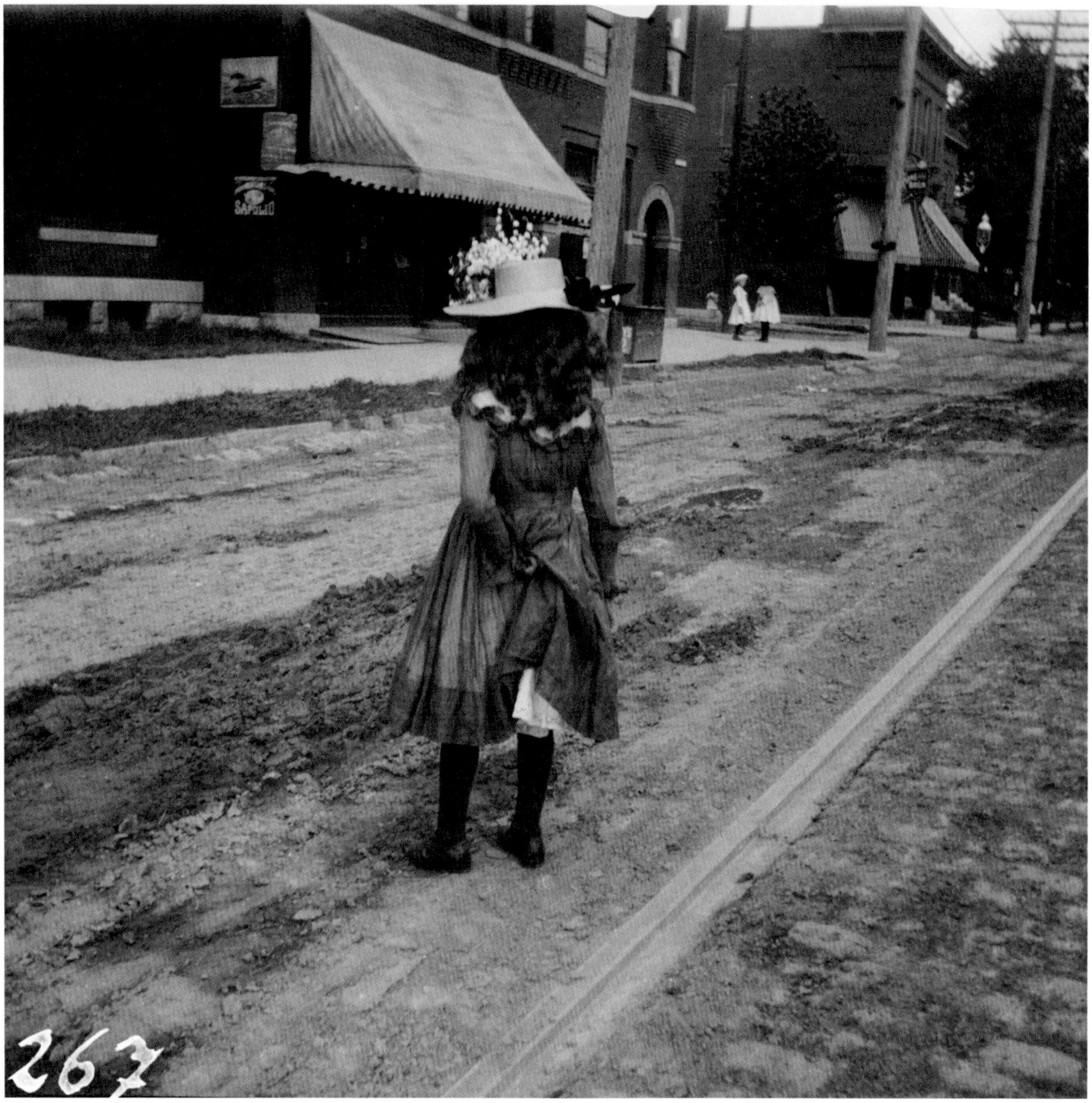

Kat. 15
Kleines Mädchen im Sonntagsstaat auf einer Straße, Rückenansicht, St. Louis, Missouri, 1900
Fotografie | Gabriele Münter- und Johannes Eichner-Stiftung, München, Inv.-Nr. 3800

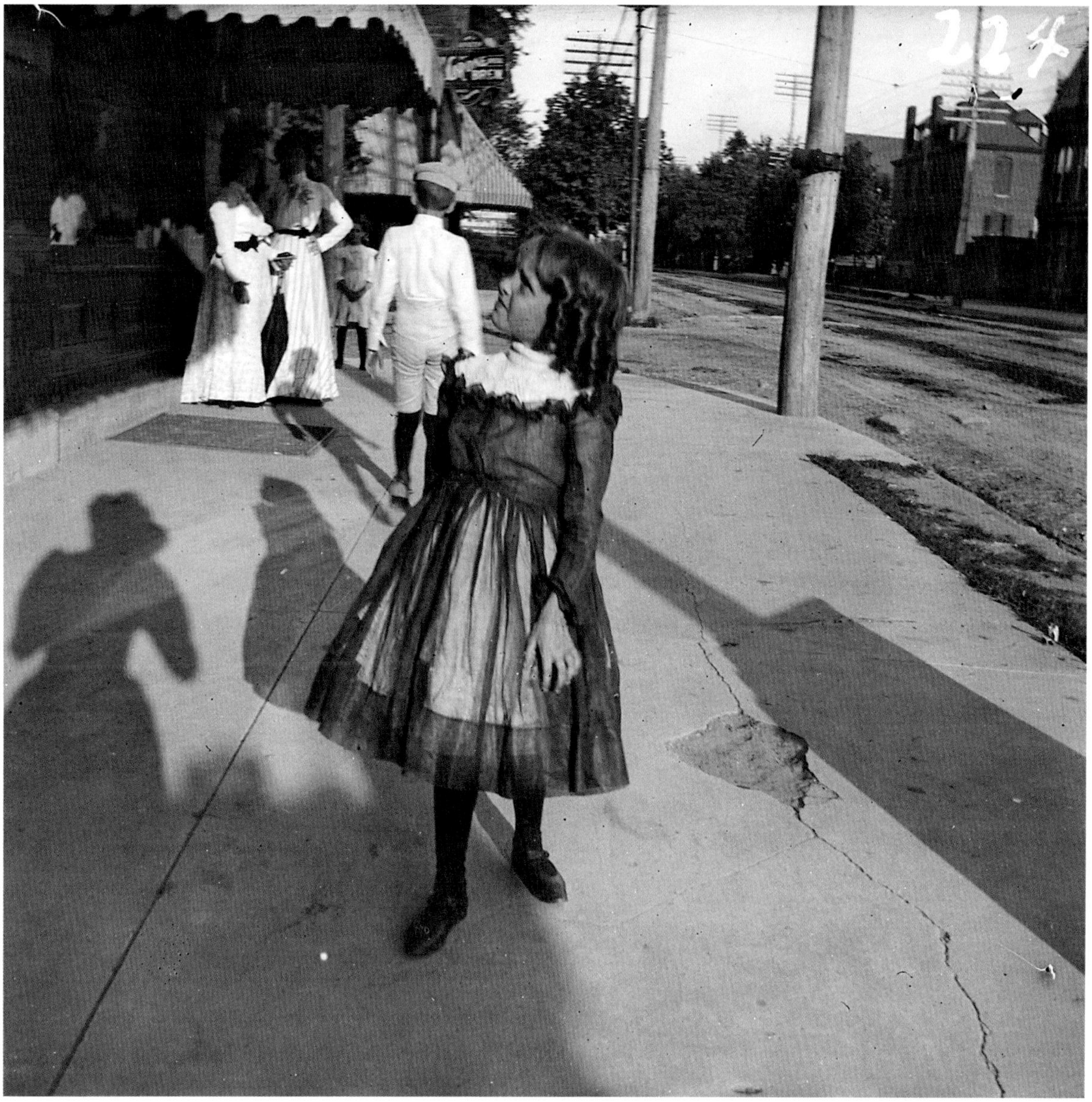

Kat. 16
Kleines Mädchen auf einer Straße, St. Louis, Missouri, 1900
Fotografie | Gabriele Münter- und Johannes Eichner-Stiftung, München, Inv.-Nr. 3757

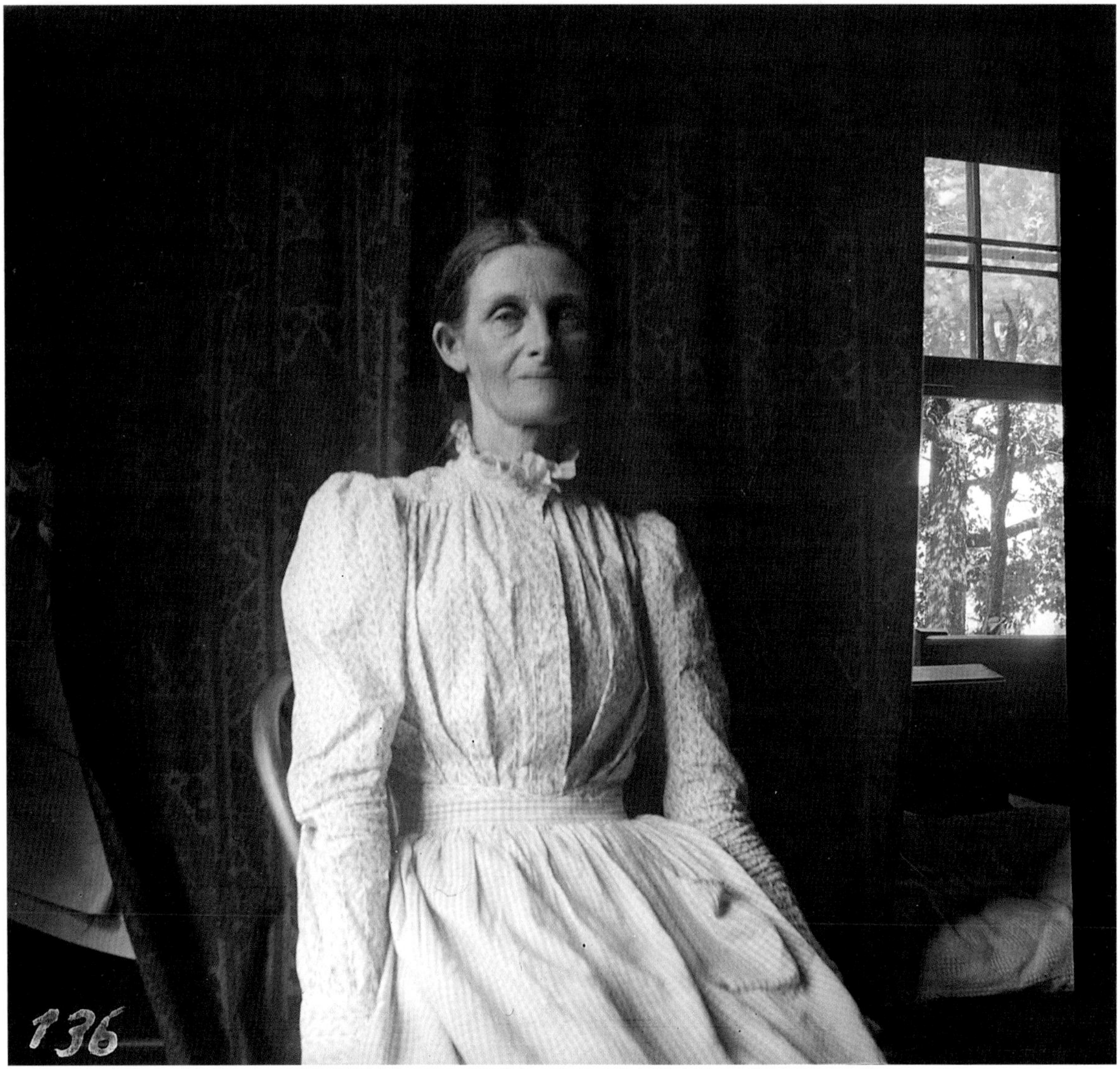

Kat. 17
Mrs. Allen in ihrem Wohnraum, Marshall, Texas, 1899/1900
Fotografie | Gabriele Münter- und Johannes Eichner-Stiftung, München, Inv.-Nr. 3651

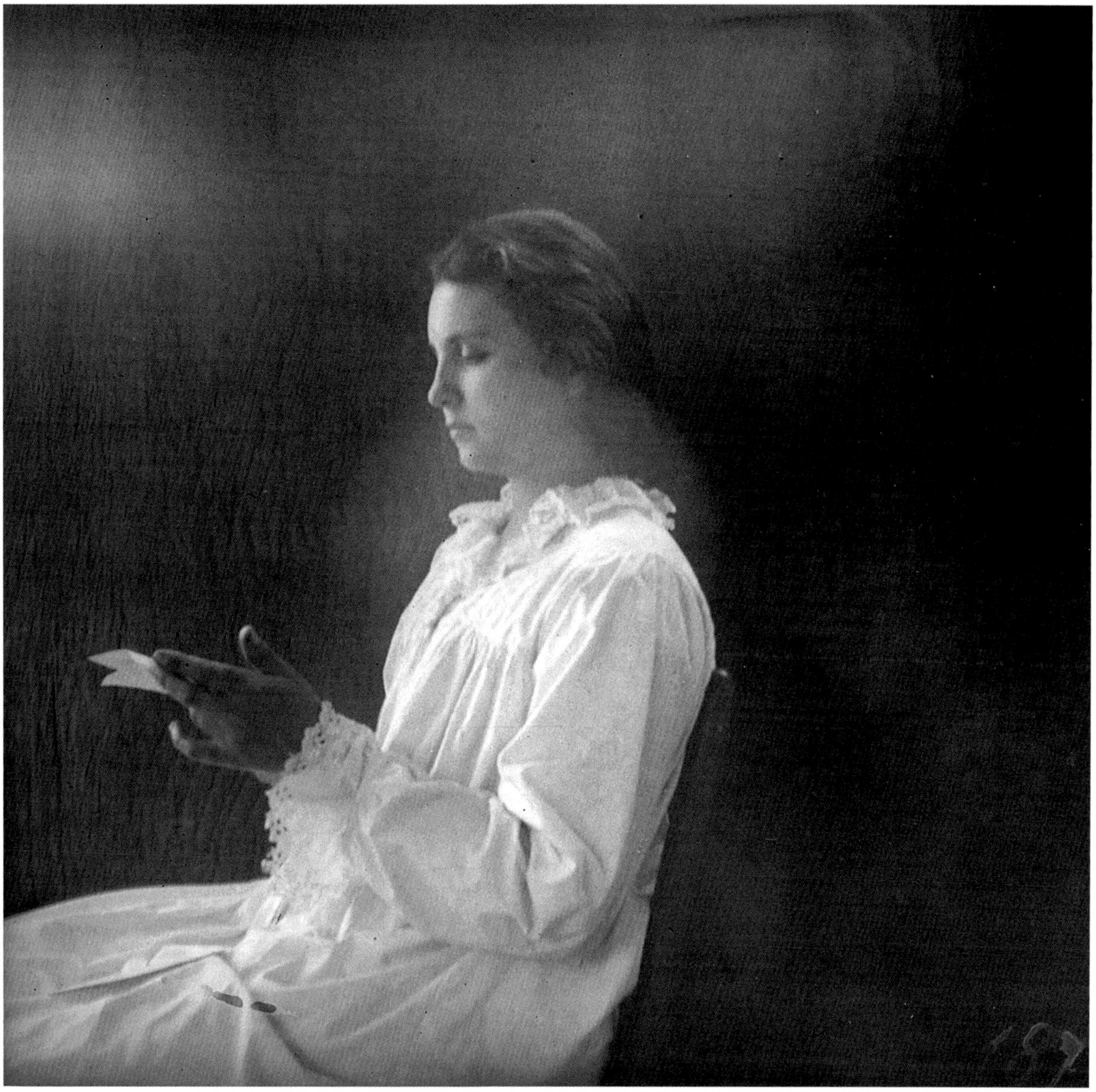

Kat. 18
Lesende Frau im Profil, Moore-field, Arkansas, 1899/1900
Fotografie | Gabriele Münter- und Johannes Eichner-Stiftung, München, Inv.-Nr. 3702

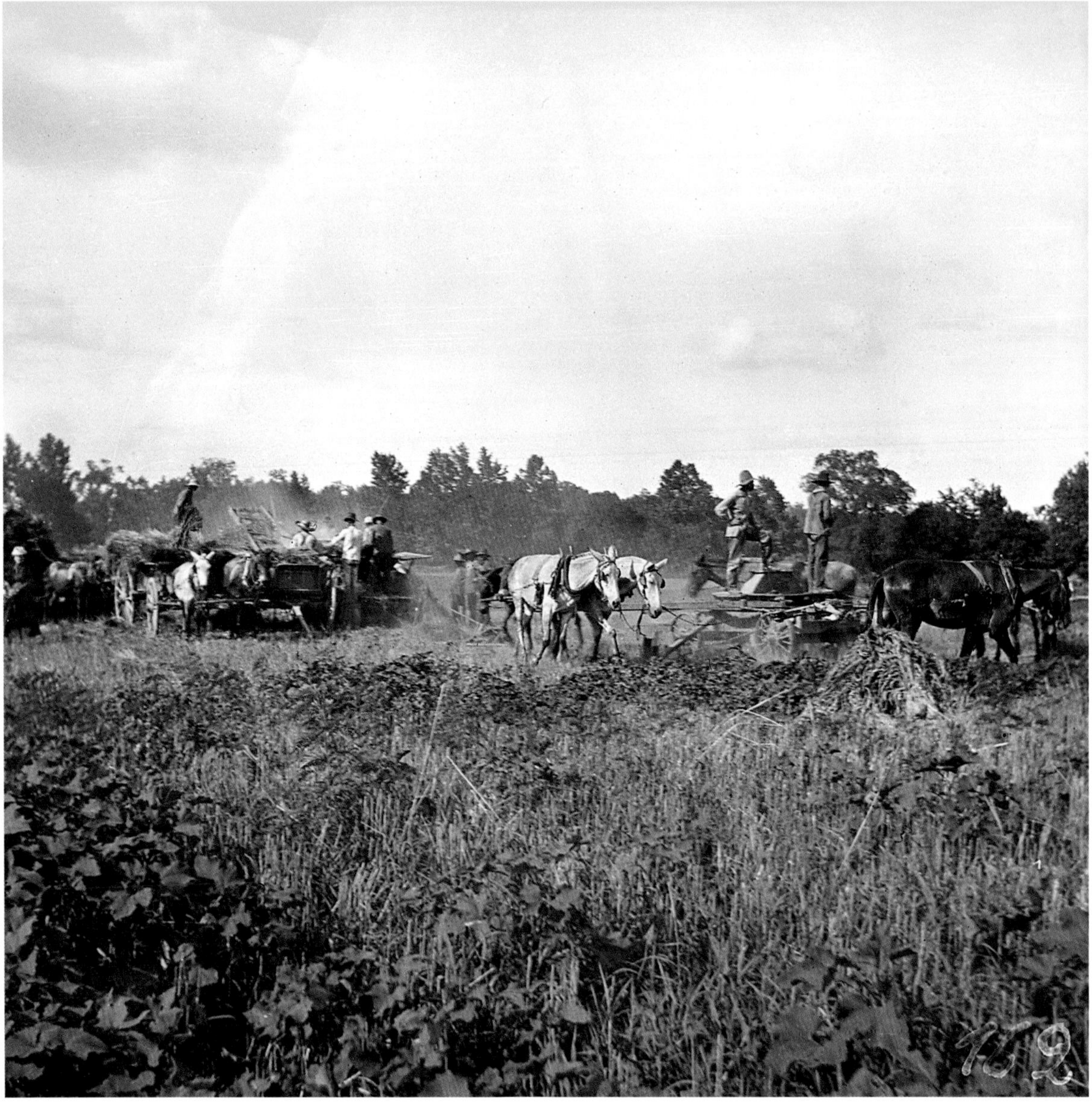

Kat. 19
Heuernte, Moorefield, Arkansas, 1899/1900
Fotografie | Gabriele Münter- und Johannes Eichner-Stiftung, München, Inv.-Nr. 3681

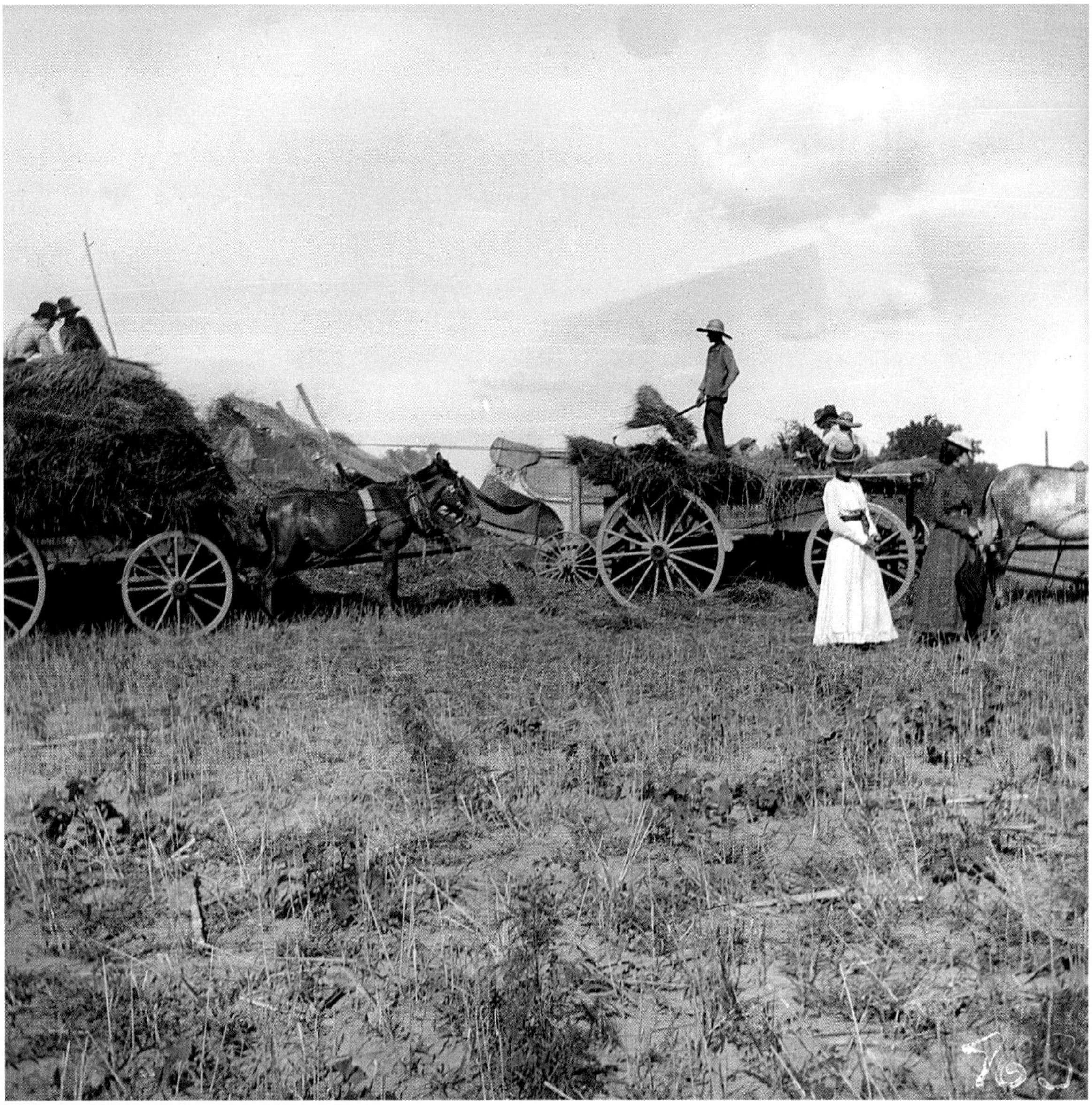

Kat. 20
Heuernte, Moorefield, Arkansas, 1899/1900
Fotografie | Gabriele Münter- und Johannes Eichner-Stiftung, München, Inv.-Nr. 3682

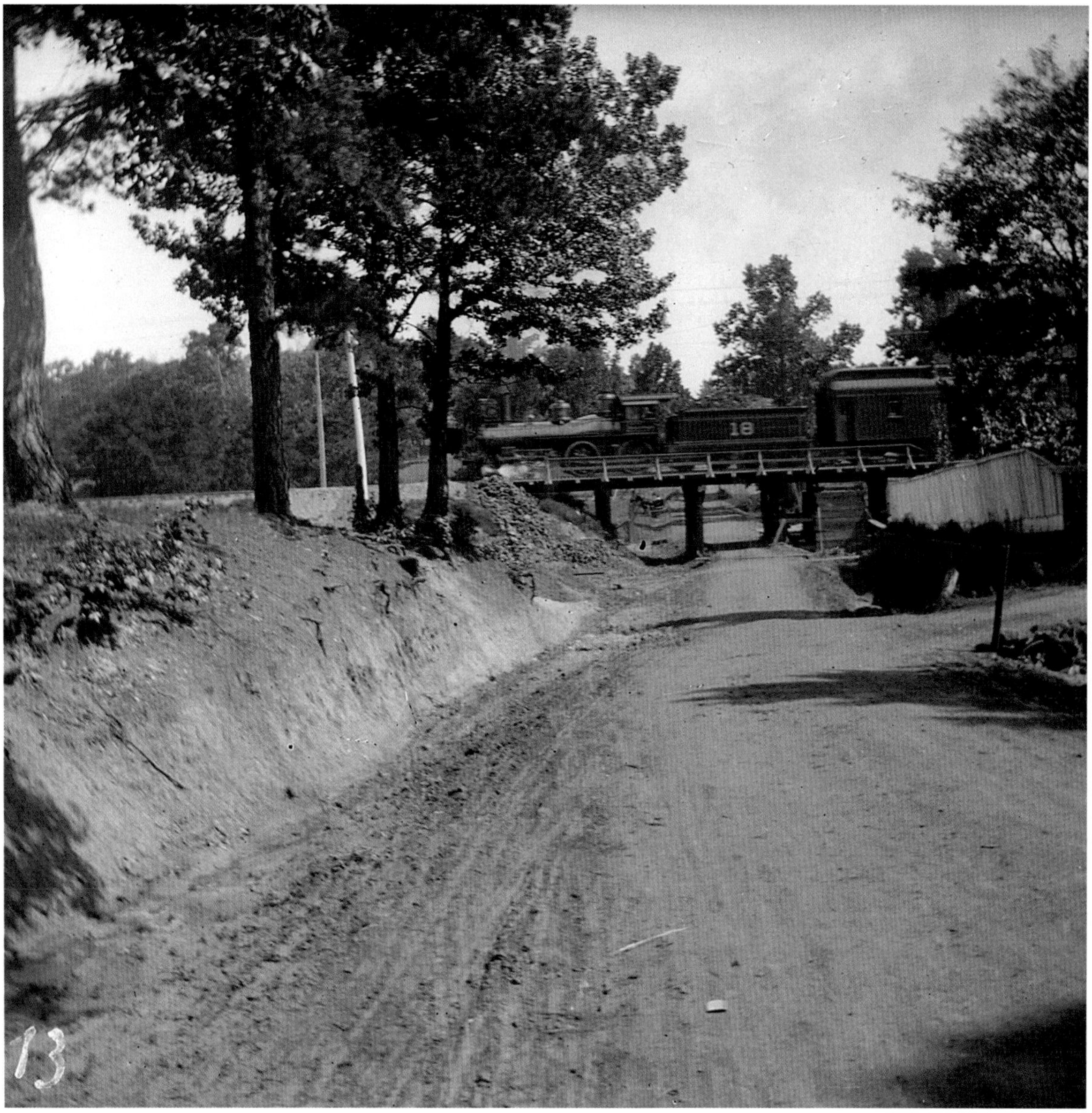

Kat. 21
Dampfzug auf einer Brücke, Arkansas oder Texas, 1899/1900
Fotografie | Gabriele Münter- und Johannes Eichner-Stiftung, München, Inv.-Nr. 3619

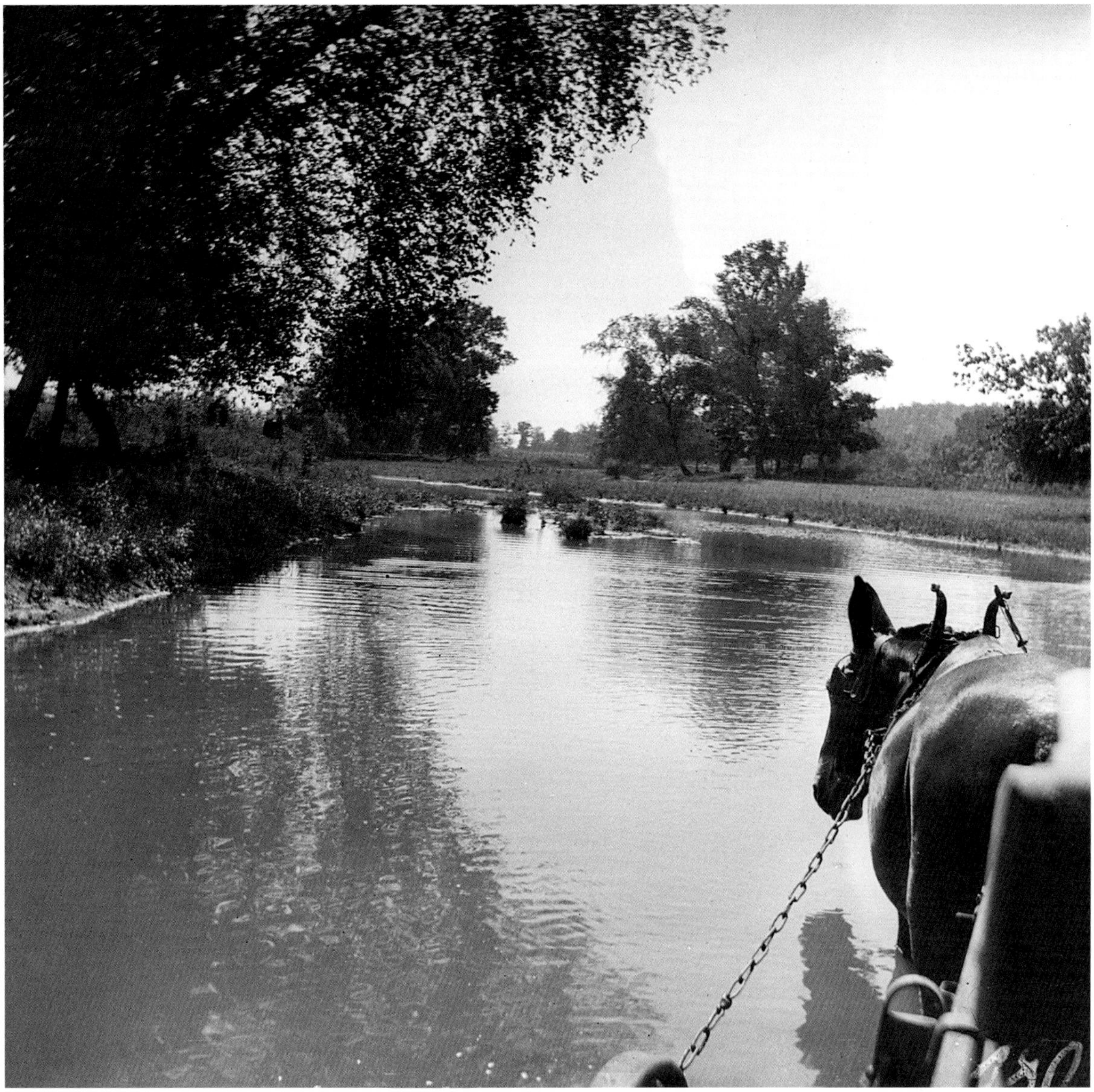

Kat. 22
Kutschfahrt durch einen Fluss, Moorefield, Arkansas, 1899/1900
Fotografie | Gabriele Münter- und Johannes Eichner-Stiftung, München, Inv.-Nr. 3696

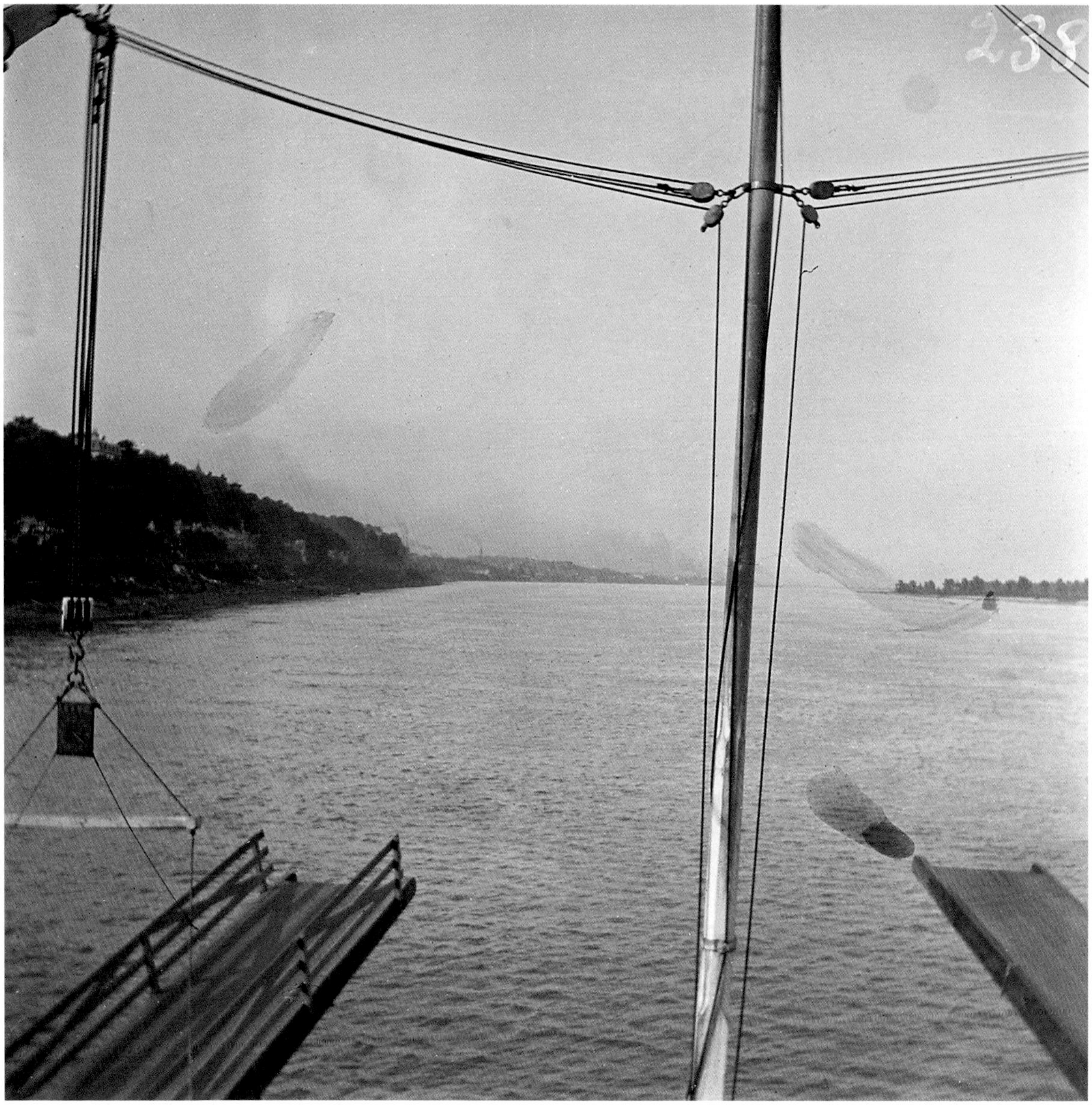

Kat. 23
Blick über die Ausleger eines Schiffs auf dem Mississippi, bei St. Louis, Missouri, 1900
Fotografie | Gabriele Münter- und Johannes Eichner-Stiftung, München, Inv.-Nr. 3770

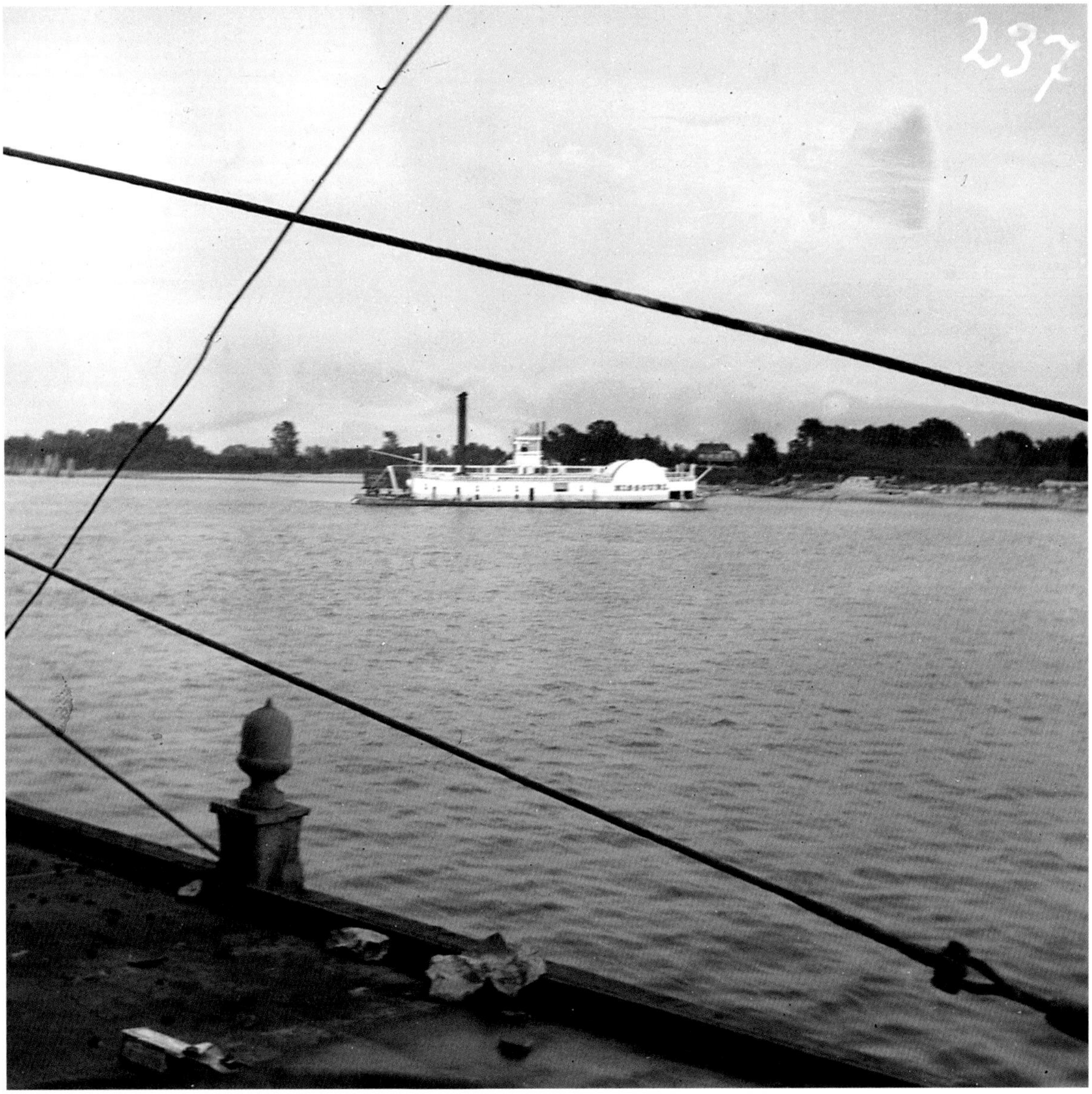

Kat. 24

Raddampfer auf dem Mississippi, bei St. Louis, Missouri, 1900

Fotografie | Gabriele Münter- und Johannes Eichner-Stiftung, München, Inv.-Nr. 3769

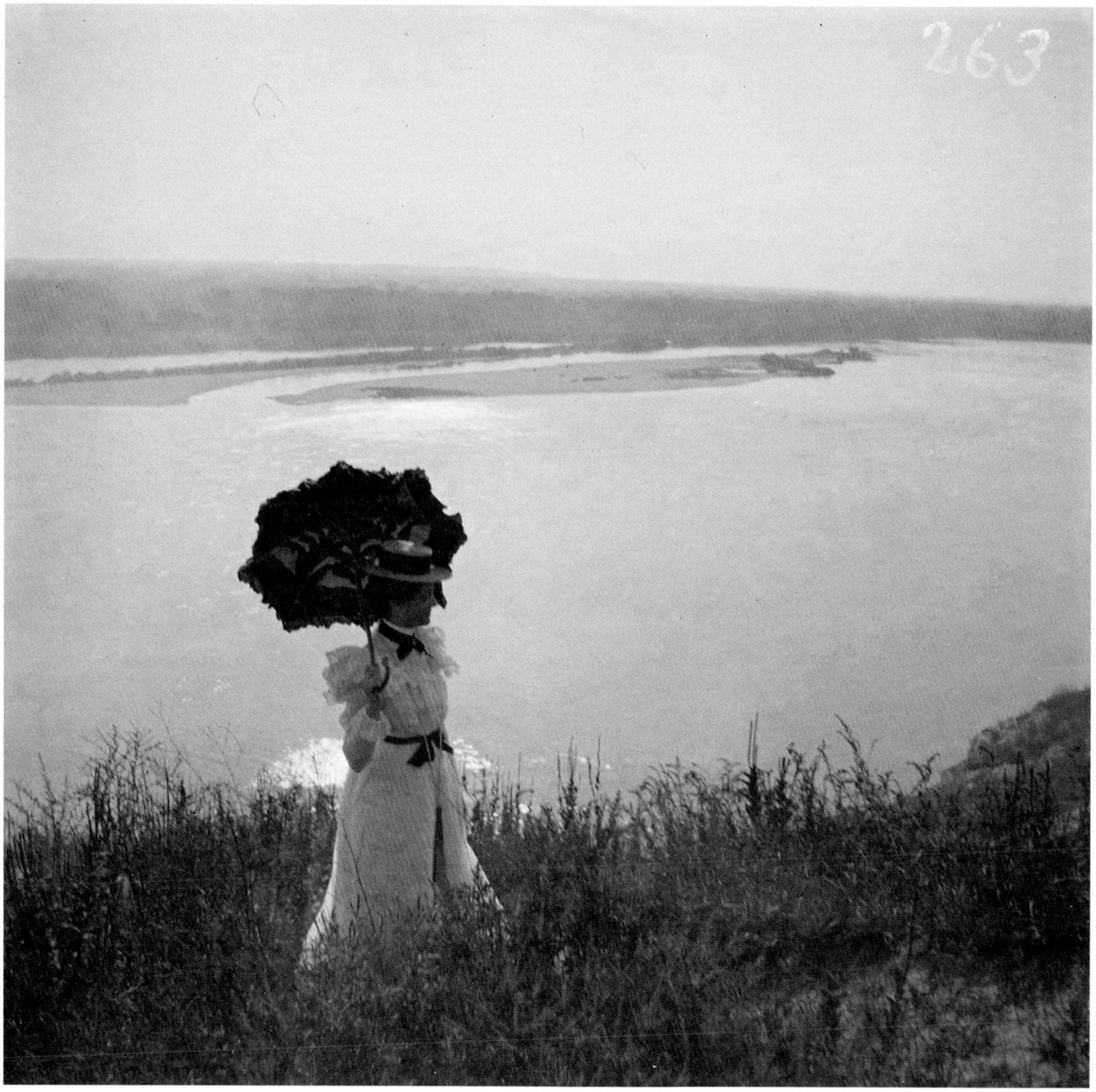

Kat. 25
Frau mit Sonnenschirm am Hochufer des Mississippi, bei St. Louis, Missouri, 1900
Fotografie | Gabriele Münter- und Johannes Eichner-Stiftung, München, Inv.-Nr. 3797

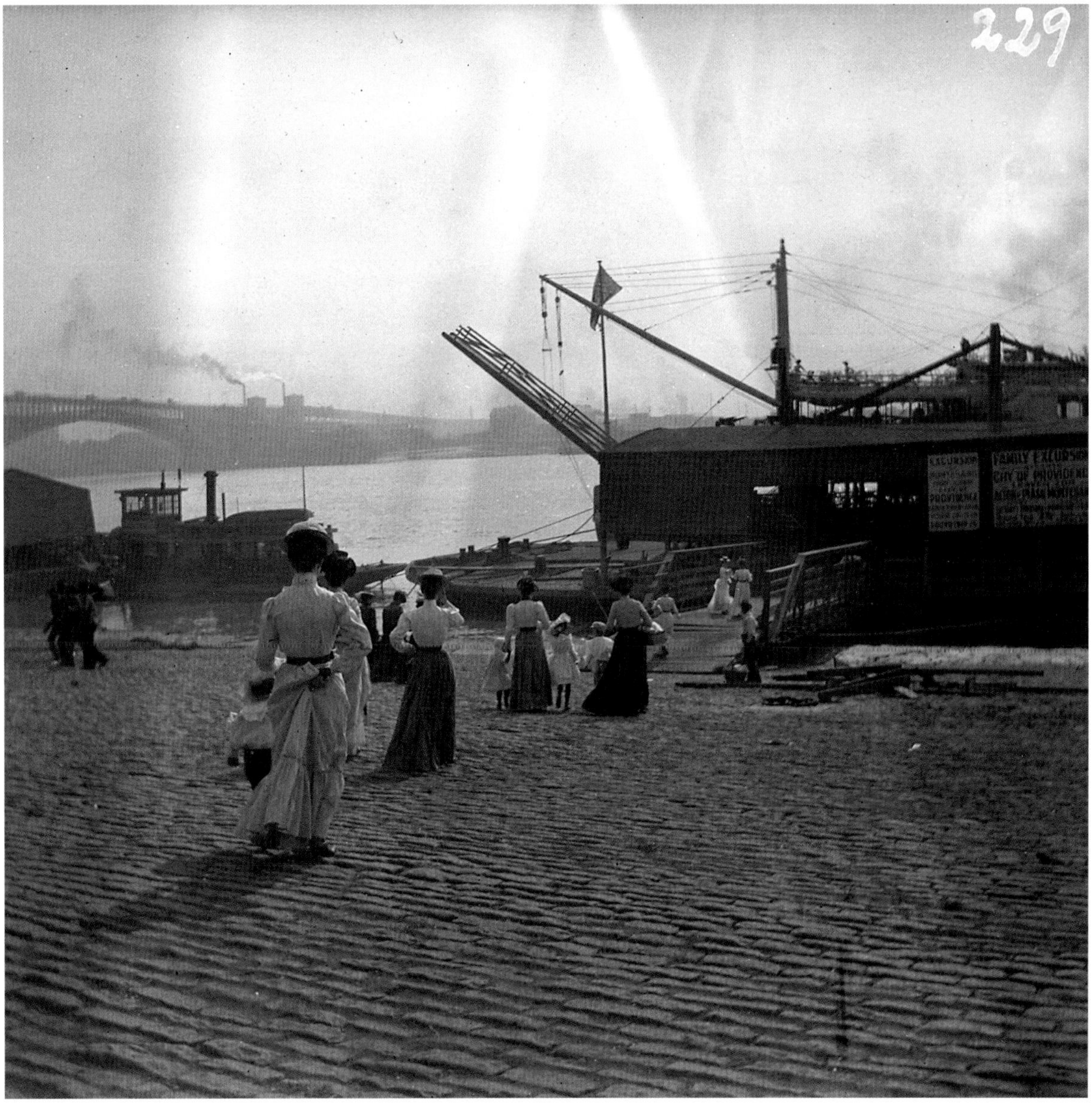

Kat. 26

Auf dem Weg zum Ausflugs-dampfer auf dem Mississippi, St. Louis, Missouri, 1900

Fotografie | Gabriele Münter- und Johannes Eichner-Stiftung, München, Inv.-Nr. 3761

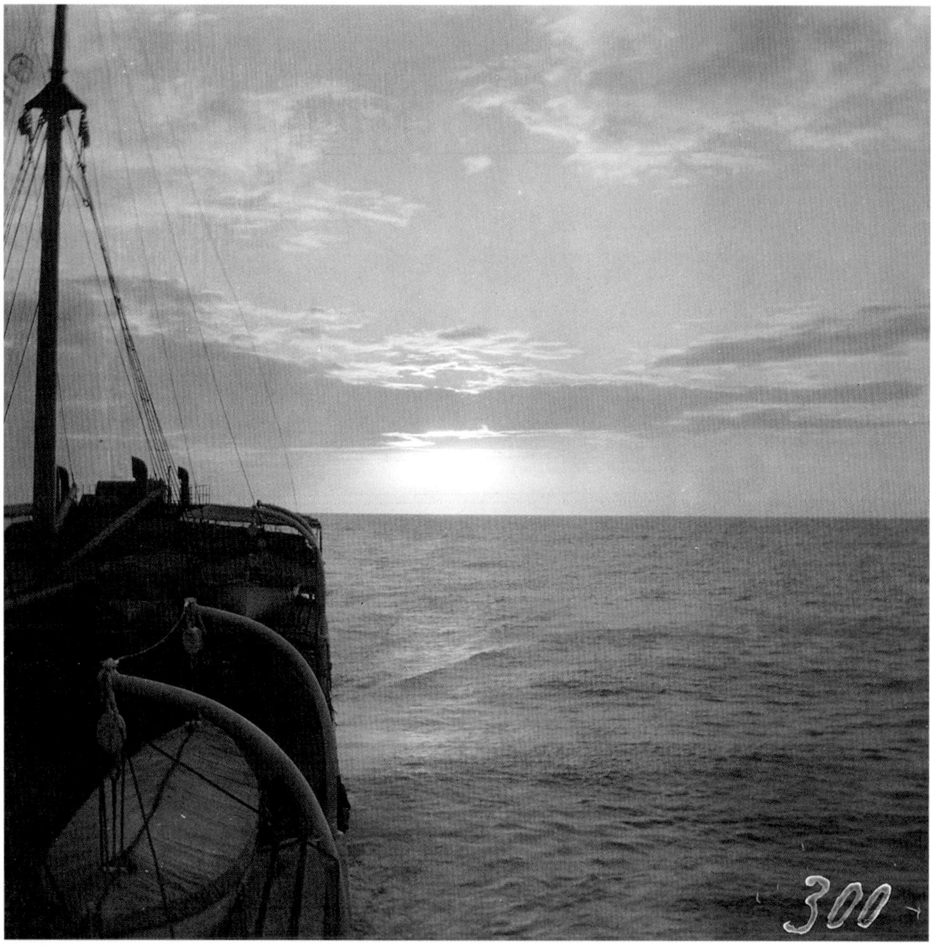

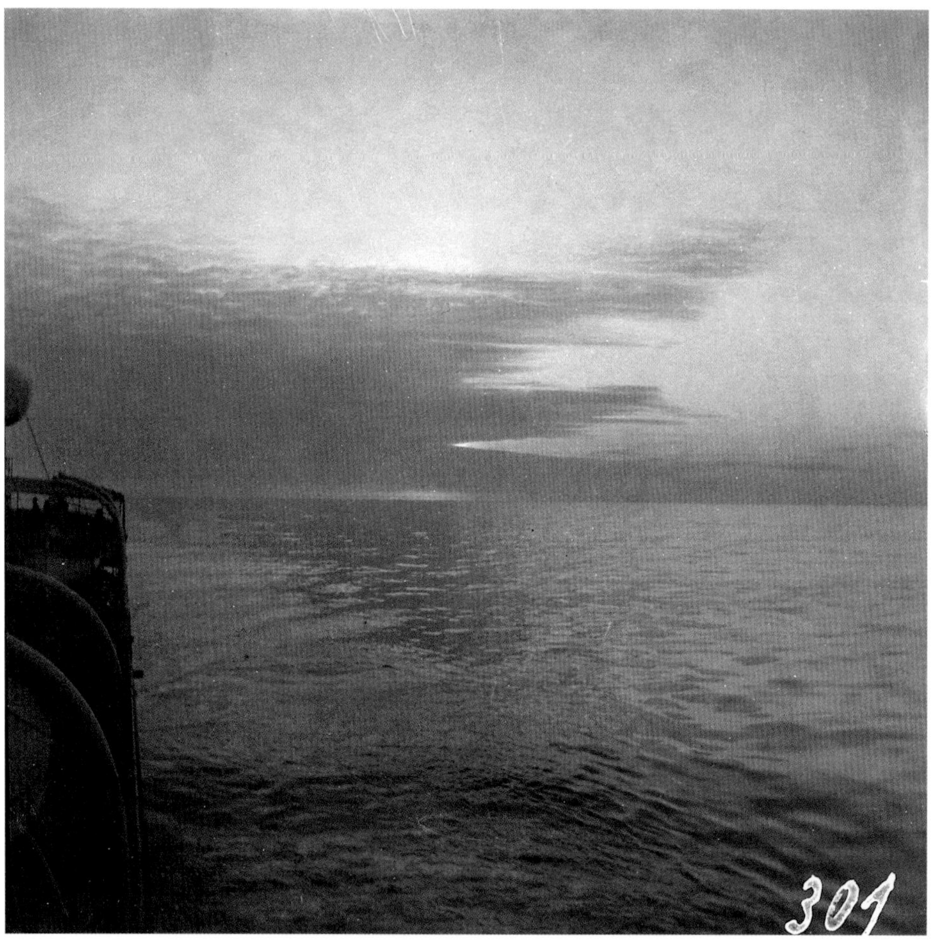

Kat. 27 und 28
Sonnenuntergang auf der Rückreise aus den USA, Dampfer »Pennsylvania«, Oktober 1900
Fotografie | Gabriele Münter- und Johannes Eichner-Stiftung, München, Inv.-Nr. 3834, 3835

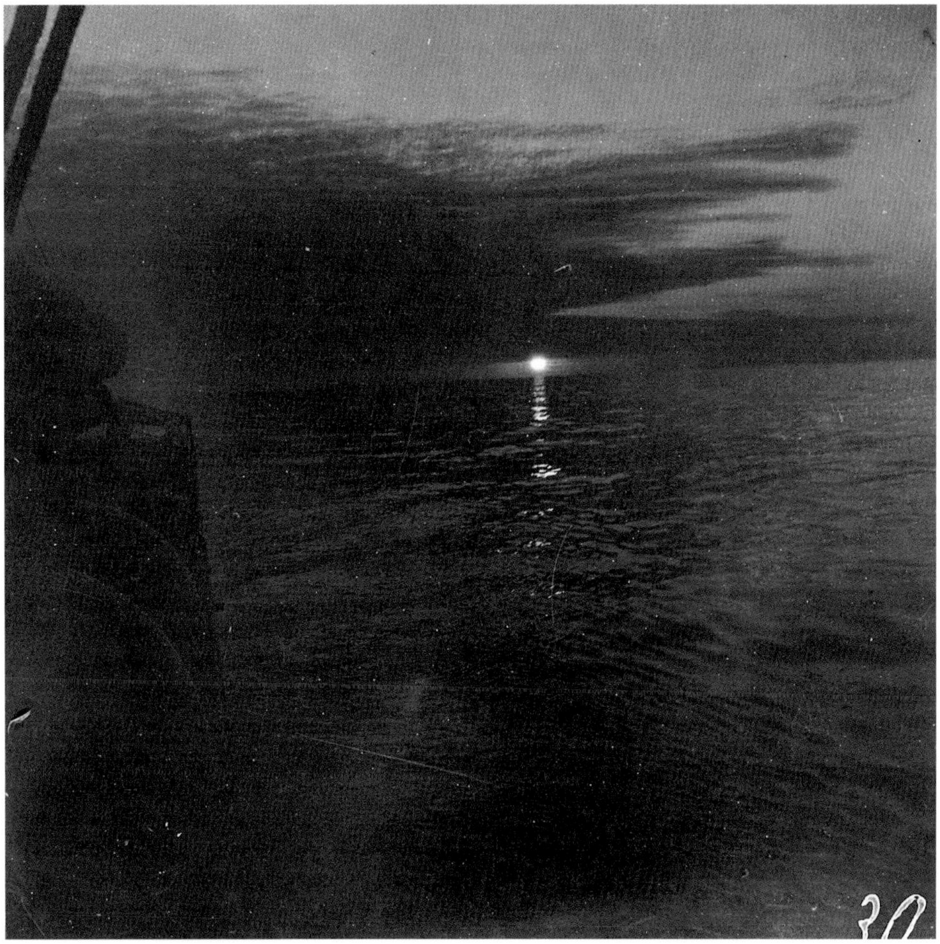

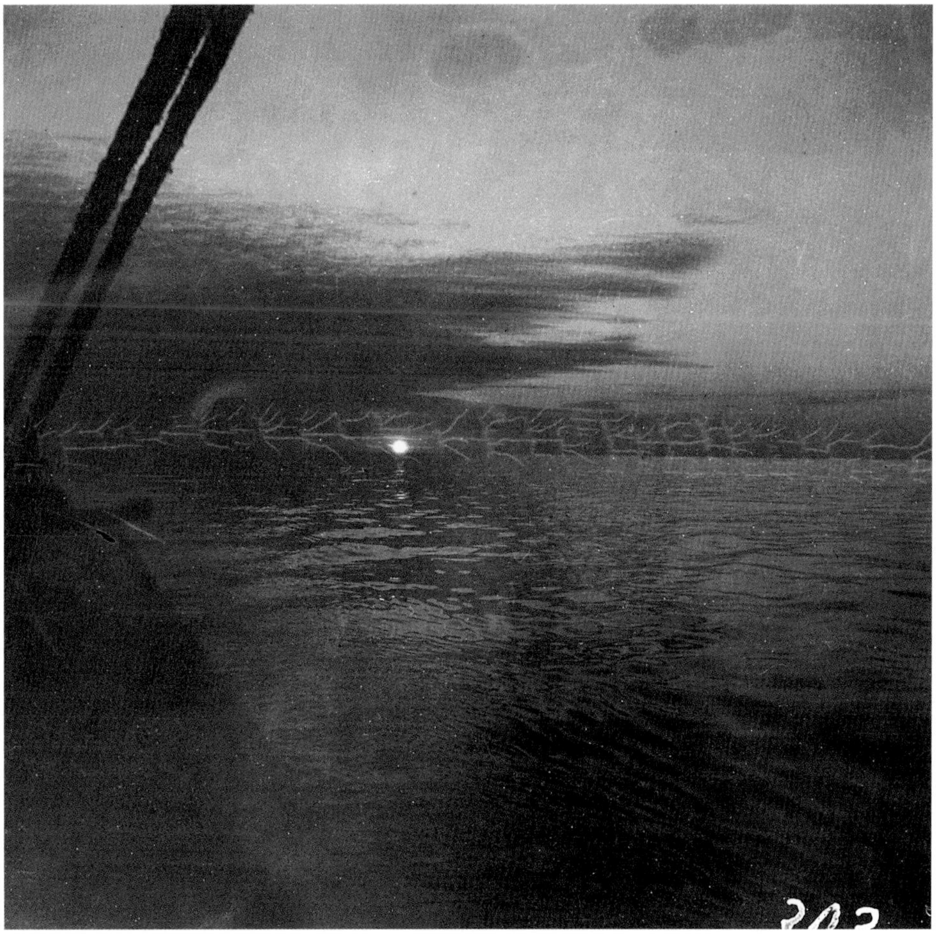

Kat. 29 und 30
Sonnenuntergang auf der Rückreise aus den USA, Dampfer »Pennsylvania«, Oktober 1900
Fotografie | Gabriele Münter- und Johannes Eichner-Stiftung, München,
Inv.-Nr. 3836, 3837

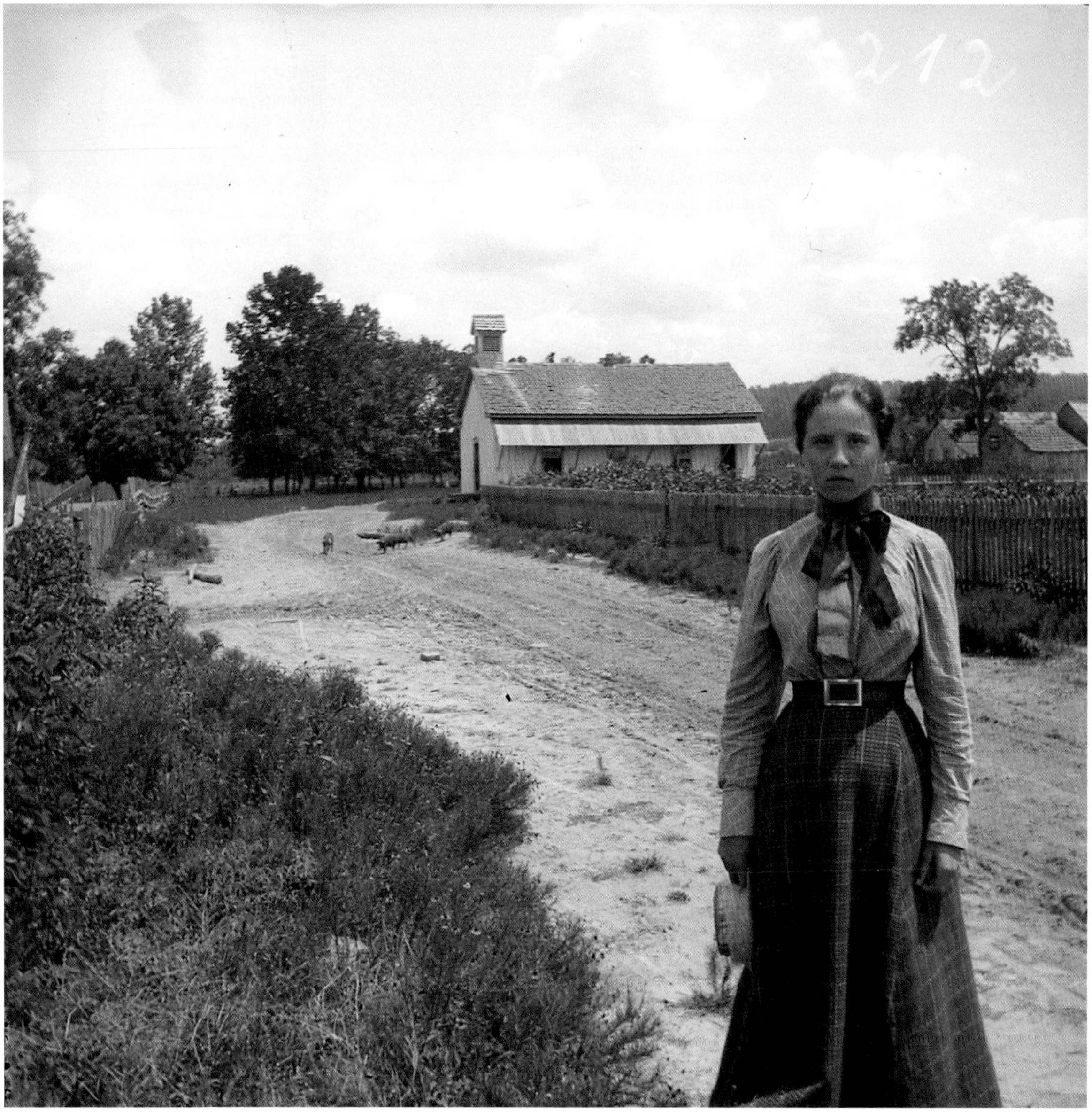

Kat. 31
Junge Frau bei Moorefield, Arkansas, 1899/1900
Fotografie | Gabriele Münter- und Johannes Eichner-Stiftung, München, Inv.-Nr. 3724

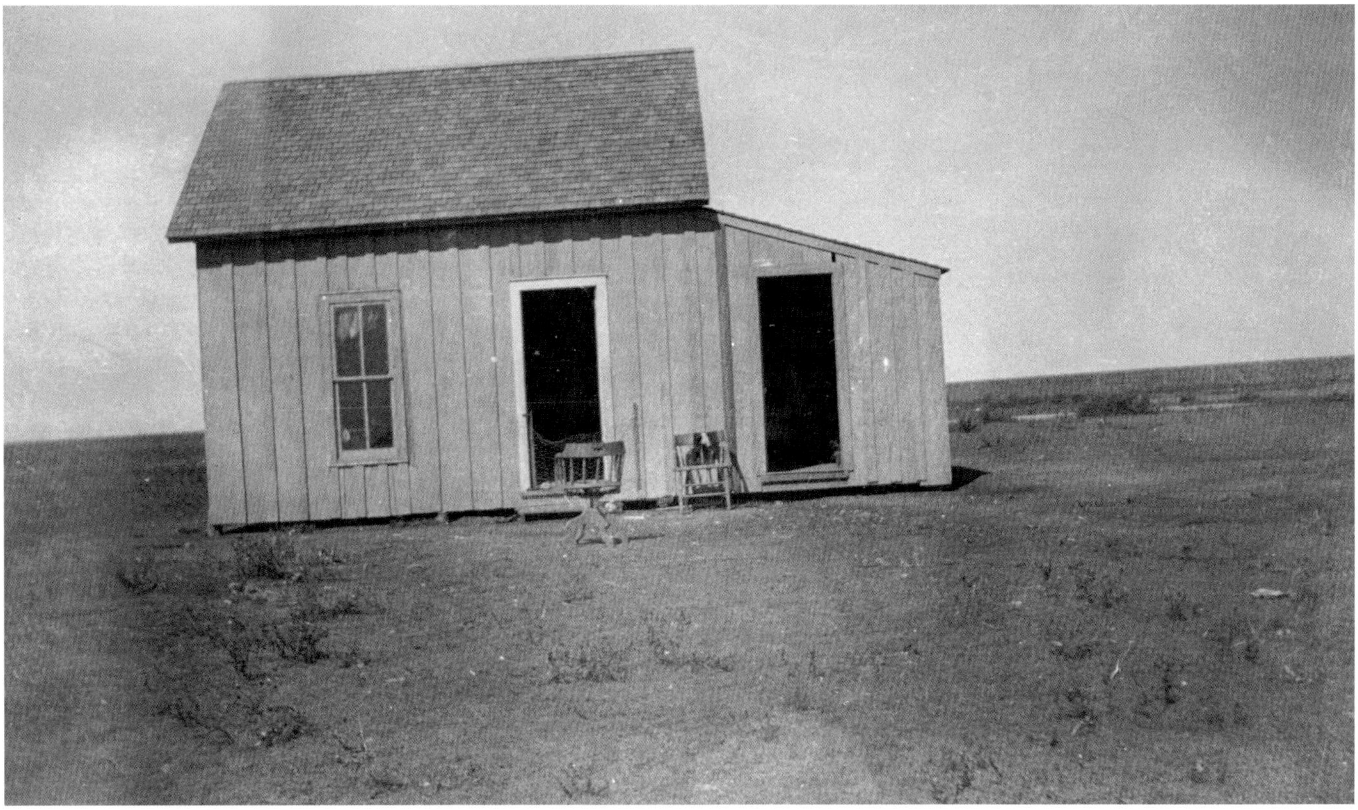

Kat. 32
»Home sweet home at aunt Annie's«, Plainview, Texas, 1899
Fotografie | Gabriele Münter- und Johannes Eichner-Stiftung, München, Inv.-Nr. 3919

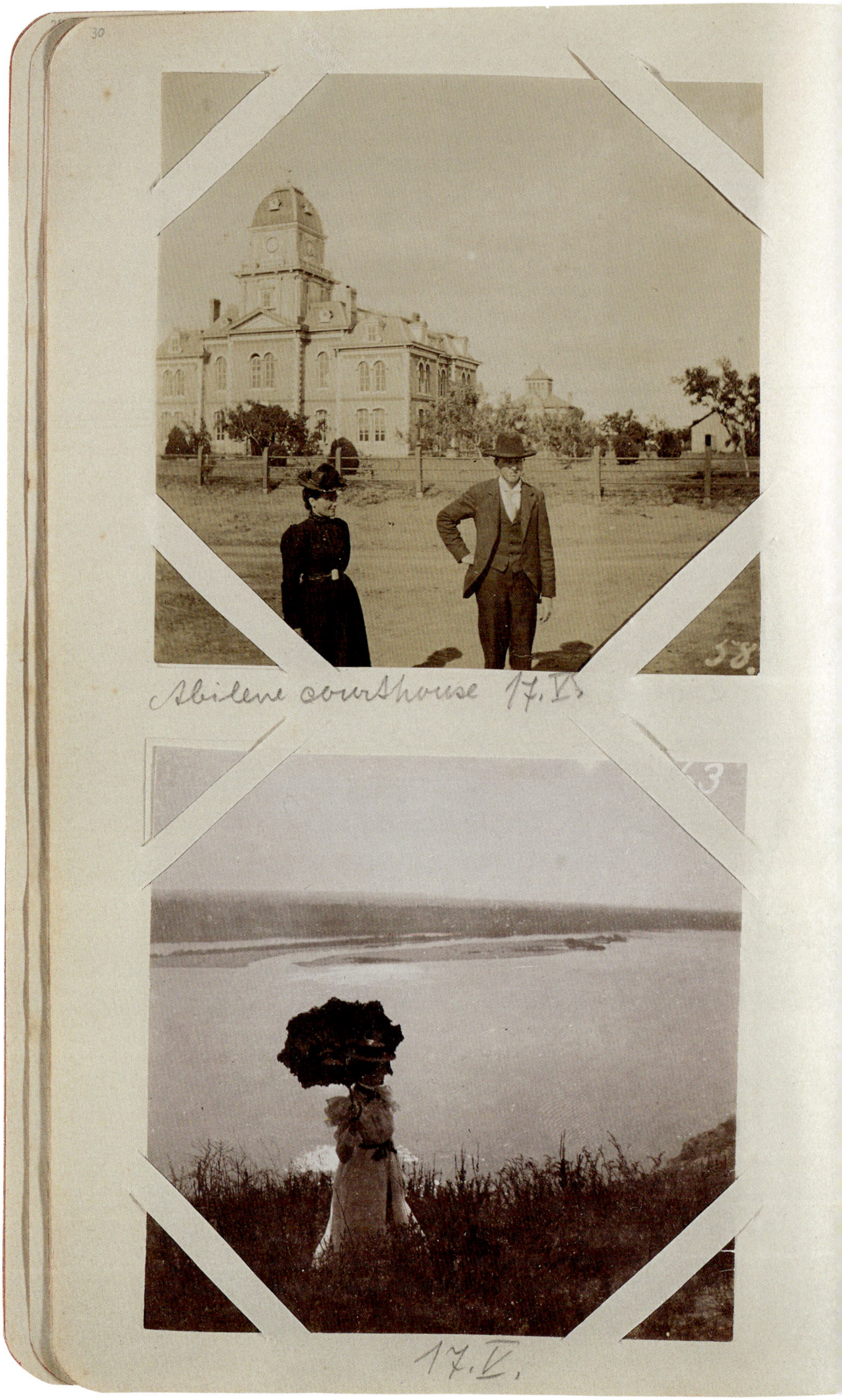

Kat. 33

Doppelseite aus dem von Gabriele Münter angelegten Fotoalbum der USA-Reise, um 1900

Gabriele Münter- und Johannes Eichner-Stiftung, München

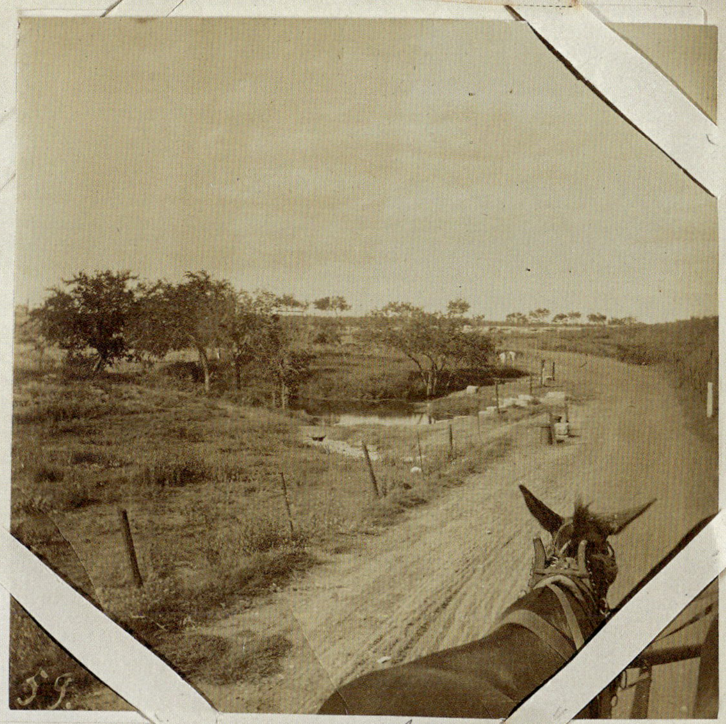

17.V.

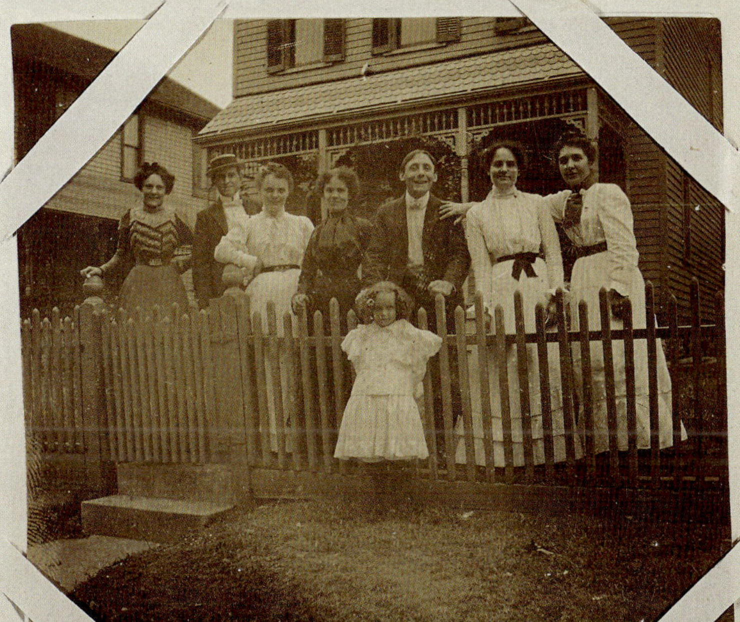

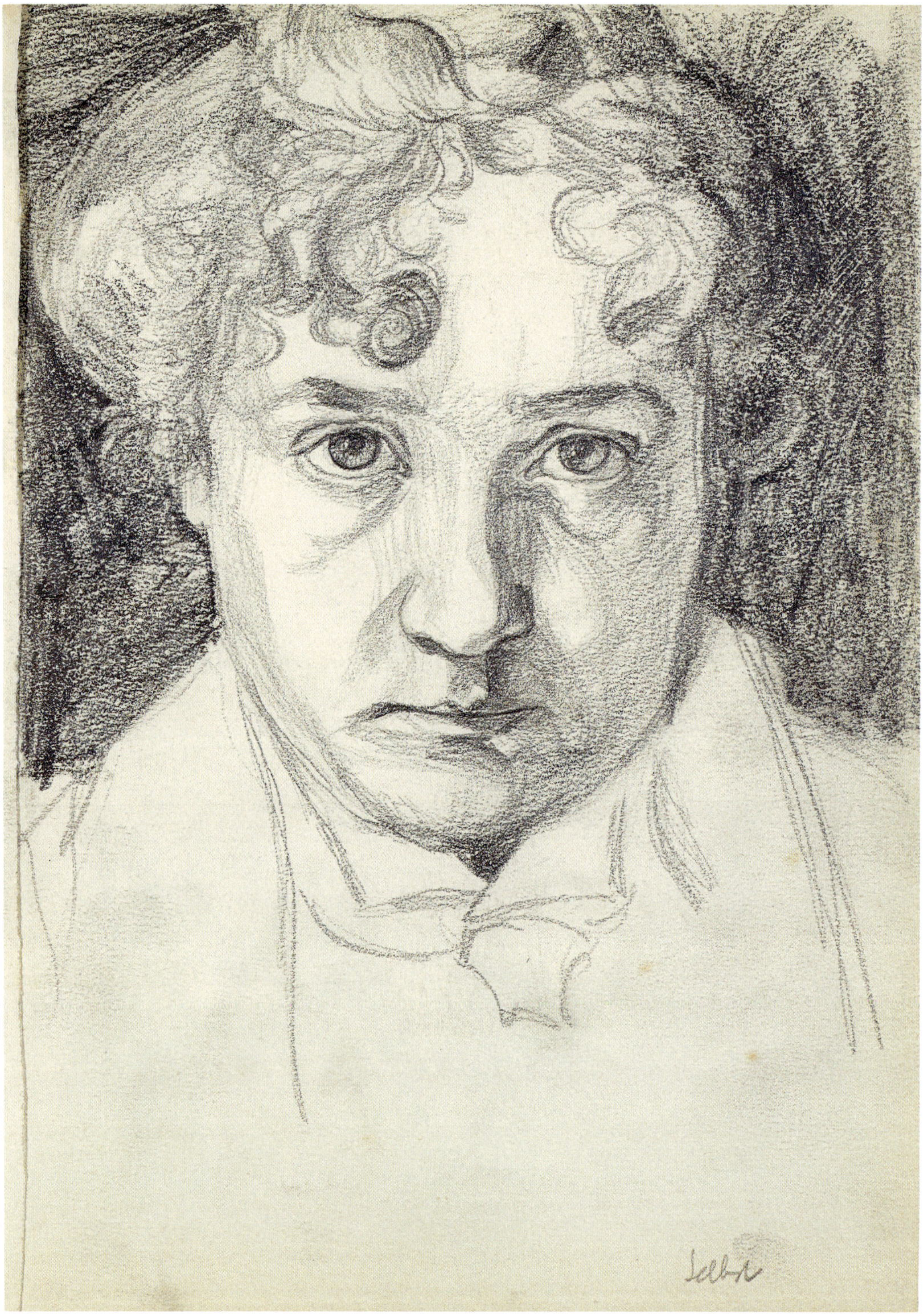

Kat. 34
»Selbst«, 1902
Bleistift, 19,5 × 13,7 cm | Gabriele Münter- und Johannes Eichner-Stiftung, München, Skizzenbuch, Inv.-Nr. Kon. 46/6, S. 33

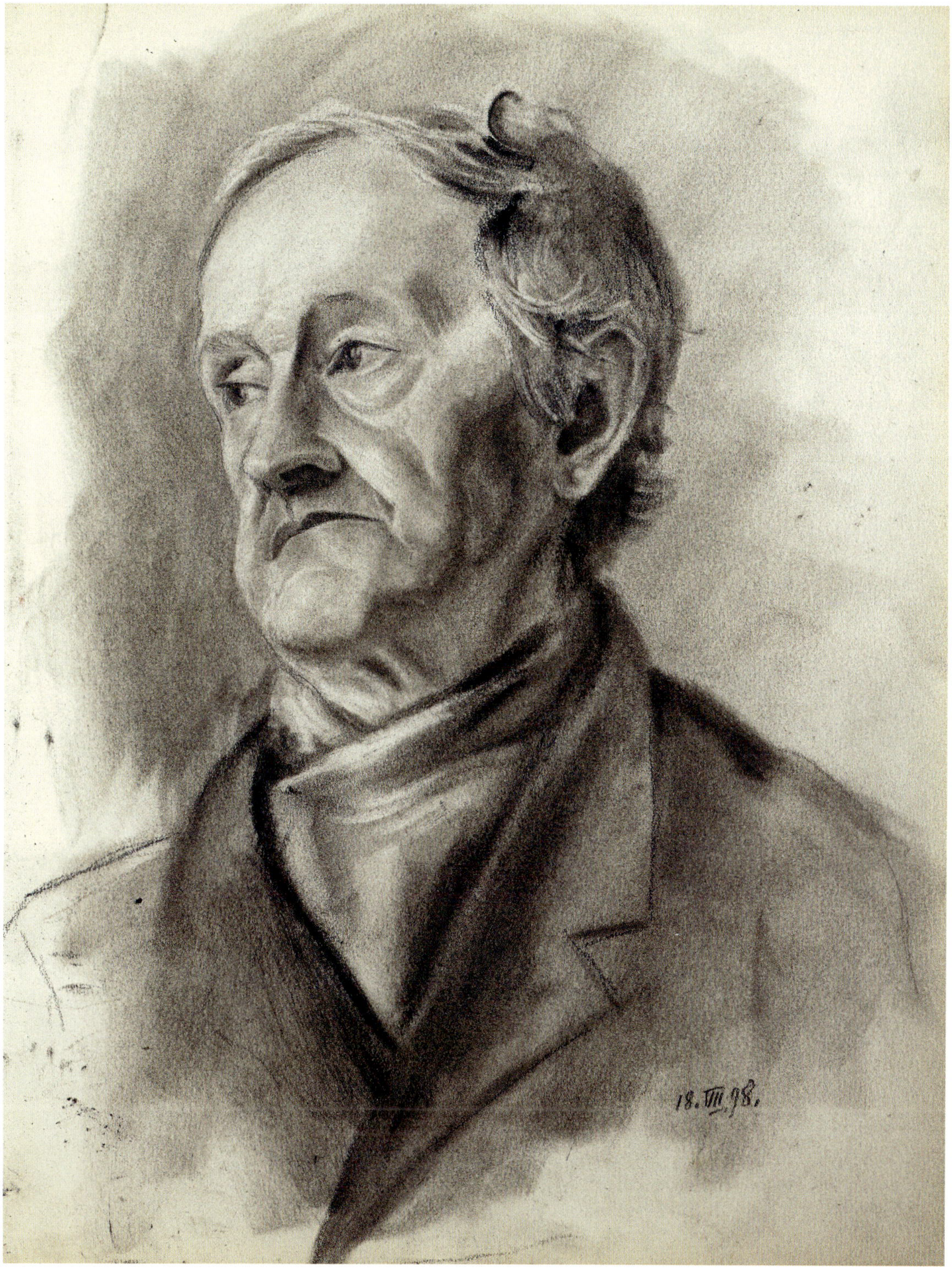

Kat. 35

Porträt eines Mannes, 1898

Schwarze Kreide, 31 × 23,5 cm | Gabriele Münter- und Johannes Eichner-Stiftung, München, Skizzenbuch, Inv.-Nr. Kon. 38/4, S. 25

»You have probably understood that I had always been mainly a plein-air painter …«[1]

In der Natur und unterwegs: Landschaften und Szenen im Freien

In der Natur und unterwegs: Landschaften und Szenen im Freien

»Die Sprache der Natur ist eine andere, als die Sprache der Kunst. Man kann von einer Sprache in die andre nur übersetzen, nicht abschreiben. Außer wörtlicher und freier Übersetzung gibt es noch die berechtigte Form der Umdichtung.«[2] Wie diesem programmatischen Zitat Gabriele Münters zu entnehmen ist, ging es der Künstlerin immer darum, eine adäquate künstlerische Transkription der Natur zu finden.[3]

Landschaften und Szenen im Freien nehmen von Anfang an einen bedeutenden Platz in ihrer Malerei ein. Bereits in den ersten Jahren dominieren sie gegenüber den anderen Sujets und sie inspirierten Münter so sehr, dass sie die Mehrzahl ihrer Gemälde ausmachen.

Das erste bekannte datierte Gemälde Münters ist eine Landschaft. Dieses Bild mit dem Titel *Bayerische Landschaft* entstand im Sommer 1902 während ihres Aufenthalts in Kochel mit Kandinskys Malklasse der ›Phalanx‹-Schule.[4] Den folgenden Sommer verbrachte die Klasse im oberpfälzischen Kallmünz. Dort realisierte Münter meistens kleinformatige Bilder, die die Gegend stimmungsvoll wiedergeben. Kat. 36 Zwischen ihr und Kandinsky entwickelte sich eine Liebesbeziehung, die besonders Kandinsky in eine schwierige Lage brachte, weil er bereits mit seiner Cousine Anja Schemjakina verheiratet war, die ihn nach München begleitet hatte. Um dieser Situation zu entkommen, begann das Künstlerpaar 1904 ausgedehnte Reisen zu unternehmen. Es fuhr zuerst nach Holland, wo es im Mai und Juni vier Wochen verbrachte. Die relativ geringe Anzahl von Gemälden mit holländischen Motiven führte Münter erst in ihrem Atelier in Deutschland nach den Skizzen aus, die sie in Holland gezeichnet hatte. Kat. 39; 40 Auch in Tunesien malte Münter wenig. Obwohl sich das Paar dort einige Monate vom 25. Dezember 1904 bis zum 5. April 1905 aufhielt, entstanden verhältnismäßig wenige Gemälde (rund 25), jedoch zahlreiche Skizzen und Fotografien – circa 180 Aufnahmen sind erhalten.[5] Neben den Ansichten mit der Darstellung von Küstenlandschaften und von weiten Ebenen mit vereinzelten Häusern hat Münter auch gerne die engen Gassen der tunesischen Städte mit ihren Torbögen gemalt und fotografiert.

Der nächste Ort, in dem beide Künstler sich länger aufhielten, war Rapallo. Ende 1905 mieteten sie sich in der kleinen ligurischen Stadt ein. Dort schuf Münter etwa 20 Gemälde, die die Küste, den Strand mit Booten und die Häfen von Rapallo sowie von benachbarten Dörfern zeigen. Im Mai 1906 reisten sie nach Paris weiter, wo sie ein ganzes Jahr lang blieben. Während Kandinsky zurückgezogen im Vorort Sèvres lebte, mietete Münter ein Zimmer im Künstlerviertel Montparnasse und besuchte dort einen Zeichenkurs an der Académie de la Grande Chaumière.[6] Obwohl ihr in dieser Zeit die Auseinandersetzung mit der Druckgrafik sehr wichtig war, widmete sie sich auch der Malerei. Abb. A Rund 70 Gemälde sind heute bekannt, die den Park von Saint-Cloud zu verschiedenen Jahreszeiten sowie etliche Straßenansichten von Sèvres und dem Nachbarort Bellevue mit den bürgerlichen Villen darstellen.

Das Gemälde *In Sèvres (Straße in Bellevue)* besteht aus einer Harmonie von wenigen Farben – Braun, Grau, Gelb, Grün und Blau –, die das sanfte Licht von Paris treffend wiedergeben. Kat. 51 Die Parkanlage von Saint-Cloud war auch Gegenstand einiger der wenigen Fotografien, die Münter während ihres Aufenthalts in der französischen Hauptstadt machte. Eine der Aufnahmen zeigt die gleiche Ansicht wie das Gemälde *Park von Saint-Cloud (Étude n°3)* und zwar den Blick von der Parkterrasse von Saint-Cloud auf Paris. Im Hintergrund ist der Eiffelturm zu erkennen. Abb. B; C Es stellt sich hier die Frage, ob Münter das Ölbild nach der Fotografie gemalt hat. Da es sich um eine Schwarz-Weiß-Fotografie handelt und somit die Angaben für eine farbige Umsetzung fehlen, ist dies jedoch nicht wahrscheinlich. Vorstellbar ist eher, dass die Künstlerin häufiger im Park von Saint-Cloud spazieren ging – er liegt in unmittelbarer Nähe von Sèvres – und dass sie dieses Motiv an mehreren Tagen fotografisch und malerisch festhielt. Eine ähnliche Arbeitsweise ist uns bereits von ihrem Malaufenthalt 1903 in Kallmünz bekannt.[7]

1
Roditi 1960, S. 148. »Daß ich selbst im wesentlichen immer eine ›Plein-air‹-Malerin geblieben bin, auch wenn ich Porträts und Stilleben malte, das haben Sie sicher bemerkt.« Deutsche Fassung aus Eduard Roditi: *Dialoge über Kunst. Mit einem autobiographischen Nachwort des Verfassers.* Aus dem Englischen übersetzt von A. E. Leroy und Nikolaus Bornhorn. Frankfurt am Main 1991, S. 221.

2
Gabriele Münter, undatierte Aufzeichnung, MES.

3
Der Begriff »Natur« kann für Münter eine erweiterte Bedeutung haben und zwar die der Wirklichkeit.

4
Siehe Kapitel »Das Werk vor der Malerei«, Abb. D, S. 18.

5
Eine Auswahl davon wurde ausgestellt und publiziert in: Ausst. Kat. München 2007.

6
Isabelle Jansen, »Gabriele Münter in Paris 1906 bis 1907«, in: Ausst. Kat. München/Bonn/Murnau 2000/01, S. 39–47.

7
Isabelle Jansen, »Fotografieren oder Malen? Das Wechselspiel zwischen Fotografie und Malerei im Frühwerk von Gabriele Münter«, in: Ausst. Kat. Kochel am See 2015, S. 150.

8
In unserer Ausstellung befinden sich zwei dieser Bilder: *Park von Saint-Cloud (Étude n°3)* und *Blick aus dem Fenster in Sèvres* Kat. 50; 52.

9
»Murnau und ich«, handschriftliches Manuskript von Gabriele Münter, Schloßmuseum Murnau, Inv.-Nr. 10462.

Der gezielte Einsatz kleiner Farbtupfen von Ultramarinblau ist bei den in Paris entstandenen Bildern erstmals in einem größeren Umfang zu beobachten. Diese für Münter bedeutende Farbe wird von da an in ihrer Malerei durchgängig präsent sein. Die Malerin muss mit ihren Gemälden zufrieden gewesen sein, da sie sich entschloss, sechs davon beim »Salon des Indépendants« im Frühjahr 1907 auszustellen.[8] Dieses Ereignis war für sie umso wichtiger, als sie überhaupt zum ersten Mal ihre Arbeiten der Öffentlichkeit präsentierte.

Stilistisch sind alle Bilder, die Münter anlässlich ihrer Reisen schuf, angefangen mit den Landschaften aus Kallmünz, ähnlich: Sie wurden mit pastos aufgetragener Farbe in einem spätimpressionistischen Stil gemalt. Es handelt sich meistens um kleine Leinwände – das Format 16 × 25 cm ist häufig anzutreffen –, die die Künstlerin oftmals auf eine Pappe aufzog.

1908 markiert das Ende der Reisejahre für Kandinsky und Münter. Sie entschieden, sich endgültig niederzulassen. Auf der Suche nach einem passenden Ort stießen sie im Juni auf den Marktflecken Murnau am Staffelsee. Kandinsky war zwar bereits 1904 dort gewesen, aber für Münter war es das erste Mal. 1957 beschrieb sie, wie sehr sie dieser Ort schon beim ersten Anblick fasziniert hatte: »Im Juni 1908 betrat ich auf einem Dreitage-Ausflug von München nach dem Starnberger See u. dem Staffelsee zum ersten mal den Ort, u. ich war entzückt. Die Jahre vorher hatte ich in Holland, Tunesien, Sachsen, Belgien, an der französischen Riviera, in Paris, der Schweiz, Berlin u. in der Gegend von Meran verbracht. Aber nirgends hatte ich eine solche Fülle von Ansichten vereint gesehen, wie hier in Murnau, zwischen See und Hochgebirge, zwischen Hügelland und Moos«.[9]

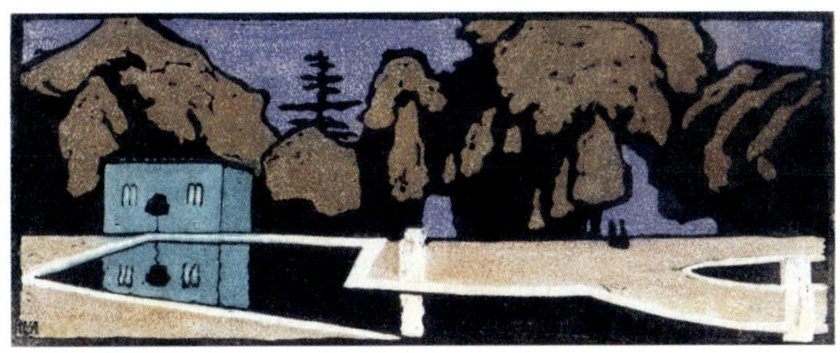

A **Parc Saint-Cloud, 1907**

Vermutlich Farblinolschnitt auf Japanpapier, ca. 12,2 × 26,3 cm | Städtische Galerie im Lenbachhaus und Kunstbau München, Inv.-Nr. GMS 828

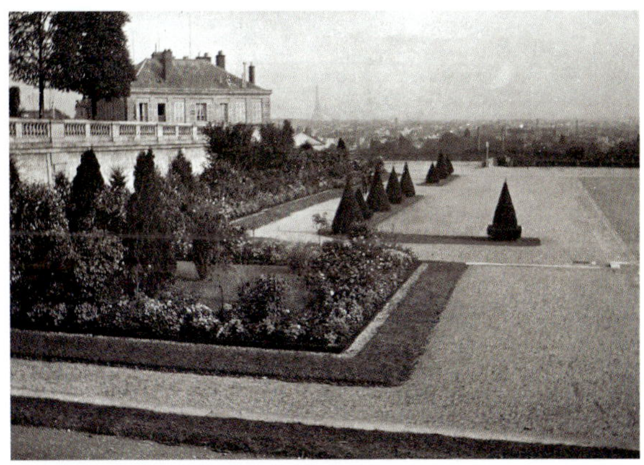

B **Parkterrasse von Saint-Cloud, Blick auf Paris, um 1906**

Fotografie von Gabriele Münter | Gabriele Münter- und Johannes Eichner-Stiftung, München, Inv.-Nr. 2822

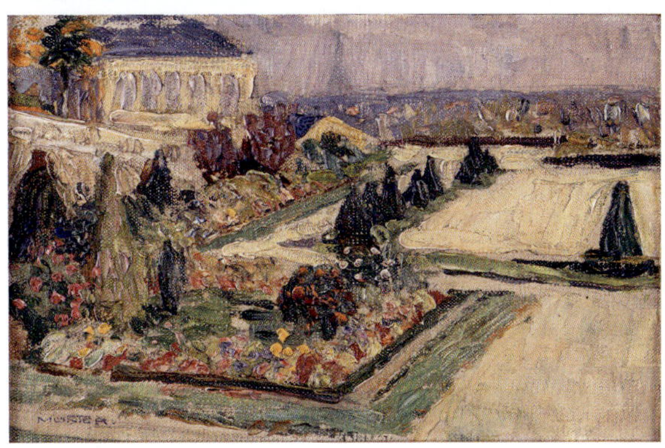

C **Park von Saint-Cloud (Étude n°3), 1906**

Öl auf Leinwand, auf Pappe, 22,2 × 34 cm | Privatbesitz

Im August 1908 fuhren Münter und Kandinsky erneut nach Murnau und verbrachten dort ein paar Wochen zusammen mit Alexej von Jawlensky (1864–1941) und Marianne von Werefkin (1860–1938). Beide Paare logierten im Gasthof Griesbräu am Obermarkt und arbeiteten intensiv zusammen. Die Bedeutung dieser Malwochen im künstlerischen Schaffen von Münter ist bekannt. Sie berichtete rückblickend: »Ich hatte zum Spachtel gegriffen, weil ich mit dem Pinsel nichts klares, erfreuliches zustande brachte. Ich wollte aber mit Pinsel malen. u. etwas größere Formate, als die Studien von 1903–6. Da schien es plötzlich – ich stand im Griesbräu am Fenster u. war deprimiert – als wenn ›ein Knopf aufginge‹ zu einer Befreiung. Von da an nahm ich den Studien schiebekasten 6 f (K hatte einen länglicheren – 8 p) ging auf Landschaft, die Augen waren aufgegangen – ich sah u. malte«.[10] Zwei Gemälde sind das unmittelbare Ergebnis dieses Erlebnisses: *Aussicht vom Griesbräu-Fenster* und *Vom Griesbräu-Fenster*. Kat. 56; 55 Sie sind zwar gleich groß, unterscheiden sich aber sowohl im Format – eins ist ein Querformat, das andere ein Hochformat – als auch in der Wiedergabe des Motivs. Während bei dem hochformatigen Bild die Dächer prominent dargestellt und sehr nah herangerückt sind, wählte Münter für das andere Gemälde einen Fokus, der die Häuser in größerer Entfernung zeigt, sodass die farbigen Hausfassaden zu sehen sind und man die Straße erahnen kann. Auch die Alpenkette im Hintergrund erscheint weniger schemenhaft. Eine kleine Studie mit diesem Sujet fertigte Münter vermutlich vorab. Dafür verwendete sie die gleichen technischen Mittel wie bei den während der Reisejahre entstandenen Bildern: Die kleinformatige Leinwand ist auf Pappe aufgezogen und die Farbe scheint ziemlich pastos aufgetragen zu sein.[11]

Die oben angeführten Zeilen über den Anlass des Wandels in Münters Malerei mögen anekdotisch klingen, machen aber die plötzliche und radikale Stiländerung nachvollziehbar. Es ist tatsächlich erstaunlich, wie die Künstlerin von einer spätimpressionistischen Malweise mit pastosem Farbauftrag und kleinen Pinselstrichen fast übergangslos zu einer neuen Bildsprache wechselte, die sich durch vereinfachte Formen und große Flächen von starken und flüssig mit dem Pinsel auf die Pappe aufgetragenen Farben charakterisieren lässt. Ihre enge Zusammenarbeit mit Jawlensky während der Murnauer Malwochen war dabei sicher von Bedeutung.[12] Der russische Maler war damals selbst bereits zu einer Flächenmalerei gelangt, sodass er seine Kenntnisse weitervermitteln konnte. Allerdings hatte sich Münters Stilwandel zum Teil auch bereits in manchen Porträts von Anfang 1908 aus der Zeit ihres Berliner Aufenthalts und in den Gemälden von April bis Juni 1908 angekündigt, die Ausblicke von Lana bei Meran über das Etschtal zeigen.[13] Kat. 53; 54

Den endgültigen Durchbruch zu einer vereinfachten und flächigen Malweise vollzog die Künstlerin aber erst in Murnau. Inspiriert durch das oben zitierte Erlebnis im Griesbräu, streifte sie wie befreit in der Natur umher und malte, was ihr gefiel. Tatsächlich realisierte sie in diesen Wochen zahlreiche Landschaftsdarstellungen auf Pappe in dem für sie gängigen Format 33 × 41 cm.

Ihre neu errungene Bildsprache setzte Münter jedoch nicht kontinuierlich ein, sondern verwendete verschiedene Malweisen gleichzeitig, je nach Art der Darstellung.[14] Während bei der *Landschaft mit Hütte im Abendrot* (1908) die Farbe eine ziemlich dichte und kompakte Schicht bildet, ist sie bei dem *Holzhauer (Pfarrgasse mit Holzhacker)* (1909) in einer aufgelockerten Weise aufgetragen, sodass die Pappe durchscheint. Daraus resultiert eine gewisse Unruhe, die die Bedrohung durch die dunklen Quellwolken verstärkt. Kat. 60; 65 Bei der *Landschaft mit Hütte im Abendrot* ist dagegen die Stimmung eine stille und das Bild strahlt Ruhe aus. Wiederum ganz anders wirkt *Haus in Schwabing* (1911). Kat. 68 Münter führte das für sie auffallend große Gemälde in zurückhaltenden Farben nach einer kleinen Studie aus, die sie vor dem Motiv angefertigt hatte. Abb. D Die Komposition ist ungewöhnlich: Der Vordergrund, der die untere Hälfte einnimmt, besteht aus einer Straße und einer Erderhöhung, die ziemlich abstrahiert wiedergegeben sind. Im Hintergrund steht ein einsames Haus vor einer nur vage angedeuteten Form.

10
Gabriele Münter, undatierte Aufzeichnung, MES. 6 f und 8 p bezeichnen Formate von Bildträgern in Frankreich. 6 f bedeutet ›6 Figure‹ und entspricht dem Format 41 × 33 cm, 8 p bedeutet ›8 Paysage‹ und entspricht dem Format 46 × 33 cm. Zu diesem Stilwandel siehe ebenfalls Kapitel »Der ›Primitivismus‹«, S. 142.

11
Murnau vom Griesbräu aus, 1908, textiler Bildträger auf Pappe aufgezogen, 17,8 × 26 cm, Standort unbekannt.

12
Siehe zur Rolle von Jawlensky Kapitel »Der ›Primitivismus‹«, S. 142.

13
Siehe Kapitel »Das Porträt«, S. 100. Helena Pereña, »›…In bester Stimmung auf unserer Tour…‹ Münter (1908), Kandinsky (1908, 1914) und Marc (1913) in Südtirol«, in: Ausst. Kat. Innsbruck 2014, S. 139–144, hier S. 140.

14
Siehe Kapitel »Das Porträt«, S. 100.

15
Ausst. Kat. Milwaukee/Columbus/Richmond/San Antonio 1997–99, S. 146ff.

16
Mühling/Jansen 2014.

Diese Beispiele sind exemplarisch für Münters Naturauffassung. Es handelt sich durchweg um eine domestizierte Natur, in der die Spuren des Menschen in Form von Architekturen – Häusern, Kirchen, Burgen – oder durch seine eigene Präsenz gekennzeichnet sind.[15] Das wird besonders deutlich in ihren Landschaften aus Skandinavien, in denen das Sujet des Menschen an Bedeutung gewann. Immer wieder nahmen menschliche Figuren einen wichtigen Platz in der Komposition ein, wie beispielsweise bei den Strandszenen vom Sommer 1919 in Dänemark. Kat. 82; 83

1909 erwarb Münter in Murnau ein Haus, das sie und Kandinsky für ausgedehnte Aufenthalte vor allem im Sommer bewohnten.[16] Obwohl der Garten eine nicht unwesentliche Rolle in Kandinskys und Münters Leben spielte, hat ihn die Künstlerin erstaunlicherweise selten gemalt. Das Bild *Im Garten in Murnau*, in dem sie sich mit einem Eimer in den üppigen Beeten dargestellt hat, ist eine schöne Ausnahme aus der Vorkriegszeit. Kat. 67 1931 nahm sie das Motiv wieder auf und bildete dieses Mal ihren Lebensgefährten seit 1928, Johannes Eichner (1886–1958), bei der Gartenarbeit ab. Abb. E

Der Ausbruch des Ersten Weltkriegs bedeutete sowohl für Münter als auch für Kandinsky eine grundlegende Zäsur. Da Kandinsky als Angehöriger einer ›Feindesmacht‹ nicht mehr in Deutschland geduldet wurde, reisten die beiden zunächst gemeinsam in die Schweiz aus. Im November 1914 kehrte Kandinsky nach Russland zurück, wo er 1917 Nina Andrejewskaja heiratete. Münter verließ die Schweiz Anfang 1915, blieb für einige Monate in München und reiste im Sommer desselben Jahres nach Skandinavien, wo sie fast fünf Jahre verbrachte. Nach ihrer Rückkehr nach Deutschland im Februar 1920 lebte sie zuerst abwechselnd in München, Murnau, auf Schloss Elmau und in Köln. 1925 siedelte sie nach Berlin über, wo sie wieder Anschluss an das Kunstleben fand und die Malschule von Arthur Segal (1875–1944) besuchte.

D **Haus in Schwabing, um 1911**
Öl auf Pappe, 25,3 × 27,8 cm | Privatsammlung, London

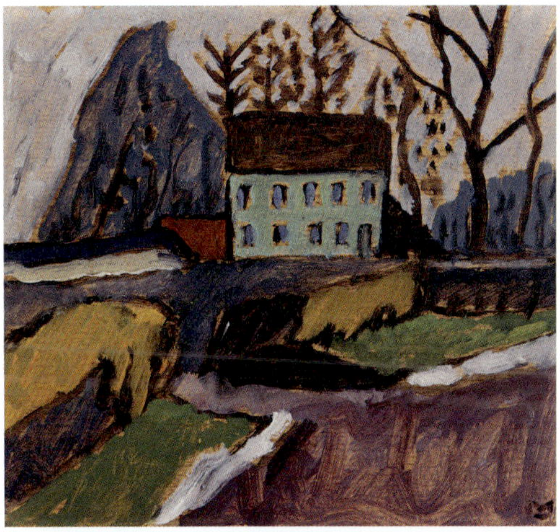

E **Mein Garten, 1931**
Öl auf Leinwand, 46 × 55 cm | Privatbesitz

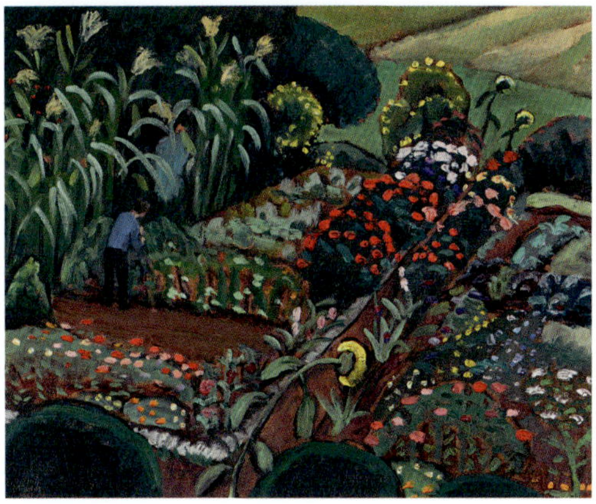

Nicht zuletzt aufgrund der häufigen Ortswechsel hat Münter während der 1920er-Jahre wenig gemalt; sie bevorzugte die Zeichnung, ein weniger aufwendiges Verfahren.[17] Jedoch entstanden auch in dieser Zeit einige Landschaftsgemälde, von denen der Großteil Ansichten Murnaus oder der umliegenden Gegend darstellt. Andere schuf sie anlässlich ihrer Reisen, wie zum Beispiel die *Lauensteiner Landschaft mit roten Kindern* von 1928, die in einem naiven Stil wiedergegeben ist, im Gegensatz zu dem *Ramsach Kirchlein* ebenfalls von 1928, das vom Bildaufbau konventioneller wirkt. Kat. 71; 72

Mit der Wende zum neuen Jahrzehnt lässt sich ein deutlicher Anstieg in Münters künstlerischer Produktion verzeichnen, angefangen während eines ausgedehnten Aufenthalts in Paris zwischen Oktober 1929 und September 1930. Im Anschluss unternahm sie mit ihrem neuen Lebensgefährten Johannes Eichner eine Reise durch Südfrankreich nach Sanary-sur-Mer, das seit mehr als zwei Jahrzehnten ein Anziehungspunkt für SchriftstellerInnen und KünstlerInnen aus ganz Europa war und wo sie häufiger den Maler Hans Purrmann (1880–1966) traf. Dort und in der Umgebung entstanden zum Teil großformatige Bilder wie *An der Mauer (Bandol)*, das ein Motiv aus dem nahegelegenen Hafenstädtchen Bandol zeigt. Kat. 85

1931 wurde Münter endgültig in Murnau sesshaft. Hier setzte sich die vermehrte malerische Produktion, die ein Jahr zuvor in Paris begonnen hatte, fort. Der Ort und die Umgebung blieben von da an im Mittelpunkt ihrer Arbeit, denn, wie sie schrieb: »Es gibt Motive, die packen einen u. man will sie wieder packen – u. Motive, die regen an, was draus zu machen, sie sind selbst nicht fertig. So möchte ich das gleich nochmal fressen, wie es da steht in hell u. sauber – aus dem Chaos eine Ordnung machen. Synthese. Variationen spielen«.[18] In diesem Satz sind zwei wichtige Merkmale genannt, die das künstlerische Schaffen Münters kennzeichnen und miteinander verbunden sind: die Lust an der Selbstwiederholung und die Lust, am Motiv zu arbeiten, bis das Ergebnis ihrem hohen Anspruch genügte. Ein weiteres bedeutendes Charakteristikum ihres Arbeitsprozesses, das auch dem Zitat zu entnehmen ist, besteht darin, dass Münter nie auf der Suche nach Sujets war. Sie fand sie ganz ohne Mühe und zwar meistens in ihrem unmittelbaren Umfeld.[19]

17
Als Grund ihrer reduzierten malerischen Aktivität in diesem Jahrzehnt wird meistens ausschließlich ihre Trennung von Kandinsky angegeben. Nicht nur ihre Trennung und ihr unstetes Leben spielten eine Rolle, sondern vor allem die Tatsache, dass Münter sich nach fünf Jahren Abwesenheit in Deutschland erst wieder zurechtfinden musste. Sie war nun allein, privat sowie beruflich. Außerdem hatte sie während ihrer Berliner Jahre nur sporadisch ein eigenes Atelier. Vor dem Krieg und auch während ihres Skandinavienaufenthalts war sie dagegen beinahe durchgehend von Künstlerinnen und Künstlern umgeben gewesen.

18
Eintrag in ihrem Kalender am 20.9.1941. In: Ausst. Kat. Milwaukee/Columbus/Richmond/San Antonio 1997–99, S. 147.

19
Siehe Kapitel »Das Werk vor der Malerei«, S. 17.

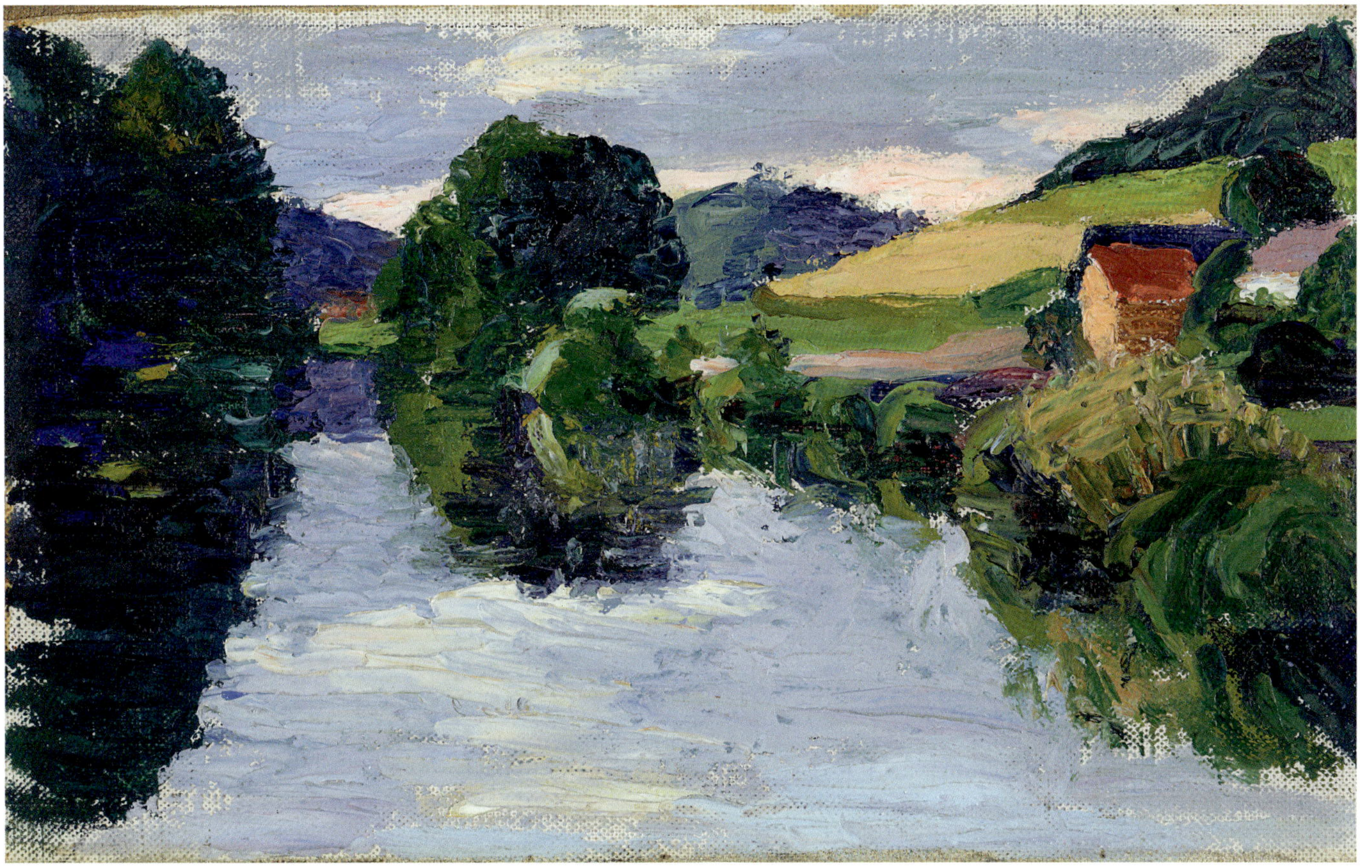

Kat. 36
Sommertag, 1903
Öl auf Leinwand, 18,5 × 29 cm |
Privatsammlung Württemberg

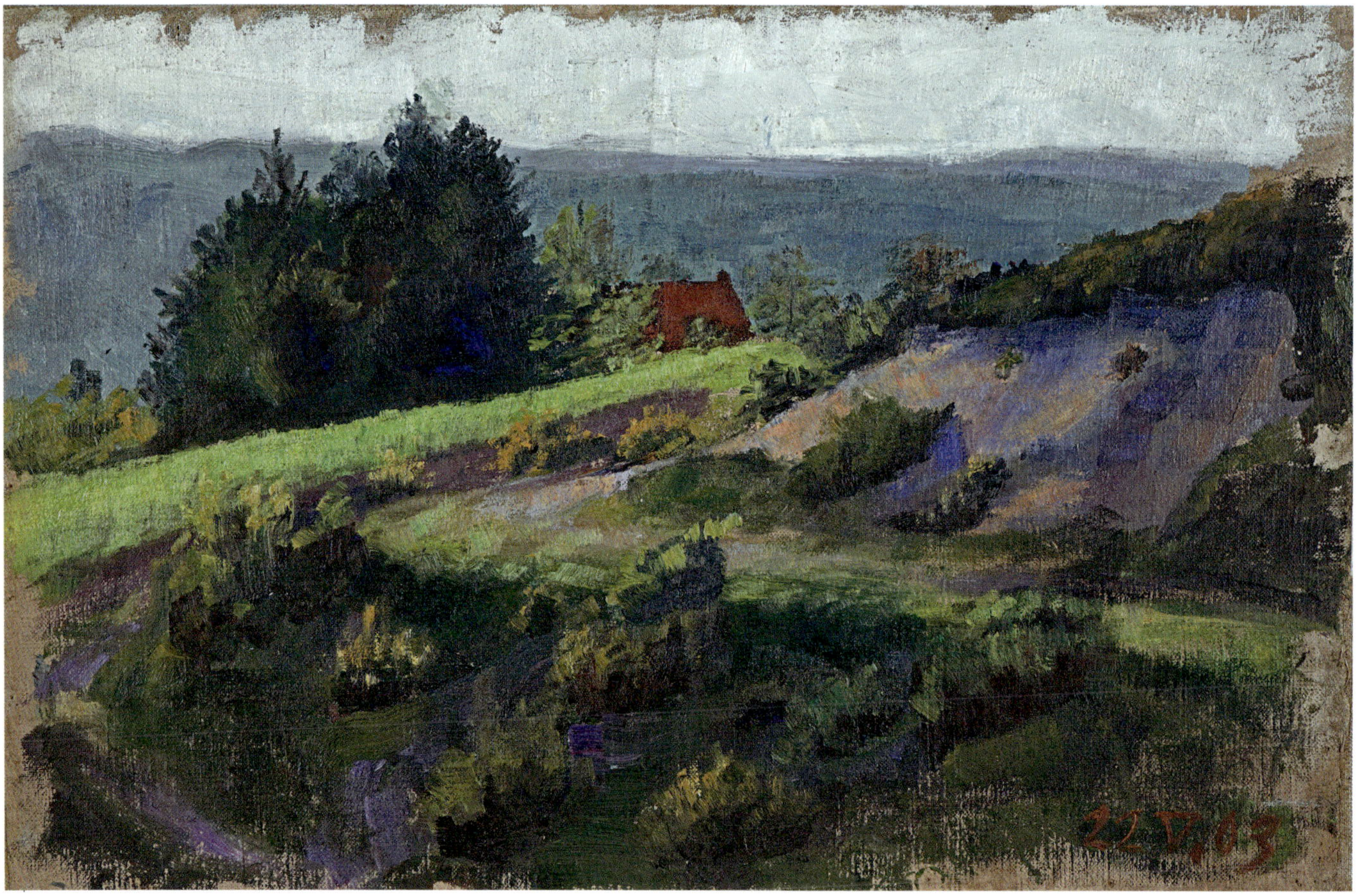

Kat. 37
Westfälische Landschaft mit rotem Haus, 1903
Textiler Bildträger, ca. 31,5 × 47,2 cm | Gabriele Münter- und Johannes Eichner-Stiftung, München, Inv.-Nr. L 660

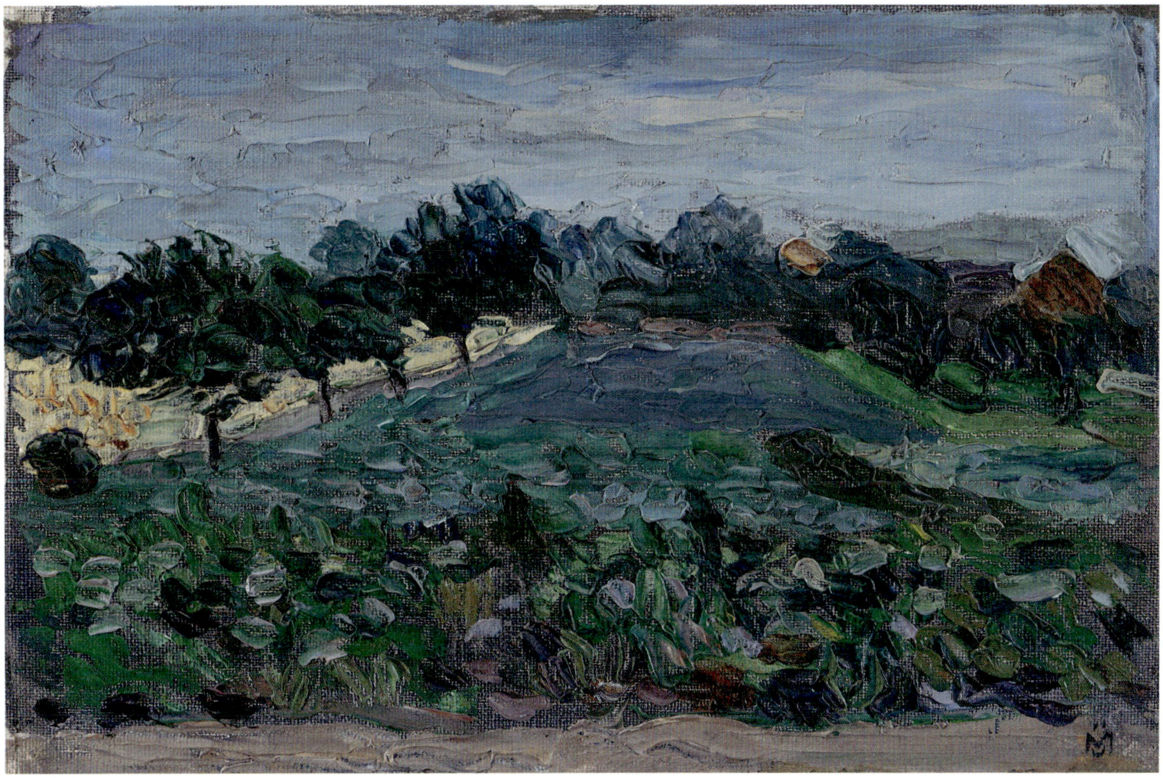

Kat. 38
Landschaft in Sachsen, 1905
Öl auf Leinwand, 18,2 × 26,2 cm |
Dauerleihgabe aus Privatbesitz im
Schloßmuseum Murnau

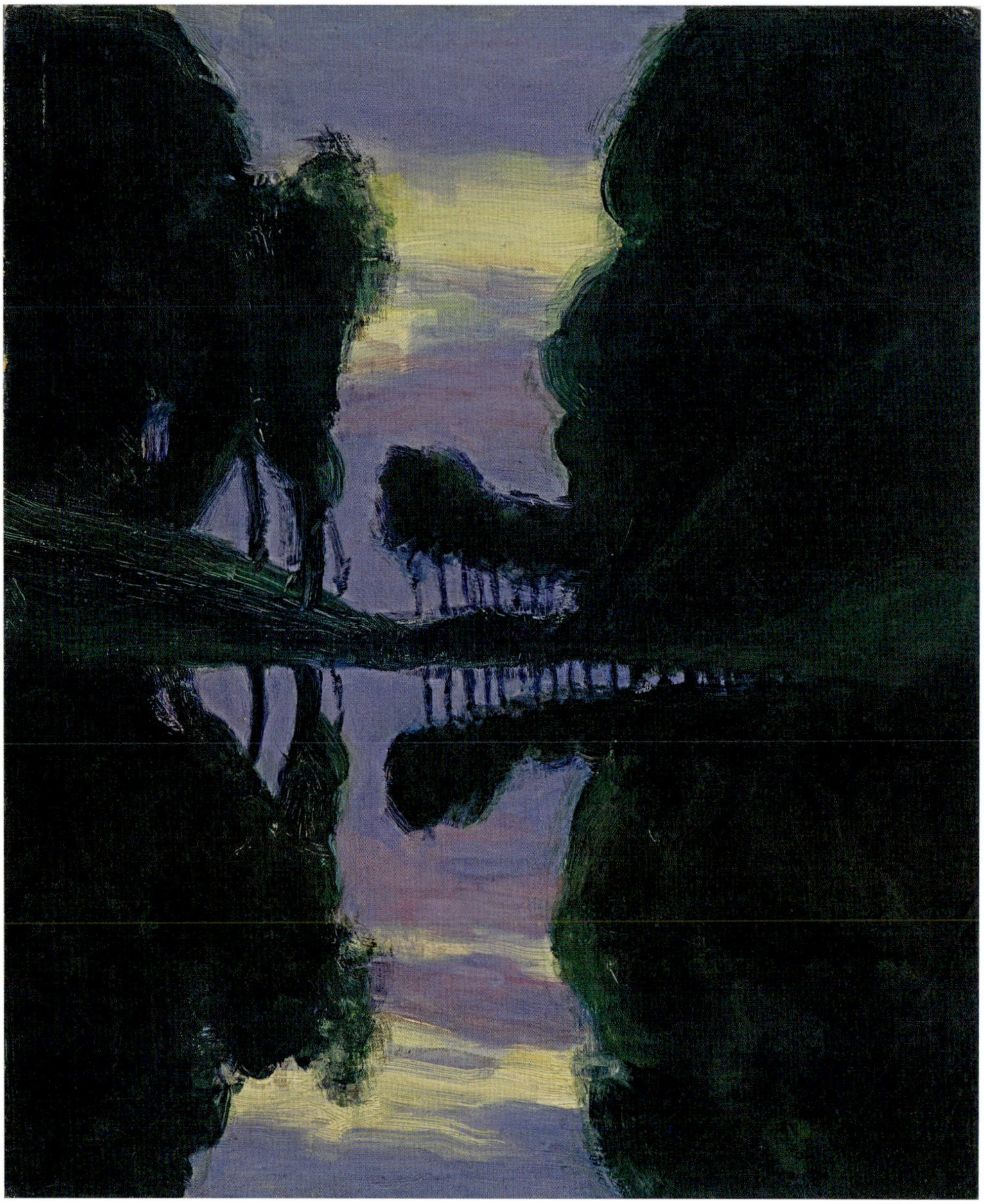

Kat. 39
Holland (Edam), 1904
Pappe, 27 × 22 cm | Gabriele Münter- und Johannes Eichner-Stiftung, München, Inv.-Nr. L 440

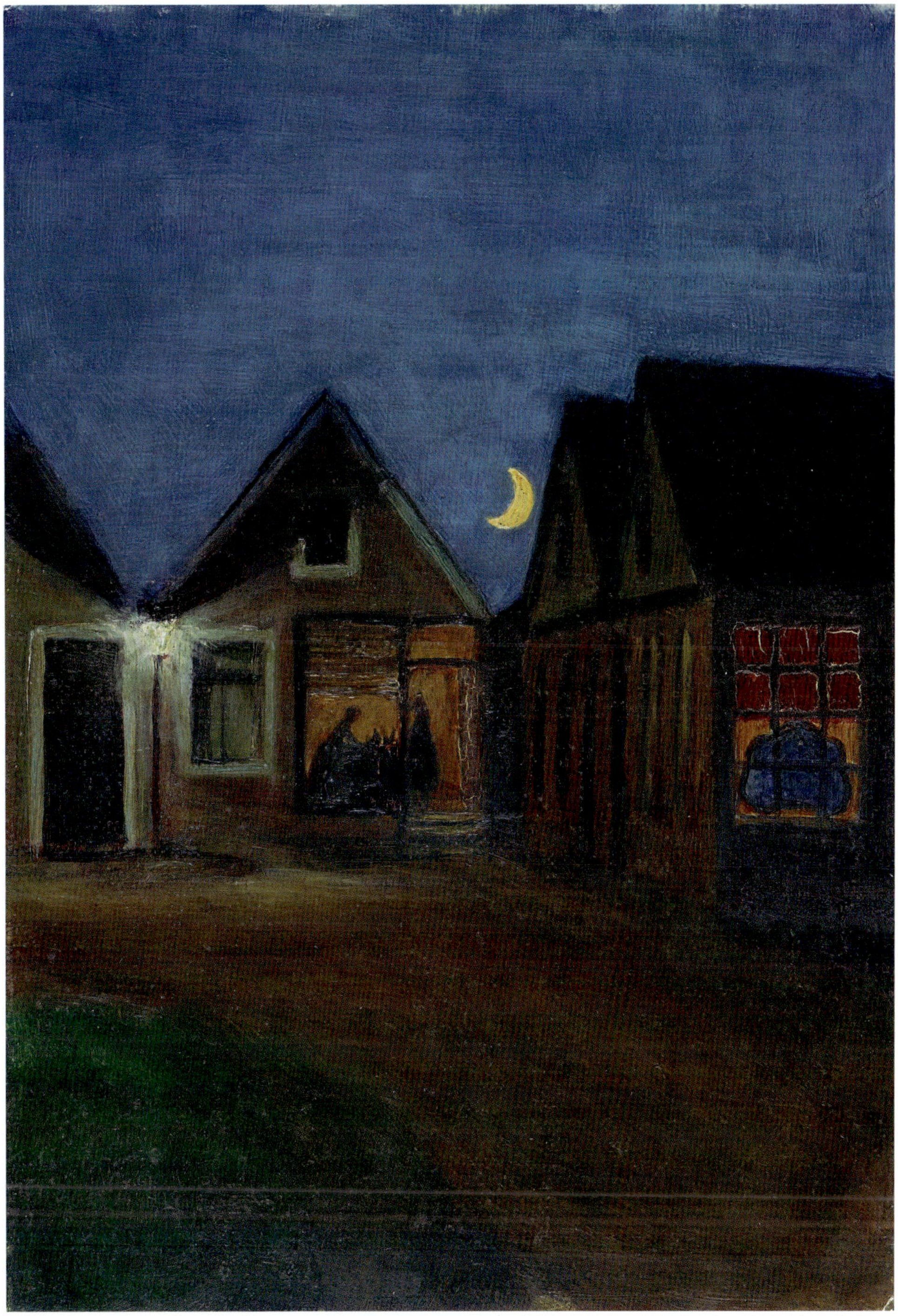

Kat. 40
Holland, 1904
Pappe, 26,2 × 17,7 cm | Gabriele Münter- und Johannes Eichner-Stiftung, München, Inv.-Nr. L 444

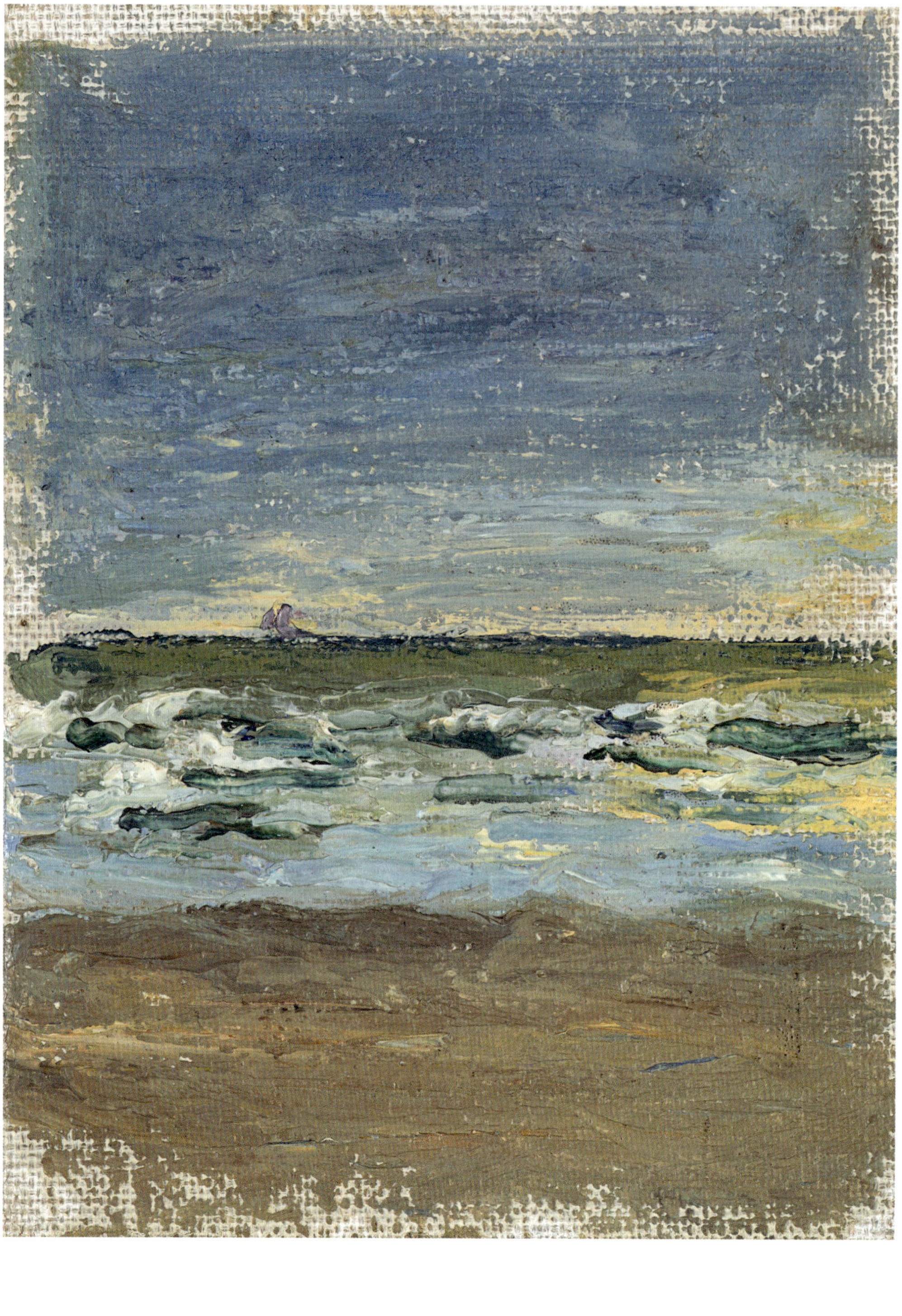

Kat. 41
Meeresbrandung, um 1904
Textiler Bildträger auf Pappe, 23,4 × 17 cm | Gabriele Münter- und Johannes Eichner-Stiftung, München, Inv.-Nr. L 592

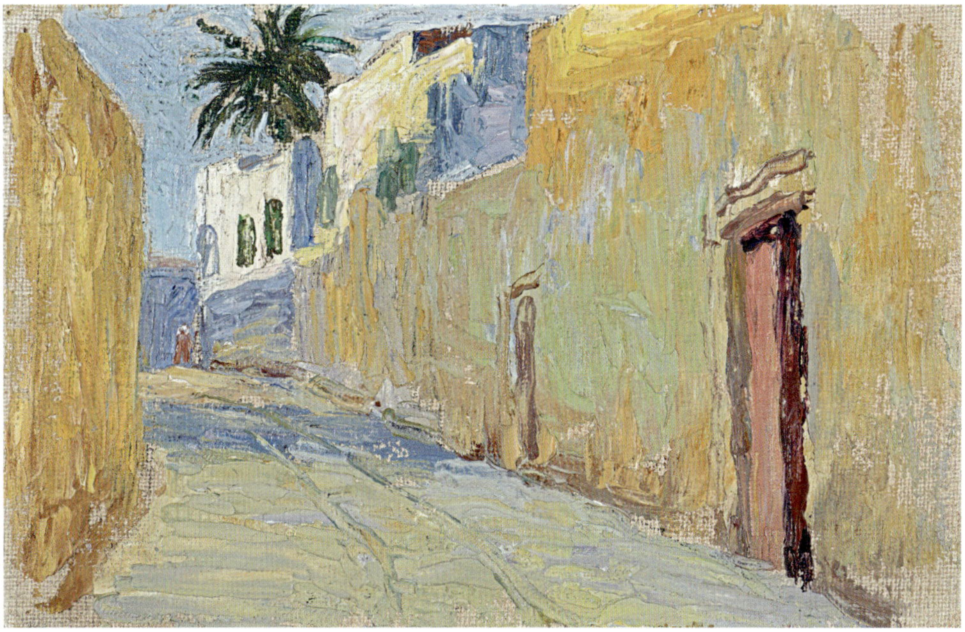

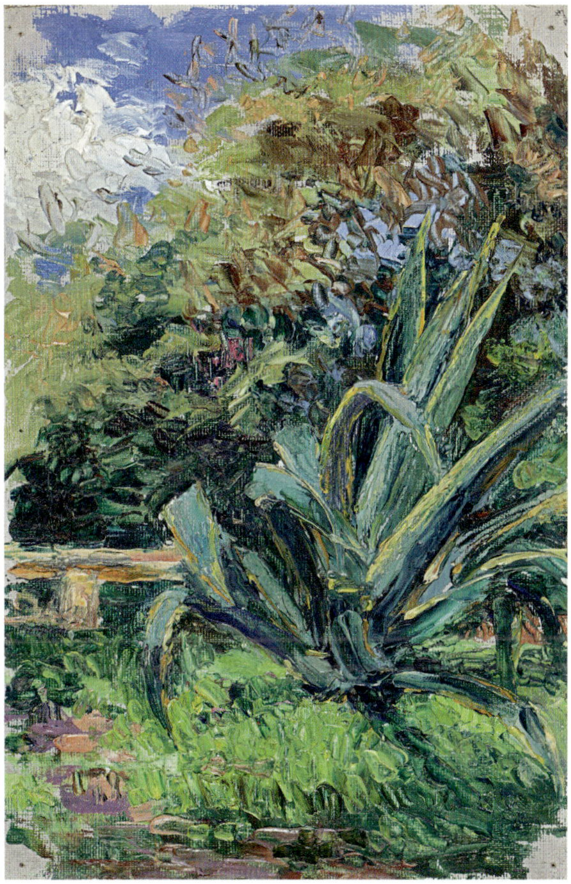

Kat. 42
Gasse in Tunis, 1905
Textiler Bildträger, 16,3 × 24,5 cm | Gabriele Münter- und Johannes Eichner-Stiftung, München, Inv.-Nr. L 573

Kat. 43
Aloe, 1905
Textiler Bildträger, 25,8 × 16,8 cm | Gabriele Münter- und Johannes Eichner-Stiftung, München, Inv.-Nr. L 354

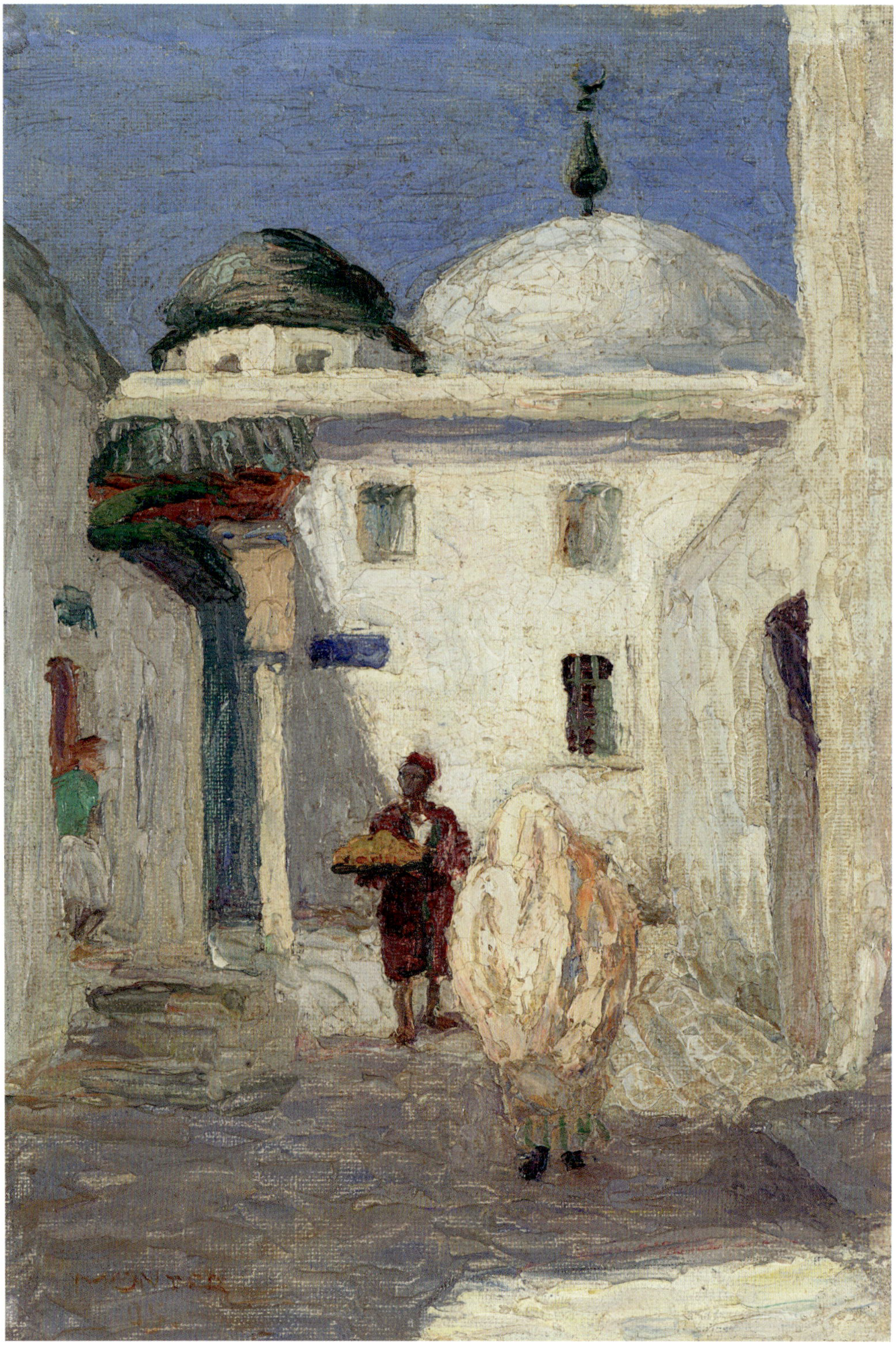

Kat. 44
Straße in Tunis, 1905
Öl auf Leinwand auf Pappe, 25,4 × 17,2 cm |
Privatbesitz

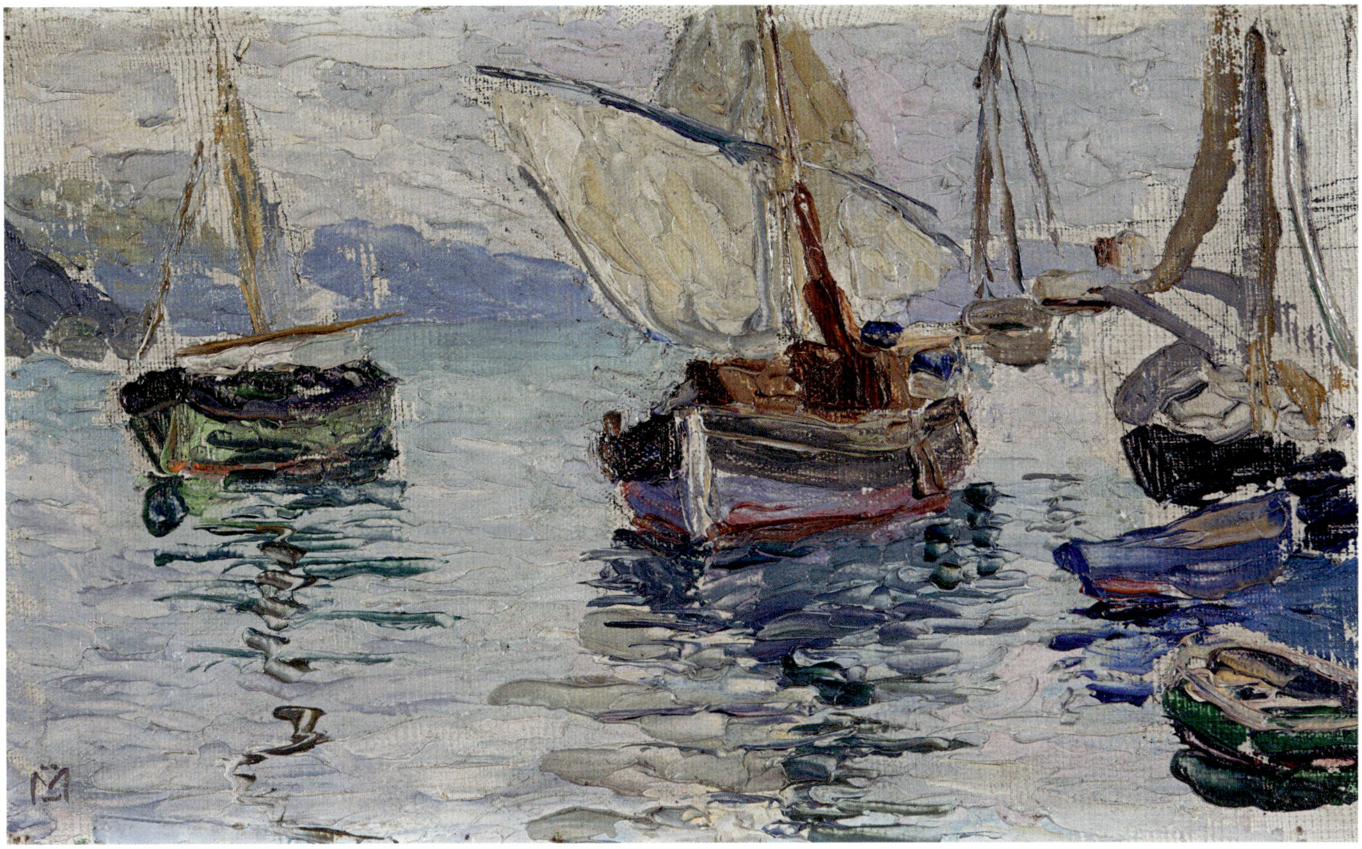

Kat. 45
Segelboote im Wasser, 1906
Öl und Bleistift auf Leinwand,
17 × 26 cm | Leihgabe der PSM Privatstiftung
Schloßmuseum Murnau als Leihgabe
aus der Sammlung Deutsche Bank,
Inv.-Nr. PSM 68/12672

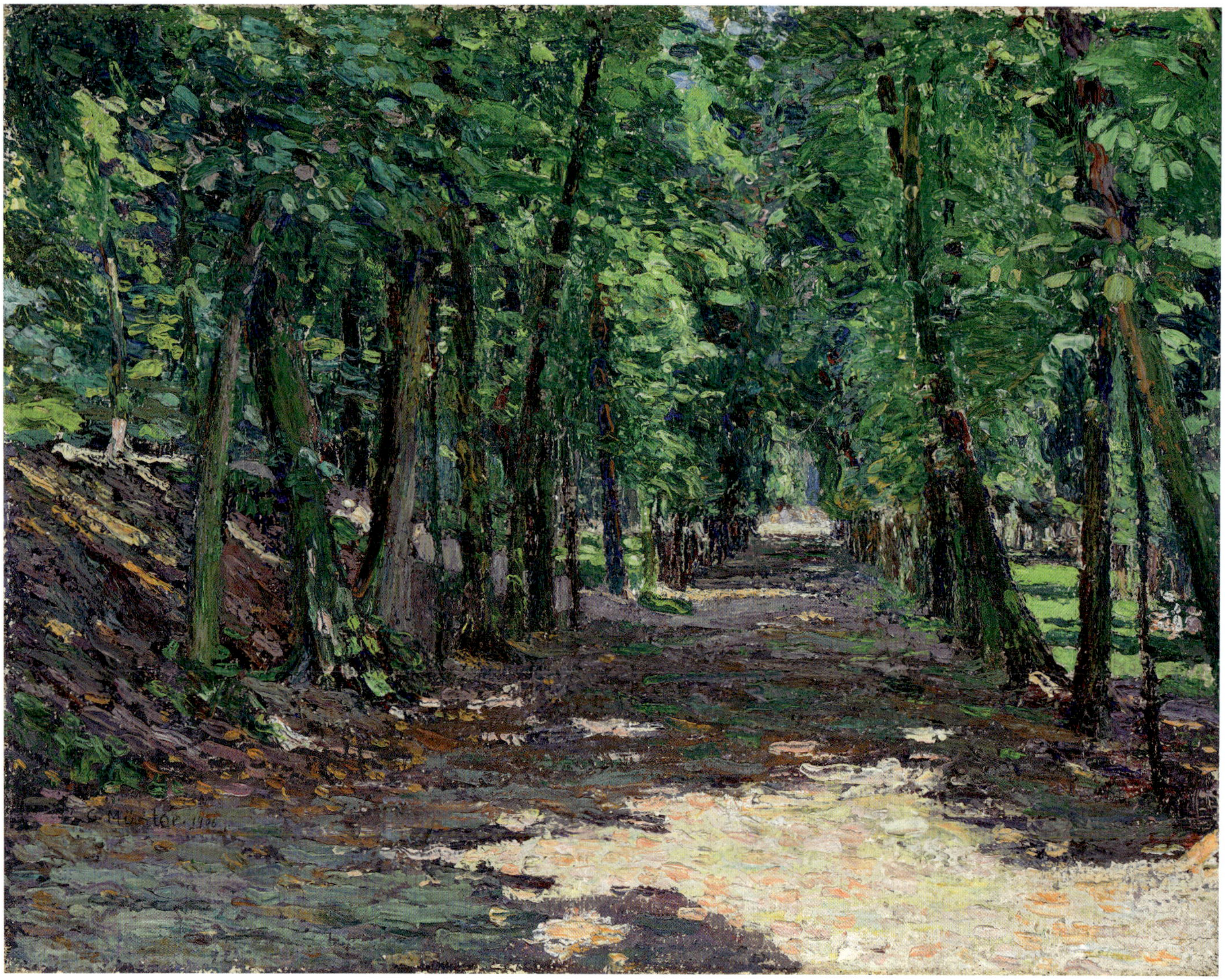

Kat. 46
Allee im Park von Saint-Cloud, 1906
Textiler Bildträger, 40,5 × 50,5 cm |
Städtische Galerie im Lenbachhaus und Kunstbau München, Inv.-Nr. GMS 651

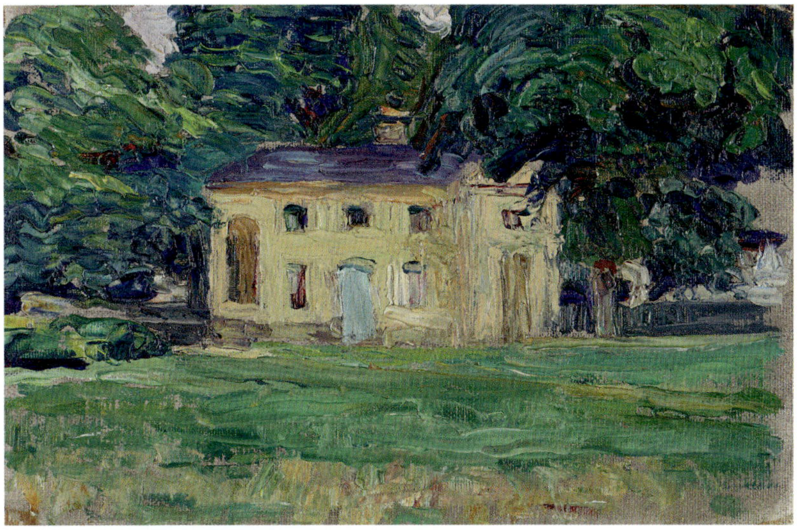

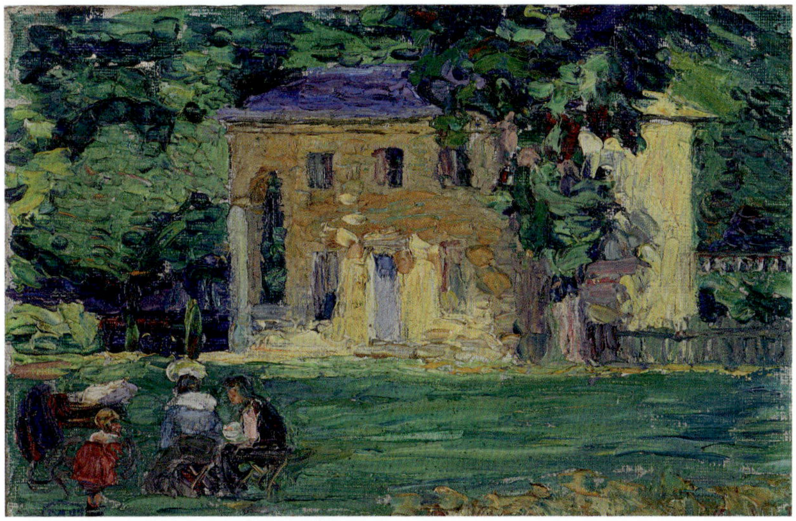

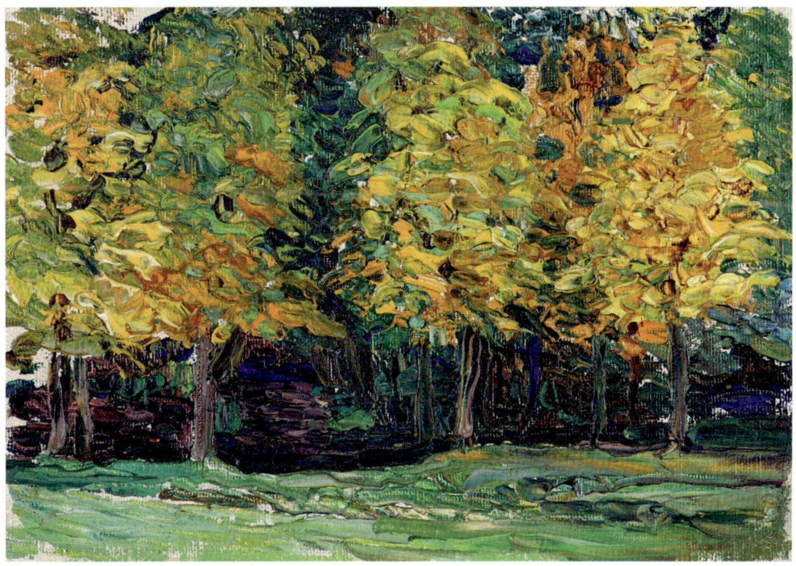

Kat. 47
Haus im Park, Sèvres, 1906/07
Öl auf Leinwand, 16,6 × 25 cm |
Collectio Artium, Augsburg

Kat. 48
Familie im Park von Saint-Cloud, 1906/07
Öl auf Leinwand auf Pappe, 16,2 × 23 cm |
Collectio Artium, Augsburg

Kat. 49
Park im Herbst, 1906/07
Textiler Bildträger auf Pappe,
16,2 × 23,1 cm | Gabriele Münter- und
Johannes Eichner-Stiftung, München,
Inv.-Nr. L 578

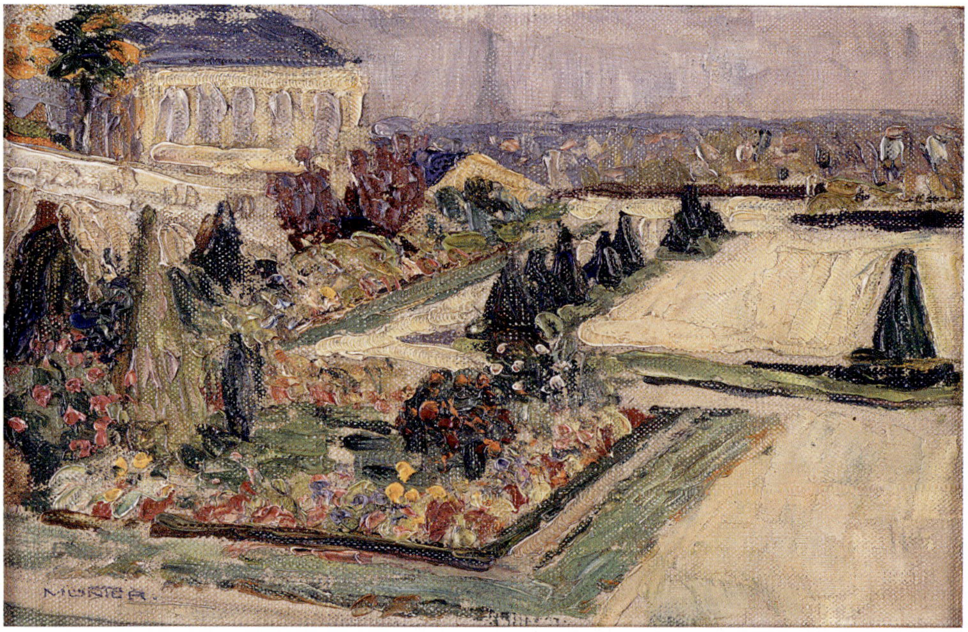

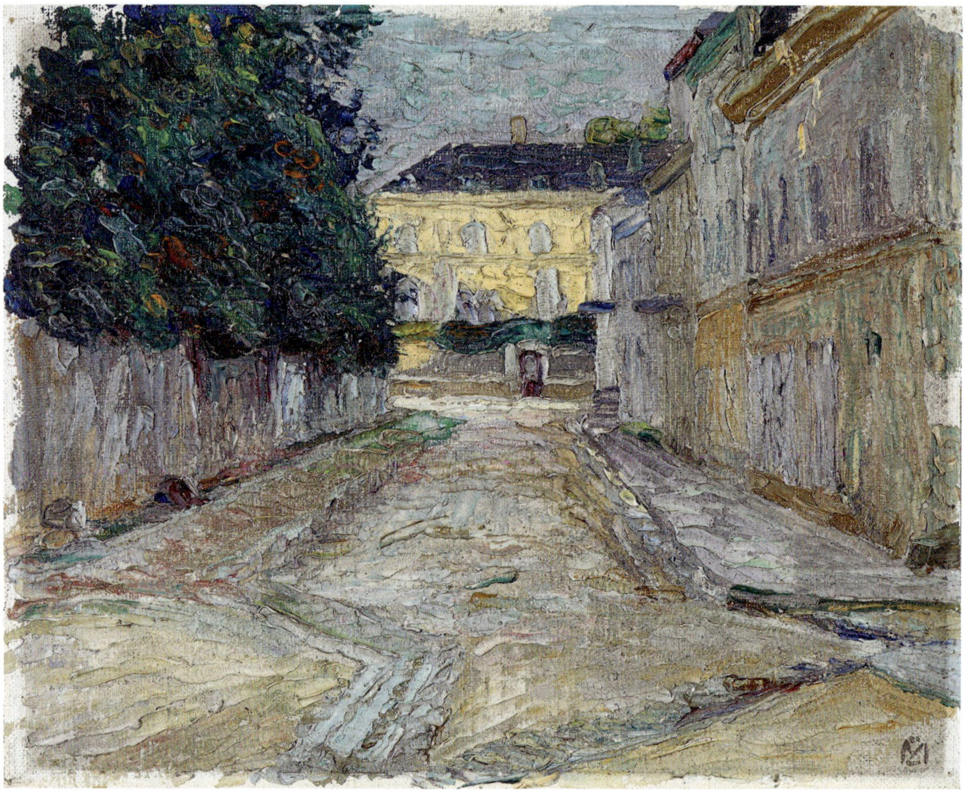

Kat. 50
Park von Saint-Cloud (Étude n°3), 1906
Öl auf Leinwand auf Pappe, 22,2 × 34 cm | Privatbesitz

Kat. 51
In Sèvres (Straße in Bellevue), 1906
Öl auf Leinwand auf Pappe, 22,3 × 27 cm | Kunstsammlungen Chemnitz – Museum Gunzenhauser, Eigentum der Stiftung Gunzenhauser, Inv.-Nr. GUN-M-0001

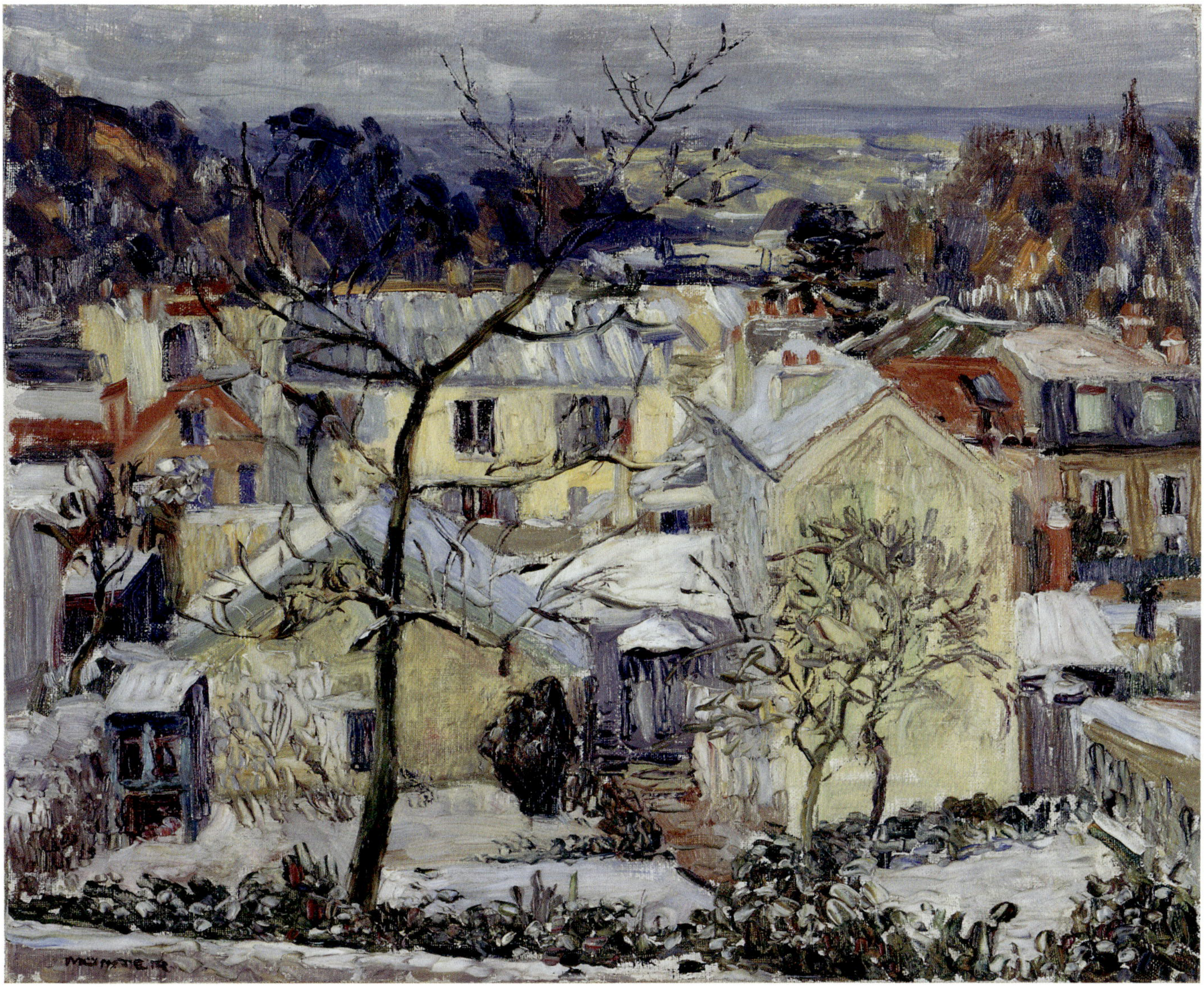

Kat. 52
Blick aus dem Fenster in Sèvres, 1906
Textiler Bildträger, 38 × 46 cm | Städtische Galerie im Lenbachhaus und Kunstbau München, Inv.-Nr. G 11770

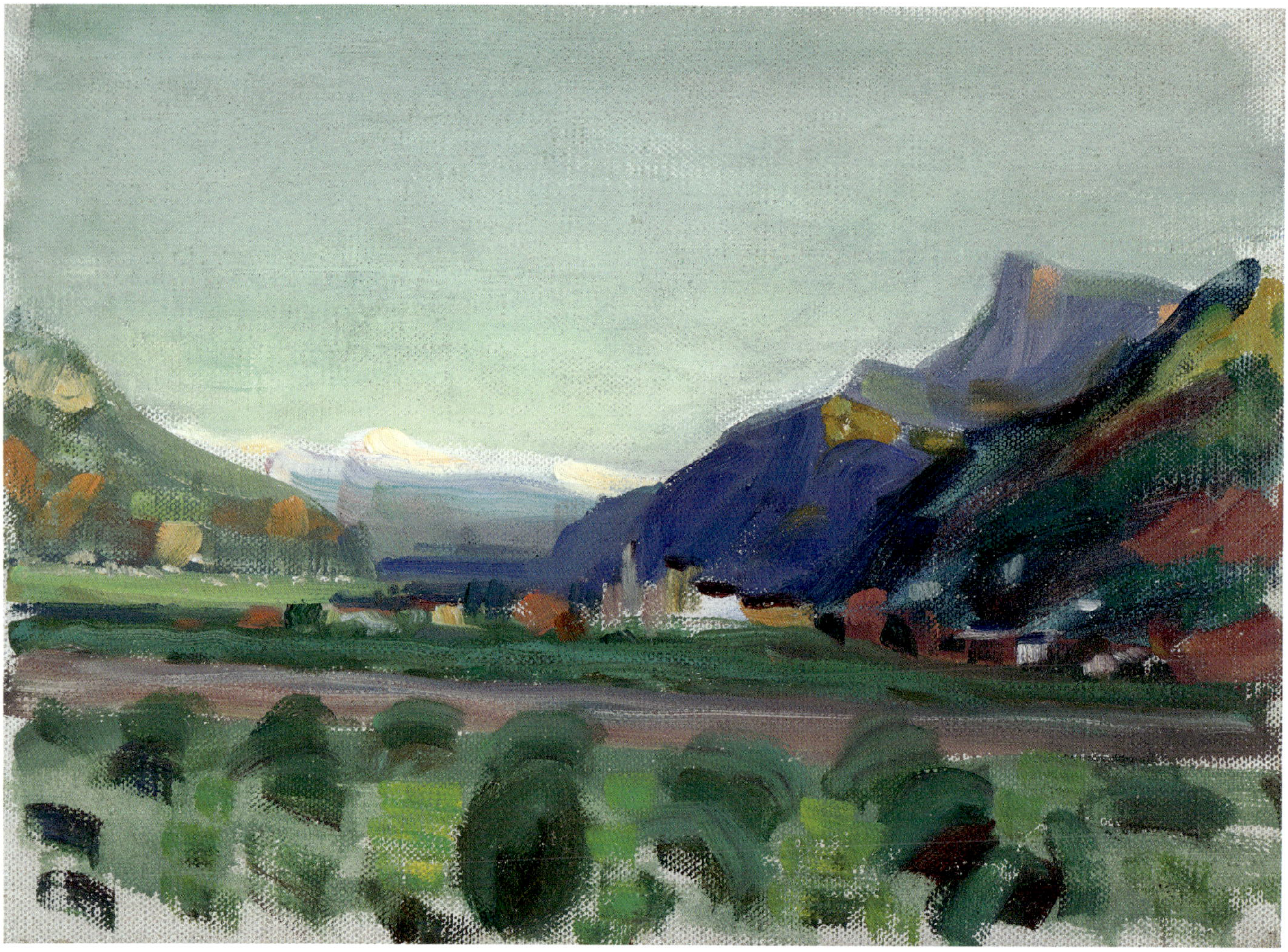

Kat. 53
Vor Lana, 1908
Textiler Bildträger, 28,4 × 38,2 cm |
Gabriele Münter- und Johannes Eichner-Stiftung, München, Inv.-Nr. L 351

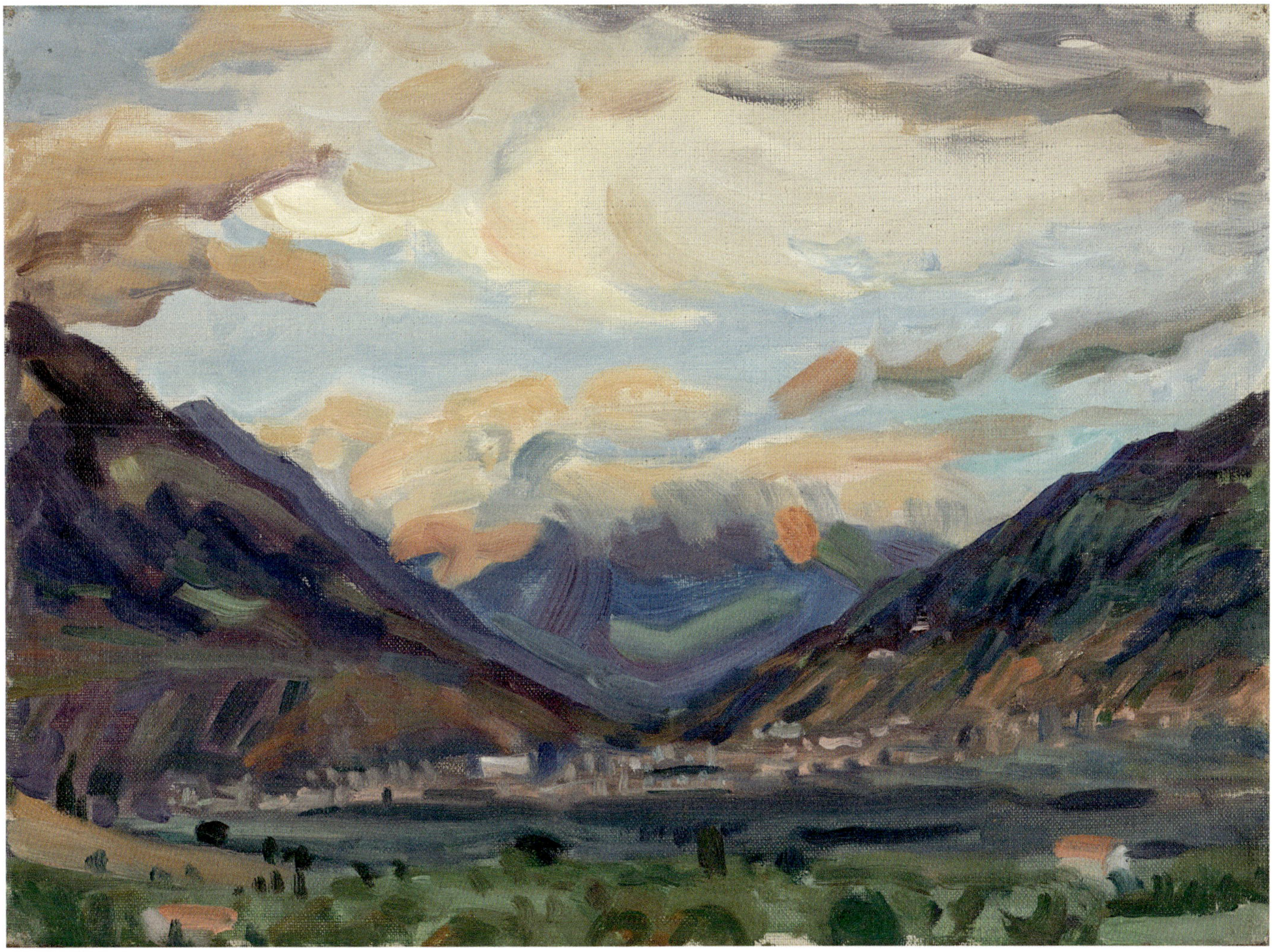

Kat. 54
Vor Lana, 1908
Textiler Bildträger, 29,6 × 39,6 cm |
Gabriele Münter- und Johannes
Eichner-Stiftung, München, Inv.-Nr. L 350

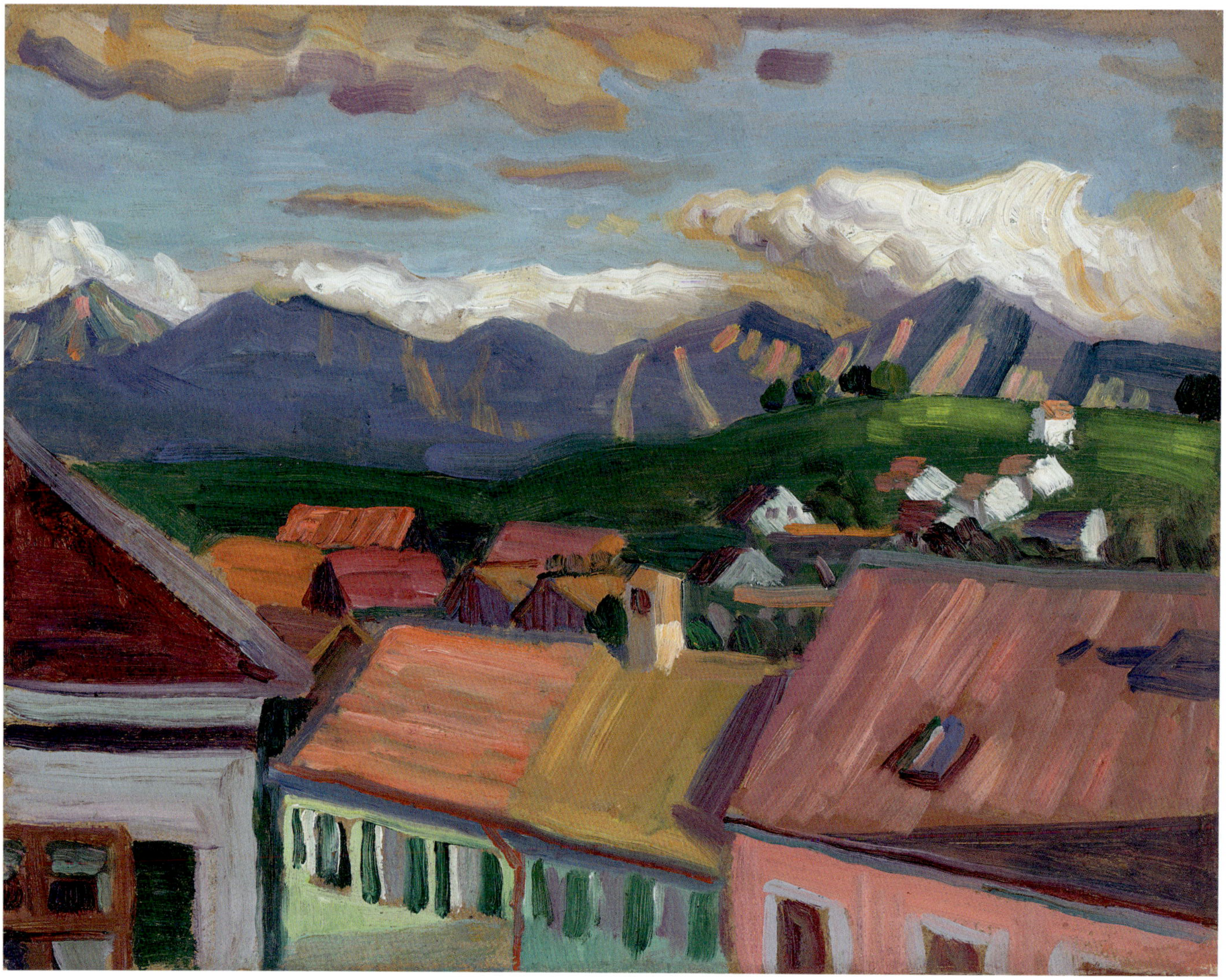

Kat. 55
Vom Griesbräu-Fenster, 1908
Pappe, 33 × 40,1 cm | Gabriele Münter- und Johannes Eichner-Stiftung, München, Inv.-Nr. L 142

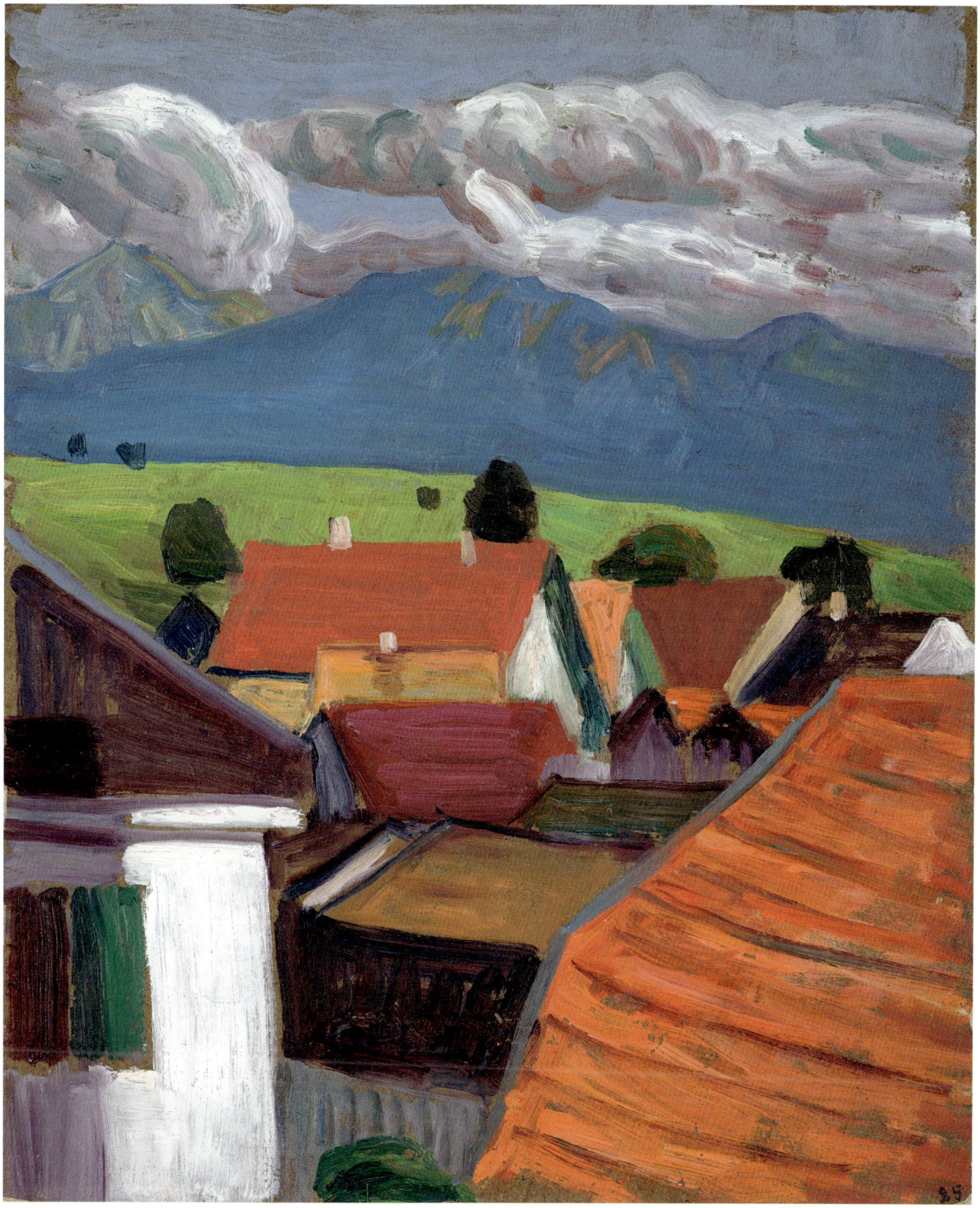

Kat. 56

Aussicht vom Griesbräu-Fenster, 1908

Pappe, 41 × 33 cm | Gabriele Münter- und Johannes Eichner-Stiftung, München, Inv.-Nr. P 78Rs

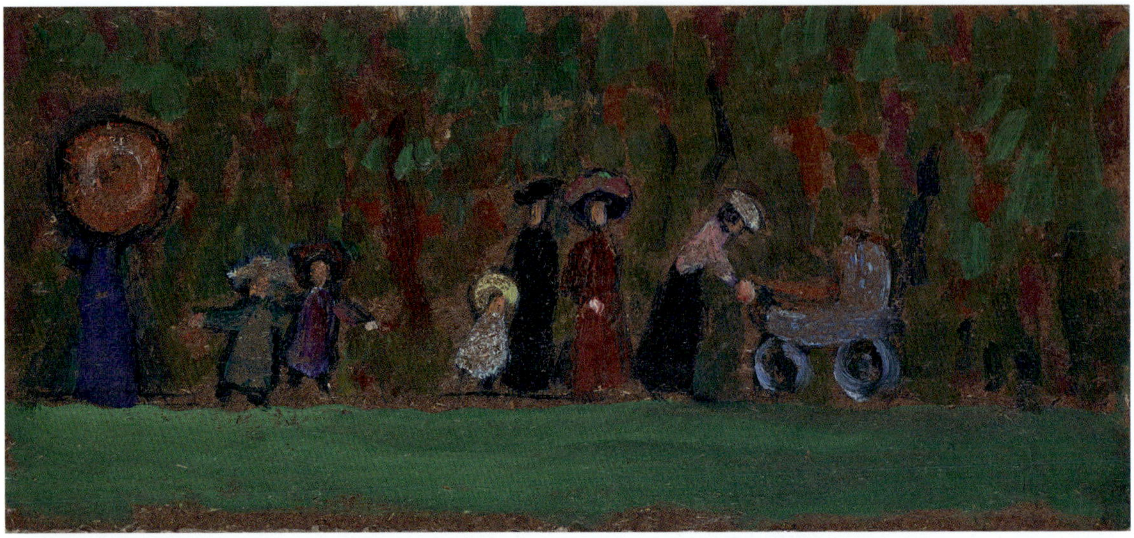

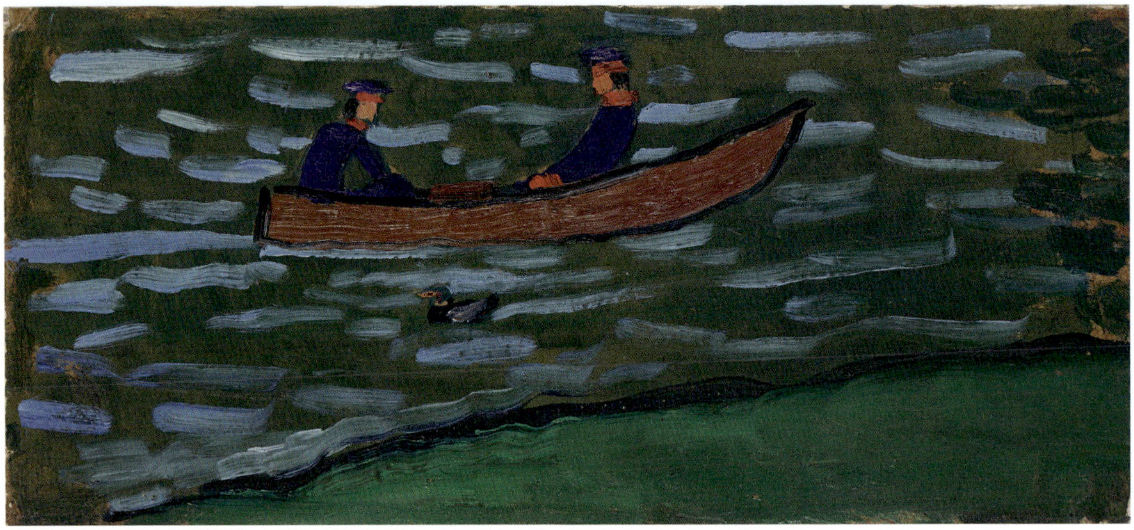

Kat. 57
Kindermädchen im Park, 1909
Pappe, 15,4 × 32,5 cm | Gabriele Münter- und Johannes Eichner-Stiftung, München, Inv.-Nr. V 66

Kat. 58
Zwei Soldaten im Boot, 1909
Pappe, 15,3 × 32,6 cm | Gabriele Münter- und Johannes Eichner-Stiftung, München, Inv.-Nr. V 65

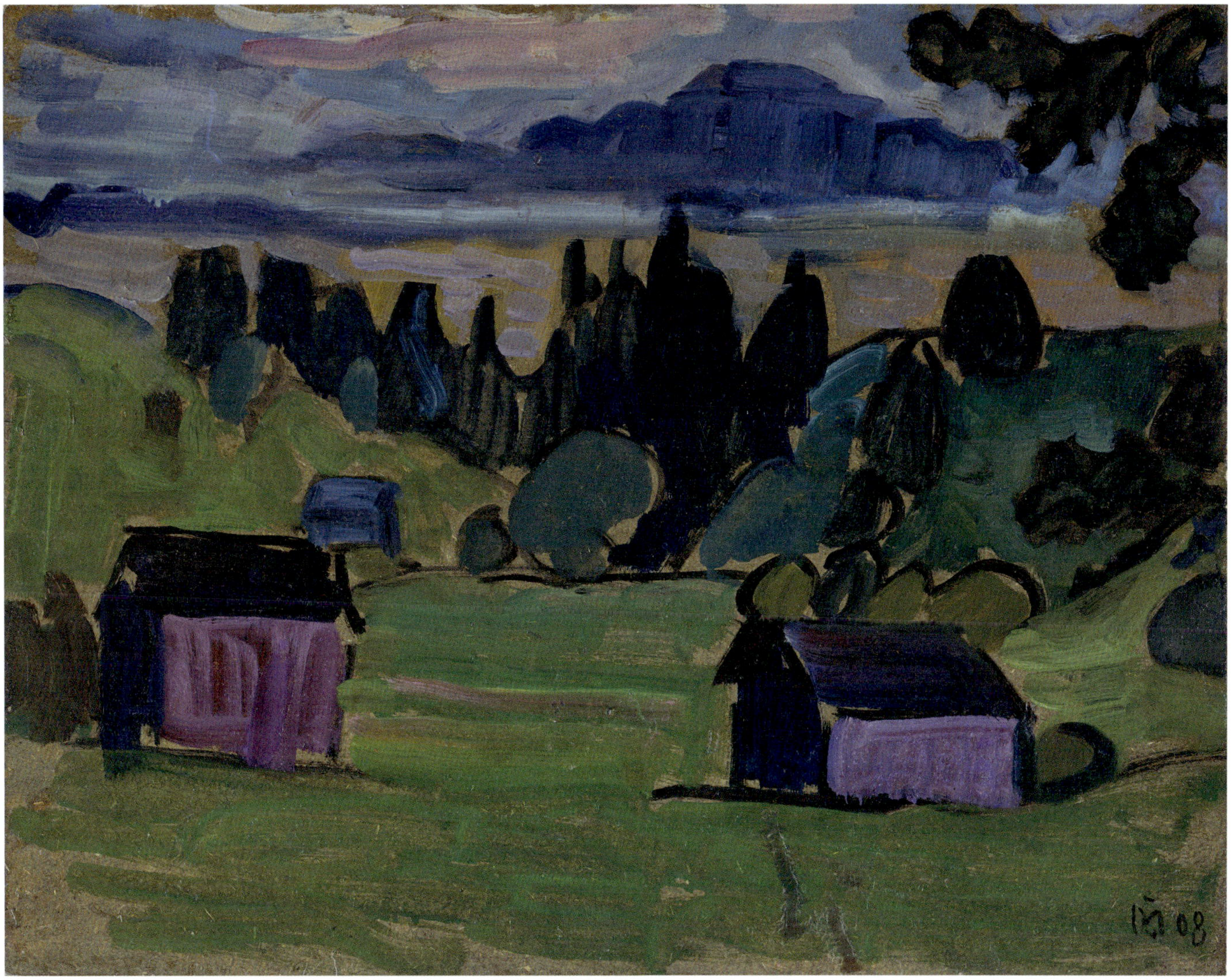

Kat. 59

Blick aufs Murnauer Moos, 1908

Pappe, 32,7 × 40,5 cm | Städtische Galerie im Lenbachhaus und Kunstbau München, Inv.-Nr. GMS 654

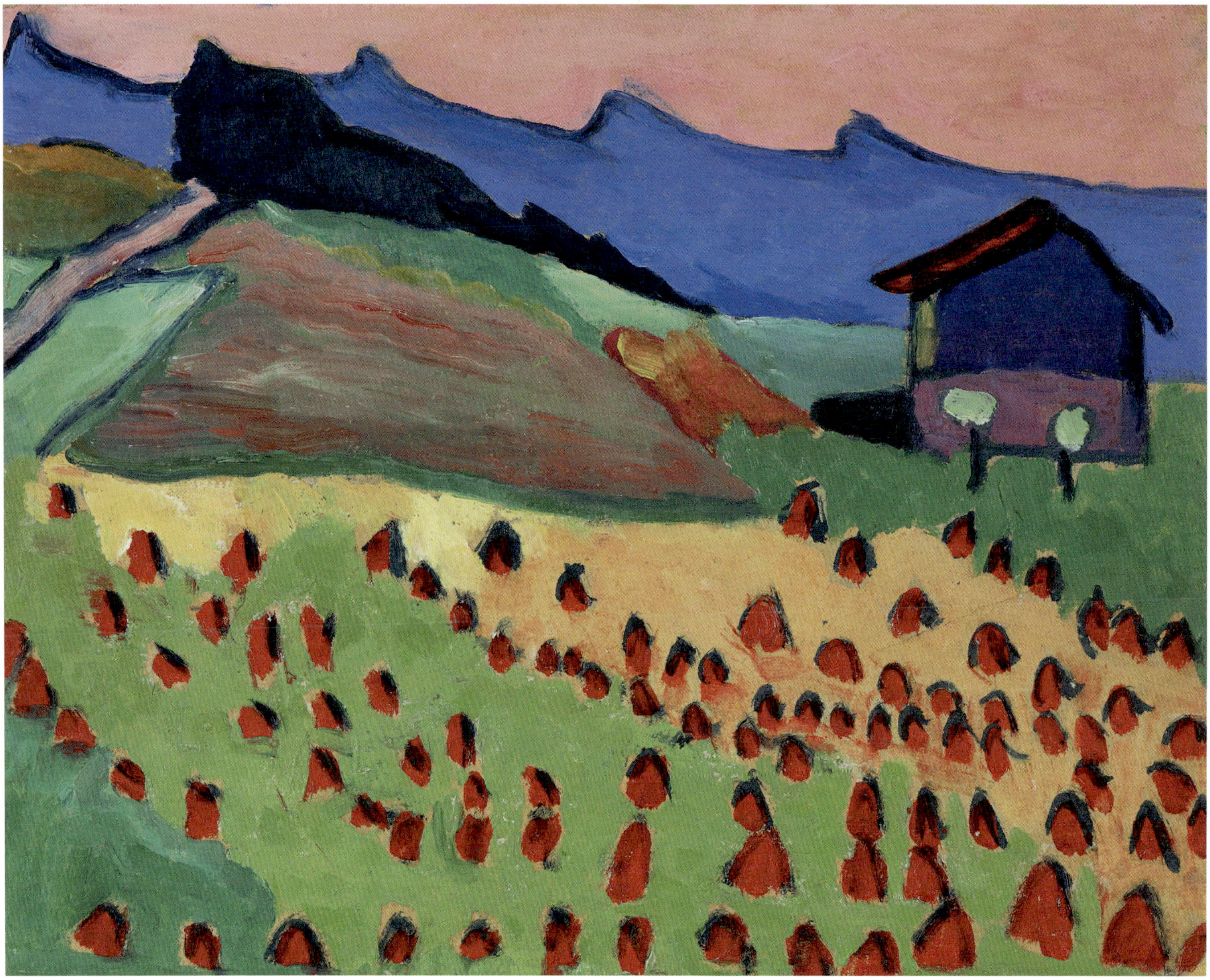

Kat. 60
Landschaft mit Hütte im Abendrot, 1908
Öl auf Pappe, 33 × 40,8 cm |
Kunstsammlungen Chemnitz – Museum Gunzenhauser, Eigentum der Stiftung Gunzenhauser, Inv.-Nr. GUN-M-0003

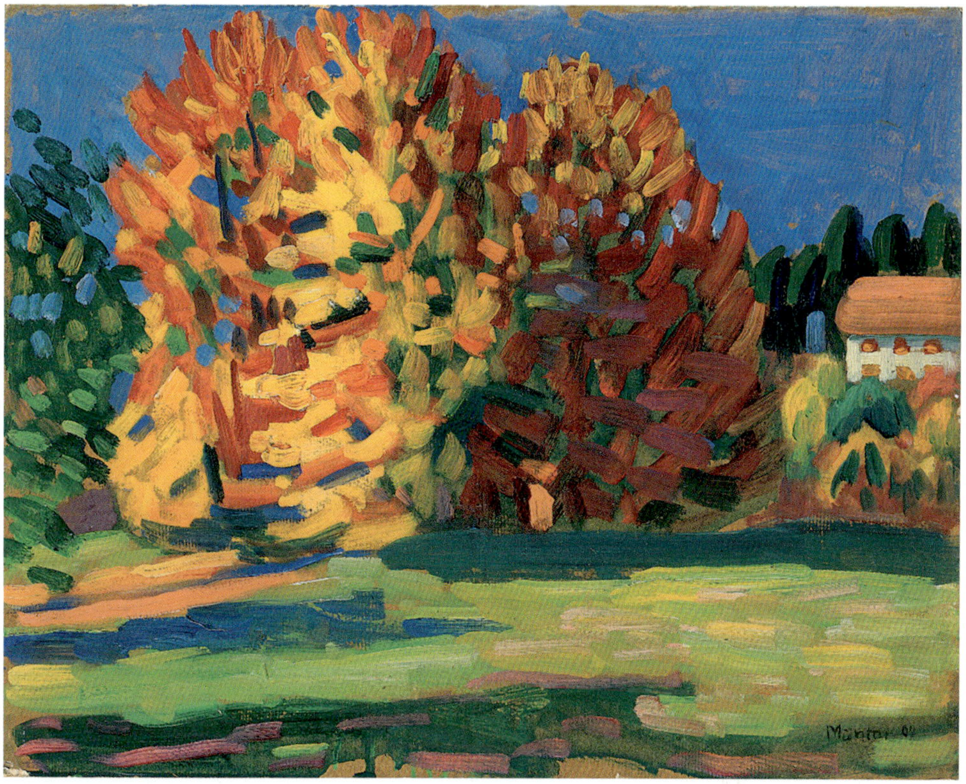

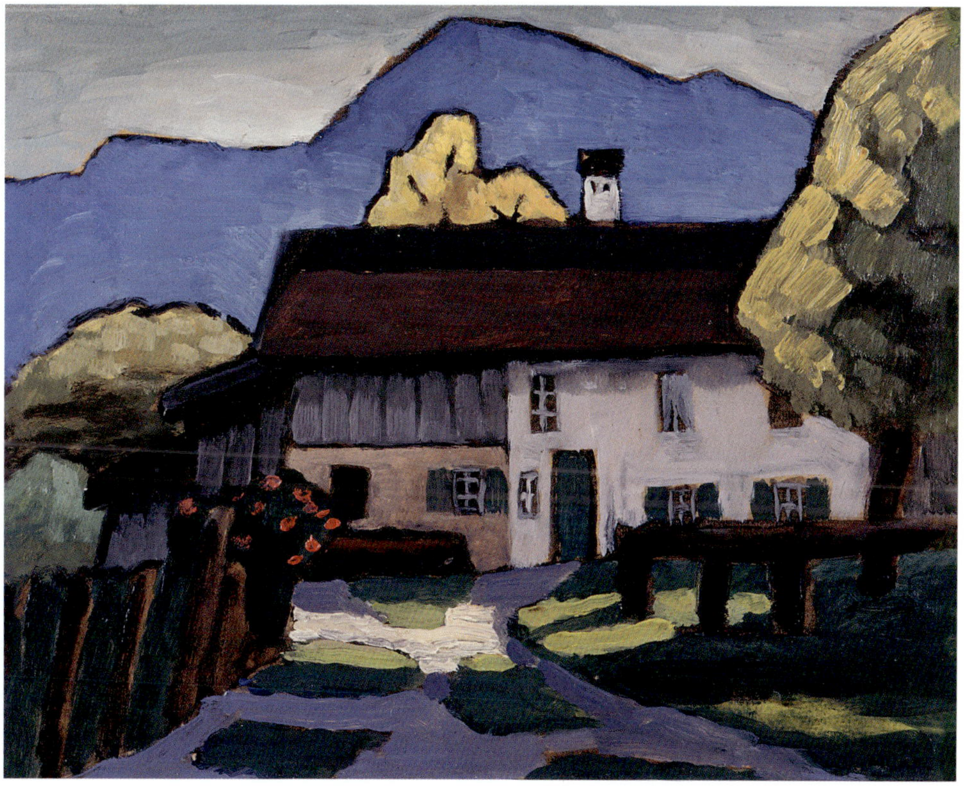

Kat. 61
Herbstbäume bei Tutzing, 1908
Öl auf Karton, 32,8 × 40,5 cm |
Kunsthalle Emden – Stiftung Henri
und Eske Nannen und Schenkung Otto
van de Loo, Inv.-Nr. 1986/6 1

Kat. 62
Landhaus bei Murnau, 1908
Öl auf Pappe, 33 × 41 cm | Privatbesitz

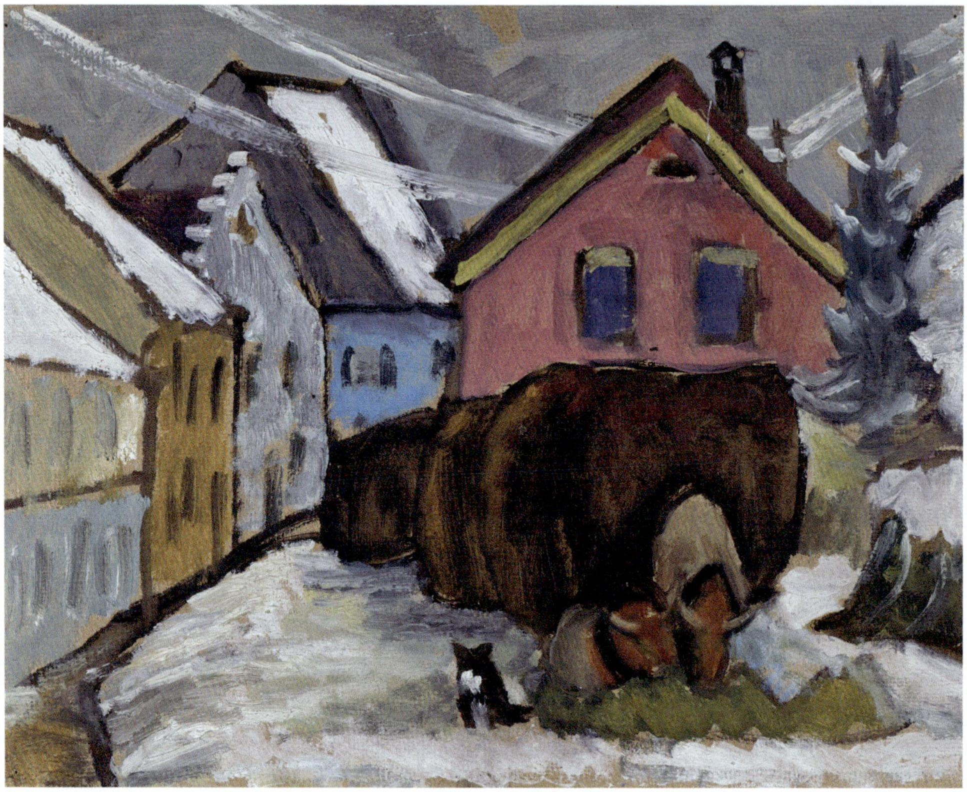

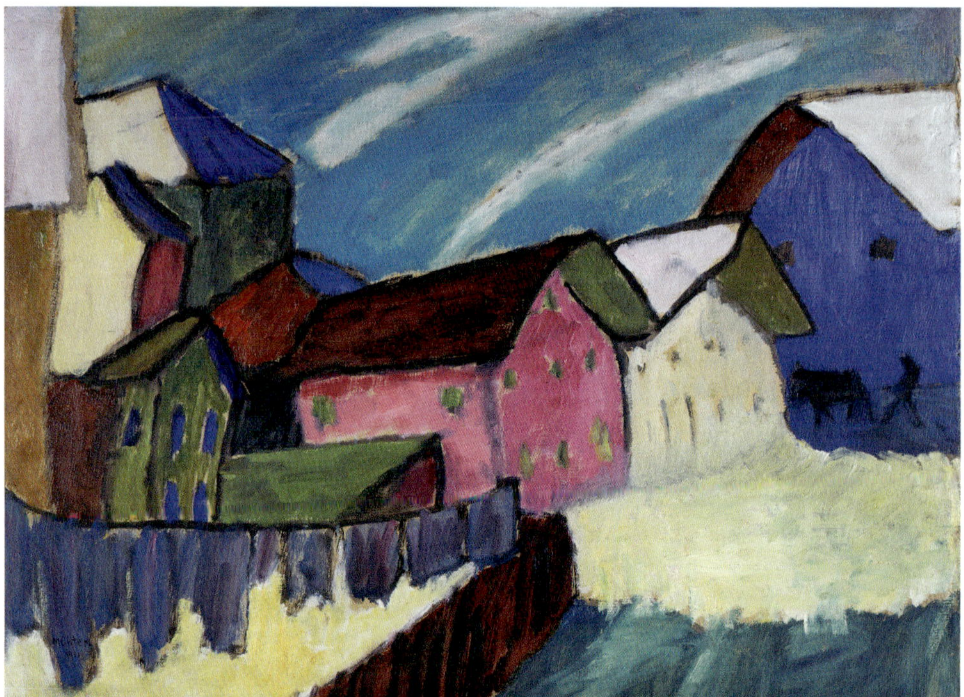

Kat. 63
Spreufuhren, 1910/11
Pappe, 30,9 × 40,8 cm | Städtische Galerie im Lenbachhaus und Kunstbau München, Inv.-Nr. GMS 648

Kat. 64
Dorfstraße im Winter, 1911
Pappe, auf Holz aufgezogen, 52,4 × 69 cm | Städtische Galerie im Lenbachhaus und Kunstbau München, Inv.-Nr. GMS 664

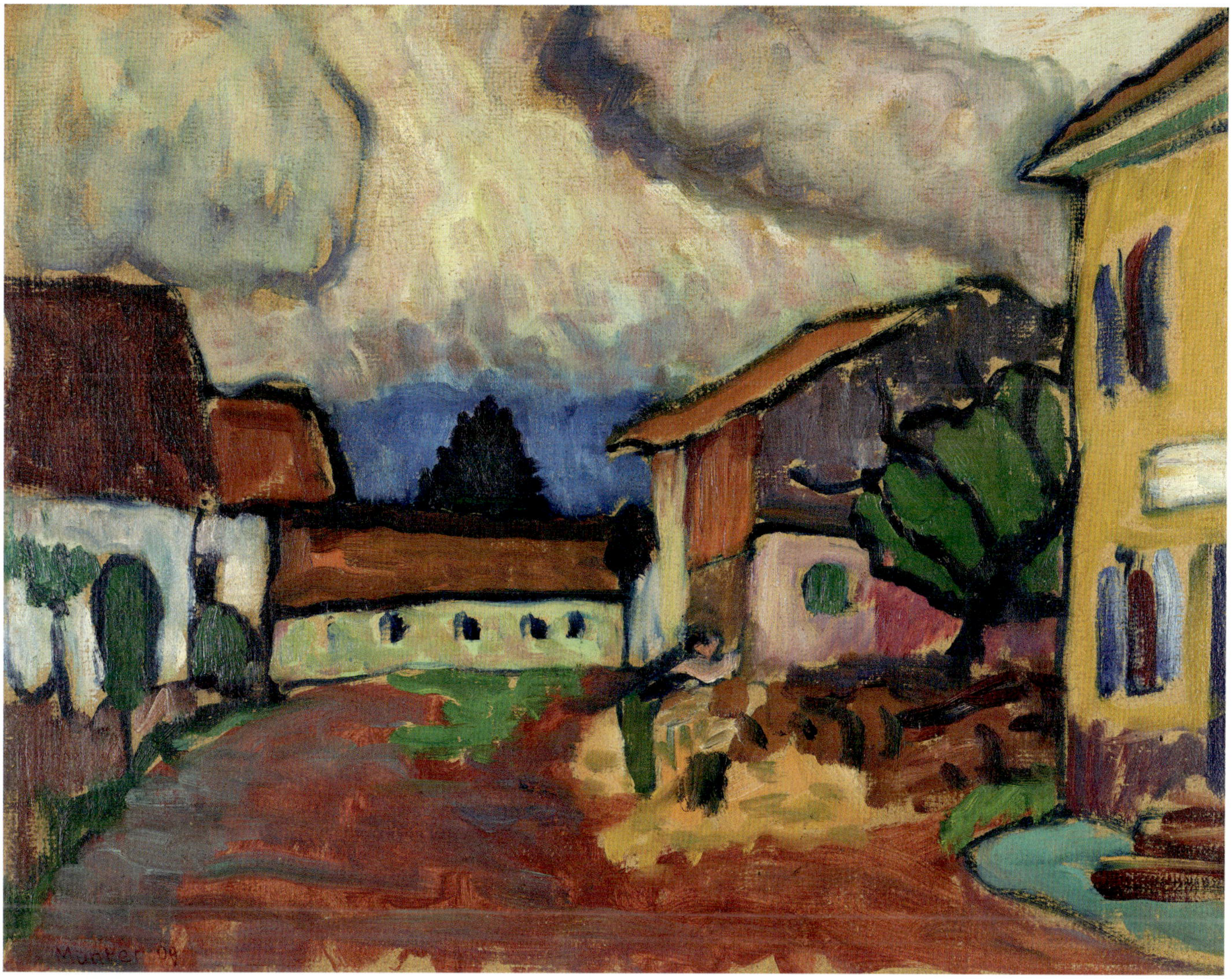

Kat. 65
Holzhauer (Pfarrgasse mit Holzhacker), 1909
Öl auf Pappe, 33 × 40,7 cm |
Privatsammlung Süddeutschland

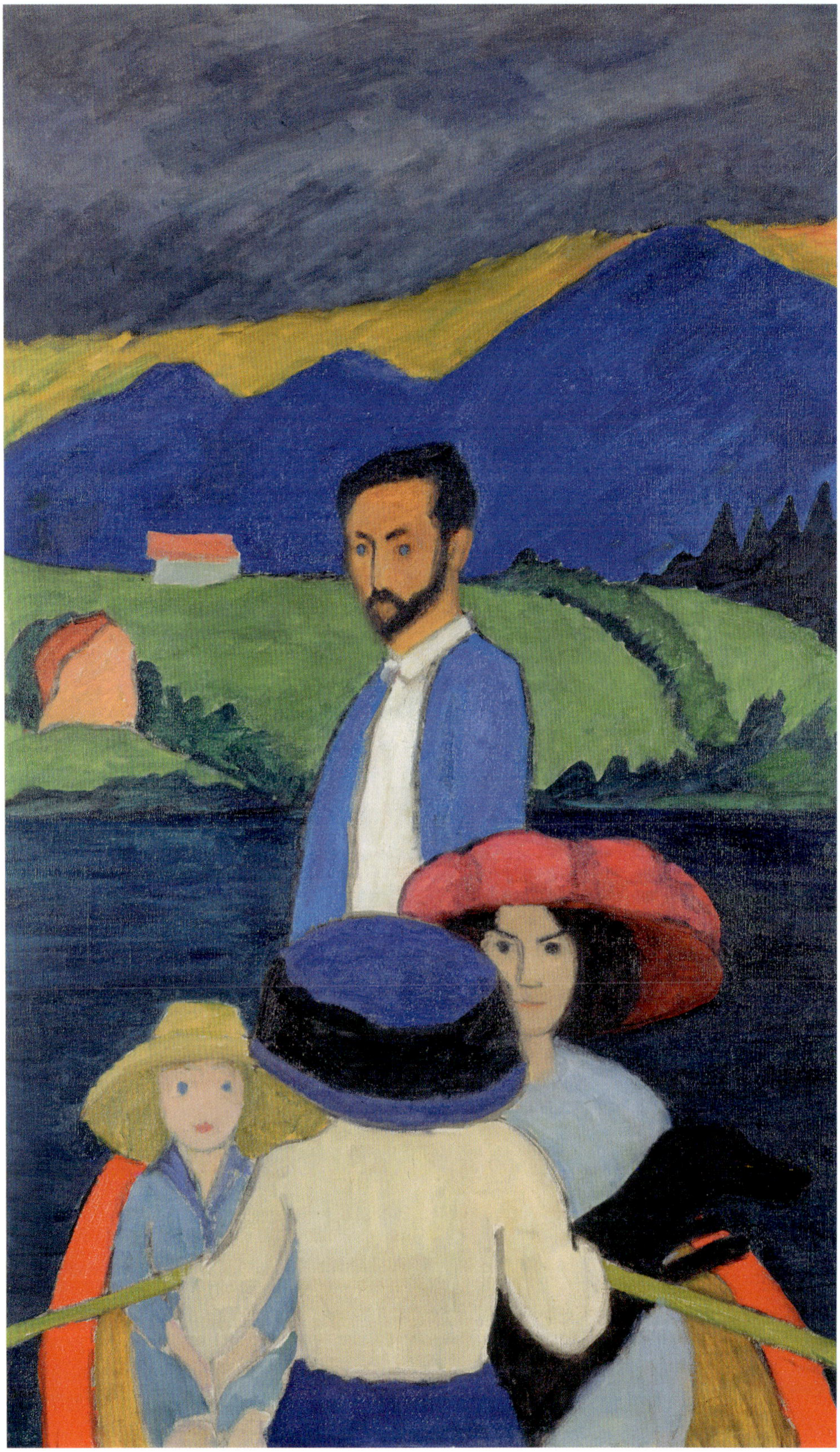

Kat. 66
Kahnfahrt, 1910
Öl auf Leinwand, 125,1 × 73,6 cm |
Milwaukee Art Museum, Gift of Mrs. Harry
Lynde Bradley, Inv.-Nr. M1977.127

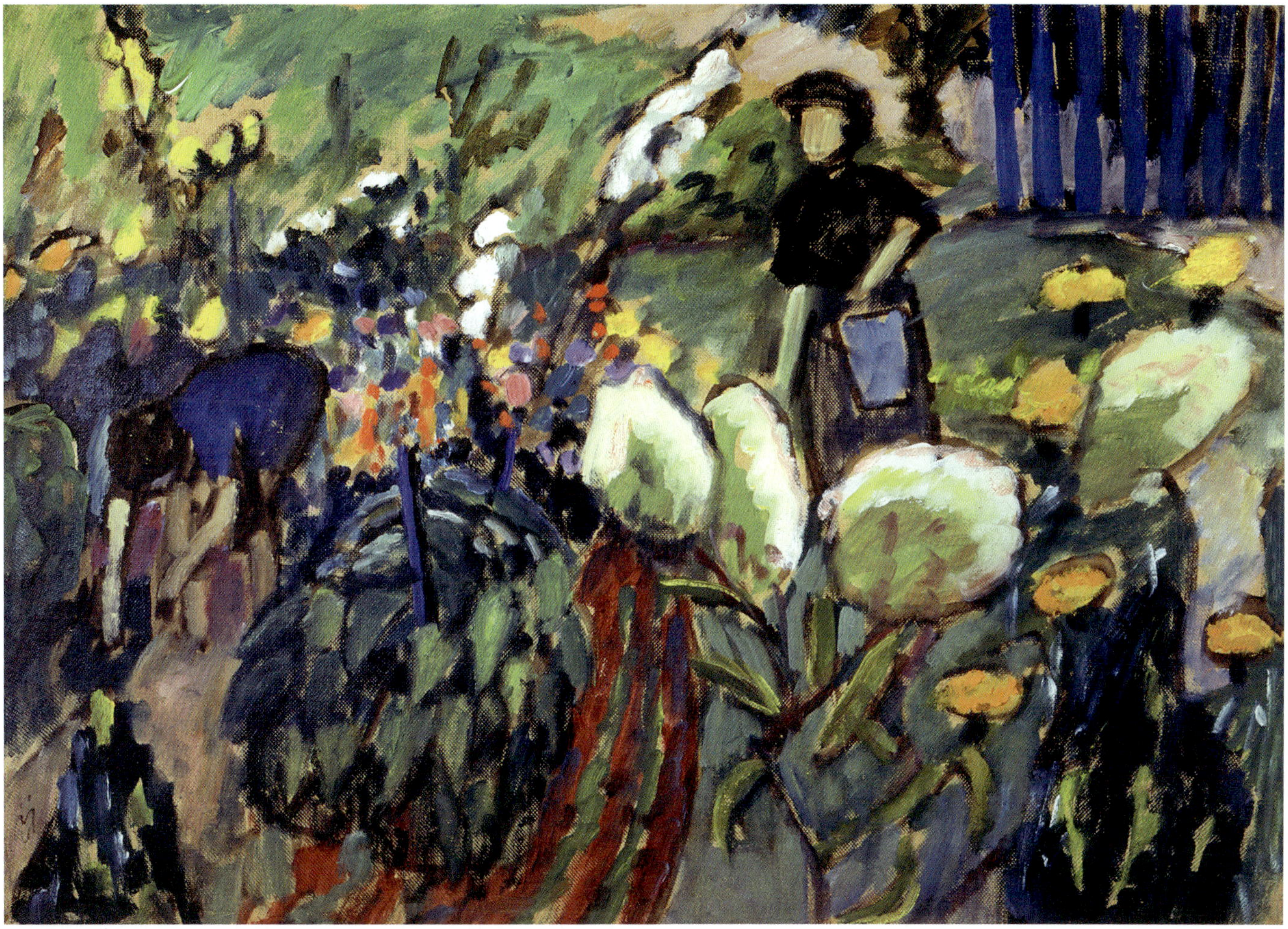

Kat. 67

Im Garten in Murnau, 1911

Öl auf Pappe, 50,5 × 69,3 cm |
Neue Galerie New York. This work is part of the collection of Estée Lauder and was made available through the generosity of Estée Lauder, Inv.-Nr. EL.51

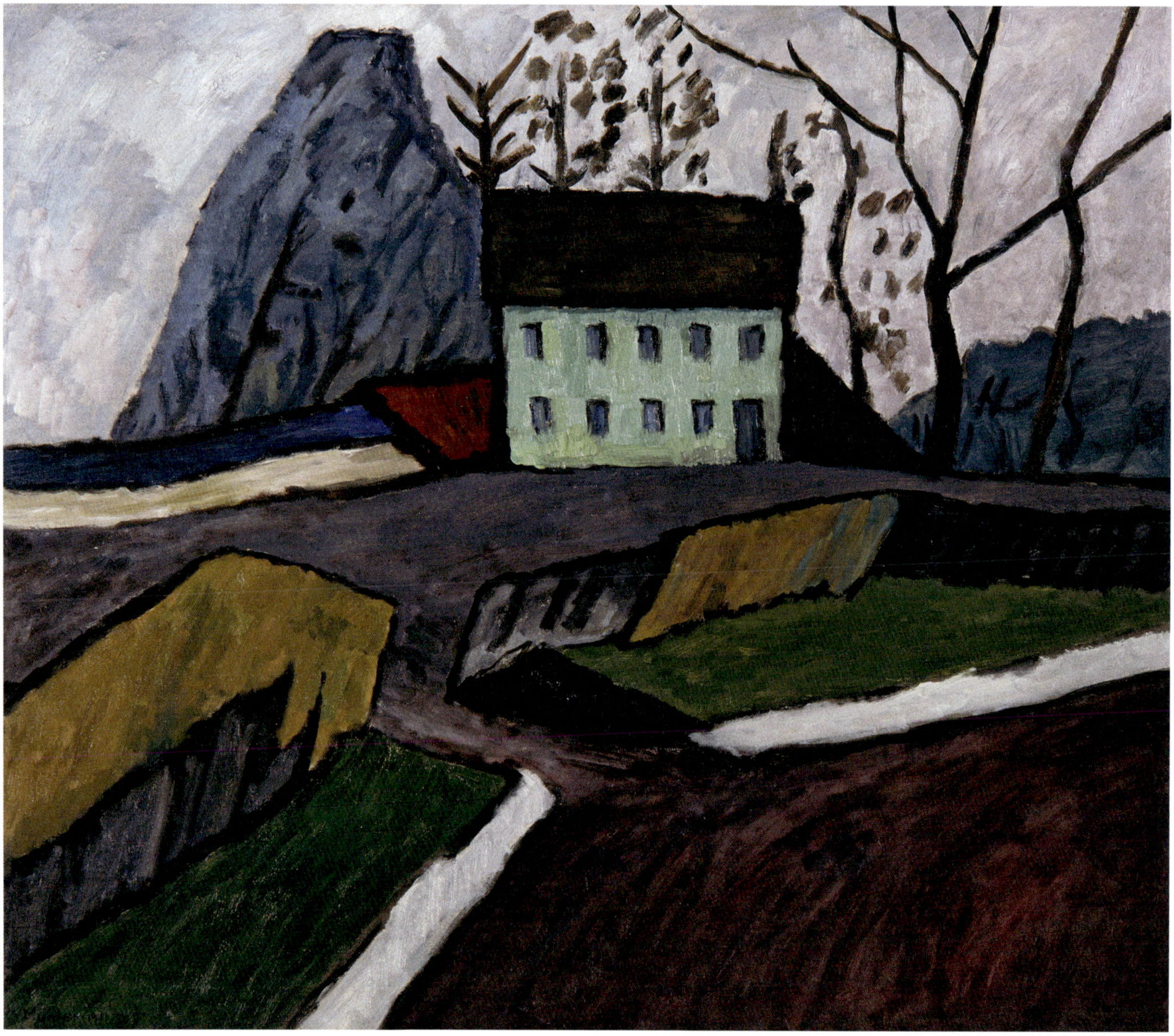

Kat. 68
Haus in Schwabing, 1911
Öl auf Leinwand, 88,3 × 100,3 cm |
Milwaukee Art Museum, Gift of Mrs. Harry
Lynde Bradley, Inv.-Nr. M1977.127

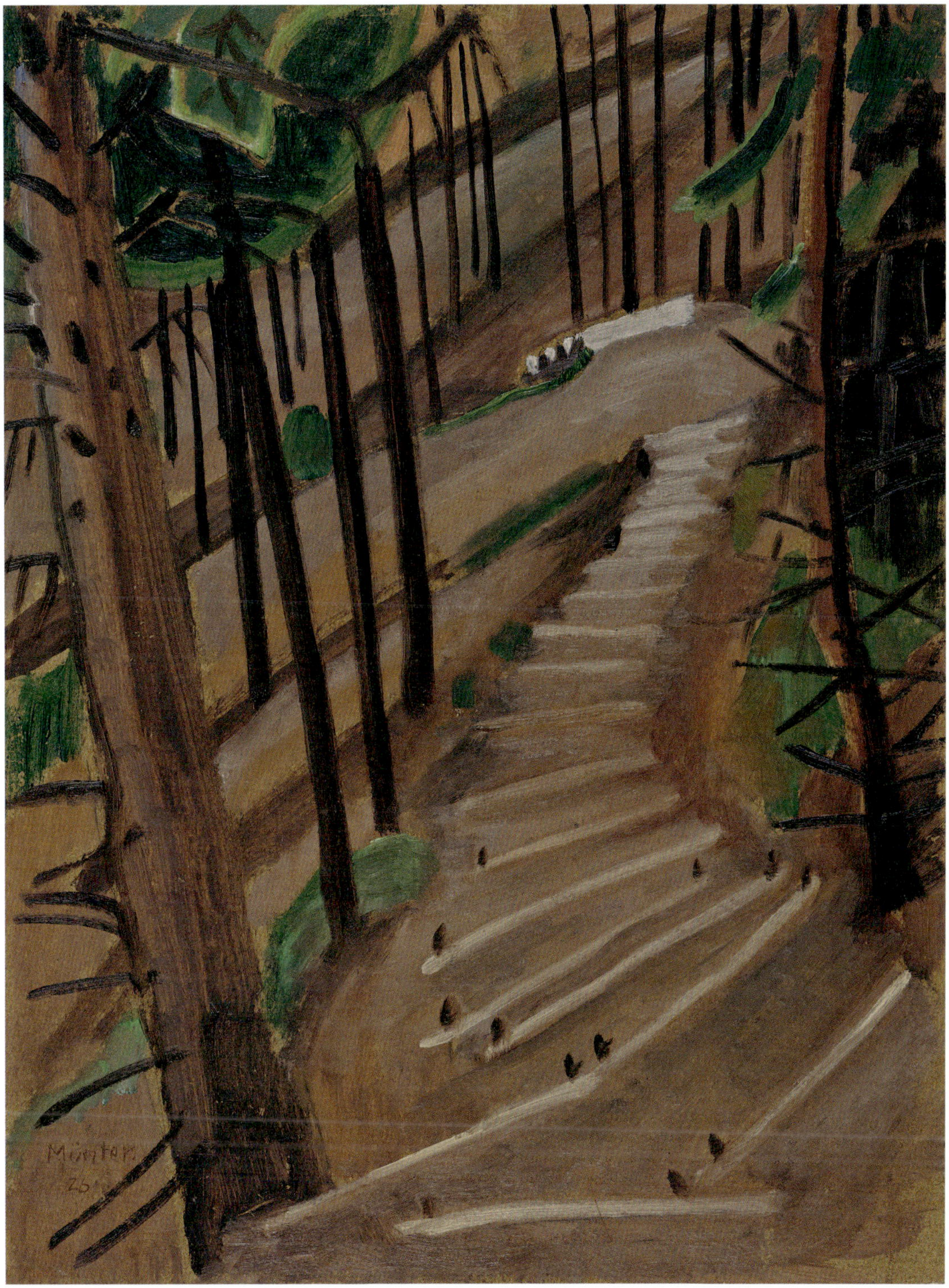

Kat. 69
Im Wald III, 1926
Pappe, 45,3 × 33,2 cm | Gabriele Münter- und Johannes Eichner-Stiftung, München, Inv.-Nr. L 267

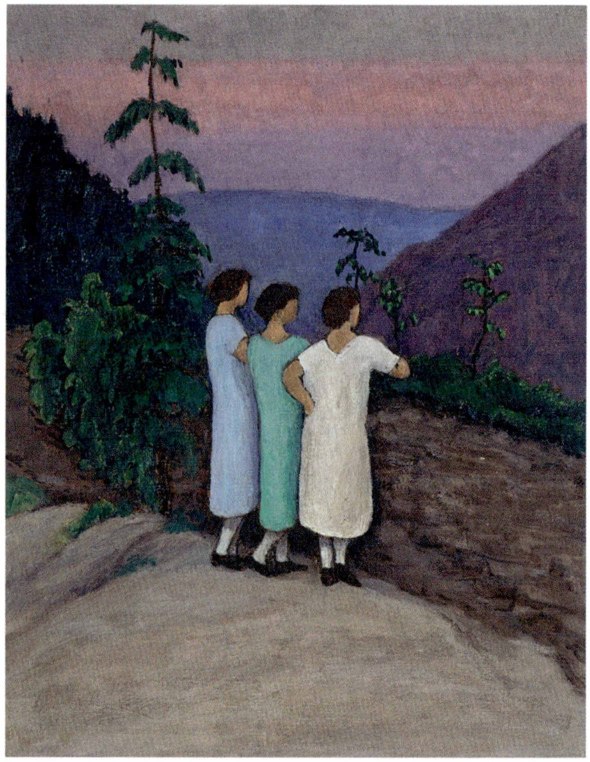

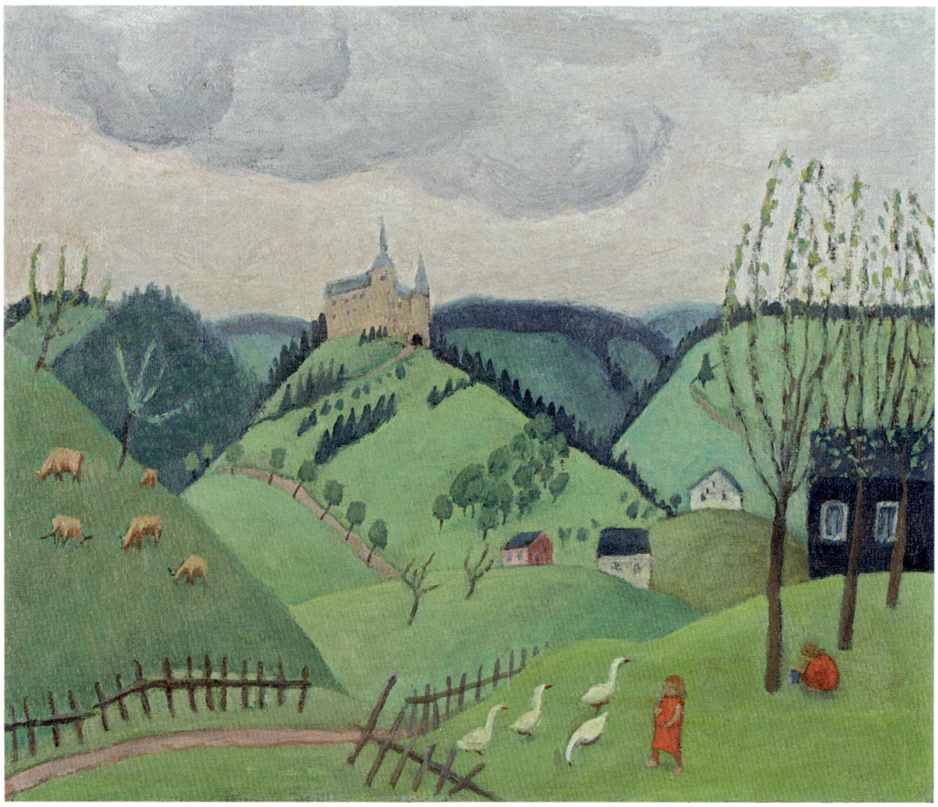

Kat. 70
Mitternachtssonne, um 1925
Pappe auf textilem Bildträger, 39,7 × 24,3 cm | Gabriele Münter- und Johannes Eichner-Stiftung, München, Inv.-Nr. V 95

Kat. 71
Lauensteiner Landschaft mit roten Kindern, 1928
Textiler Bildträger, 26,3 × 30,7 cm | Gabriele Münter- und Johannes Eichner-Stiftung, München, Inv.-Nr. L 91

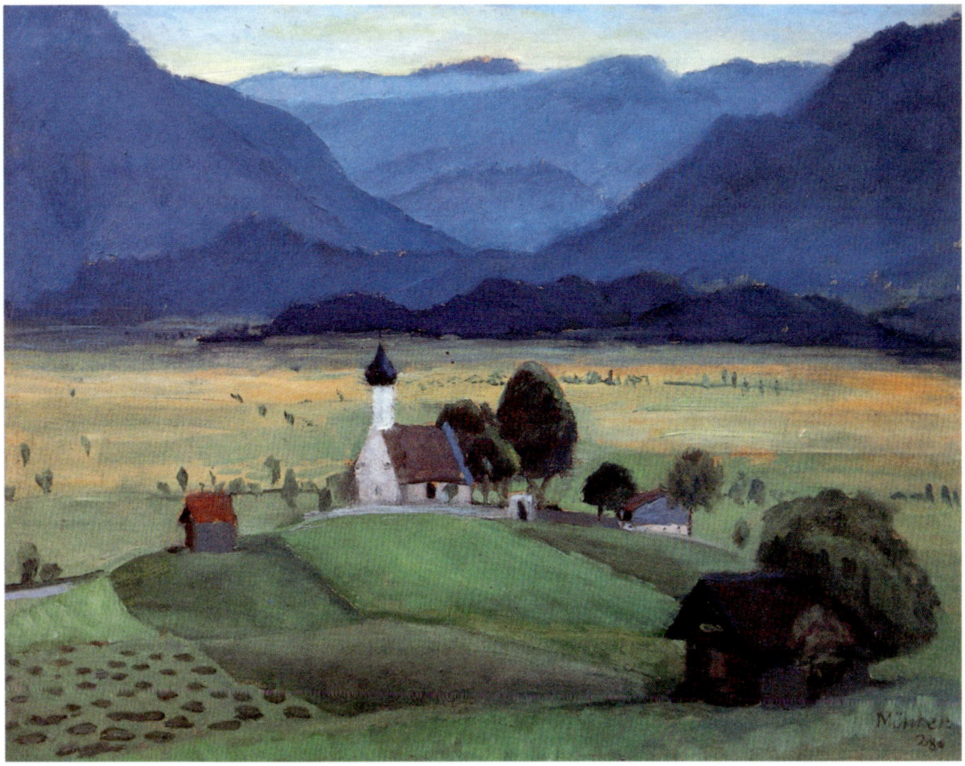

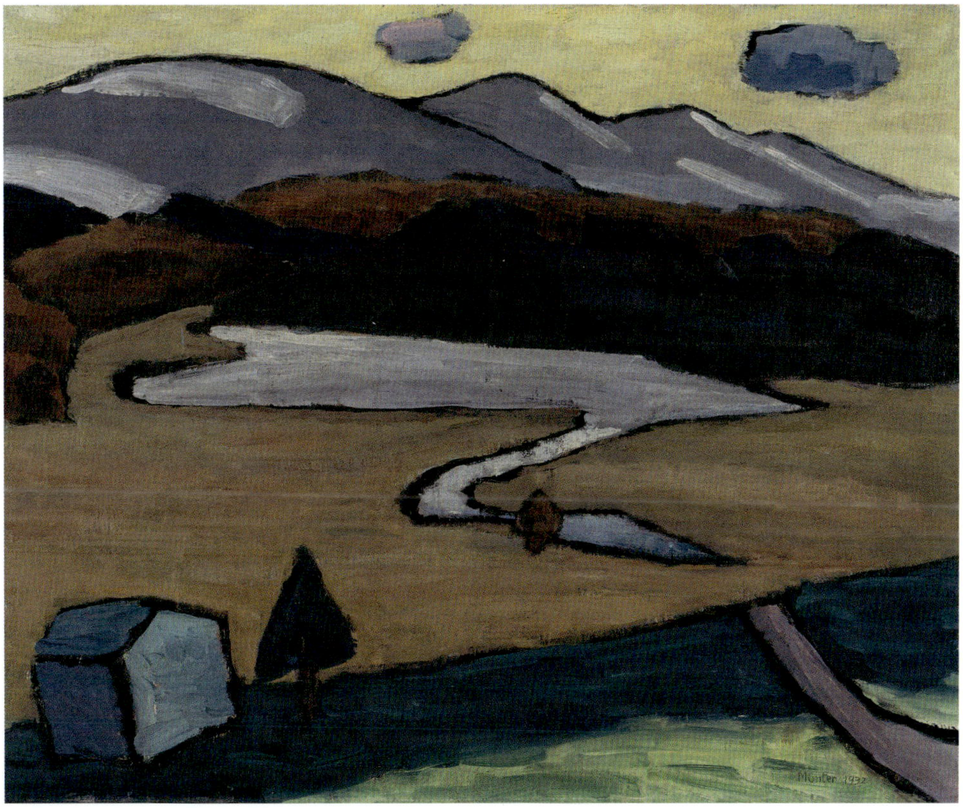

Kat. 72
Ramsach Kirchlein, 1928
Öl auf Pappe, 33 × 41 cm | Privatsammlung

Kat. 73
Der graue See, 1932
Textiler Bildträger, 54,8 × 65,7 cm | Städtische Galerie im Lenbachhaus und Kunstbau München, Inv.-Nr. GMS 670

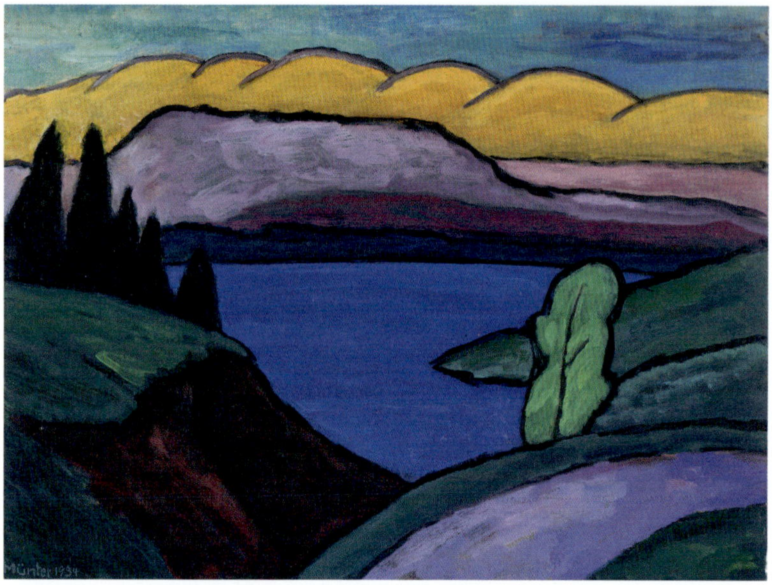

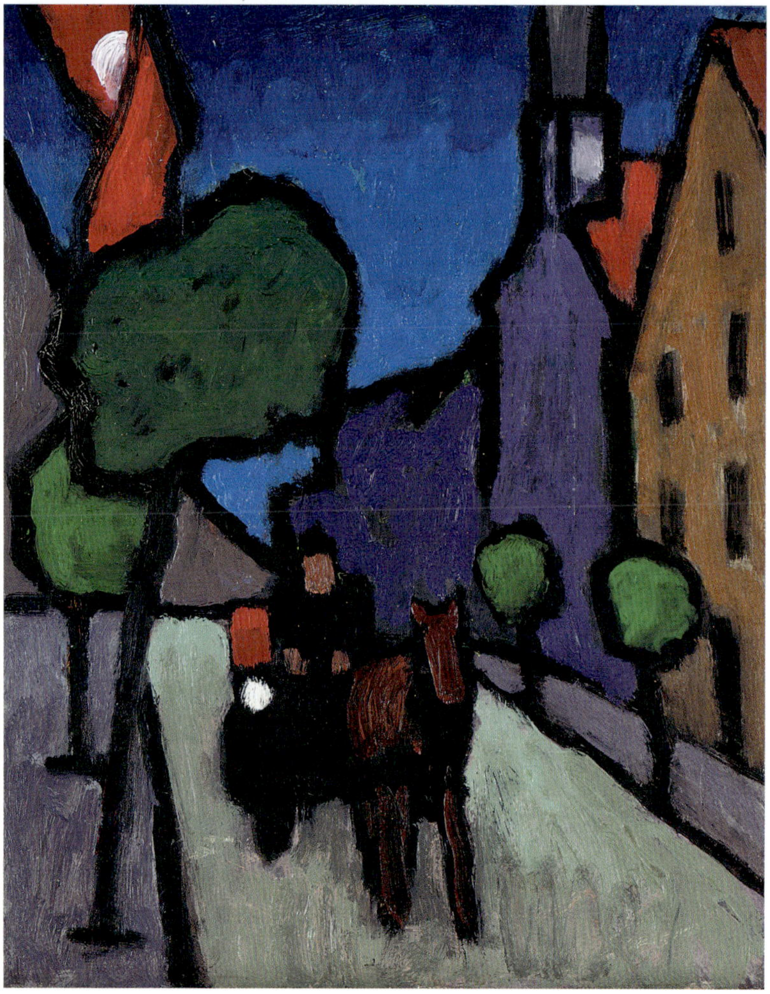

Kat. 74
Der blaue See, 1954
Öl auf Leinwand, 50 × 65 cm | LENTOS Kunstmuseum Linz, Inv.-Nr. 211

Kat. 75
Murnauer Hauptstraße mit Pferdegespann, 1933
Öl auf Holz, 35,5 × 27,5 cm | Privatsammlung Süddeutschland

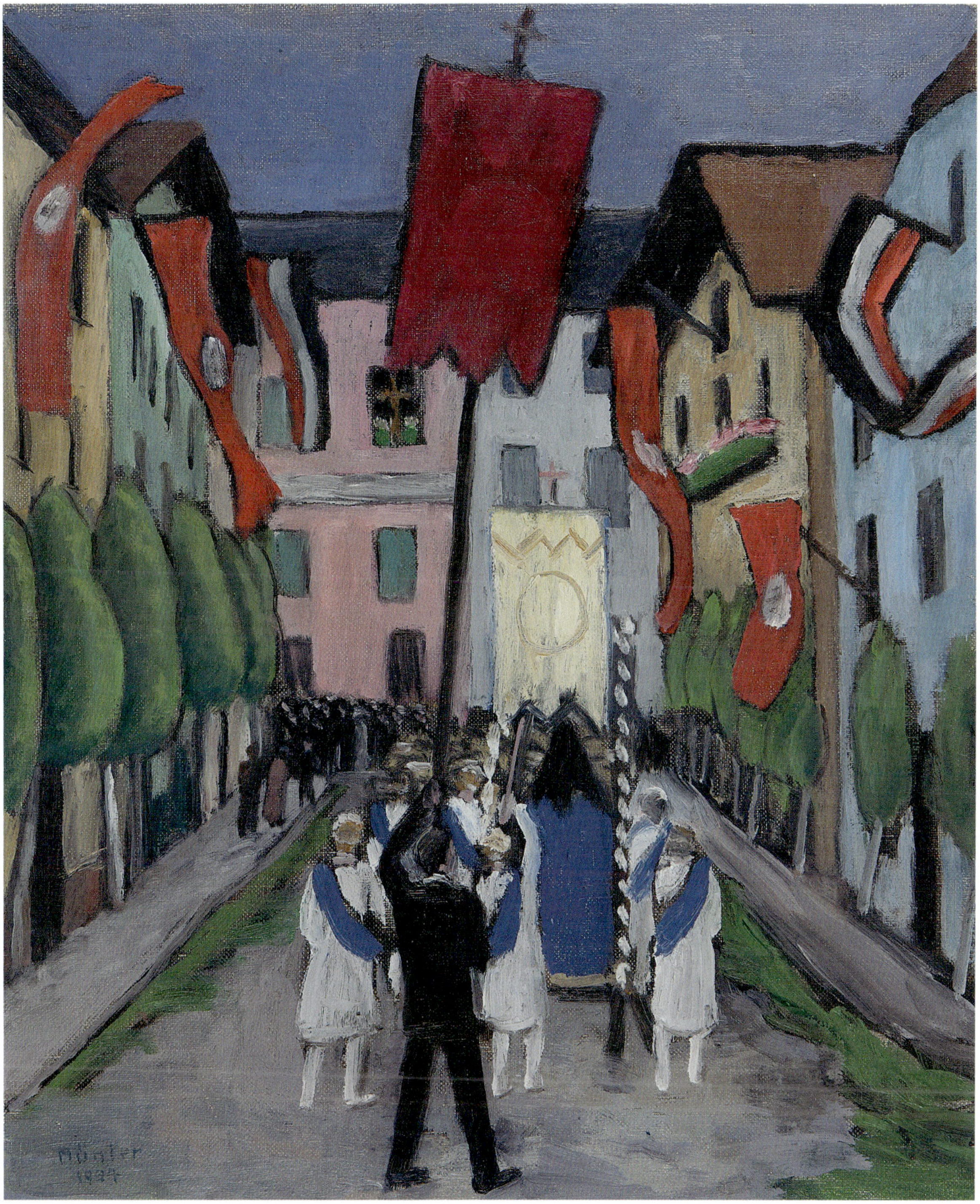

Kat. 76
Prozession in Murnau, 1934
Öl auf Leinwand, 46,6 × 38,3 cm |
Privatsammlung

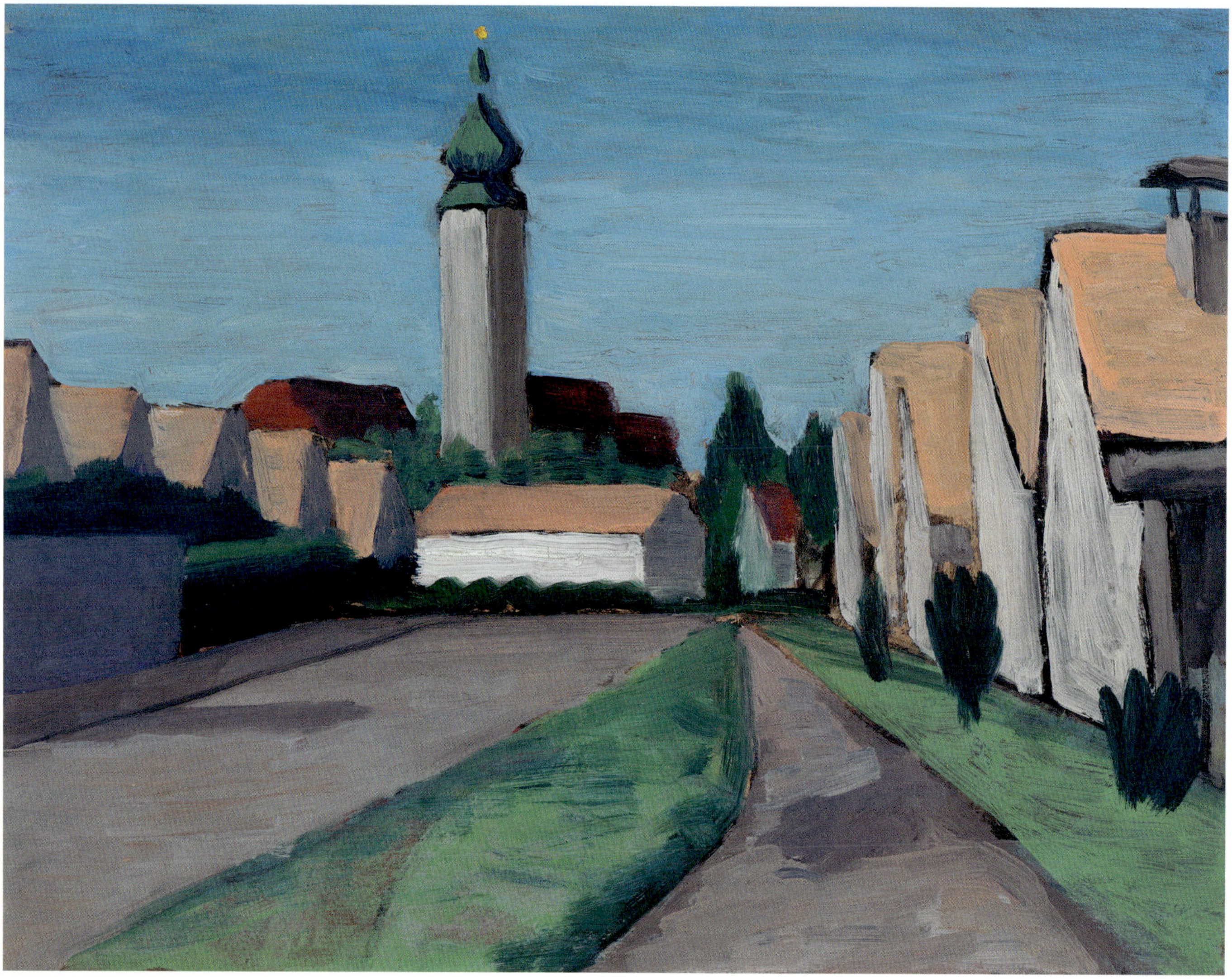

Kat. 77
Vorstadthäuser mit Barockkirche (Ramersdorf. Scheubner-Richterstraße), 1936
Öl auf Pappe, 33 × 41 cm | Galerie Ludorff, Düsseldorf

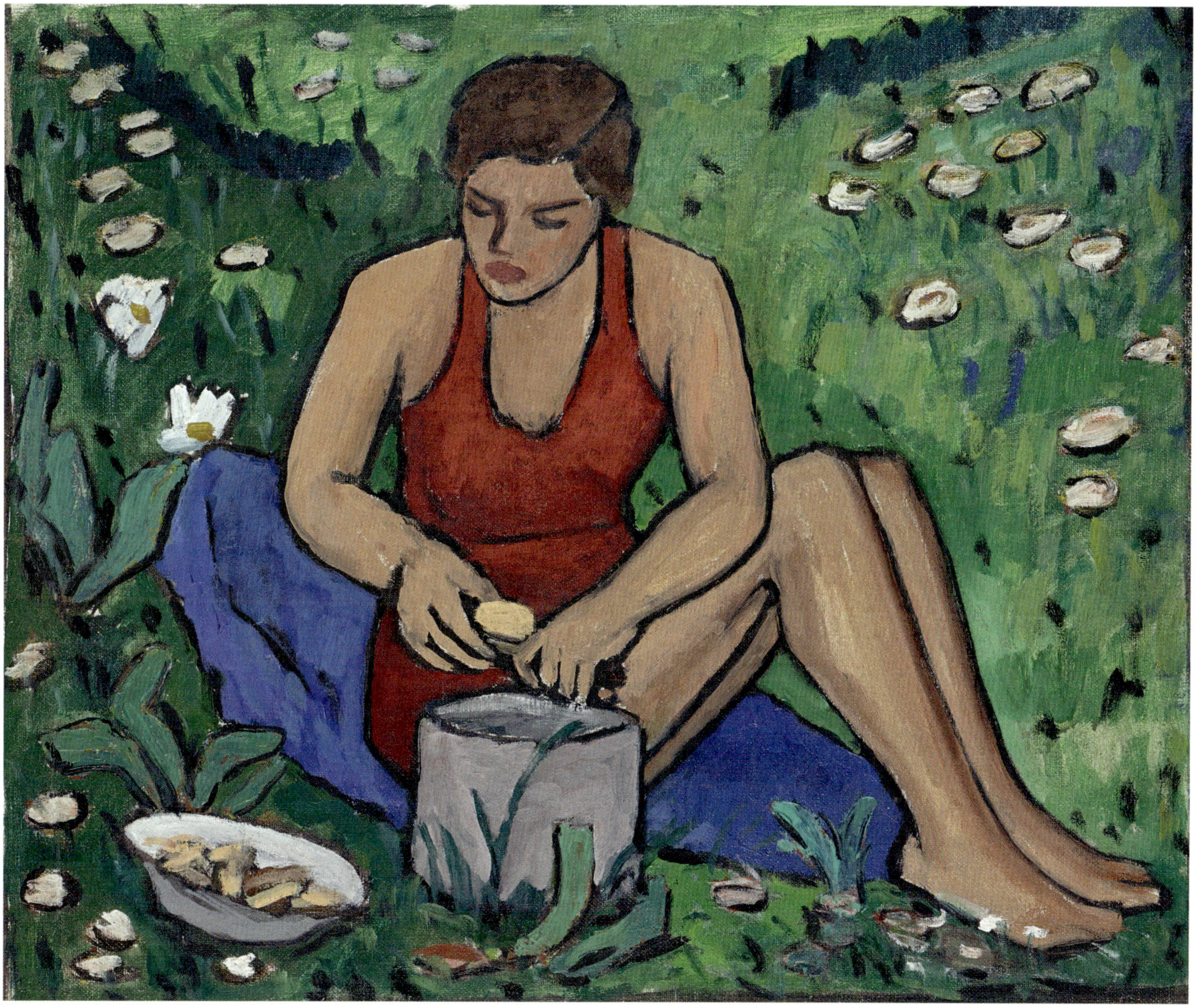

Kat. 78

Fräulein Ellen im Gras, 1934

Textiler Bildträger, 47,5 × 65 cm | Gabriele Münter- und Johannes Eichner-Stiftung, München, Inv.-Nr. V 96

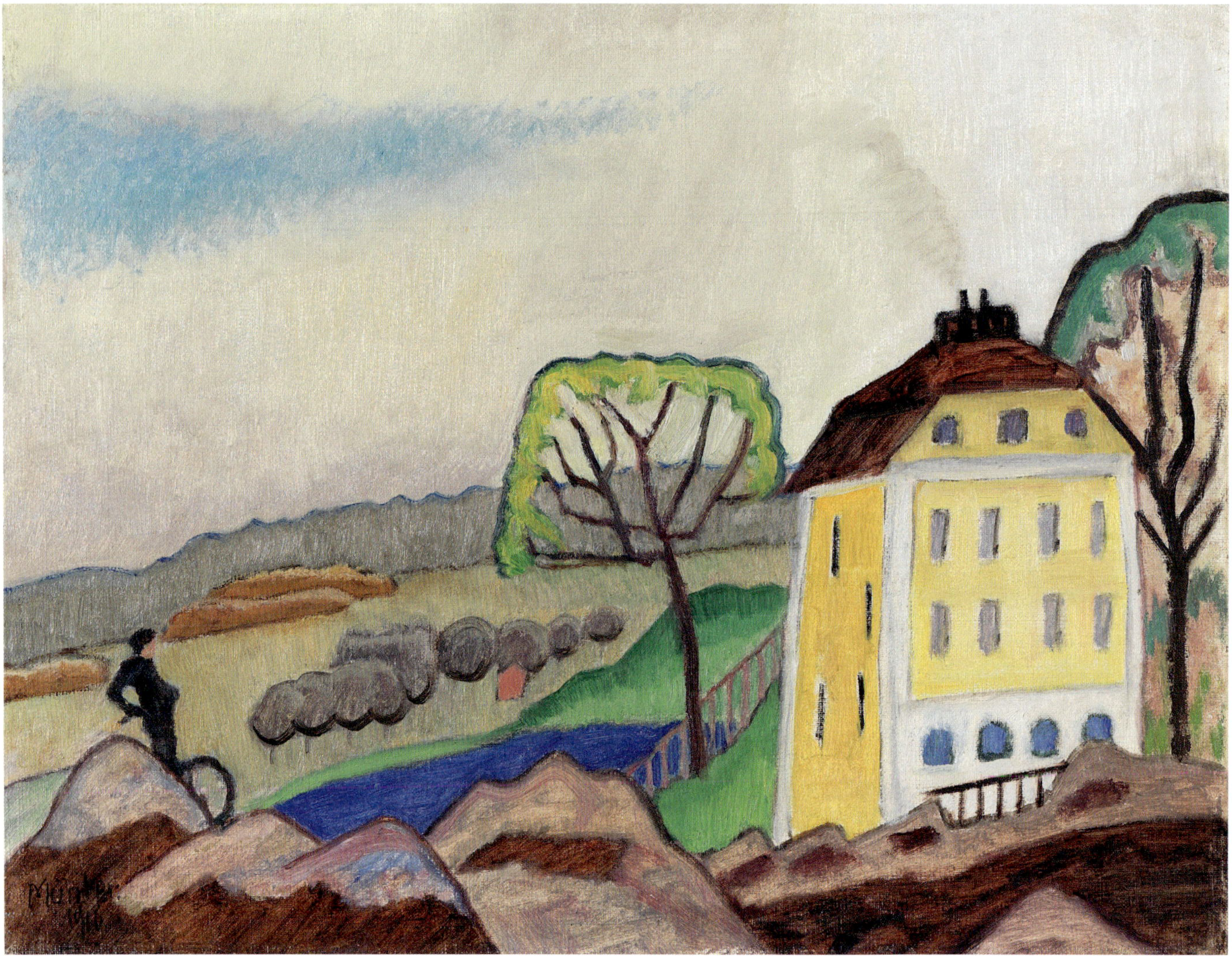

Kat. 79
Landschaft mit gelbem Haus, 1916
Öl auf Leinwand, 41,5 × 52,7 cm | Privatsammlung

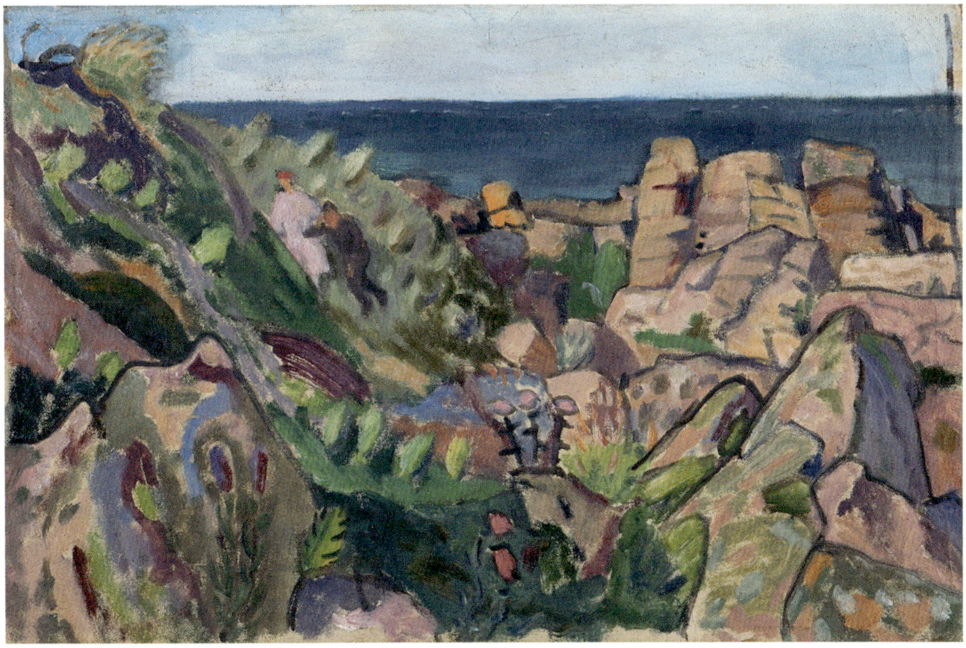

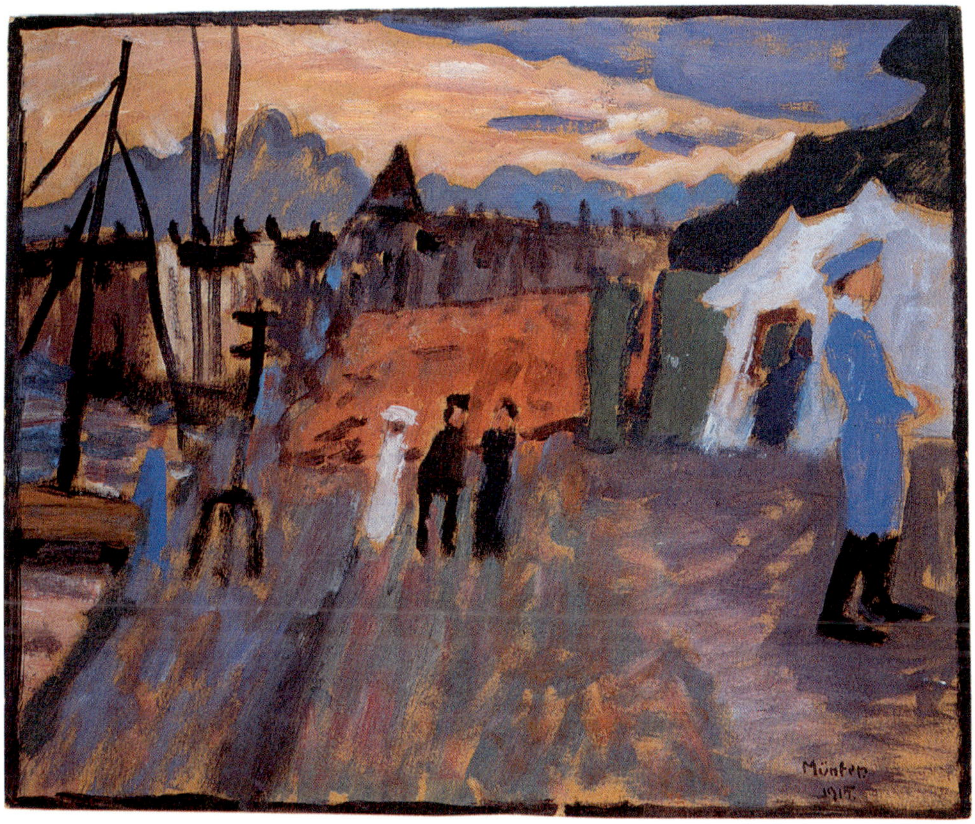

Kat. 80
Klippenpartie Bornholm, 1919
Textiler Bildträger, 36,4 × 54,9 cm |
Gabriele Münter- und Johannes Eichner-Stiftung, München, Inv.-Nr. L 342

Kat. 81
Från Djurgårdsbron, Stockholm, 1915
Öl auf Pappe, 29,5 × 35 cm |
Collett Prag/München

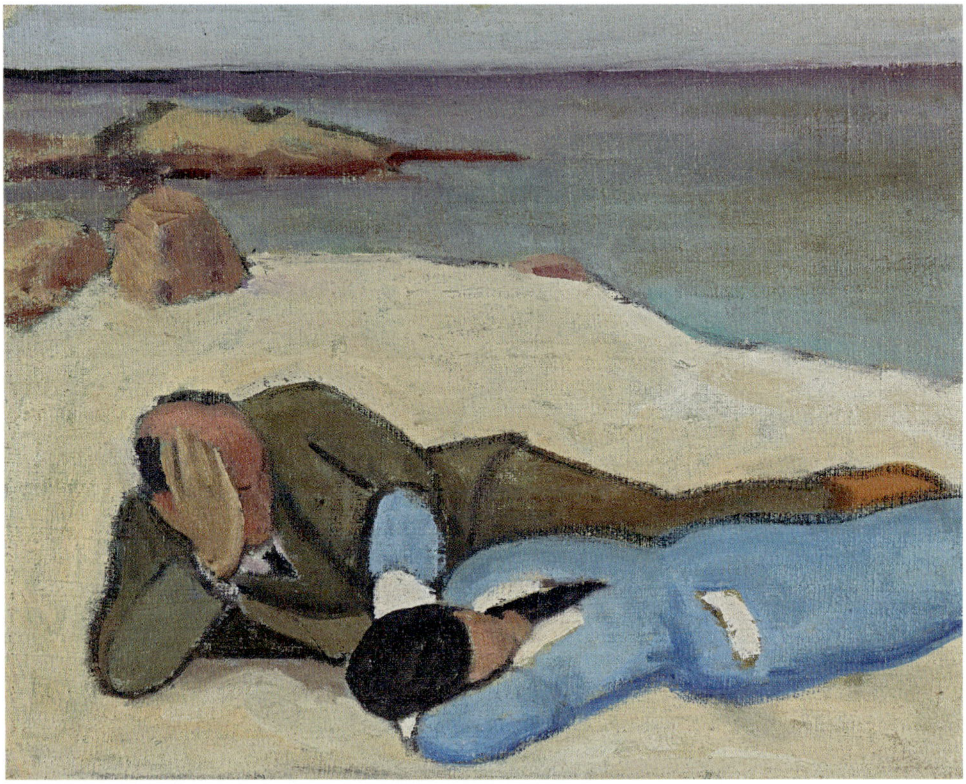

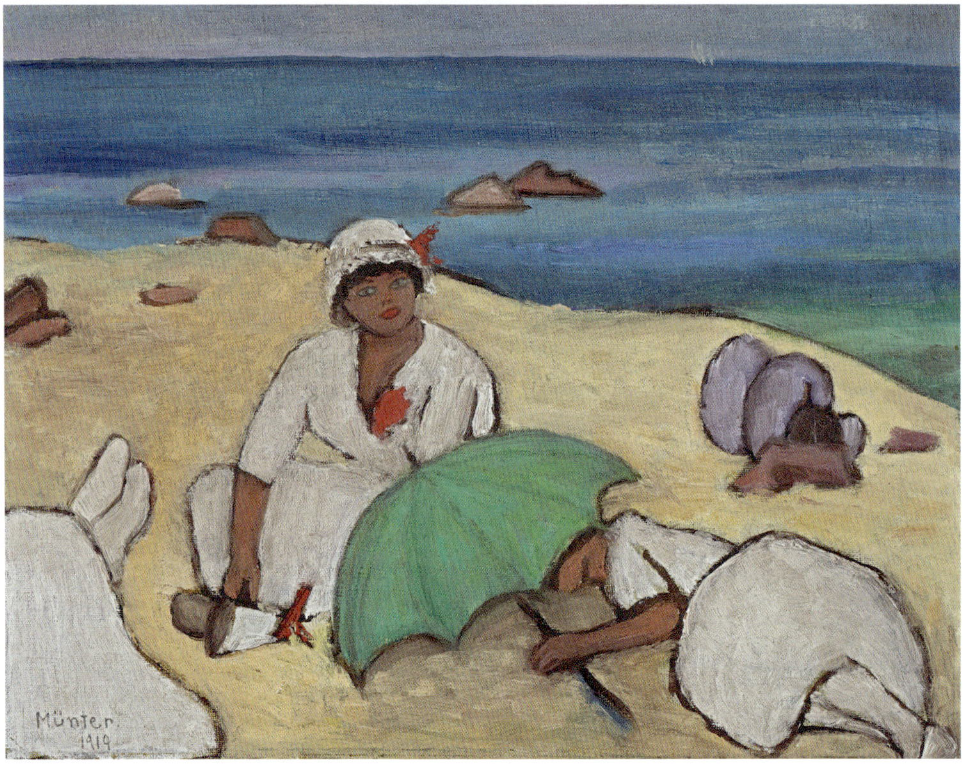

Kat. 82
Paar am Strand, 1919
Textiler Bildträger, 28,5 × 34,1 cm |
Gabriele Münter- und Johannes Eichner-Stiftung, München, Inv.-Nr. V 98

Kat. 83
Am Strand, 1919
Textiler Bildträger, 28 × 35,1 cm |
Gabriele Münter- und Johannes Eichner-Stiftung, München, Inv.-Nr. V 99

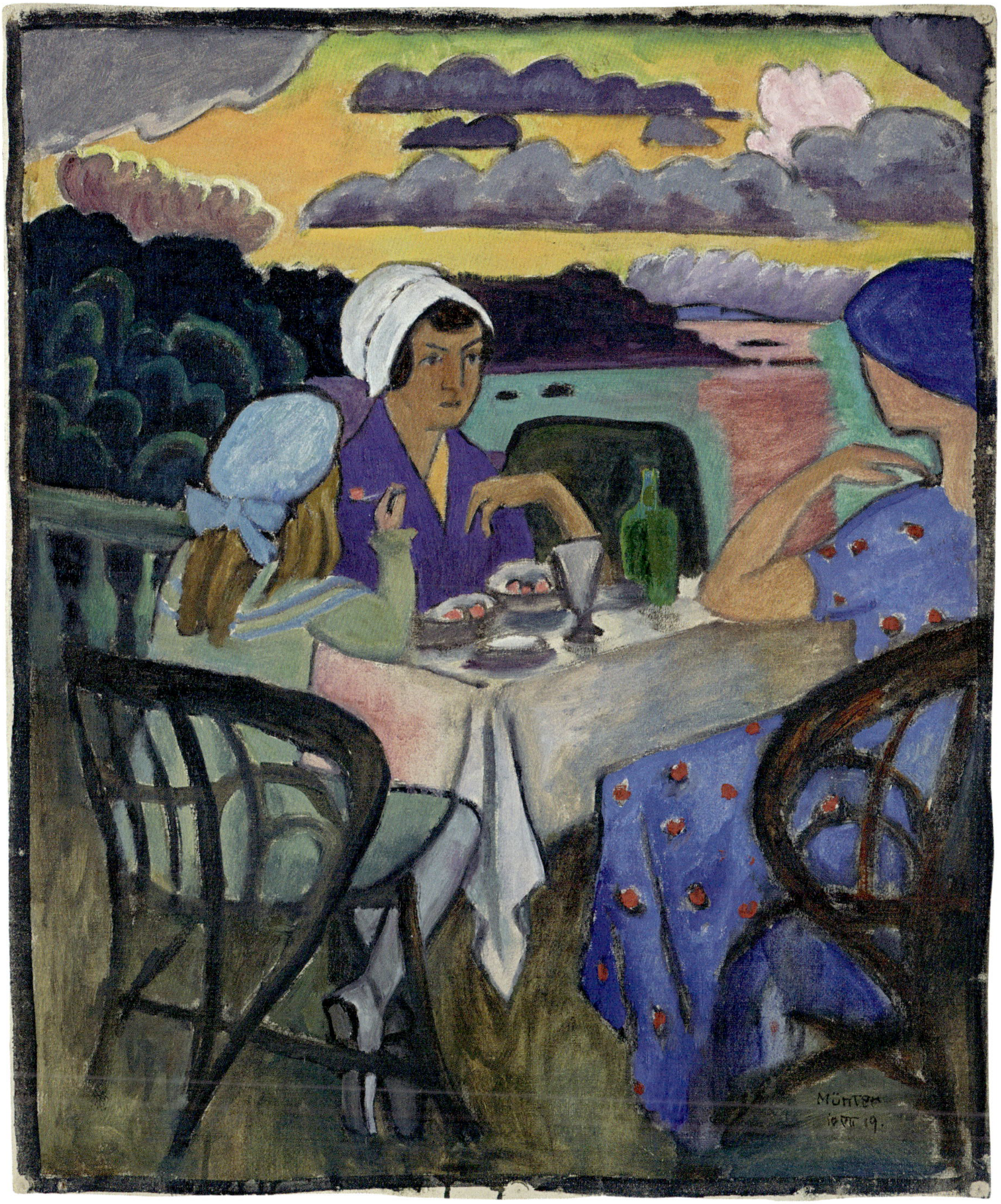

Kat. 84
In der Erdbeerzeit, 1919
Textiler Bildträger, 60,9 × 50,5 cm |
Gabriele Münter- und Johannes Eichner-
Stiftung, München, Inv.-Nr. V 97

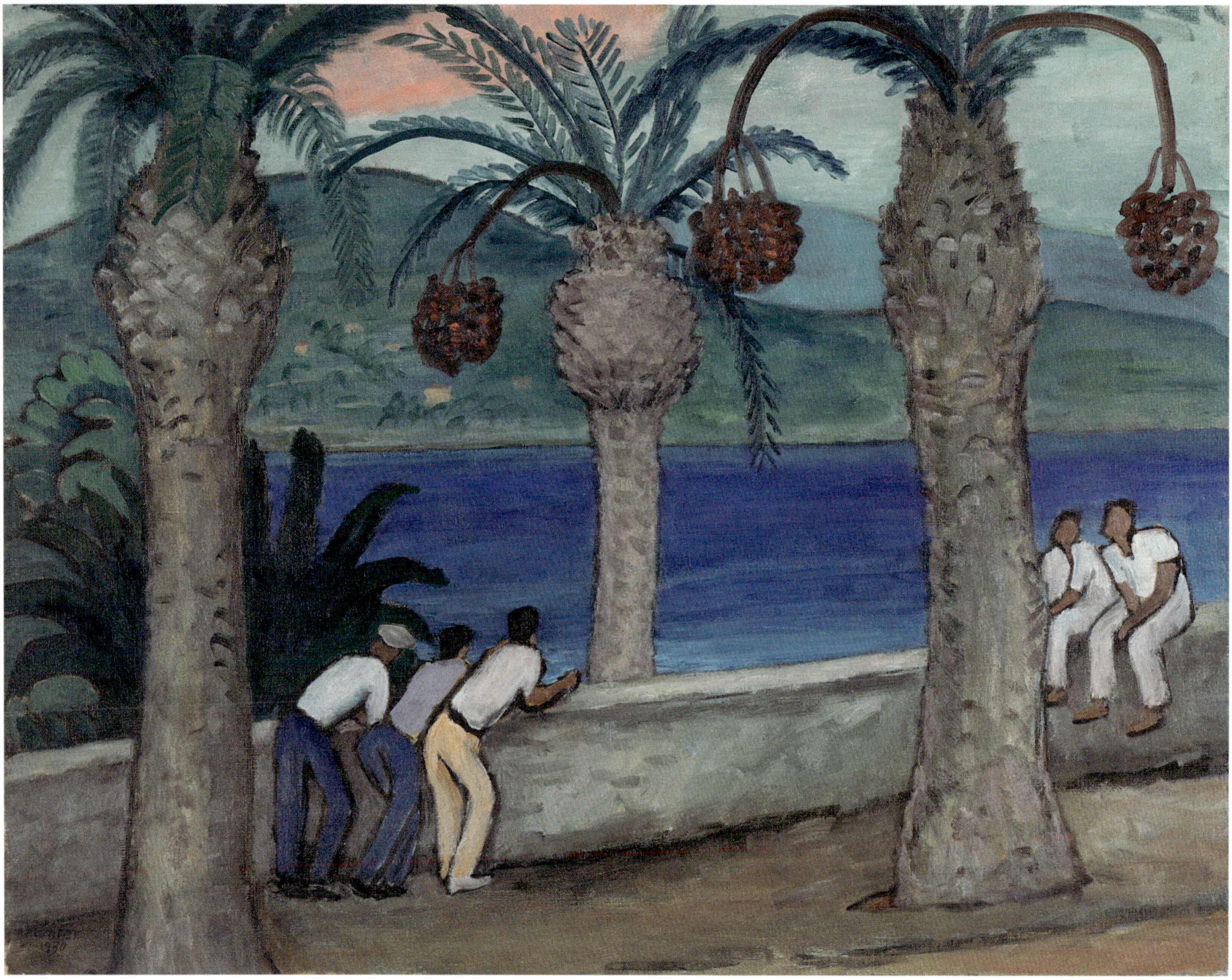

Kat. 85

An der Mauer (Bandol), 1930

Textiler Bildträger, 65,2 × 81,4 cm |
Gabriele Münter- und Johannes Eichner-Stiftung, München, Inv.-Nr. L 491

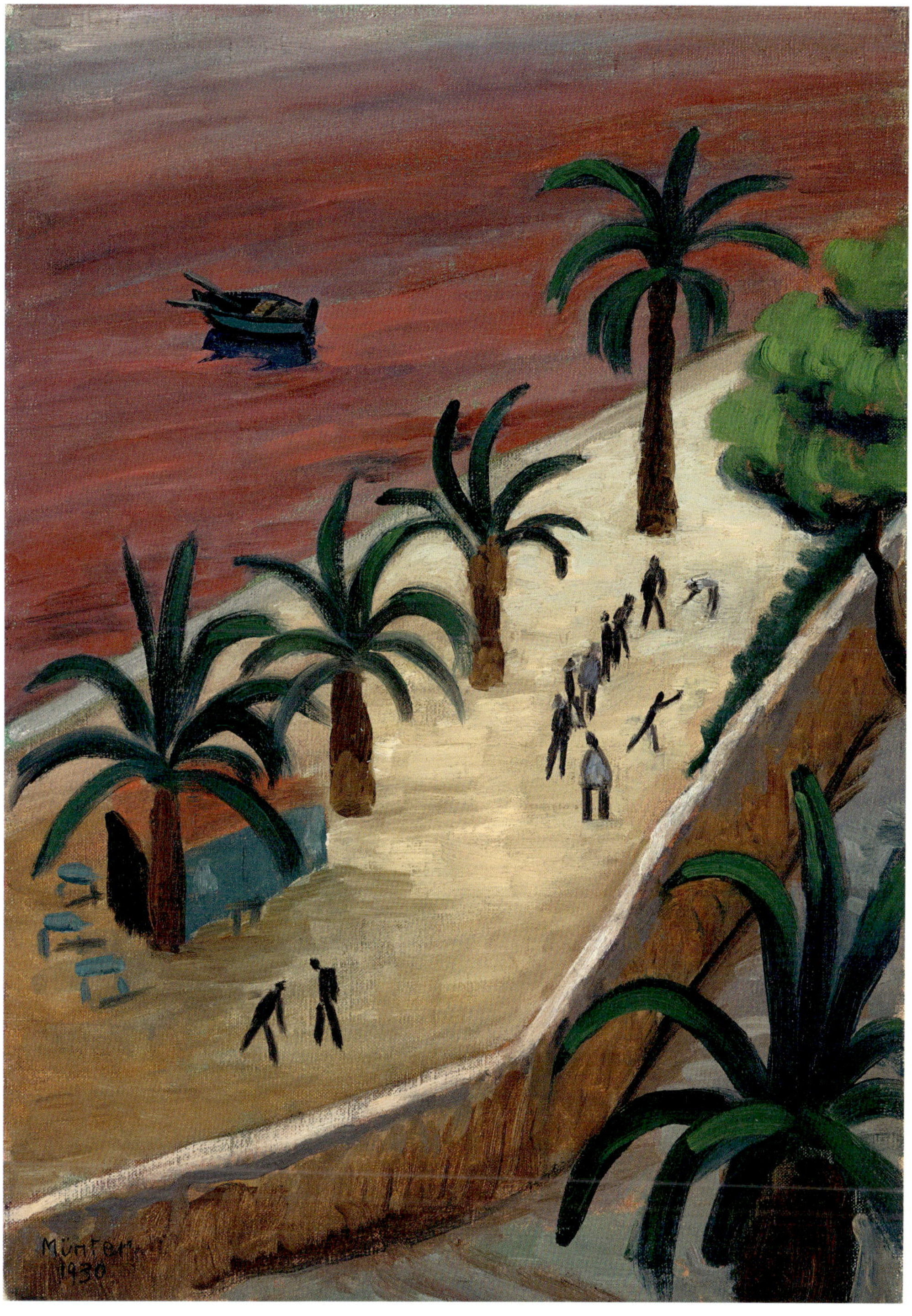

Kat. 86

Kugelspieler, 1930

Textiler Bildträger, 55,3 × 38,2 cm |
Gabriele Münter- und Johannes Eichner-Stiftung, München, Inv.-Nr. L 82

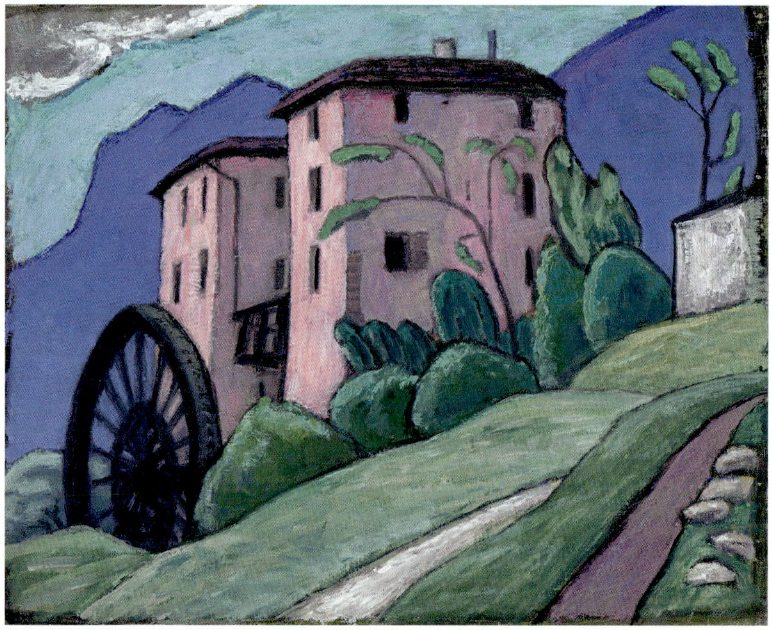

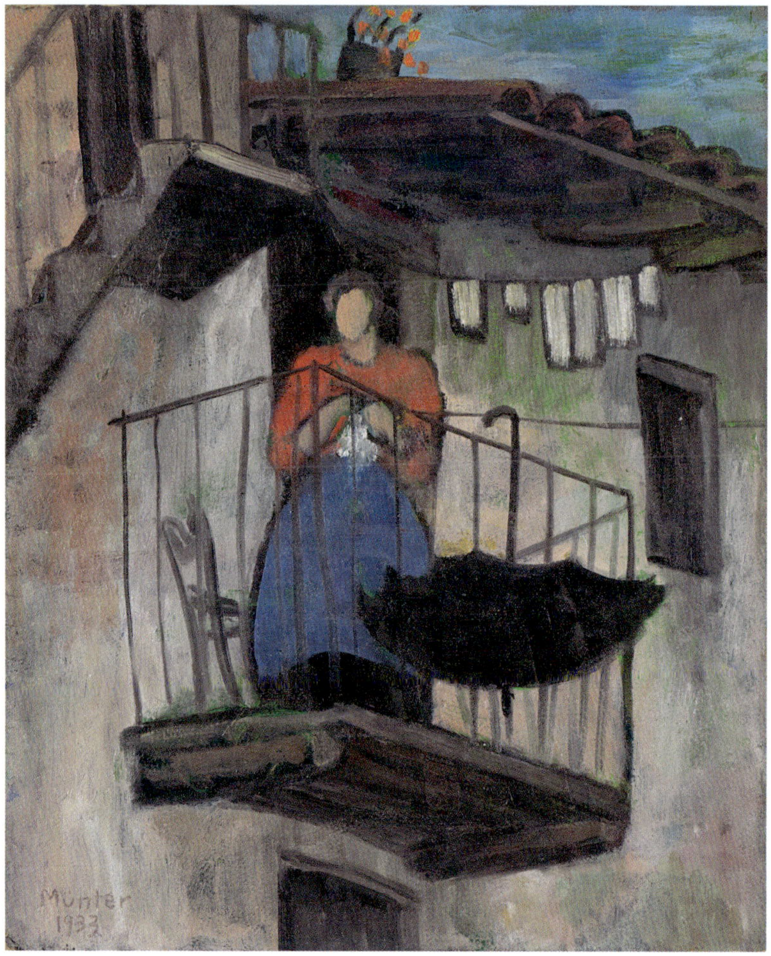

Kat. 87
Mühle am Iseosee, 1946

Textiler Bildträger, 40,9 × 48,2 cm | Gabriele Münter- und Johannes Eichner-Stiftung, München, Inv.-Nr. L 667

Kat. 88
Auf dem Balkon (Pisogne), 1933

Pappe, 40,9 × 33 cm | Gabriele Münter- und Johannes Eichner-Stiftung, München, Inv.-Nr. V 50

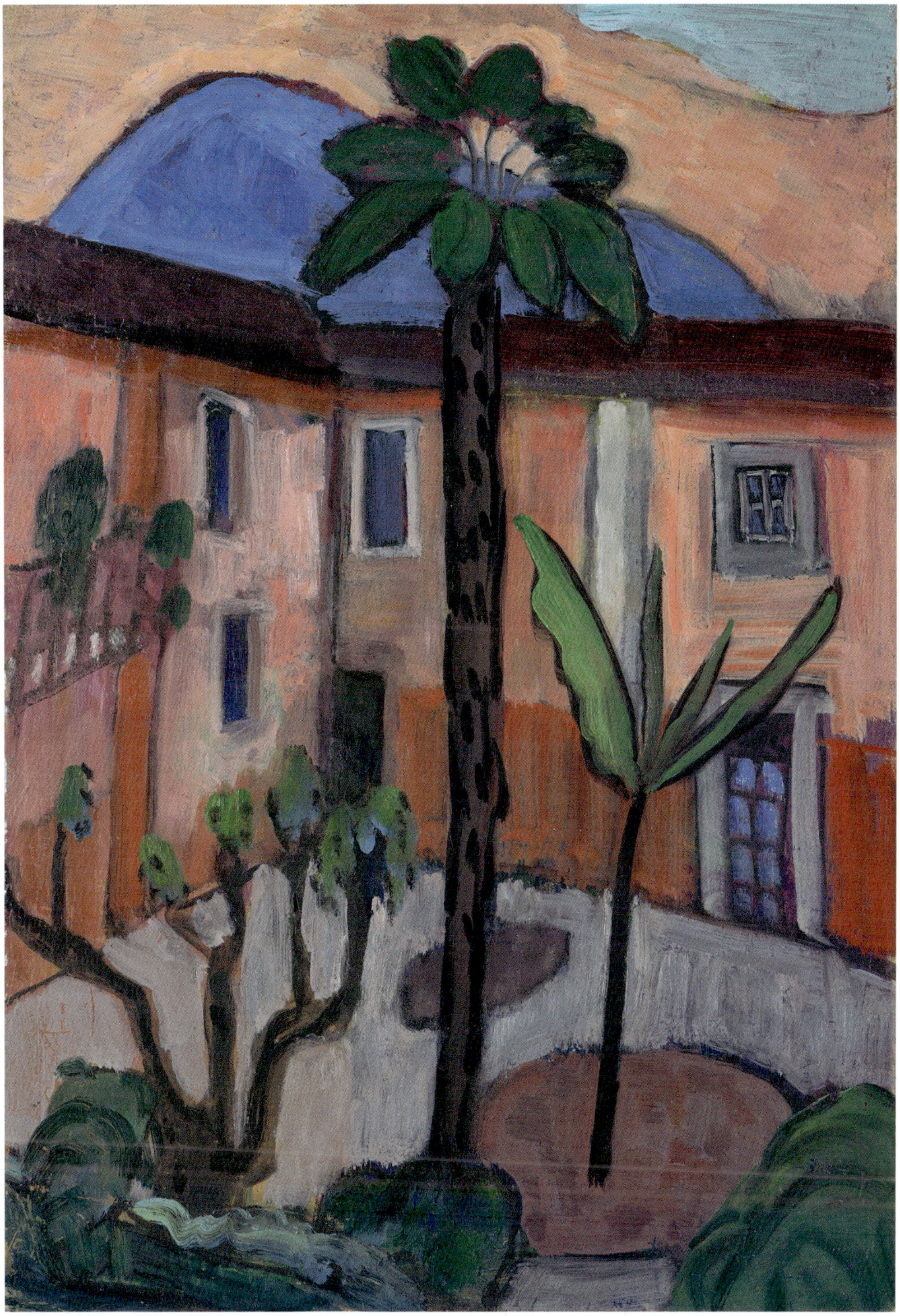

Kat. 89

Hof am Iseosee, 1933

Pappe, 50,8 × 34,5 cm | Gabriele Münter- und Johannes Eichner-Stiftung, München, Inv.-Nr. L 48

»Bildnismalen ist die kühnste und schwerste, die geistigste, die äußerste Aufgabe für den Künstler.«[1]

Das Porträt

Das Porträt

Seit ihrer Kindheit hat Gabriele Münter die Menschen ihrer Umgebung mit Vorliebe gezeichnet. 1952 schrieb sie rückblickend: »Als ich 14 Jahre alt war, zeichnete ich in der Sommerfrische die Köpfe der Kurgäste ab, und die Erwachsenen fanden diese Konterfeis so treffend, daß sie sie mir gern entführten«.[2] 1898 bis 1900, während ihrer USA-Reise, hielt sie ihre Verwandten nicht nur fotografisch, sondern ebenfalls in Zeichnungen fest. Einige Jahre später, nachdem sich Münter der Malerei zugewandt hatte, wurde das Thema Mensch auch in dieser Technik bedeutsam, sei es in Porträts in der Form eines Brustbildes oder als Teil einer größeren Komposition und da vorwiegend in Interieurs.[3]

Im Laufe ihrer Karriere malte Münter rund 250 Porträts, von denen vier Fünftel Frauenbildnisse sind. Unsere Auswahl für die Ausstellung spiegelt dieses Geschlechterverhältnis ziemlich genau wider. Bis 1907 ist die Gattung Porträt eher selten in ihrer Malerei vertreten, auch wenn die ersten Beispiele bereits von 1903 stammen. Diese frühen Bildnisse wurden anlässlich von Malkursen in München, Paris und Berlin nach dem Modell gemalt. Die meisten Porträts, die Münter vor dem Ersten Weltkrieg schuf, entstanden in den Jahren 1908 und 1909. Ab 1910 bevorzugte sie, neben ihrer kontinuierlichen Beschäftigung mit der Landschaft, das Stillleben.

Während der gemeinsamen Malwochen in Murnau mit Kandinsky, Jawlensky und Werefkin im Spätsommer 1908 fand Münter zu einem grundlegend neuen Stil, von dem auch die Mehrzahl der Porträts aus den Jahren 1908/09 zeugt.[4] Charakteristika dieser neu errungenen Bildsprache sind kräftige Farben, flüssig auf den Malträger aufgetragen, und vereinfachte Formen, die häufig von dunklen Konturen umfasst werden. Manche kurze Zeit zuvor geschaffene Menschendarstellung nimmt durch ihre Expressivität diese Änderung bereits vorweg, so zum Beispiel das Gemälde *Berliner Mädel* von 1908. Abb. A Wie bei anderen Themen war jedoch Münters Stil auch in der Porträtmalerei facettenreich: Sie benutzte unterschiedliche Malweisen parallel. In dem Bildnis ihrer Nichte Annemarie Münter von 1913 verwendete sie kurze Pinselstriche und verzichtete auf dunkle Einfassungslinien. Abb. B Aus dem Kreis ihrer Verwandten sind Porträts ihrer Schwester Emmy, ihres Schwagers Georg Schroeter, ihres Bruders Carl sowie ihrer beiden Nichten Annemarie Münter und Friedel Schroeter bekannt. Ebenfalls fertigte sie Bildnisse von Kandinskys Mutter. Ansonsten aber porträtierte sie Menschen ihrer nächsten Umgebung eher selten, hier bevorzugte sie ›Genrebildnisse‹, »in häuslichen Interieurs angesiedelte genreartige Porträtszenen«[5]. In diesen Bildern sind die Personen in den für sie typischen Haltungen wiedergegeben. Es handelt sich dabei um intimere Darstellungen als die Porträts (Brustbilder), die einen neutraleren Charakter besitzen, da sie meist ohne zusätzliche Attribute auskommen müssen. Die Grenze zwischen diesen zwei verschiedenen Konzepten der Menschenwiedergabe, dem reinen Porträt und dem ›Genrebildnis‹, ist fließend, wie in dem *Bildnis einer Künstlerin (Margret Cohen)* deutlich wird. Kat. 97

Unserer Kenntnis nach hat Münter nie ein Porträt in engerem Sinne von Kandinsky gemalt und bis auf ein einziges Beispiel auch die übrigen Künstler und Künstlerinnen aus dem Kreis des ›Blauen Reiter‹ nicht porträtiert.[6] Die Ausnahme bildet das inzwischen berühmte *Bildnis Marianne von Werefkin*, das die russische Malerin vor dem gelben Sockel des Münter-Hauses in Murnau zeigt. Kat. 92 Es ist denkbar, dass Münter zu diesem Bild durch das Gemälde *Femme au chapeau* (1905) von Henri Matisse (1869–1954) angeregt wurde. Abb. C Der amerikanische Sammler Leo Stein hatte das Werk von Matisse am letzten Tag des Pariser »Salon d'Automne« von 1905 erworben. Es hing in der Wohnung in der rue de Fleurus, die er mit seiner Schwester Gertrude teilte.[7] Münter war Gast bei den Steins gewesen und hatte daher die Möglichkeit gehabt, das Bild von Matisse, das übrigens als Skandalbild des »Salon d'Automne« oft abgebildet wurde, im Original zu sehen. Die Haltung von Werefkin in Münters Porträt, ihr großer mit Blumen geschmückter Hut sowie die farbigen Schatten auf ihrem Gesicht erinnern an Matisses Werk. Während die

1
Münter 1952, o. S.

2
Ebenda.

3
Siehe Kapitel »Interieurszenen«, S. 114 und »Wiederholungen und Variationen«, S. 185–186.

4
Zu diesem Stilwandel siehe Kapitel »Der ›Primitivismus‹«, S. 142.

5
Reinhold Heller, »Innenräume: Erlebnis, Erinnerung und Synthese in der Kunst Gabriele Münters«, in: Ausst. Kat. München/Frankfurt/Stockholm 1992/93, S. 63. Siehe Kapitel »Interieurszenen«, S. 114.

6
Die Darstellungen Kandinskys sind dem ›Genrebildnis‹ zuzuordnen. Siehe Kapitel »Interieurszenen«, S. 116. Ein sehr schönes Porträt von Kandinsky schnitt Münter 1906 in Linol: Ausst. Kat. München/Bonn/Murnau 2000/01, Nr. 6.

7
Ausst. Kat. *75 Years of Looking Forward*, hg. von Janet Bishop, Corey Keller, Sarah Roberts [San Francisco Museum of Modern Art, 19. Dezember 2009–16. Januar 2011]. San Francisco 2009, o. S., Text neben Abb. 19. Auf einer Fotografie der Wohnung ist das Gemälde von Matisse zu sehen: Ausst. Kat. *Matisse, Cézanne, Picasso ... L'aventure des Stein*, hg. von Janet Bishop, Cécile Debray, Rebecca Rabinow [Grand Palais, Galeries nationales, 5. Oktober 2011–16. Januar 2012]. Paris 2011, S. 88 und S. 151.

8
Siehe Kapitel »Landschaften und Szenen im Freien«, S. 55.

9
Ausst. Kat. München/Frankfurt/Stockholm 1992/93, S. 17. In einem von 1917/18 datierten Skizzenbuch finden sich viele Porträtentwürfe, Städtische Galerie im Lenbachhaus und Kunstbau München, Inv.-Nr. GMS 1134.

Farben in seinem Bild kräftiger sind, ging Münter in der Synthetisierung der Formen ein Stück weiter, indem sie den Körper Werefkins als ein weißes, durch einen rosa Schal umrandetes Dreieck darstellte. Diese Formvereinfachung sowie der einfarbige Hintergrund verleihen dem Gemälde seinen teilweise plakativen Charakter.

Im Juli 1915 verließ Münter Deutschland Richtung Skandinavien, wo sie bis 1920 lebte.[8] Aus finanziellen Gründen nahm sie ab 1916 in Schweden Porträtaufträge an.[9] Diesen Gelderwerb sollte sie nach ihrer Rückkehr nach Deutschland und vor allem ab den 1930er-Jahren in Murnau weiterbetreiben. Gleichzeitig porträtierte sie aber auch Menschen ihrer nächsten Umgebung (Freunde und Bekannte), was sie vor 1914 kaum getan hatte: ihren Berliner Lehrer, den Künstler

A **Berliner Mädel, 1908**
Pappe, 36,8 × 34,6 cm | Gabriele Münter- und Johannes Eichner-Stiftung, München, Inv.-Nr. P 113

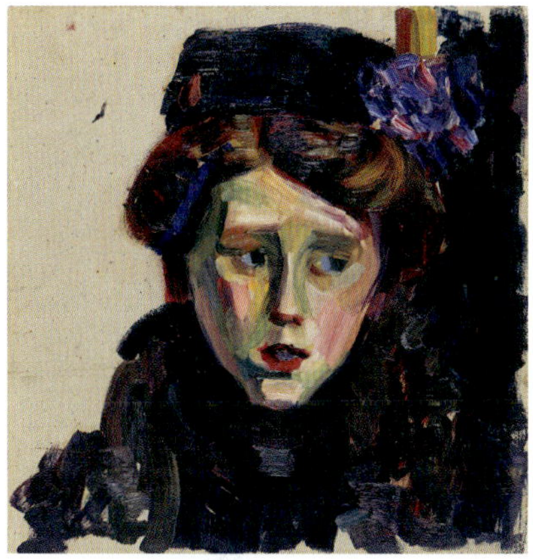

B **Das lustige Mückchen (Annemarie Münter), 1913**
Öl auf Pappe, 40 × 31,5 cm | Privatsammlung

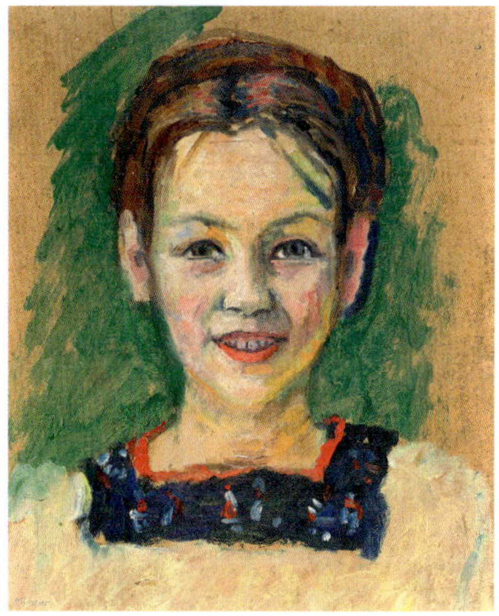

C **HENRI MATISSE**
Femme au chapeau, 1905
Öl auf Leinwand, 80,7 × 59,7 cm | San Francisco Museum of Modern Art, Bequest of Elise S. Haas

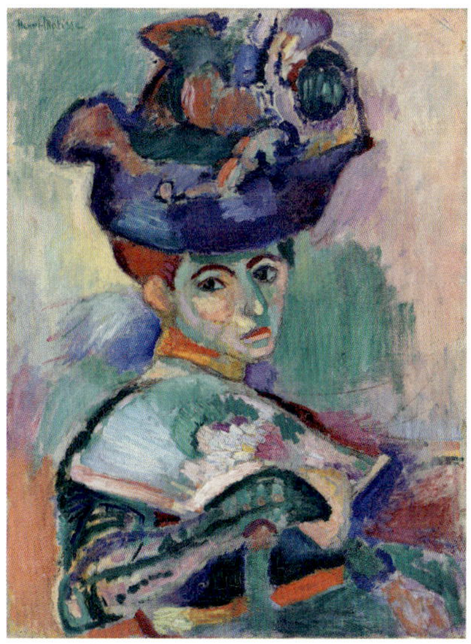

Arthur Segal, Freundinnen wie die Malerin Loulou Albert-Lazard (1885–1969) oder die Kunsthistorikerin Hanna Stirnemann, ihre Hausangestellte in Murnau, Ellen Brischke, und ihren neuen Lebensgefährten ab 1928, Johannes Eichner, um nur ein paar Beispiele zu nennen. Abb. D

Mit der eigenen Darstellung hat sich Münter wenig auseinandergesetzt. Sechzehn gemalte Selbstbildnisse sind uns heute bekannt, wobei vier davon lediglich durch Einträge in ihren Arbeitsheften dokumentiert sind. Als Vergleich sei hier Paula Modersohn-Becker (1876–1907) genannt, die sich während ihres kurzen Lebens fünfzigmal in Gemälden und Zeichnungen porträtierte.[10] Die ersten Selbstbildnisse Münters entstanden um 1909, in der Zeit, in der sie in Bayern sesshaft wurde: Im August hatte sie ihr Landhaus in Murnau erworben und im Oktober war sie zu Kandinsky in dessen Wohnung in der Münchner Ainmillerstraße gezogen. Beruflich hatte sie ihre eigene Bildsprache gefunden, arbeitete mit anderen Künstlerinnen und Künstlern zusammen und stellte mit ihnen in der 1909 gegründeten ›Neuen Künstlervereinigung München‹ aus.[11] 1952, im Alter von 75 Jahren, schuf sie ihr letztes Selbstporträt.[12]

Während sie sich vor dem Ersten Weltkrieg ein paarmal an der Staffelei dargestellt hatte, scheint dies später nicht mehr der Fall gewesen zu sein.[13] Eine Art Kompromiss zwischen dem Selbstporträt als Malerin und als bürgerliche Dame bildet das circa 1908–09 entstandene Bildnis, welches sie mit einem großen Hut, einer weißen Bluse und einem roten Schmuckstück frontal an der Staffelei zeigt. Kat. 93 Der Blick der Künstlerin scheint unmittelbar auf den Betrachter/die Betrachterin gerichtet zu sein. Stattdessen befand sich an dieser Stelle ein Spiegel, nach dessen Konterfei sie sich mit der Palette in der rechten Hand, also spiegelverkehrt, porträtierte. Durch den großen, mit Blumen geschmückten Hut erinnert das Gemälde an das *Bildnis Marianne von Werefkin*, auch wenn es stilistisch und in seiner Ausstrahlung anders wirkt. Obwohl es sich hier um ein repräsentatives Selbstbildnis als Malerin handelt, das sich der Tradition offizieller KünstlerInnenselbstporträts zuordnen lässt, fällt auf, dass sich Münter nicht mit dem für diese Bildgattung typischen Selbstbewusstsein, sondern mit einem prüfenden Blick darstellt.[14] Bei ihrem *Selbstbildnis an der Staffelei*, das sie wahrscheinlich ein paar Jahre später malte, hat man es mit einer ganz anderen Art der Selbstdarstellung zu tun. Abb. E Im Vordergrund befindet sich ein Hocker mit einer Palette, während die Malerin selbst, ganz in ihre Arbeit vertieft, in den Hintergrund gerückt ist.

Münter stellte ihre Selbstporträts nicht aus, abgesehen von dem Bildnis mit dem blumengeschmückten Hut, das vermutlich zum ersten Mal 1958/59 in der Doppelausstellung »Wassily Kandinsky, Gabriele Münter. Gabriele-Münter-Stiftung« im Kunstverein Hamburg zu sehen war. Diese Ausstellung hatte der damalige Direktor der Städtischen Galerie im Lenbachhaus, Hans Konrad Roethel, anlässlich der Schenkung Münters 1957 an die Städtische Galerie im Lenbachhaus organisiert. Neben 123 Werken Kandinskys waren dort 50 Gemälde von Münter präsentiert. 1960 zeigte sie das Selbstporträt erneut und zwar in ihrer ersten amerikanischen Ausstellung in den Dalzell Hatfield Galleries in Los Angeles.[15]

Das Porträtmalen fiel Münter nicht leicht: »Ich habe mich am Portrait oft versucht, aber ich muß gestehen, daß mir nicht viele Bildnisse wirklich gelungen sind. ‚Mal entsteht ein gutes Bild, aber kein richtiges Portrait; ‚mal entsteht ein richtiges Portrait, aber kein erwünschtes Bild. Oft bin ich in den Vorhöfen der Kunst stecken geblieben«.[16] Diese Zeilen mögen eine Erklärung sein, warum sie sich zwischen 1910 und 1914 dieser Gattung wenig gewidmet hat. Während sie 1908/09 zahlreiche eindrucksvolle Porträts schuf, kam sie vielleicht in den folgenden Jahren nicht weiter mit ihren Ansprüchen in diesem Fach. Dies änderte sich wieder, als sie Porträtaufträge in Skandinavien annahm, vor allem aber ab den 1920er-Jahren. In dieser Zeit entstanden viele Menschendarstellungen, allerdings vorwiegend auf Papier, da Münter während dieses Jahrzehnts grundsätzlich wenig malte.[17] Die mit knappen Umrissstrichen geschaffenen Zeichnungen, die zum

10
Ausst. Kat. *Paula Modersohn-Becker, 1876–1907. Retrospektive*, hg. von Helmut Friedel [Städtische Galerie im Lenbachhaus und Kunstbau München, 16. Juli–19. Oktober 1997]. München 1997, o. S., Einführungskapitel zur Sektion Selbstbildnisse.

11
Nach dem Malaufenthalt in Murnau vom Spätsommer 1908 entschieden Kandinsky, Münter, Jawlensky und Werefkin, sich als Gruppe der Öffentlichkeit zu zeigen. Mit anderen Künstlerinnen, Künstlern und Kunstinteressierten wurde im Januar 1909 die ›Neue Künstlervereinigung München‹ [NKVM] ins Leben gerufen. Die erste Ausstellung fand im Dezember 1909 in der ›Moderne Galerie‹ von Heinrich Thannhauser in München statt.

12
Münter hat immer wieder ihre Gemälde überarbeitet beziehungsweise übermalt, sodass sie durchaus mehr Selbstbildnisse geschaffen haben könnte.

13
Da vier Selbstbildnisse von 1935, 1946, 1948 und 1952 uns nur aus Notizen der Künstlerin bekannt sind, kann es nicht kategorisch behauptet werden.

14
Man denkt zum Beispiel an das *Selbstbildnis mit Strohhut* von Elisabeth Louise Vigée Le Brun, nach 1782, Öl/Lw., 97,8 × 70,5 cm, The National Gallery, London. Ausst. Kat. Milwaukee/Columbus/Richmond/San Antonio 1997–99, S. 122f.

15
Ausst. Kat. Los Angeles 1960, Dalzell Hatfield Galleries, Abb. o. Nr. Laut dem Titel *Gabriele Münter. First American exhibition with seven additional major paintings by Kandinsky* war die Schau eigentlich keine Einzelausstellung. Münter zeigte dort 13 Gemälde.

16
Münter 1952, o. S.

17
Zu den Gründen ihrer geringeren malerischen Produktivität in den 1920er-Jahren, siehe Kapitel »Landschaften und Szenen im Freien«, S. 54.

18
Gustav Friedrich Hartlaub, »Die Zeichnerin Gabriele Münter«, in: Hartlaub 1952, o. S.

19
Münter 1952, o. S.

Teil eher einen Typus als ein Porträt wiedergeben, zeugen von ihrem imponierenden Umgang mit der Linie. Abb. F Sie ließen den Kunsthistoriker Gustav Friedrich Hartlaub Münter »eine geheime Meisterin der reinen Linie, des puren Umrisses« nennen.[18] Trotz ihrer Selbstzweifel gab sie das Porträtmalen nie auf. Denn »…der Gefahren wegen die Aufgabe überhaupt fallen zu lassen, ist zu bequem. Bildnismalen ist die kühnste und schwerste, die geistigste, die äußerste Aufgabe für den Künstler«.[19]

D **Bildnisskizze**
Loulou Albert-Lazard, 1929
Textiler Bildträger, 55 × 33 cm |
Gabriele Münter- und Johannes Eichner-Stiftung, München, Inv.-Nr. P 216

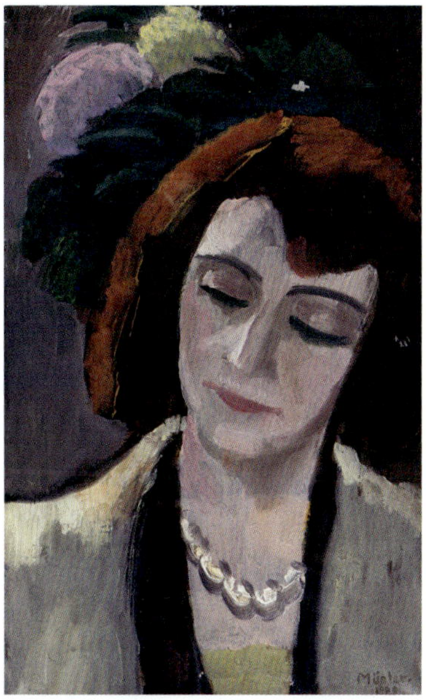

E **Selbstbildnis an der Staffelei, um 1911**
Öl auf Pappe, 37,5 × 30 cm | Privatsammlung Stuttgart

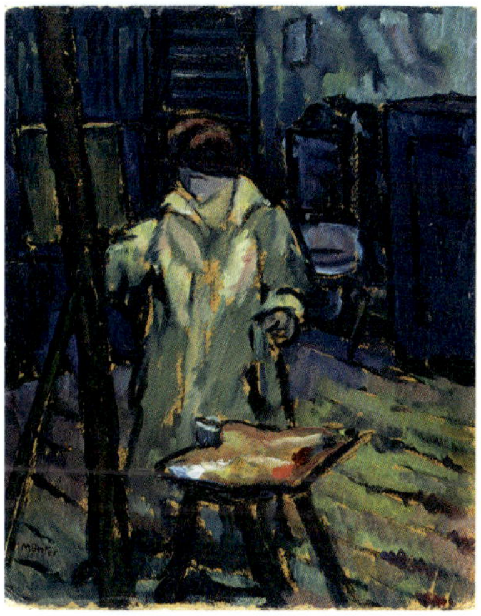

F **Die Stilvolle (Die Dichterin G. v. B.)**
Bleistift auf festem Papier, 18,4 × 13,3 cm |
Gabriele Münter- und Johannes Eichner-Stiftung, München, Inv.-Nr. Kon. 29/62

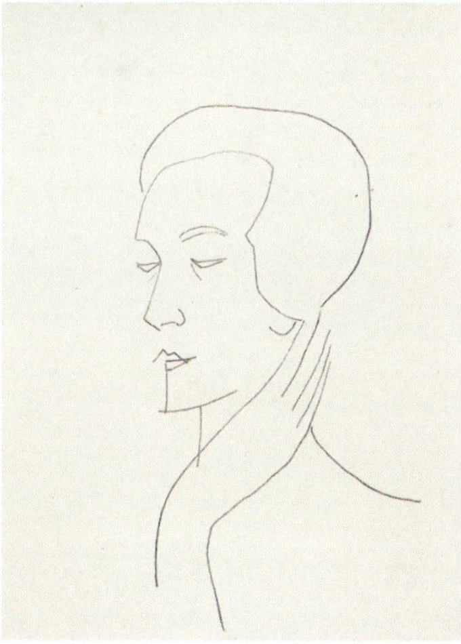

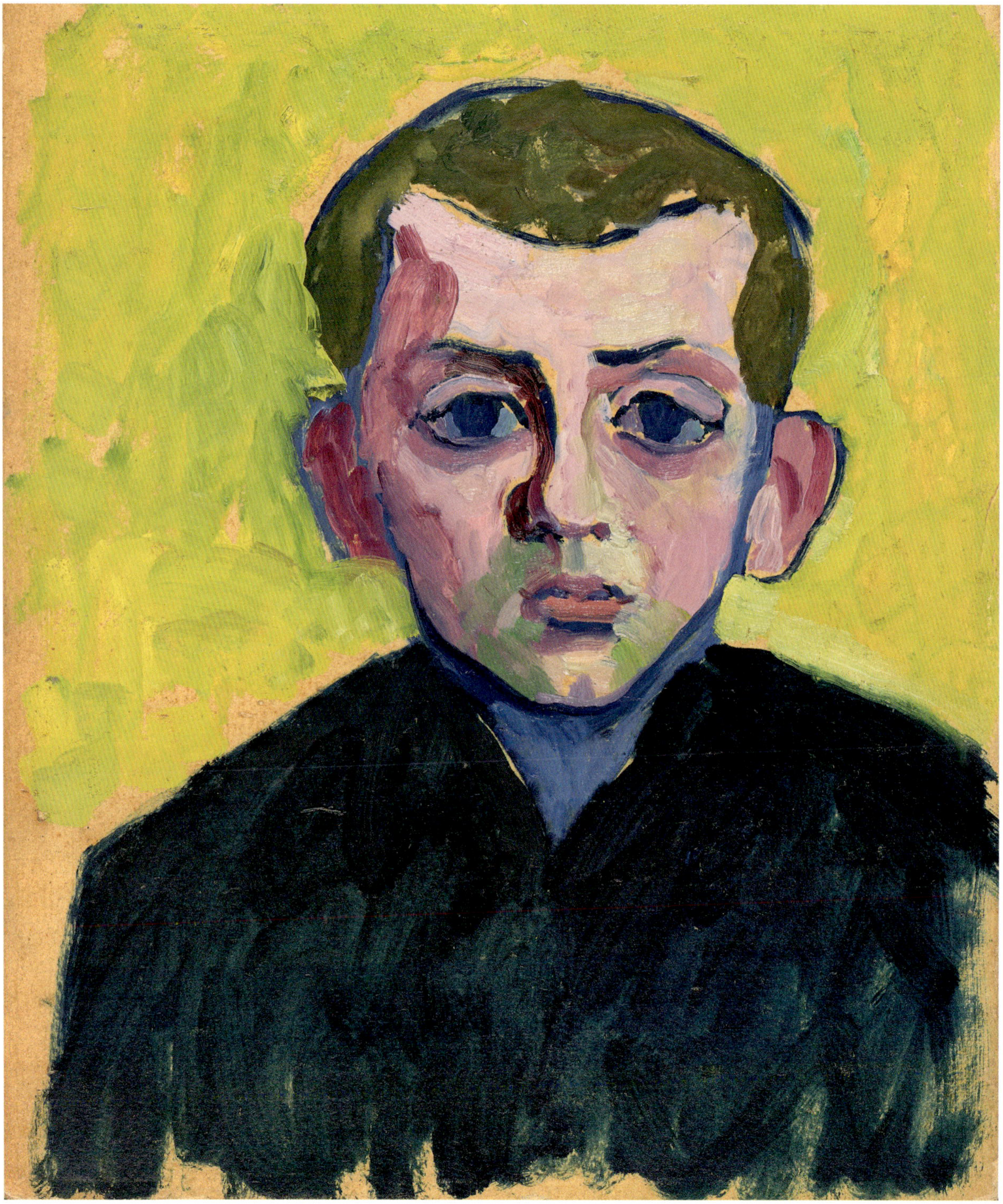

Kat. 90
Knabenkopf (Willi Blab), 1908
Pappe, 39,8 × 33,1 cm | Museum Ludwig
Köln, Inv.-Nr.: ML 10538

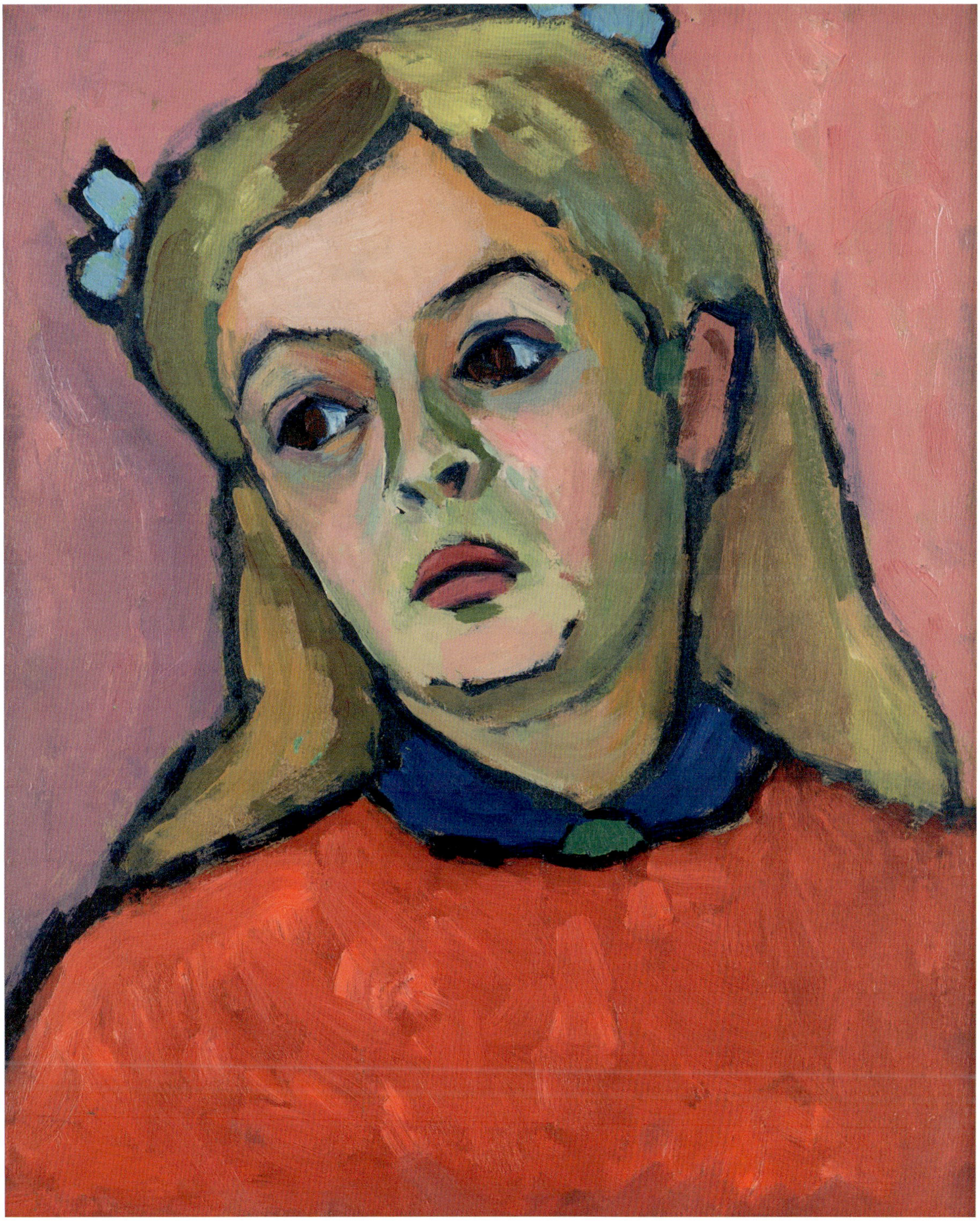

Kat. 91
Mädchenbildnis, 1908
Öl auf Pappe, 40,6 × 33 cm | Des Moines Art Center, Iowa (USA). Mildred M. Bohen Collection, Inv.-Nr. 1983.11

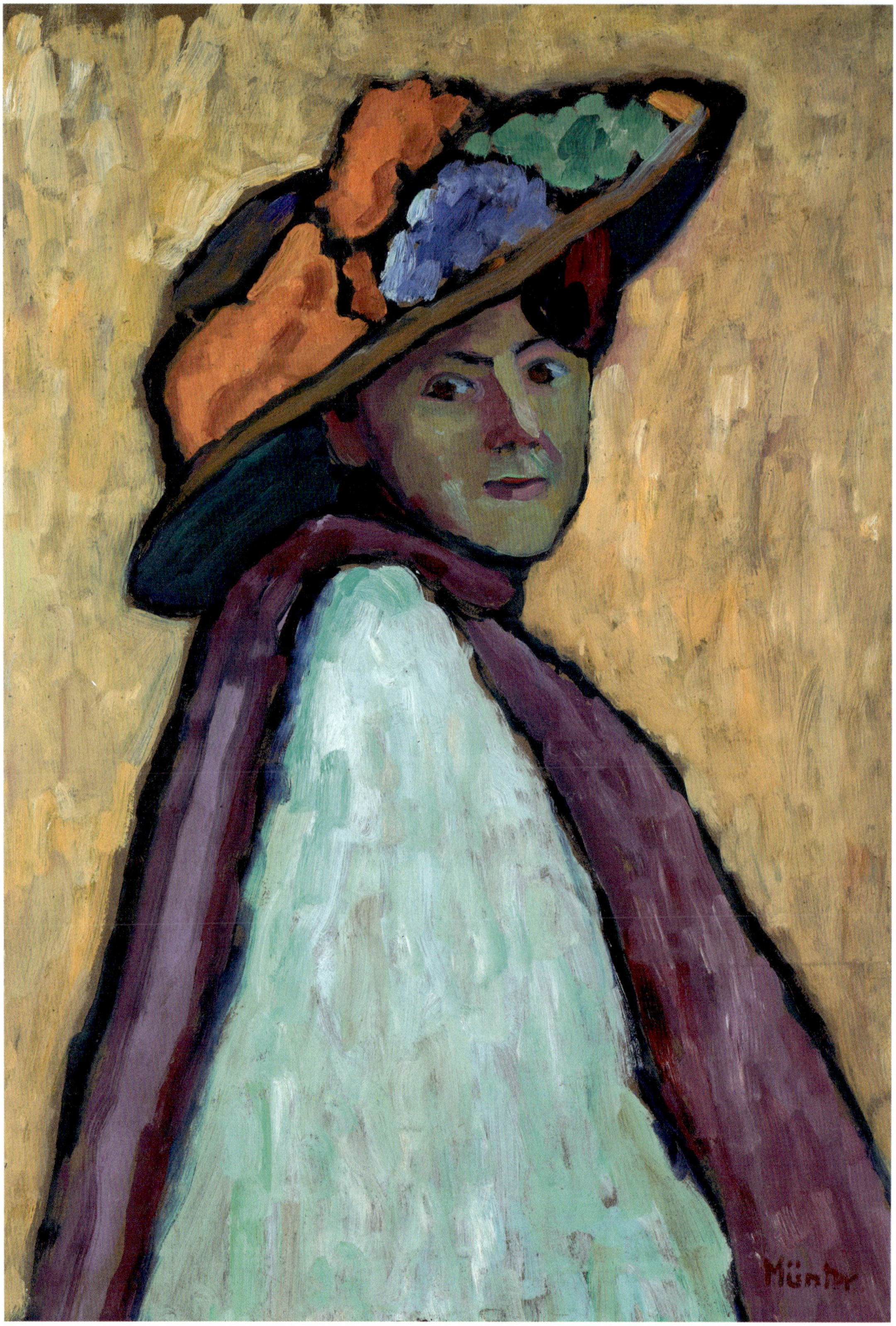

Kat. 92
Bildnis Marianne von Werefkin, 1909
Pappe, 81 × 54,8 cm | Städtische Galerie im Lenbachhaus und Kunstbau München, Inv.-Nr. GMS 656

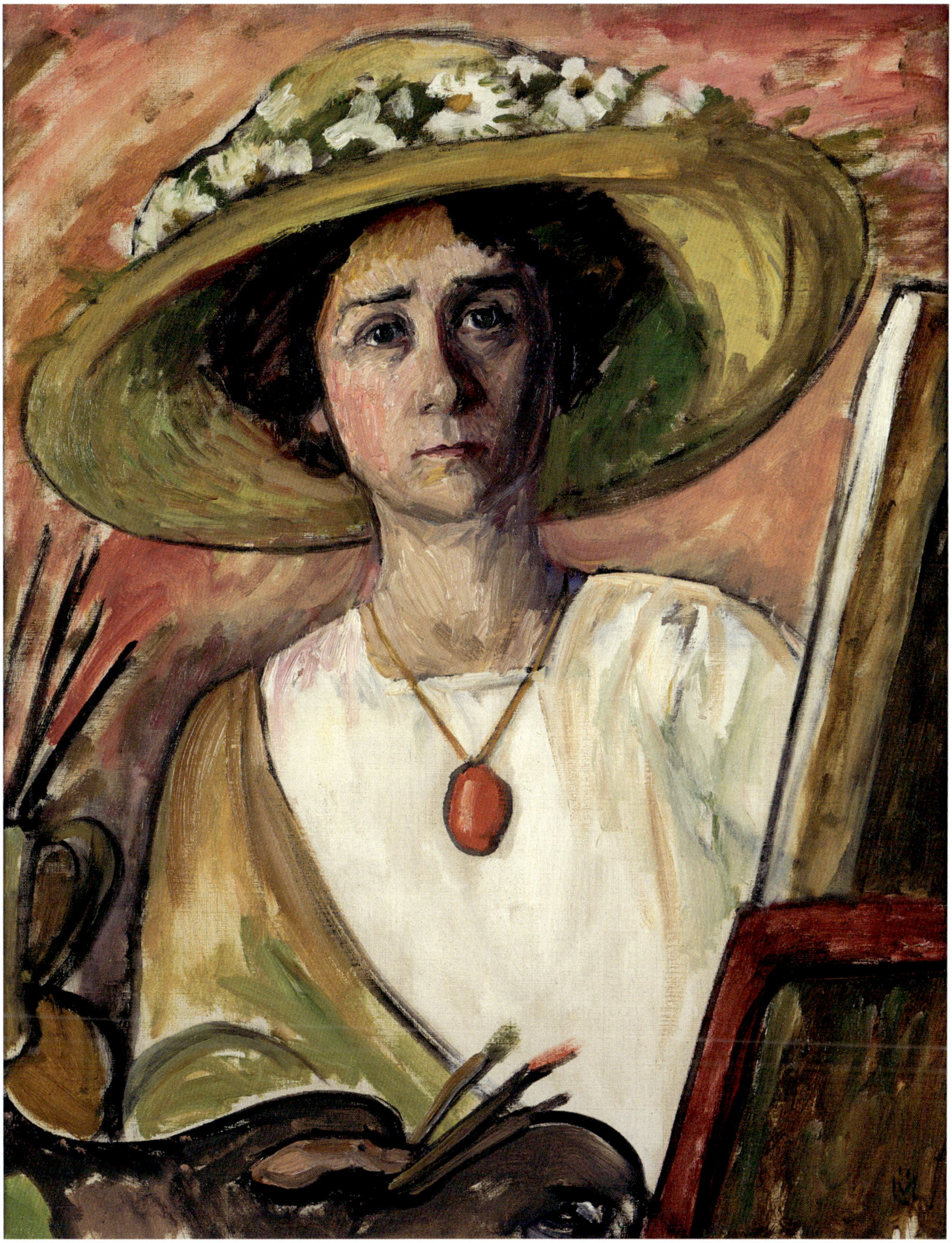

Kat. 93
Selbstbildnis, ca. 1908–09
Öl auf Leinwand, 78 × 60,5 cm | Princeton University Art Museum. Gift of Frank E. Taplin Jr., Class of 1937, and Mrs. Taplin, Inv.-Nr. y 1992-21

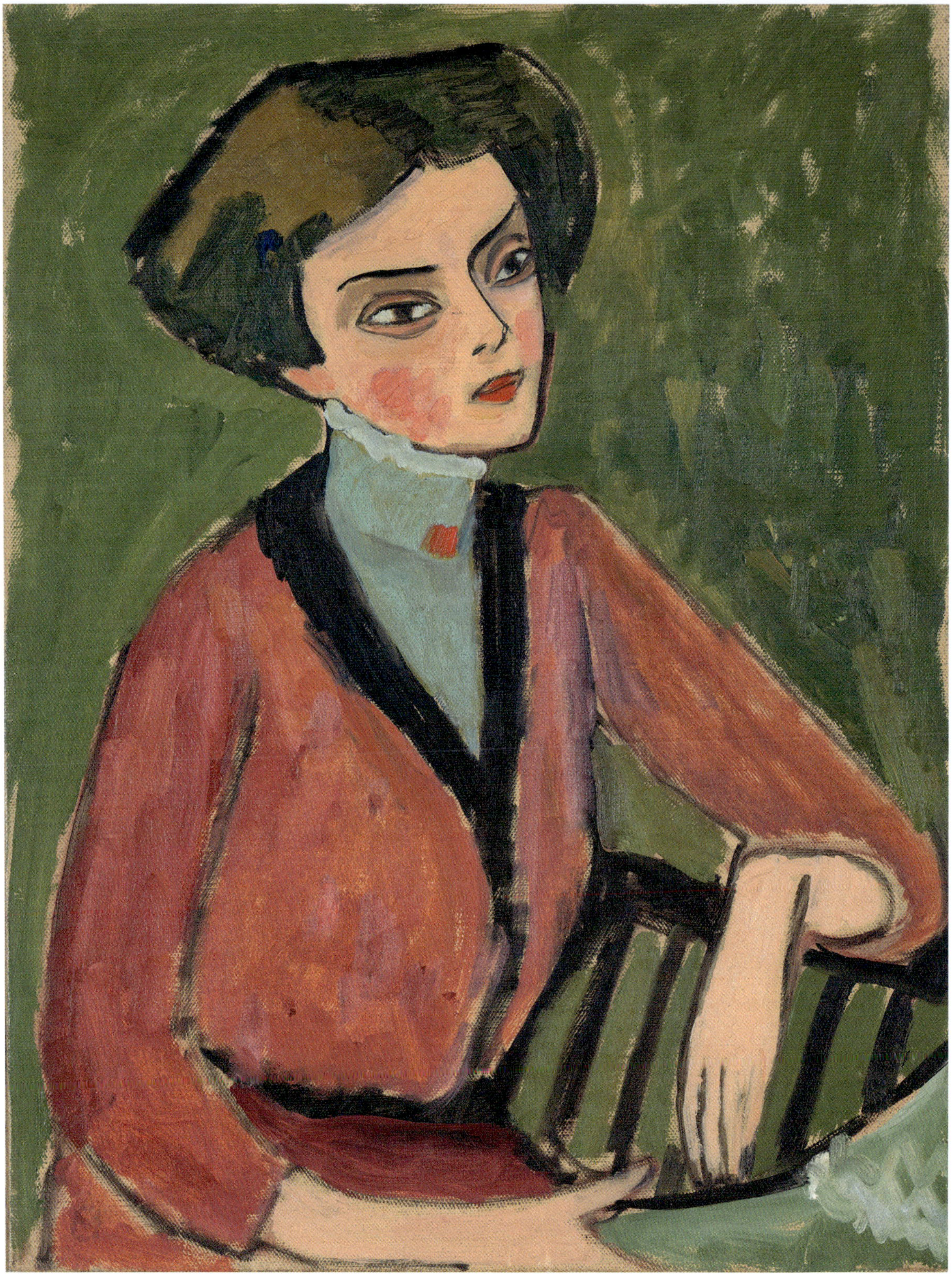

Kat. 94
Olga von Hartmann, um 1910
Textiler Bildträger, 60,8 × 45,2 cm |
Gabriele Münter- und Johannes Eichner-Stiftung, München, Inv.-Nr. P 162

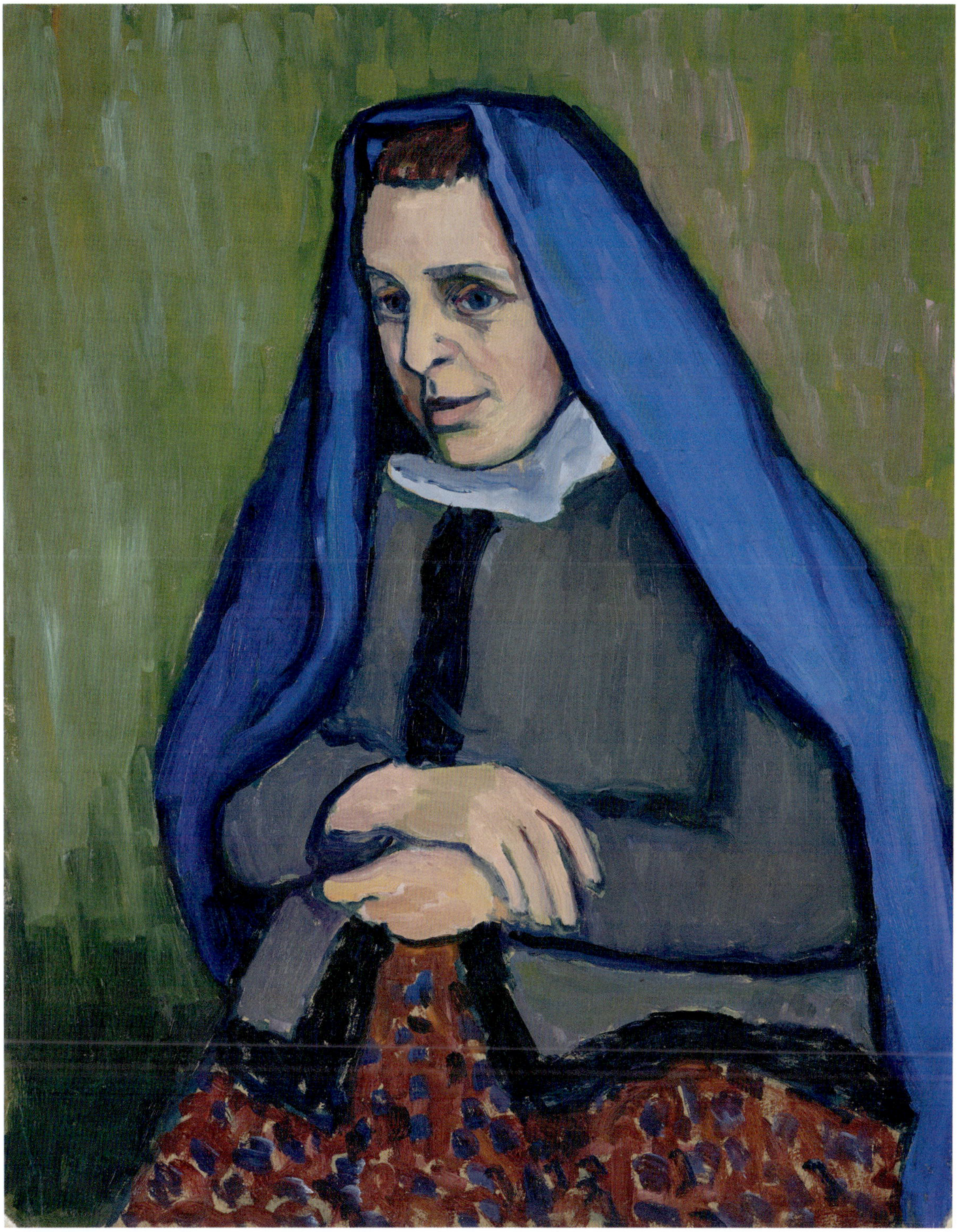

Kat. 95
Fräulein Mathilde mit blauem Kopftuch, 1909
Pappe, 72 × 56,2 cm | Gabriele Münter- und Johannes Eichner-Stiftung, München, Inv.-Nr. P 30

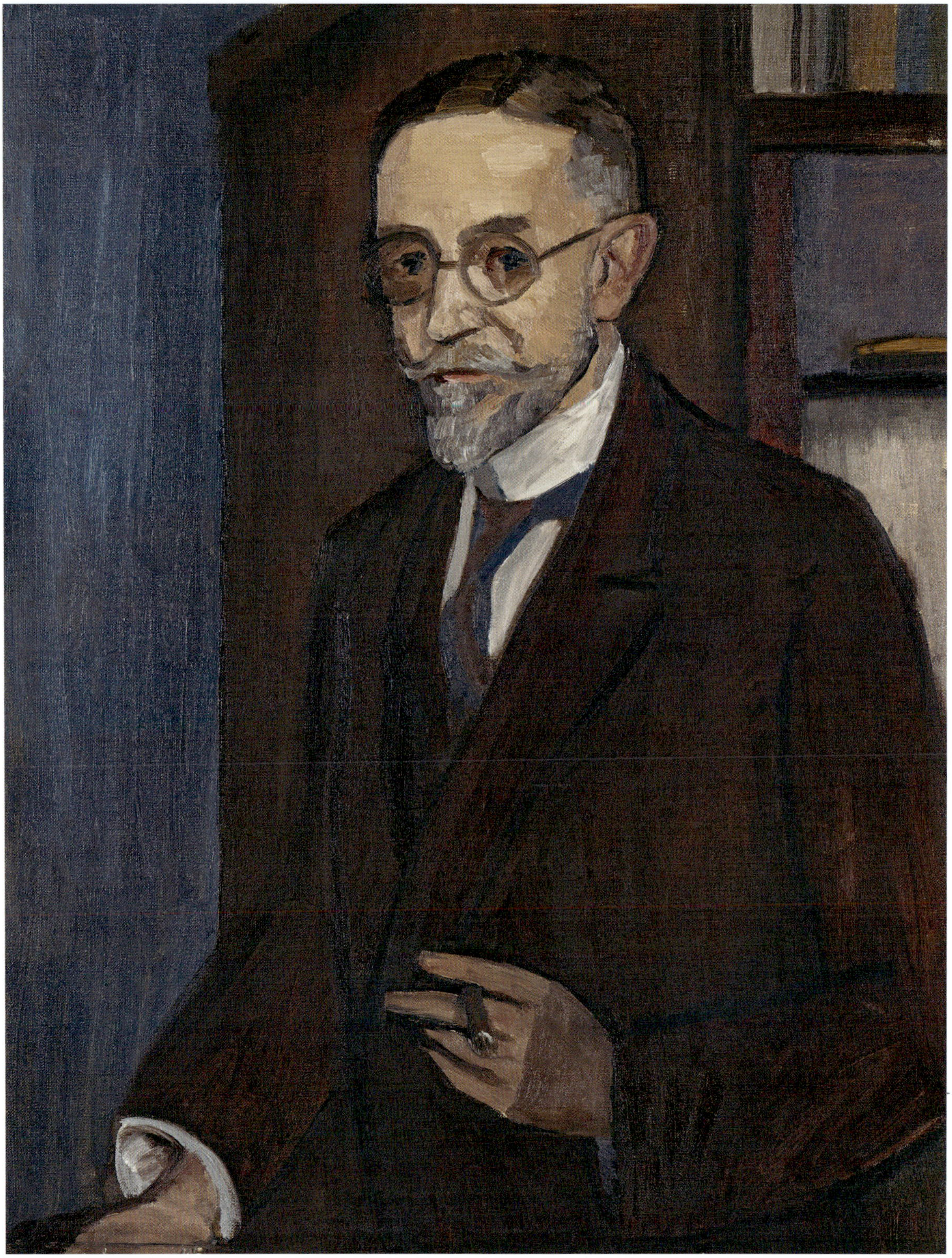

Kat. 96
Porträt Georg Schroeter (Mann mit Zigarre), 1929
Textiler Bildträger, 76,8 × 59,7 cm | Gabriele Münter- und Johannes Eichner-Stiftung, München, Inv.-Nr. P 221

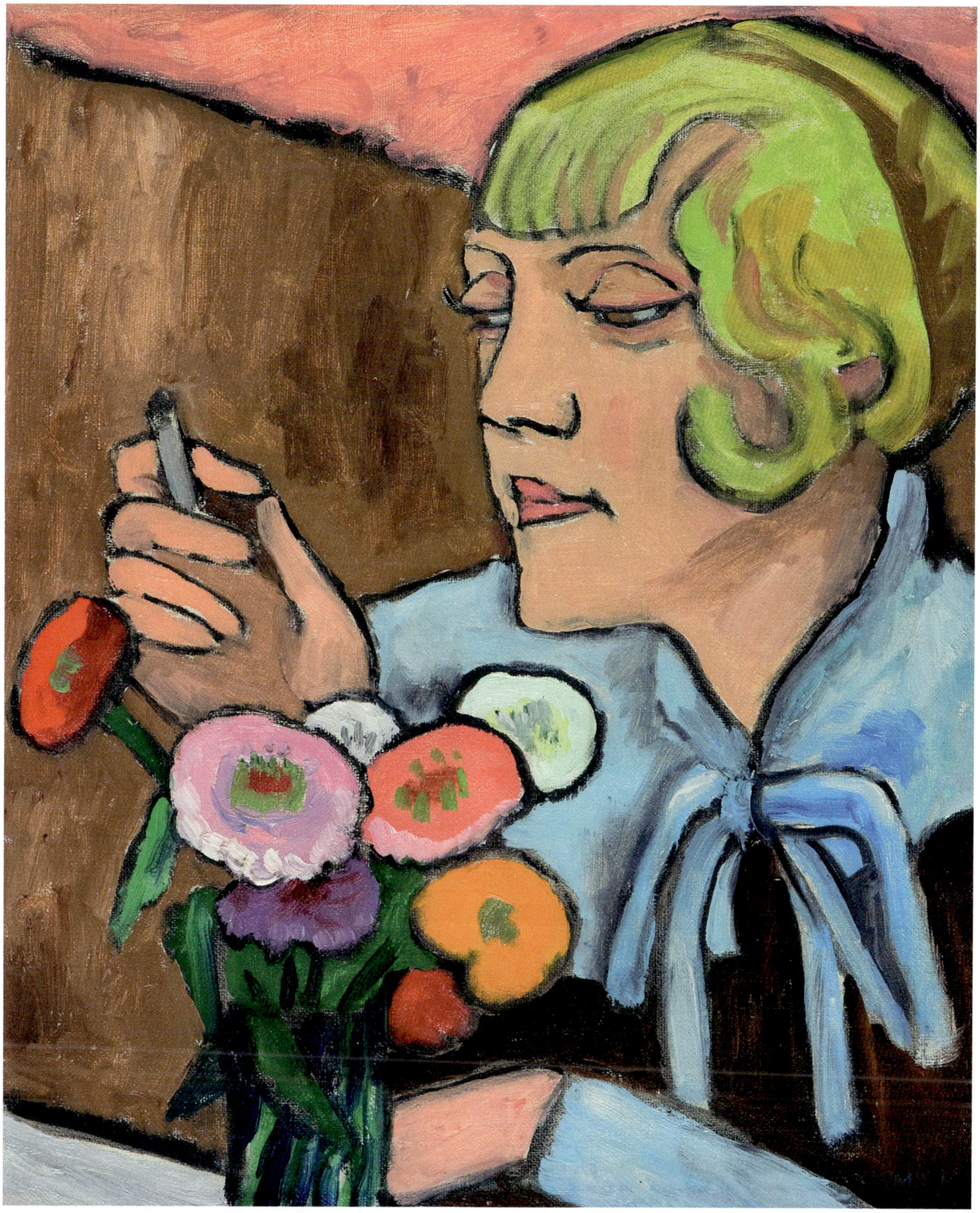

Kat. 97
Bildnis einer Künstlerin (Margret Cohen), 1932
Öl auf Leinwand, 46,5 × 38,2 cm | Dreiländermuseum Lörrach, Inv.-Nr. CUV 103

»Gelebte Orte«[1]

Interieurszenen

Interieurszenen

Seit dem Murnauer Aufenthalt im Spätsommer 1908 veränderte sich Gabriele Münters Malerei nicht nur stilistisch, sondern auch thematisch.[2] Hatte sich die Malerin bis dahin hauptsächlich der Gattung Landschaft gewidmet, begann sie mit der zweiten Jahreshälfte 1908 sich für Porträts und Interieurs zu interessieren, sei es in der Form von Genreszenen, ›Genrebildnissen‹ oder Stillleben. Diese Blickverschiebung von außen nach innen fand in einer Zeit statt, in der sie und Kandinsky in München sesshaft wurden.[3]

Das ›Genrebildnis‹, in dem eine Person in einer häuslichen Umgebung gezeigt wird, war für Münter eine Alternative zum klassischen Porträtbild. Bei den Genreszenen sind dagegen mehrere Personen entweder im Gespräch oder bei einer gemeinsamen Tätigkeit, wie zum Beispiel beim Musizieren, dargestellt. Für beide Kategorien, das ›Genrebildnis‹ und die Genreszene, ist der Raum ein wesentlicher Bestandteil des Bildkonzepts.[4]

Vor dem Ersten Weltkrieg gibt es allerdings nur zwei Sujets, die in die Kategorie der Genreszenen einzuordnen sind. Das erste zeigt Kandinsky und die Malerin Erma Bossi (1875–1952) im Gespräch in der Essecke des Münter-Hauses. Kat. 172; 173 Davon existieren vier Fassungen, die Münter innerhalb von drei Jahren schuf. Die frühesten entstanden um 1909/10 und bilden den Auftakt zu den Genreszenen.[5] Das zweite Sujet, *Nach dem Tee*, gibt den Besuch des Kunsthändlers Hans Goltz bei Kandinsky und Münter in ihrer Schwabinger Wohnung in der Ainmillerstraße 36 wieder. Münter malte zwei Varianten und einen Ausschnitt davon.[6] Abb. E; F S. 186; Kat. 103 *Kandinsky und Erma Bossi am Tisch* sowie *Nach dem Tee* sind großangelegte Kompositionen, denen viele Zeichnungen vorangingen, was eher eine Ausnahme im Werk Münters bildet.[7] Während sich in diesen Bildern die Personen unterhalten, herrscht in zwei Genreszenen, *Musik (Geschwister Wallin Stockholm)* und *Im Uhrmacherladen*, die sie 1916 in Stockholm malte, eine ruhigere Stimmung. Abb. A; B Die Menschen stehen nicht in direkter Verbindung zueinander und scheinen in ihrer eigenen Welt zu verharren, was diese Werke melancholisch wirken lässt.

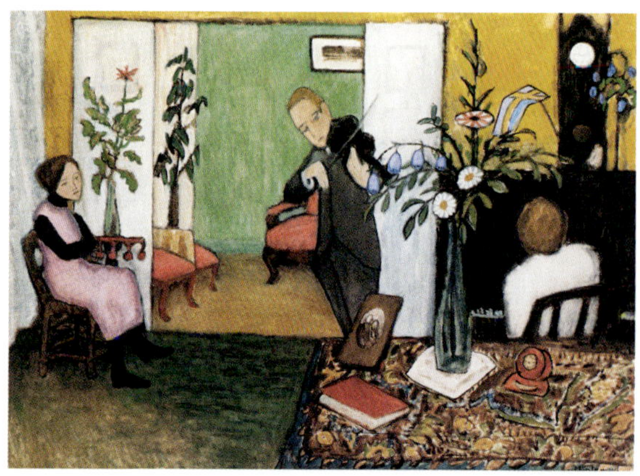

A **Musik (Geschwister Wallin Stockholm), 1916**
Öl auf Leinwand, 90 × 115 cm | Privatsammlung

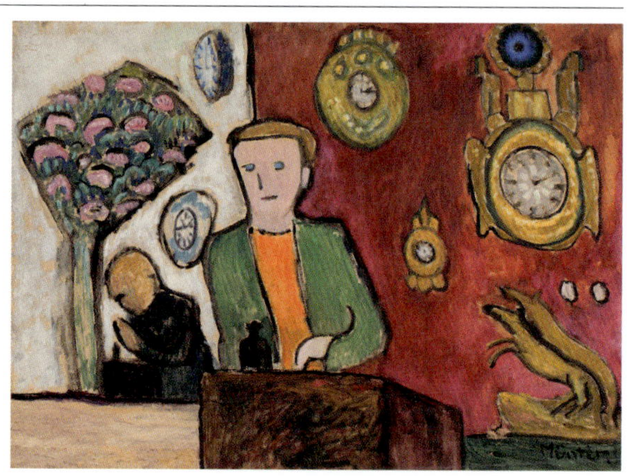

B **Im Uhrmacherladen, 1916**
Öl auf Leinwand, 65,5 × 88 cm | Privatsammlung Schweiz

1
Griselda Pollock, »Die Räume der Weiblichkeit in der Moderne«, in: Blick-Wechsel. Konstruktionen von Männlichkeit und Weiblichkeit in Kunst und Kunstgeschichte, hg. von Ines Lindner, Sigrid Schade, Silke Wenk, Gabriele Werner. Berlin 1989, S. 317.

2
Über den Wandel ihrer Bildsprache in Murnau, siehe Kapitel »Landschaften und Szenen im Freien«, S. 54.

3
Siehe dazu Kapitel: »Das Porträt«, S. 100.

4
Siehe zu dem Begriff ›Genrebildnis‹ und zu den Porträts als Genreszenen bei Münter: Reinhold Heller, »Innenräume: Erlebnis, Erinnerung und Synthese in der Kunst Gabriele Münters«, in: Ausst. Kat. München/Frankfurt/Stockholm 1992/93, S. 47–66, hier S. 50f.

5
Siehe Kapitel »Wiederholungen und Variationen«, S. 185–186.

6
Ebenda.

7
Reinhold Heller, »Innenräume«, in: Ausst. Kat. München/Frankfurt/Stockholm 1992/93, S. 47–66.

8
Siehe Kapitel »Der ›Primitivismus‹«, S. 139.

9
Reinhold Heller, »Innenräume«, in: Ausst. Kat. München/Frankfurt/Stockholm 1992/93, S. 47–66, hier S. 57ff.

10
Über *Mann im Sessel* schrieb sie: »Ein Porträt von Klee zu malen, hatte ich nicht im Sinn; deshalb nannte ich das Bild nur ›Mann im Sessel‹«, in: Münter 1952 a, S. 53.

11
Es existiert eine zweite Fassung davon aus demselben Jahr: Öl/Lw., 55 × 46 cm, Standort unbekannt.

In *Musik (Geschwister Wallin Stockholm)* sieht man die Geschwister Wallin, mit denen Münter eng befreundet war, musizieren. Eine Frau sitzt in der Ecke des Zimmers und lauscht der Musik. Im Bild *Im Uhrmacherladen* ist eigentlich eine Arbeitssituation dargestellt, auch wenn diese auf den ersten Blick kaum zu erkennen ist: Im Vordergrund steht eine Figur an einem Pult – vermutlich die Dame, die die Aufträge annimmt – und im Hintergrund, neben einem stilisierten Baum, beugt sich ein Mensch über seine Arbeit. Der Baum sorgt für Verwirrung. Ist es die Fenster-Spiegelung eines Baumes von der Straße? Oder hat Münter einen Blumenstrauß in dieser Weise gestaltet, weil es für den Bildaufbau notwendig war? Die unklare Situation sorgt für eine geheimnisvolle Atmosphäre. Die drei Kompositionen *Kandinsky und Erma Bossi am Tisch*, *Nach dem Tee* und *Musik (Geschwister Wallin Stockholm)*, in denen sich jeweils Menschen in einem großen Raum befinden, haben eine theatralische Anmutung – die Figuren scheinen auf einer Bühne zu stehen. Dies ist nicht mehr der Fall in den Genreszenen, die in den 1930er-Jahren entstanden. Durch die Fokussierung auf die Personen spielt der Raum kaum mehr eine Rolle. Wir haben es nun mit einer anderen Art von Bildern zu tun, die fotografischen Momentaufnahmen ähneln. Kat. 111

Die Mehrheit der Interieurszenen Münters zeigt aber jeweils nur eine Person, meist eine Frau, die in eine Tätigkeit vertieft ist, wie die Lektüre, das Schreiben, das Nähen, oder auch häufig nur neben einem Tisch sitzt. Kat. 107 Bei den Männern findet sich die Variante des im Sessel sitzenden Mannes. Kat. 110 Das renommierteste Beispiel hierfür ist das ›Genreporträt‹, das Münter 1913 von Paul Klee (1879–1940) malte, *Mann im Sessel*, als er das Künstlerpaar in der Ainmillerstraße besuchte. Abb. C In der Mitte des Bildes steht ein kleiner Tisch mit Figuren aus Münters Volkskunstsammlung. Klee sitzt rechts davon. An der Wand hängen volkstümliche Hinterglasbilder. Eine ähnliche Komposition hat das Gemälde *Stilleben mit Figur (Frau Simonowitsch)* Kat. 104: Der Tisch mit den Objekten und die an der Wand hängenden Hinterglasbilder nehmen den größten Platz ein und scheinen die russische Malerin Simonowitsch aus dem Bild zu drängen. Münter wechselte immer wieder das Arrangement der Figuren auf dem Tisch, das sie anschließend malte.[8] Dieser Platz ihres Arbeitsraums hatte für die Künstlerin eine besondere Bedeutung. Laut Reinhold Heller stellte sie ihn so prominent in ihren ›Genreporträts‹ dar, um ihre eigene Präsenz in das Bild zu integrieren.[9] Wie die Titel bezeugen, die von Münter selbst stammen, betrachtete die Malerin diese Gemälde nicht als Porträts.[10] Bei *Stilleben mit Figur (Frau Simonowitsch)* stellte sie sogar das Stillleben sowohl im Werk als auch im Titel in den Mittelpunkt.

Nach dem Bild *Mann im Sessel* verwendete sie ihr persönliches häusliches Umfeld kaum noch als Kulisse von ›Genrebildnissen‹. Eine der wenigen Ausnahmen bildet *Das Frühstück der Vögel* von 1934, das die Künstlerin als Rückenfigur am Frühstückstisch zeigt.[11] Kat. 112 Vom Prinzip her erinnert es an Arnold Schönbergs Gemälde *Gehendes Selbstportrait*, das 1911/12 bei der »Ersten Ausstellung der Redaktion ›Der Blaue Reiter‹« in der Münchner Galerie Thannhauser zu sehen war,

C **Mann im Sessel, 1913**
Öl auf Leinwand, 95 × 125,5 cm | Bayerische Staatsgemäldesammlungen, München, Inv.-Nr. 11227

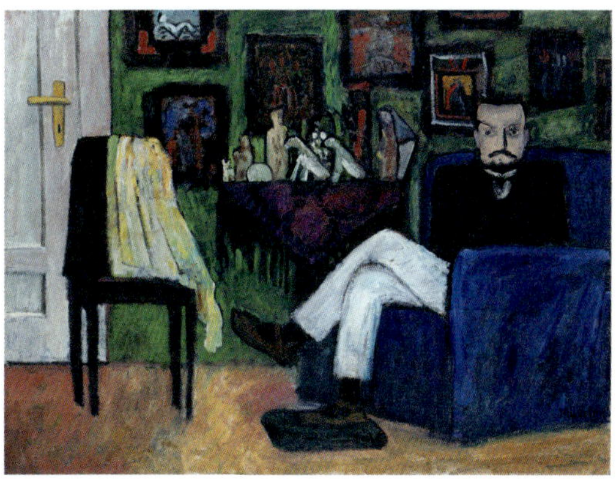

und das im Almanach *Der Blaue Reiter* abgebildet ist. Abb. D Die Interieurszene *Das Frühstück der Vögel* hat allerdings nicht den gleichen Stellenwert in Münters Werk wie *Mann im Sessel* und *Stilleben mit Figur (Frau Simonowitsch)*.

Zuhören (Bildnis Jawlensky) und *Mann am Tisch (Kandinsky)* sind zwei fast gleich große Gemälde – beide auf Pappe gemalt –, die innerhalb von zwei Jahren entstanden und die zwei wichtige Gefährten in Münters Leben zeigen. Kat. 100; 102 Sie selbst hat die Bilder nur mit *Zuhören* und *Skizze Mann am Tisch* betitelt. Sie waren also in ihren Augen keine Porträts, sondern Wiedergaben einer bestimmten Situation beziehungsweise ein Hybrid zwischen individueller Darstellung und allgemeiner menschlicher Charakteristik. Beide Männer sitzen jeweils an einem Tisch mit weißer Decke und sind in die linke oder rechte Bildhälfte gerückt. Die Komposition wird in *Zuhören* von einer Deckenleuchte und einem Weinglas und in *Mann am Tisch* von einer Pflanze beherrscht. Details wie ein Teller mit Würstchen und ein Teller mit Schneckengebäck setzen zusätzliche erzählerische Akzente. In beiden Fällen bestehen Unklarheiten. Rechts von Kandinsky hängt ein dunkler Vorhang, den er zwischen Ellenbogen und Körper festzuhalten scheint. Es bleibt undeutlich, ob Kandinsky sich vor oder hinter dem Vorhang befindet und es stellt sich überhaupt die Frage, warum er so nah an dem Vorhang sitzt. Dieser erinnert an einen Theatervorhang, der geschlossen wird. Die ernste Anmutung Kandinskys steht im Kontrast zum naiven Malstil des Bildes. Die Pflanze mit ihren waagerechten Zweigen wirkt besonders unnatürlich, und ihre Abbildungsweise erscheint unbeholfen. Auffallend ist der braune Fleck, der die Hände des Künstlers darstellt. Es ist denkbar, dass Münter ihren Lebensgefährten in der für ihn typischen Haltung beim Gespräch malen wollte.

In *Zuhören* ist Jawlensky zu sehen, wie er mit einem verdutzten Ausdruck den neuen Kunsttheorien Kandinskys lauscht. Dieser Ausdruck der Verständnislosigkeit wird durch die nach oben gezogenen Augenbrauen, durch die wie kleine blaue Punkte gemalten Augen und durch die Diagonale der Körperhaltung, die sich in den Würstchen wiederholt, betont. Es ist fast eine Karikatur.

Münter scheint beide Werke unterschiedlich bewertet zu haben. Während *Mann am Tisch* im Almanach *Der Blaue Reiter* abgebildet ist und sie das Gemälde ab 1913 regelmäßig ausstellte, scheint sie *Zuhören* erst nach dem Zweiten Weltkrieg gezeigt zu haben.[12]

Kandinsky am Teetisch steht dem traditionellen Porträt näher, obwohl sich ein Stillleben statt des Malers im Vordergrund befindet, der auch nicht nach vorne schaut, sondern den Kopf nach links dreht. Kat. 101 Seine Gesichtszüge sind jedoch präziser wiedergegeben und das ganze Bild hat einen offizielleren Charakter als *Mann am Tisch*. Zu berücksichtigen ist dabei, dass Münter selbst das Bild *Mann am Tisch* als »Skizze« bezeichnete. Der Begriff ›Skizze‹ könnte ein Hinweis auf die Entstehungsumstände sein. Die Skizze malte sie vermutlich vor dem Motiv, im Gegensatz zu *Kandinsky am Teetisch*. Ein deutlicher Unterschied von *Kandinsky am Teetisch* zu *Mann am Tisch* und zu *Zuhören* besteht darin, dass in den beiden letzten Werken die Figuren »eine beinahe stilllebenhafte Verbindung« mit den »vereinfachten Gegenständen ihrer engräumigen Umgebung« eingehen.[13] Münter verlieh den Personen und den Stillleben den gleichen Stellenwert, was in *Kandinsky am Teetisch* nicht der Fall ist.

In all diesen Interieurszenen interessierte sich Münter für die Beziehung zwischen Raum und Figur, wie es ihrem Text über das Bild *Mann im Sessel* zu entnehmen ist: »Als er [Klee] in meinem großen Nachdenksessel saß und sich mit Kandinsky unterhielt, sah ich plötzlich ihn im Zimmer und das Zimmer mit ihm ganz bildhaft«.[14] Raum und Mensch werden gleich behandelt. Die Räumlichkeit ist aber nicht immer klar auszumachen, was teils eine geheimnisvolle Atmosphäre erzeugt. Das kann der Fall in den Innenraum-, aber auch in den Stilllebendarstellungen sein.[15] In einem ihrer ersten Interieurs, *Weihnachtsstillleben*, ist im Vordergrund ein Weihnachtsbaum auf einem Tisch zu sehen. Kat. 99 Im Hintergrund, scheinbar in

12
Die früheste bis jetzt bekannte öffentliche Präsentation war 1951 auf ihrer Doppelausstellung mit Paula Modersohn-Becker in Hannover; siehe Anhang für detaillierte Angaben zu dieser Ausstellung.

13
Friedel/Hoberg 2000, Kat. Nr. 68.

14
Münter 1952 a, S. 53.

15
Zum Beispiel in dem *Stilleben mit Heiligem Georg* (1911), siehe Kapitel »Der ›Primitivismus‹«, S. 139.

16
Interessanterweise finden sich in einem Skizzenbuch Entwürfe zu *Im Salon* und zu *Mann am Tisch*, die Münter im Abstand von zwei Tagen zeichnete. Entwurf zu *Im Salon*, S. 2–3, datiert 15.4.11, Entwurf zu *Mann am Tisch*, S. 5, datiert 17.4.11, Skizzenbuch, Inv.-Nr. Kon. 46/39, MES.

einem anderen Zimmer, steht eine Frau, die Richtung BetrachterIn schaut. Dabei handelt es sich aber eigentlich um einen Spiegel, in dem die Künstlerin sich beim Malen reflektiert. Das Gemälde *Im Salon* ist ebenfalls enigmatisch.[16] Kat. 105 Zwei Damen stehen vor einer gemusterten Tapete, die einen großen dunklen Fleck aufweist, der nicht zuzuordnen ist. Vor ihnen, genau in der Bildmitte und durch den Bildrand angeschnitten, erkennt man den Hinterkopf eines Mädchens. Durch diese Mittel sowie durch den Ausschnitt wird die Komposition verunklärt und der Fantasie der Betrachterin oder des Betrachters Freiraum gegeben. Einen viel engeren Ausschnitt eines Motivs zeigt das Werk *Stilleben in der Trambahn (Nach dem Einkauf)* von circa 1912. Kat. 106 Dargestellt sind Einkäufe, die eine Frau auf ihrem Schoß zusammenhält. Durch den Fokus auf das Eingekaufte wird das Bild zu einem Stillleben. Es wirkt wie eine fotografische Nahaufnahme, und die Idee für einen solchen Ausschnitt könnte tatsächlich in der Fotografie ihren Ursprung haben.

Wie man sieht, waren für Münter die Grenzen zwischen Interieurs und Stillleben fließend. Das *Stilleben vor dem gelben Haus* (1953) zeigt, dass die Abgrenzung zwischen Stillleben- und Landschaftsbild ebenfalls nicht klar gezogen wurde. Es verdeutlicht vor allem auch den spielerischen Umgang der Malerin mit der Räumlichkeit. Kat. 113 In diesem Bild glaubt man ein Stillleben auf einem Tisch zu sehen, der vor einem Fenster mit Ausblick auf Häuser steht. Tatsächlich aber steht der Tisch nicht vor einem Fenster, sondern vor Münters Gemälde *Das gelbe Haus*, das sie 1911 malte. Abb. E

Diese Beispiele veranschaulichen, dass Münters Gemälde nicht so einfach zu verstehen sind, wie es auf den ersten Blick zu scheinen vermag. Ihr spielerischer Umgang mit Räumen, die gleichwertige malerische Behandlung des Figurenmotivs und seiner Umgebung sowie die fließenden Grenzen zwischen den verschiedenen Gattungen tragen zu einer Komplexität der Bildkonzeption bei und führen zu uneindeutigen Bildschöpfungen. BetrachterInnen müssen sich Zeit nehmen, um das Bild besser verstehen zu können. Aber auch dann ist das Rätsel nicht immer lösbar.

D **ARNOLD SCHÖNBERG**
Gehendes Selbstportrait, 1911
Öl auf Pappe, 49 × 44,9 cm | Arnold Schönberg Center, Wien, Inv.-Nr. CR 18

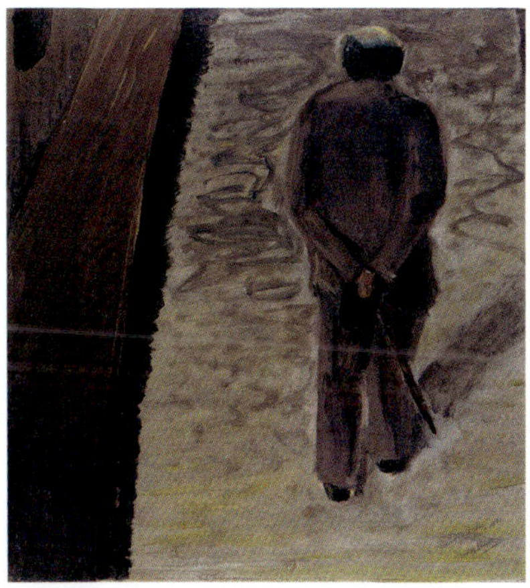

E **Das gelbe Haus, 1911**
Öl auf Pappe, 51,8 × 75 cm | Bayerische Staatsgemäldesammlungen, München, Inv.-Nr. 12181

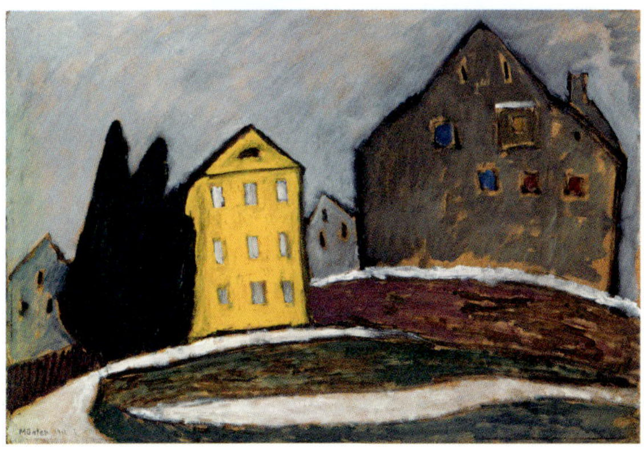

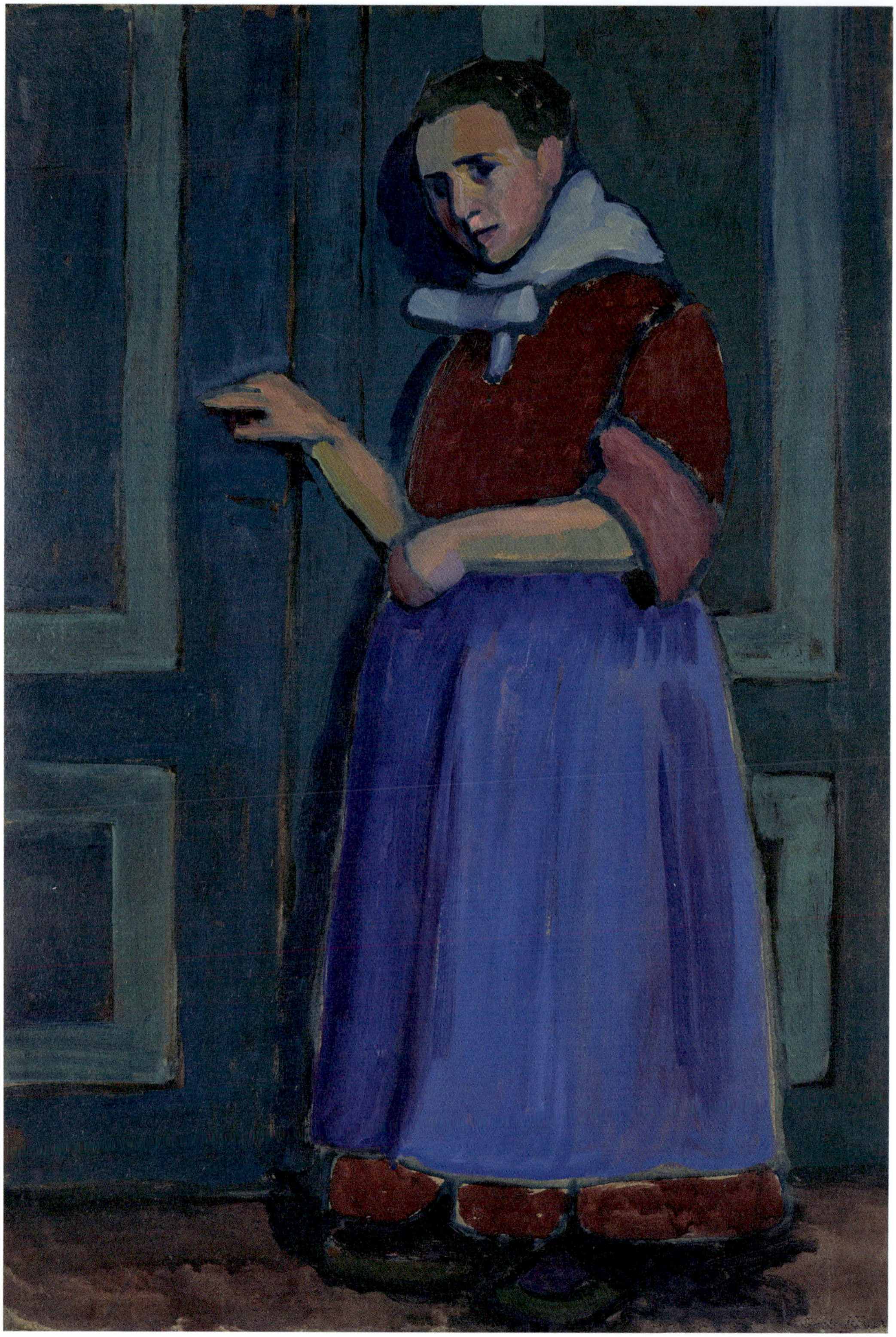

Kat. 98
Fräulein Mathilde, 1908/09
Pappe, 75,6 × 51,1 cm | Gabriele Münter- und Johannes Eichner-Stiftung, München, Inv.-Nr. P 26

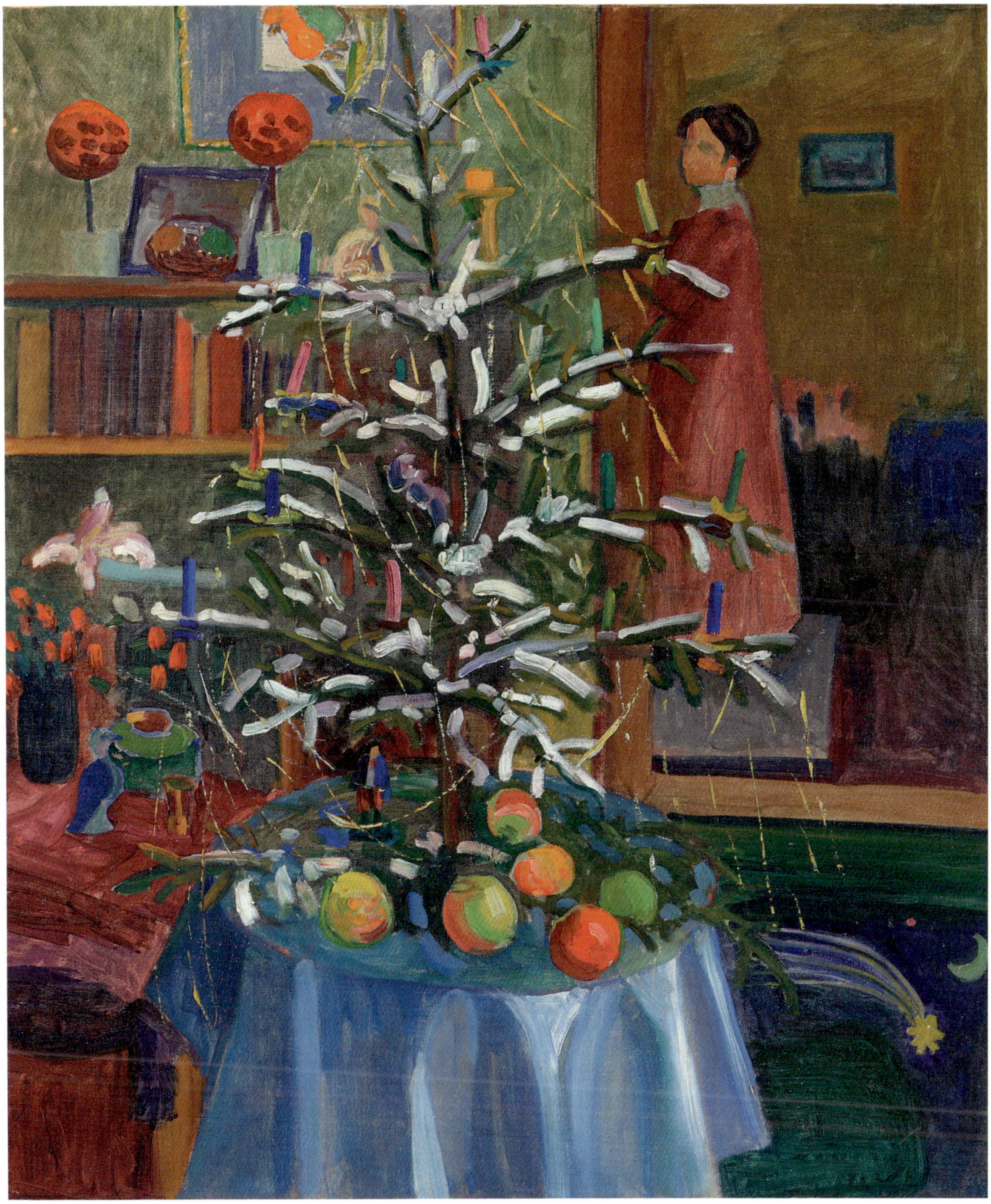

Kat. 99
Weihnachtsstillleben, um 1908/09
Öl auf Leinwand, doubliert, 88 × 72,5 cm | Kunstsammlung Nordrhein-Westfalen, Düsseldorf, Inv.-Nr. 0753

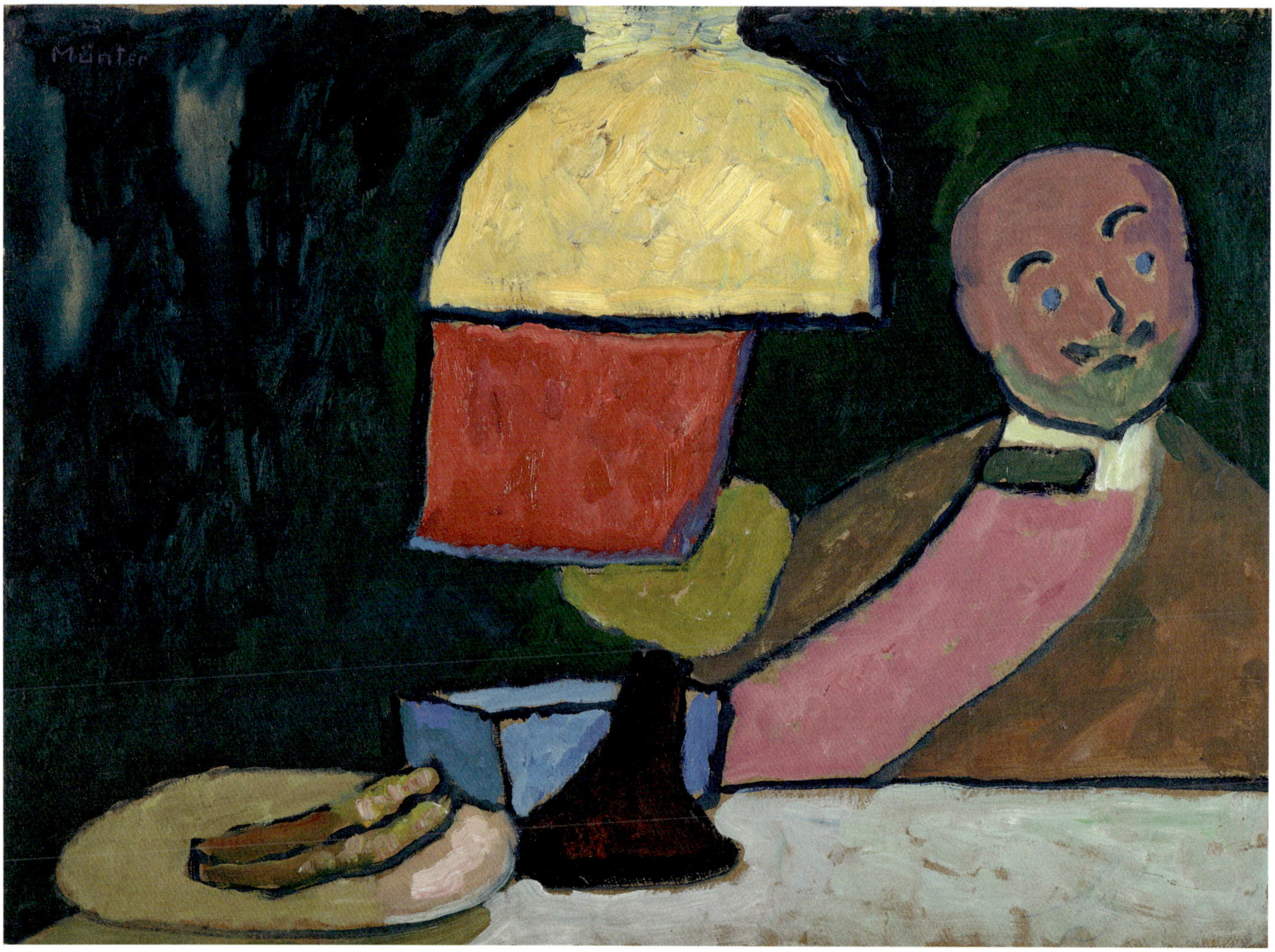

Kat. 100
Zuhören
(Bildnis Jawlensky), 1909
Pappe, 49,7 × 66,2 cm | Städtische Galerie
im Lenbachhaus und Kunstbau München,
Inv.-Nr. GMS 657

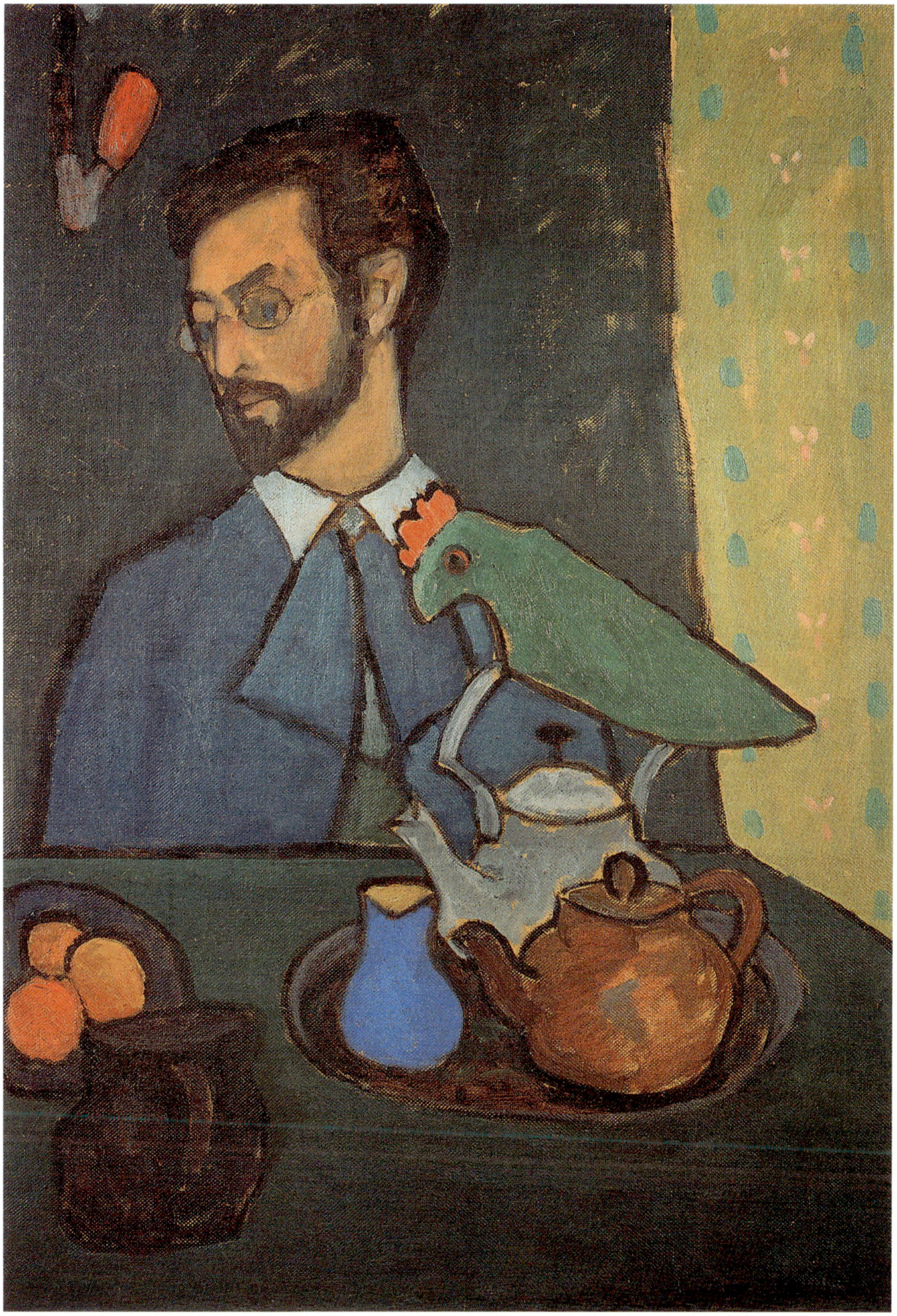

Kat. 101
Kandinsky am Teetisch, um 1910
Öl auf Pappe, 68 × 47 cm | The Israel Museum, Jerusalem, Gift of Billy Wilder, Los Angeles, to American Friends of the Israel Museum, Inv.-Nr. B 89.0078

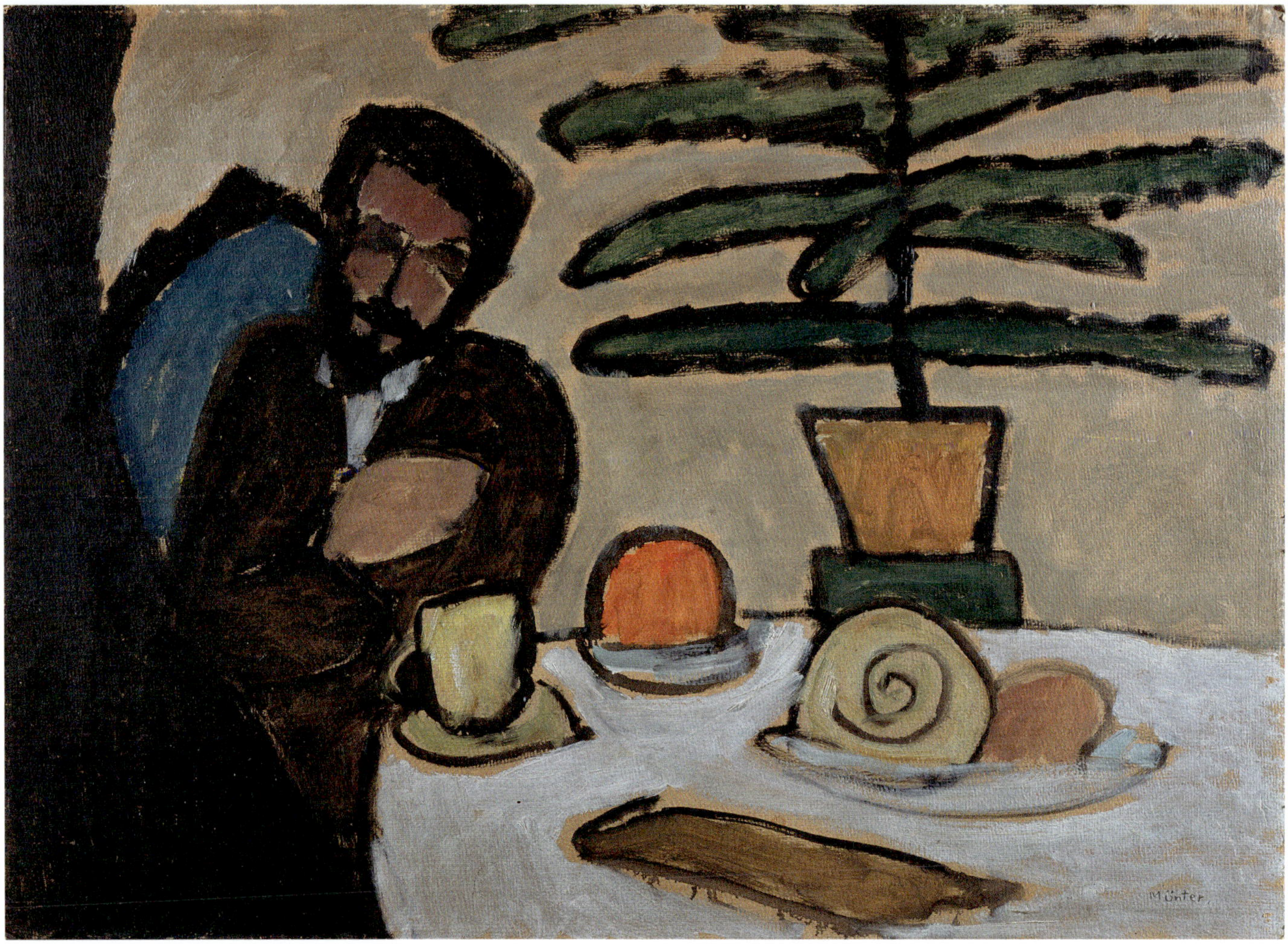

Kat. 102

Mann am Tisch (Kandinsky), 1911

Pappe, 50,8 × 68,5 cm | Städtische Galerie im Lenbachhaus und Kunstbau München, Inv.-Nr. GMS 665

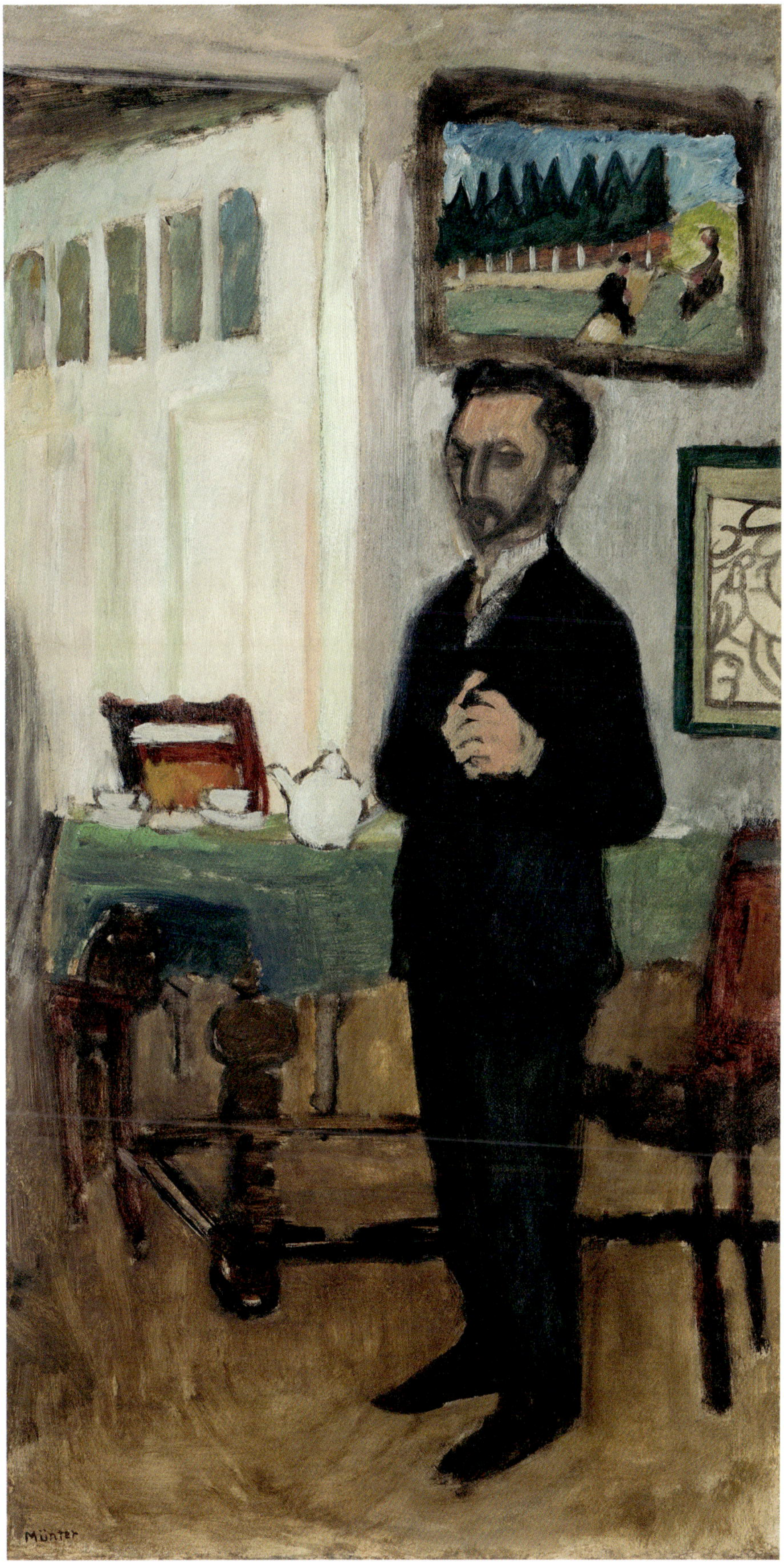

Kat. 103

Kandinsky, stehend, 1912

Öl auf Leinwand, 85,5 × 43,3 cm | Neue Galerie New York. This work is part of the collection of Estée Lauder and was made available through the generosity of Estée Lauder, Inv.-Nr. EL.123

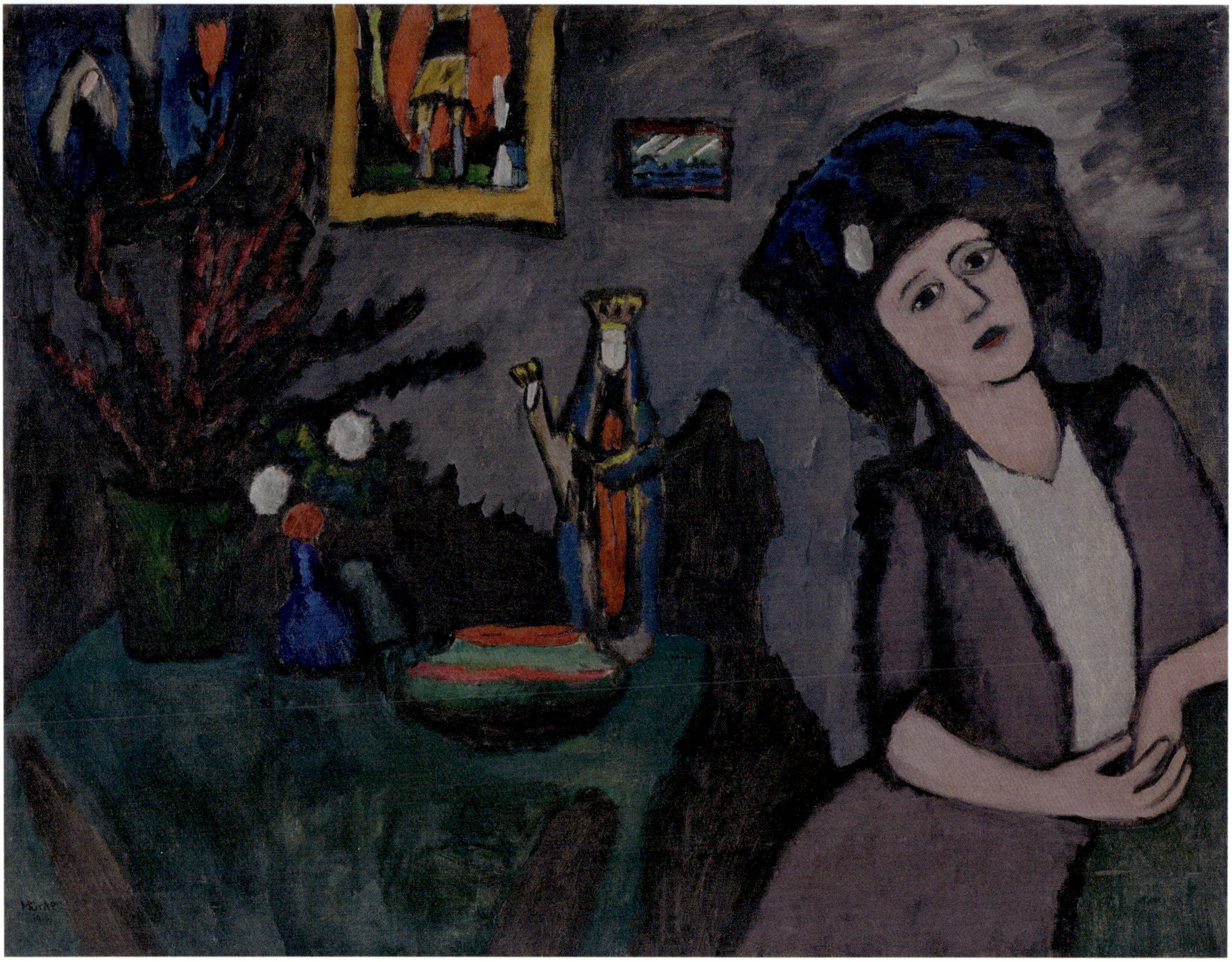

Kat. 104
Stilleben mit Figur
(Frau Simonowitsch), 1910
Textiler Bildträger, 78,5 × 100 cm |
Gabriele Münter- und Johannes Eichner-
Stiftung, München, Inv.-Nr. S 104

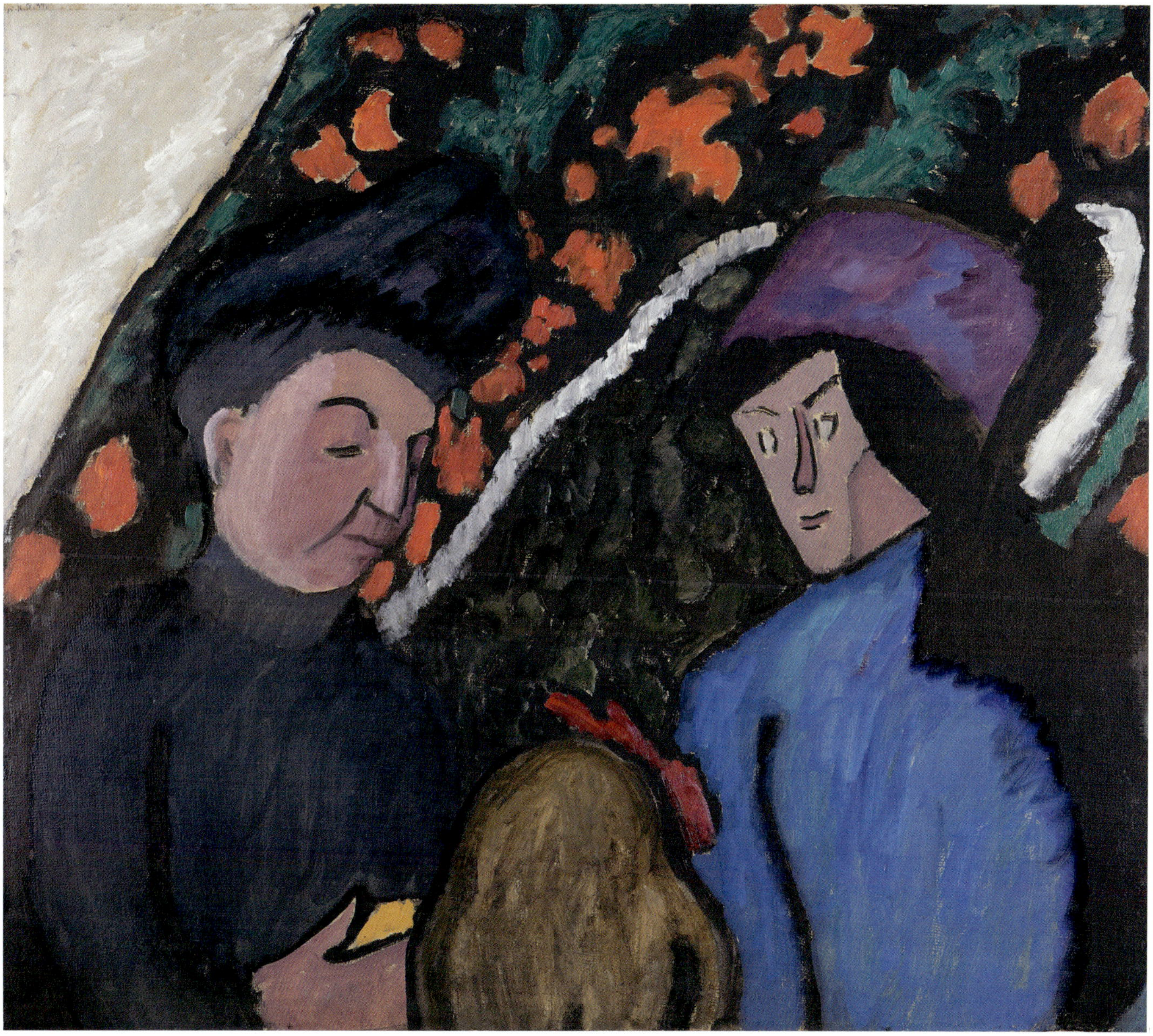

Kat. 105

Im Salon, 1911

Pappe, 70,1 × 78,4 cm | Gabriele Münter- und Johannes Eichner-Stiftung, München, Inv.-Nr. P 12

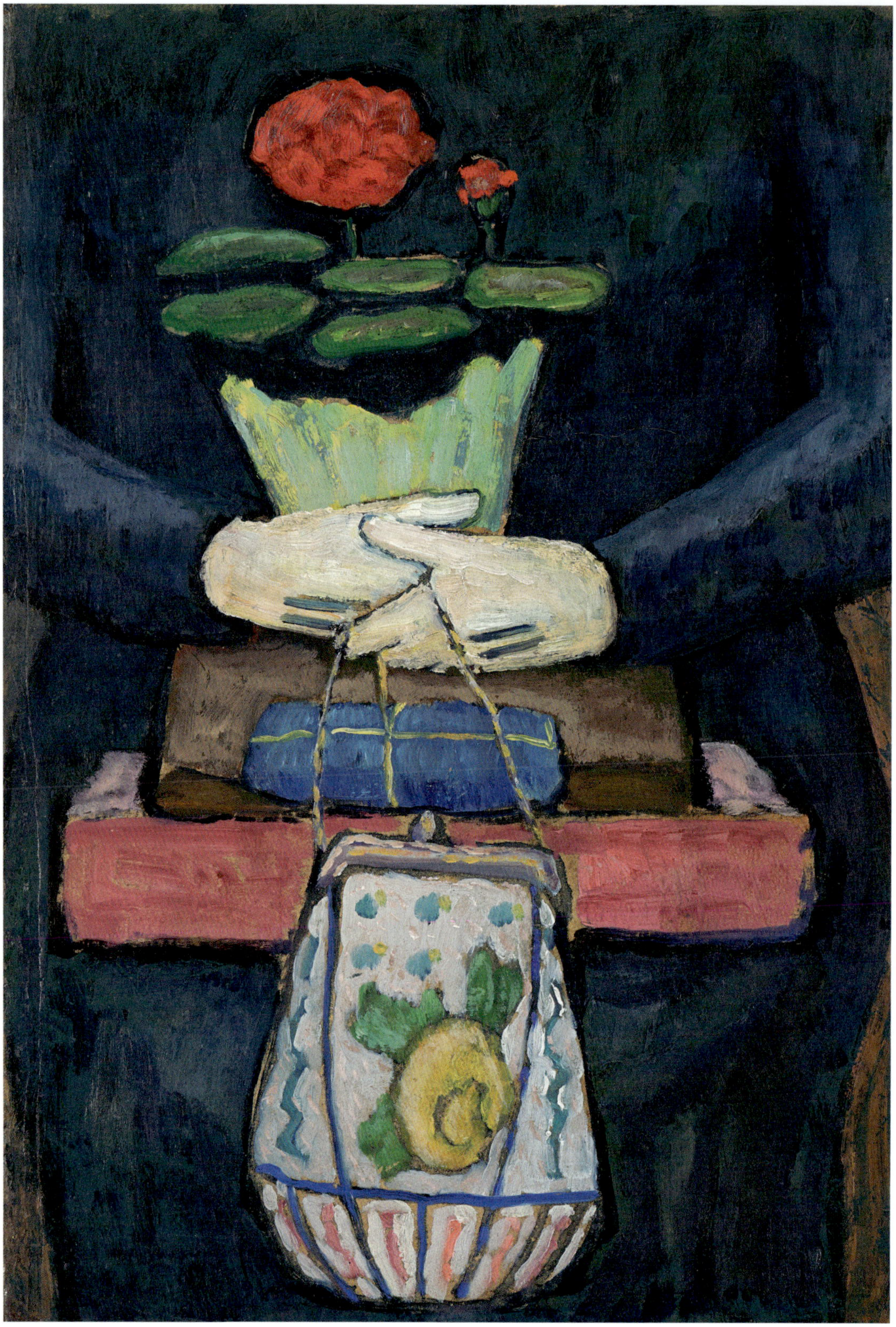

Kat. 106
Stilleben in der Trambahn (Nach dem Einkauf), um 1912
Pappe, 50,2 × 34,3 cm | Gabriele Münter- und Johannes Eichner-Stiftung, München, Inv.-Nr. S 44

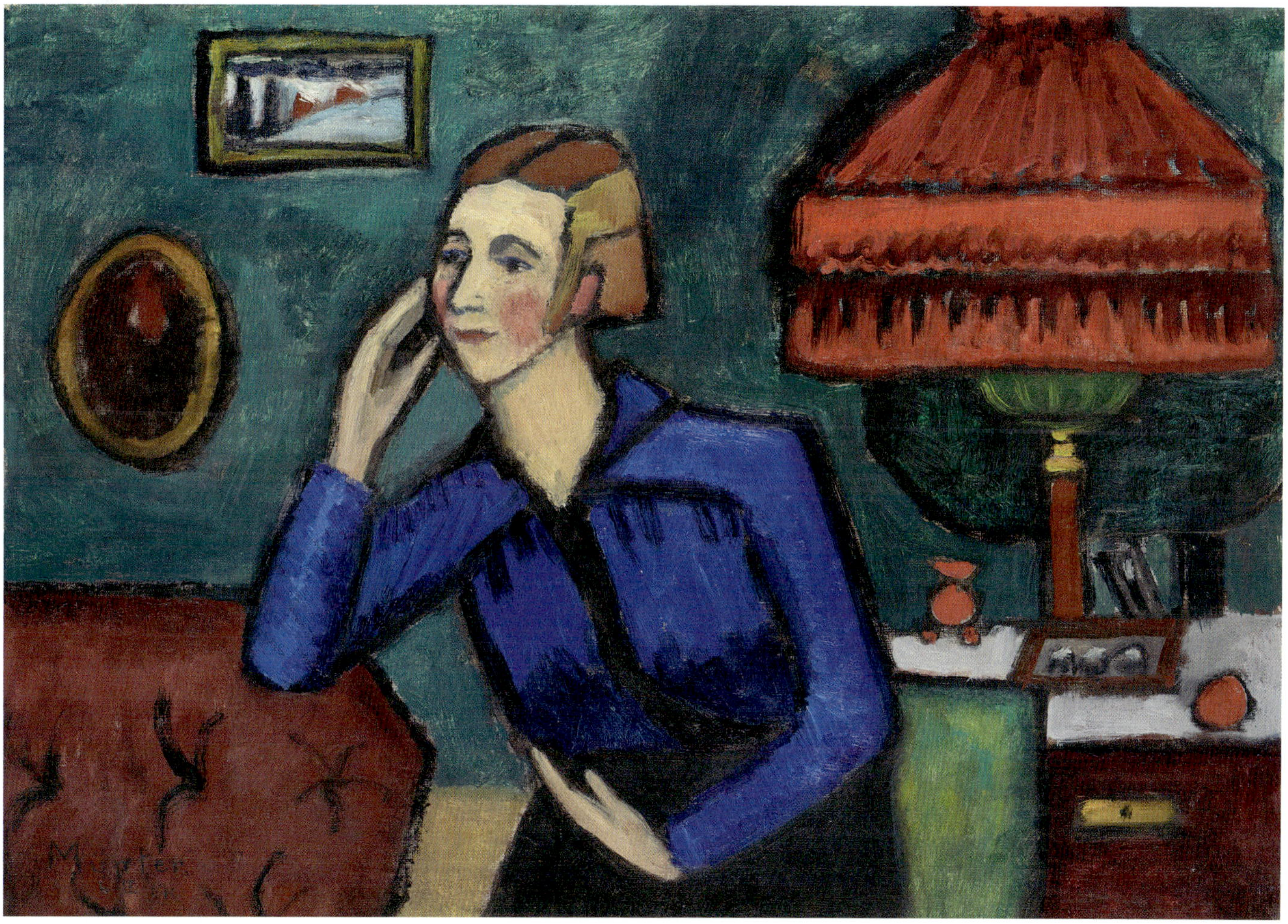

Kat. 107
Die blaue Bluse
(Frau Oscar Olson), 1917
Textiler Bildträger, 40,7 × 54,9 cm | Gabriele Münter- und Johannes Eichner-Stiftung, München, Inv.-Nr. P 182

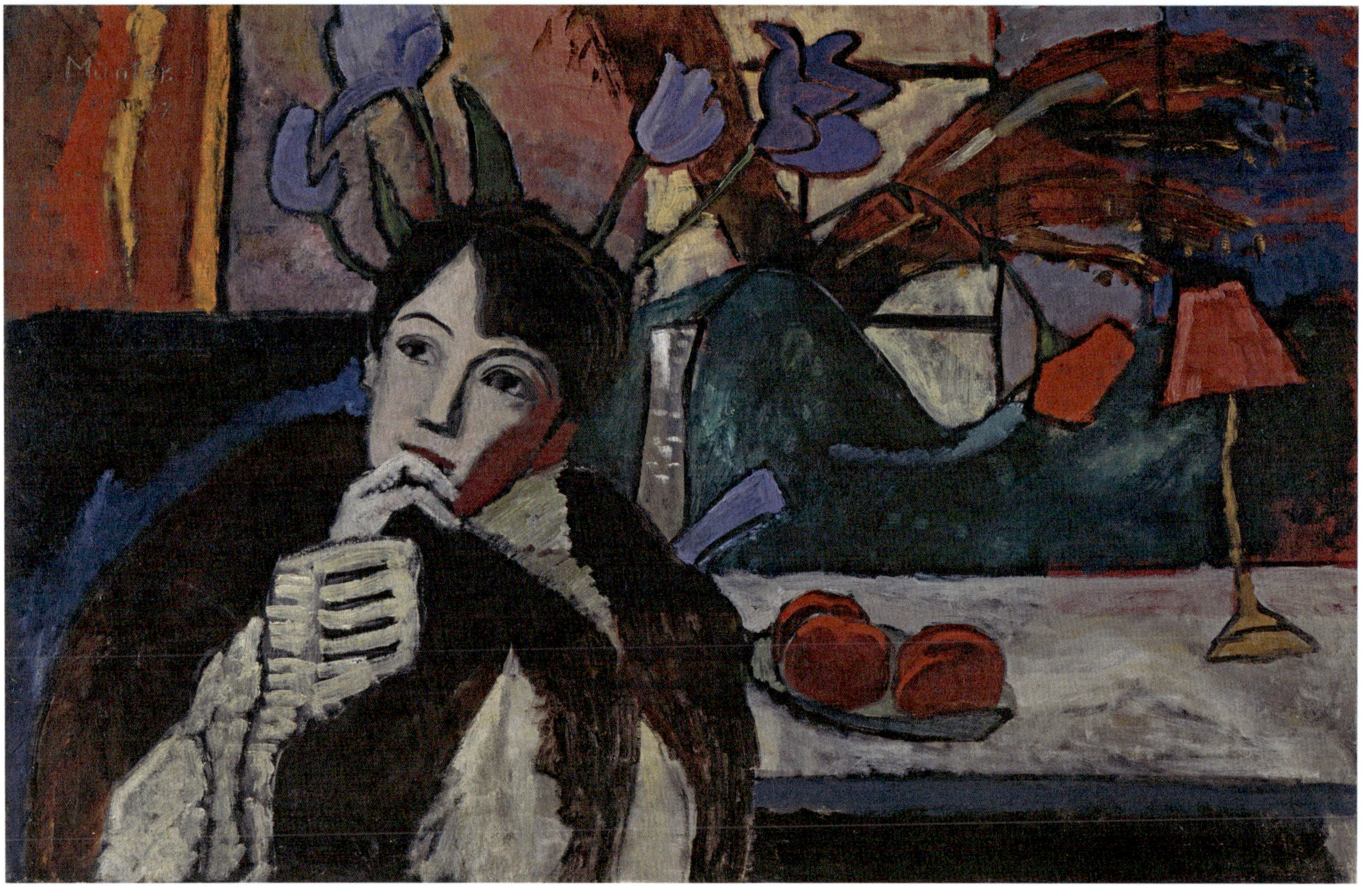

Kat. 108
Sinnende, 1917
Textiler Bildträger, 66 × 99,5 cm |
Städtische Galerie im Lenbachhaus und
Kunstbau München, Inv.-Nr. GMS 646

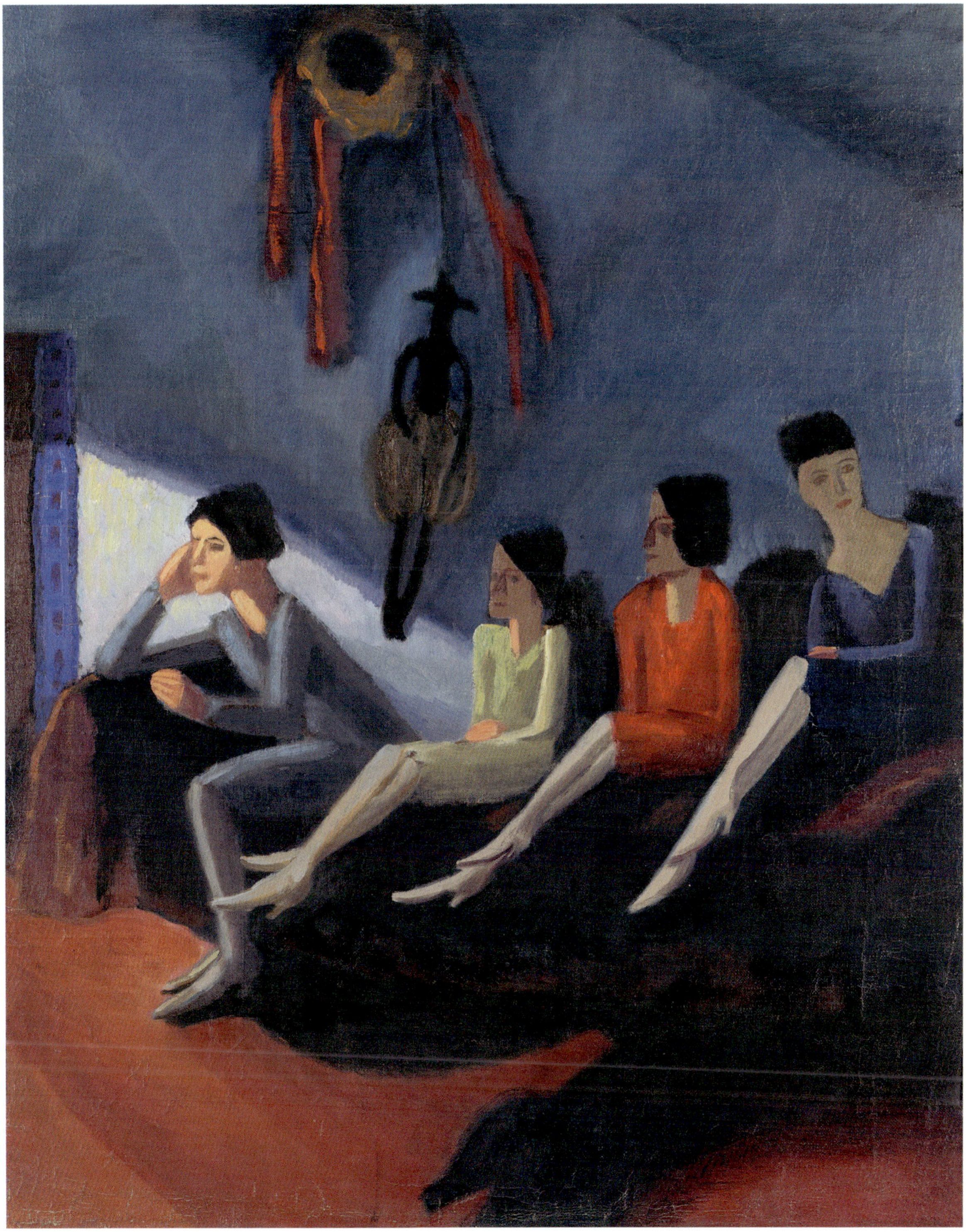

Kat. 109
Zuhörerinnen, um 1925–30
Textiler Bildträger, 69,2 × 54 cm |
Gabriele Münter- und Johannes Eichner-
Stiftung, München, Inv.-Nr. P 223

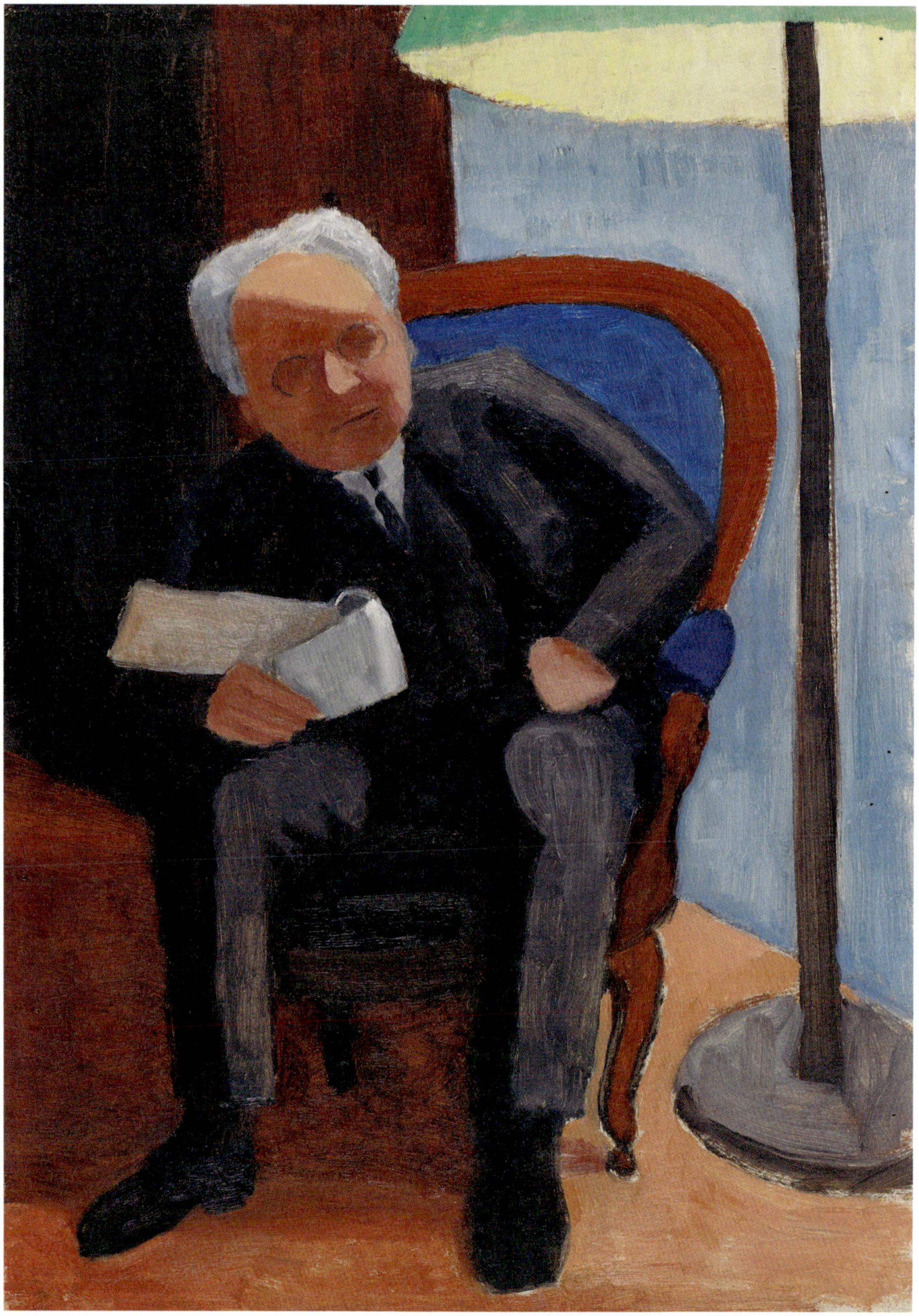

Kat. 110
Segal, sitzend, 1928
Pappe, 52,5 × 36 cm | Gabriele Münter- und Johannes Eichner-Stiftung, München, Inv.-Nr. P 57

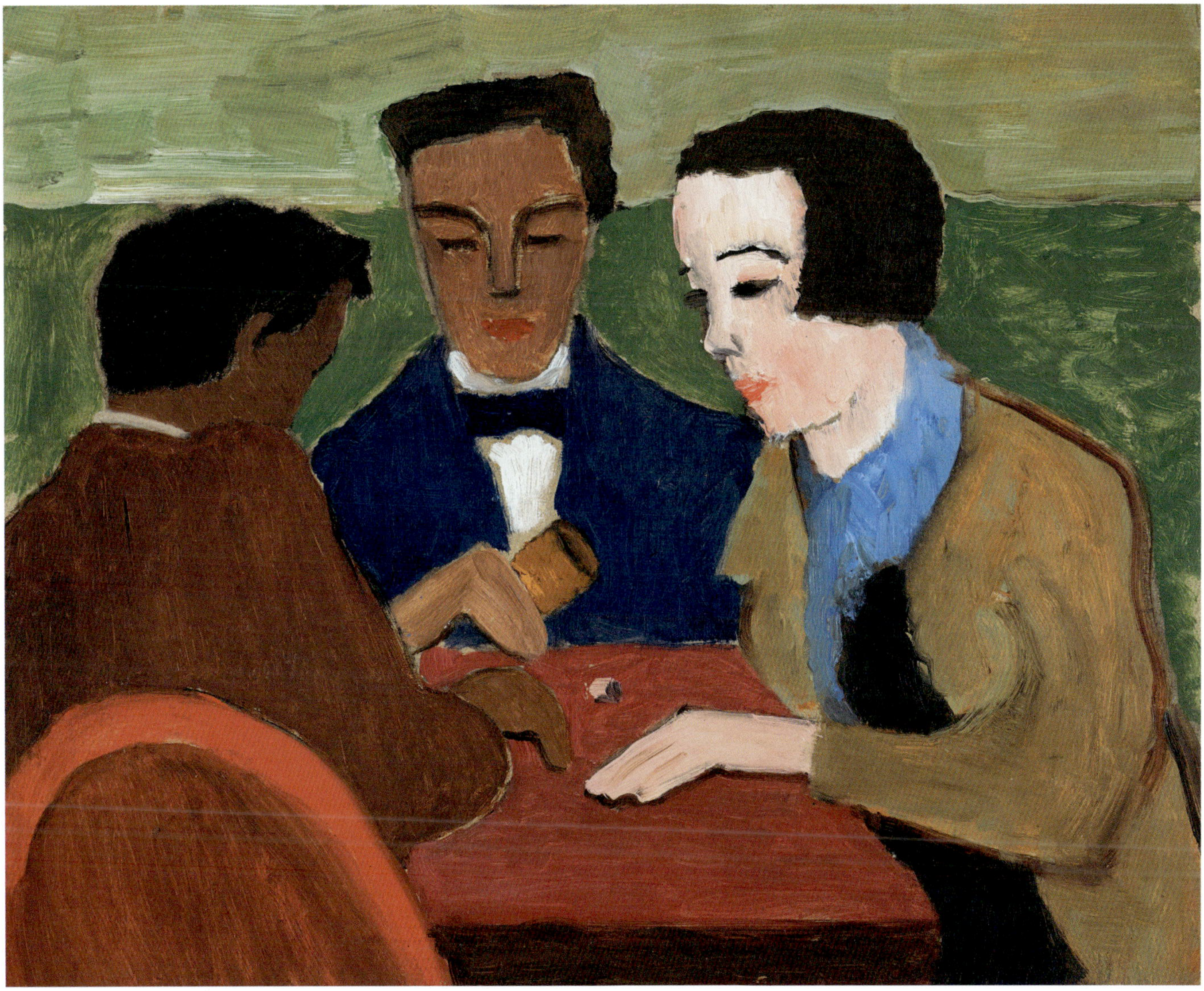

Kat. 111
Würfelspieler, 1930
Pappe, 38 × 45,7 cm | Gabriele Münter- und Johannes Eichner-Stiftung, München, Inv.-Nr. P 127

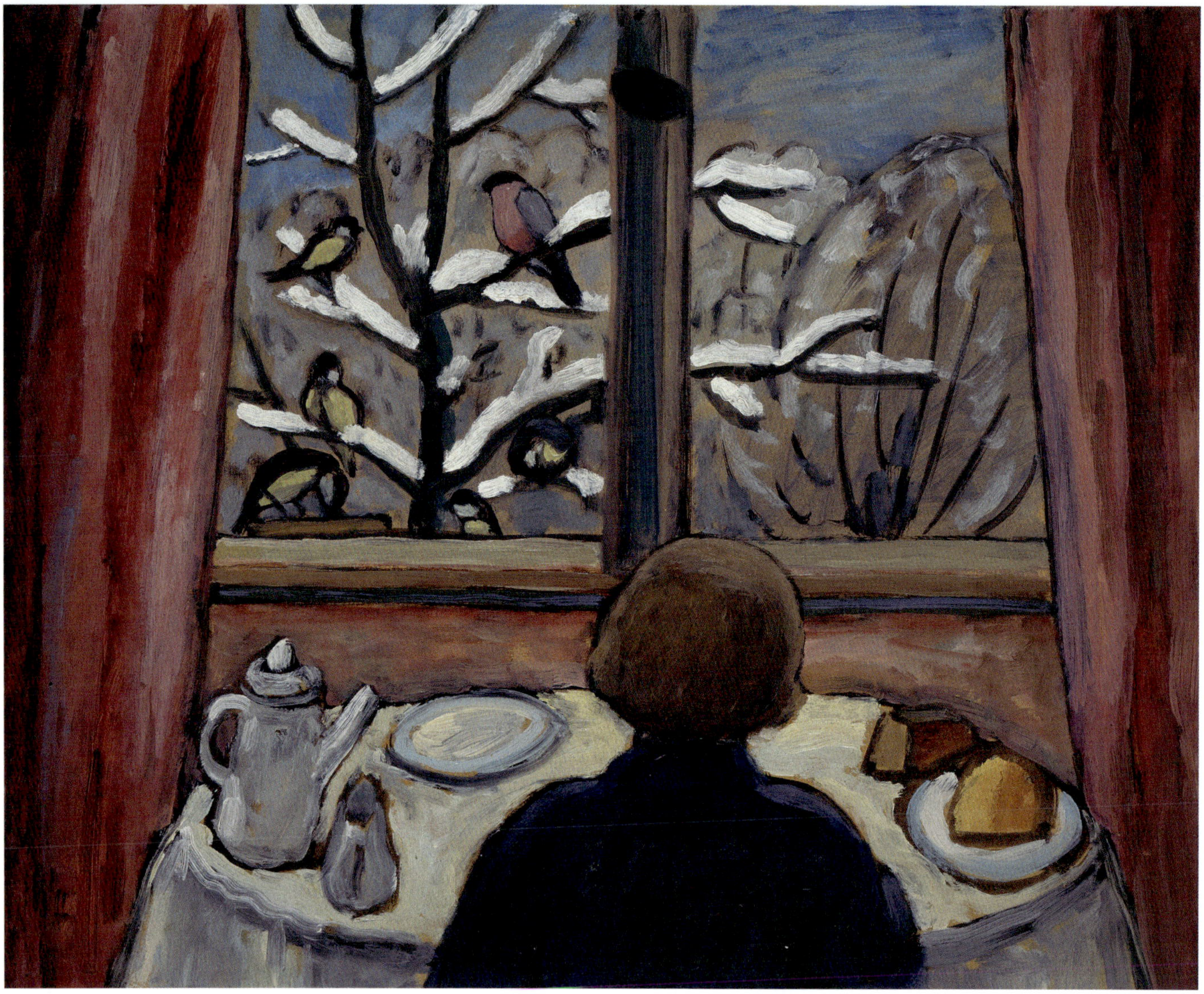

Kat. 112
Das Frühstück der Vögel, 1934
Öl auf Pappe, 45,5 × 55 cm | Courtesy of the National Museum of Women in the Arts, Washington, D.C. Gift of Wallace and Wilhelmina Holladay

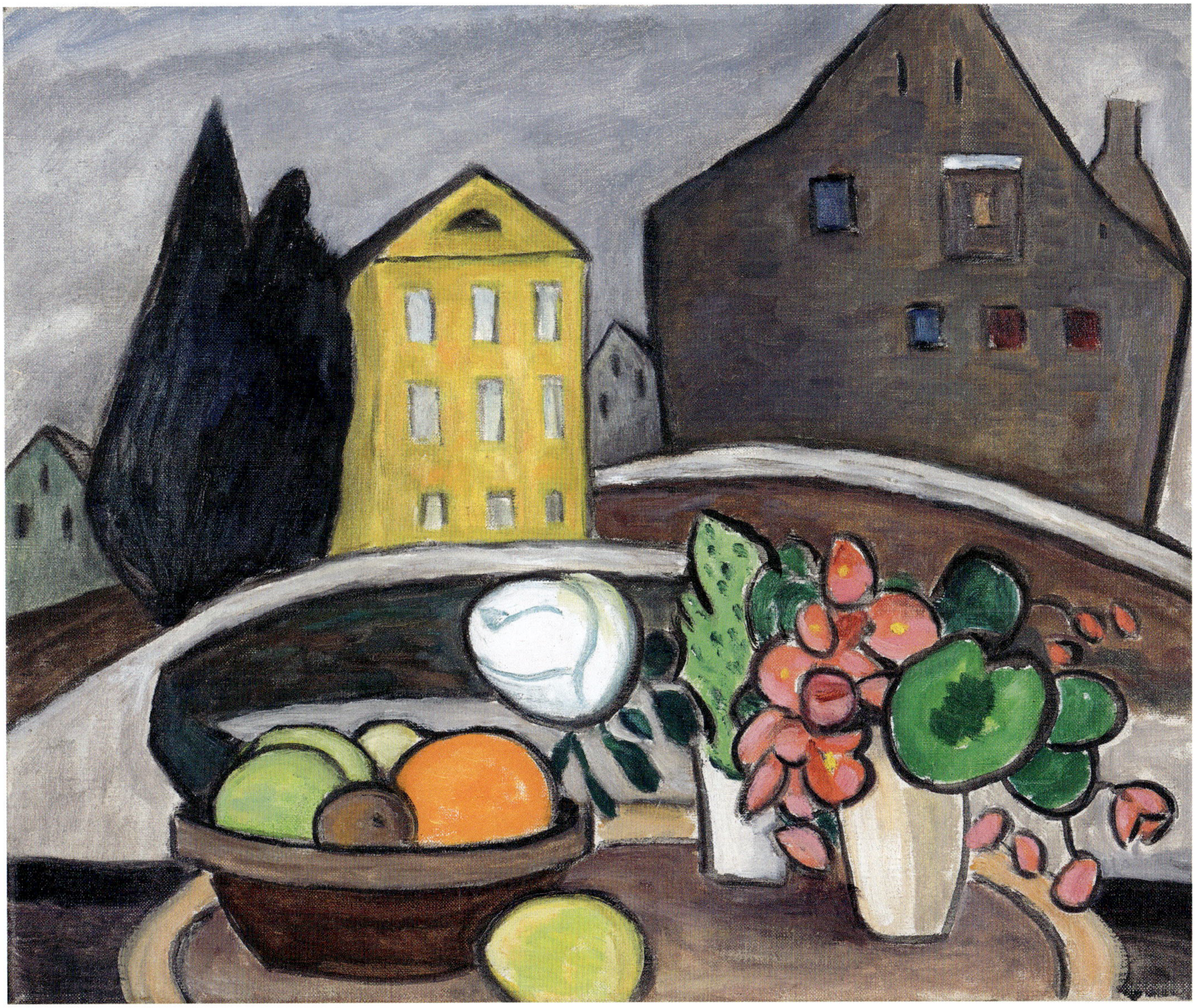

Kat. 113
Stilleben
vor dem gelben Haus, 1953
Textiler Bildträger, 46,5 × 54,5 |
Gabriele Münter- und Johannes Eichner-Stiftung, München, Inv.-Nr. S 19

»Auf der Suche nach den Wurzeln der Kreativität«[1]

Der ›Primitivismus‹

Der ›Primitivismus‹

Gabriele Münter wurde gerne als »primitive« Künstlerin und ihre Kunst als »ursprünglich« bezeichnet. Mit diesen Merkmalen verbanden sie und ihr Werk bereits die Künstler des ›Blauen Reiter‹: Münter male intuitiv und ihre Ausdrucksform sei unverfälscht.[2] Für Kandinsky entstanden die Bilder Münters »aus rein innerem Trieb«.[3] Interessanterweise wurden diese Charakteristika, die den Einsatz des Verstandes während des Schaffensprozesses ausschließen, im zeitgenössischen Diskurs ebenfalls für die Beschreibung der weiblichen Kreativität schlechthin verwendet.[4] Im weiteren Kontext des ›Primitivismus‹ wird jedoch ersichtlich, dass Münter die gleichen Mittel und Inspirationsquellen wie ihre männlichen Kollegen nutzte. Der Mythos der »primitiven« Künstlerin und der damit verbundenen unverbildeten Kreativität war ein auf sie projiziertes Wunschbild ihrer Mitstreiter.[5] Für die Künstler des ›Blauen Reiter‹ waren Ursprünglichkeit, Natürlichkeit, Instinkt und Intuition Eigenschaften, die sie sowohl ihrer Malerkollegin Münter als auch außereuropäischen Kulturen, Volkskünstlern und Volkskünstlerinnen sowie Dilettanten und Kindern zuschrieben.

Die Deutungen und Definitionen des Begriffs ›Primitivismus‹ sind ein umkämpftes Terrain. Immer wieder haben sich Kunsthistorikerinnen und Kunsthistoriker mit diesem Thema auseinandergesetzt.[6] In unserer nachmodernen und postkolonialen Gegenwart sind der Terminus und seine Geschichte problematischer denn je. In ihnen schwingt nicht nur die damalige Wertschätzung einer »ursprünglichen« Form mit, sondern auch die Bevormundung, Abwertung und Ausbeutung anderer Menschen, Kulturen und Denkfiguren. Manuel J. Borja-Villel beschreibt die Situation folgendermaßen: »Die Hartnäckigkeit, mit der wir ignoriert haben, dass die Geschichte Europas seit dem 16. Jahrhundert untrennbar mit der seiner Kolonien verbunden ist, verwundert umso mehr aufgrund der Tatsache, dass es die Moderne nur aufgrund von Beziehungen zwischen Zentrum und Peripherie geben kann – und diese entstehen mit dem Kolonialismus«. Und weiter: »Im aktuellen Kontext wird die These einer fortgeschrittenen europäischen Kultur, die den anderen, zurückgebliebenen Völkern technisch und intellektuell überlegen war, unglaubwürdig«.[7]

Vom Prinzip her verstehen wir unter ›Primitivismus‹ die Auseinandersetzung westlicher KünstlerInnen mit Werken von ihrer Ansicht nach »Primitiven«. Wer oder was wurde am Anfang des 20. Jahrhunderts in Europa für »primitiv« gehalten? Diese Frage ist nicht unmittelbar zu beantworten. Das ›Primitive‹ ist schließlich nicht einer bestimmten Klasse von Gegenständen inhärent, »sondern eine Kategorie westlichen Denkens, die eine Differenz zwischen Eigenem und Fremdem etablier[t]«.[8] Für unsere Studie über die Beschäftigung Münters mit der ›Kunst des Anderen‹[9] werden wir allerdings auf die Objekte und Objektwelten eingehen, die die Künstlerin anregten. Der Almanach *Der Blaue Reiter* wird ebenfalls berücksichtigt, um das Phänomen des ›Primitivismus‹ in ihrer Kunst besser zu verstehen.

Das Adjektiv ›primitiv‹ mag heute abwertend klingen. Nach dem Verständnis von KünstlerInnen und WissenschaftlerInnen um 1900 wurde es jedoch nicht bewusst in diesem Sinne verwendet.[10] Sie bezeichneten damit Schöpfungen, die sie als »ursprüngliche«, als »erste« Zeugnisse unterschiedlicher kultureller Gruppen ansahen. Ihr Anliegen war es, sich den Uranfängen der Kreativität anzunähern, die sie als noch unberührt betrachteten und deshalb besonders schätzten. Diese Auffassung entsprach einerseits dem zeittypischen Evolutionismus, der die westliche Zivilisation als höchste Entwicklungsstufe der Menschheit begriff. Andererseits wurden die »primitiven« Bildzeugnisse von den KünstlerInnen der Avantgarde keineswegs als minderwertig betrachtet, sondern auf eine Stufe mit der abendländischen Kunst gestellt.[11] Die zeitliche Positionierung des ›Primitiven‹ am Anfang einer vermeintlichen Entwicklungslinie des menschlichen Schaffens führte dazu, verschiedenste Erzeugnisse als Ausdrucksformen von durch die

1
Helmut Friedel und Josef Helfenstein, »Vorwort«, in: Ausst. Kat. München/Bern 1995, S. 10–12, hier S. 11.

2
Sabine Windecker beschreibt ausführlich diese tendenziöse Rezeption von Münter und ihrem Werk in: Windecker 1991, S. 11–14, S.17–42. Hans Konrad Röthel schrieb 1957: »Sie war eine wirkliche ›Primitive‹.«, in: Röthel 1957, S. 8. Im selben Jahr erschien das Buch von Johannes Eichner, Münters Lebensgefährten, *Kandinsky und Gabriele Münter. Von Ursprüngen moderner Kunst*. In dem Kapitel »Das Wesen Gabriele Münters« betont er »ihre unverbildete Natürlichkeit«, die sich in ihrer Kunst niederschlägt (S. 28 und 32). Er erwähnt u. a. auch »die Ursprünglichkeit in ihrem Wesen« (S. 26).

3
Wassily Kandinsky, »Das Schicksal der Künstler, die wirklich Künstler sind ...«. [Entwurf eines nicht gedruckten Vorwortes von Kandinsky für den Katalog einer 1913 im Neuen Kunstsalon Dietzel, München, gezeigten Ausstellung Gabriele Münters], in: Kandinsky 2007, S. 494. Reinhold Heller beschreibt, wie Münter und Eichner diesen Gedanken des Schöpfens aus einer inneren Kraft verwendeten, damit ihr Werk als individuell betrachtet wurde und dadurch nicht in Verbindung mit der Moderne, die die Nationalsozialisten verpönten, gebracht werden konnte, in: Ausst. Kat. Milwaukee/Columbus/Richmond/San Antonio 1997–99, S. 58.

4
Laut Windecker wurden in der späteren Rezeption Münters Werte wie Intuition, Instinkt, Ursprünglichkeit und Naivität, die die ›Blauen Reiter‹-Künstler ihr zuschrieben, allgemein als »weibliche« Eigenschaften umgedeutet, Windecker 1991, S. 13. Bibiana K. Obler erklärt ihrerseits, dass Kandinsky das Weibliche in Münters Kunst hervorhob, um ihre künstlerische Leistung zwar als anders, aber trotzdem als gleichwertig mit der von Künstlern zu bewerten. Da er dabei auf Stereotypen der »weiblichen« Kreativität zurückgriff, wurde er ihrer Arbeit jedoch nicht gerecht, in: Obler 2014, S. 96ff.

5
Über das männliche Konstrukt der »ursprünglichen« Kreativität im Kreis des ›Blauen Reiter‹, siehe: Wienand 2015, S. 47.

6
Klaus H. Kiefer, »Primitivismus und Modernismus im Werk Carl Einsteins und in den europäischen Avantgarden«, in: *Carl Einstein und die europäische Avantgarde*, hg. von Nicola Creighton und Andreas Kramer. Berlin 2012, S. 186–209, hier S. 193. Siehe auch: Michael F. Zimmermann: »Primitivismus«, in: *Lexikon Kunstwissenschaft. Hundert Begriffe*, hg. von Stefan Jordan und Jürgen Müller. Stuttgart 2012, S. 273–276.

»Zivilisation« unberührten Menschen einzustufen. Darunter zählten Arbeiten von Kindern, VolkskünstlerInnen sowie Angehörigen außereuropäischer Kulturen. Als Bedingungen eines solchen Schaffensprozesses wurden Gefühl, Intuition, Instinkt angesehen, »von denen man annahm, daß sie in einem frühen Stadium menschlicher Entwicklung noch vorhanden und wirksam waren, später jedoch von der europäischen Zivilisation mit ihren kulturellen, wissenschaftlichen und technischen Errungenschaften überlagert und verdrängt worden seien«.[12] Gleichzeitig entsprachen diese Projektionen Sehnsüchten zahlreicher westlicher Künstlerinnen und Künstler.

Im Almanach *Der Blaue Reiter*, den Wassily Kandinsky und Franz Marc 1912 herausgaben, erscheint der Begriff »primitiv« mehrere Male.[13] Er kann aber nicht mit bestimmten Kulturkreisen und Werken in Verbindung gebracht werden. Dagegen prägt die Idee einer authentischen und aus einem inneren Bedürfnis heraus entstandenen Kunst das ganze Buch. Es finden sich Abbildungen von bayerischer und russischer Volkskunst, außereuropäischen, mittelalterlichen und antiken Arbeiten, von Kinder- und Laienkunst. Kandinsky und Marc stellten sie ihren eigenen und weiteren zeitgenössischen Werken gegenüber, um ihre Gleichwertigkeit zu verdeutlichen. Für sie lag die Gemeinsamkeit in dem ehrlichen und unverfälschten Ansatz ihrer Urheber. Kandinsky verwendete dafür den Begriff von »innerer Notwendigkeit«.[14] Franz Marc schrieb in seinem Aufsatz »Zwei Bilder«: »… Echtes bleibt stets neben Echtem bestehen, so verschieden auch sein Ausdruck sein mag«.[15] Und in einem Brief an August Macke berichtete er: »Ich war sehr ausgiebig im Völkerkundemuseum, um die Kunstmittel ›primitiver Völker‹ (wie sich Koehler und die meisten Kritiker von heute ausdrücken, wenn sie unsere Bestrebungen charakterisieren wollen) zu studieren. Ich blieb schliesslich staunend und erschüttert an den Schnitzereien der Kameruner hängen, die vielleicht nur noch von den erhabenen Werken der Inkas überboten werden. Ich finde es so selbstverständlich, dass wir in diesem kalten Frührot künstlerischer Intelligenz die Wiedergeburt unseres Kunstfühlens suchen und nicht in Kulturen, die schon eine tausendjährige Bahn durchlaufen haben, wie die Japaner oder die italienische Renaissance«.[16] Konsequenterweise war die Form von geringer Bedeutung: »Da die Form nur ein Ausdruck des Inhaltes ist und der Inhalt bei verschiedenen Künstlern verschieden ist, so ist es klar, daß es *zu derselben Zeit viel verschiedene Formen* geben kann, die *gleich gut* sind«, schrieb Kandinsky in seinem Text »Über die Formfrage«.[17] Mit solchen Gedanken nahmen Kandinsky und Marc Abstand von einer Kunst, die sich auf die Abbildung der sichtbaren Realität konzentrierte. Diese Aufgabe des Malers war nicht nur seit der Erfindung der Fotografie in Frage gestellt worden, sondern sie ging auch mit einem positivistischen Denken einher, das die KünstlerInnen des ›Blauen Reiter‹ ablehnten und das in der Malerei im Triumph des Impressionismus seinen Höhepunkt erreicht hatte.

Die Idee, aufgrund einer »innere[n] Notwendigkeit« schaffen zu müssen, findet sich ebenfalls in der Dissertation des Kunsthistorikers Wilhelm Worringer, *Abstraktion und Einfühlung. Ein Beitrag zur Stilpsychologie*, welche 1907 erschien. Kandinsky und Marc kannten seine Arbeit. Für Worringer war ein psychisches Bedürfnis die treibende Kraft, um zu schöpfen und nicht die Motivation, die Realität abzubilden: »Die eigentliche Kunst hat jederzeit ein tiefes psychisches Bedürfnis befriedigt, nicht aber den reinen Nachahmungstrieb«.[18]

Die Überlegungen zu den Anfängen und zu einer Entwicklung der Kunst hingen unter anderem mit dem Darwinismus, den prähistorischen Funden und mit einem wachsenden Interesse an Zeugnissen nicht westlicher Kulturen zusammen; Letzteres war vorwiegend eine Folge des Kolonialismus. Diese Reflexionen fanden ihren Niederschlag in Kunstpublikationen, in denen Gegenüberstellungen unterschiedlicher bildnerischer Äußerungen zu sehen waren.[19] Marc und Kandinsky verwendeten ebenfalls dieses Prinzip im Almanach *Der Blaue Reiter* in einer bis dahin nie gesehenen Breite, jedoch mit einem anderen Ziel.

7
Ausst. Kat. *Das Potosí-Prinzip. Wie können wir das Lied des Herrn im fremden Land singen? Koloniale Bildproduktion in der globalen Ökonomie*, hg. von Alice Creischer, Max Jorge Hinderer, Andreas Siekmann, Haus der Kulturen der Welt. Berlin 2010, S. 2. Freundlicher Hinweis von Matthias Mühling. Siehe ferner über den ambivalenten Begriff des ›Primitivismus‹, Wienand 2015, S. 37–49. Da wir jedoch für die Beschreibung dieses Phänomens keine bessere Bezeichnung kennen, haben wir entschieden, sie weiter zu verwenden.

8
Leeb 2013, S. 13. Den Gedanken, dass es sich beim ›Primitivismus‹ um eine Haltung und nicht um eine klar definierte Kunstströmung handelt, hatte 1938 Robert Goldwater bereits formuliert: »Primitivism is not the name for a particular period or school in the history of painting, and consequently no description of a limited set of objective characteristics which will define it can be given. […] Since primitivism […] is an attitude productive of art, its results are bound to vary as the conditions upon which this attitude works also vary, although the variation of the second term need not be proportional to that of the first. But since the conditioning term is in reality a compound, whose different aspects can be picked out and combined in a multitude of ways, it can give rise to many artistic points of view«, in: Robert Goldwater, *Primitivism in Modern Art*, enlarged ed., Cambridge/London 1986 (1. Aufl.: 1938), S. XXIV.

9
Wir leiten diesen Ausdruck von »Kunst der Anderen« ab, den Susanne Leeb verwendet, um die Kunst nicht europäischer Kulturen zu bezeichnen. Gleichzeitig erweitern wir ihn auf die Volkskunst und die Kunst der Laien, die für Münter wichtige Inspirationsquellen waren. Wir benutzen diesen Begriff im Singular, weil sowohl Münter als auch die KünstlerInnen des ›Blauen Reiter‹-Kreises das Gleiche – d. h. eine unverfälschte Bildsprache – in den Arbeiten dieser verschiedenen Gruppen suchten. Sie machten zum Beispiel keinen Unterschied zwischen einem bayerischen Hinterglasbild und einer afrikanischen Maske. Leeb 2013, u. a. S. 8 und 18. Vgl. auch Christoph Wagner, Ralph Melcher (Hg.), *Die »Brücke« und der Exotismus. Bilder des Anderen*. Berlin 2011.

10
Wir beziehen uns auf eine historische Situation. Der damals gebräuchliche Begriff »primitiv« entsprang einer rassistischen und kolonialistischen Denkart, die als solche nicht bewusst war.

11
Wienand 2015, S. 38f., S. 43. Wienand bezeichnet »… dieses Verleugnen von Differenz bei gleichzeitiger Betonung der hierarchisierten Unterschiede [als] ein Charakteristikum des kolonialen Diskurses.«

12
Windecker 1991, S. 45.

Gleichzeitig fand das Kind in der Gesellschaft immer mehr Beachtung. Es wurde als Geschöpf betrachtet, welches noch in der Lage war, sich völlig unvoreingenommen, frei von kulturellen Sehgewohnheiten, kreativ auszudrücken. Die Kindheit wurde als Entsprechung zum Ur- oder Frühstadium der Menschheitsgeschichte gesehen. Als Konsequenz dieser Auffassung wurden Parallelen zwischen den Werken von Kindern, prähistorischen Menschen oder von Kunstschaffenden außereuropäischer Kulturen gezogen.[20]

Bereits in der ersten Hälfte des 19. Jahrhunderts hatte der Genfer Zeichner Rodolphe Töpffer (1799–1846) Vergleiche zwischen Kinderzeichnungen und Werken von damals so genannten »Wilden« angestellt.[21] Ein paar Jahrzehnte später, um die Wende zum 20. Jahrhundert, nahm das Thema noch einmal deutlich an Popularität zu. Zahlreiche Abhandlungen erschienen, in denen es darum ging, Erklärungen – psychologische, religiöse, kulturelle – für die Bildsprache der Zeugnisse aus verschiedenen Zeitaltern und Weltregionen zu finden. Als einer der Vertreter dieser Denkrichtung sei der Physiologe Max Verworn (1863–1921) genannt. In seinem Text von 1908 »Zur Psychologie der primitiven Kunst« versuchte er, die Unterschiede zwischen der paläolithischen und der neolithischen Kunst anhand von Vergleichen mit Kinderzeichnungen zu erläutern, die er wiederum in Parallele zur ägyptischen Kunst setzte.[22] In der Zeitschrift *Kind und Kunst* findet sich ein Artikel mit dem in dieser Hinsicht aussagekräftigen Titel »Primitive Kunst aus der Kindheit der Völker«.[23] Die Frage nach dem Ursprung der Kunst drehte sich jedoch nicht nur um ihren zeitlichen Anfang, sondern auch um den prinzipiellen Beweggrund des Menschen, Kunst zu produzieren.[24] Verschiedene Fragestellungen sind ineinander verwoben, was die Komplexität und die Vielschichtigkeit des Themas ›Primitivismus‹ erklärt.

Die Fotografien, die die Räume von Kandinskys und Münters Wohnung in der Münchner Ainmillerstraße zeigen, dokumentieren, dass dort volkstümliche Bilder zusammen mit Kinderzeichnungen und außereuropäischen Kunstwerken hingen. Abb. A Diese vielfältigen Ausdrucksformen wirkten auf Münter anregend. Ihre Auseinandersetzung mit nicht westlicher Kunst, Kinderzeichnung und Laienmalerei sowie mit der Volkskunst spielte ab 1908 eine wichtige Rolle in ihrem Schaffensprozess. In diesem Jahr fand die Malerin zu einer neuen Bildsprache: Sie vereinfachte die Formen und verwendete starke Farben, die zum Teil weit entfernt von der Wirklichkeit waren.[25] Das Ergebnis war eine Steigerung des Ausdrucks, deren Ziel es war, den trügerischen Schein der Realität zu überwinden. Dahinter verstecke sich Unsichtbares, das es mit malerischen Mitteln erfahrbar zu machen gelte. Münter selbst sprach vom »Fühlen eines Inhaltes« und vom »Geben eines Extraktes«.[26]

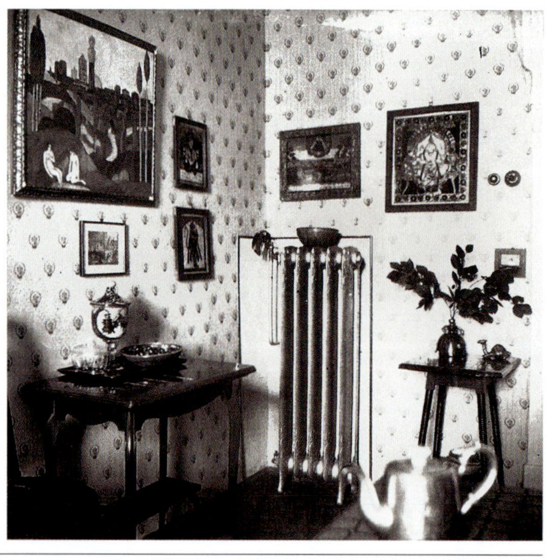

A **Zimmerecke in Kandinskys und Münters Münchner Wohnung in der Ainmillerstraße 36, um 1913**
Fotografie von Gabriele Münter | Gabriele Münter- und Johannes Eichner-Stiftung, München, Inv.-Nr. 2189

13 Unter anderem findet er Erwähnung in den Texten von Franz Marc »Zwei Bilder« und von August Macke »Die Masken«, in: Lankheit 1965, S. 33 und S. 57. Er erscheint nicht in Kandinskys Beitrag »Über die Formfrage«. Kandinsky verwendet ihn aber in seinem Buch *Über das Geistige in der Kunst, insbesondere in der Malerei*, das im Dezember 1911 erschien.

14 Lankheit 1965, S. 142.

15 Ebenda, S. 33.

16 Es handelt sich um das Völkerkundemuseum in Berlin. Brief vom 14.1.1911, in: *August Macke, Franz Marc. Briefwechsel*, hg. von Wolfgang Macke. Köln 1964, S. 39.

17 Wassily Kandinsky, »Über die Formfrage«, in: Lankheit 1965, S. 139.

18 Wilhelm Worringer, *Abstraktion und Einfühlung. Ein Beitrag zur Stilpsychologie*. Amsterdam 1996, S. 45. Mit der Idee des »Kunstwollens« schloss er sich an Alois Riegl (1858–1905) an. Zu Worringers Theorie, siehe: Meike Hoffmann, »Urbild statt Vorbild. Die Künstlergruppe *Brücke* und der Exotismus – drei Missverständnisse«, in: Christoph Wagner, Ralph Melcher (Hg.), *Die »Brücke« und der Exotismus. Bilder des Anderen*. Berlin 2011, S. 62ff.

19 Leeb stellt fest, dass im Kunstdiskurs der ersten Jahrzehnte des 20. Jahrhunderts eine »Trias von Urmensch, Kind und Wildem« auftauchte, Leeb 2013, S. 12f.

20 Ausst. Kat. München/Bern 1995, S. 23. Michael F. Zimmermann: »Dahinter stand die seit Johann Gottfried Herder geläufige Vorstellung, dass sich in der persönlichen Entwicklungsgeschichte eines Einzelmenschen (…) die Entwicklung der Menschheit (…) spiegelt.«, in: »Primitivismus«, in: *Lexikon Kunstwissenschaft. Hundert Begriffe*, S. 274, wie Anm. 6.

21 Ausst. Kat. München/Bern 1995, S. 23. Rodolphe Töpffer, *Réflexions et menus propos d'un peintre genevois ou Essai sur le beau dans les arts*. Paris 1853, S. 252.

22 *Zur Psychologie der primitiven Kunst.* Ein Vortrag von Max Verworn. Jena 1908. Auf S. 21 sind die schematischen Wiedergaben zweier Kinderzeichnungen einer ägyptischen Figur gegenübergestellt.

23 *Kind und Kunst*, Band I, 1904/05, S. 166–169. In dem Artikel wird die kreative Entwicklung des Kindes beschrieben und mit schematischen Darstellungen von Objekten u.a. aus Peru in Parallele gesetzt: »Das Kind macht selbstverständlich einen Werdegang durch, wie ihn auch die Völker durchzumachen haben«, S. 168.

Die Volkskunst Die Aufwertung der Volkskunst im 19. Jahrhundert hatte zur Einrichtung von Museen für ihre Aufbewahrung geführt. In München wurde bereits 1855 das Bayerische Nationalmuseum auf Initiative König Maximilians II. hin gegründet und 1867 an der Maximilianstraße eröffnet.[27] 1890 war dort eine ganze Abteilung der Volkskunst gewidmet.[28] Der Begriff ›Volkskunst‹ wurde allerdings erstmals 1894 von dem Kunsthistoriker Alois Riegl in seinem Büchlein *Volkskunst, Hausfleiß und Hausindustrie* verwendet. Er definierte sie als »primitivste Stufe« künstlerischer Entwicklungsstadien. Mit Riegls Büchlein begann die Volkskunst eine Rolle im ästhetischen, politischen und wissenschaftlichen Diskurs zu spielen.[29] Riegl verband die Volkskunst auch mit wirtschaftlichen Aspekten. Die Bezeichnung Volkskunst bekamen nur Objekte, die nicht als Serienware für den Verkauf hergestellt wurden, wie es ab dem 19. Jahrhundert häufig der Fall war.

Münter und Kandinsky sammelten Votivtafeln, Bilderbogen und Schnitzereien sowohl aus Deutschland, und da vorwiegend aus Bayern, als auch aus Russland, aber ebenfalls aus anderen europäischen und aus nicht westlichen Ländern. Sie erwarben diese Werke, ohne über ihre Herkunft nachzudenken, sodass streng genommen ihre Sammlung laut Riegls Definition nicht ganz als Volkskunst gelten kann.[30] Ab 1908 fingen sie an, Hinterglasbilder zusammenzutragen, nachdem sie diese volkstümliche Technik in Murnau kennengelernt hatten. Ihre Sammlung umfasste mindestens 130 Objekte, die sie beispielsweise auf der Auer Dult in München kauften. Münter interessierte sich besonders für diese Technik. Sie war nicht nur die treibende Kraft für die Sammeltätigkeit, sondern sie erlernte auch, wahrscheinlich als Erste unter den KünstlerInnen der ›Neuen Künstlervereinigung München‹, die Hinterglasmalerei bei dem Glasmaler Heinrich Rambold (1872–1953). Anfangs kopierte sie die volkstümlichen, meist religiösen Bildvorlagen, entwarf aber bald ihre eigenen Motive. Münter, Kandinsky und die KünstlerInnen des ›Blauen Reiter‹ und seines Umkreises sahen in den Volkskunst-Objekten den Ausdruck einer ursprünglichen Innerlichkeit der Empfindung, die mit einer abstrahierenden Sehweise einherging, was ihren eigenen künstlerischen Bestrebungen entgegenkam.[31] Ihre Zuneigung für die Volkskunst entwickelte sich allerdings in einer Zeit, in der diese, unter anderem wegen der Vormachtstellung der industriellen Produktionsweise, bereits dabei war, zu verschwinden. Dieser Verlust wurde von Zeitgenossen oft thematisiert.[32]

Gabriele Münter malte ihr Leben lang mit Vorliebe ihre unmittelbare Umgebung. Es ist also nicht verwunderlich, dass vor allem ab 1910 die Gegenstände ihrer Volkskunstsammlung sie zu intimen Stillleben inspirierten. Sie stellte die Hinterglasbilder mit Heiligen und die Schnitzfiguren zu den verschiedensten Arrangements zusammen, die sie anschließend malte, wie es einem Brief an Kandinsky zu entnehmen ist: »Nach Frühstück gemalt – neues Stilleben wieder mein Madonnentisch. Es ist schon etwas einfacher gemalt wie das vorige auf grosser Leinwand – aber werde es vielleicht nochmal machen – noch einfacher – mal ganz einfach – abstrakt, primitiv versuchen. Dies wird wieder eine sehr reiche Sache«.[33] Abb. B

Neben den Stillleben mit kräftigen Farben nehmen die dunklen Stillleben eine besondere Stellung in ihrem malerischen Œuvre ein. Aus dem dunklen Hintergrund leuchten die Farben der Hinterglasbilder besonders stark hervor, die Schnitzfiguren befinden sich oft im Schatten, der Raum ist nicht klar definiert. In dem *Stilleben mit Heiligem Georg* scheint das Hinterglasbild mit der Darstellung des Heiligen in der Luft zu schweben. Kat. 114 Münter verfremdete die volkstümlichen Objekte, was zu geheimnisvollen Kompositionen führte. Besonders deutlich wird dies in dem Gemälde *Drachenkampf*, in dem sie eine kleine russische Holzplastik in einen blutigen Kampf zwischen dem mehrköpfigen Drachen und dem Heiligen Georg verwandelte.[34] Kat. 127; Abb. C

In diesen Stillleben stellte Münter nicht einfach nur religiöse Gegenstände dar, sondern gab auch deren Aura wieder und schuf dabei neue, sehr persönliche und eigenständige Bildwelten. Nach 1914 sammelte sie weiterhin Objekte der

24
Leeb 2013, S. 15.

25
Zu den Umständen von Münters Stiländerung, siehe Kapitel: »Landschaften und Szenen im Freien«, S. 54.

26
Nachgeschriebenes Tagebuch ab Mai 1911, MES.

27
Das von Gabriel von Seidl entworfene Haus an der Prinzregentenstraße eröffnete 1900.

28
Köllner 1984, S. 93.

29
Gockerell 2000, S. 56.

30
Obler 2014, S. 32f.

31
Gockerell 2000, S. 5.

32
Zum Beispiel beschreibt Henry van de Velde das Verschwinden der Volkskunst im Zuge der Industrialisierung in dem Artikel »Volkskunst (Aus Anlass der Internationalen Volkskunstausstellung des Lyceum-Klubs Berlin)«, in: *Kunst und Künstler*, Jahrgang VII, 1909, S. 272–275. Dieser Band befindet sich in der Bibliothek von Münter, MES. Siehe ferner dazu Gockerell 2000, S. 56.

33
Brief vom 7.11.1910 über ihre Arbeit am Tag zuvor, MES. Zu der Bedeutung dieses Madonnentischs für Münter siehe Kapitel »Interieurszenen«, S. 139.

34
Die Plastik ist im Almanach *Der Blaue Reiter* auf S. 14 abgebildet.

Volkskunst. Der Kaminhund und das Holzpferdchen, die sie in Schweden erwarb, tauchen ab 1916 immer wieder in ihren Bildern auf. Die Heilig-Geist-Taube regte sie 1934 zu einer Serie von Arbeiten zu dem Thema Pfingsten an. Dabei abstrahierte sie immer mehr die volkstümliche Vorlage bis diese unerkennbar wurde und wie eine Zielscheibe aussah. Kat. 120; 122–124 1940 wandte sich Münter dem Brauch des »Maschkeragehens« zu, das der Winteraustreibung gilt und seinen Niederschlag in dem Gemälde *Maschkera* sowie in Darstellungen von Larven fand. Kat. 128 Als Maschkera wird zum einen eine traditionelle Verkleidung mit großen Holzlarven bezeichnet, zum anderen auch manchmal die Maskenträger selbst. In ihrem Arbeitsheft betitelte die Künstlerin das Bild *Mummenschanz* und fügte die Angabe »3 Indianer« hinzu. Sie malte es nach einer Zeichnung von »alten Volksmasken«, die sie bei einer Ausstellung im Jahr 1937 gefertigt hatte.[35]

Das Sujet der Masken hatte Münter bereits in der ›Blauen Reiter‹-Zeit beschäftigt. In *Schwarze Maske mit Rosa* (um 1912) liegt eine Maske neben einem von ihr selbst entworfenen und bestickten Täschchen mit der Darstellung eines Pfaus. Kat. 125; 126 Münter besaß auch manche Stücke volkstümlicher Holzspielzeuge, wie eine sogenannte Schepperdocke – eine ausgehöhlte Holzpuppe, in deren Innerem sich Steinchen befinden, die beim Schütteln einen rasselnden Klang erzeugen –, ein Pfeifrößl oder ein Figurentheater, die sie als Motive in ihre Stillleben übernahm. Das Figurentheater ist beispielsweise in dem *Stillleben Pfingsten* von 1934 zu erkennen. Kat. 121; 122

B **Stilleben mit Figürchen, 1910**

Öl auf Pappe, 69,5 × 51 cm | Saarlandmuseum Saarbrücken, Stiftung Saarländischer Kulturbesitz, Inv.-Nr. NI 3082

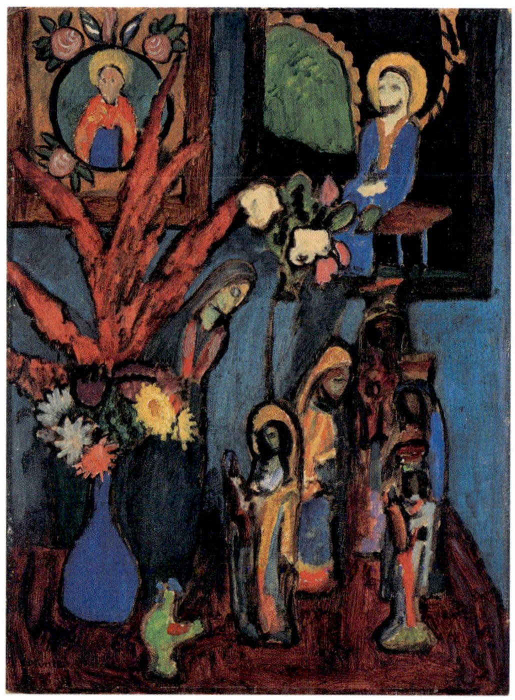

C **Der Kampf des hl. Georg mit dem Drachen, Plastik, Russland, 19. Jh.**

Fotografie | Gabriele Münter- und Johannes Eichner-Stiftung, München

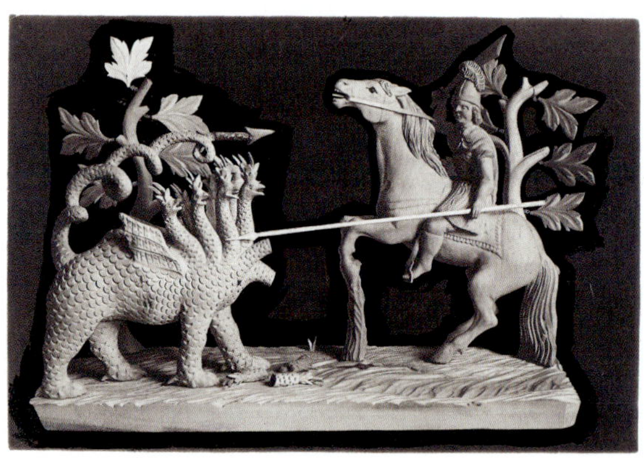

35
Es handelt sich um die Ausstellung »Süddeutsche Volkskunst«, die vom 3. Juli bis zum 17. Oktober 1937 im Ausstellungspark in München zu sehen war. Münter besuchte sie zwei Male in Begleitung von Johannes Eichner am 12. August und am 16. September. Beim zweiten Besuch zeichnete sie die Masken nach. Angaben in ihrem Kalender, MES. Die Zusatzangabe »3 I.« ist verwirrend. Es ist denkbar, dass die Figuren durch ihren Federschmuck die Künstlerin an Native Americans erinnerten.

36
Siehe dazu: Ausst. Kat. München/Bern 1995, S. 23f.; Reinhold Heller, »Expressionism's Ancients« in: Ausst. Kat. *Parallel Visions: Modern Artists and Outsider Art,* hg. von Maurice Tuchman und Carol S. Eliel [Los Angeles, Los Angeles County Museum of Art, 1992/93, Madrid, Museo Nacional Reina Sofia, 1993; Basel, Kunsthalle Basel, 1993; Tokio, Setagaya Art Museum, 1993], S. 82; Priebe 2010.

37
Priebe 2010, S. 16f.

38
Ebenda, S. 12.

39
Ferner ist der Jahrgang 1898 der Wiener Zeitschrift *Ver Sacrum* zu finden. Im Juli-Heft ist ein Artikel mit dem Titel »Der Dilettantismus. Die Neue Volkskunst.« zu finden, der über die Experimente von Alfred Lichtwark in Hamburg berichtet. Priebe 2010, S. 14.

Die Kinderwelt Mit großem Interesse widmete sich Münter auch der Welt des Kindes, was um 1900 kein Einzelfall war. Die Popularität des Themas hing mit der Erneuerung der Kunsterziehung zusammen, die innerhalb der Lebensreformbewegung stattfand. Die Erziehung sollte nun vom Kinde ausgehen; man bemühte sich, es in seinem altersspezifischen Verhalten zu verstehen.[36] Zahllose Publikationen erschienen, viele Ausstellungen über »Kinderkunst« wurden organisiert sowie Vorträge gehalten. Nicht nur Pädagogen widmeten sich diesem Sujet, sondern auch Kunsthistoriker und KünstlerInnen. 1887 hielt Alfred Lichtwark, Direktor der Hamburger Kunsthalle, seinen Vortrag *Die Kunst in der Schule*. 1898 veranstalte er mit dem Pädagogen Carl Götze die Ausstellung *Das Kind als Künstler*. Im Winter 1901/02 wurde *Die Kunst im Leben des Kindes* im Saal des Alten Rathauses in München präsentiert und im Sommer 1905 die Ausstellung *Kinderkunst* im Kunstsalon Richter in Dresden. Münter hielt sich an diesen beiden Orten zu diesen Zeiten auf und hätte somit die Möglichkeit gehabt, diese Ausstellungen zu sehen. Die Münchner Schau war von Pädagogen, Publizisten und Künstlern – darunter Max Liebermann und Walter Leistikow – organisiert worden.[37]

1905 erschienen zwei Publikationen, die zu Klassikern in diesem Bereich wurden: *Kinderzeichnungen bis zum 14. Lebensjahr. Mit Parallelen aus der Urgeschichte, Kulturgeschichte und Völkerkunde* von Siegfried Levinstein und *Die Entwicklung der zeichnerischen Begabung* von Georg Kerschensteiner.[38] Viele Zeitschriften widmeten sich ebenfalls diesem Thema, seien es Kunstmagazine oder pädagogische Fachzeitschriften wie *Kind und Kunst*, eine illustrierte Zeitschrift mit Beiträgen von Kindern und über sie, deren erstes Heft 1904 veröffentlicht wurde. In Münters und Kandinskys Bibliothek befinden sich des Weiteren einige Nummern der 1897 gegründeten Zeitschrift *Der Kunstwart*, die innerhalb der pädagogischen Reformbewegung eine bedeutende Rolle spielte.[39]

In diesem Kontext entstanden Sammlungen von Kinderzeichnungen, die veröffentlicht und in Ausstellungen gezeigt wurden.[40] Münter und Kandinsky trugen beinahe 300 Kinderbilder zusammen. Ihre Sammlung ist unter Künstlerinnen und Künstlern wohl die umfangreichste.[41] Wann sie zu sammeln begannen und von wem die Initiative ausging, ist unklar.[42] Allgemein wird in der Literatur 1908 als Anfangsjahr der Sammeltätigkeit angegeben, da es das Jahr ist, in dem beide in München sesshaft wurden. Vorher aber hatte Münter bereits immer wieder Zeichnungen ihrer Nichten Elfriede (Friedel) Schroeter und Annemarie (Mückchen) Münter als Geschenke erhalten und aufbewahrt. Der Bestand an Kinderzeichnungen im Nachlass der Künstlerin umfasst circa 250 lose Blätter sowie zwei Zeichen- und Schulhefte mit Zeichnungen von Friedel Schroeter und Annemarie Münter. Die Formate, die Bildträger und die Techniken sind sehr unterschiedlich: Es gibt schwarz-weiße und farbige Bilder, manchmal nur auf einen Umschlag gemalt, manchmal auf eine feste Pappe in größerem Format. Kandinsky und Münter sammelten Zeichnungen vorwiegend von Kindern aus ihrem Familien-, Bekannten- und Freundeskreis, aber auch zum Teil von fremden SchülerInnen. Viele der Zeichnungen sind datiert und tragen den Namen und das Alter des Kindes; die Bezeichnungen stammen meistens von Münters oder Kandinskys Hand. Die Mehrzahl der Kinderzeichnungen entstand in den Jahren 1905 bis 1916 und alle Altersgruppen sind darin repräsentiert. Einige sind aus den 1920er- und 30er-Jahren. Münters Interesse am Thema Kinderzeichnung hielt also länger an. In diesem Zusammenhang sind auch ein paar Gemälde von Laien zu erwähnen – unter anderem von Münters Schwester Emmy –, die im Almanach *Der Blaue Reiter* abgebildet und im Nachlass der Künstlerin aufbewahrt sind.[43]

Die Kinderwelt fand schon früh ihren Niederschlag in Münters Werk und zwar bereits in ihren Zeichnungen und Fotografien aus Nordamerika. Häufig bildete die Künstlerin die Kinder ihrer Verwandten ab, bisweilen mit ihren Spielsachen. Ab 1908 nahm die Welt der Kinder einen bedeutenden Platz in ihrem Schaffen ein. In diesem Jahr fertigte sie eine Reihe von fünf Farblinolschnitten, die

40
Im Band I (1904/05) der Zeitschrift *Kind und Kunst* erschien eine Aufforderung zum Sammeln von Kinderzeichnungen von Karl Lamprecht. Lamprecht wollte Zeichnungen von Kindern aus der ganzen Welt sammeln, um daraus eine Studie über die seelische Entwicklung des Kindes zu machen. Er stellte fest, dass »der seelische Werdegang des Kindes« in vielen Punkten parallel »zu jenen Zeiten der Kulturgeschichte [verläuft], die man als Prähistorie bezeichnet; nicht minder weist er Merkmale auf, die auch den Kulturen der heute noch auf niedrigen Entwickelungsstufen stehenden Naturvölker eigentümlich sind. Die Kinderforschung ist infolgedessen imstande, für eine vergleichende Kulturgeschichte der verschiedenen Rassen und damit für eine allgemeine Menschheitsgeschichte sehr wertvolle Materialien und Fingerzeige zu liefern.«, S. 360.

41
Ausst. Kat. München/Bern 1995, S. 10. Unter Kinderzeichnungen verstehen wir sowohl Arbeiten, die in einer grafischen Technik ausgeführt wurden, als auch Bilder, die mit dem Pinsel gemalt wurden. Für eine detailliertere Beschreibung der verwendeten Techniken, siehe Wörwag 1995, S. 177.

42
Wörwag 1995, S. 173.

43
Emmy Schroeter, *Porträt Ella [Gabriele] Münter*, 1909 (?), Pappe, 40,5 × 32,5 cm; Unbekannter Urheber, *Bildnis einer Frau*, 1909 (?), Pappe, 40,5 × 32,5 cm; Unbekannter Urheber, *Bildnis eines Knaben*, 1909 (?), Pappe, 40,5 × 32,8 cm. Die drei Gemälde befinden sich in der Gabriele Münter- und Johannes Eichner-Stiftung. Der Standort des vierten abgebildeten Bildes ist unbekannt. Abb. in Kandinsky/Marc 1912, S. 92–93 und im Ausst. Kat. *Der Almanach »Der Blaue Reiter«. Bilder und Bildwerke in Originalen*, Schloßmuseum Murnau 1998, Nr. I 1–I 3. Der Standort der Kinderzeichnungen, die im Almanach abgebildet sind, ist ebenfalls unbekannt. Andere Vertreter der Laienmalerei im Almanach sind Henri Rousseau und Arnold Schönberg.

das Spielzeug ihrer Nichte Friedel in lebendigen Arrangements zeigen. Kat. 134–138 Die Spielzeugserie entstand, als Kandinsky und Münter im Winter 1907/08 in Berlin bei Münters Schwester und ihrer Familie wohnten. Noch im Jahr ihrer Entstehung, 1908, stellte die Künstlerin diese Grafikfolge in Paris, Köln und Bonn aus.[44] Dagegen konzipierte sie für den rein privaten Gebrauch ihrer Nichte Friedel zwischen 1907 und 1910 ein Bilderbuch, genannt »Friedels Bilderbuch«, das dreizehn Zeichnungen von Münter und fünf weitere von Moissej Kogan (1879–1943), Alexander Sacharoff (1886–1963), Kandinsky, Wladimir Bechtejeff (1878–1971) und Werefkin enthält.[45] Für ihre andere Nichte Annemarie schuf sie 1912 vier Bilder für eine Puppenstube, die Reduktionen eigener Gemälde sind.[46] Abb. D

Neben Spielzeugen – vorwiegend volkstümlichen Stücken –, stellte Münter auch mehrfach Kinderzeichnungen in ihren Gemälden dar, so zum Beispiel in dem Bild *Im Zimmer*. Kat. 143 Es zeigt die zehnjährige Friedel, die in ihrem Zimmer sitzt und in die Lektüre einer Zeitung vertieft ist. Auf dem Boden, angelehnt an Möbelstücke, erkennen wir zwei Kinderzeichnungen, die Friedel unter Anleitung ihrer Tante gemalt hatte, ein Stillleben und ein Porträt.[47] 1914 ging Münter in ihrer Auseinandersetzung mit Kinderbildern noch ein Stück weiter, indem sie Repliken von fünf Kinderzeichnungen mit Ölfarben schuf. Vier davon stellen ein Haus dar, das fünfte eine Landschaft mit Bach.[48] Kat. 147; 148; 150; 151 Wenn die Vorlage farbig war, übernahm Münter die gleiche Farbgebung. In einem Skizzenbuch von 1914/15 zeichnete sie einen Fries, der aus zwei dieser Kinderzeichnungen gebildet ist. Eines dieser Motive modifizierte sie jedoch leicht in der zeichnerischen Umsetzung, indem sie Menschen in die Komposition einfügte. Abb. E Leider lässt sich diese Zeichnung zeitlich nicht exakt in Münters Schaffensvorgang einordnen. Es bleibt offen, ob sie vor oder nach den Repliken entstand. Durch den Prozess des Kopierens wollte sich Münter die Bildsprache der Kinder aneignen beziehungsweise sich ihr zumindest annähern. Der Zeitpunkt 1914 überrascht jedoch. Solche Bilder wären eher im Jahr 1908 zu erwarten gewesen, als Münters Malerei eine wichtige Wende erfuhr. 1914 hatte sie bereits zahlreiche Gemälde geschaffen, die heute als Meisterwerke des ›Blauen Reiter‹ angesehen werden. Sie scheint aber trotzdem das Bedürfnis gehabt zu haben, sich noch intensiver mit der Kinderkunst zu befassen – »auf der Suche nach den Wurzeln der Kreativität«.[49]

Ab dem Sommer 1908 fallen eine gewisse Naivität, ein vereinfachter Ausdruck und die Verwendung von kräftigen Farben in Münters Malerei auf; Merkmale, die für Volkskunst und Kinderbilder ebenfalls charakteristisch sind. Durch die Konfrontation mit Werken dieser Herkunft erhoffte sie sich Lösungen für ihre künstlerischen Fragestellungen. Bei diesem Wandel ihrer Bildsprache darf aber auch die Rolle Alexej von Jawlenskys nicht vergessen werden. Als Kandinsky, Jawlensky, Münter und Werefkin im Spätsommer 1908 in Murnau zusammen arbeiteten, hatte er in seiner Malerei den radikalsten Bruch mit der Tradition des 19. Jahrhunderts bereits vollzogen. Seine Beschäftigung mit der Kunst Gauguins (1848–1903) und der Fauves hatte zur Überwindung des Nachimpressionismus geführt und er war stattdessen zu einer Flächenmalerei gelangt. Münter lernte viel von ihm. Während dieser Malwochen gab sie ihre bisherige pastose Malerei zugunsten großer, in flüssigen Pinselzügen aufgetragener Farbflächen auf.

Der »unschuldige« Blick des Kindes, das viele Dinge zum ersten Mal sieht und daher intensiver wahrnimmt, die fantasievollen Bildwelten der Kinderzeichnungen faszinierten Münter.[50] Das Kind macht eigentlich keinen Unterschied zwischen der äußeren und der inneren Welt und scheut sich daher nicht, seine Gefühle in seinen Bildern wiederzugeben. Diese emotionale Bildsprache, die sich formal und farbig auf das Wesentliche konzentriert, entsprach Münters Vorstellungen, »das angesichts eines äußeren Eindrucks Gefühlte« auszudrücken, also Unsichtbares zu vermitteln.[51] Vermutlich ging es ihr auch darum, eine universelle Bildsprache zu erschaffen. Da Kinderzeichnungen zeitlos und für jede Kulturgruppe verständlich sind, sind sie zu diesem Zweck besonders anregend.[52] Münters Inter-

44
Ausst. Kat. München/Bonn/Murnau 2000/01, Nr. 32–36.

45
Beschreibung in: Kleine 1997, S. 11–21, 28–33 und 63–67.

46
Dorfende, 1910, Öl auf Pappe, 33 × 40,8 cm; *Gartenkonzert*, 1912, Öl auf Pappe, 32,7 × 40,9 cm; *Der blaue See*, 1912. Der Standort der drei Gemälde ist unbekannt. Zu dem vierten Bild ist uns kein großformatiges Vorbild bekannt.

47
Wörwag 2001, S. 158.

48
Es handelt sich um: *Landschaft mit Haus (nach Kinderzeichnung)*, Pappe, 32,9 × 37 cm, Inv.-Nr. Mü 1 (Kopie einer Zeichnung von einem Kind namens Jakob, von 1909, Bleistift auf Zeichenhalbkarton, 20 × 23,9 cm, Inv.-Nr. KIZ 115; diese Zeichnung sowie KIZ 144 sind im Tafelteil abgebildet); *Haus*, Pappe, 40,5 × 32,8 cm, Inv.-Nr. Mü 2a (Kopie einer Zeichnung von Rudi Schindler, Farbkreide und Bleistift auf Zeichenhalbkarton, 23,9 × 19,9 cm, Inv.-Nr. KIZ 121); *Landschaft mit Bach (nach Kinderzeichnung)*, Pappe, 32,8 × 40,5 cm, Inv.-Nr. Mü 2b (Kopie einer Zeichnung von Thomas Herrman, Bleistift auf Zeichenhalbkarton, 20,1 × 24,1 cm, Inv.-Nr. KIZ 116); *Mühle (nach Kinderzeichnung)*, Pappe, 37,1 × 32,8 cm, Inv.-Nr. Mü 3 (Kopie einer Zeichnung von Martin Musner, Farbkreide und Bleistift auf Zeichenhalbkarton, 23,9 × 20 cm, Inv.-Nr. KIZ 117); *Haus (nach Kinderzeichnung)*, Pappe, 37,3 × 32,8 cm, Inv.-Nr. Mü 4 (Kopie einer Zeichnung von einem Kind namens Robert, Farbkreiden und Bleistift auf Zeichenhalbkarton, 24 × 19,9 cm, Inv.-Nr. KIZ 144). Alle in der Gabriele Münter- und Johannes Eichner-Stiftung, München. Zum Teil abgebildet in Ausst. Kat. München/Bern 1995, Nr. 3. 49–3. 51.
Die Kinderzeichnungen KIZ 115, 116, 117, 121 und 144 haben das gleiche Format und das gleiche Papier, sodass sie vermutlich als Aufgabe in der Schule entstanden sind; freundlicher Hinweis von Daniel Oggenfuss.

esse für die Kinderwelt behielt sie ihr Leben lang bei. Manche Aquarelle, die sie während ihres Skandinavienaufenthalts (1915–20) schuf, zeigen einen Stil, der an Illustrationen für Kinderbücher erinnert, wie in den Blättern *Schwedisches Bauernhaus* und *Um Mitternacht. Svolvær. Lofoten* zu sehen ist. Kat. 141; 142 Aus diesen Jahren datiert ebenfalls eine Reihe von Aquarellen, die ein Kindergedicht »Der süße Schura« bildlich wiedergibt.[53] Kat. 139; 140 In dem sehr ergiebigen Jahrzehnt der 1930er-Jahre sind unter anderem eine Serie zum Thema Mutter und Kind und eine Reihe mit dem Motiv eines Kindes mit Katze und Puppe besonders hervorzuheben.[54] Kat. 149; Abb. F

Inspirationen der Weltkulturen Wie viele ihrer europäischen ZeitgenossInnen suchte auch Münter nach Inspirationsquellen in der Kunstproduktion »anderer«, bisher unvertrauter Kulturen. In diesen abseits von westlichen Traditionen entstandenen Werken glaubten sie jene unverfälschte, ausdrucksstarke Bildsprache verwirklicht, die ihren eigenen Vorstellungen von Erneuerung und Innovation entsprach. In der Vorstellung von »Exotischem« spiegelt sich die Sehnsucht nach einer

D **Puppenstubenbilder, 1912**
Gouache auf schwarzem Karton, 6,2 × 8,8 cm / 7 × 9,1 cm / 6 × 8,9 cm / 7,8 × 11,2 cm | Franz Marc Museum, Kochel am See. Dauerleihgabe ahlers collection

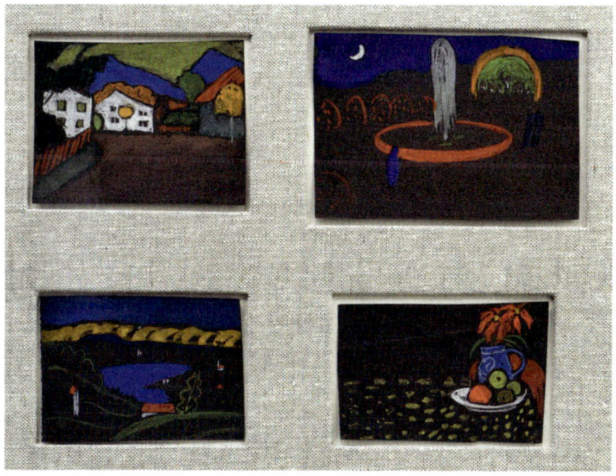

E **Fries, 1914/15**
Bleistift auf Papier, 15,3 × 11 cm | Gabriele Münter- und Johannes Eichner-Stiftung, München, Skizzenbuch, Inv.-Nr. Kon. 46/43, S. 65

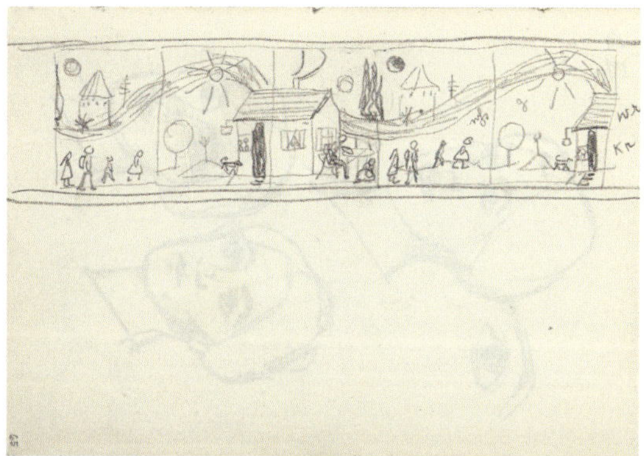

F **Puppe, Katze, Kind, 1930**
Pappe, 37,9 × 45,8 cm | Gabriele Münter- und Johannes Eichner-Stiftung, München, Inv.-Nr. V 34

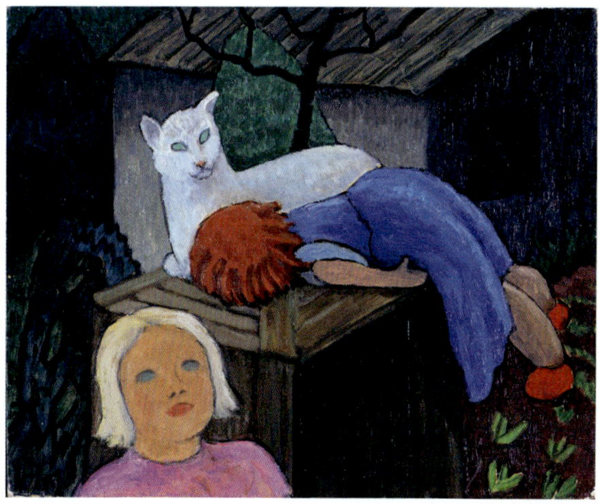

49
Wie Anm. 1.

50
Wörwag 2001, S. 149.

51
Ebenda, S. 160.

52
Ebenda, S. 165.

53
Der süße Schura, 1918/19, Inv.-Nr. Kon. 12/2 und Kon. 12/3, rückseitig beschriftet von Münter: »Kindergedicht von Herrn Meerson 1918 od. 1919 in Saunte. Pension. Dänemark.« und drei weitere Blätter ohne Inv.-Nr., verschiedene Größen, MES.

54
Siehe Kapitel »Wiederholungen und Variationen«, Anm. 19.

Flucht aus der eigenen Zivilisation ebenso wie eine Suche nach dem unbekannten »Ursprünglichen« und »Natürlichen«, welche die geopolitische und wirtschaftliche Expansion der Kolonialmächte erst ermöglichte. Befeuert wurde sie durch Romane, Fotografien, Reiseführer, Ausstellungen und kommerzielle Spektakel wie die zahlreichen »Völkerschauen«, in denen Personen aus kolonisierten Ländern auf erniedrigende Weise dem Publikum vorgeführt wurden. Die Sehnsüchte und Projektionen der KünstlerInnen stellen sich uns heute im Kontext ihrer Zeit dar: Ihr Blick auf die Kulturen, mit denen sie sich aufrichtig zu befassen meinten, war weit verbreitet und keinesfalls unvoreingenommen. 1901 machte Münter sechs Aufnahmen einer »Völkerschau«, die durch die gezeigte Konfrontation von EuropäerInnen mit den zur Schau gestellten Menschen aus anderen Kulturen ein Zeugnis dieser rassistischen Veranstaltungen sind.[55] Kat. 157–162 Zehn Jahre später, im Rahmen ihrer Mitarbeit am Almanach *Der Blaue Reiter*, die unter anderem das Zusammentragen von Abbildungen umfasste, zeichnete sie zwei Figuren aus dem damaligen Völkerkundemuseum Berlin ab.[56] Abb. G Von 1916 und 1917 datieren einige Arbeiten mit ›exotischen‹ Motiven, darunter eine Zeichnung von Artefakten aus Alaska und ein Gemälde mit dem Titel *In Indien.* Abb. H; Kat. 166 Woher die Anregungen für diese sehr unterschiedlichen Bilder stammten, ist nicht bekannt. Ein schwedisches Erinnerungsbuch über die Jagd in Ägypten aus ihrer Bibliothek deutet darauf hin, dass sie sich in dieser Zeit für Jagdszenen außerhalb Europas interessierte.[57]

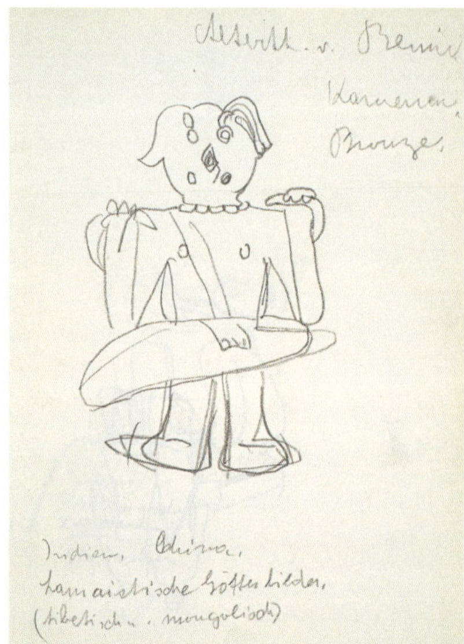

G **Menschliche Figur mit dem Kopf eines Welses, 1911**
Bleistift auf Papier, 20,1 × 13,2 cm | Gabriele Münter- und Johannes Eichner-Stiftung, München, Skizzenbuch, Inv.-Nr. Kon. 46/40, S. 13

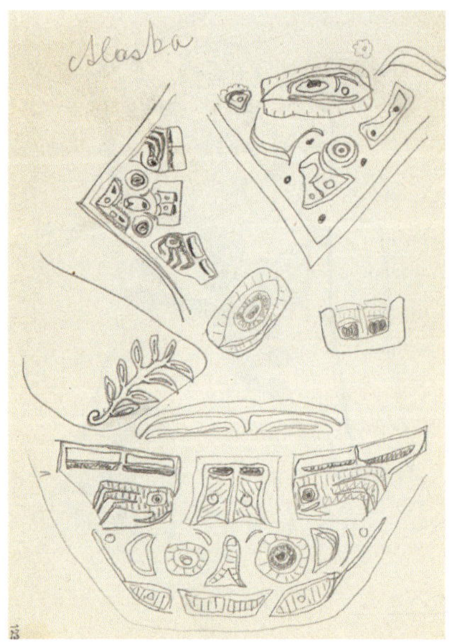

H **Artefakte aus Alaska, 1916/17**
Bleistift auf Papier, 16 × 10,2 cm | Gabriele Münter- und Johannes Eichner-Stiftung, München, Skizzenbuch, Inv.-Nr. Kon. 46/47, S. 123

55
Diese Veranstaltungen fanden in der Blütezeit des europäischen Kolonialismus große Resonanz. Zum Umgang der KünstlerInnen des ›Blauen Reiter‹ mit anderen Kulturen und deren Kunst, siehe: Anna Straetmans, »Exotismus. Der Blick auf andere Länder«, in: München 2021–24, S. 232–236.

56
Ausst. Kat. Murnau 2012, S. 17–19.

57
John Gustaf Wibom, *Jaktminnen från Nilen och Giraff-Floden*. Stockholm 1914. Es ist auf der ersten Seite von ihr bezeichnet: »Montag. 18. VI. 17. G. Münter«.

58
Eintrag in ihrem Kalender von 1939 zum 10. März, MES.

59
Den Namen des Museums notierte sie auf der Rückseite der Gemälde.

Die Skizze mit Objekten aus Alaska kann anlässlich eines Museumsbesuchs entstanden sein, während die Darstellung des Bildes *In Indien* an eine Kinoszene erinnert. Münter war eine begeisterte Kinogängerin. Zum Beispiel in dem Film *Kautschuk* (1938) von Eduard von Borsody bewunderte sie besonders die Aufnahmen des Urwalds.[58]

Themen der Weltkulturen fanden aber vor allem in den 1930er-Jahren Eingang in Münters Malerei. 1931 schuf sie vier Gemälde nach Werken aus Zentralasien, die sie im Völkerkundemuseum Berlin gesehen hatte.[59] Kat. 163–165; Abb. I Im Anschluss an ihren ersten Besuch am 13. März malte sie zu Hause *Der blaue Dämon* nach einer dort erstellten Bleistiftskizze. Die drei anderen Bilder entstanden am 17. März in dreistündiger Arbeit direkt vor den Originalen.

I **Studie aus dem Völkerkundemuseum Berlin, Turkestan, 1931**

Pappe, 46,2 × 32,9 cm | Gabriele Münter- und Johannes Eichner-Stiftung, München, Inv.-Nr. V 125

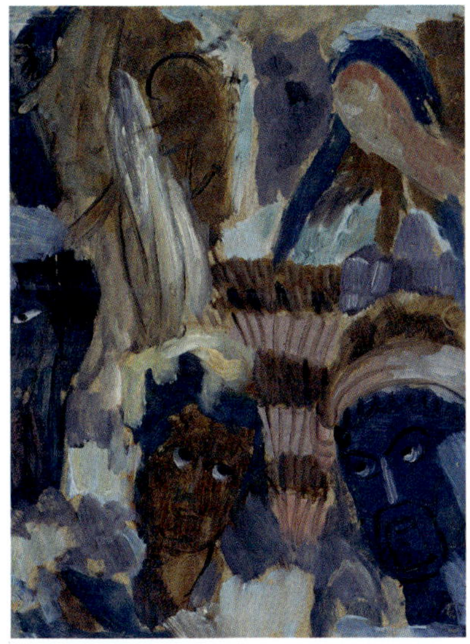

J **In der Wüste, 1939**

Textiler Bildträger, 50,4 × 65,2 cm | Gabriele Münter- und Johannes Eichner-Stiftung, München, Inv.-Nr. L 38

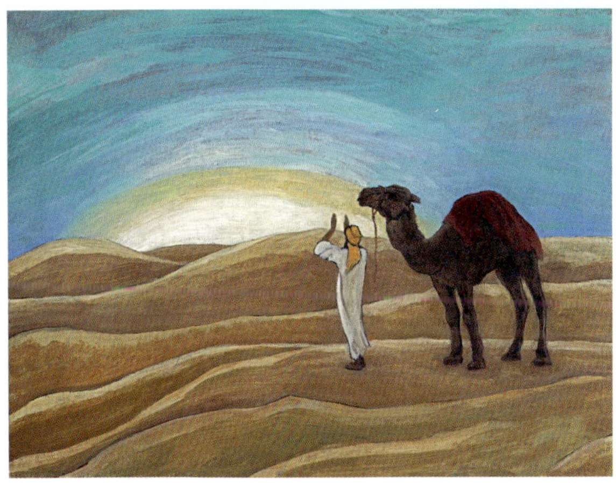

K **Balkonornament aus dem Buch von Hermann Leicht, »Indianische Kunst und Kultur. Ein Jahrtausend im Reiche der Chimu«, 1953**

Bleistift auf Papier, 18,4 × 13,3 cm | Gabriele Münter- und Johannes Eichner-Stiftung, München

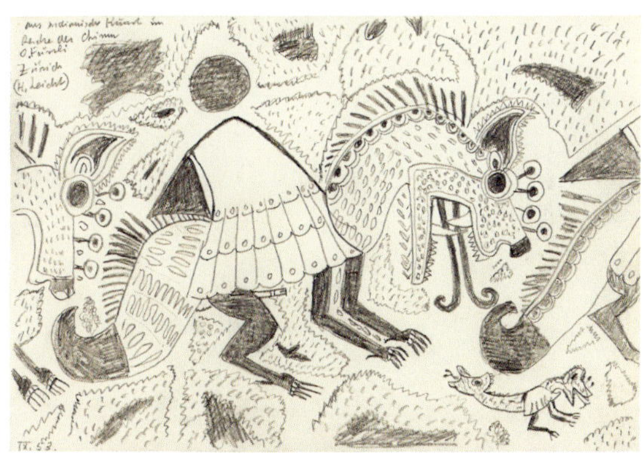

Im November 1939 fertigte Münter mindestens drei Gemälde, die Landschaften aus Tripolis und der Umgebung darstellen und auf ganz andere Umstände zurückzuführen sind.[60] Abb. J Die Anregung fand sie durch Skizzen, die Johannes Eichner während einer Reise von Italien nach Libyen Anfang Juni 1939 gezeichnet hatte.[61] In dieser Zeit war es nicht selten, dass Münter sich von Kommentaren oder Arbeiten ihres Lebensgefährten inspirieren ließ.[62] 1953 animierte die Lektüre eines Buches von Hermann Leicht, *Indianische Kunst und Kultur. Ein Jahrtausend im Reiche der Chimu*, sie zu einer Zeichnung.[63] Abb. K Münters wenig systematische Art der Beschäftigung mit ›exotischen‹ Motiven ist trotzdem sehr stimmig innerhalb ihrer schöpferischen Arbeit. Da sie mit Vorliebe ihre unmittelbare Umgebung malte, ist es nicht verwunderlich, dass sie sich nur sporadisch solchen geografisch weit entfernten Themen zuwandte.

Münters breit gefächerte Interessen von der Volkskunst über Bildzeugnisse von Kindern und Laien bis hin zu Themen der Weltkulturen zeugen nicht zuletzt von ihrer geistigen Offenheit. Solche Ausflüge oder gar das Eintauchen in ferne Welten waren zwar keine Ausnahmeerscheinungen; außergewöhnlich ist aber, dass sie sie während ihrer gesamten Schaffenszeit begleiteten und nicht nur auf bestimmte Perioden begrenzt waren. Offenbar hatten sie für Münter eine tiefere Bedeutung als für die meisten anderen Künstlerinnen und Künstler. Ihr Bedürfnis, Anregungen in fernen Kulturen zu suchen, um der materialistischen Gesellschaft zu entfliehen, entfaltete sich parallel zur allgemeinen sowie zu ihrer persönlichen Hinwendung zum Okkultismus, zur Theosophie und Psychoanalyse. Sie selbst las schon früh okkultistische Bücher, nahm an spiritistischen Sitzungen teil und interessierte sich für die Psychoanalyse.[64] Kandinsky schilderte dieses zeitgenössische Phänomen in seinem Buch *Über das Geistige in der Kunst*: »Andererseits endlich mehrt sich die Anzahl der Menschen, welche keine Hoffnung setzen auf die Methoden der materialistischen Wissenschaft in Fragen, die mit ›Nichtmaterie‹ oder einer Materie zu tun haben, die unseren Sinnen nicht zugänglich sind. Und ebenso wie in der Kunst, welche bei den Primitiven Hilfe sucht, wenden sich diese Menschen halbvergessenen Zeiten zu mit ihren halbvergessenen Methoden, um da Hilfe zu finden. Diese Methoden sind aber noch lebendig bei Völkern, auf welche wir von der Höhe unserer Kenntnisse mitleidig und verächtlich zu schauen gewohnt waren«[65].

Von Themen ausgehend, die den Zeitgeist insbesondere vor dem Ersten Weltkrieg prägten, schuf Gabriele Münter sehr persönliche und eigenständige Werke und zwar noch lange nach 1914. Einmal mehr ist das Prinzip der Kontinuität als Prämisse ihres künstlerischen Schaffens zu beobachten.

60
Meer bei Tripolis, Pappe, 50 × 35 cm; *Aus Tripolis*, Pappe, 67,6 × 48,6 cm, beide: Standort unbekannt.

61
Es finden sich Einträge dazu in ihrem Arbeitsheft von 1939 und in ihrem Kalender zum 18. und 19. November. Das Reiseskizzenbuch Eichners ist leider verschollen.

62
Siehe dazu Kapitel »Wiederholungen und Variationen«. S. 188–189.

63
Hermann Leicht, *Indianische Kunst und Kultur. Ein Jahrtausend im Reiche der Chimu*. Zürich 1944.

64
Eichner 1957, S. 30. In ihrer Bibliothek sind zahlreiche okkultistische Publikationen zu finden. In Kopenhagen besuchte sie einen Vortrag über Psychoanalyse, wie einem Eintrag aus ihrem Taschenkalender vom 29.11.1918 zu entnehmen ist.

65
Wassily Kandinsky, *Über das Geistige in der Kunst, insbesondere in der Malerei*, Vorwort und Kommentar zur revidierten Neuauflage von Jelena Hahl-Fontaine, Einführung von Max Bill. Bern 2004, S. 45f.

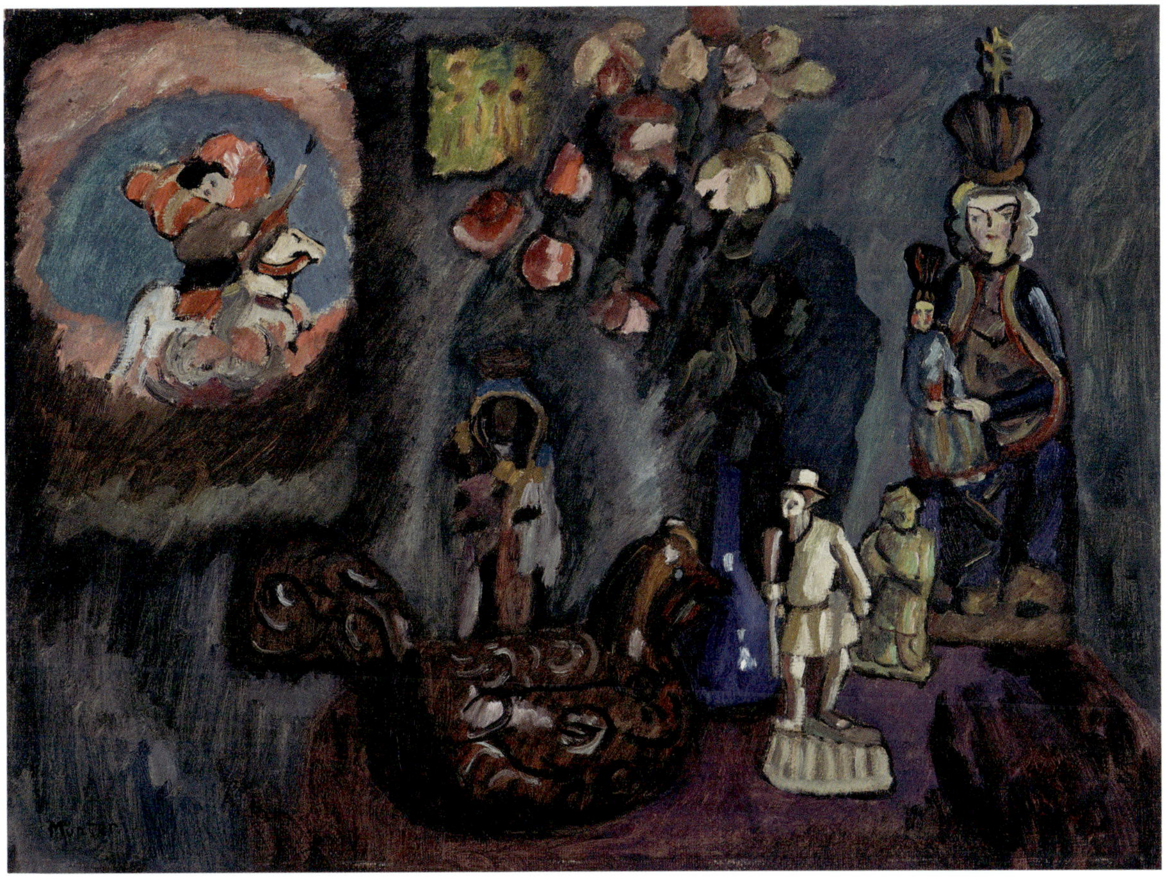

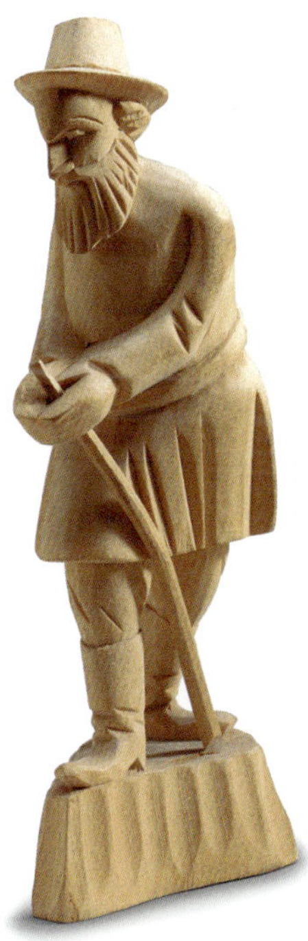

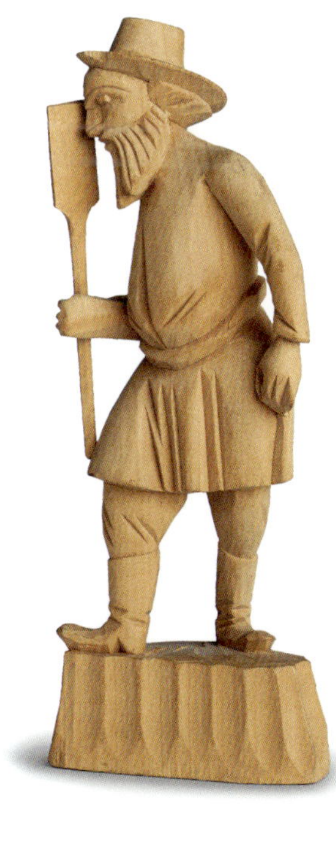

Kat. 114
Stilleben mit Heiligem Georg, 1911
Pappe, 51,2 × 68 cm | Städtische Galerie im Lenbachhaus und Kunstbau München, Inv.-Nr. GMS 666

Kat. 115
Schnitzfigürchen (schreitender Mann), Sergijew Possad, um 1900
Aus Münters und Kandinskys Sammlung
Holz, H: 16 cm | Gabriele Münter- und Johannes Eichner-Stiftung, München, Inv.-Nr. HP 26

Kat. 116
Schnitzfigürchen (stehender Mann), Sergijew Possad, um 1900
Aus Münters und Kandinskys Sammlung
Holz, H: 16 cm | Gabriele Münter- und Johannes Eichner-Stiftung, München, Inv.-Nr. HP 27

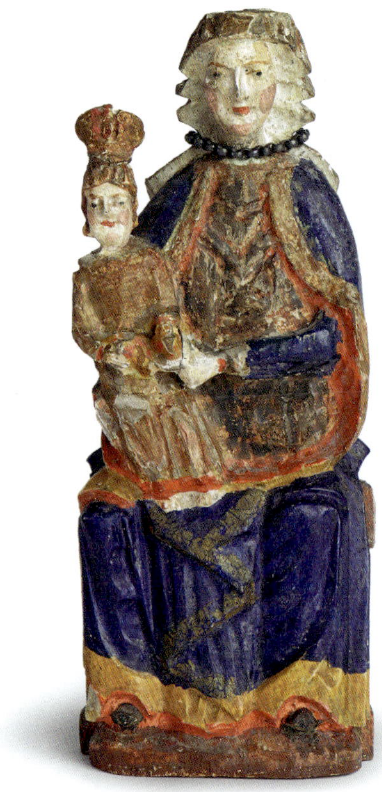

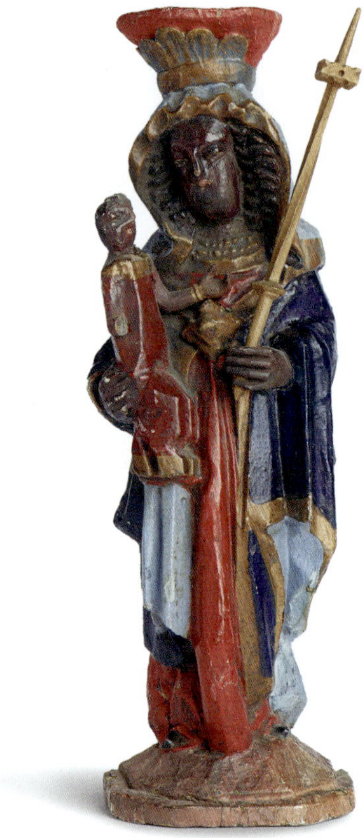

Kat. 117
Gnadenbild von Mariazell
Aus Münters und Kandinskys Sammlung
Holz, farbig gefasst, H: 25 cm, B: 9,5 cm, T: 4,8 cm | Gabriele Münter- und Johannes Eichner-Stiftung, München, Inv.-Nr. HP 7

Kat. 118
Kopie des Mariengnadenbildes von Altötting, Mitte 19. Jh.
Aus Münters und Kandinskys Sammlung
Holz, farbig gefasst, H: 29,5 cm, B: 9 cm | Gabriele Münter- und Johannes Eichner-Stiftung, München, Inv.-Nr. HP 6

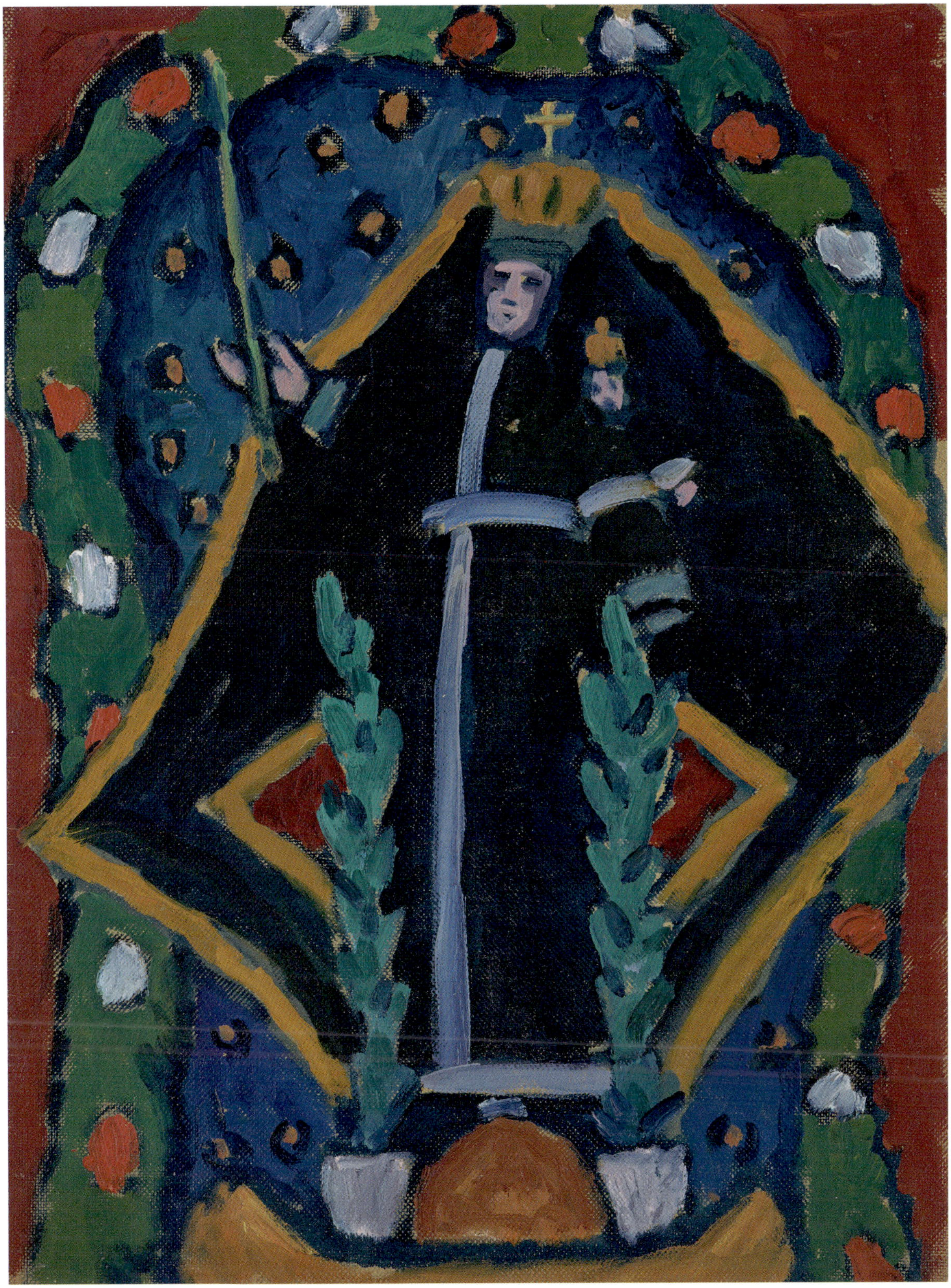

Kat. 119
Stilleben
mit Madonnenfigur, 1910
Pappe, 44,8 × 33 cm | Gabriele Münter- und Johannes Eichner-Stiftung, München, Inv.-Nr. S 72

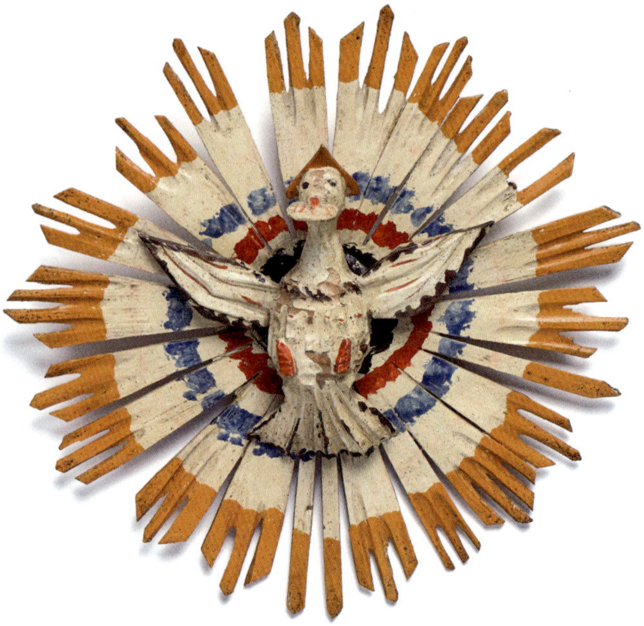

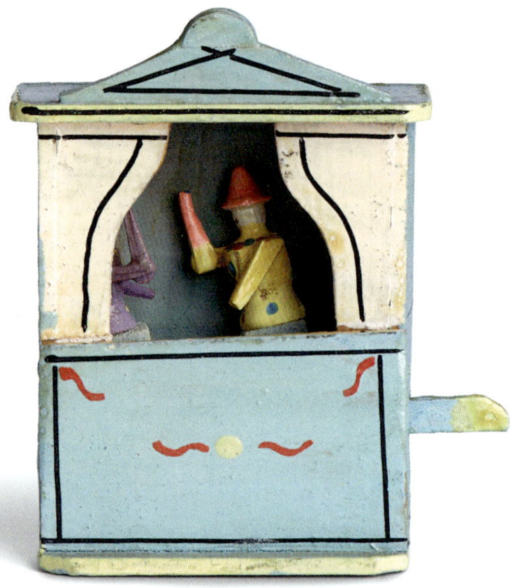

Kat. 120
Heilig-Geist-Taube, Süddeutschland, Mitte 19. Jh.
Aus Münters und Kandinskys Sammlung
Weichholz, farbig gefasst, Durchmesser: max. 36 cm, Tiefe: 8 cm | Gabriele Münter- und Johannes Eichner-Stiftung, München, Inv.-Nr. D 19

Kat. 121
Erzgebirgisches Kasperltheater, um 1900
Aus Münters und Kandinskys Sammlung
Weichholz, farbig gefasst, H: 9 × B: 7,9 × T: 3,2 cm | Gabriele Münter- und Johannes Eichner-Stiftung, München, Inv.-Nr. HP 45

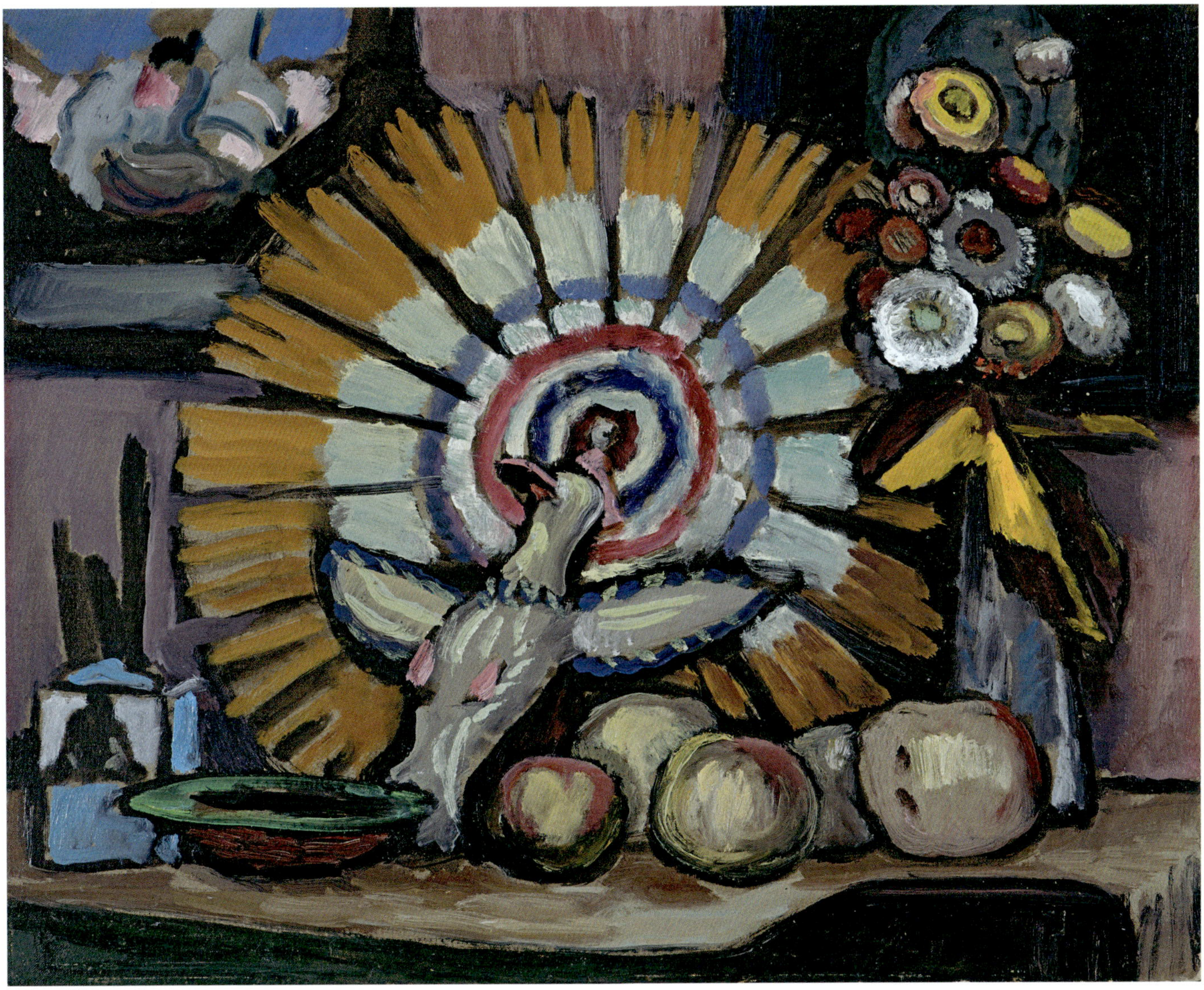

Kat. 122
Stillleben Pfingsten, 1934
Pappe, 38,1 × 46,2 cm | Gabriele Münter- und Johannes Eichner-Stiftung, München, Inv.-Nr. S 50

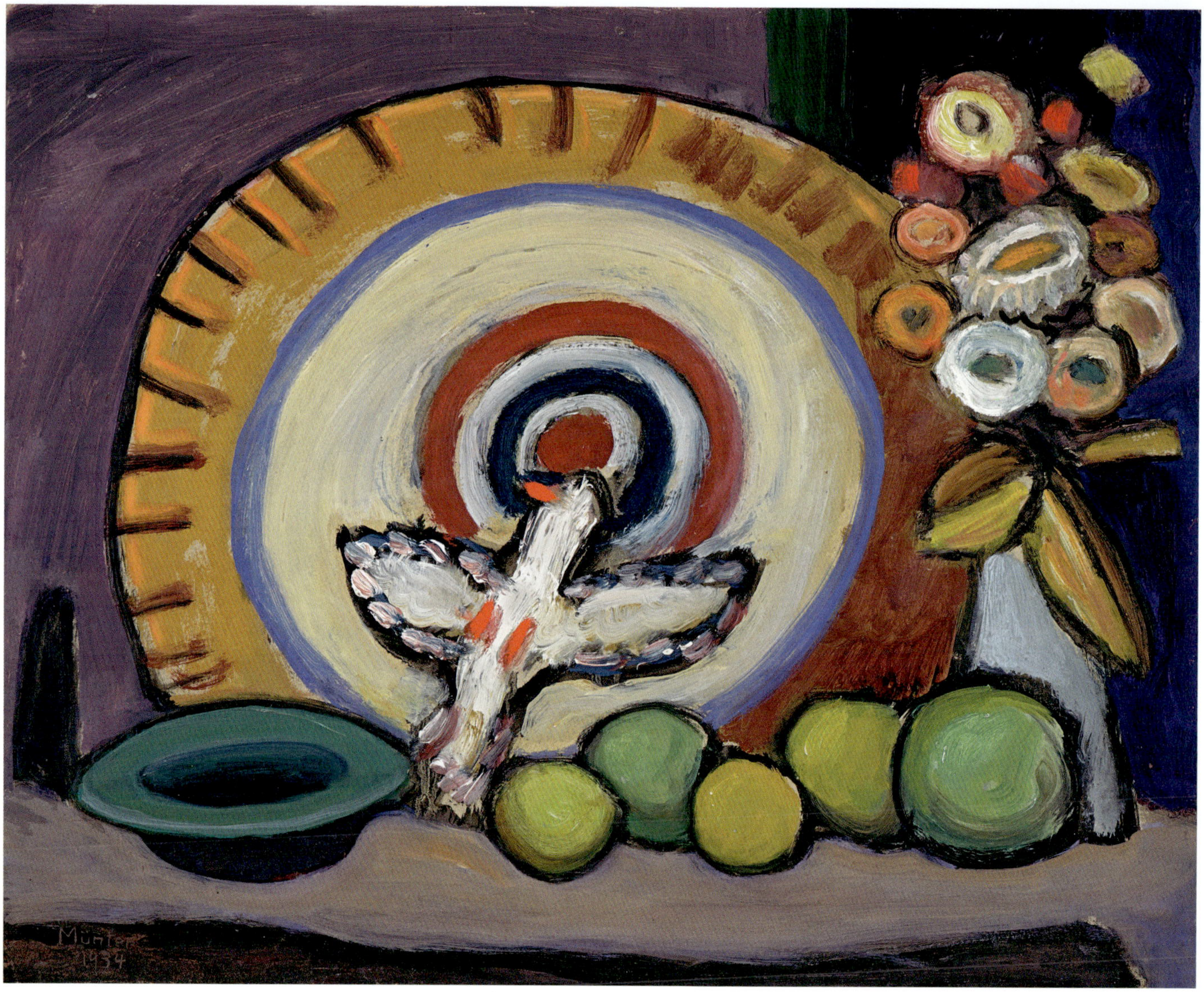

Kat. 123

Stillleben Pfingsten II, 1934

Pappe, 38,4 × 46,2 cm | Gabriele Münter- und Johannes Eichner-Stiftung, München, Inv.-Nr. S 58

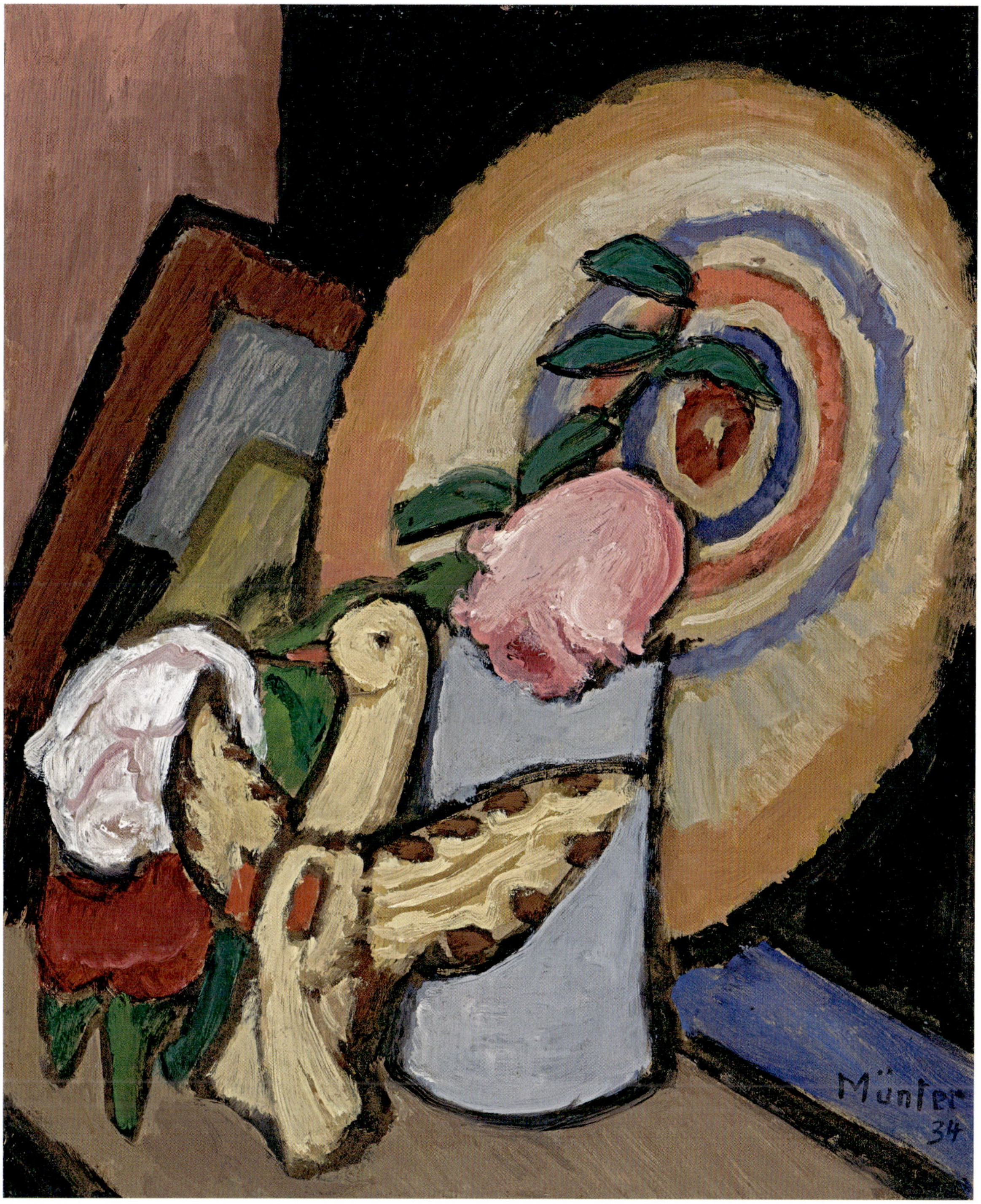

Kat. 124
Tiroler Stilleben, 1934
Pappe, 41,3 × 33,2 cm | Gabriele Münter- und Johannes Eichner-Stiftung, München, Inv.-Nr. S 71

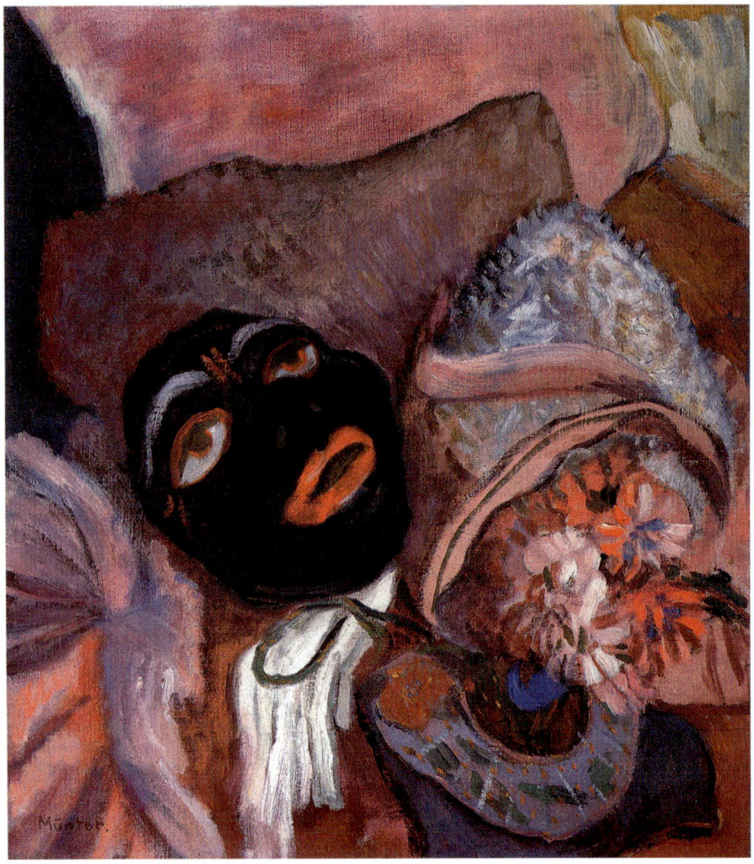

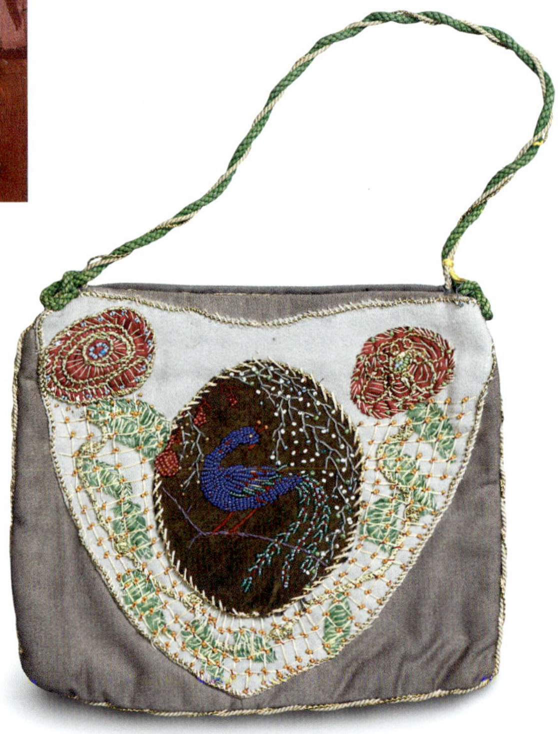

Kat. 125
Schwarze Maske mit Rosa, um 1912
Öl auf Leinwand, 56,7 × 49,2 cm | Privatbesitz Süddeutschland

Kat. 126
Graues Handtäschchen: Pfau in einem Medaillon von stilisierten Blumen umrandet, um 1911–13
Applikation, Perlenstickerei, 18,5 × 21 cm | Gabriele Münter- und Johannes Eichner-Stiftung, München, Inv.-Nr. D 45

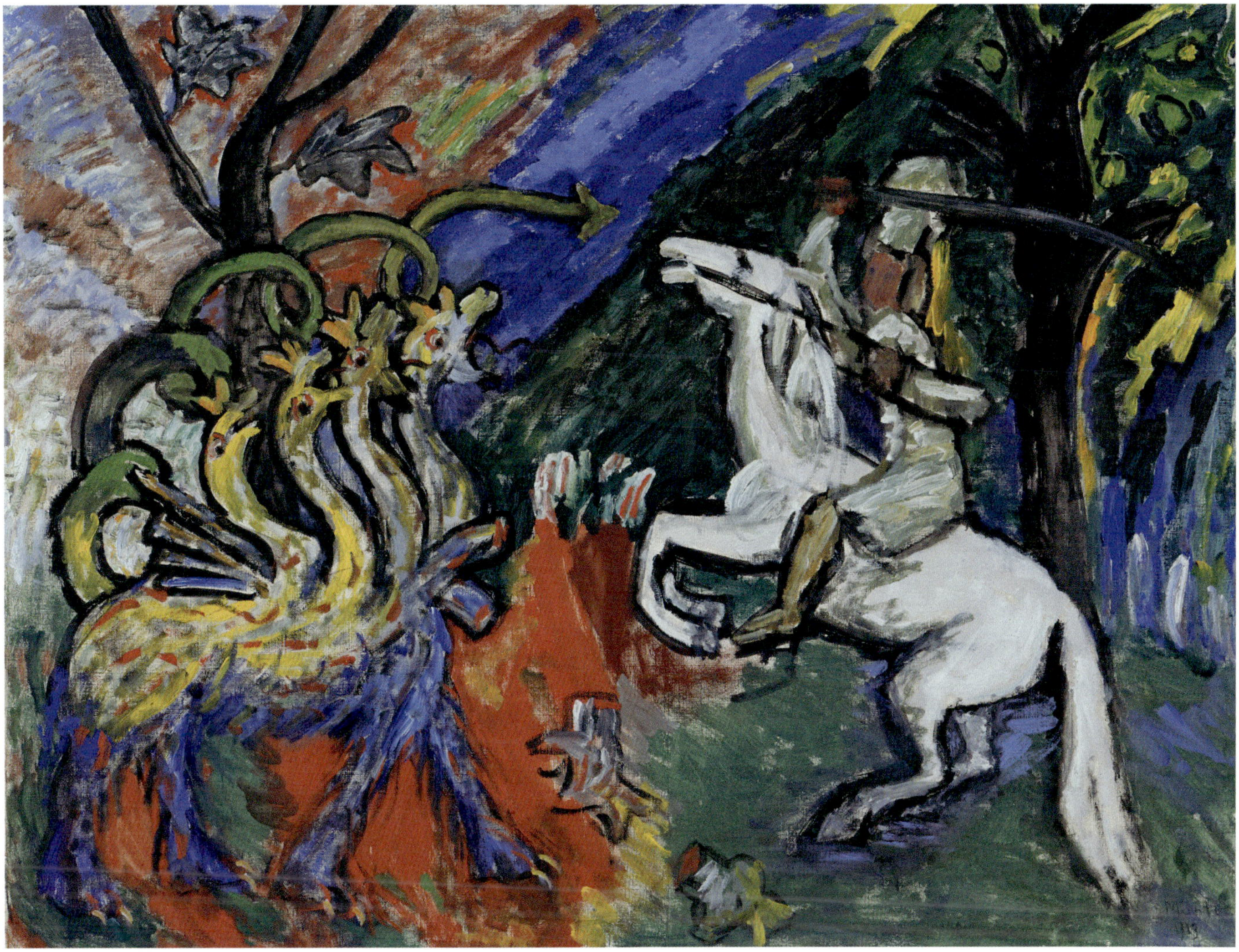

Kat. 127
Drachenkampf, 1913
Öl auf Leinwand, 78 × 100 cm | Centre Pompidou, Paris. Musée national d'art moderne – Centre de création industrielle, Don de la Société Kandinsky, 2015, Inv.-Nr. AM 2015-152

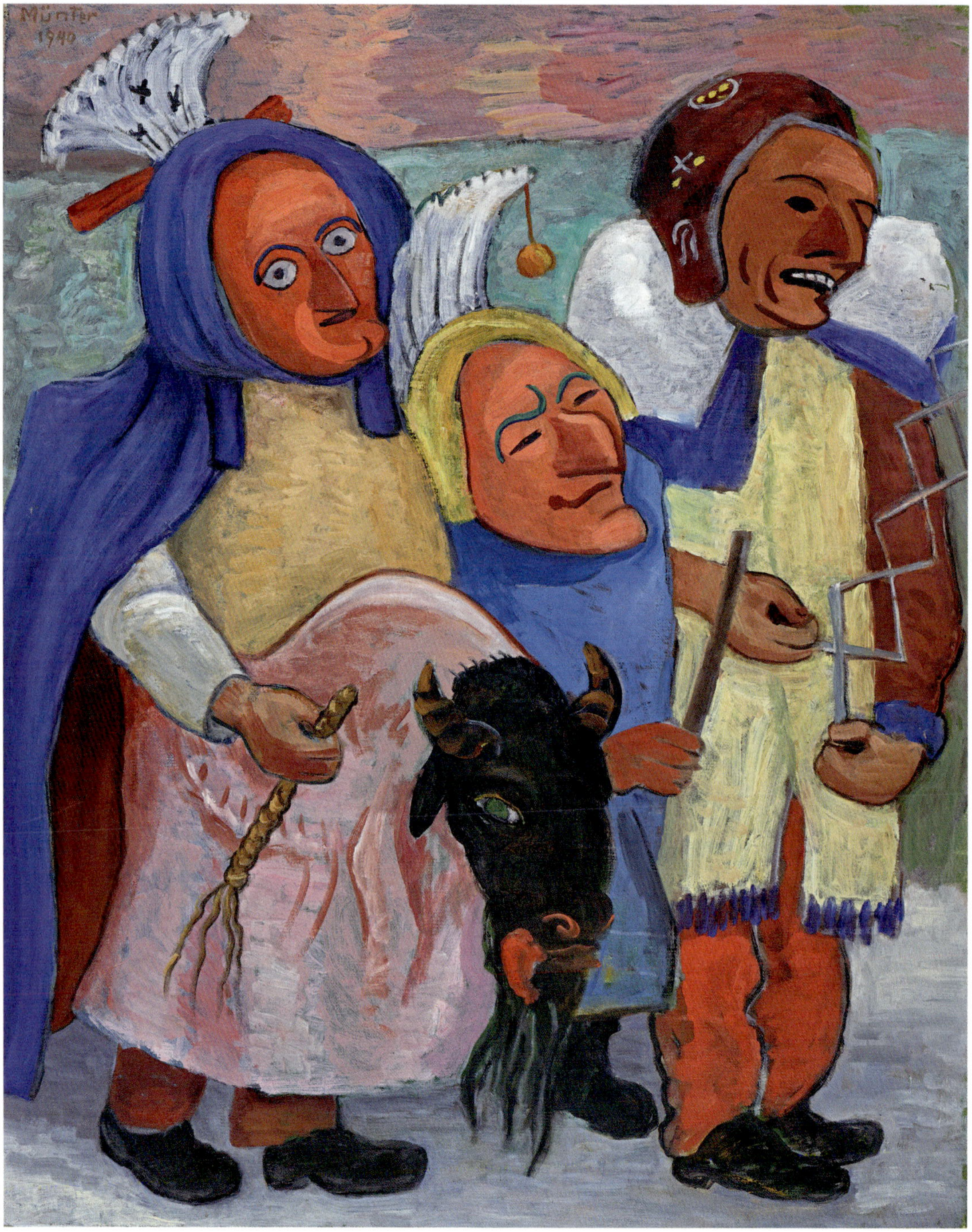

Kat. 128
Maschkera, 1940
Textiler Bildträger, 100,2 × 78,4 cm |
Gabriele Münter- und Johannes
Eichner-Stiftung, München, Inv.-Nr. V 116

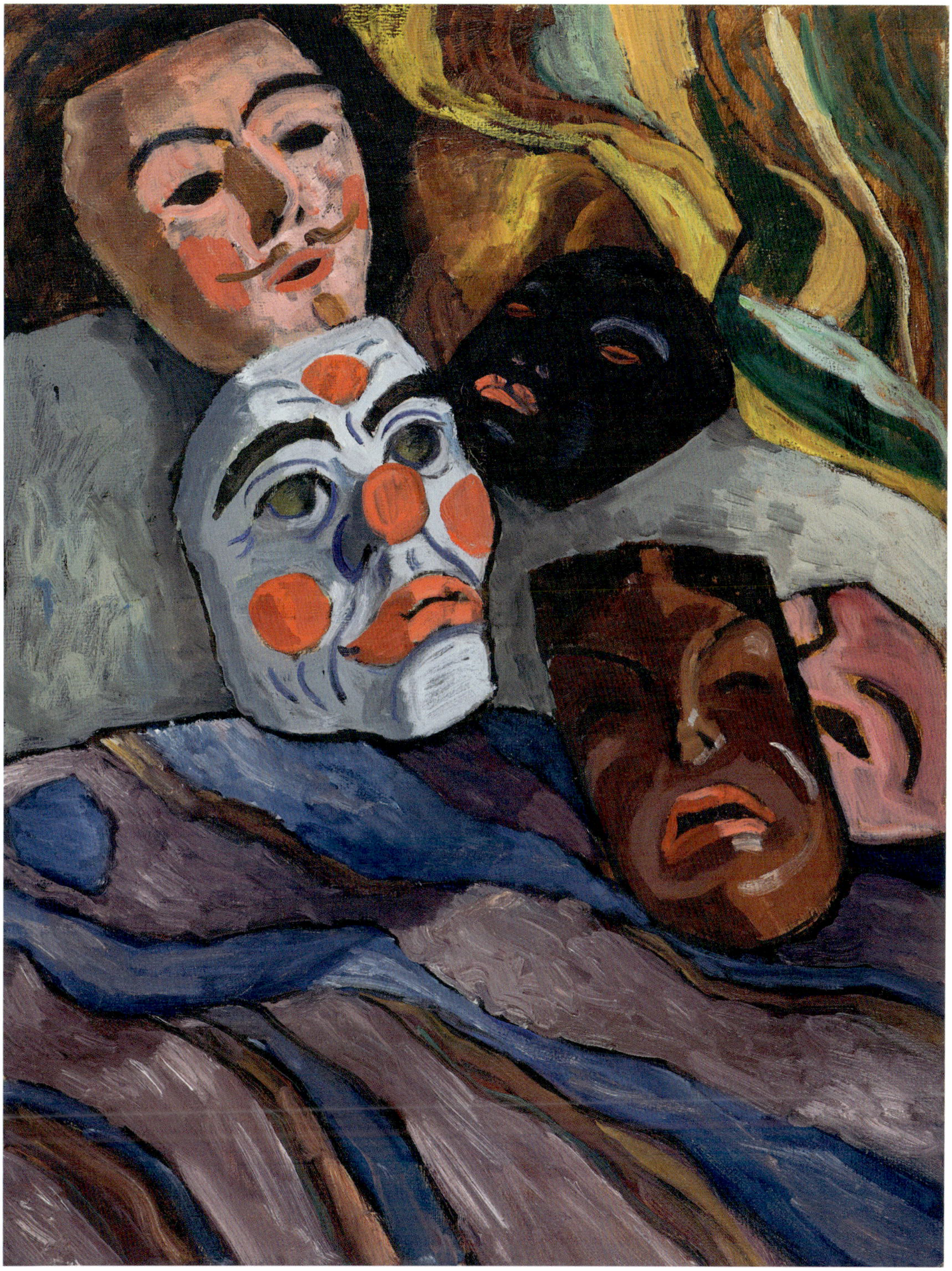

Kat. 129
Maskenstilleben, 1940
Pappe, 68,5 × 50,7 cm | Gabriele Münter- und Johannes Eichner-Stiftung, München, Inv.-Nr. V 4

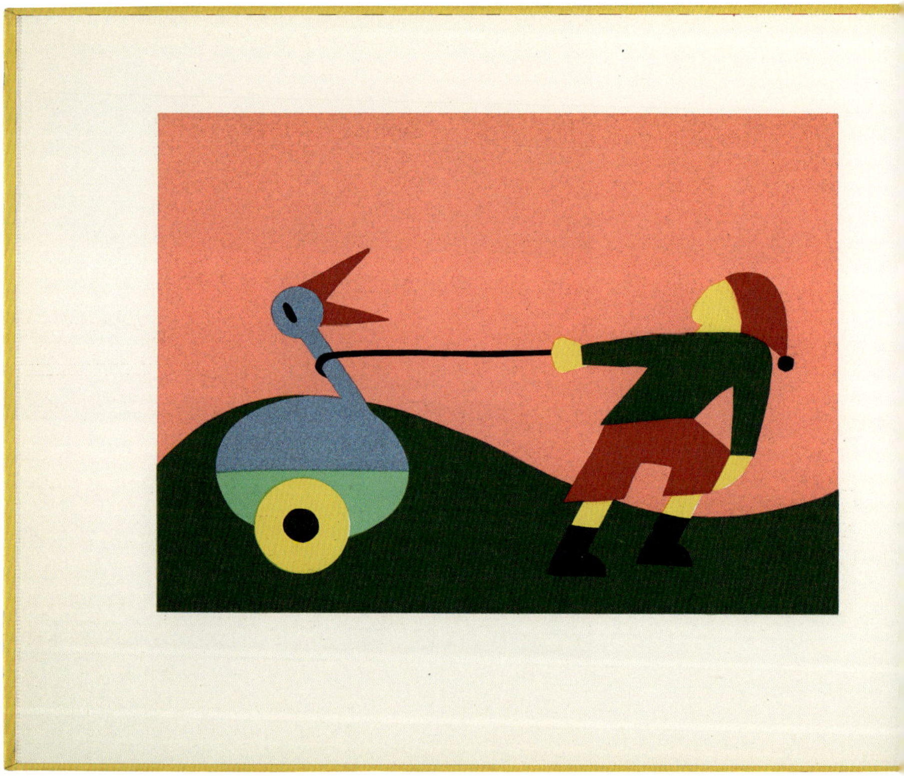

Kat. 130
LILY HILDEBRANDT
Klein-Rainers Weltreise
München 1918, Kinderbuch
Gabriele Münter- und Johannes Eichner-Stiftung, München

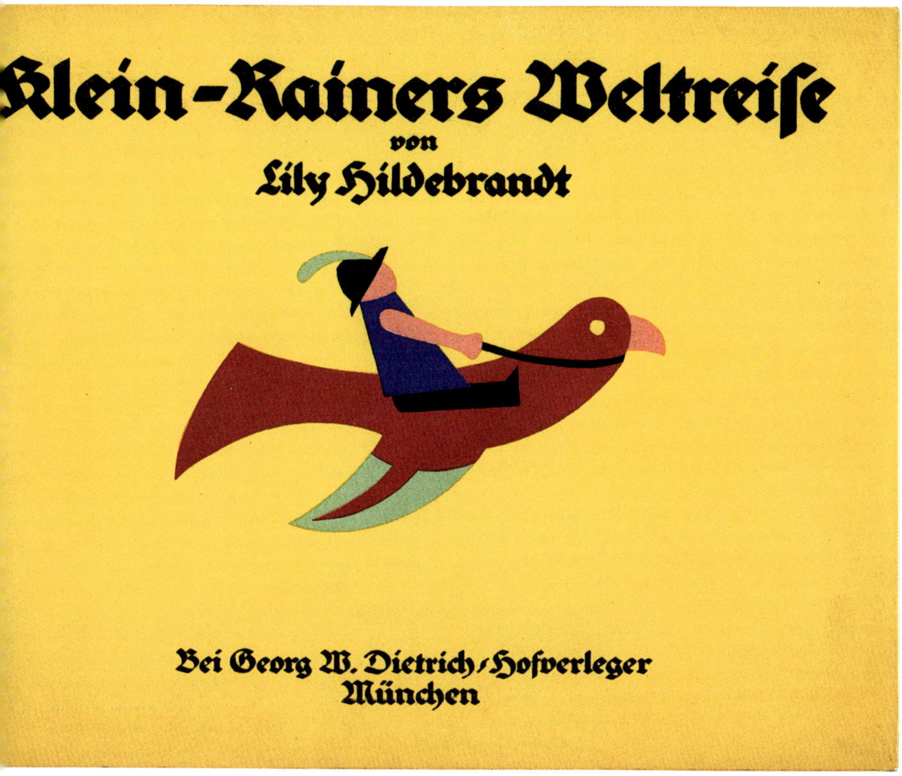

Freund Schnabellang setzt ihn in Gras.
Ei, was ist das?
Ente mit grünen und blauen Federn
Rollt über die Wiese auf gelben Rädern.
Klein-Rainer fängt mit dem Stock sie ein
Und läßt sie quaken und zeterschrein.

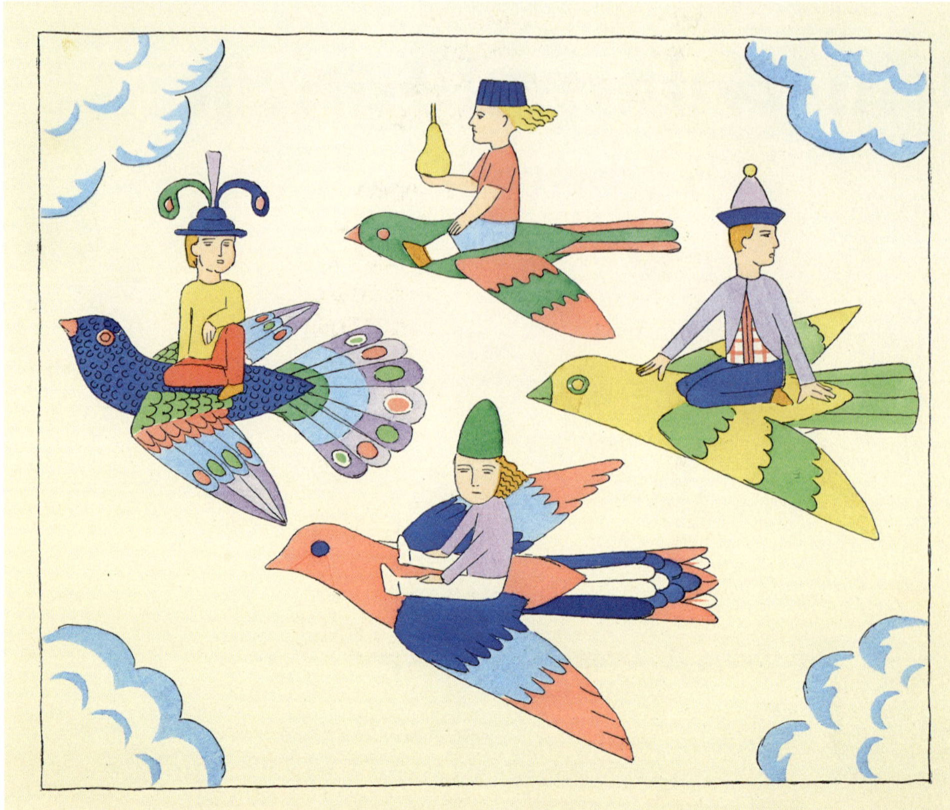

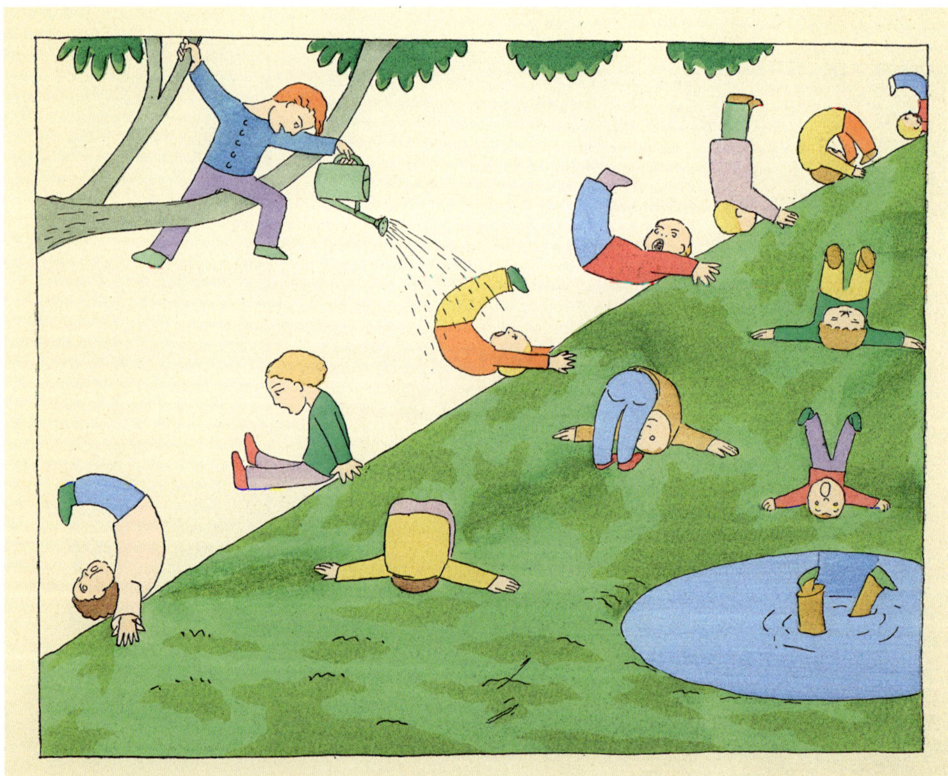

Kat. 131
KONRAD F. VON FREYHOLD
Sport und Spiel
Köln 1906, Kinderbuch
Gabriele Münter- und Johannes Eichner-Stiftung, München

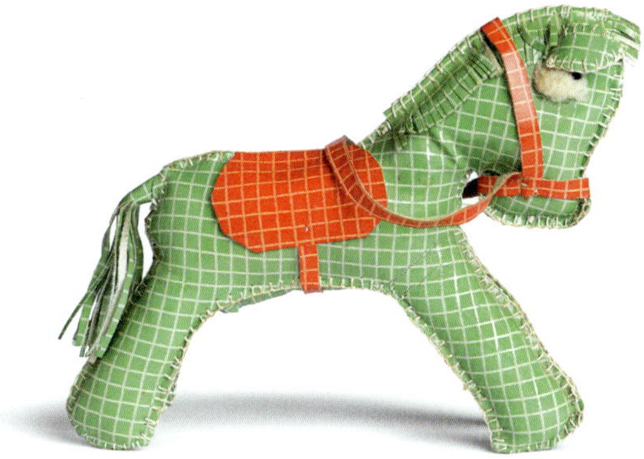

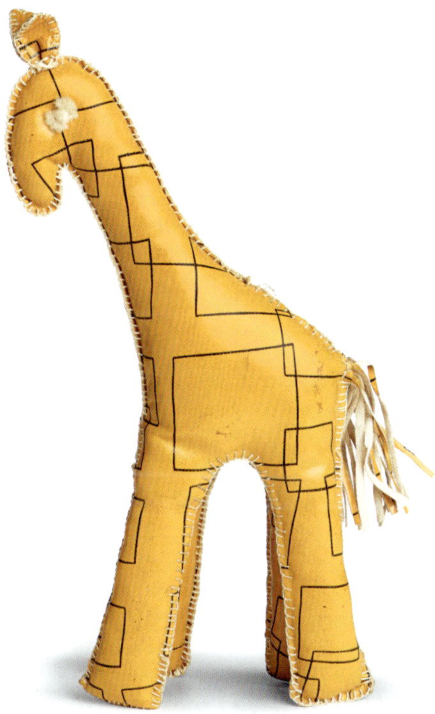

Kat. 132
Pferd (Spielzeug)
Kunststoffbeschichtetes, bedrucktes Gewebe, Polstermaterial,
H: 11,8 × B: 15 × T: 3,4 cm | Gabriele Münter- und Johannes Eichner-Stiftung, München

Kat. 133
Giraffe (Spielzeug)
Kunststoffbeschichtetes, bedrucktes Gewebe, Polstermaterial,
H: 24 × B: 13,5 × T: 3 cm | Gabriele Münter- und Johannes Eichner-Stiftung, München

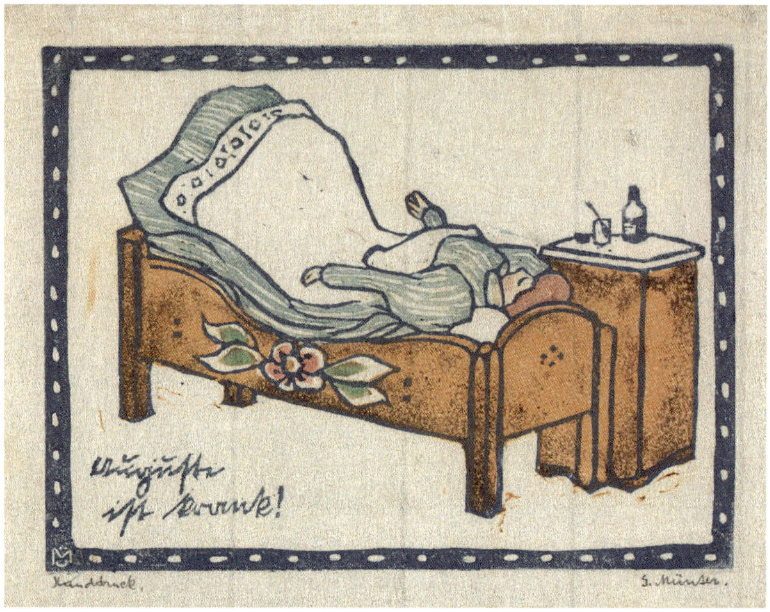

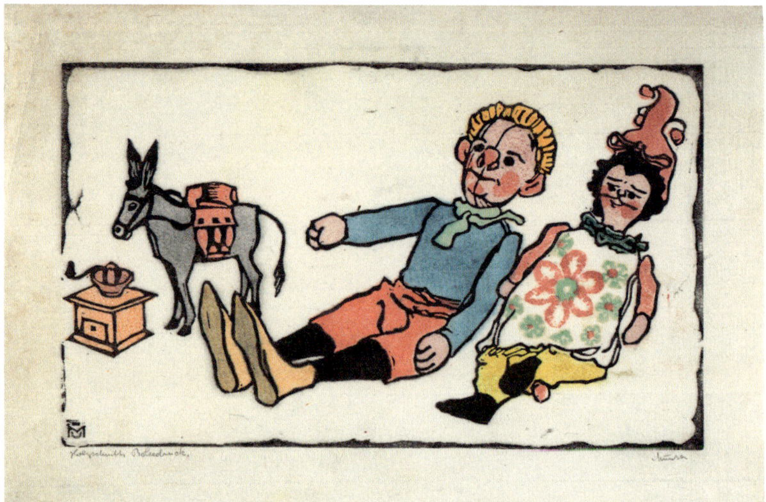

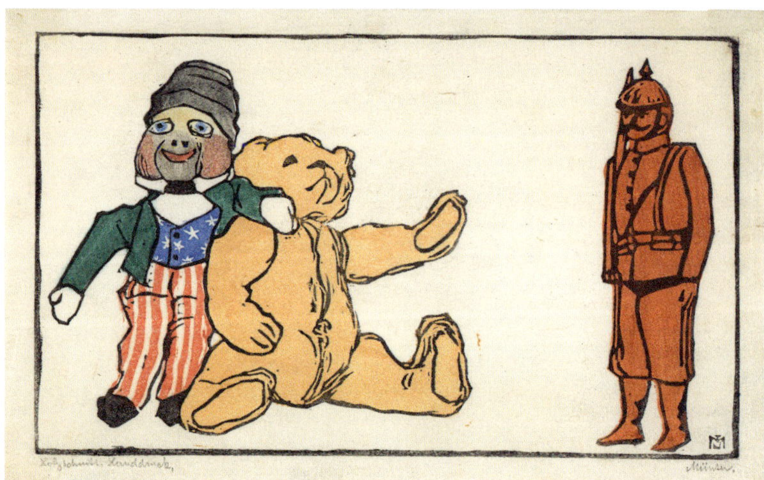

Kat. 134
Auguste ist krank (Spielzeug Nr. 1), 1908
Farblinolschnitt auf Japanpapier, auf graues Tonpapier montiert (Original), 11 × 13,9 cm | Städtische Galerie im Lenbachhaus und Kunstbau München, Inv.-Nr. GMS 874

Kat. 135
Tünnes und Gesellschaft (Spielzeug Nr. 2), 1908
Farblinolschnitt auf Japanpapier, 17,5 × 26,1 cm | Städtische Galerie im Lenbachhaus und Kunstbau München, Inv.-Nr. GMS 875

Kat. 136
Onkel Sam und Gesellschaft (Spielzeug Nr. 3), 1908
Farblinolschnitt auf Japanpapier, 15,5 × 24 cm | Städtische Galerie im Lenbachhaus und Kunstbau München, Inv.-Nr. GMS 879

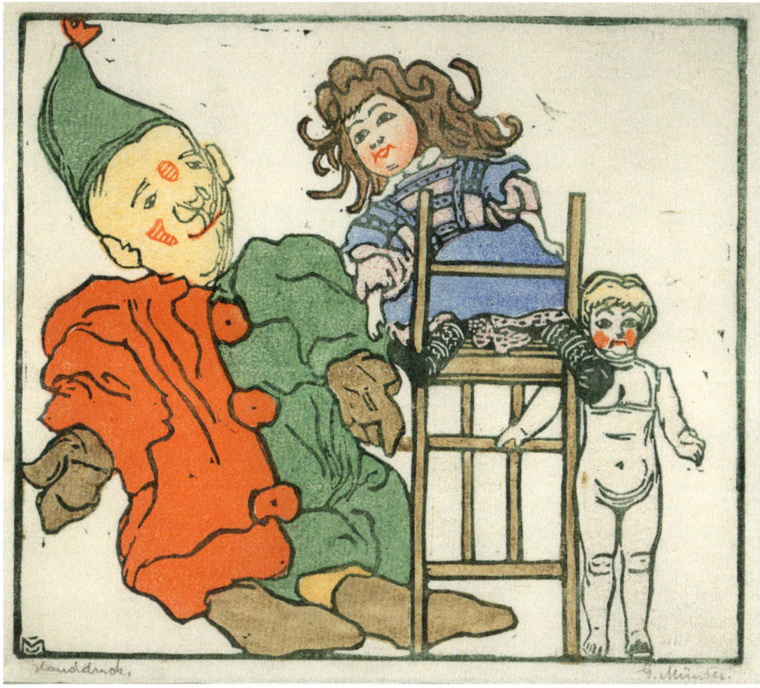

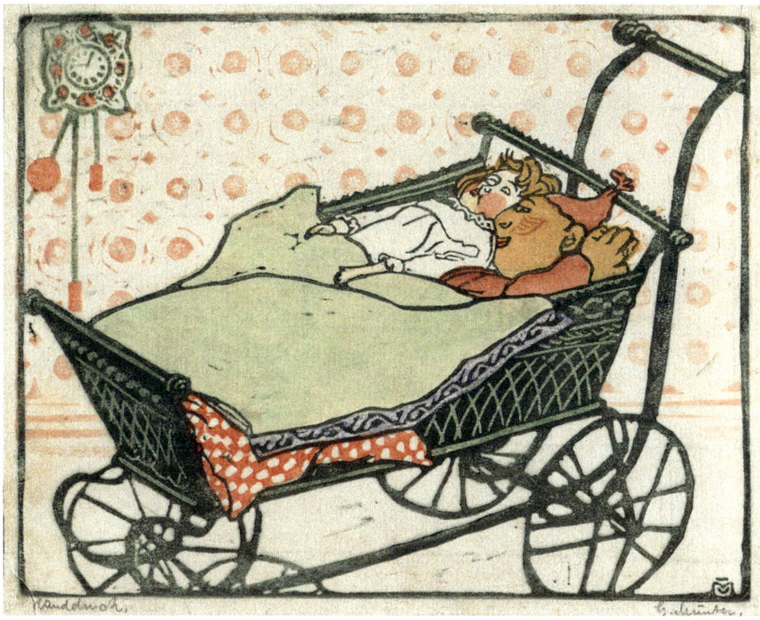

Kat. 137
Im Gespräch (Spielzeug Nr. 4), 1908
Farblinolschnitt auf Japanpapier, auf graues Tonpapier montiert (Original), 18 × 19,6 cm | Städtische Galerie im Lenbachhaus und Kunstbau München, Inv.-Nr. GMS 882

Kat. 138
Gute Nacht (Spielzeug Nr. 5), 1908
Farblinolschnitt auf Japanpapier, auf graues Tonpapier montiert (Original), 16,8 × 20,6 cm | Städtische Galerie im Lenbachhaus und Kunstbau München, Inv.-Nr. GMS 883

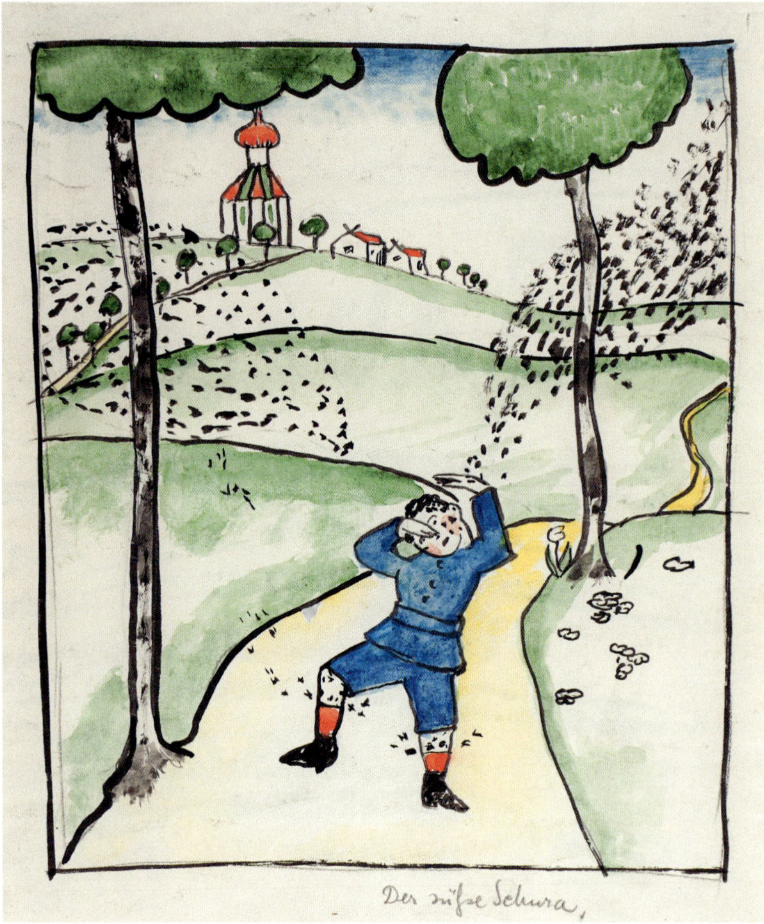

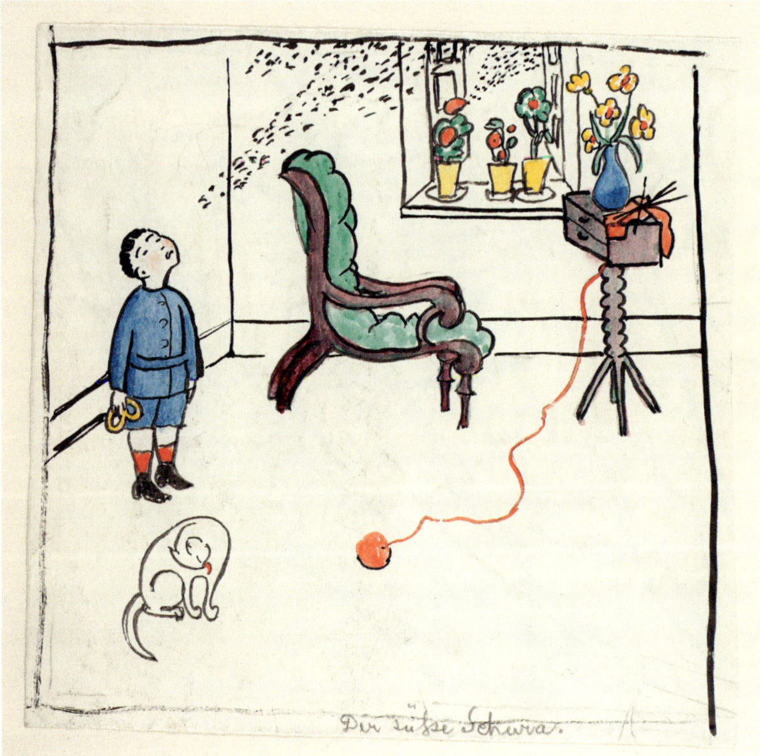

Kat. 139
Der süße Schura auf einem Spaziergang, 1918/19
Bleistift, Tusche und Aquarellfarbe auf glattem (Druckausschuss)Papier, 23,1 × 16 cm | Gabriele Münter- und Johannes Eichner-Stiftung, München, Inv.-Nr. Kon. 12/2

Kat. 140
Der süße Schura, 1918/19
Bleistift, Tusche und Aquarellfarbe auf glattem (Druckausschuss)Papier, auf dünnen Karton montiert, 16,1 × 16,1 cm | Gabriele Münter- und Johannes Eichner-Stiftung, München, Inv.-Nr. Kon. 12/3

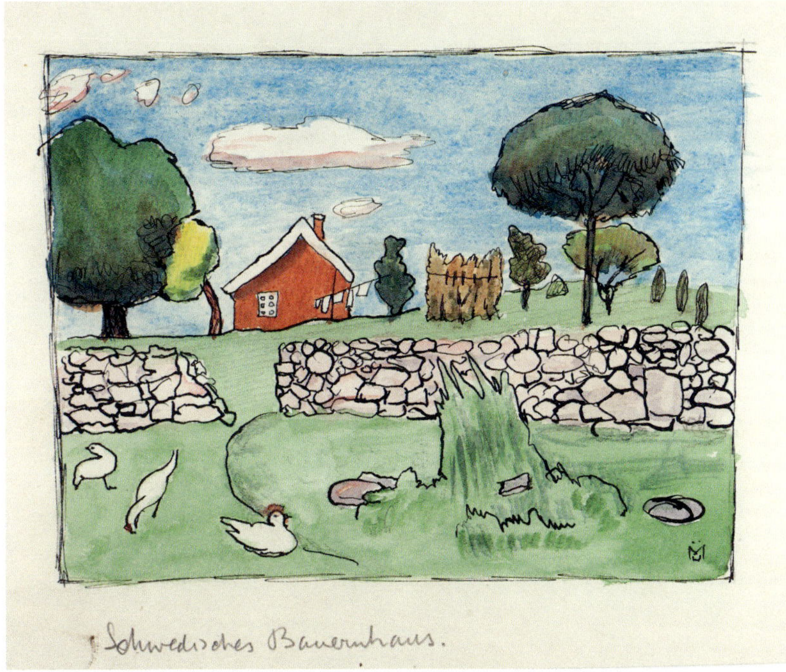

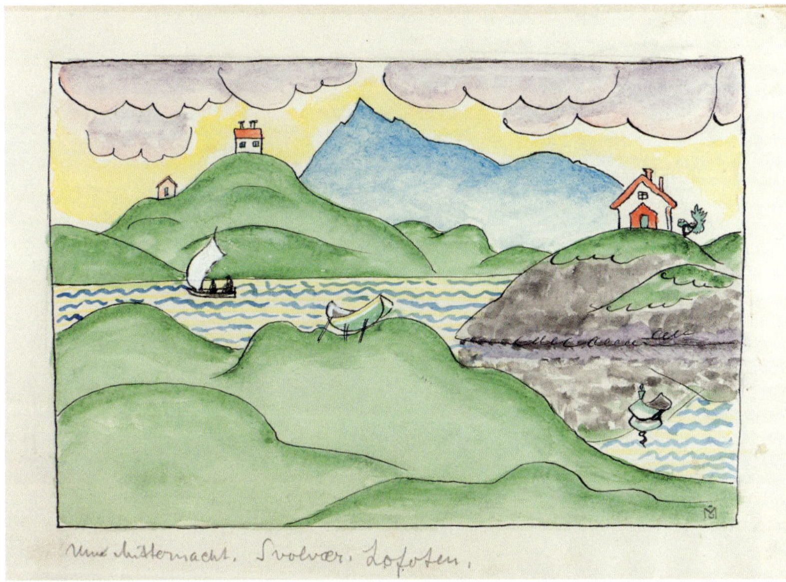

Kat. 141
Schwedisches Bauernhaus, 1916
Bleistift, Tusche und Aquarellfarbe auf Zeichenpapier, 16,1 × 19,9 cm | Gabriele Münter- und Johannes Eichner-Stiftung, München, Inv.-Nr. Kon. 34/25

Kat. 142
Um Mitternacht. Svolvær. Lofoten, 1916
Bleistift, Tusche und Aquarellfarbe auf Zeichenpapier auf Pappe geklebt, 16,4 × 22,6 cm | Gabriele Münter- und Johannes Eichner-Stiftung, München, Inv.-Nr. Kon. 34/21

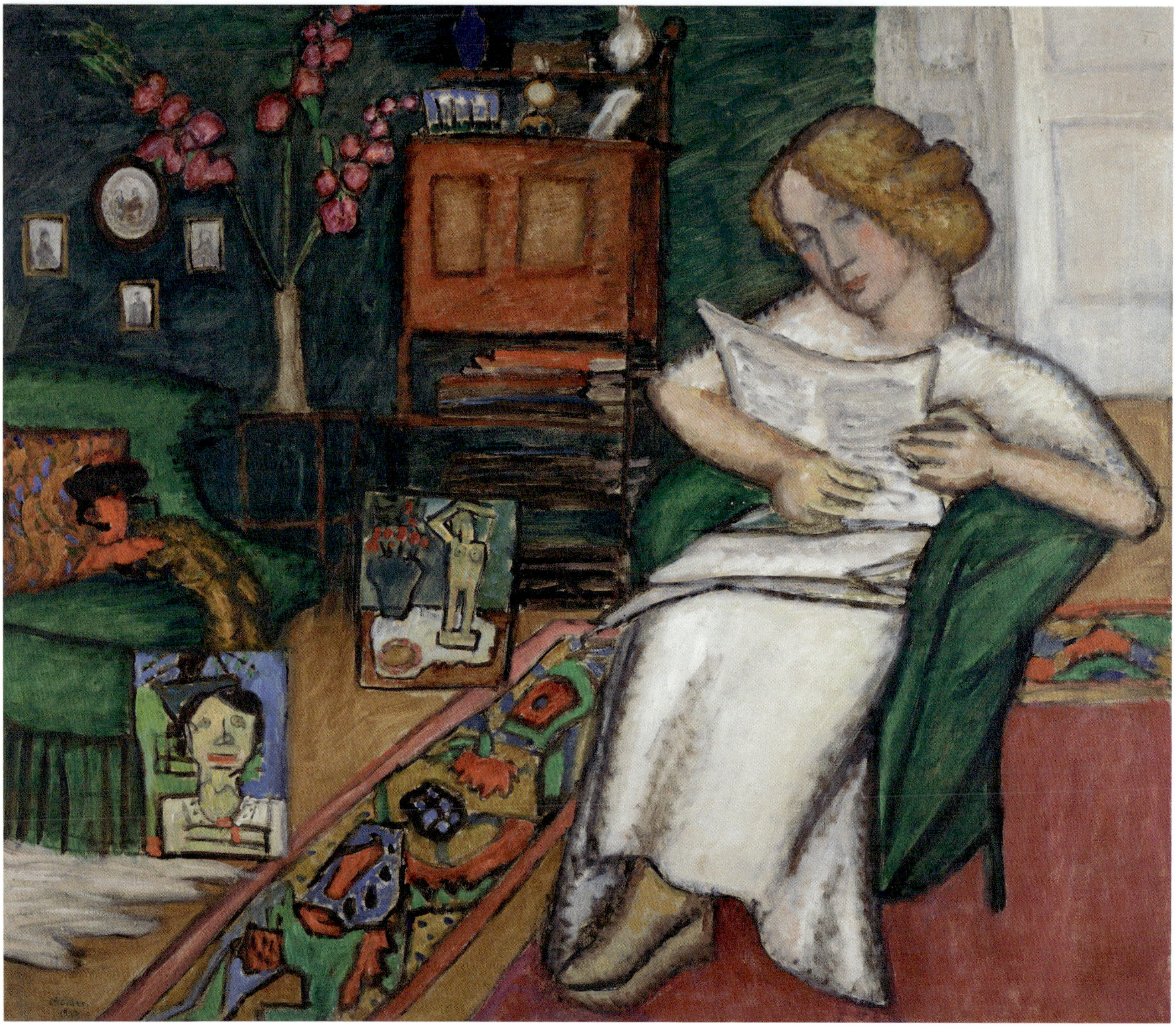

Kat. 143
Im Zimmer, 1913
Textiler Bildträger, 88,1 × 99,8 cm |
Städtische Galerie im Lenbachhaus und
Kunstbau München, Inv.-Nr. G 18729

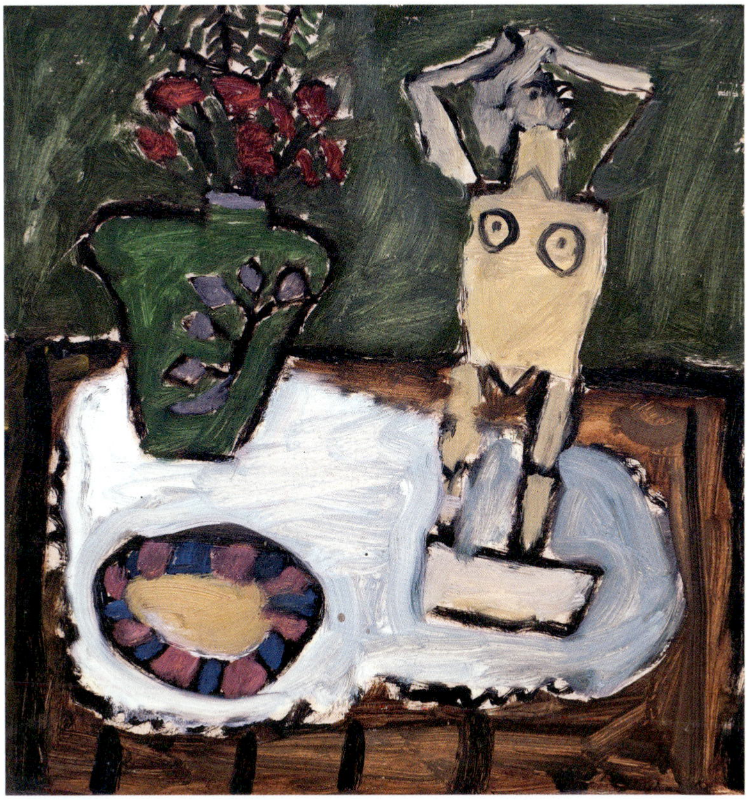

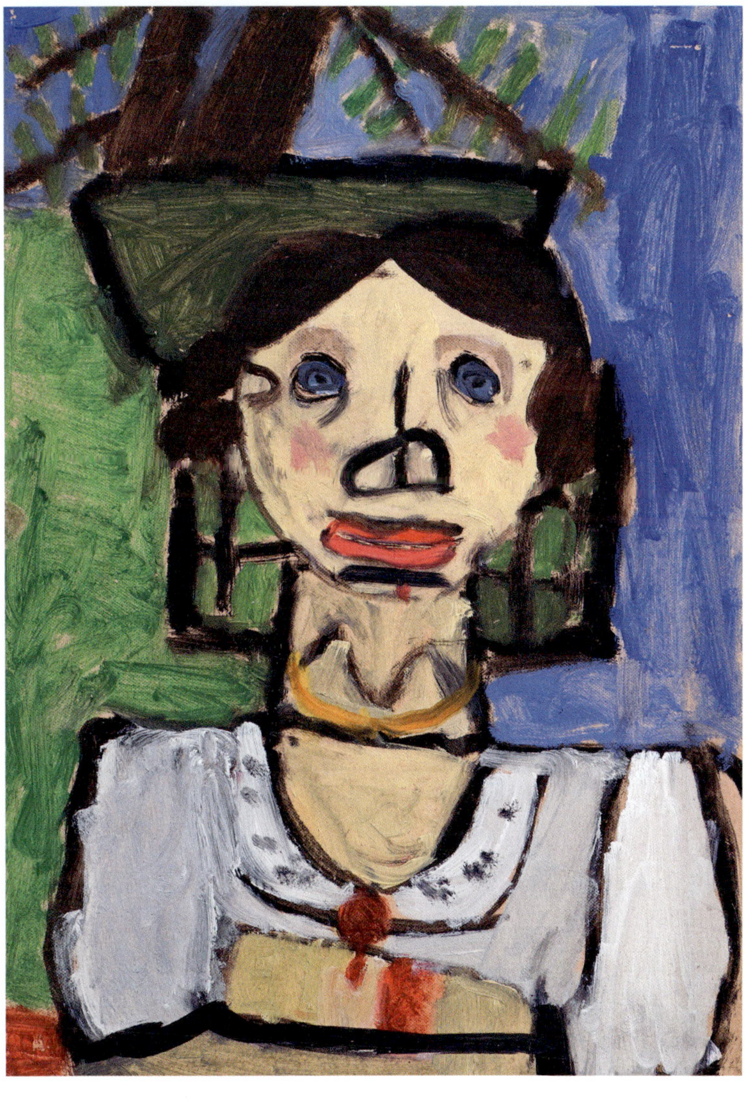

Kat. 144
ELFRIEDE SCHROETER
Stillleben (Kindermalerei), um 1913
Pappe, 35,7 × 33,4 cm | Gabriele Münter- und Johannes Eichner-Stiftung, München, Inv.-Nr. KIZ 185

Kat. 145
ELFRIEDE SCHROETER
Weibliches Porträt (Kindermalerei), um 1913
Pappe, 47,5 × 32,8 cm | Gabriele Münter- und Johannes Eichner-Stiftung, München, Inv.-Nr. KIZ 180

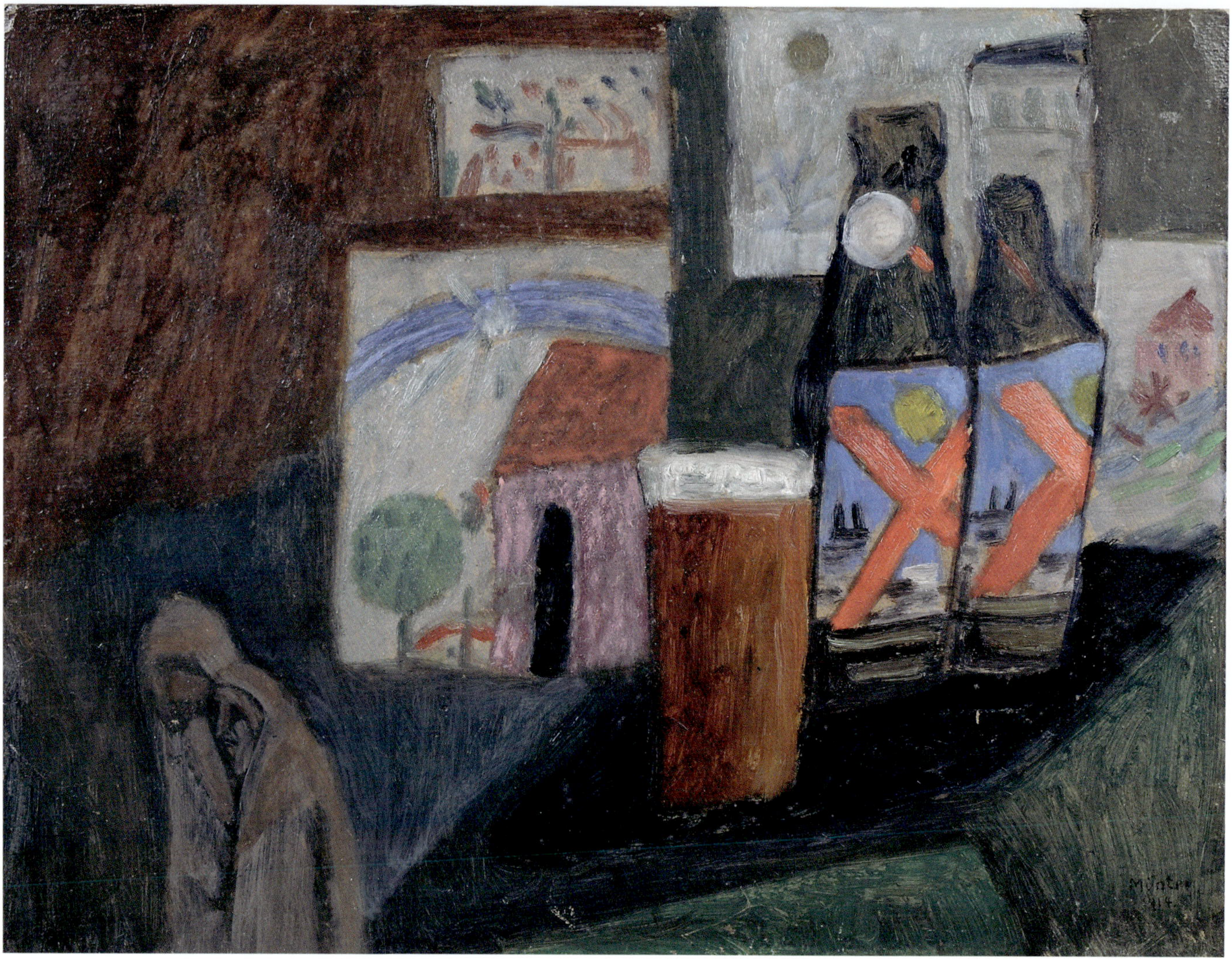

Kat. 146
Stillleben mit X-Bier, 1914
Öl auf Pappe, 33 × 41,3 cm | Privatsammlung
München

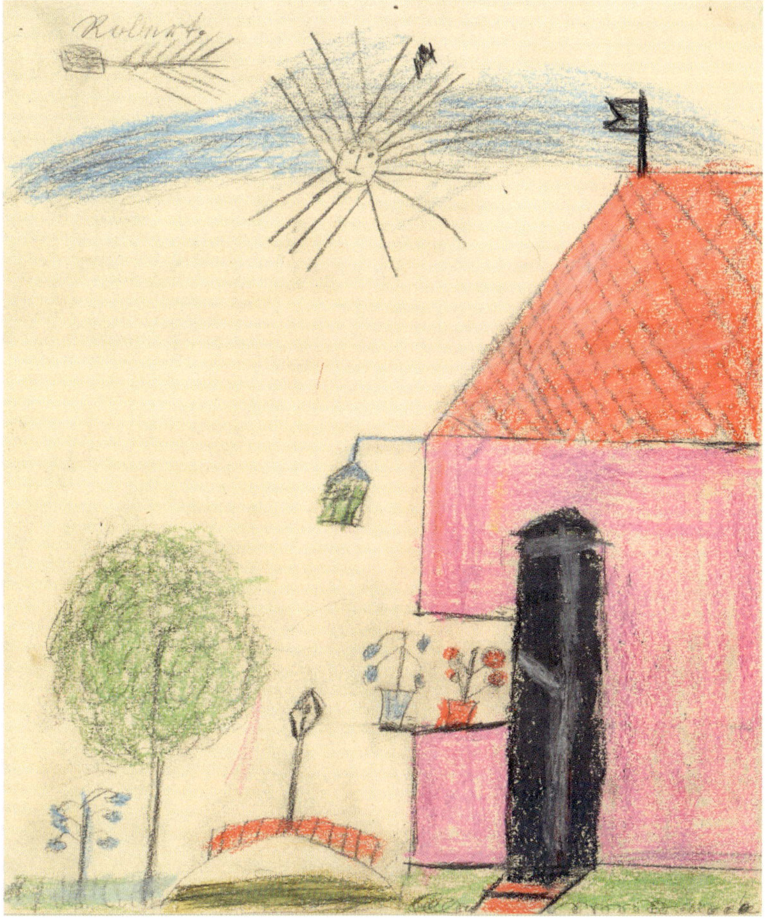

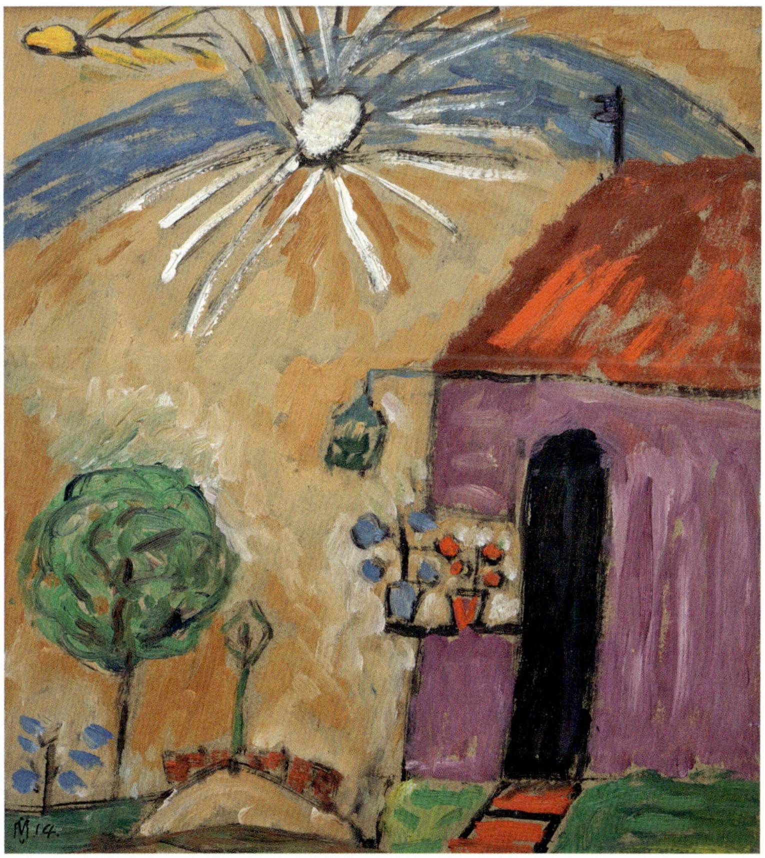

Kat. 147
Kinderzeichnung (Robert), Vorlage zu Münters Gemälde »Haus«

Bleistift und Farbkreiden auf Zeichenhalbkarton, 24 × 19,9 cm | Gabriele Münter- und Johannes Eichner-Stiftung, München, Inv.-Nr. KIZ 144

Kat. 148
Haus (nach Kinderzeichnung), 1914

Pappe, 37,3 × 32,8 cm | Gabriele Münter- und Johannes Eichner-Stiftung, München, Inv.-Nr. Mü 4

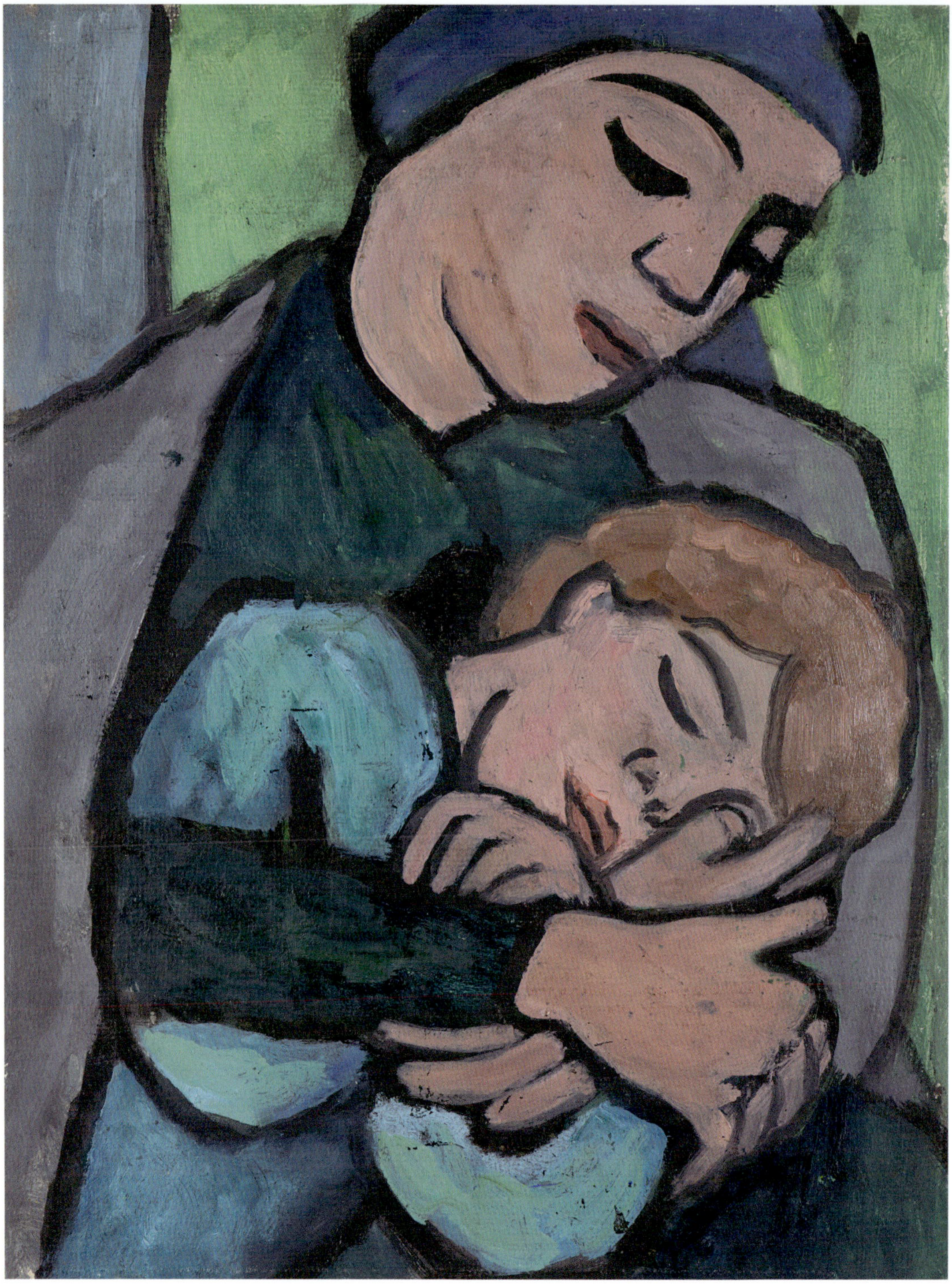

Kat. 149
Mutter mit schlafendem Kind, 1934
Pappe, 44,6 × 33 cm | Gabriele Münter- und Johannes Eichner-Stiftung, München, Inv.-Nr. P 40

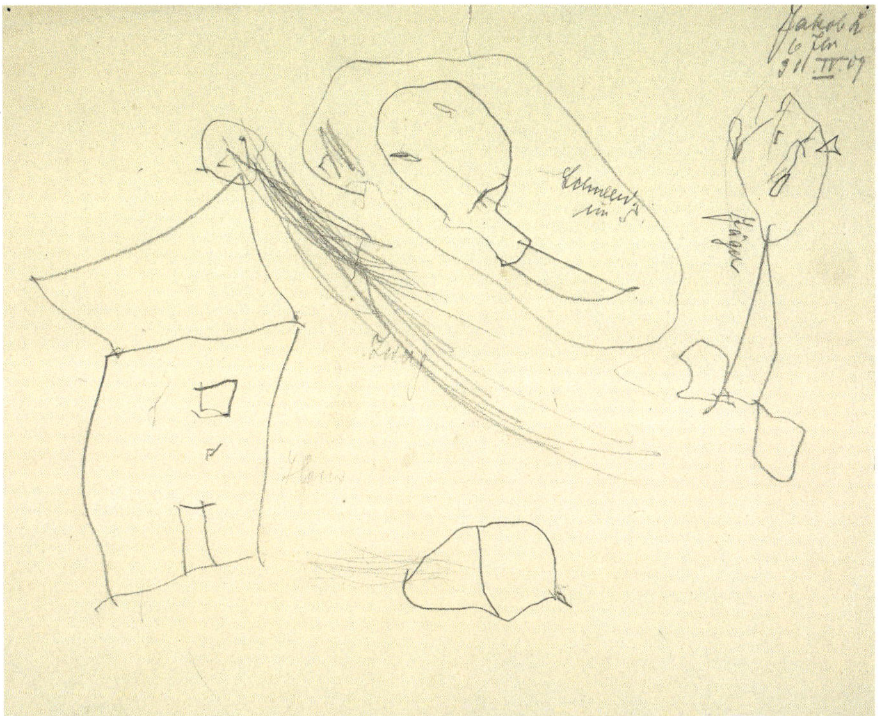

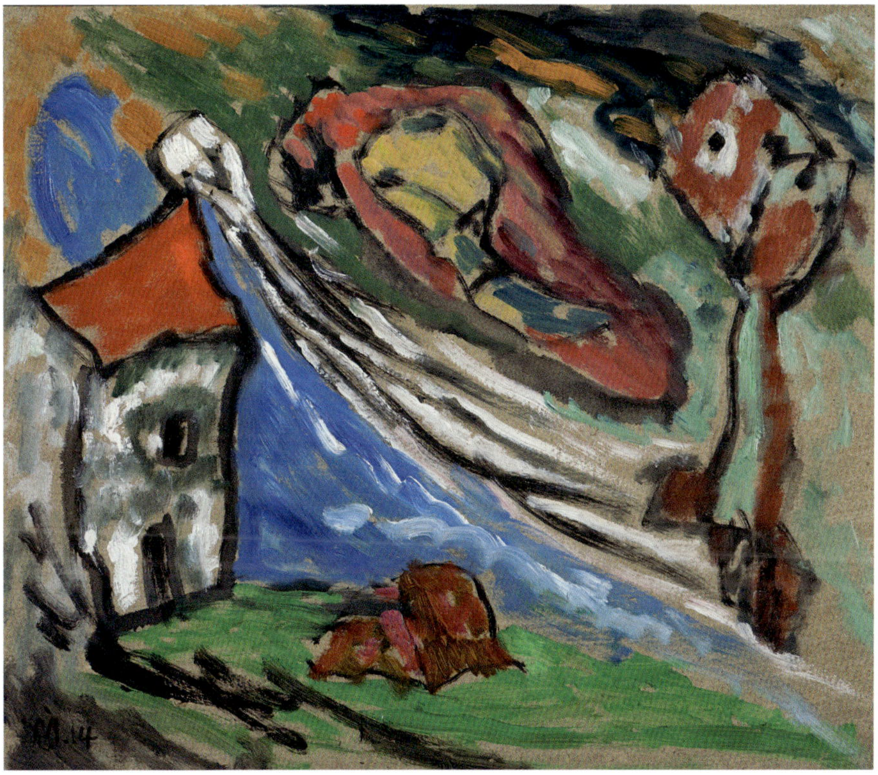

Kat. 150
Kinderzeichnung (Jakob), Vorlage zu Münters Gemälde »Landschaft mit Haus«
Bleistift auf Zeichenhalbkarton, 20 × 23,9 cm | Gabriele Münter- und Johannes Eichner-Stiftung, München, Inv.-Nr. KIZ 115

Kat. 151
Landschaft mit Haus (nach Kinderzeichnung), 1914
Pappe, 32,9 × 37 cm | Gabriele Münter- und Johannes Eichner-Stiftung, München, Inv.-Nr. Mü 1

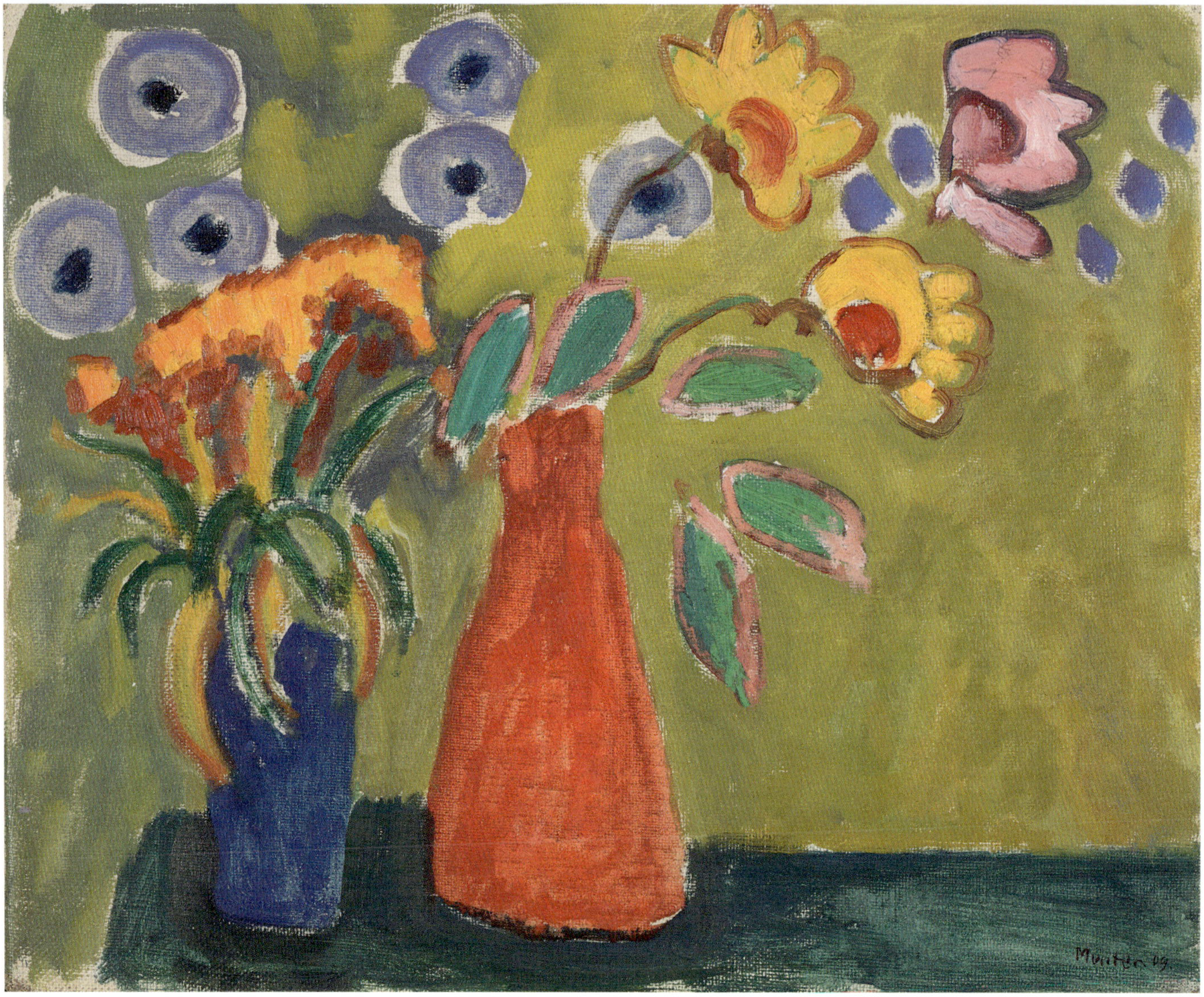

Kat. 152

Vase rouge, 1909

Textiler Bildträger, 38,2 × 45,5 cm |
Gabriele Münter- und Johannes
Eichner-Stiftung, München, Inv.-Nr. B 308

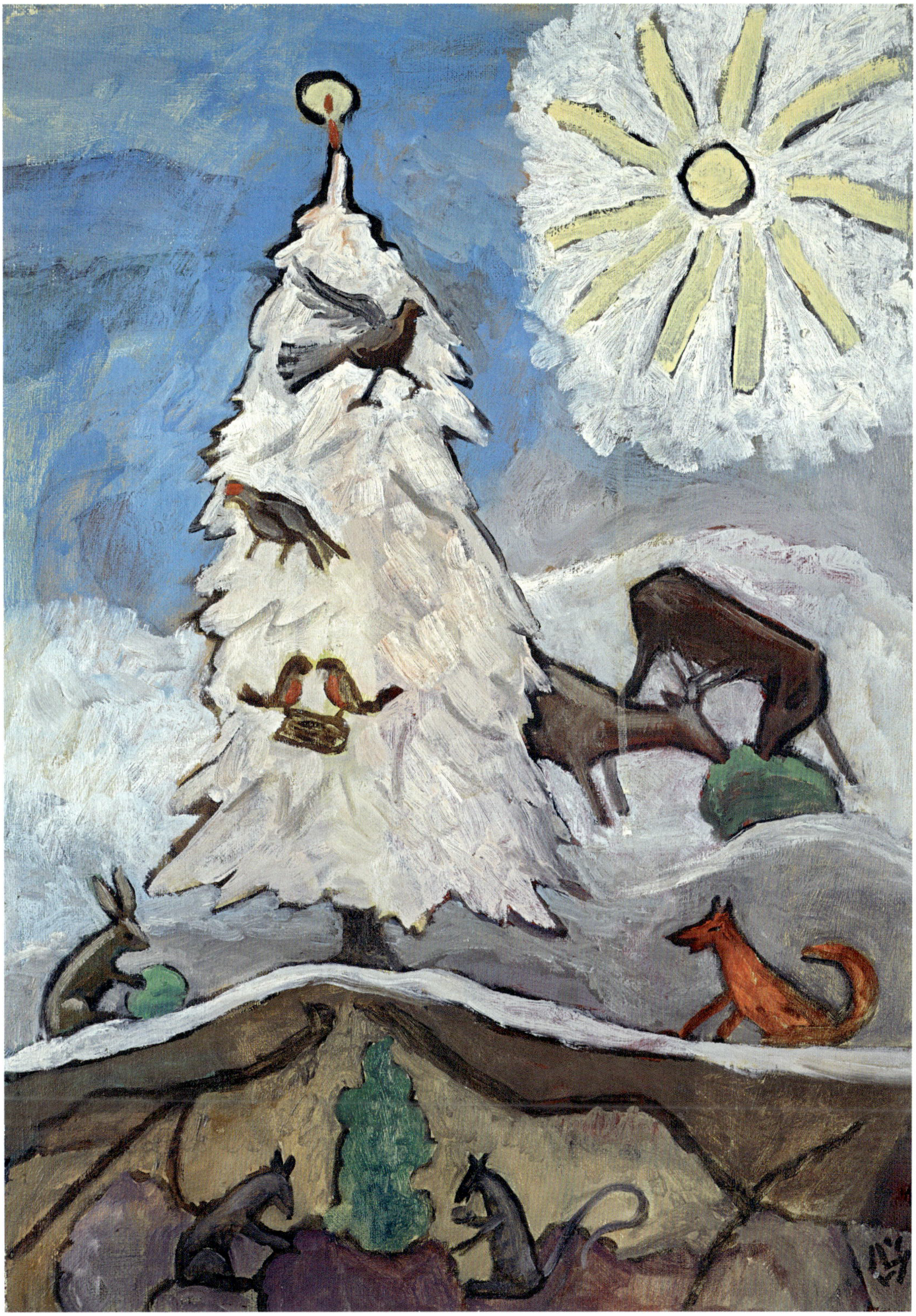

Kat. 153
Weihnachtsbaum der Tiere, 1951
Textiler Bildträger, 55,4 × 38,5 cm | Gabriele Münter- und Johannes Eichner-Stiftung, München, Inv.-Nr. V 12

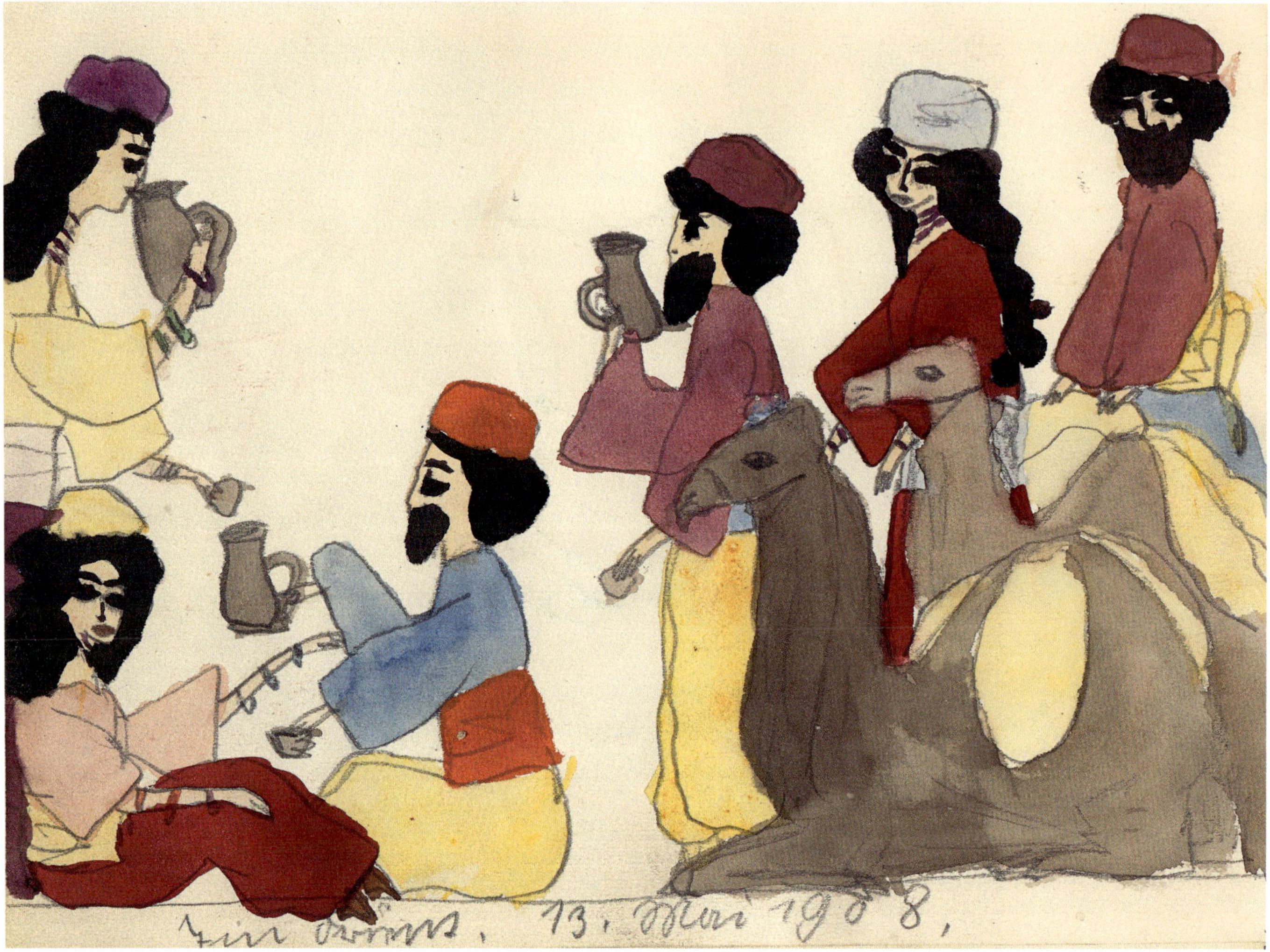

Kat. 154

LYDIA WIEBER

Im Orient, 13. Mai 1908

Bleistift und Aquarell auf Papier,
15,7 × 21 cm | Gabriele Münter- und Johannes Eichner-Stiftung, München, Inv.-Nr. KIZ 254-6

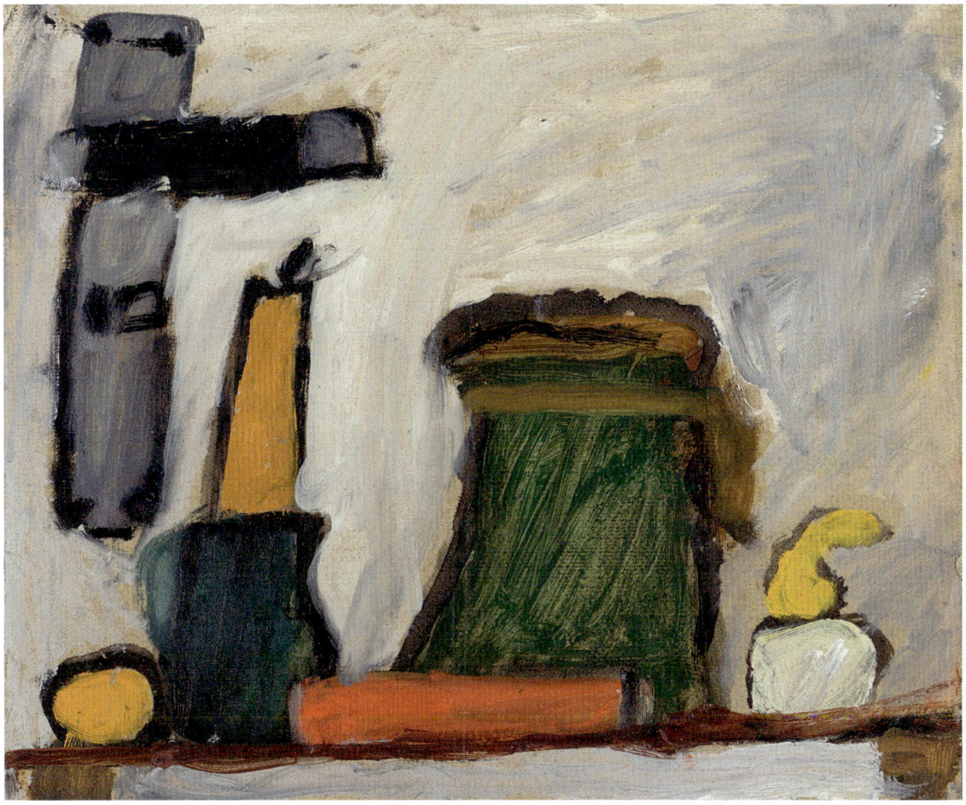

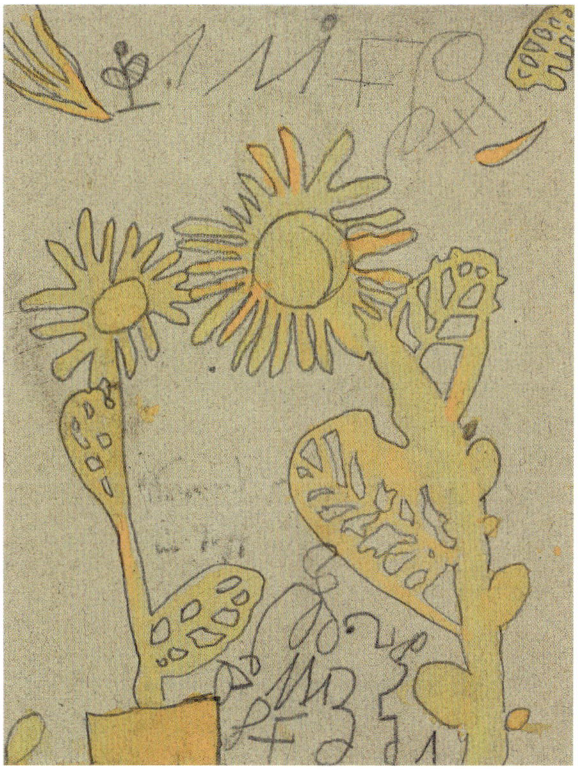

Kat. 155
ELFRIEDE SCHROETER
Ohne Titel [Stillleben mit Kerze, rotem Buch, grüner Tüte und Türklinke], 1913
Pappe, 25,1 × 30 cm | Gabriele Münter- und Johannes Eichner-Stiftung, München, Inv.-Nr. KIZ 181

Kat. 156
Vermutlich KÄTHE BUSSE
Sonnenblumen im Topf, o. J.
Bleistift über Wasserfarbe auf hellbraunem Papier, 15,7 × 11,8 cm | Gabriele Münter- und Johannes Eichner-Stiftung, München, Inv.-Nr. KIZ 73

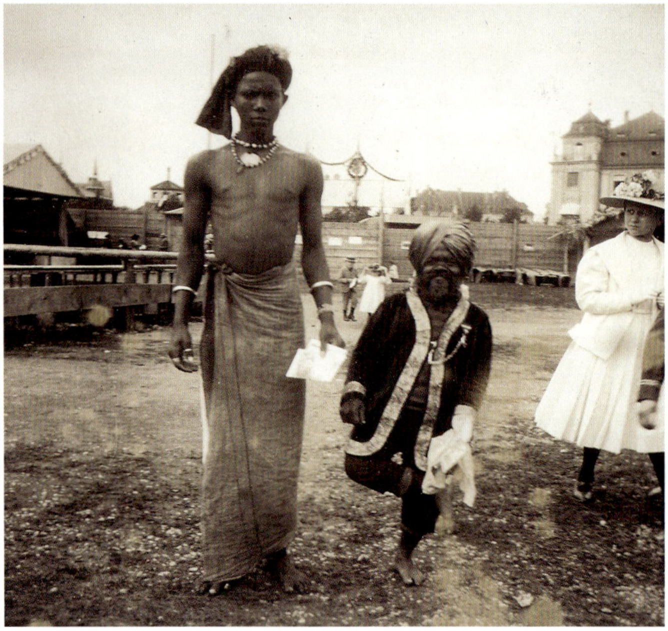

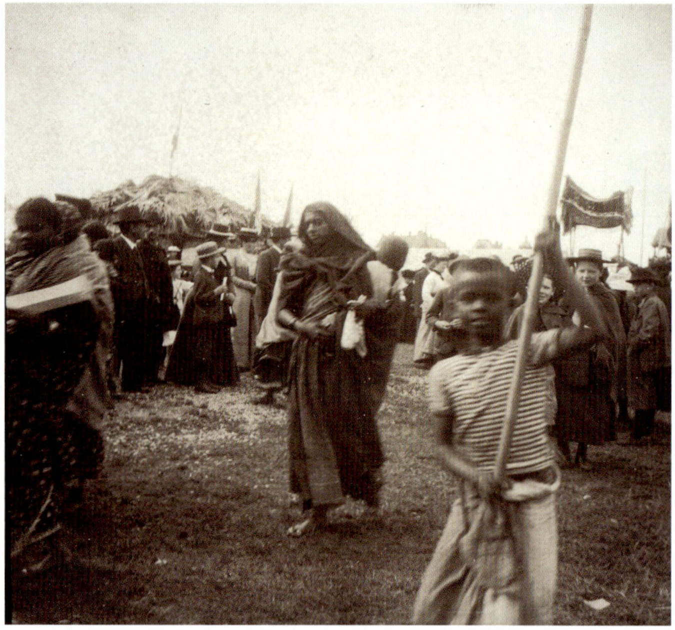

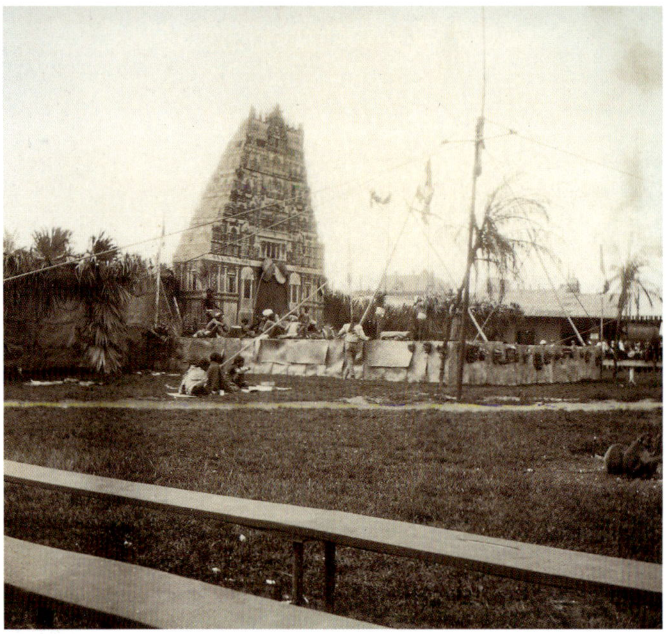

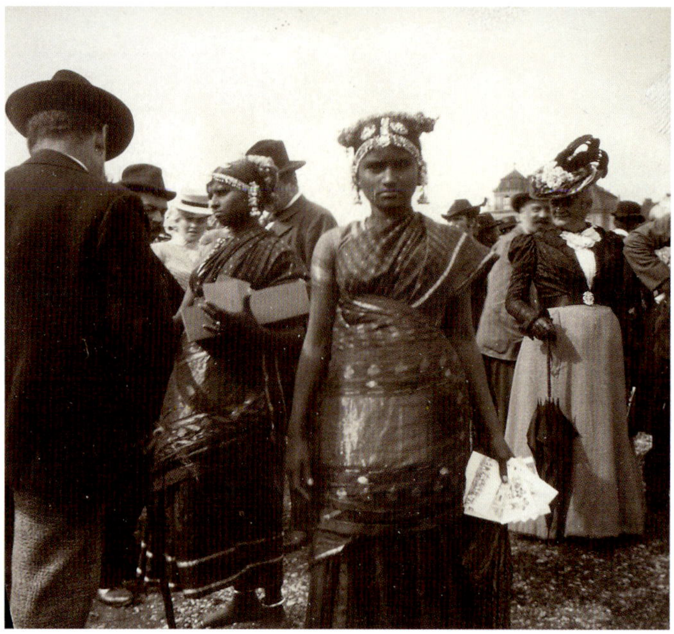

Kat. 157, 158, 159, 160, 161 und 162
»Völkerschau«, München, 1901
Sechs Fotografien von Gabriele Münter, Auskopierpapier, 8,9 × 8,9 cm | Gabriele Münter- und Johannes Eichner-Stiftung, München, Inv.-Nr. 3000-3005

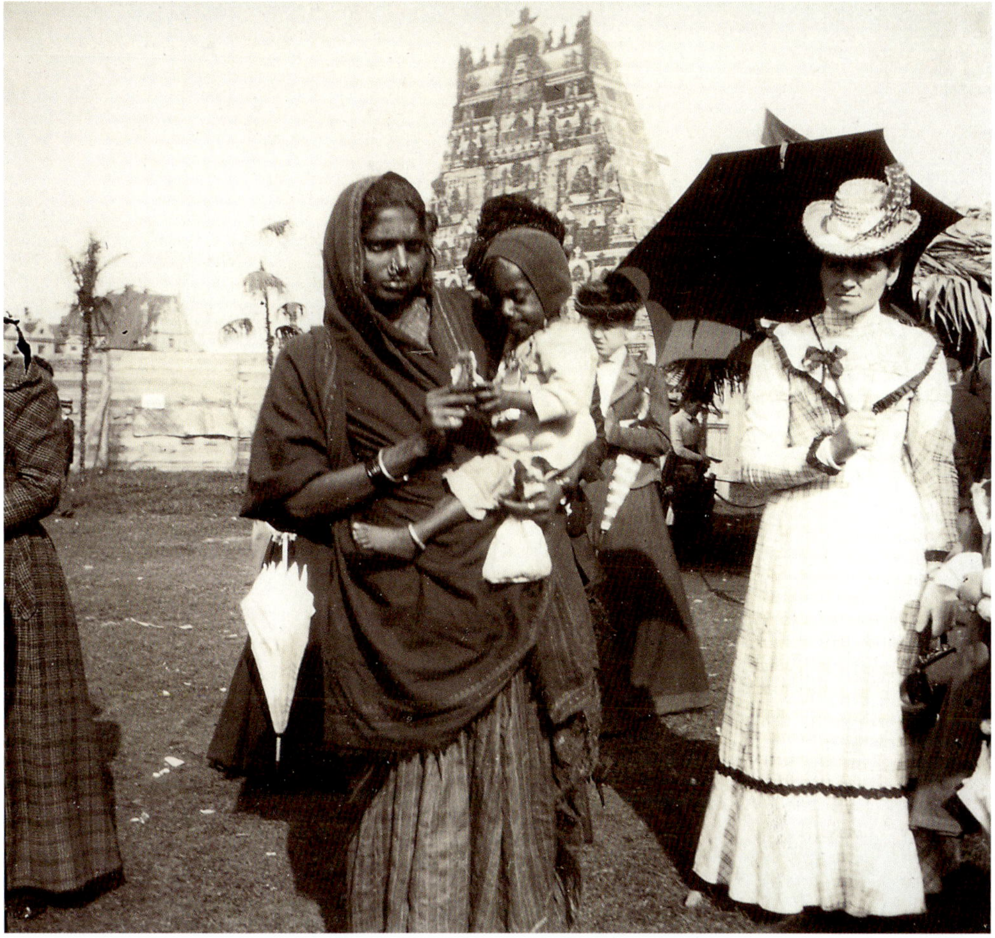

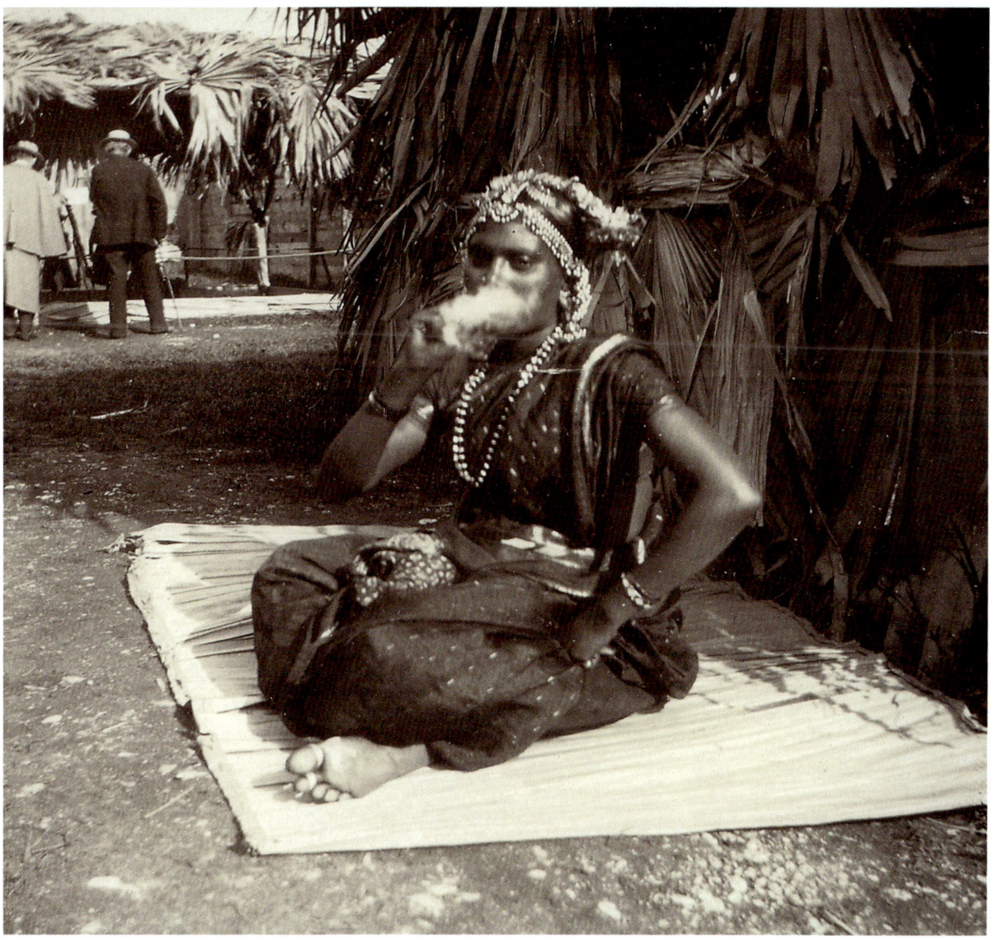

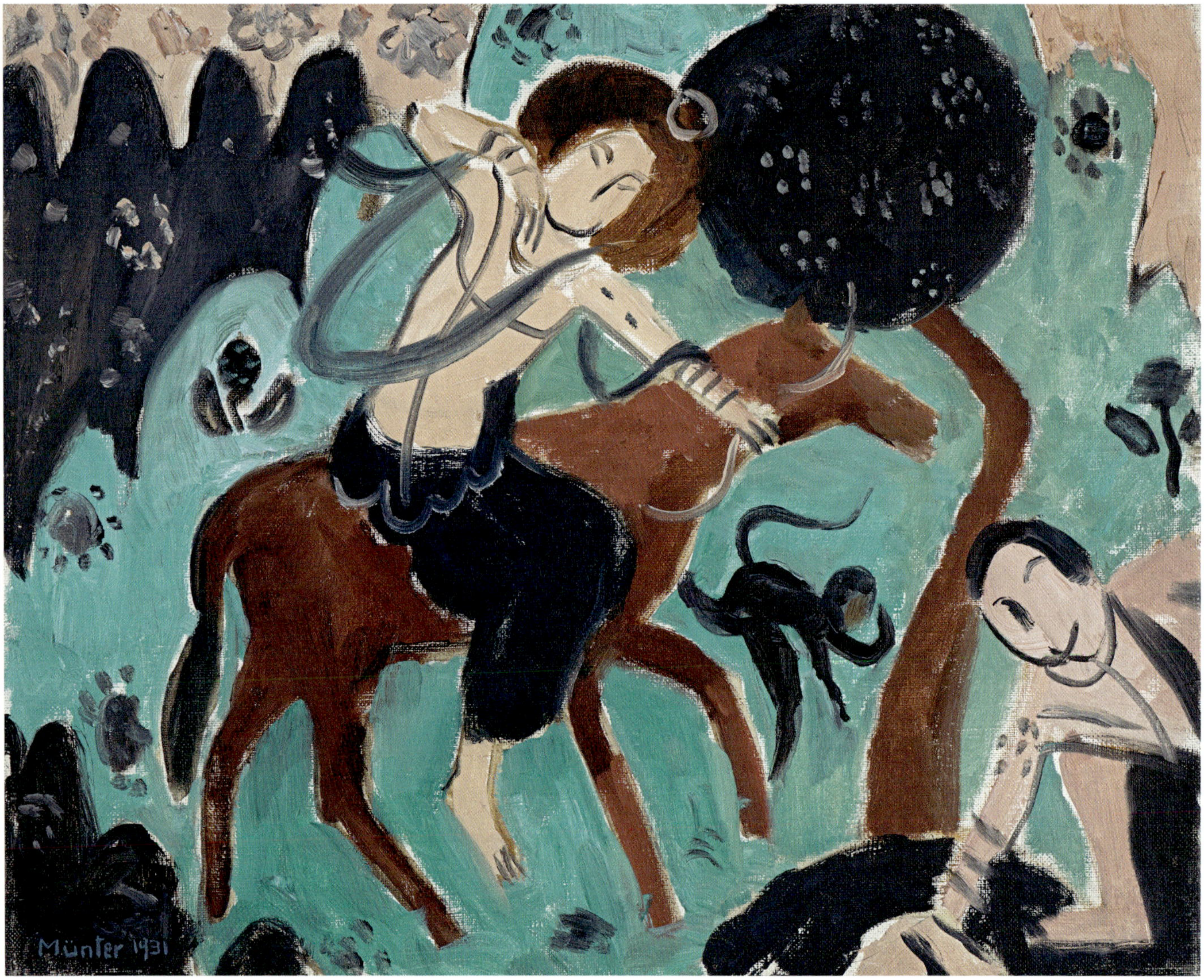

Kat. 163
Buddha-Legende (Turkestan), 1931
Textiler Bildträger, 38,4 × 46,5 cm | Gabriele Münter- und Johannes Eichner-Stiftung, München, Inv.-Nr. V 5

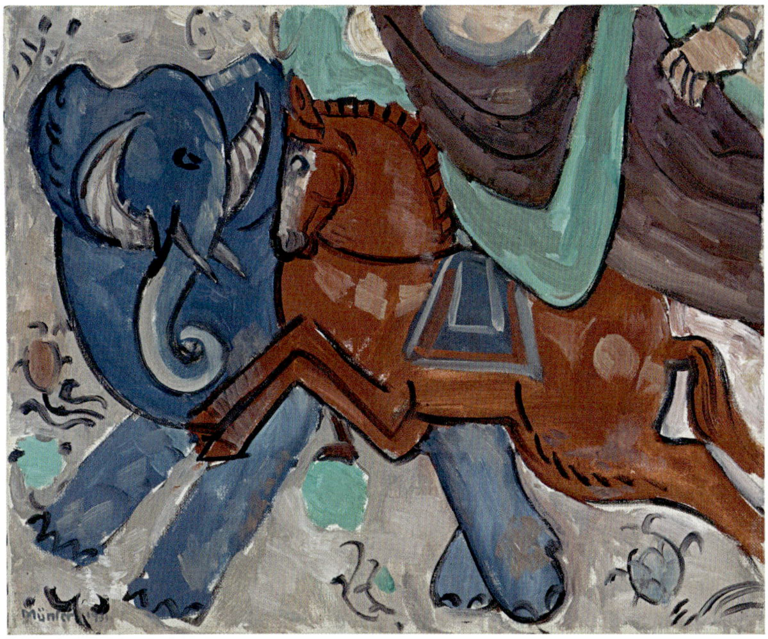

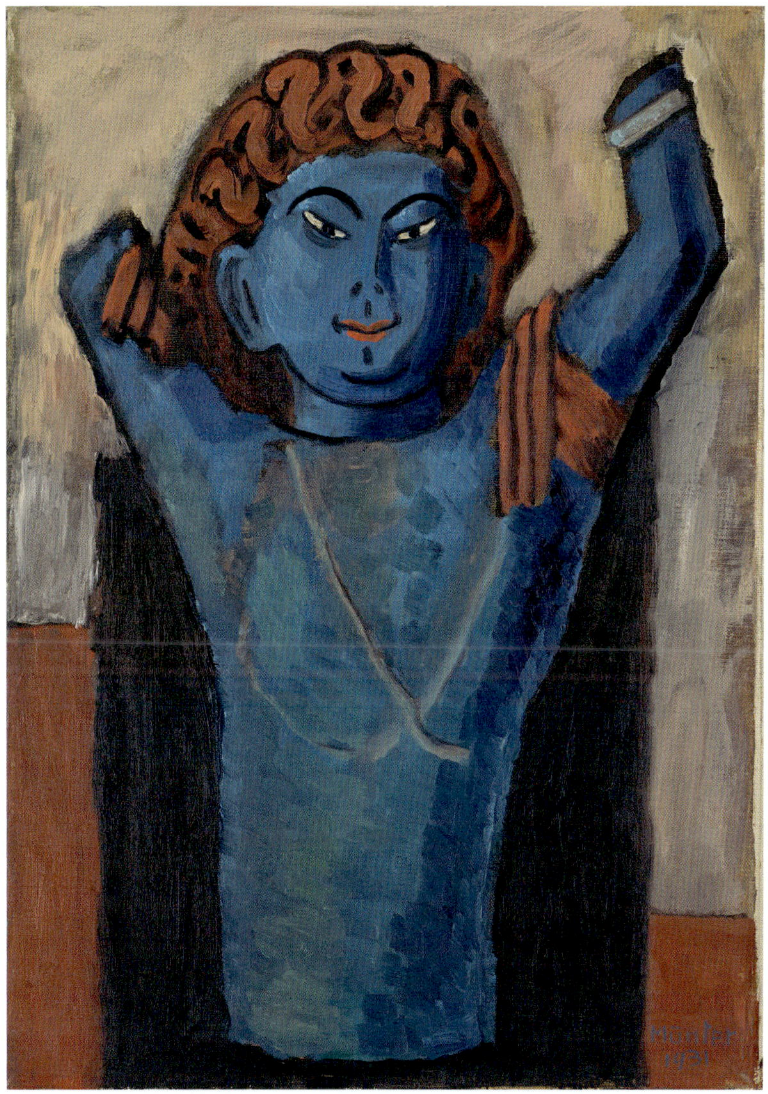

Kat. 164
Turkestanisch (Elefant und Pferd), 1931
Textiler Bildträger, 38,8 × 46,2 cm | Gabriele Münter- und Johannes Eichner-Stiftung, München, Inv.-Nr. S 15

Kat. 165
Der blaue Dämon, 1931
Textiler Bildträger, 55,5 × 38,5 cm | Gabriele Münter- und Johannes Eichner-Stiftung, München, Inv.-Nr. V 6

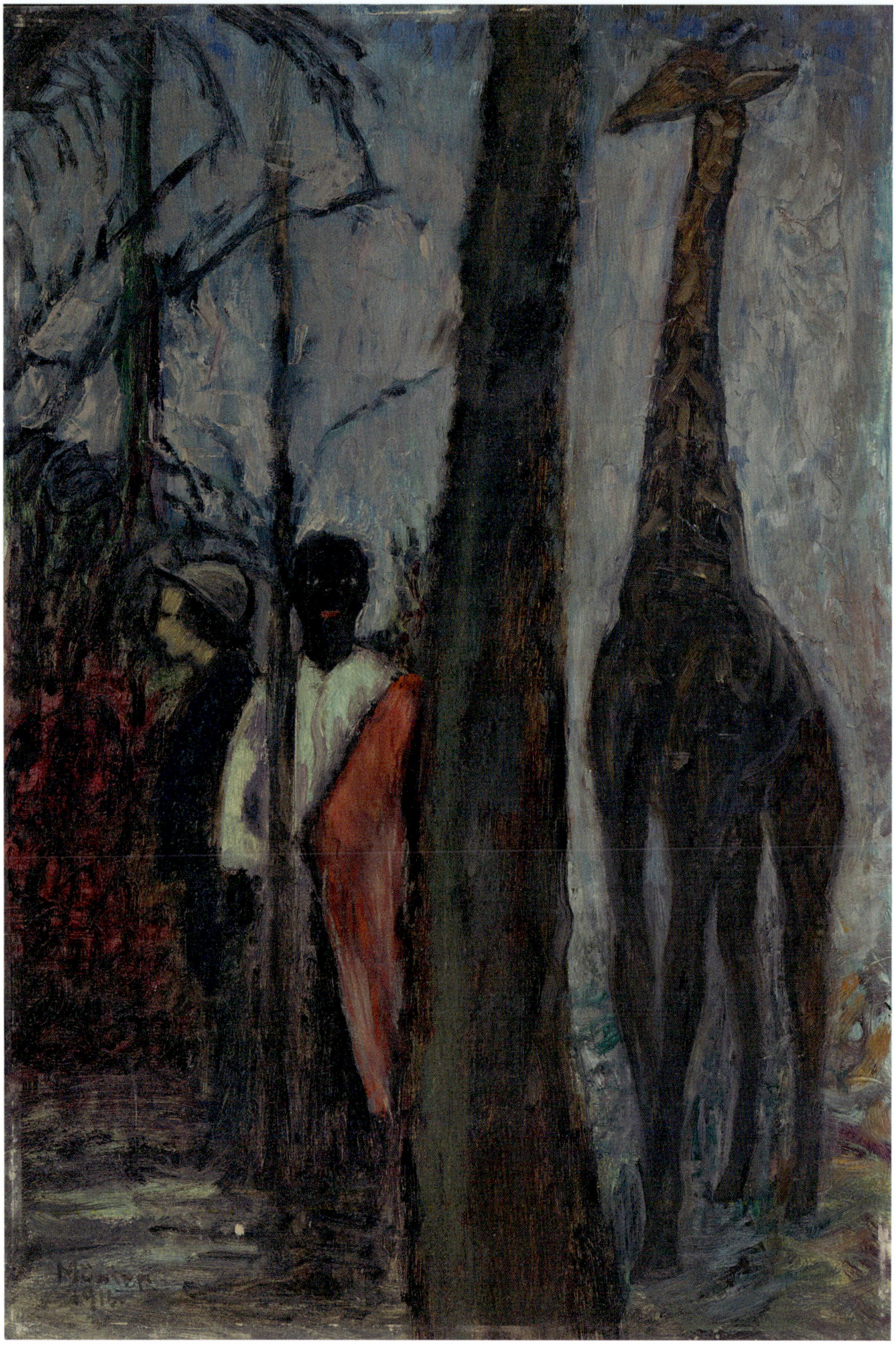

Kat. 166
In Indien, 1916
Pappe, 46,6 × 30,9 cm | Gabriele Münter- und Johannes Eichner-Stiftung, München, Inv.-Nr. V 92

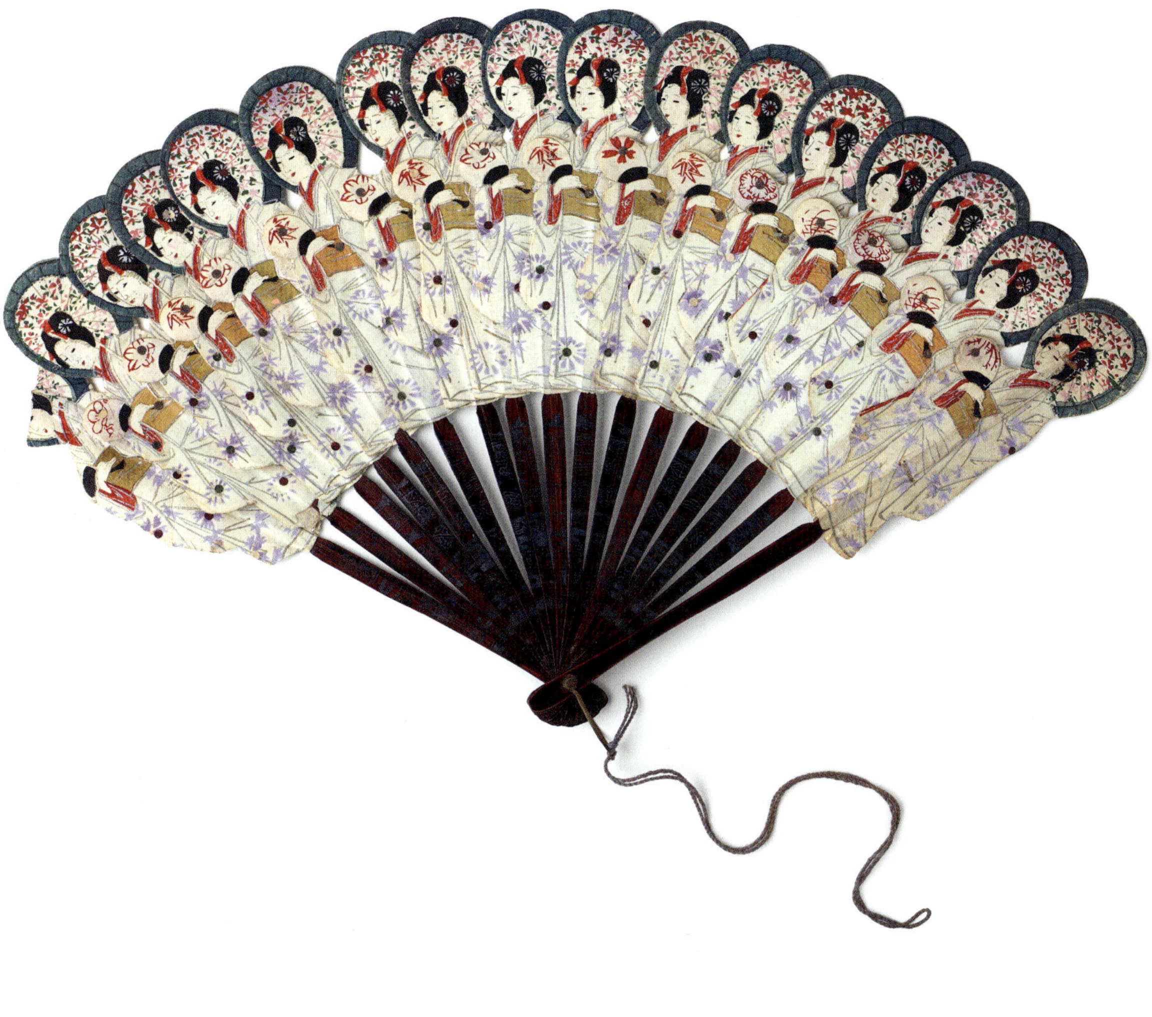

Kat. 167

Japanischer Fächer

Aus Münters Besitz
Holzstäbchen lackiert und bedruckt mit Messingscharnier und farbigem Faden. Japanpapier mehrfarbig bedruckt mit aufgeklebten Farbpunkten aus Papier. Rückseite: Glänzender Lack »gesprenkelt« | Gabriele Münter- und Johannes Eichner-Stiftung, München

»Jetzt muß experimentiert werden.«[1]

Wiederholungen und Variationen

Wiederholungen und Variationen

Die exakte Wiederholung oder das Variieren einer eigenen Bildidee ist ein Phänomen, das früh in Münters Malerei ansetzte und das bis in die späten Jahre ihres Werdegangs anhielt. Repliken und Variationen eines Sujets entstanden entweder in zeitlich dichter Aufeinanderfolge oder zogen sich über Jahre, gar Jahrzehnte hin. Diese Arbeitsweise beschrieb Münter selbst zu einem späteren Zeitpunkt folgendermaßen: »Manchmal mache ich Vorskizze oder male ein Bild immer wieder (bis 7 mal) bis ich mit dem Resultat zufrieden bin oder nicht mehr weiter kann. So war 1913 der blaue See. Das Thema bearbeitete ich 7 x –«.[2] Bekannt sind uns heute vier Versionen von diesem Motiv; die späteste datiert auf 1958.[3] Kat. 74

Besonders hervorzuheben ist, dass dieser Schaffensprozess, der die Praxis der Wiederholung und der Variation einbezieht, dem gängigen Rezeptionsmuster von Gabriele Münter als naiv und intuitiv schaffende Künstlerin entschieden widerspricht. Die Selbstwiederholung ist bei ihr meistens mit der Arbeit an einem künstlerischen Problem verknüpft, was mit Selbstkritik und Selbst-Revision zu tun hat. Unter Selbstwiederholung ist das Wiederholen eigener Schöpfungen zu verstehen. Der Begriff lässt sich nicht auf eine einfache Definition festlegen. Er umfasst verschiedene Aspekte des Schaffensprozesses: »Es gibt die Replik als Wiederholung eines Werks durch seinen Urheber, im Unterschied zur Kopie durch einen anderen Künstler. Davon zu unterscheiden ist die Variante, welche zwar erkennbar ein bereits existierendes Werk wiederholt, jedoch zugleich auch Abweichungen von diesem aufweist. Und schließlich gibt es die Version (oder Fassung), bei der eine Werkidee unter Aufrechterhaltung des motivischen und kompositionellen Zusammenhangs neu formuliert wird«.[4] In der Klassischen Moderne ist sie »eine bewusst eingesetzte und ausgesprochen produktive Praxis«.[5]

Bereits während der Tunisreise 1904/05 bearbeitete Münter manche Motive mehrfach, wie zum Beispiel die *Landschaft mit blauem Berg (Tunis)*, von der es zwei Varianten gibt.[6] 1906 in Rapallo, wo die Künstlerin den Winter mit Kandinsky verbrachte, malte sie zwei Varianten der Buchtansicht. Abb. A; B Beide Bilder sind auf textilen Bildträgern gemalt, die Münter vermutlich selbst auf Pappe aufzog. Die Maße sind fast identisch (17 × 25,1 cm und 18,5 × 27 cm), ebenso wie das Motiv und die Kompositionen. Einziger Unterschied ist ein gering divergierender Abstand

A **Bagni Louisa, Rapallo, 1906**
Öl auf Leinwand, auf Pappe, 18,5 × 27 cm | THE EKARD COLLECTION

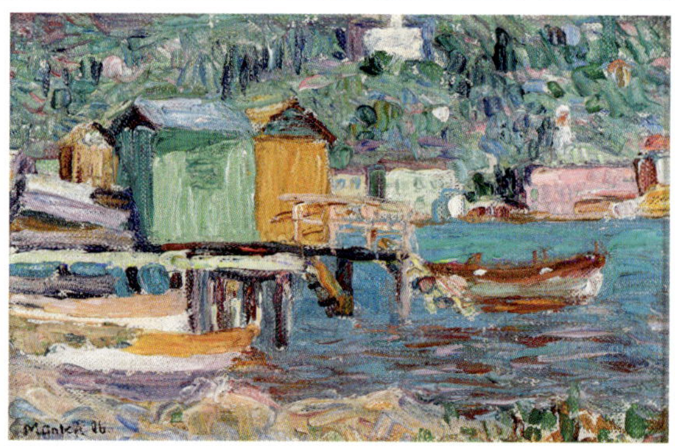

B **Am Strand von Rapallo (Bagni Louisa), 1906**
Öl auf Leinwand, auf Pappe, 17 × 25,1 cm | Privatsammlung Süddeutschland

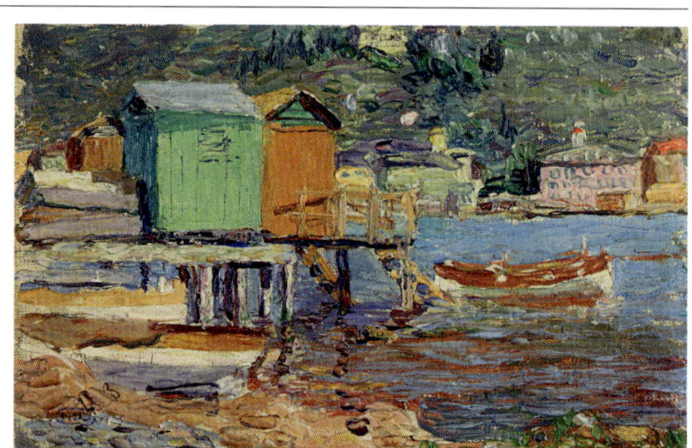

1
Tagebucheintrag vom 14.2.1940, MES.

2
Undatierte Aufzeichnung, MES.

3
Öl auf Leinwand, 49,5 × 64,5 cm, Museum für Kommunikation, Frankfurt am Main. Die zwei anderen, deren Standorte uns unbekannt sind, entstanden vor 1914.

4
Verena Krieger und Sophia Stang, »›wiederholungstäter‹. die selbstwiederholung als künstlerische praxis in der moderne«, S. 8, im gleich betitelten Band hg. von dens. Köln, Weimar, Wien, 2017. Diese Tagung, die anlässlich der Ausstellung »Giorgio de Chirico – Magie der Moderne« vom 21. bis 23. April 2016 in der Staatsgalerie Stuttgart stattfand, prägte den Begriff der Selbstwiederholung.

5
Wie Anm. 4.

6
Tunislandschaft, Öl auf Leinwand, auf Pappe aufgezogen, auf Pappe geklebt, 16,7 × 25,2 cm, Privatbesitz. *Landschaft mit blauem Berg*, 25 × 37 cm, Öl auf Leinwand, Privatsammlung, Farbabb. S. 50, in: Ausst. Kat. München 1977.

7
Siehe Kapitel »Das Werk vor der Malerei«, S. 16.

8
Skizzenbuch, Inv.-Nr. Kon. 37/12, MES. Reinhold Heller hat diese Figurenkomposition in seinem Aufsatz »Innenräume: Erlebnis, Erinnerung und Synthese in der Kunst Gabriele Münters« sehr detailliert analysiert, in: Ausst. Kat. München/Frankfurt/Stockholm 1992/93, S. 47–49 u. 59–62.

9
Brief vom 3. März 1904, MES.

10
Reinhold Heller, »Innenräume«, in: Ausst. Kat. München/Frankfurt/Stockholm 1992/93, Anm. 25, S. 65.

zum Sujet, in diesem Fall zu dem Holzsteg mit den Kabinen und den Booten im Wasser. Münter malte vermutlich beide Werke gleichzeitig im Freien. Mit diesem Verfahren, dasselbe Motiv von Nahem und von Weiterem darzustellen, hatte sie bereits bei manchen Fotografien ihrer USA-Reise experimentiert.[7]

Ab 1909 wendete sie das Prinzip der Selbstwiederholung regelmäßig an. Als berühmtes Beispiel sei die Szene von Kandinsky und Erma Bossi am Tisch angeführt. Beide sitzen in der Essecke des Wohnzimmers in dem von Münter im August 1909 erworbenen Murnauer Haus. Sie sind in ein Gespräch vertieft. Von 1909/10 bis 1912 realisierte Münter vier Varianten davon, die kaum Abweichungen aufweisen. Kat. 172; 173; Abb. C; D Die Unterschiede betreffen lediglich Details, wie einzelne Objekte an der Wand und auf dem Sims der Holzvertäfelung sowie die Gestaltung von Tischdecke und Geschirr.

Auf das gleiche Jahr 1912 ist auch eine andere Figurenkomposition datiert, *Nach dem Tee I* und *Nach dem Tee II*, die durch zahlreiche Bleistiftskizzen vorbereitet wurde. Abb. E; F Sie stellt den Besuch des Kunsthändlers Hans Goltz in Kandinskys und Münters Münchner Wohnung in der Ainmillerstraße dar. In einem Skizzenbuch befinden sich zehn lose Blätter und drei Seiten mit Skizzen zu den einzelnen Personen, zu einzelnen Blickwinkeln des Raums, zu der ganzen Komposition von *Nach dem Tee II* sowie zu Bildschöpfungen, die Elemente von *Nach dem Tee I* und *II* vermischen.[8] Im Unterschied zu *Kandinsky und Erma Bossi am Tisch* entstanden die zwei Fassungen im gleichen Jahr, sind gleich groß, wurden auf Pappe gemalt und weisen kompositorisch bedeutende Abweichungen auf. Vor allem anhand der Skizzen wird deutlich, wie intensiv Münter sich mit diesem Thema befasste und wie sehr sie auf der Suche nach einer für sie zufriedenstellenden Lösung war. Sie schrieb 1904 in einem Brief an Kandinsky: »...vielleicht war meine böse Laune überhaupt nur Sehnsucht nach dir. Aber erst kam sie eigentlich von meiner Unlust zum Arbeiten u. dass ich malen wollte ohne Zeichnung – das geht nicht – man kann nicht malen was man nicht zeichnen kann«.[9] Laut Reinhold Heller dienten ihr die ausführlichen Vorstudien dazu, »sich die Darstellung einzuprägen, um dann ein ›spontanes‹ Gemälde schaffen zu können«. Münter soll diese Methode von Kandinsky übernommen haben.[10] Diese Analyse der Arbeitsweise

C **Nach Tisch (Kandinsky und Erma Bossi), 1909/10**
Öl auf Pappe, 44,5 × 65,2 cm | Privatsammlung

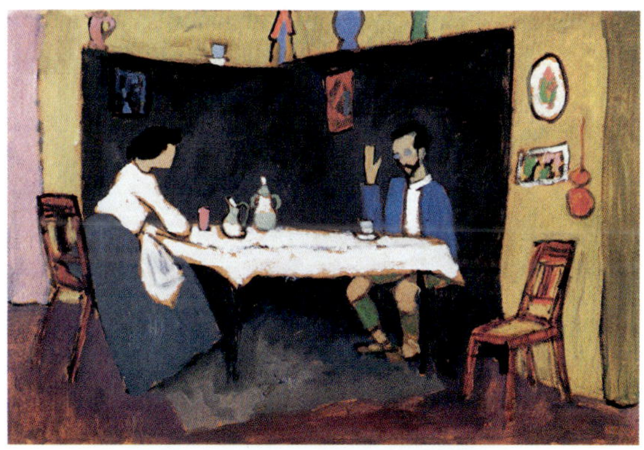

D **Kandinsky und Erma Bossi am Tisch, um 1910**
Öl auf Leinwand, 49,3 × 70 cm | Schloßmuseum Murnau, Inv.-Nr. 7370

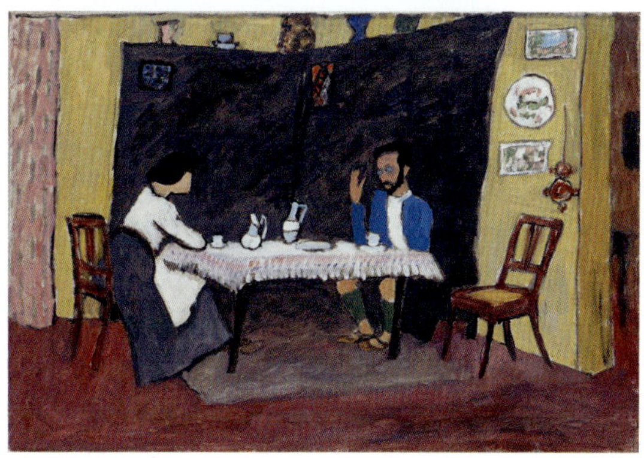

Münters ist jedoch zu relativieren: Zum einen waren diese Figurenkompositionen die ersten, die Münter malte, was ihre Unsicherheit und ihr Bedürfnis, das Motiv in zahlreichen Skizzen auszuprobieren, erklärt.[11] Zum anderen bilden sie in Münters künstlerischem Schaffensprozess Ausnahmen, da sie meistens, wenn überhaupt, nur einen Entwurf je Gemälde zeichnete.

Vermutlich realisierte Münter noch eine dritte größere Fassung der Szene von *Nach dem Tee,* von der heute jedoch nur noch ein Teil existiert, der *Kandinsky, stehend* zeigt. Kat. 103 Es handelt sich um einen Ausschnitt der rechten Hälfte von *Nach dem Tee II*. Kandinsky steht vor einem Tisch, in der für ihn typischen Haltung beim Gespräch und zwar mit gefalteten Händen. An der Wand ist das Gemälde von Henri Rousseau *Der Maler mit seinem Modell* zu erkennen.[12] Unter diesem ist allerdings ein anderes Bild als auf *Nach dem Tee II* zu sehen. Während jenes ein farbiges Werk zeigt, hängt bei *Kandinsky, stehend* ein schwarz-weißes Bild. Es ist gut vorstellbar, dass Münter mit dieser um 34 cm höheren Version nicht zufrieden war und sie selbst zerschnitt.[13] Den Ausschnitt, der daraus resultierte, betrachtete sie aber als abgeschlossenes Bild, wie ihre Signatur unten links bestätigt.

Ein anderer Fall von Selbstwiederholung findet sich in dem Motiv der Kocheler Landstraße. 1910 stellte Münter diese in zwei Arbeiten mit dem Titel *Gerade Straße* dar. Abb. G; H Die Bildidee beruht auf einer ihrer Fotografien von 1902.[14] Der Grund, warum sie eine Replik davon ausführte, ist einem Brief an Kandinsky vom 7.11.1910 zu entnehmen: »Da ich für sehr gut halte die Studie Kocheler gerade Straße, so will ich sie jedenfalls nach Moskau schicken. Da ich sie aber besser nicht machen kann, habe ich sie größer kopiert – so genau als möglich – aber die kl. Studie ist doch besser«.[15] Kandinsky befand sich zu diesem Zeitpunkt in Moskau, um die Zusendungen der Werke der Mitglieder der ›Neuen Künstlervereinigung München‹ für die Ausstellung der Vereinigung ›Bubnovy Valet‹ (Karo Bube) zu organisieren.[16] Münter schuf also für diesen Zweck eine Re-Produktion, die ihr allerdings als nicht gelungen erschien. Während sie bei dem ersten Bild die Pappe durchscheinen ließ, bedeckte sie diese in der anderen Variante gänzlich mit

E **Nach dem Tee I, 1912**
Öl auf Pappe, 51,5 × 68,5 cm | Toyota Sogo Co., Ltd., Toyota-shi

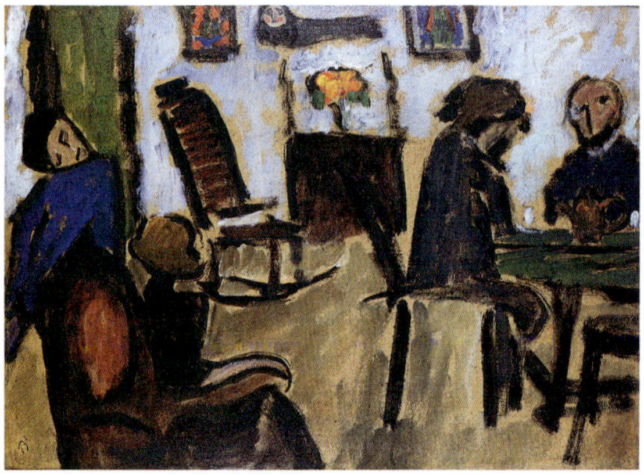

F **Nach dem Tee II, 1912**
Öl auf Pappe, 51,1 × 68,3 cm | Privatsammlung

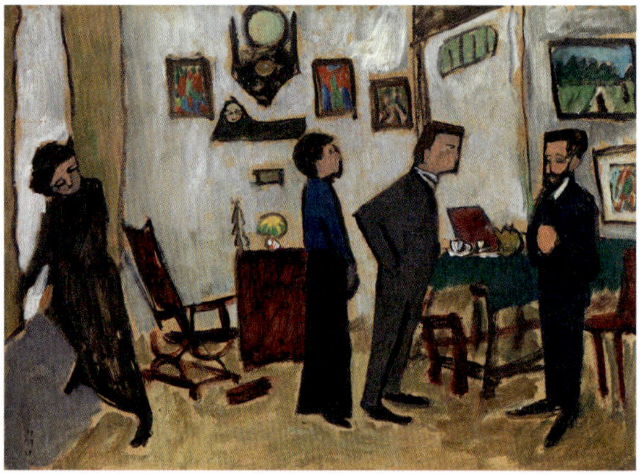

11
Siehe Kapitel »Interieurszenen«, S. 114.

12
Le peintre et son modèle, 1900–1905, Öl auf Leinwand, 46,5 × 55,5 cm, Musée national d'art moderne-Centre Pompidou, Paris. Legs Mme Nina Kandinsky 1981, Inv.-Nr. AM 81-65-861.

13
Das Bild stammt aus dem Nachlass der Künstlerin. Im dortigen Bestandsbuch ist es als zerschnitten aufgeführt. Da die Rückseite des Gemäldes heute mit einer Aluminiumplatte verdeckt ist, sind die Ränder der Leinwand nicht mehr sichtbar, sodass nicht festzustellen ist, ob die Leinwand dieses Format hatte, als Münter sie bemalte, oder ob sie diese erst nach dem Malen zerschnitt.

14
Ausst. Kat. München 2007, Tafel 9.

15
Brief in der MES.

16
Moskau, Dezember 1910–Januar 1911. Zur ›Neuen Künstlervereinigung München‹ siehe Kapitel »Das Porträt«, S. 102.

17
Die Selbstwiederholung führt zwangsläufig zur Bildung von Werkgruppen oder Serien. In den meisten Fällen scheinen die Serien keine konzeptionelle Funktion in Münters Werk gehabt zu haben, sondern waren nur die Konsequenz ihrer intensiven Beschäftigung mit einem Motiv. Eine Ausnahme könnte allerdings die Serie zum Thema Schlaf sein. Die acht Gemälde entstanden nämlich innerhalb von ein paar Tagen, vom 26. Januar bis zum 2. Februar 1934, und Münter dokumentierte ihre Entstehung mit großer Akribie.

Farbe, was einen starren Eindruck hervorruft. Dadurch erscheint das zweite Bild ein wenig wie eine Malübung. Beim Versuch, das Gemälde abzumalen, ging dessen Lebendigkeit verloren. Wie wichtig ihr hingegen die erste Variante war, lässt sich daran ablesen, dass sie diese häufig ausstellte.

In dem besonders produktiven Jahrzehnt der 1930er-Jahre entstanden zahlreiche Serien.[17] 1934 malte Münter mehrere Variationen des Themas Schlaf. Sie schuf innerhalb von wenigen Tagen im Januar/Februar 1934 eine Serie von acht Bildern, die jeweils den Oberkörper eines schlafenden Mädchens darstellen. Kat. 177; 178 Mal liegt das Mädchen auf dem Rücken, mal auf der Seite, den Arm vor dem Gesicht verschränkt. Angeregt wurde die Künstlerin von Skizzen, die sie 1930 während ihres Aufenthalts in Frankreich 1929/30 gezeichnet hatte.[18] Stilistisch ist in der

G **Gerade Straße, 1910**

Öl auf Pappe, 40,5 × 32,9 cm | Kunstmuseum Ravensburg / Leihgabe der Peter und Gudrun Selinka-Stiftung, Ravensburg, Inv.-Nr. SEL 2012/0009

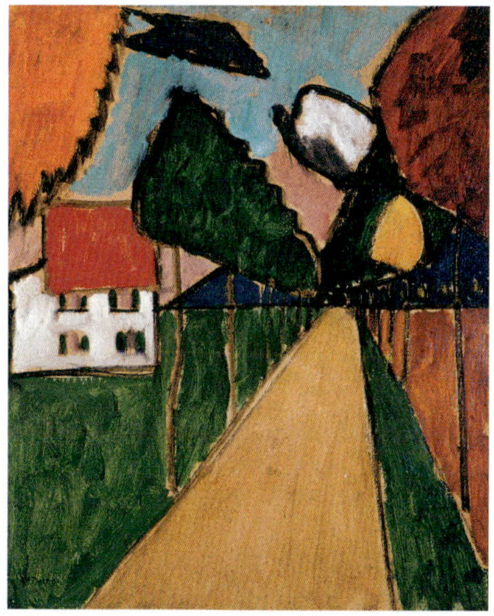

H **Gerade Straße, 1910**

Öl auf Pappe, 67,5 × 49,5 cm | Privatsammlung

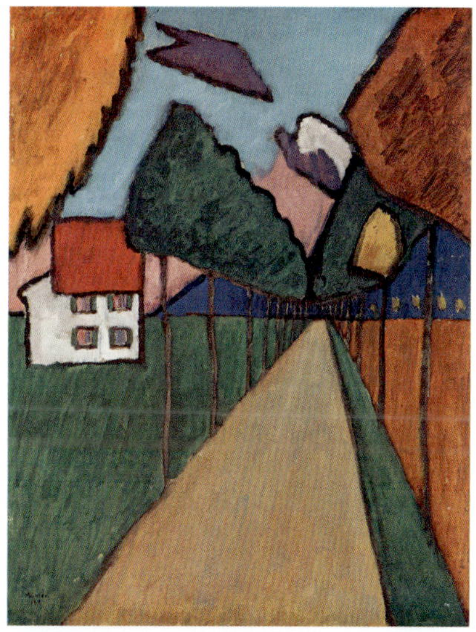

I **Schlafendes Mädchen, blond, 1934**

Pappe, 40,8 × 32,8 cm | Gabriele Münter- und Johannes Eichner-Stiftung, München, Inv.-Nr. P 105

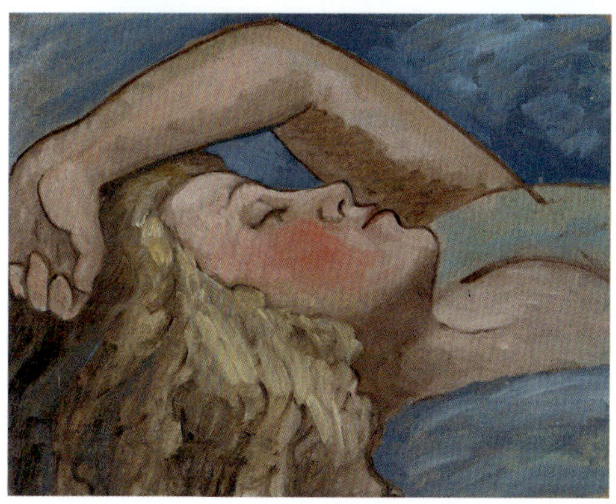

Serie eine Tendenz zu einer abstrahierenden Malweise zu beobachten: Während die erste Fassung eher realistisch gemalt ist, verwendete Münter in der letzten Fassung eine vereinfachte Formensprache und dunkle Konturen. Abb. I; Kat. 178 Typisch für den Prozess der Selbstwiederholung bei Münter ab den 1930er-Jahren ist die hohe Anzahl der Bilder innerhalb einer Werkgruppe. Daran lassen sich einerseits ihre Experimentierfreude und andererseits ihre Ansprüche an das Ergebnis erkennen.[19]

Gelegentlich spielte Johannes Eichner, seit 1928 Münters Lebensgefährte, eine Rolle in ihrem Bildfindungsprozess. Davon zeugt die *Abendlandschaft mit weißem Mond*. Im Jahr 1938 fertigte die Künstlerin, vermutlich im Freien, eine kleine Ölskizze von dem Motiv. Anschließend führte sie nach dieser ein großfor-

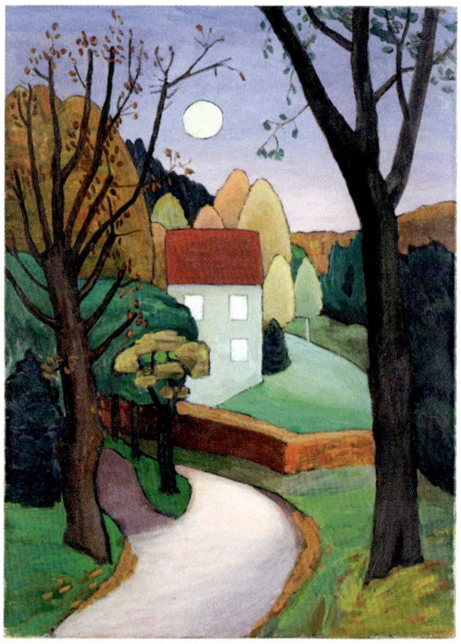

J **Abendlandschaft mit weißem Mond (Aufgehender Mond), 1940**
Öl auf Leinwand, 85,4 × 60,5 cm | Museum Wiesbaden, Schenkung M. und W. Rick 2013

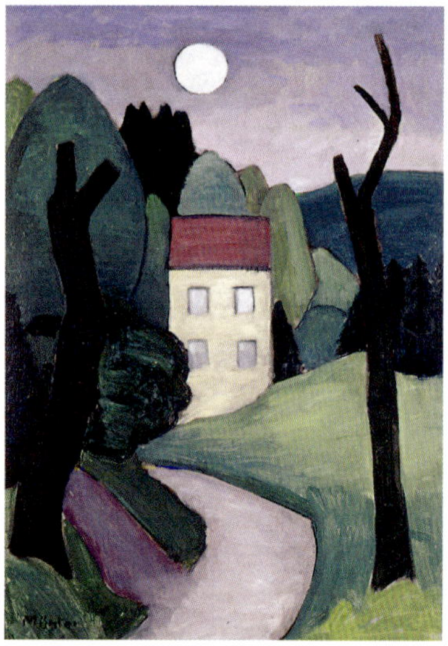

K **Abendlandschaft mit weißem Mond (Haus im Grünen), 1940**
Öl auf Karton, 66 × 46,5 cm | Kunstsammlungen Chemnitz, Inv.-Nr. L210, Dauerleihgabe Sammlung Claus Hüppe

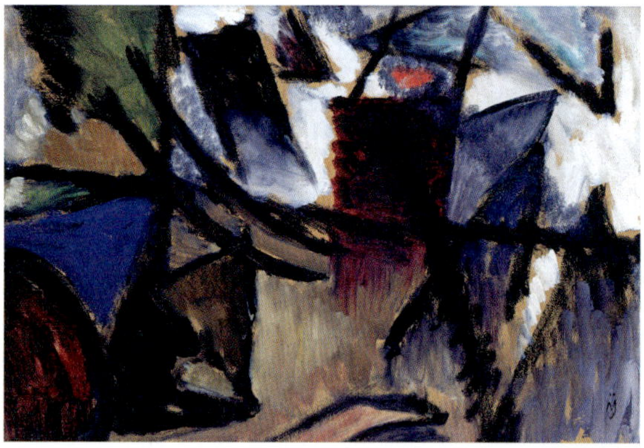

L **Abstraktion, 1912**
Öl auf Pappe, 50 × 71 cm | Staatliche Museen zu Berlin, Nationalgalerie. Dauerleihgabe des Landes Berlin, Inv.-Nr. B 72/20

18
Angabe im Arbeitsheft der Künstlerin. Skizzenbuch, Inv.-Nr. Kon. 37/17 (1930/31), S. 25, 27, 31, MES. Johannes Eichner schreibt, dass das Motiv durch ein Mädchen, das sich vor Langeweile in der Eisenbahn herumwälzte, inspiriert wurde, Eichner 1957, S. 187.

19
Puppe, Katze, Kind ist ein anderes Bildmotiv, das sie von 1930 bis 1950 mindestens siebenmal gemalt und auch in anderen Techniken umgesetzt hat. Eine Fassung ist in diesem Katalog, S. 143, abgebildet.

20
Landschaft mit Vollmond, 1938, Öl auf Pappe, 14 × 9,9 cm, Privatbesitz; *Abendlandschaft mit weißem Mond*, 1938, Öl auf Leinwand, 65,1 × 50 cm, Standort unbekannt.

21
Tagebuch in der MES.

22
Kleine 1994, S. 550.

23
Weitere Stationen, siehe Anhang, S. 264. Zur Rolle Eichners in der Verbreitung von Münters Kunst, siehe Kapitel »Wege der Verbreitung von Gabriele Münters Werk«, S. 245.

24
Eines der berühmtesten Beispiele ist das Motiv der Vilsgasse in Kallmünz, wovon sie Fotografien, Skizzen, ein Gemälde und eine Druckgrafik fertigte. Siehe Ausst. Kat. München/Bonn/Murnau 2000/01, Nr. 2 und Isabelle Jansen, »Fotografieren oder Malen? Das Wechselspiel zwischen Fotografie und Malerei im Frühwerk von Gabriele Münter«, in: Ausst. Kat. Kochel am See 2015, S. 150f.

25
Reinhold Heller, »Innenräume«, in: Ausst. Kat. München/Frankfurt/Stockholm 1992/93, S. 48; Eichner 1957, S. 154f.

26
Siehe Kapitel »Das Werk vor der Malerei«, S. 16 und »Der ›Primitivismus‹«, S. 146.

matiges Gemälde aus.[20] Zwei Jahre später malte sie eine noch größere Fassung in einem nüchternen Stil, nahe dem der Neuen Sachlichkeit. Abb. J In ihrem Tagebuch schrieb sie darüber am 14. Februar 1940: »Der Anfang des Bildes war dunkel feinfarbig, stark harmonisch – nm. [Nachmittag] auf hell übermalt, ganz andre [sic!] Wirkung – da gibts noch viel zu rücken. Interessantes, schönes Arbeiten. Ei[chner] ab Mittag dabei mit viel [sic!] Wünschen u. Vorschlägen. Jetzt muß experimentiert werden«. Am nächsten Tag schrieb sie: »…machte Äste fertig – es ist »Herbstlandschaft« geworden mit gelben Bäumen. Ich meine, Ei[chner] hat zu viel hineingeredet«.[21] Daraufhin erstellte sie einen Tag später eine andere Version nach einer Zeichnung und Anweisungen von Eichner: »ich zeichnete nochmal Mondbild nach Ei[chner]s Zeichnung u. forderte ihn dann zum Diktat auf. Wir arbeiteten zusammen bis Mittag. Kühl, hell. Kein Münter, eher ein Eichner«. Abb. K Nach einem Philosophiestudium hatte Eichner Kunstgeschichte bei Heinrich Wölfflin in Berlin studiert.[22] Er engagierte sich sehr für die Verbreitung von Münters Kunst, indem er Artikel darüber schrieb, vor allem aber Ausstellungen von ihrem Werk organisierte, wie beispielsweise die Wanderausstellung »Gabriele Münter. ›50 Gemälde aus 25 Jahren‹ (1908–1933)«, die im April 1933 ihre erste Station im Paula Modersohn-Becker-Haus in Bremen hatte und zwei Jahre lang auf Tournee ging.[23] Im Jahr 1957 erschien sein Buch *Kandinsky und Gabriele Münter. Von Ursprüngen moderner Kunst*, das teilweise auf den Erinnerungen Münters basiert. Sein Engagement ging aber noch weit darüber hinaus und betraf auch den Schaffensprozess der Malerin. Diese scheint sein Verhalten nicht als Eingriff in ihre künstlerische Freiheit, sondern als Unterstützung betrachtet zu haben. Ihr Interesse an Eichners Kommentaren, die zum Teil zur Entstehung neuer Gemälde führten, zeugt von ihrer Offenheit und teils auch von einer gewissen Bescheidenheit. Sie, die Künstlerin mit einem über Jahrzehnte gesammelten Erfahrungsschatz, war bereit, Ratschläge eines Theoretikers anzunehmen oder diese wenigstens auszuprobieren.

Die in diesem Kapitel besprochenen Beispiele der Selbstwiederholung beschränken sich auf die Repliken und die Variationen eines Motivs in Münters Malerei. Bekannt ist aber auch, dass die Künstlerin ein und dasselbe Thema in verschiedenen Techniken vielfach umsetzte oder wiederholte.[24] Unsicherheit, Verarbeitung eines Erlebnisses, Experimentierfreude oder praktische Gründe, etwa wenn sie eine Ausstellungskopie benötigte, boten Anlässe für die mehrfache Wiederholung einer Bildidee. Die Selbstwiederholung erwies sich auch als Organisationsprinzip, als ein Mittel zur Klärung von künstlerischen Fragen. Kam Münter jedoch mit einer Komposition nicht weiter, soll sie sich manchmal in die Abstraktion geflüchtet haben.[25] Ein Beispiel dafür ist das Gemälde *Abstraktion*, das eine abstrakte Variante von *Nach dem Tee* ist. Abb. L

Der vielfältige Rückgriff auf die Praxis der Selbstwiederholung macht jedenfalls deutlich, dass Münters Schöpfungsprozess alles andere als einheitlich war. Da die Künstlerin keine streng systematische Arbeitsmethode entwickelte, blieb ihr immer ein Freiraum, der die Entstehung von Neuem ermöglichte. Er macht ebenfalls deutlich, wie intensiv Münter an manchen Bildschöpfungen arbeitete. Die wiederholte Beschäftigung mit einem Werk weist nicht nur eindeutig die verbreitete Idee zurück, Münter habe gedankenlos gemalt, sondern sie kann auch als Ausdruck einer gewissen Kontinuität verstanden werden, die ein weiteres bedeutendes Prinzip ihres Schaffensprozesses ist.[26]

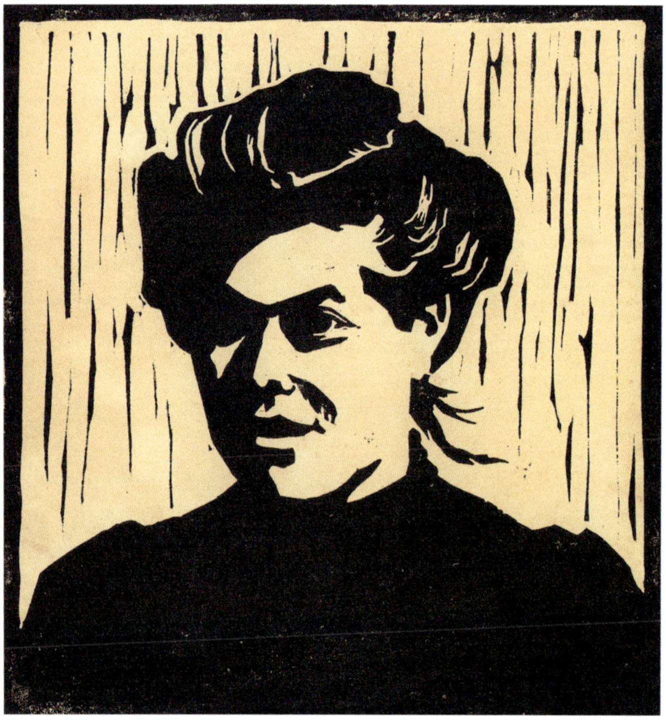

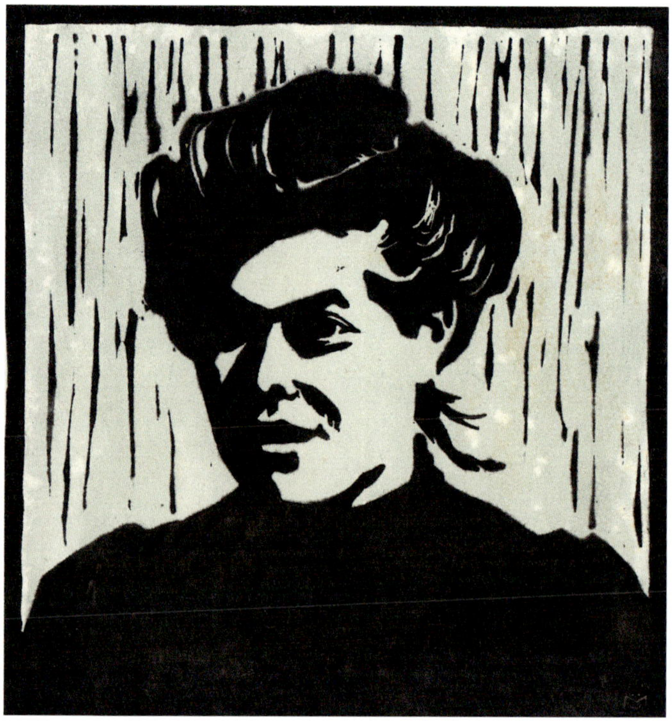

Kat. 168, 169, 170 und 171
Aurélie, 1906
1 Linolschnitt auf Maschinenpapier, 19 × 17,9 cm | Inv.-Nr. GMS 791
3 Farblinolschnitte auf Japanpapier, Inv.-Nr. GMS 792: 21 × 18,9 cm, Inv.-Nr. GMS 793: 18,7 × 17 cm, Inv.-Nr. GMS 794: 18,7 × 17 cm | Städtische Galerie im Lenbachhaus und Kunstbau München

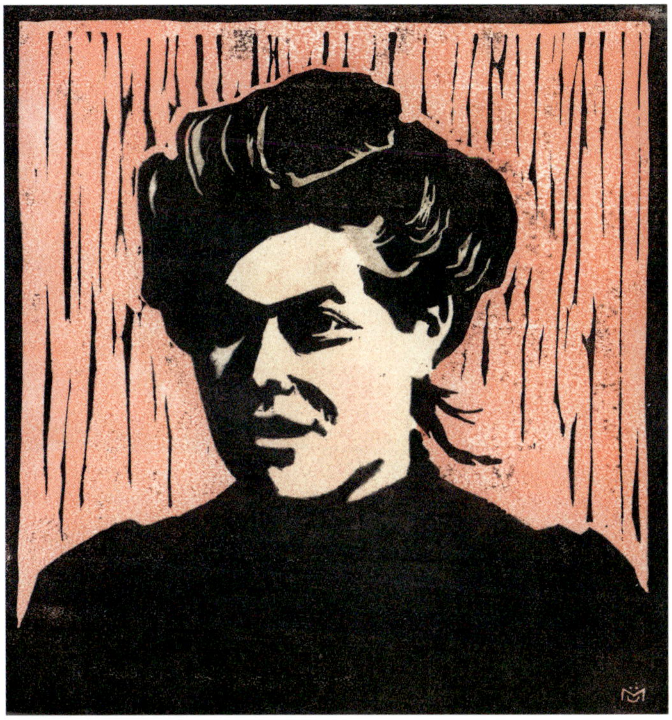

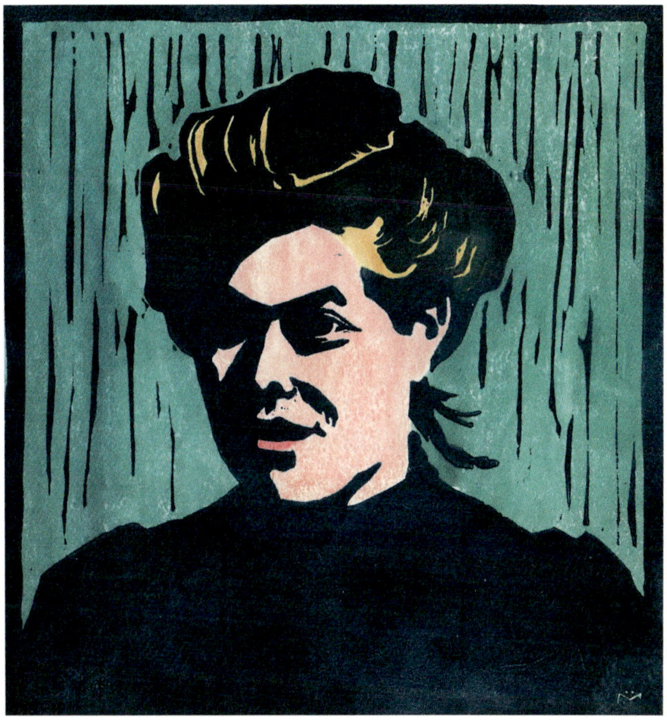

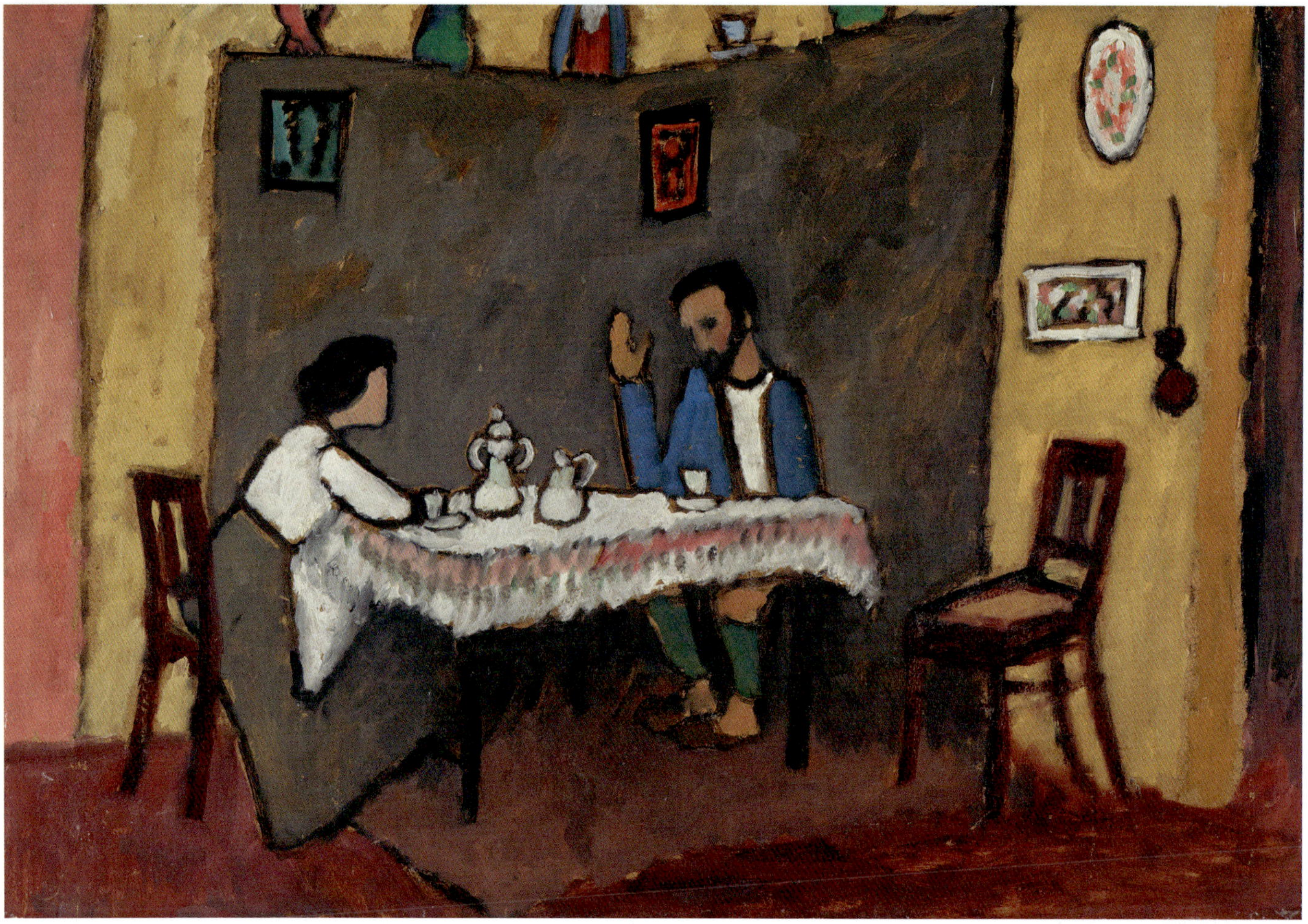

Kat. 172
Kandinsky und Erma Bossi, um 1910
Öl auf Pappe, 48,9 × 70,5 cm | Princeton University Art Museum. In loving memory of Frank and Peggy Taplin, Inv.-Nr. 2012-21

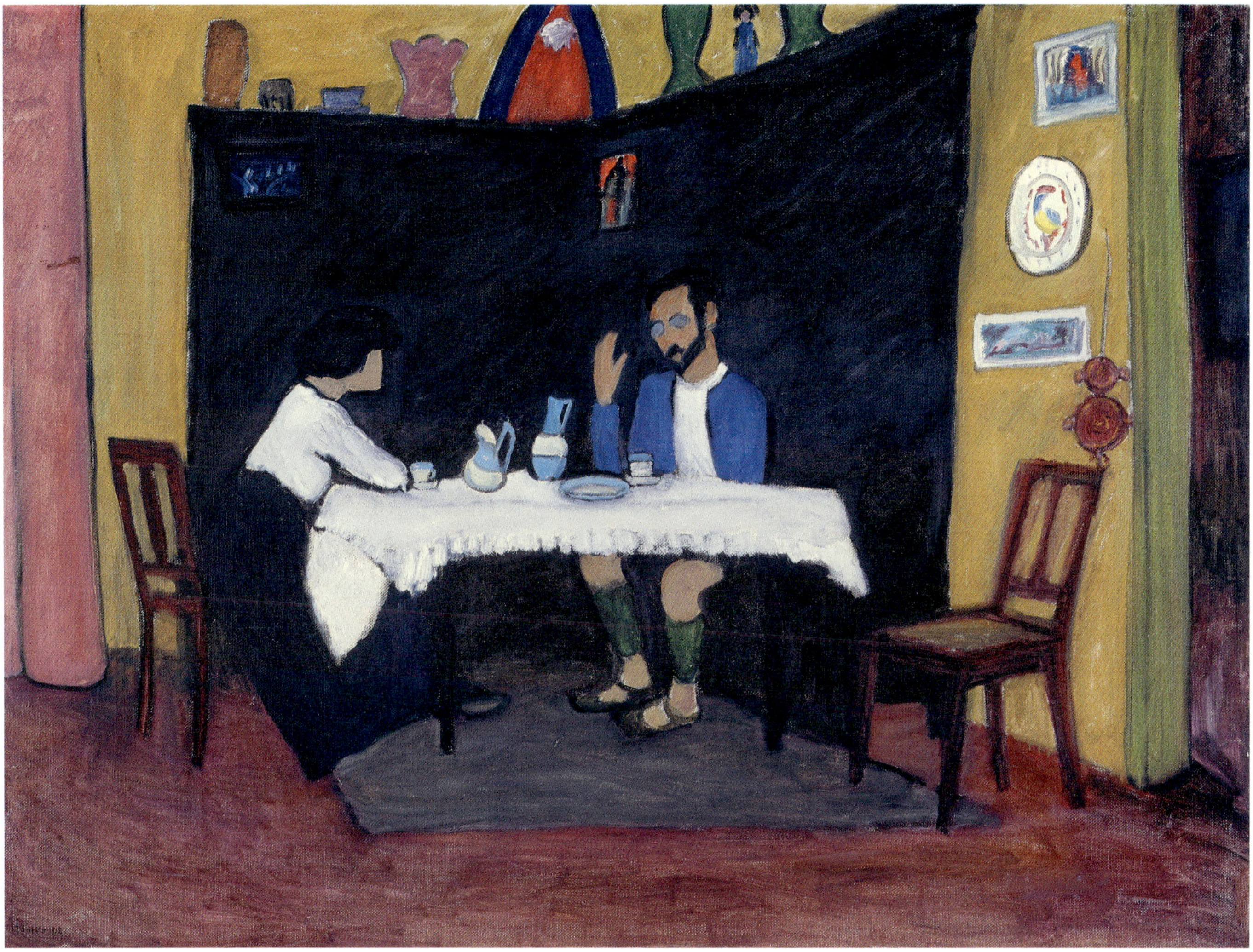

Kat. 173
Kandinsky und Erma Bossi am Tisch (Nach Tisch), 1912
Textiler Bildträger, 94,6 × 125 cm | Städtische Galerie im Lenbachhaus und Kunstbau München, Inv.-Nr. GMS 780

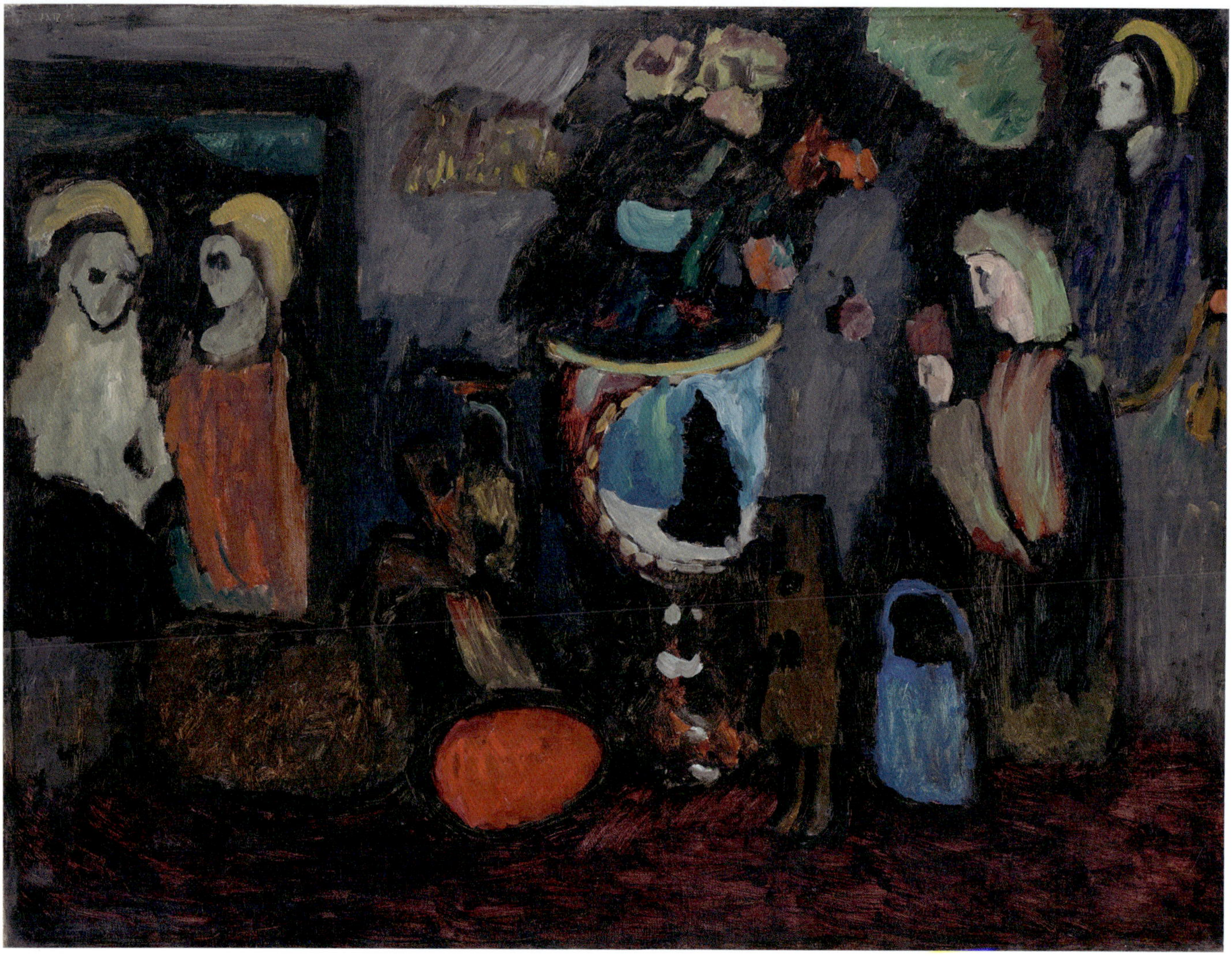

Kat. 174
Dunkles Stilleben (Geheimnis), 1911
Textiler Bildträger, 78,1 × 100,6 cm | Gabriele Münter- und Johannes Eichner-Stiftung, München, Inv.-Nr. S 152

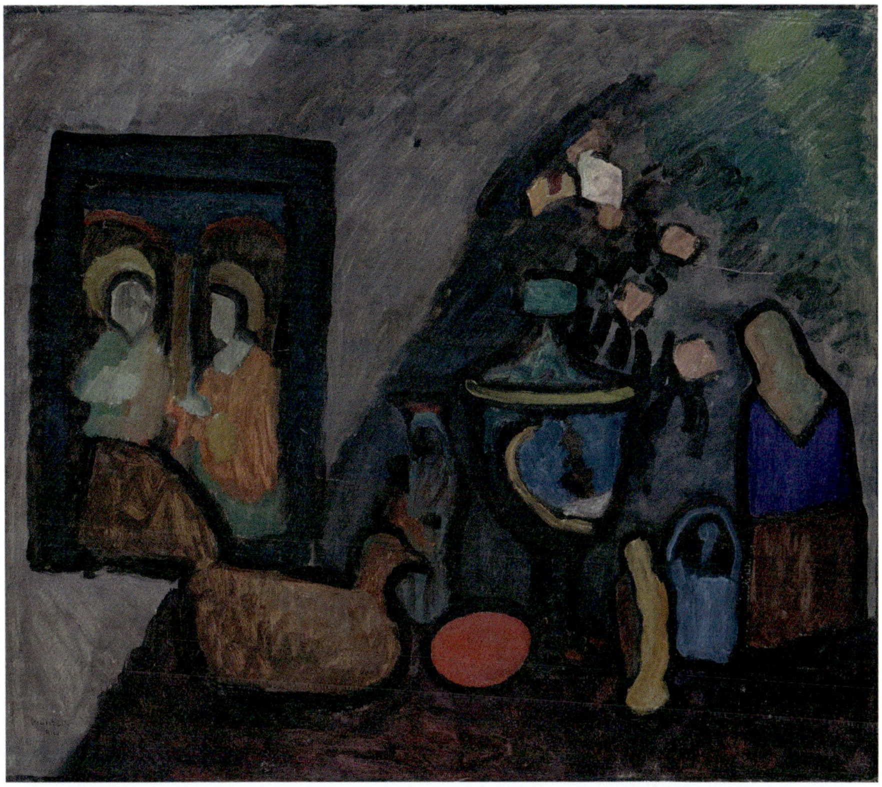

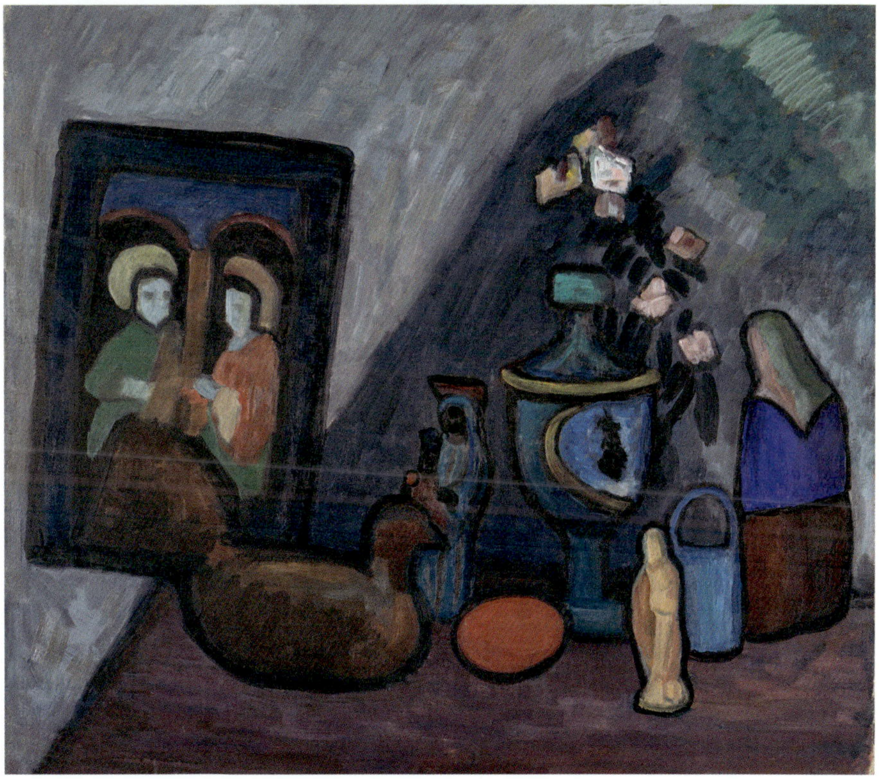

Kat. 175
Stilleben Klage, 1911
Pappe auf Holz, 70,3 × 78,7 cm | Gabriele Münter- und Johannes Eichner-Stiftung, München, Inv.-Nr. S 106

Kat. 176
Stilleben Geheimnis, 1912
Textiler Bildträger, 70,8 × 78,4 cm | Gabriele Münter- und Johannes Eichner-Stiftung, München, Inv.-Nr. S 4

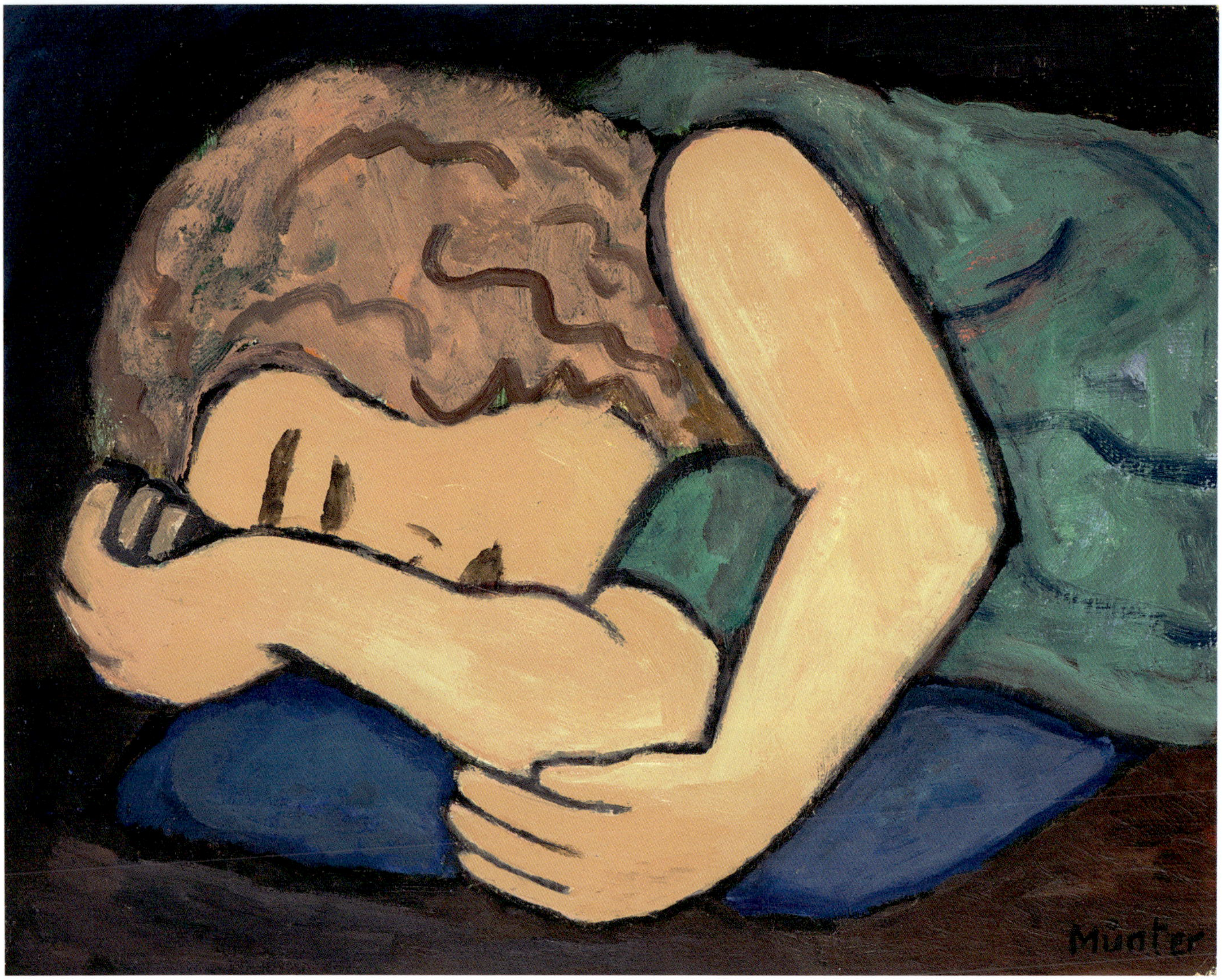

Kat. 177
Schlafendes Kind
(grün auf schwarz), 1934
Pappe, 33 × 40,8 cm | Gabriele Münter- und Johannes Eichner-Stiftung, München, Inv.-Nr. V 52

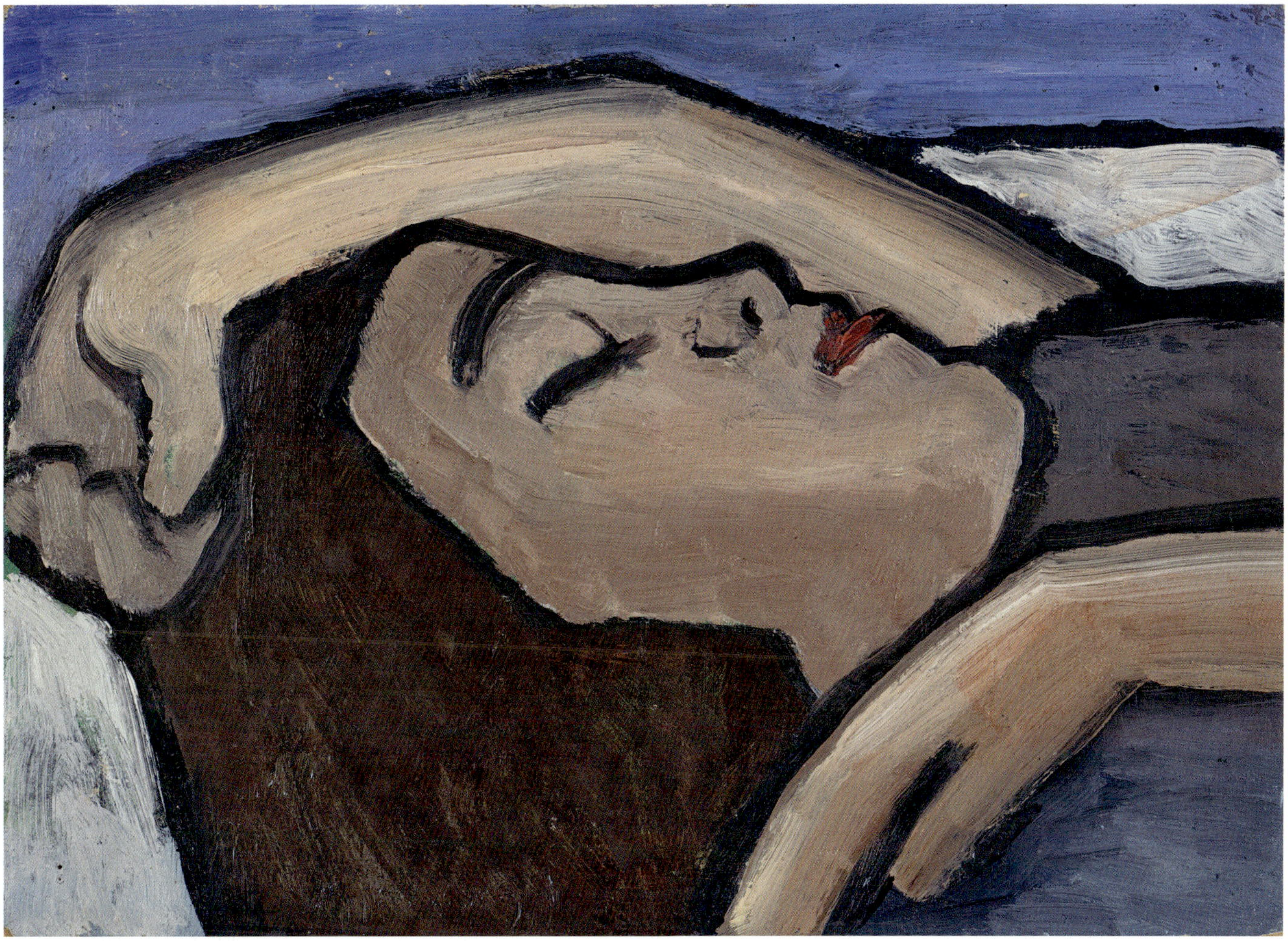

Kat. 178
Schlafendes Mädchen (braun, blau), 1934
Pappe, 24,1 × 33 cm | Gabriele Münter- und Johannes Eichner-Stiftung, München, Inv.-Nr. V 63

Eine neue Sehweise?

Gabriele Münter und die neue Gegenständlichkeit der Zwanzigerjahre

Gabriele Münter und die neue Gegenständlichkeit der Zwanzigerjahre

Nach dem Ersten Weltkrieg erlebte die europäische Malerei eine Wende: Viele Künstlerinnen und Künstler wandten sich von der Abstraktion und anderen avantgardistischen Strömungen ab, die nicht an der treuen Wiedergabe der sichtbaren Welt interessiert waren, wie zum Beispiel der Expressionismus und der Futurismus, und rekurrierten auf eine Wirklichkeitsauffassung, »die nach neuen künstlerischen, aber auch gesellschaftlich-politischen Lösungen verlang[t]e. Der Auflösung wird das Beharren entgegengesetzt, der Zersetzung die stabile Ordnung und dies auch in einem politischen Sinne«.[1] In der Malerei fanden diese Bestrebungen ihren Niederschlag in der Form einer neuen Gegenständlichkeit, die sich vorwiegend einer puristischen Bildsprache bediente. Sie mündete in die unterschiedlichsten Tendenzen, wie in die Pittura Metafisica in Italien und die Neue Sachlichkeit im Deutschland der Weimarer Republik.[2] Gabriele Münter war in dieser Zeit viel unterwegs, sie sprach mittlerweile fünf Sprachen, hatte ein weitreichendes Netzwerk und befasste sich mit diesen neuen Kunsttendenzen.

Im Februar 1920 kam Münter nach fünf Jahren Abwesenheit nach Deutschland zurück.[3] Bis Mai blieb sie in Berlin. Danach lebte sie bis Ende 1924 vorwiegend in München und Murnau und hielt sich immer wieder auf Schloss Elmau auf. Von Dezember 1924 bis Mai 1925 hatte sie ihren Lebensmittelpunkt in Köln. Bevor sie sich dann im Oktober 1925 in Berlin niederließ, wo sie bis Juni 1929 blieb, verbrachte sie noch ein paar Monate in Murnau. Im Oktober 1929 ging sie für ein Jahr nach Frankreich, zuerst nach Paris und ab September 1930 in den Süden des Landes. Während dieses wechselvollen Lebensabschnitts sah Münter zahlreiche Ausstellungen und traf viele Künstlerinnen und Künstler. Sie war stets mit großer Neugierde unterwegs, sei es in Berlin, in München oder in Paris, und war daher über die aktuellen Kunsttendenzen bestens informiert. Sie selbst malte in diesem Jahrzehnt verhältnismäßig wenig: Um die 120 Gemälde sind heute aus dieser Zeit bekannt.[4] Trotzdem ist in einer Gruppe von Bildern eine Veränderung ihres Malstils festzustellen. Eine schlichte Formensprache, festumrissene Motive und die Verminderung, teils gar die Austilgung der Spuren des Malprozesses sind wesentliche Merkmale davon. Durch diese nüchterne und scharfe Malweise herrscht eine emotionslose Atmosphäre und die Szenen wirken zum Teil artifiziell. Diese Werke entstanden parallel zu Arbeiten in anderen verschiedenen Stilen vorwiegend zwischen 1926 und 1930 – in der Zeit, in der die Künstlerin in Berlin und Paris lebte.

Die ersten datierten Gemälde, in denen diese neue Bildsprache sichtbar ist, schuf sie 1926 in Berlin. Sie ist sowohl bei Porträts als auch bei Stillleben oder Interieurs zu beobachten. Abb. A; B Ein prominentes Bild dieser Malrichtung aus dem Jahr 1928, *Sinnende II*, zeigt eine Frau, die in einem undefinierbaren Raum sitzt. Kat. 180 Durch ihre Sitzhaltung, bei der sie den Kopf in die Hand gestützt hält, ist ein Teil ihres Gesichts nicht erkennbar, was die geheimnisvolle Stimmung des Bildes verstärkt. Münters Farbauftrag in leichten Abstufungen könnte von der Malerei ihres Lehrers Arthur Segal angeregt worden sein, bei dem sie ab 1926 Kurse besuchte. Bemerkenswert ist vor allem, wie sie den Körper der Frau geometrisiert. Die zylinderartigen Formen, auf deren Oberflächen das Licht vibriert, erinnern an den Kubismus Fernand Légers (1881–1955). Abb. C Léger war für Münter kein Unbekannter. Herwarth Walden hatte ihn zum »Ersten Deutschen Herbstsalon« im September 1913 nach Berlin eingeladen, auf dem auch Münter mit sechs Gemälden prominent vertreten war.[5] Von da an stellte der Franzose nicht nur immer wieder in Waldens Galerie ›Der Sturm‹ aus, sondern war auch regelmäßig auf anderen deutschen Ausstellungen präsent. 1928 – im Entstehungsjahr von *Sinnende II* – organisierte Alfred Flechtheim Légers bis dahin umfassendste Schau in seiner Berliner Galerie.[6] Noch vor ihrem längeren Pariser Aufenthalt hatte Münter also durchaus Gelegenheit, die aktuelle Malerei Légers zu sehen.

1
Olaf Peters, »Ästhetik der Neuen Sachlichkeit«, in: Ausst. Kat. *Das Auge der Welt. Otto Dix und die Neue Sachlichkeit*, hg. vom Kunstmuseum Stuttgart, red. von Ilka Voermann [Stuttgart, Kunstmuseum Stuttgart, 2012/13]. Ostfildern 2012, S. 33. Freundlicher Hinweis von Karin Althaus.

2
Über die Internationalität und die Vielschichtigkeit der Neuen Sachlichkeit, siehe Peters 2012, wie Anm. 1.

3
Siehe Kapitel »Landschaften und Szenen im Freien«, S. 55.

4
Zahl aus der Arbeit am Werkverzeichnis der Gemälde von Gabriele Münter, das bei der Gabriele Münter- und Johannes Eichner-Stiftung in Vorbereitung ist. Zu den Gründen dieser geringen Produktivität, siehe Kapitel »Landschaften und Szenen im Freien«, S. 56.

5
Zu Herwarth Walden siehe Kapitel »Arbeit und Technik«, S. 214.

6
Die Ausstellung in der Galerie Alfred Flechtheim fand vom 6. Februar bis zum 2. März 1928 statt. Zu dieser Ausstellung und zur Rezeption des Werks von Fernand Léger in Deutschland siehe: Martin Schieder, »Fernand Légers Ausstellung bei Alfred Flechtheim 1928 in Berlin«, in: *Distanz und Aneignung. Kunstbeziehungen zwischen Deutschland und Frankreich 1870–1945*, hg. von Alexandre Kostka und Françoise Lucbert. Berlin 2004, S. 139–158. In dem Beitrag merkt Schieder an, dass die Rolle von Légers Malerei im Werk deutscher Künstler des Expressionismus, des Bauhauses und der Neuen Sachlichkeit noch zu untersuchen sei, S. 142.

7
Eintrag vom 28.11. im Kalender von 1929, MES. Zu ihrem Besuch eines Zeichenkurses an der Académie de la Grande Chaumière 1906, siehe: Isabelle Jansen, »Gabriele Münter in Paris 1906 bis 1907«, in: Ausst. Kat. München/Bonn/Murnau 2000/01, S. 40.

8
Siehe Kapitel »Das Porträt«, S. 102–103.

Die überwiegende Anzahl von Münters Gemälden in dieser malerischen Auffassung nahe der Neuen Sachlichkeit entstand jedoch erst während ihres Aufenthalts in Paris 1929/30. Die Malerin kam am 26. Oktober 1929 dort an und wohnte zunächst im Hôtel d'Odessa im Montparnasse-Viertel. Zwei Tage später suchte sie die Académie de la Grande Chaumière auf, an der sie im Jahr 1906 einen Zeichenkurs belegt hatte. Zwischen Dezember 1929 und April 1930 nahm sie wiederholt das dortige Angebot zum Zeichnen wahr. In Paris traf Münter Künstlerkolleginnen aus Deutschland wieder. Darunter die Malerin Loulou Albert-Lazard (1885–1969), die sie in Berlin kennengelernt hatte, und die seit 1928 in der französischen Hauptstadt lebte.[8] In den ersten zwei Monaten verbrachte sie viel Zeit mit ihr. Sie traf sich ebenfalls häufig mit ihrer Münchner Freundin, der Malerin Constanze Schwedeler (1876–1962). Auch wenn ihre ersten Eindrücke nicht un-

A **Röschen, 1926**
Öl auf Pappe, 33 × 44,7 cm | Hubertus Melsheimer, Ascona

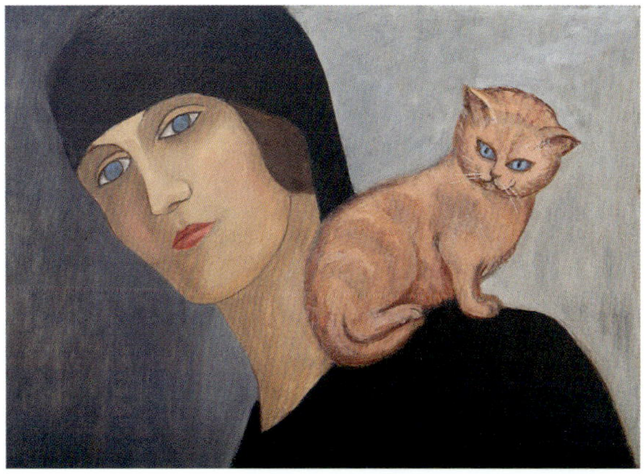

B **Rote Kakteenblüten auf blauem Grund, 1926**
Öl auf Pappe, 45 × 33,3 cm | Privatbesitz

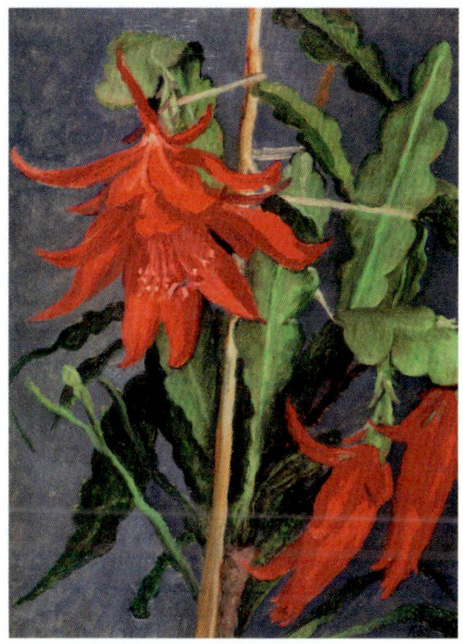

C **FERNAND LÉGER**
Les Femmes au Bouquet, 1921
Öl auf Leinwand, 73,2 × 92 cm | Musée national Fernand Léger, Biot, Donation Nadia Léger et Georges Bauquier (Biot), 1969, Inv.-Nr. MNFL 97029

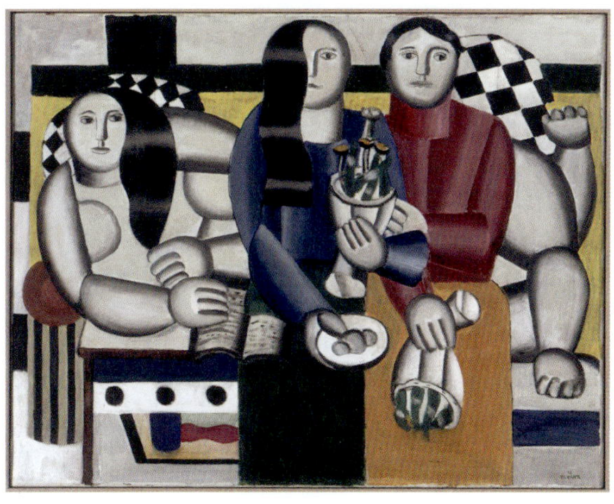

bedingt positiv waren, schien Paris sie zu beleben und zu inspirieren, ähnlich ihrem Aufenthalt 1906/07. Sie besuchte Museen, Galerien, Cafés – wie die berühmten Cafés La Rotonde, La Coupole und Le Dôme –, genoss die französische Küche, ging in Konzerte und auch ins Kino. Sie versuchte, Kontakte zu knüpfen und auszustellen – unter anderem traf sie den Galeristen Wilhelm Uhde. Im April wurde sie Mitglied der ›Fédération des Artistes‹. Und sie malte wieder viel. Von knapp 20 Gemälden aus dem Jahr 1929 entstanden allein zwei Drittel in Paris. Das Jahr 1930 wurde mit 75 Werken ihr produktivstes in der Malerei seit 1911. Insgesamt schuf sie rund 60 Bilder in Frankreich. Bereits im Dezember 1929 malte sie *Dame im Sessel, schreibend (Stenographie. Schweizerin in Pyjama)*, das die Komposition einer sitzenden Frau in einem undefinierbaren Raum von dem früheren Werk *Sinnende II* aufgreift. Kat. 179 Es ist zwar auch ein klar komponiertes und schlichtes Bild, das aber durch den Verzicht auf geometrisierende Formen persönlicher und intimer wirkt.

Das *Stilleben mit rotem Besteck* zeigt ebenfalls den für diese Bilder typischen nüchternen Stil. Kat. 186 Durch die Schlichtheit und die Fokussierung auf die Schale, die aus ihrem Umfeld herausgerissen ist, erinnert das Bild an eine fotografische Nahaufnahme. Die Anregung zu diesem Motiv fand Münter, als sie den Tisch nach dem Abendessen abräumte.[9]

In einer kleinen Reihe von Ansichten von Paris und seiner Umgebung findet sich diese schlichte Formensprache wieder. Kat. 183–185 Das Thema ›Bauarbeiten‹ in dem Gemälde *Baugerüst* war für Münter nicht neu. Bereits 1912 schuf sie den Holzschnitt *Bauarbeit*.[10] Das Pariser Gemälde entstand im März 1930 nach einer am 18. Januar desselben Jahres in der Rue du Cherche-Midi im Montparnasse-Viertel gezeichneten Bleistiftskizze.[11] Die Bauarbeiter und das Gerüst fallen besonders auf: beide sind als Schattenrisse dargestellt, und die Arbeiter erscheinen nur noch als Strichmännchen. Die zeichnerische Begabung Münters tritt hier eindrucksvoll zutage.

In den folgenden Jahren finden sich weiterhin einzelne Gemälde in diesem klaren Stil in Münters Werk. *Vorstadthäuser mit Barockkirche* (*Ramersdorf. Scheubner-Richterstraße*, 1936) strahlt eine kühle Atmosphäre aus, die nicht durch scharf umrissene Gegenstände erreicht wird, sondern durch das Motiv einer menschen- und autoleeren Straße und den Verzicht auf jegliche Details, wie zum Beispiel Fenster und Türen an den Häusern.[12] Kat. 77 Dem Gemälde liegt eine Bleistiftskizze zugrunde, die Münter am 16. August zeichnete. Abb. D Interessanterweise handelt es sich um eine detaillierte Skizze, die durch die Darstellung von Büschen und Ästen idyllischer und nicht so gespenstisch wirkt wie das Ölbild. In der oberen rechten Ecke des Blattes notierte Münter nicht nur das Datum, sondern auch die genaue Adresse: »Scheubner Richterstr. 31«. Diese Straße befand sich im Münchner Stadtteil Ramersdorf. Die Mustersiedlung wurde 1934 gebaut und im Rahmen der »Deutschen Siedlungsausstellung« zusammen mit einer Ausstellung auf dem Messegelände und einer Gartenschau 1934 eröffnet. Relevant für unser Thema ist, dass Juliane und Franz Roh in dieser Straße wohnten.[13] Der Kunsthistoriker Franz Roh führte 1925 mit seinem Buch *Nachexpressionismus. Magischer Realismus. Probleme der neuesten europäischen Malerei* den Begriff des »Magischen Realismus« ein. Damit versuchte er die neue, gegenständliche Tendenz in der Malerei zu beschreiben, die Gustav Friedrich Hartlaub zur selben Zeit mit seiner Ausstellung »Neue Sachlichkeit. Deutsche Malerei seit dem Expressionismus« in der Kunsthalle Mannheim 1925 vorstellte und deren Titel sich als Bezeichnung schließlich durchsetzte. Münter kannte Franz Roh mindestens seit 1924, wie es ihrem Kalender zu entnehmen ist, und sie besuchte häufiger das Paar in Ramersdorf, welches sie selbst als »malerisch« bezeichnete.[14] Am 29. März 1936 sah sie zum ersten Mal »das schöne Häuschen« der Rohs, das ihr besonders gefiel, wie sie in ihrem Kalender schrieb. Das Bild *Vorstadthäuser mit Barockkirche* entstand also nach dem Eindruck eines Besuchs bei den

9
»Gestern abend wollte ich längst beabsichtigte Karten u. B[rie]fe schreiben – zu nähen wäre auch was – aber malte statt dessen ein Stilleben, das ich sah beim Tischabräumen. Das rote Salatbesteck in weißer Schale+ (u. Citrone)+ mit Schlagschatten.« Brief an Eichner vom 13.2.1930, MES.

10
Siehe Kapitel »Arbeit und Technik«, S. 214f.

11
Im Skizzenbuch, Inv.-Nr. Kon. 46/69, S. 57, MES.

12
Zu diesem Gemälde und zu weiteren Werken, die die Nähe von Münters Malerei zur Neuen Sachlichkeit zeigen, siehe: Windecker 1991, S. 185ff. und S. 191ff.

13
Freundliche Auskunft von Ursula Henn am 7.1.2015.

14
Eintrag vom 13. Januar im Kalender von 1939, MES.

15
Das Entstehungsdatum vermerkte sie in ihrem Arbeitsheft, MES. Zu der Frage siehe Kapitel »Arbeit und Technik«, S. 216–218.

16
Hille 2012, Farbabb. S. 204.

Rohs. Doch das Motiv, die NS-Mustersiedlung, und das Entstehungsdatum, der 21. August 1936, kurz vor der Eröffnung der Ausstellung »Die Strassen Adolf Hitlers in der Kunst«, an der Münter beteiligt war, werfen die Frage auf, ob es sich hier um einen Anpassungsversuch an ein von der NS-Kulturpolitik bevorzugtes Thema handeln könnte.[15]

Das Stillleben *Zweierlei* von 1938 Abb. E ist ein weiteres Beispiel aus den 1930er-Jahren für diese kühle Bildsprache. In dieser Komposition kulminiert die Gegenstandsschärfe im Schatten des Tisches auf der kahlen Wand. Ein Blumenbild mit gelben Blüten von 1951 zeigt, dass Münter auch viele Jahre später immer wieder gerne auf diese schlichte Darstellungsweise zurückgriff.[16]

D **Skizze zu dem Gemälde Vorstadthäuser mit Barockkirche, 1936**
Bleistift auf Papier, 15,2 × 22,1 cm | Gabriele Münter- und Johannes Eichner-Stiftung, München, Skizzenbuch, Inv.-Nr. Kon. 37/20, S. 47

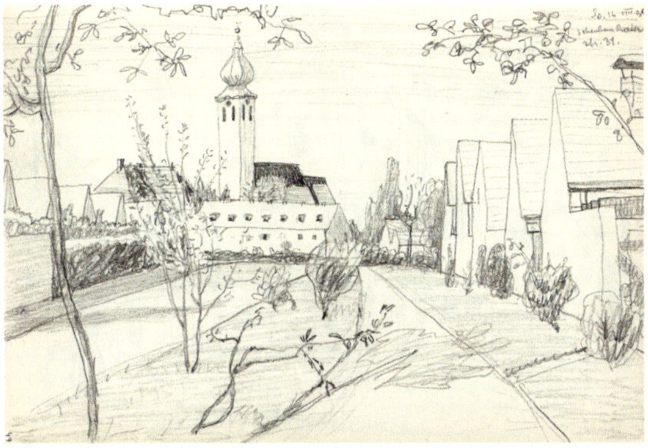

E **Zweierlei, 1938**
Textiler Bildträger, 88,5 × 66,4 cm | Gabriele Münter- und Johannes Eichner-Stiftung, München, Inv.-Nr. S 108

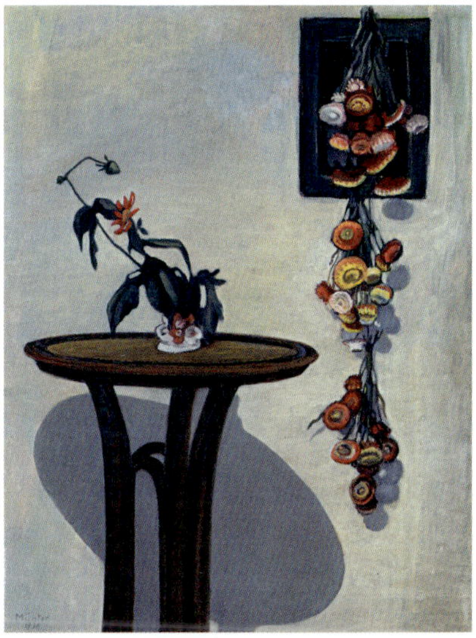

F **OTTO DIX**
Bildnis der Journalistin Sylvia von Harden, 1926
Öl auf Holz, 121 × 89 cm | Centre Pompidou, Paris. Musée national d'art moderne – Centre de création industrielle, Inv.-Nr. AM 3899 P

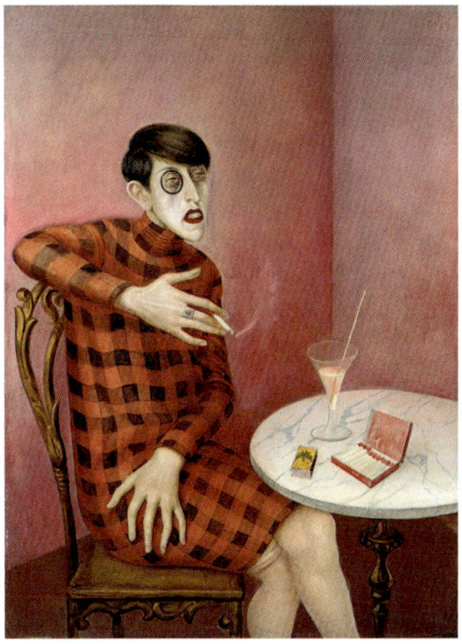

Die neusachliche Ästhetik ist in Münters Werk ab 1926 in Berlin festzumachen. Dort hatte sie Gelegenheit, sich über die aktuellen Kunsttendenzen zu informieren. Sie frequentierte das Romanische Café – einen wichtigen Treffpunkt von KünstlerInnen und Intellektuellen –, wo sie sich mit der Schriftstellerin und Schauspielerin Eleonore Kalkowska (1883–1937) traf.[17] Sie kannte ebenfalls die Journalistin Sylvia von Harden (1894–1963), die Otto Dix (1891–1969) 1926 in einem Gemälde, das später zur Ikone der Neuen Sachlichkeit wurde, porträtiert hatte. Abb. F Münter selbst zeichnete um 1928 mehrere Porträts der Journalistin.[18] Sie verkehrte auch mit der Malerin Elli Heimann, die im Stil der Neuen Sachlichkeit arbeitete.[19] Ferner hatte sie vermutlich im Sommer 1923 auf Schloss Elmau den Kunsthistoriker Hartlaub kennengelernt, der, wie schon erwähnt, 1925 die für die neue Kunstrichtung namensgebende Ausstellung organisiert hatte.[20] Dies alles zeigt, dass Münter in Kreisen von Künstlerinnen und Künstlern der Neuen Sachlichkeit verkehrte. Ihre malerische Arbeit erfuhr aber erst in den Jahren 1929 und 1930 in Paris eine deutliche Wende: Dort wurde sie so produktiv wie 18 Jahre zuvor, und dort schuf sie mehrere Gemälde in einem »neusachlichen Stil«. Ihre Annäherung an diese Strömung blieb jedoch rein formal. Ihr Motivrepertoire änderte sich nicht und sie griff keine sozialkritischen Themen auf, wie der veristische Flügel dieser Kunstrichtung es tat. Ihre Neigung zu dieser Tendenz ist als eine künstlerische Reaktion auf ihr Umfeld zu interpretieren. Es ist ein Zeichen ihrer Experimentierfreude und ihrer Offenheit gegenüber neuen Entwicklungen in der Kunst.

17
Eintrag vom 26. März im Kalender von 1926, MES.

18
Die Unvergleichliche (Die Dichterin Sylvia von Harden), 1928, Bleistift, 28,7 × 22 cm, Städtische Galerie im Lenbachhaus und Kunstbau München, Inv.-Nr. GMS 1073, Abb. in: Ausst. Kat. München/Frankfurt/Stockholm 1992/93, Nr. 179; *Die Unvergleichliche (S. v. H.)* und *Sitzende mit Zigarette,* beide um 1928, Centre Pompidou, Paris. Musée national d'art moderne – Centre de création industrielle, Inv.-Nr. AM 2019-622 und AM 2019-623; *Auf dem Sofa,* (Zwei Blätter), beide um 1928, MES Inv.-Nr. Kon. 29/56 und 29/57. Münter traf von Harden laut einem Eintrag in ihrem Kalender am 19. März 1928.

19
Ausst. Kat. München/Frankfurt/Stockholm 1992/93, Text zu Nr. 180, S. 284.

20
In einem Skizzenbuch von 1923/24 hat sie ihn porträtiert. Die Zeichnung ist folgendermaßen beschriftet: »Dr. G. Hartlaub 30 VIII«, Inv.-Nr. Kon. 46/57, S. 41, MES.

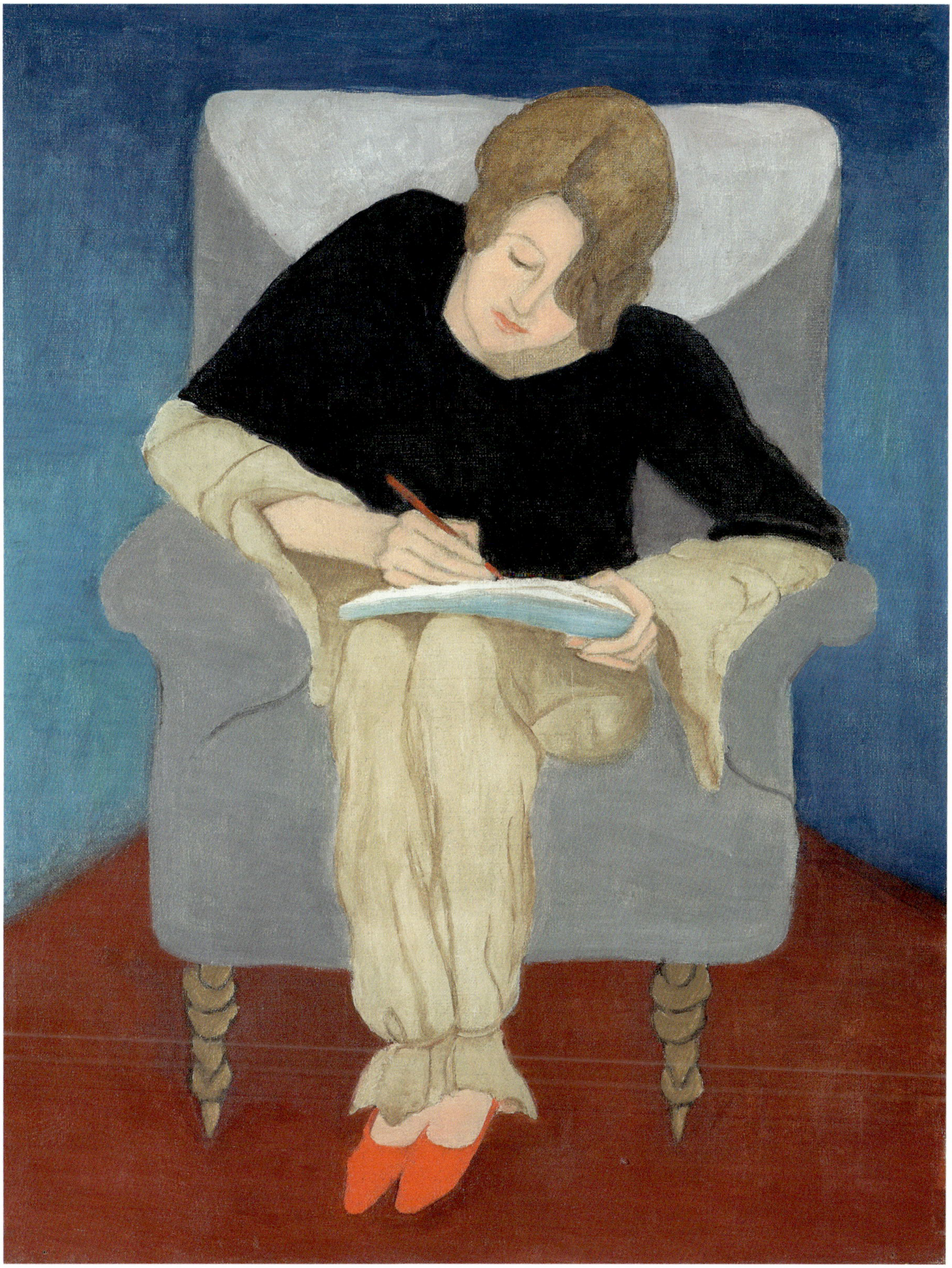

Kat. 179

Dame im Sessel, schreibend (Stenographie. Schweizerin in Pyjama), 1929

Textiler Bildträger, 61,5 × 46,2 cm | Gabriele Münter- und Johannes Eichner-Stiftung, München, Inv.-Nr. P 39

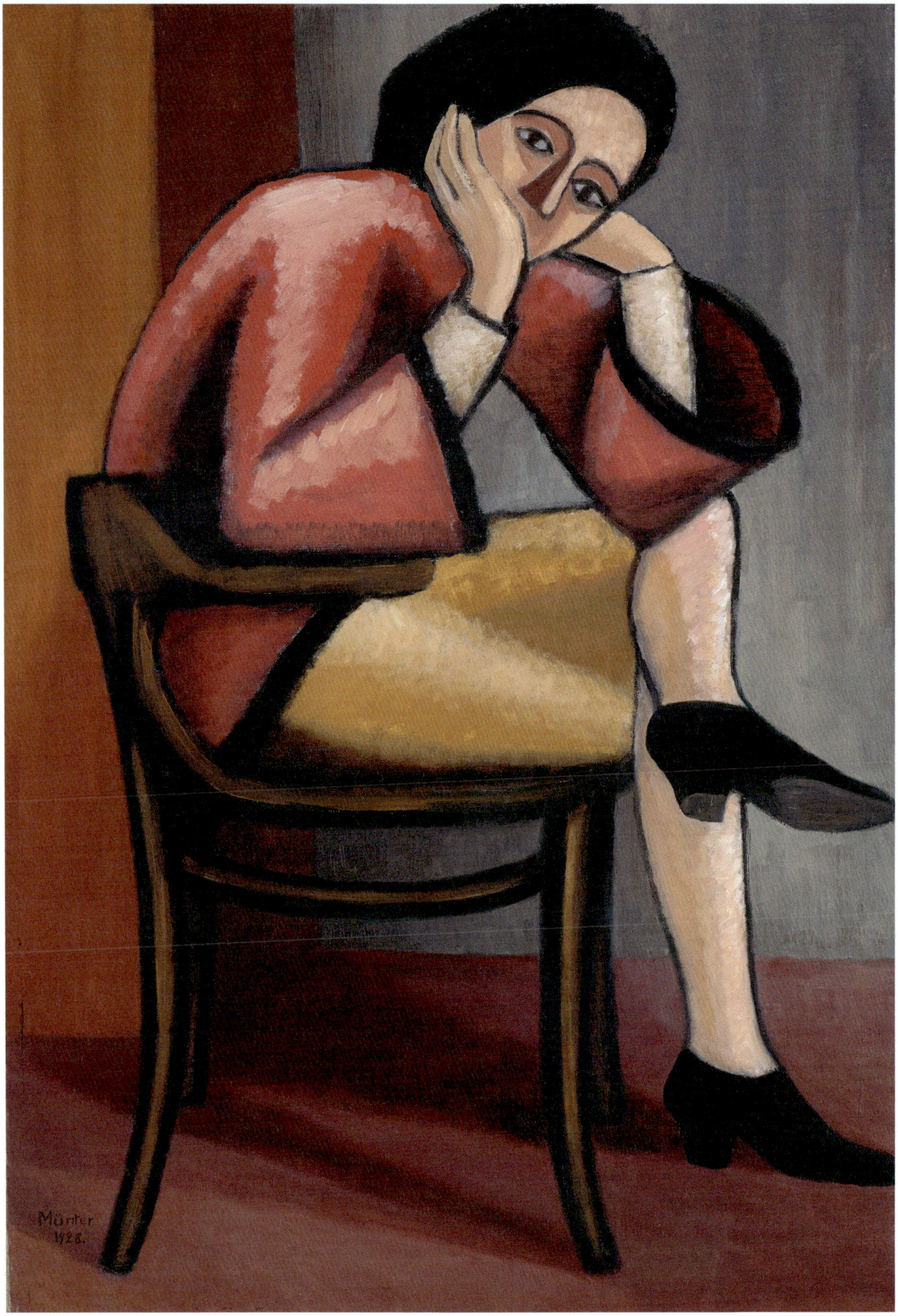

Kat. 180
Sinnende II, 1928
Textiler Bildträger, 95 × 65 cm |
The Museum of Modern Art, New York,
promised gift of Marie-Josée and
Henry R. Kravis, Inv.-Nr. PG136.2019

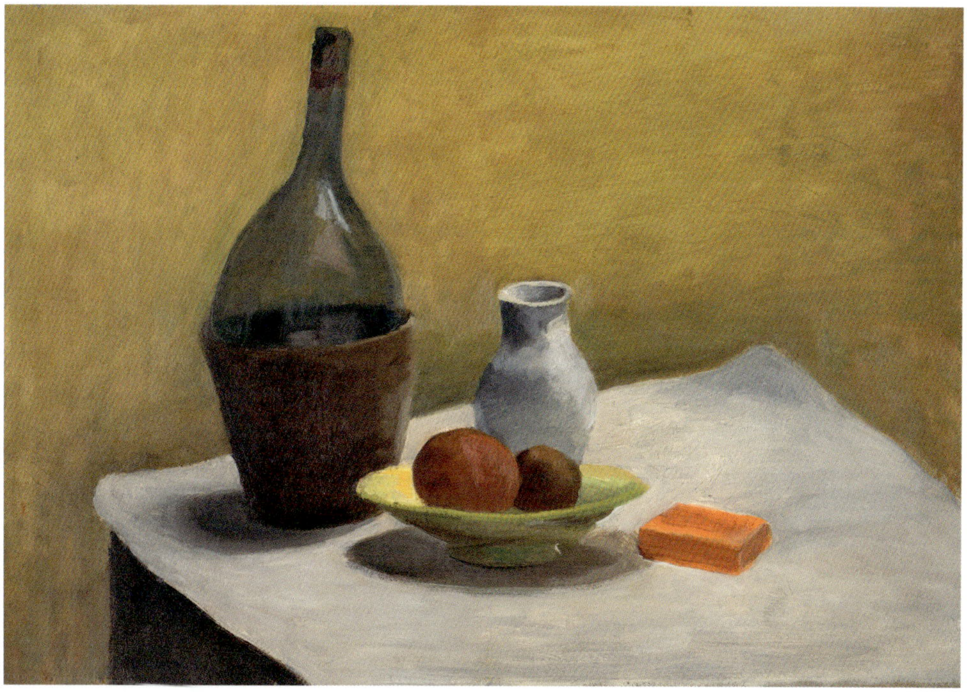

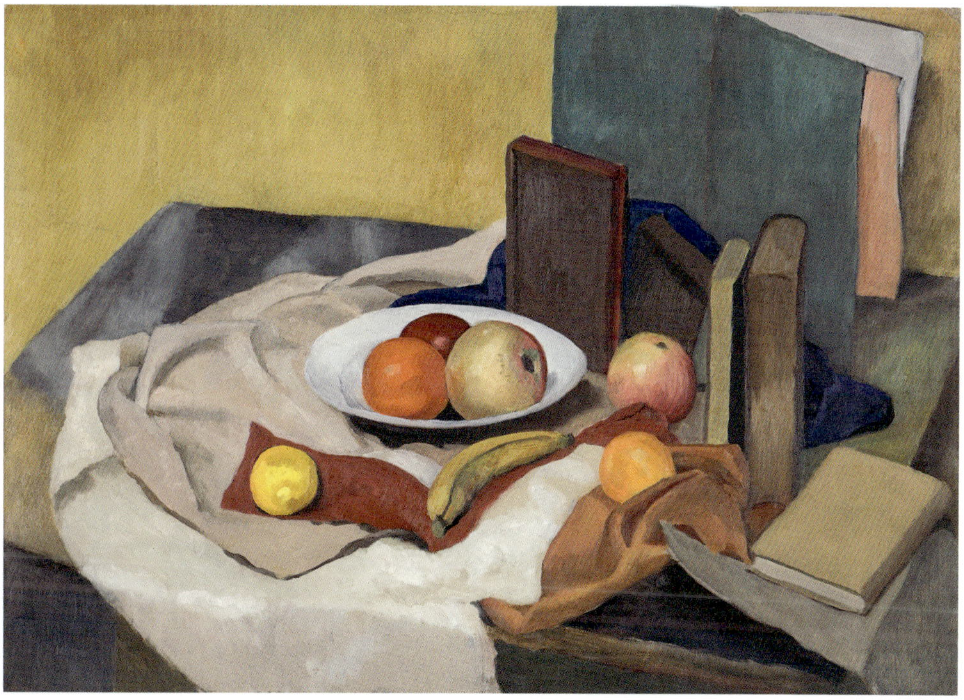

Kat. 181
Stillleben auf weißem Tischtuch, um 1926–30
Pappe, 50 × 70 cm | Gabriele Münter- und Johannes Eichner-Stiftung, München, Inv.-Nr. S 8

Kat. 182
Stillleben mit Büchern und Früchten, um 1926–30
Pappe, 51,2 × 70 cm | Gabriele Münter- und Johannes Eichner-Stiftung, München, Inv.-Nr. S 7

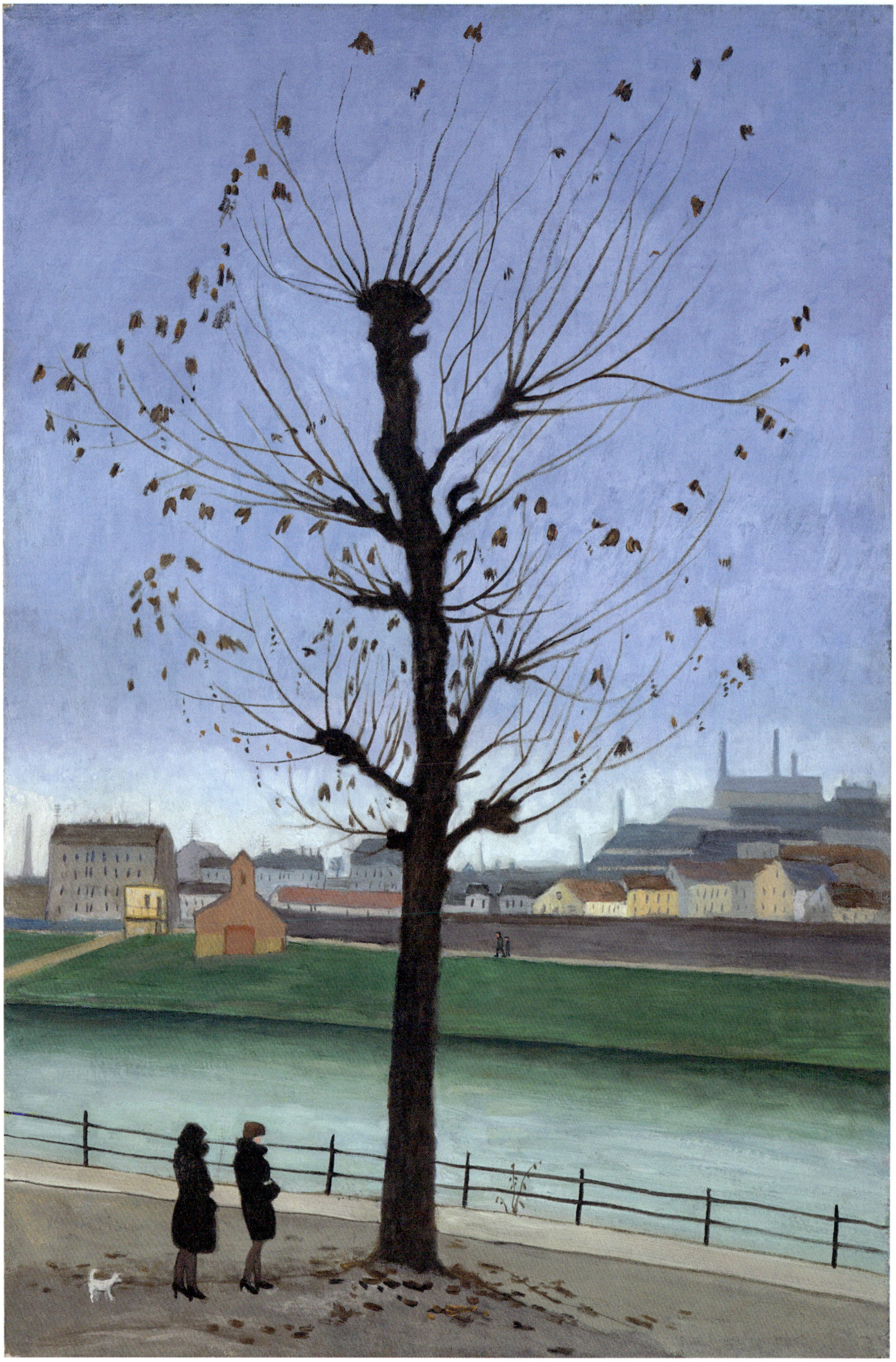

Kat. 183

Baum an der Seine, 1930

Textiler Bildträger, 92 × 60 cm |
Gabriele Münter- und Johannes Eichner-Stiftung, München, Inv.-Nr. L 10

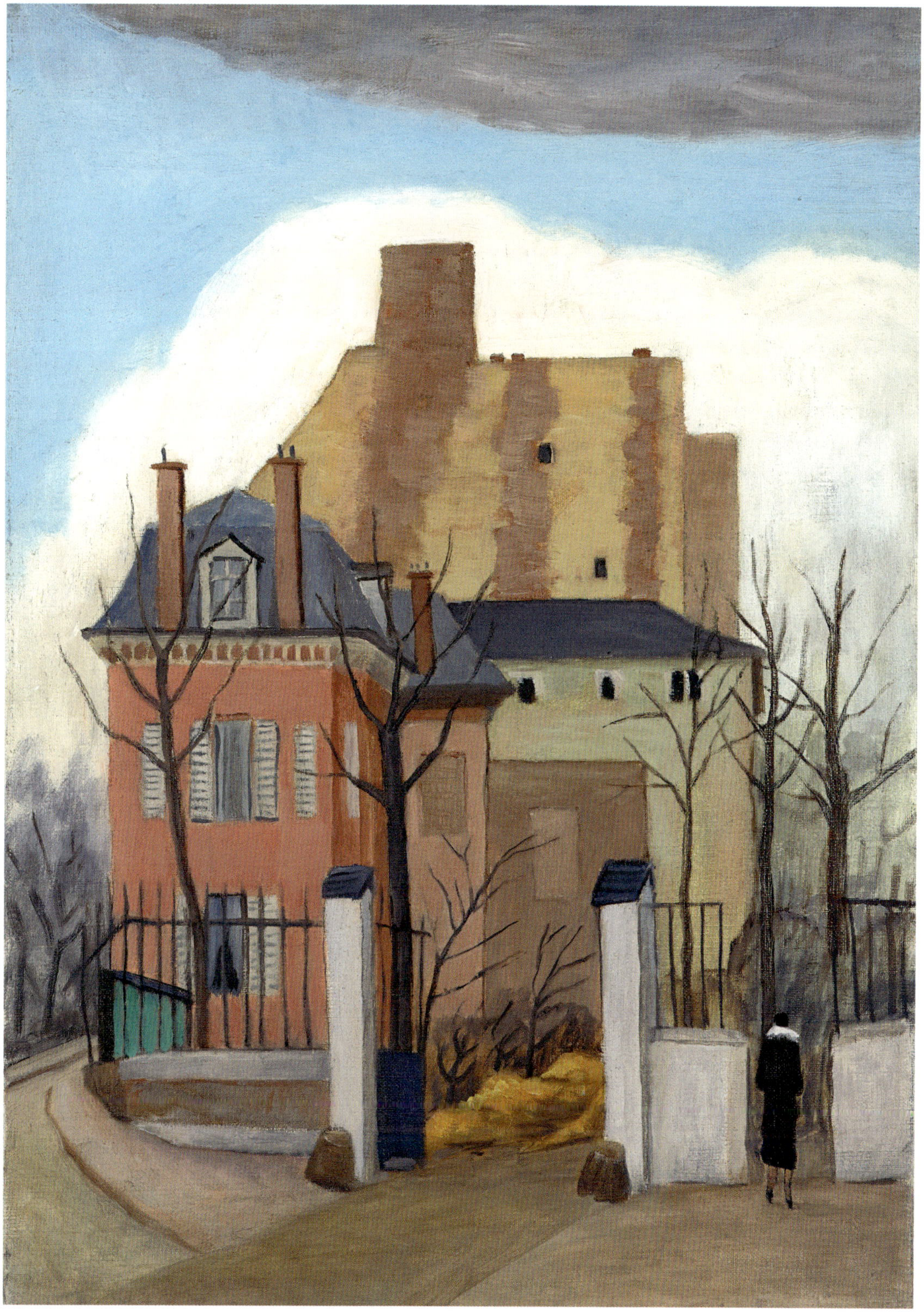

Kat. 184
Paris, Villa les Fleurettes, 1930
Textiler Bildträger, 55,4 × 38,4 cm |
Gabriele Münter- und Johannes Eichner-Stiftung, München, Inv.-Nr. L 53

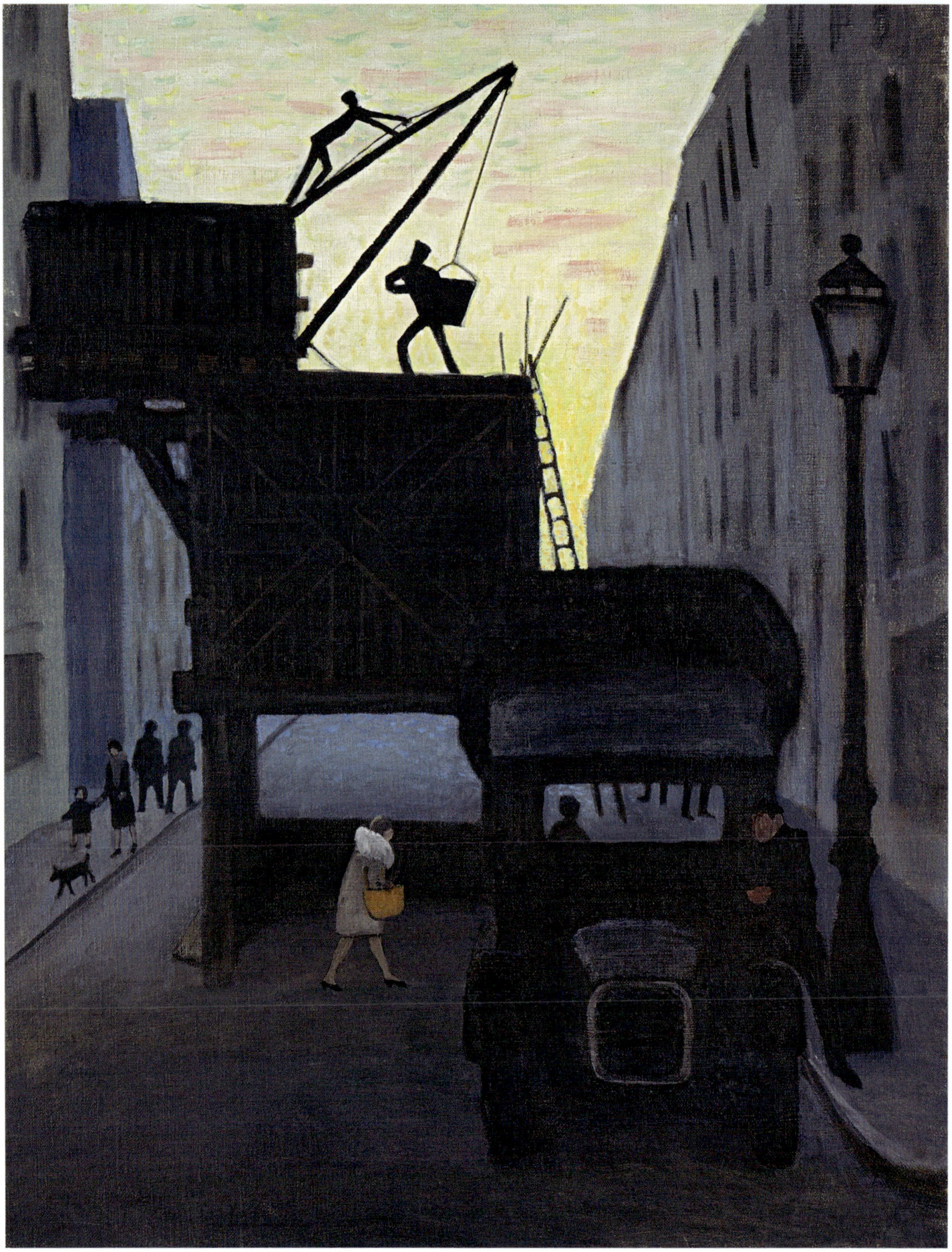

Kat. 185
Baugerüst, 1930
Textiler Bildträger, 61,2 × 46,6 cm | Gabriele Münter- und Johannes Eichner-Stiftung, München, Inv.-Nr. V 8

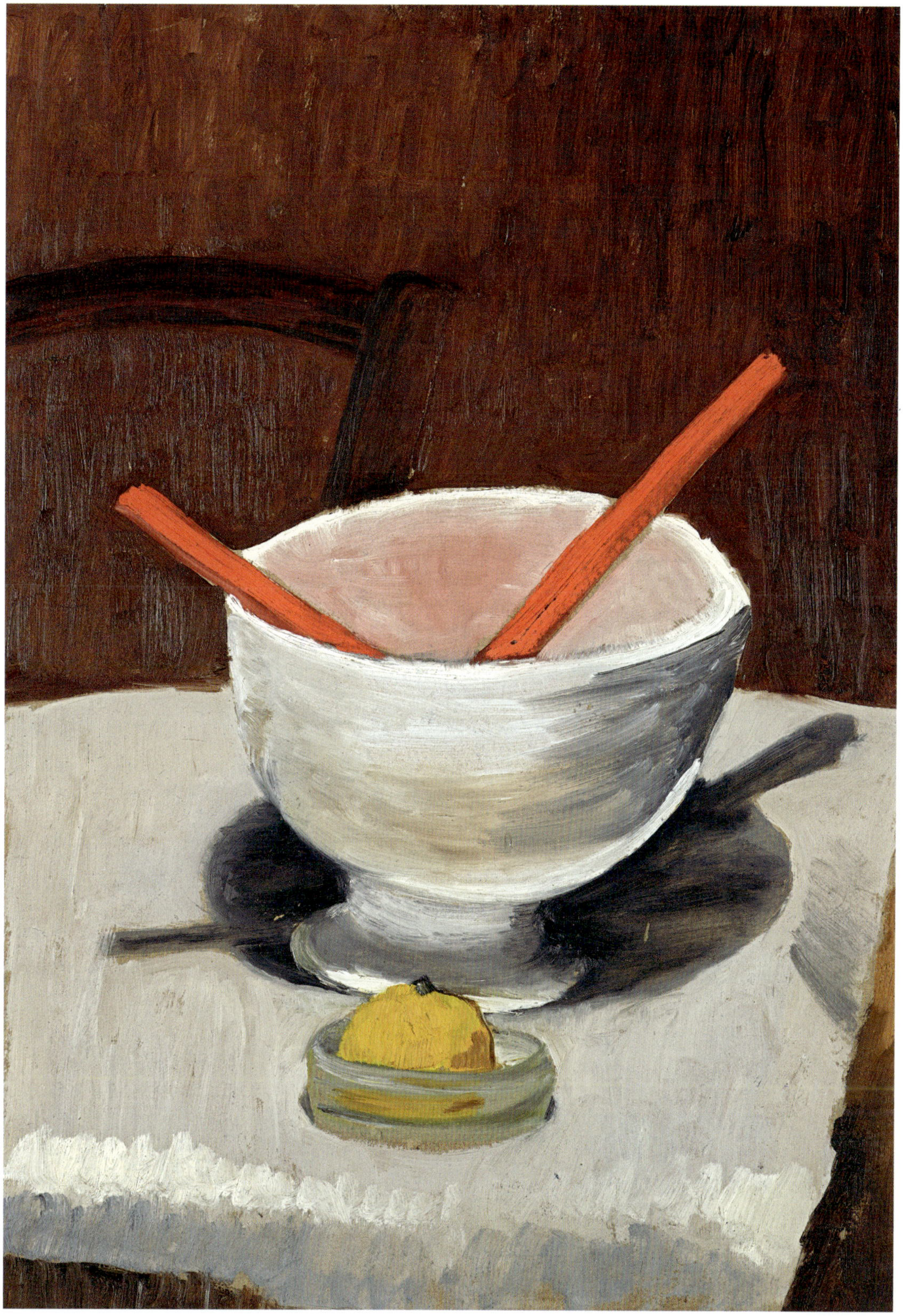

Kat. 186
Stilleben
mit rotem Besteck, 1930
Pappe, 55 × 38,1 cm | Gabriele Münter- und Johannes Eichner-Stiftung, München, Inv.-Nr. S 31

»Das Ungeheuer frißt u. läßt fallen.«[1]

Arbeit und Technik

Arbeit und Technik

Obwohl Arbeit und Technik Sujets sind, die Gabriele Münter schon früh und immer wieder aufgriff, wurden sie bis jetzt wenig rezipiert.[2] Bereits während ihrer USA-Reise von 1898 bis 1900 wendete sie sich diesen Themen zu: Sie zeichnete und fotografierte ihre Verwandten bei der Feldarbeit oder vor sogenannten Roller Mills – von ihrem Cousin John Schreiber geführten Walzmühlen zur Holzverarbeitung – in Moorefield, Arkansas.[3] Abb. A; Kat. 19; 20 Dampfer auf dem Mississippi hielt sie ebenso fotografisch fest wie Eisenbahnkonstruktionen und Lokomotiven. Sie erkannte das raumgestaltende Potenzial von technischen Gegenständen und setzte Seile und Taue als Kompositionsmittel in ihren Aufnahmen ein. Kat. 23; 24; 21 In ihrer Malerei finden sich 1911 erste Werke mit arbeitsbezogenen Motiven, so zum Beispiel in *Aus dem Ruhrgebiet II* und *Murnauer Straße mit Ochsengespann.*[4] Abb. B; C Während *Aus dem Ruhrgebiet II* eine industrielle Landschaft zeigt, ist bei *Murnauer Straße mit Ochsengespann* eine Szene aus dem Bauernleben in Murnau zu erkennen.

Münters bevorzugtes Motiv aus dem Themenfeld Arbeit und Technik sind Bauarbeiten. In zwei verschiedenen Phasen ihres Lebens beschäftigte sie sich besonders intensiv damit, nämlich 1912 und in den Jahren 1935 bis 1937. Während 1912 allerdings nur ein einziges Gemälde entstand (*Bauarbeit* Kat. 187), ließ sich die Künstlerin in diesem Jahr von Baustellen zu einer Reihe von Zeichnungen inspirieren. Zu sehen sind Straßenarbeiter beim Schuttabladen und von Pferden gezogene Fuhrwerke.[5] Sie schuf ebenfalls einen Holzschnitt mit einer vereinfachten Komposition dieses Sujets, der im November auf dem Umschlag der ›Sturm‹-Zeitschrift erschien.[6] Abb. D Das Gemälde *Bauarbeit* ist ein stimmungsvolles Bild, das im Vordergrund einen Betonmischer und einen Erdhaufen zeigt. Im Hintergrund ist ein Arbeiter an einer Werkbank tätig. Der Reiz dieser Darstellung besteht vor allem in der Wiedergabe des Lichts: Die Szene spielt sich an einem kalten Wintertag ab und das Licht der untergehenden Sonne färbt die Gegenstände orange und violett.

Nach dem Ersten Weltkrieg entstanden die meisten Gemälde mit Bezug zur Arbeitsthematik in den 1930er-Jahren. In Paris malte Münter beispielsweise ein Baugerüst, in Südfrankreich Arbeiter im Hafen von Cassis und in der Umgebung von Murnau eine Heuernte am Riegsee.[7] Kat. 185; 188 Jedoch erst ab 1935 befasste sie sich wieder intensiv mit etlichen Motiven, die mit Technik zu tun hatten. Vorlagen hierfür fand sie direkt vor ihrer Haustür in Murnau: Der zweigleisige Ausbau der Bahnstrecke Murnau–Garmisch-Partenkirchen sowie der Bau der Straße nach Garmisch-Partenkirchen, der sogenannten Olympiastraße, die beide anlässlich der Olympischen Winterspiele von 1936 errichtet wurden. Kat. 191–199 Allein oder mit ihrem Lebensgefährten Johannes Eichner ging Münter sehr oft, teilweise sogar täglich zum »Baggerplatz« – damit meinte sie die Baustelle der Olympiastraße –, zeichnete, malte und unterhielt sich mit den Arbeitern. Am 26. August 1935 notierte sie in ihrem Kalender: »nach 11 mit Ei[chner] zum Baggerplatz. Heute besonders interessant u. schön. bis nach 1 dort.« Der Bagger als mächtig wirkende Maschine schien sie besonders zu faszinieren. Er wurde Mittelpunkt der meisten Gemälde im Zusammenhang mit diesen Bauarbeiten. Sie sah ihn als »Ungeheuer[, das] frißt u. [...] fallen [läßt]«.[8] Anfang August 1935 fertigte sie zwei Versionen eines braunen Löffelbaggers. Eine Version entstand vor dem Motiv, Kat. 194 die andere im Atelier nach einer Zeichnung. Kat. 195 Münter ging zwar den ganzen Monat und auch noch im September regelmäßig zum »Baggerplatz«, doch realisierte sie zwischen dem 7. August und 17. September kein Gemälde mehr davon. Im Oktober erschien der blaue Bagger in ihrem Repertoire und vom 19. bis zum 23. November 1935 arbeitete sie an dem großformatigen Bild *Der blaue Bagger (Baustelle an der Olympiastraße nach Garmisch)*, das sie im Mai 1936, in einer Zeit, in der viele Papierarbeiten mit dem Baustellenmotiv entstanden, übermalte beziehungsweise neu malte.[9] Kat. 199 Im selben Monat überarbeitete sie ein anderes Bild, *Rauchender Bagger in Landschaft (Baustelle an der Olympiastraße)*, indem sie Figuren in die Komposition einfügte. Kat. 198

1
Eintrag in Münters Kalender am 2. August 1935, MES.

2
Eine Ausnahme ist Reinhold Heller, der das Thema Arbeit erwähnt, in: Ausst. Kat. Milwaukee/Columbus/Richmond/San Antonio 1997–99, S. 151.

3
Annegret Hoberg, »Gabriele Münter in Amerika«, in: Ausst. Kat. München 2006/07, S. 19.

4
Es existieren zwei Fassungen von *Aus dem Ruhrgebiet*: *Aus dem Ruhrgebiet I*, 32,9 × 40,7 cm und *Aus dem Ruhrgebiet II*, 32,8 × 44,8 cm, beide 1911, Pappe, MES; Skizzen in Skizzenbüchern, Inv.-Nr. Kon. 46/38, S. 13–17, Inv.-Nr. Kon. 46/40, S. 32–33, MES. Entwurf mit dem Titel *Pferdefuhrwerk mit Sonne – Zeichnung Nr. 4, Herford*, um 1911/12, Aquarell und Tusche, 21,2 × 16,4 cm, Städtische Galerie im Lenbachhaus und Kunstbau München, Inv.-Nr. GMS 1076, Abb. in Ausst. Kat. *»Der Blaue Reiter«. Aquarelle, Zeichnungen und Druckgraphik aus dem Lenbachhaus. Ein Tanz in Farben*, hg. von Helmut Friedel und Annegret Hoberg [München, Städtische Galerie im Lenbachhaus und Kunstbau, 2010; Wien, Albertina, 2011], München 2010, Nr. 244.

5
Abb. in Ausst. Kat. München/Bonn/Murnau 2000/01, unter Nr. 41 und in Ausst. Kat. *»Der Blaue Reiter«*. München 2010, wie Anm. 4, Nr. 238–240.

6
Herwarth Walden, 1910 Gründer und Herausgeber der ›Sturm‹-Zeitschrift sowie Leiter der ›Sturm‹-Galerie, die er 1912 eröffnete, zeigte im Januar/Februar 1913 eine Einzelausstellung zu Gabriele Münter mit weiteren Stationen u. a. in München, in Frankfurt am Main und in Dresden – siehe Einzelausstellungsliste im Anhang dieses Katalogs, S. 264. Er publizierte zu diesem Anlass von November 1912 bis Mai 1913 Holzschnitte der Künstlerin in seiner Zeitschrift.

7
Am Riegsee, 1931, Öl auf Pappe, 33 × 40,5 cm, Kunsthalle Emden. Dauerleihgabe aus Privatbesitz. Farbabb. in Ausst. Kat. Bietigheim-Bissingen 1999, S. 150.

8
Wie Anm. 1.

9
Laut den Angaben in ihrem Arbeitsheft überarbeitete sie das Bild nochmals im Januar 1937 und übermalte es wieder im Februar 1937.

A **Roller Mills in Moorefield, 1899**

Bleistift auf Papier, 17,3 × 21,3 cm | Gabriele Münter- und Johannes Eichner-Stiftung, München, Skizzenbuch, Inv.-Nr. Kon. 36/2, S. 33

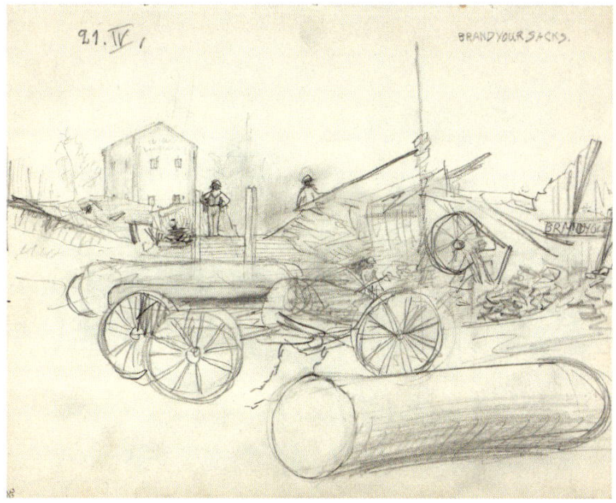

B **Aus dem Ruhrgebiet II, 1911**

Pappe, 32,8 × 44,8 cm | Gabriele Münter- und Johannes Eichner-Stiftung, München, Inv.-Nr. L 391

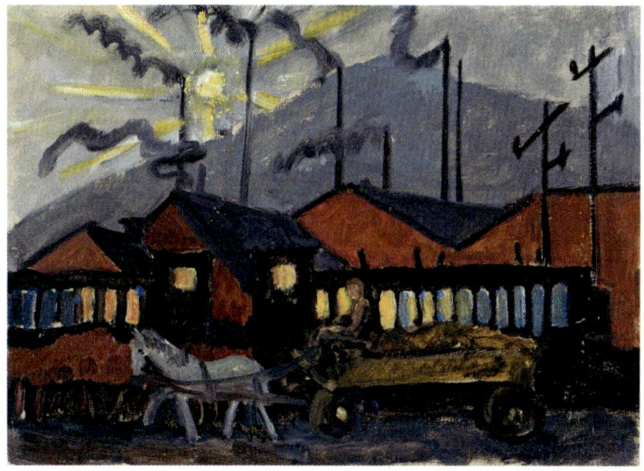

C **Murnauer Straße mit Ochsengespann, 1911**

Öl auf Pappe, 49,5 × 66 cm | Privatsammlung Süddeutschland

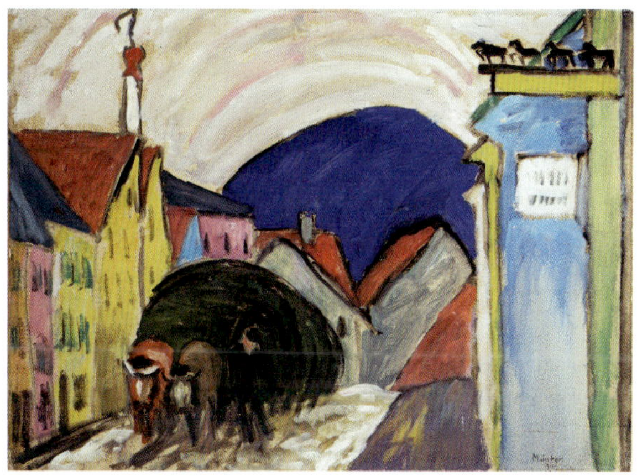

D **Bauarbeit, 1912**

Holzschnitt auf Japanpapier, 16,9 × 29,2 cm | Städtische Galerie im Lenbachhaus und Kunstbau München, Inv.-Nr. GMS 893

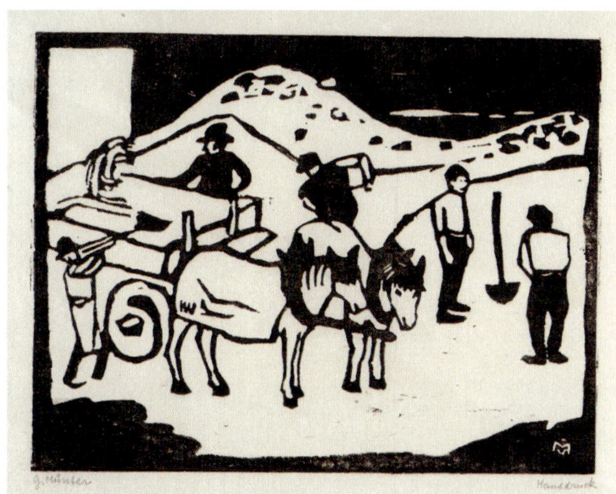

Die Vor- und Nacharbeiten zu *Der blaue Bagger (Baustelle an der Olympiastraße nach Garmisch)* waren besonders aufwendig, sodass der Schaffensprozess sich von 1935 bis 1937 ausdehnte. Diese Arbeitsweise ist für Münter jedoch nicht außergewöhnlich, sie findet sich bei anderen Bildschöpfungen wie *Puppe, Katze, Kind* wieder.[10] Im Januar 1937 entfernte sie auf Wunsch Eichners die Figur eines tragenden Mannes[11] und im Februar übermalte sie das Gemälde vollständig. Dass Eichner auf den Malprozess der Künstlerin Einfluss nahm, kam immer wieder vor.[12] *Der blaue Bagger (Baustelle an der Olympiastraße nach Garmisch)* ist das einzige Großformat – es misst 60,5 × 92,5 cm – in der Bilderserie zur Baustelle der Olympiastraße, während die anderen Werke mit 33 × 41/45 cm deutlich kleiner sind.[13] Es ist auch das einzige Bild, das so präzise ausgeführt wurde, während die anderen spontaner wirken. Münter schrieb darüber in ihrem Kalender im Januar 1937: »Das Baggerbild ist mehr naturalistisch, als die andren.« Wie bereits angemerkt, hatte sich Eichner in den Arbeitsprozess eingeschaltet; es ist daher nicht auszuschließen, dass er diesen anderen Stil anregte.

Die Entstehungsweise dieser »›Arbeit‹bilder« [sic!], wie Münter sie selbst nannte[14], ist entgegen dem recht einheitlichen visuellen Eindruck durchaus unterschiedlich. Manche malte sie vor dem Motiv, andere nach Zeichnungen oder nach Ölstudien und einige auch nach Fotografien. In ihrem Kalender von 1935 schrieb sie, dass sie am 31. August mit ihrer Freundin Elly Ehren, die einen Kodak-Fotoapparat besaß, zum »Baggerplatz« ging, um dort drei Aufnahmen von dem Bagger zu machen. In einem Skizzenbuch, das eine detaillierte Skizze zu *Der blaue Bagger (Baustelle an der Olympiastraße nach Garmisch)* enthält, befindet sich ein kleines Konvolut von Material, das als Grundlage für dieses in ihren Augen wichtige Gemälde diente. Es umfasst mehrere Skizzen auf losen Blättern, zwei Fotografien eines Baggers Abb. E sowie einen Zeitungsartikel aus den *Münchner Neuesten Nachrichten* vom 18. März 1936, der die Bauarbeiten für die Umgestaltung des Kleinhesseloher Sees im Englischen Garten in München beschreibt.[15] Zwei fotografische Aufnahmen, die Bagger beim Graben zeigen, illustrieren den Artikel.

Die Bildserie der Baustelle der Olympiastraße ruft die Frage hervor, aus welchen Beweggründen die Künstlerin von der NS-Kulturpolitik bevorzugte Sujets aufnahm. Kompositorisch und stilistisch passen diese Bilder dennoch nicht in das kunstpolitische Programm des Regimes. Münter verzichtete auf eine heroisierende Wiedergabe der Straßenarbeiter, die in ihrer Darstellung wie Spielzeugfiguren wirken.[16] Das gleiche gilt für ein weiteres Werk, *Ernte in Oberbayern,* das sie 1942 malte. Kat. 190

Problematischer als Münters mutmaßlicher Anpassungsversuch hinsichtlich der Sujets ist allerdings ihre Ausstellungstätigkeit. 1936 zeigte sie zwei Bilder in der Ausstellung »Die Strassen Adolf Hitlers in der Kunst« in München.[17] Im Katalog werden sie unter den Nummern 302 und 303 mit folgenden vagen Titeln aufgelistet: »Bagger (Öl)« und »Blauer Bagger (Öl)«. Da damals die Katalognummern auf der Rückseite der Gemälde notiert wurden, können wir die Bilder heute identifizieren. Es handelt sich um *Löffelbagger* und um *Der blaue Bagger (Studie).*[18] Kat. 194; 196 1957 beschrieb Johannes Eichner die Umstände, unter welchen diese zwei Werke in der Ausstellung »Die Strassen Adolf Hitlers in der Kunst« präsentiert wurden, folgendermaßen: »Schließlich leistete sich eine einflußreiche Dame, die innerlich von dem diktatorischen System schon abgefallen war, Erna Hanfstaengl, ein Satyrspiel, indem sie zu der Ausstellung »Die Strassen Adolf Hitlers«, in München und Berlin, aus Bosheit zwei Skizzen Gabriele Münters hineinschmuggelte, freie, kleine (33 × 41 cm), die hier wie ein Hohn auf die nationalsozialistischen Grundsätze wirkten, aber unter der Autorität der Ausstellung unbeanstandet durchgingen; sie hatten zwar nichts mit Autobahnen zu tun, sondern stellten bloß Bagger im Gelände dar, und schlugen die ganze Wand großer Gemälde durch ihre malerische Haltung tot«.[19]

10
Siehe Kapitel »Wiederholungen und Variationen«, S. 188, Anm. 19.

11
Eintrag in ihrem Kalender unter dem 27. Januar, MES.

12
Siehe Kapitel »Wiederholungen und Variationen«, S. 188–189.

13
Ausnahmen bilden die Gemälde *Baustelle an der Olympiastraße (Betonmischen, aufgehender Mond)*, 1935, textiler Bildträger, 46,2 × 55 cm, Inv.-Nr. V 11 und *Baustelle an der Olympiastraße (Rauchender Bagger in Landschaft)*, 1935, 50,2 × 65 cm, textiler Bildträger, Inv.-Nr. L 39, beide MES.

14
Eintrag in ihrem Kalender am 17.9.1935, MES.

15
Skizzenbuch, Inv.-Nr. Kon. 36/13, MES. Ob es sich bei den zwei Fotografien um die Aufnahmen handelt, die Münter mit Elly Ehren vom »Baggerplatz« machte, ist nicht belegbar, aber dies ist sehr wahrscheinlich der Fall.

16
Kleine 1994, S. 612.

17
Ausstellungspark an der Theresienhöhe, 16. September bis Mitte Oktober 1936. Weitere Stationen: Berlin; Breslau, Schlesisches Museum der bildenden Künste, Dezember 1936–Januar 1937; Stuttgart; Ulm.

18
Bisher wurde irrtümlicherweise behauptet, dass *Der blaue Bagger (Baustelle an der Olympiastraße nach Garmisch)* bei der Ausstellung gezeigt worden ist: Ausst. Kat. München/Frankfurt/Stockholm 1992/93, Nr. 223 und Ickerott-Bilgic 2012, wie Anm. 16, S. 42.

19
Eichner 1957, S. 189.

Dem Zitat nach wäre die Reihe der Bauarbeiten-Bilder aus den Jahren 1935/36 kein Anpassungsversuch gewesen, da sie sich durch ihr kleines Format, ihr Motiv und ihren Stil von den übrigen ausgestellten Gemälden unterschied. Ferner soll die Teilnahme an der Ausstellung ohne das Wissen Münters geschehen sein. Es scheint, als wollte Eichner die Künstlerin mit dieser Aussage 1957 rehabilitieren, ähnlich wie er zur Zeit des Nationalsozialismus versucht hatte, das »Naive und Volkstümliche« ihrer Arbeiten zu betonen, um Abstand zum Kreis des ›Blauen Reiter‹ herzustellen und sie somit zu schützen. Münter hatte jedoch seit 1936 einen guten Kontakt zu der Kunsthändlerin Erna Hanfstaengl, die seit 1923 mit Hitler befreundet war.[20] Für die Künstlerin war die Verbindung zu Hanfstaengl besonders wichtig, da diese bereit war, ihre Werke weiterzuvermitteln. Am 29. Februar 1936 besuchte Hanfstaengl erstmals Münter, die sich in München aufhielt: »halb 10 bis 10 war Frl. Erna Hanfstängl [sic!] da – sah eilig Arbeiten. War sehr angetan davon. Sprach von amerik. Freundin und wegen Straßenbau bildern [sic!] von Todt – auch Zeitschrift »Vogue«. wir [sic!] verstanden uns gut u. ich war sehr froh«, notierte Münter in ihrem Kalender. Am 24. März 1936 schrieb sie an Eichner, der in Murnau geblieben war, um Renovierungsmaßnahmen am Haus zu beaufsichtigen: »Dr. Willemoes hat heute viel [sic!] Bilder von mir fotografiert auch die Straßenarbeit Skizzen – wenn sie gelungen sind, könnte man sie ev. E Hanfstängl [sic!] geben für Todt.« Fritz Todt war Generalinspcktor für das deutsche Straßenwesen; er leitete den Bau der Reichsautobahnen und war Schirmherr der Ausstellung »Die Strassen Adolf Hitlers in der Kunst«.[21] Münter besuchte Erna Hanfstaengl nochmals am 18. August. Laut einem Kalendereintrag der Künstlerin »verlang[t]en« die Kunsthändlerin und deren Geschäftsführer von ihr, an der »Straßenausst[ellung]« teilzunehmen.[22]

In einem undatierten Brief an Eichner berichtete Münter des Weiteren: »Wegen der Ausstellungseröffnung hier zu bleiben – ob das nicht ein zu kostspieliges Vergnügen wäre? Sprach deshalb mit Hanfstängl [sic!] persönlich – sie geht nicht hin, da »Zeitverschwendung«. Zeigte mir einen B[rie]f von der Frau Roses (andrer Name).[23] Jury sei längst vorbei u. man sei schon mitten beim Hängen – Rose habe sich gefreut, die Arbeiten Münters zu sehen u. hofft, noch was hängen zu können. Jedenfalls geht die Ausstellu[n]g danach nach Berlin, u. da denkt er bestimt [sic!], was hinein zu bringen«. In ihrem Kalender erwähnt sie unter dem 12. September 1936, dass Erna Hanfstaengl ihr den Brief von Frau Rose zeigte. Ihr undatierter Brief an Eichner kann somit auf den gleichen Tag datiert werden. Bis dahin schien also nicht sicher zu sein, ob die Gemälde Münters in der Münchner Station gezeigt werden würden. Wie in ihrem Kalender unter dem 16. September 1936 zu lesen ist, ging Münter letztlich doch zur Ausstellungseröffnung und stellte fest, dass »2 Baggerstudien« von ihr gezeigt wurden. Und einige Wochen später, am 27. November 1936 schrieb sie: »Ei[chner] diktiert B[rie]f an Straßen Ausstellung Berlin – Bilderpreise«. Daraus geht hervor, dass sowohl Münter als auch Eichner von der Präsentation der zwei Gemälde mit Baggermotiv in der Ausstellung »Die Strassen Adolf Hitlers in der Kunst« in München und Berlin nicht nur wussten,

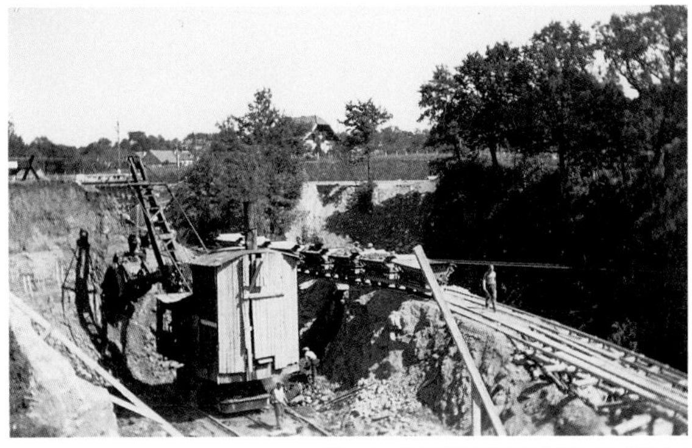

E **Bagger auf einer Baustelle in Murnau, 1935**
Fotografie | Gabriele Münter- und Johannes Eichner-Stiftung, München

20
Kleine 1994, S. 615. Einem Eintrag im Kalender der Künstlerin am 17. Februar 1936 ist zu entnehmen, dass der Kontakt zu Erna Hanfstaengl durch die Vermittlung des Galeristen Günther Franke zustande kam.

21
Kleine 1994, S. 616.

22
»Tram vor 11 mit Blättern zu Frl Hanfstängl [sic!], auch Geschäftsführer Herr Schmidt – beide verlangen, daß ich zur Straßenausst. einsende.«

23
Damit meint Münter, dass die Frau des Künstlers Rose einen anderen Familiennamen als er trug.

sondern auch, dass sie nichts dagegen hatten. Die Initiative für diese Ausstellungsbeteiligung hatte allerdings die Kunsthändlerin Hanfstaengl ergriffen, die laut der oben erwähnten Kalendernotiz Münters einen gewissen Druck auf die Künstlerin ausgeübt haben könnte. Wenn Münter wollte, dass Hanfstaengl sie weiterhin vertrat, konnte sie ihr womöglich nicht absagen.

Im Nachhinein schrieb Münter über diese Jahre selbst: »Die Diktatur, die mich seit 1937 zwang, mein künstlerisches Dasein zu verbergen, und der Krieg vollendeten meine Zurückgezogenheit, ohne meine Arbeit zu hemmen oder zu verbiegen«.[24] Ihr letzter größerer öffentlicher Auftritt während der NS-Diktatur scheint aber noch nach 1937, nämlich 1939 in einer Ausstellung mit der in Murnau lebenden Künstlerin Lena Gierl (1880–1970) in der dortigen Buchhandlung Wiegelmann stattgefunden zu haben. Im Mai 1942 nahm sie an der Kunstausstellung des Weilheimer Kreistages der NSDAP mit dem Gemälde *Wallwurz und kleine rosa Nelken vor Fenster* statt. Sie hatte das Bild *Ernte in Oberbayern (Feldarbeit bei Dettendorf)* Kat. 190 zeigen wollen, aber Eichner war mit dieser Wahl nicht einverstanden, sodass sie sich auf das Stillleben einigten.[25]

Münter teilte ihr Interesse für Arbeit und Technik mit vielen anderen KünstlerInnen der Avantgarde. Sie lebte in einer Zeit von großen Umwälzungen, in der die Technik eine immer bedeutendere Rolle in der Gesellschaft spielte. Da sie aufgeschlossen und ihr Interessenspektrum breit war, überrascht es nicht, dass sie ihre Neigung für solche Sujets künstlerisch umsetzte. Als das gigantische Bauprojekt der Olympiastraße vor ihrer Haustür verwirklicht wurde, war es daher naheliegend, dass sie es als Motiv in ihre Kunst aufnahm. Dennoch war die Entscheidung, sich der Baustelle der Olympiastraße so intensiv zu widmen, sicherlich nicht ganz absichtslos. Das Thema war regimekonform, sodass sie damit nicht nur keinen Anstoß erregte, sondern sich sogar erhoffen konnte, auszustellen, was tatsächlich geschah. Allerdings zeigen weder Stil noch Komposition dieser Gemälde einen künstlerischen Kompromiss im Gegensatz zu den Entscheidungen bezüglich ihrer Ausstellungstätigkeit in dieser Zeit.

24
»Gabriele Münter über sich selbst«, in: *Das Kunstwerk*, Heft 7, 1948, S. 25.

25
Einträge in ihrem Kalender von 1942 unter dem 30. April, dem 1. Mai und dem 10. Mai, MES. *Wallwurz und kleine rosa Nelken vor Fenster,* 1935, Textiler Bildträger, 60 x 50 cm, Inv.-Nr.: B 17, MES. Die Ausstellung war im Knabenschulhaus in Weilheim vom 13. bis zum 17. Mai zu sehen. Siehe auch: Kleine 1994, S. 639.

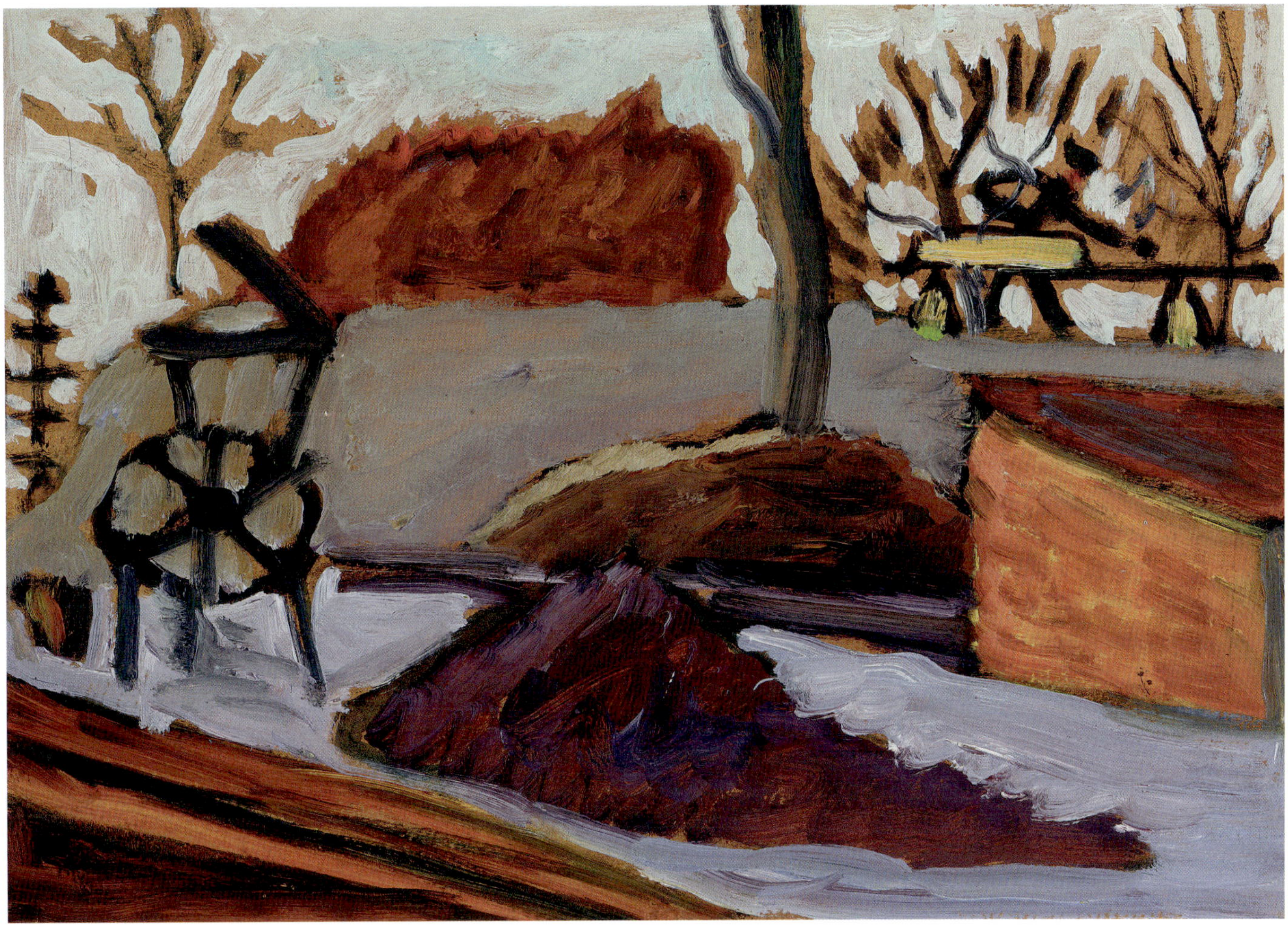

Kat. 187
Bauarbeit, 1912
Öl auf Pappe, 33 × 45 cm | Privatbesitz

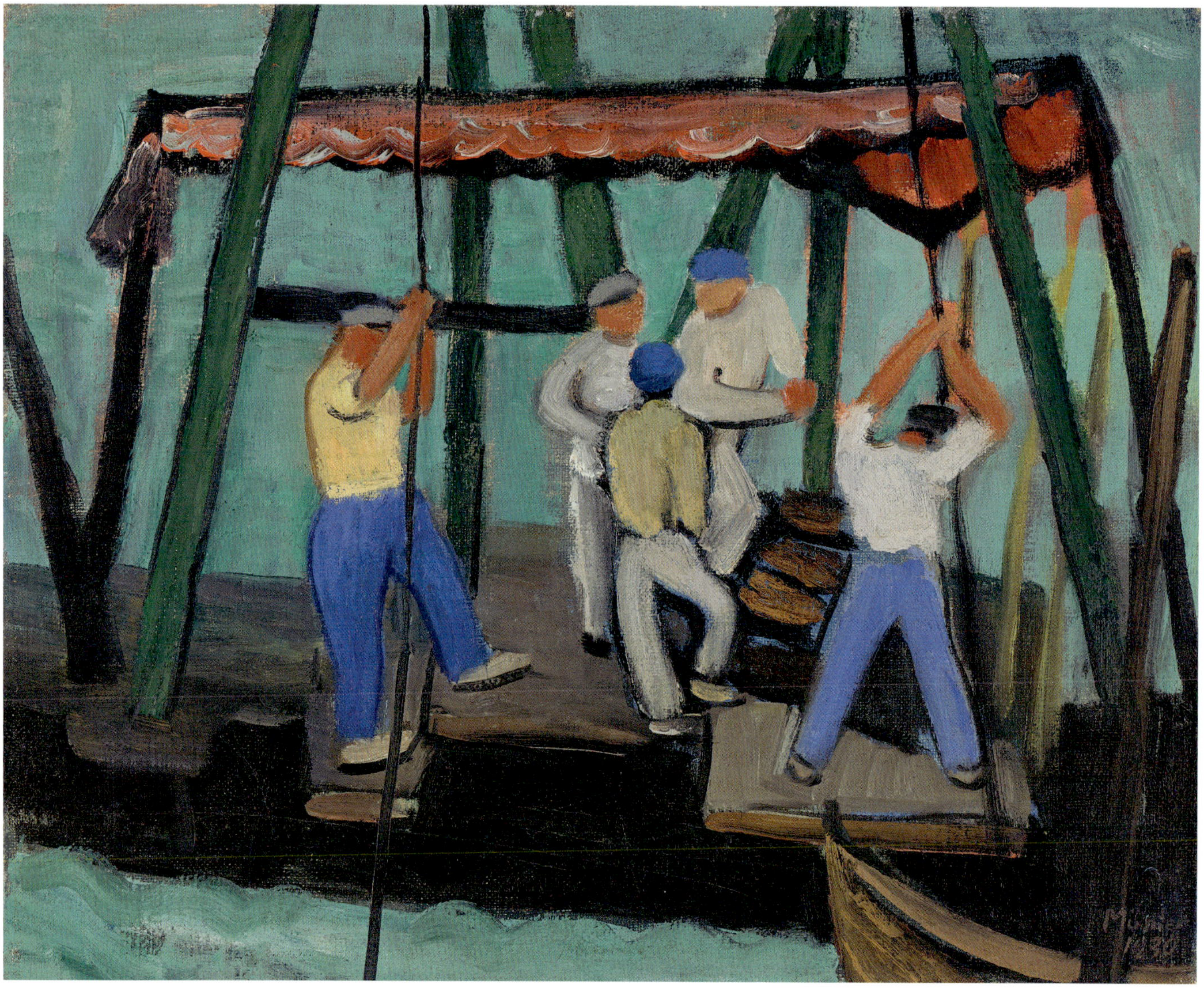

Kat. 188

Hafenarbeit in Cassis, 1930

Textiler Bildträger, 38 × 46 cm |
Gabriele Münter- und Johannes Eichner-Stiftung, München, Inv.-Nr. V 87

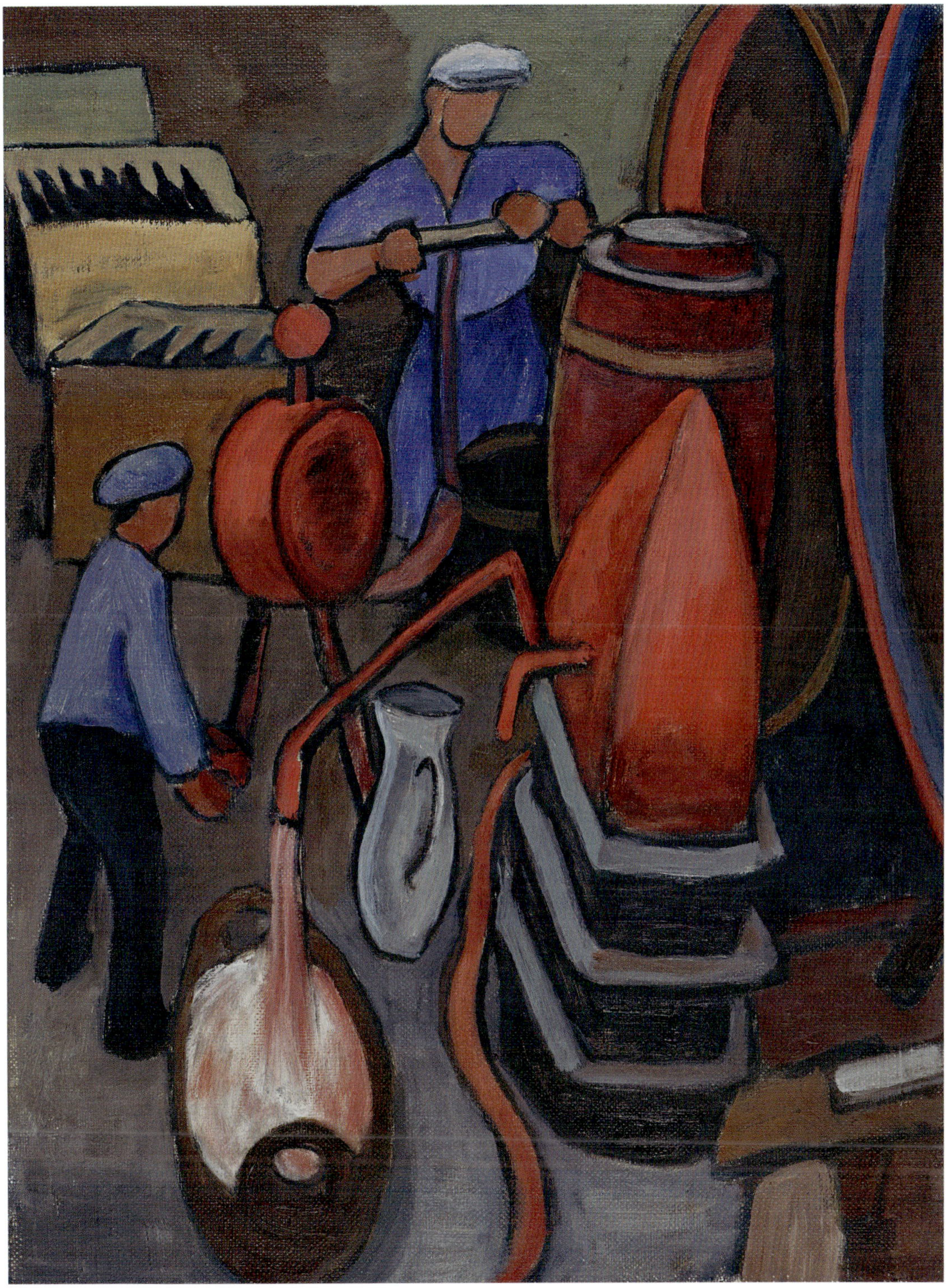

Kat. 189

Arbeit im Weinkeller, 1937

Textiler Bildträger, 45 × 33,5 cm |
Gabriele Münter- und Johannes Eichner-Stiftung, München, Inv.-Nr. V 135

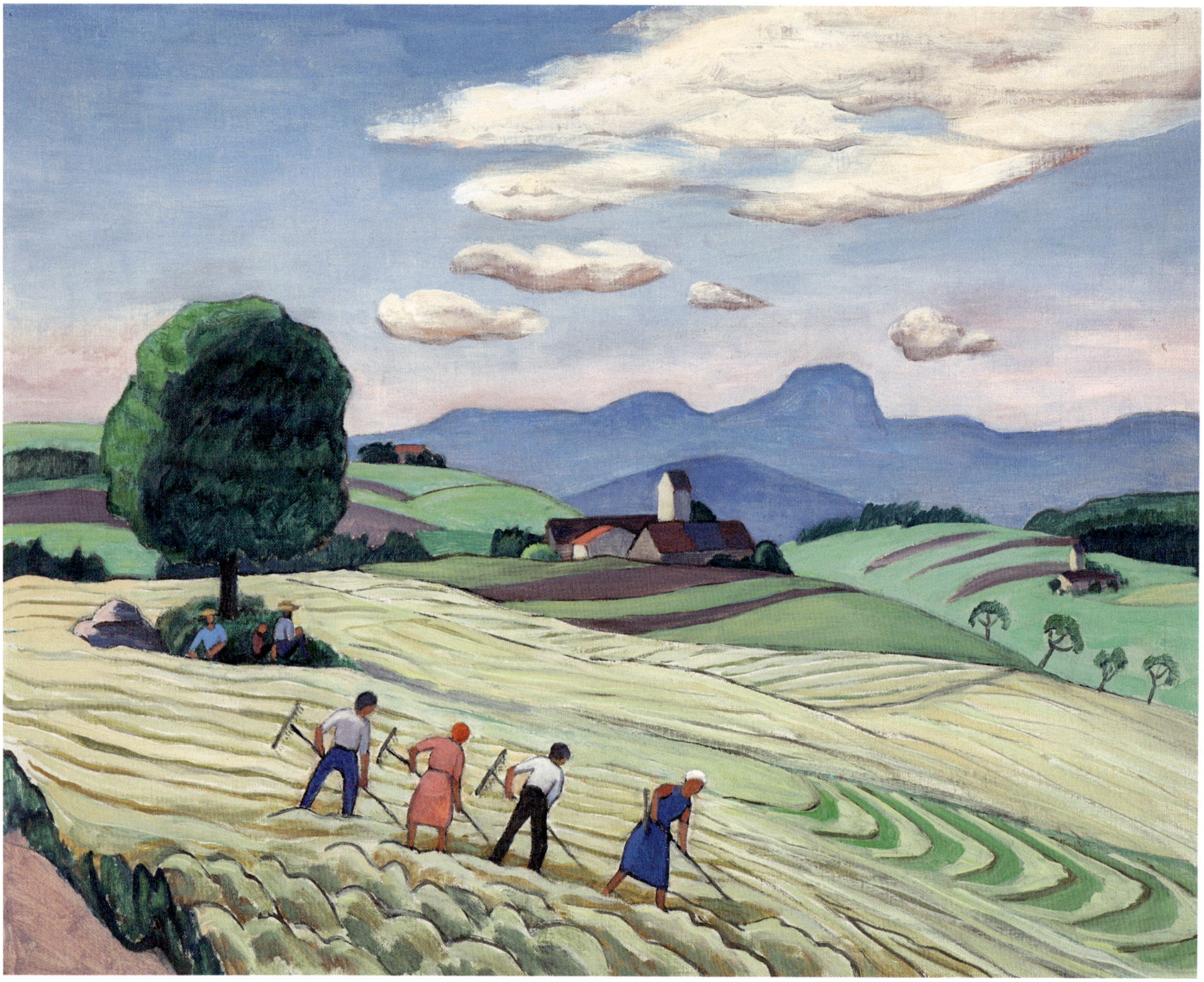

Kat. 190
Ernte in Oberbayern (Feldarbeit bei Dettendorf), 1942
Textiler Bildträger, 60,3 × 73,5 cm | Gabriele Münter- und Johannes Eichner-Stiftung, München, Inv.-Nr. L 19

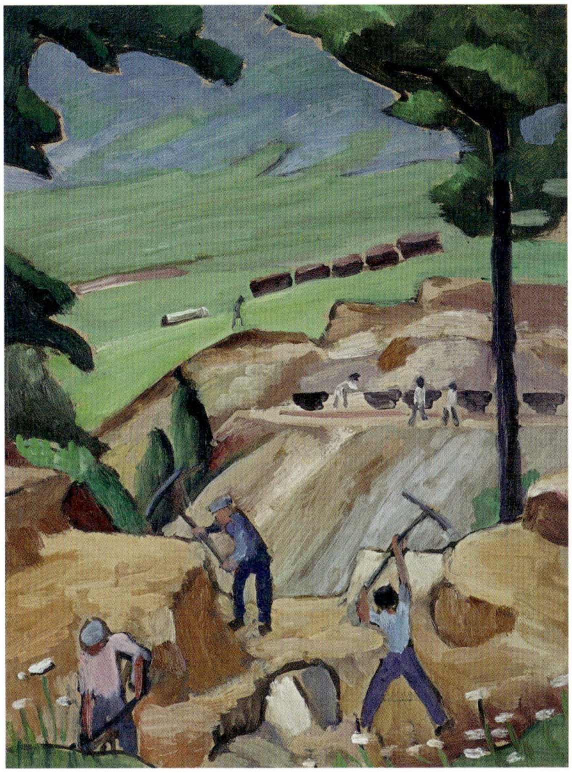

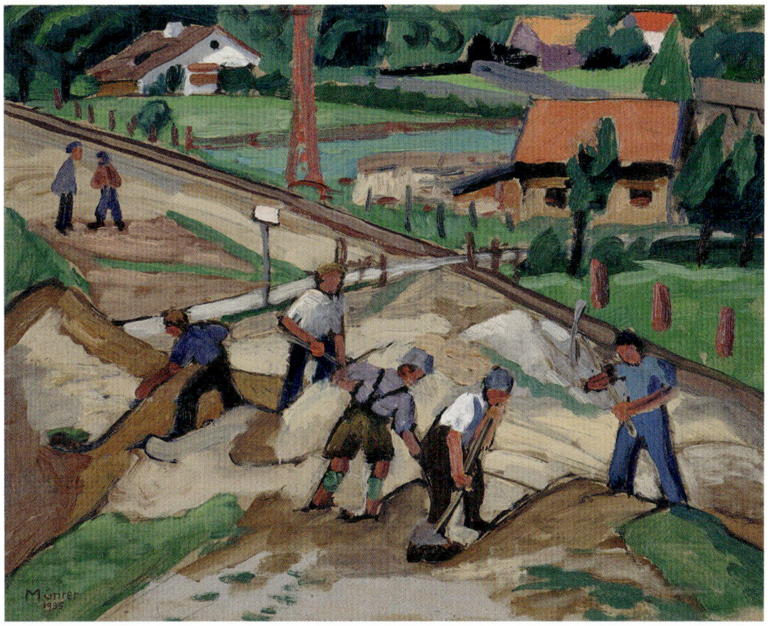

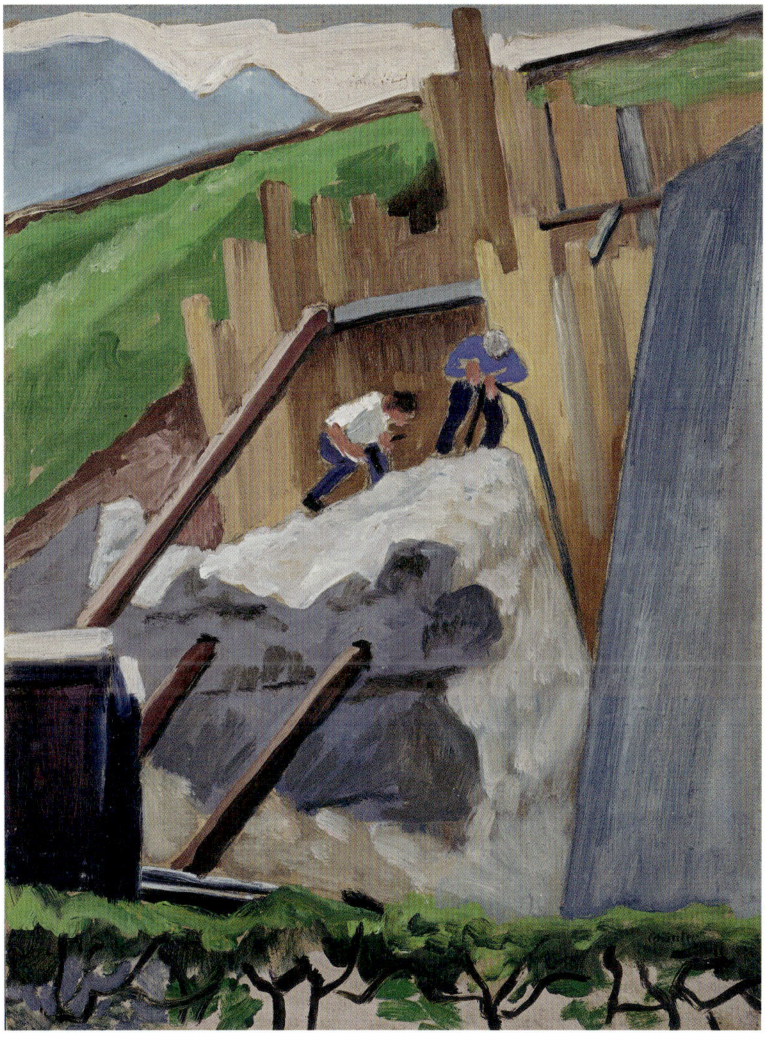

Kat. 191
Studie mit drei Arbeitern (Straßenarbeiter II), 1935
Pappe, 45,1 × 33,1 cm | Gabriele Münter- und Johannes Eichner-Stiftung, München, Inv.-Nr. L 321

Kat. 192
Erdarbeiten, 1935
Pappe, 33,1 × 41,1 cm | Gabriele Münter- und Johannes Eichner-Stiftung, München, Inv.-Nr. V 32

Kat. 193
Mauerbrecher, 1935
Pappe, 45,1 × 33,1 cm | Gabriele Münter- und Johannes Eichner-Stiftung, München, Inv.-Nr. L 299

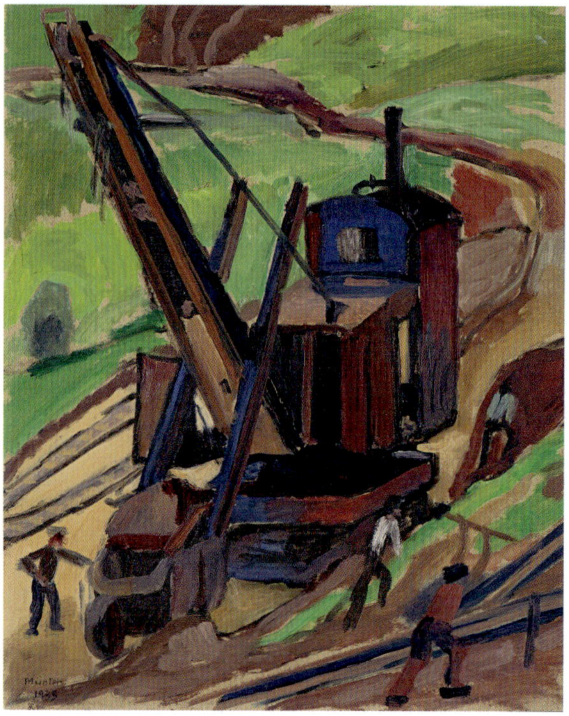

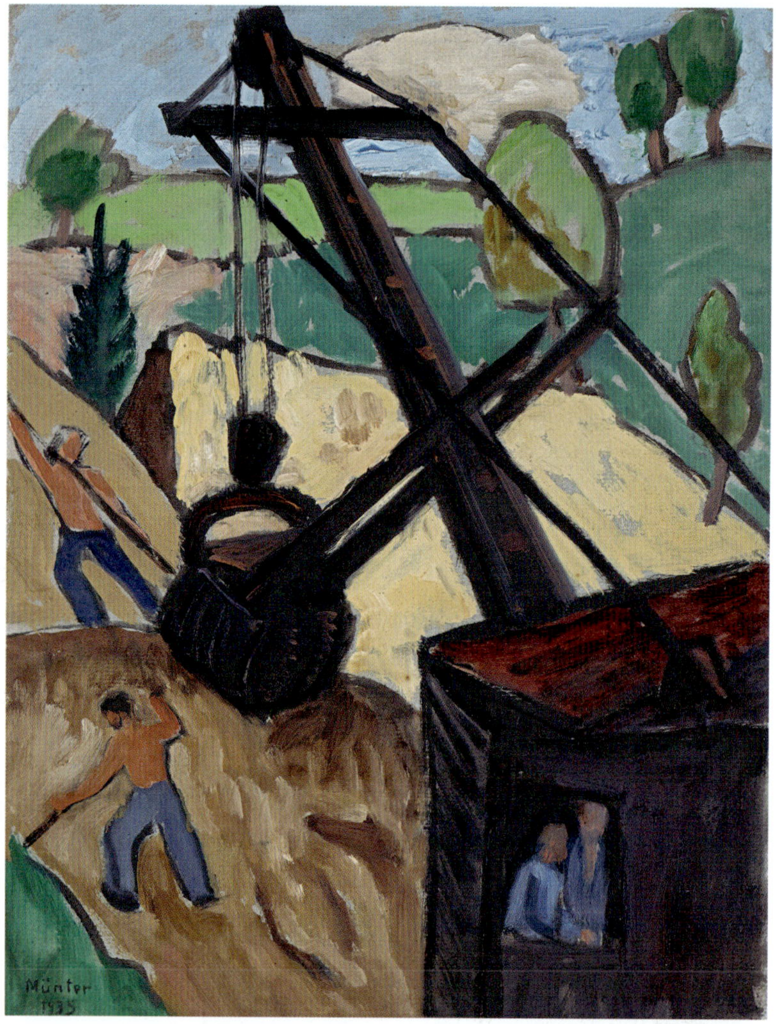

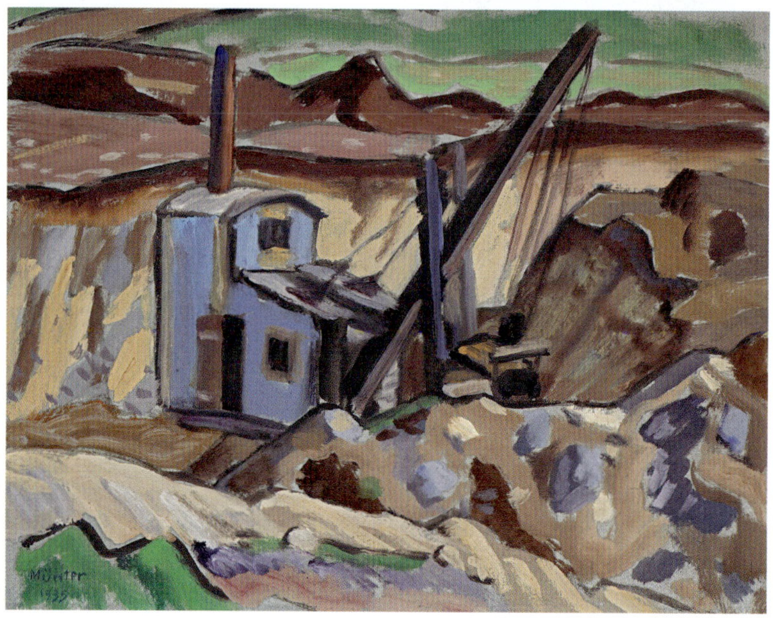

Kat. 194
Löffelbagger, 1935
Pappe, 41,1 × 33,1 cm | Gabriele Münter- und Johannes Eichner-Stiftung, München, Inv.-Nr. V 51

Kat. 195
Baggerlöffel, 1935
Pappe, 44,8 × 33,2 cm | Gabriele Münter- und Johannes Eichner-Stiftung, München, Inv.-Nr. V 42

Kat. 196
Der blaue Bagger (Studie), 1935
Pappe, 32,9 × 41,1 cm | Gabriele Münter- und Johannes Eichner-Stiftung, München, Inv.-Nr. L 331

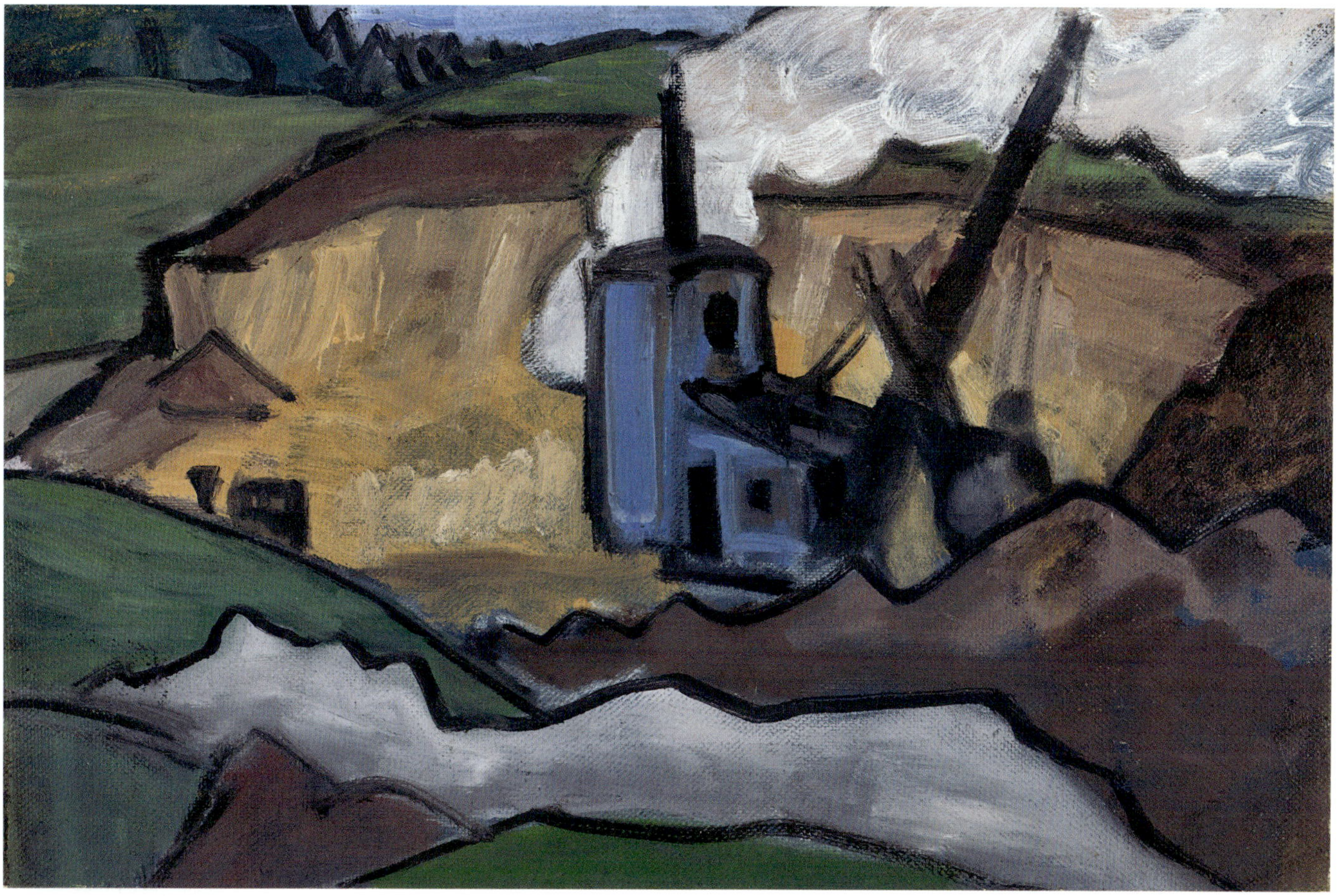

Kat. 197
Blauer Bagger, 1935
Pappe, 27,2 × 40,6 cm | Gabriele Münter- und Johannes Eichner-Stiftung, München, Inv.-Nr. L 435

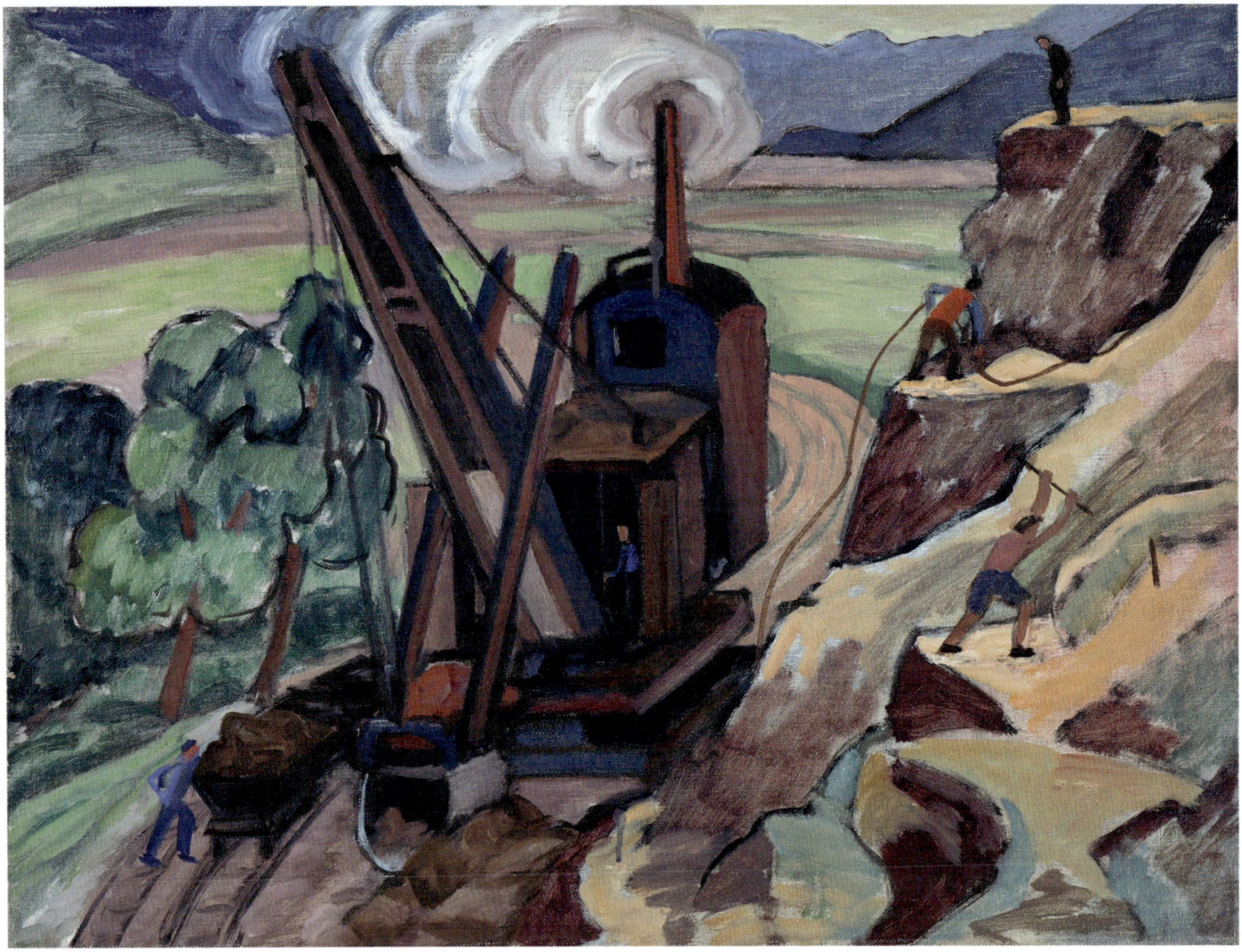

Kat. 198

Rauchender Bagger in Landschaft (Baustelle an der Olympiastraße), 1935

Textiler Bildträger, 50,5 × 65,4 cm | Gabriele Münter- und Johannes Eichner-Stiftung, München, Inv.-Nr. L 39

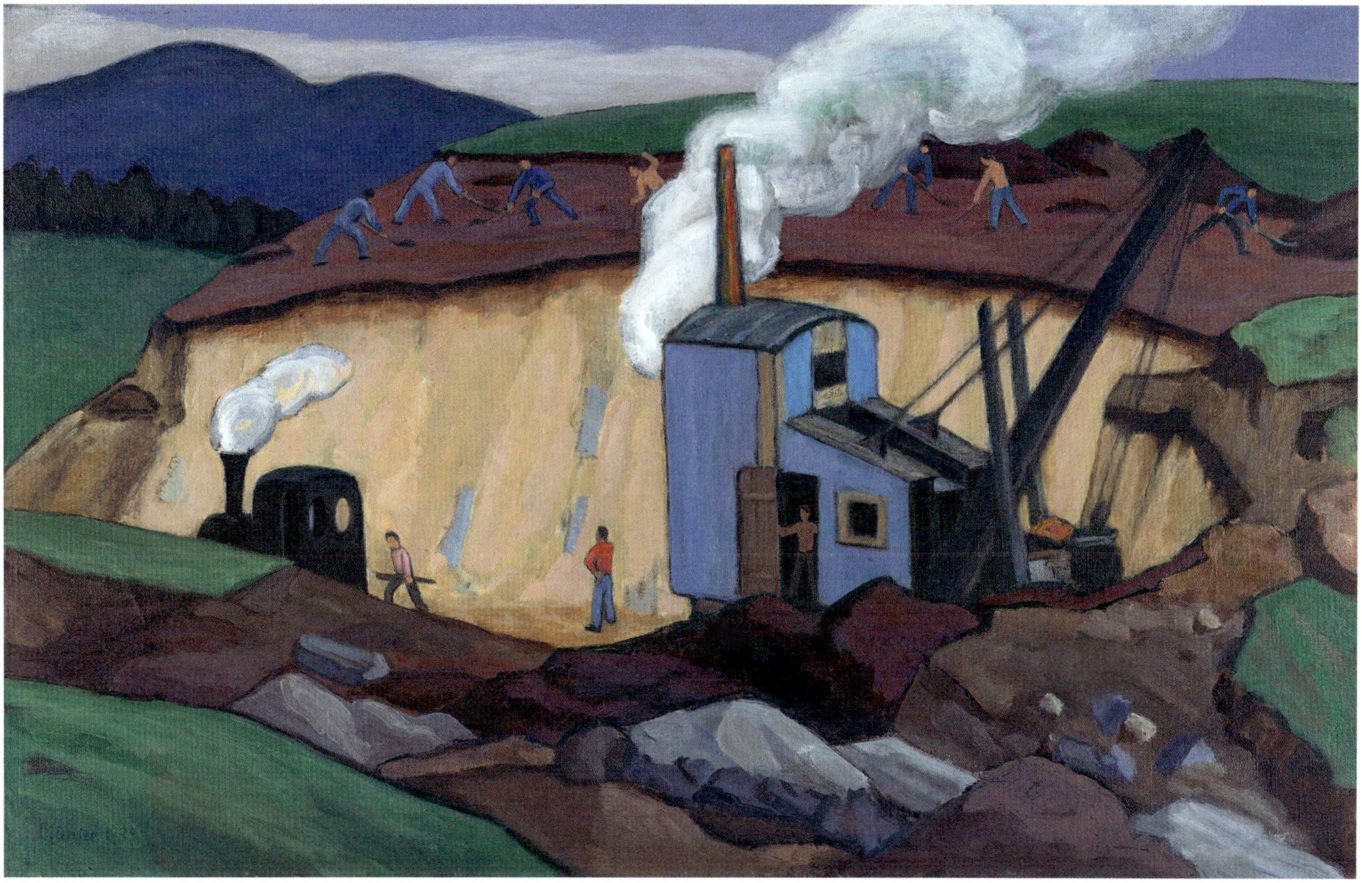

Kat. 199
Der blaue Bagger (Baustelle an der Olympiastraße nach Garmisch), 1935–37
Textiler Bildträger, 60,5 × 92,5 cm | Gabriele Münter- und Johannes Eichner-Stiftung, München, Inv.-Nr. L 12

»…man ist freier und leichter im ›Gegenstandslosen‹.«[1]

Der Umgang mit Abstraktion

Der Umgang mit Abstraktion

»Ich habe tatsächlich nicht abstrakt gemalt, weil die Augen aus der Natur immer mich mit Motiven versahen.«[2] Dieses Zitat aus einem Brief Gabriele Münters von 1956 an den amerikanischen Kunsthistoriker Kenneth Lindsay überrascht, weil Münter sehr wohl abstrakt malte und, weil sie sich gerade in dieser Zeit wieder mit Abstraktion befasste. Es existiert zwar keine große Anzahl abstrakter Gemälde in Münters Œuvre, dennoch stechen zwei Phasen ihres malerischen Schaffens besonders hervor: die Zeit von 1914 bis 1915 sowie die 1950er-Jahre. Ferner zeigen die zahlreichen Zeichnungen in ihren Skizzenbüchern von 1914/15 sowie die Auflistung der abstrakten Bilder in ihrem Arbeitsheft von 1952/53, welches sie selbst mit »Abstrakt« betitelte, eine zeitweise intensive Auseinandersetzung mit den Möglichkeiten der Abstraktion. Es stellt sich also die Frage, warum Münter in besagtem Brief dieses Interesse abstritt. Tat sie es, um sich von Kandinsky abzugrenzen? Oder weil sie sich mit diesem Teil ihres Werkes nicht identifizieren konnte? Der Wunsch, die eigene Rezeption in eine bestimmte Richtung zu lenken, erinnert an ihr Bemühen, den ebenfalls nicht den Tatsachen entsprechenden Mythos der spontan arbeitenden Künstlerin zu verbreiten.[3] Wie die meisten ihrer männlichen Kollegen der Moderne arbeitete auch Münter bewusst an ihrer kunsthistorischen Einordnung.

Es gibt nicht nur zwei Abstraktionsphasen in Münters Werk, sondern auch zwei Arten von Abstraktion. Die eine hat ihren Ausgangspunkt in einem figurativen Motiv, wie etwa bei den Gemälden *Nach dem Tee*.[4] Es handelt sich dabei um einen abstrahierenden Prozess. Die andere Form der Abstraktion ist eine gegenstandslose Malerei, die nicht in der Wirklichkeit fußt. Während der ersten Phase in den Jahren 1914/15 entstehen vorwiegend abstrahierende Arbeiten. *Im Café* ist ein spannendes Beispiel dafür, wie Münter eine figurative Komposition in ein abstraktes Bild verwandelte. Kat. 200–202 Die Szene spielt in einem Kaffeehaus: Im Vordergrund ist der Hinterkopf der Künstlerin zu sehen, welche an einem Tisch sitzt. Der Betrachter/die Betrachterin kann somit aus der gleichen Perspektive wie sie selbst das Geschehen im Saal beobachten. Einen ähnlichen Bildaufbau verwendete Münter auch in anderen Werken.[5] Von dieser Cafészene ausgehend malte die Künstlerin zwei weitere Arbeiten und schuf somit eine Serie von insgesamt drei Gemälden, die vermutlich alle 1914 entstanden.[6] Zwei davon sind figurativ und unterschiedlich groß: Die kleinere Variante ist skizzenhafter als die größere und beruht auf einem Bleistift-Entwurf.[7] Das dritte Bild, *Abstraktes Interieur*, wirkt auf den ersten Blick abstrakt. Bei genauerem Vergleich mit den zwei anderen erkennt man jedoch den Hinterkopf in grüner und blauer Farbe, den rosafarbenen Arm, die Stühle und die Kellnerinnen. Besonders interessant ist, dass Münter kurze Zeit später in zwei verschiedenen Skizzenbüchern zwei weitere Skizzen von dieser abstrakten Komposition nachzeichnete. Ein Blatt ist mit 19. März 1915, das andere mit 28. März 1915 datiert. Abb. A; B Diese Skizzen sind mit weiteren abstrakten Kompositionsentwürfen zusammengestellt. Beim Betrachten der acht Entwürfe des Blattes vom 28. März hat man den Eindruck, dass der jeweils linken Bildhälfte der meisten Entwürfe die Cafészene als Ausgangspunkt diente. Diese wurde allerdings zum Teil fast bis zur Unkenntlichkeit bearbeitet und verfremdet. Bei den meisten Entwürfen erinnert die rechte Bildhälfte an andere abstrakte Gemälde Münters, wie beispielsweise an *Abstrakte Studie*. Abb. C Dieses Skizzenbuchblatt veranschaulicht, inwiefern Münter immer wieder ein und dasselbe Motiv der Cafészene aufgriff und es mit anderen abstrakten Darstellungen kombinierte, um daraus neue Bildschöpfungen zu kreieren.

Ein weiteres Beispiel für den abstrahierenden Arbeitsprozess Münters zeigt das Bild *Abstrakt*. Die Malerin leitete das Sujet von dem im gleichen Jahr 1914 entstandenen *Stilleben mit Vögeln* ab. Abb. D; E In der abstrakten Komposition sind im Vordergrund die beiden Vögel noch ansatzweise zu erkennen: der rotgrüne links und der gelbe rechts.

1
Ausst.Kat. München/Frankfurt/Stockholm 1992/93, Einführung zum Kapitel »Die vierziger und fünfziger Jahre: Konzentration und Rückbesinnung«.

2
Zitiert nach: Ausst. Kat. München/Frankfurt/Stockholm 1992/93, S. 48.

3
Siehe Kapitel »Der ›Primitivismus‹«, S. 136 und Kapitel »Das Werk vor der Malerei«, S. 17 sowie Ausst. Kat. Milwaukee/Columbus/Richmond/San Antonio 1997–99, S. 58.

4
Siehe Kapitel »Wiederholungen und Variationen«, S. 188–189. Ein weiteres Beispiel ist folgende Serie von drei Gemälden: *Stilleben im Kreis*, 1911, Öl auf Pappe, 84,7 × 70 cm, Privatsammlung Berlin; *Stillleben mit Spielzeugvogel*, ca. 1912, Pappe, 68,8 × 51 cm, Inv.-Nr. S 9, MES; *Abstrakt: Studie mit weißen Flecken*, 1912, Pappe, 38,6 × 25,6 cm, Städtische Galerie im Lenbachhaus und Kunstbau München, Inv.-Nr. GMS 667. Abb. in Ausst. Kat. Milwaukee/Columbus/Richmond/San Antonio 1997–99, S. 96f.

5
Zum Beispiel in *Das Frühstück der Vögel*, Kat. 112.

6
Nur die kleine Variante von *Im Café* ist nicht datiert. Die größere ist mit »1914?« rückseitig datiert und *Abstraktes Interieur* ist auf 1914 datiert.

7
Im Skizzenbuch, Inv.-Nr. Kon. 46/43 (1914/15), S. 15, MES.

8
Eichner 1957, S. 190ff.

Vierzig Jahre später wandte sich Münter erneut der Abstraktion zu. Dieses Mal fand die Auseinandersetzung vorwiegend in ihren Papierarbeiten statt. Der Höhepunkt im malerischen Œuvre lässt sich im Jahr 1954 verzeichnen. Nun setzte sich die andere Form, eine gegenstandslose Malerei, durch. Die Farbpalette ist ähnlich wie in den Bildern aus der ersten Abstraktionsphase. Stilistisch unterscheiden sich die Gemälde jedoch durch die Verwendung von klarer definierten Formen. Kat. 207 Der Auslöser für eine erneute Beschäftigung mit der abstrakten Malerei soll laut Johannes Eichner praktischer Natur gewesen sein. Infolge eines Sturzes hatte Münter seit 1951 Gleichgewichtsprobleme und verließ seltener das Haus. Dadurch reduzierten sich ihre Anregungen aus der Außenwelt, weshalb sie sich vermehrt einer abstrakten Bildsprache zugewandt haben soll.[8] Das mag zwar eine Erklärung für Münters Hinwendung zur Abstraktion gewesen sein, aber es ist sicherlich nicht die einzige. Nach dem Ende der NS-Diktatur, die eine abrupte Zäsur für die Avantgarde bedeutet hatte und in der ausschließlich figurative Kunst

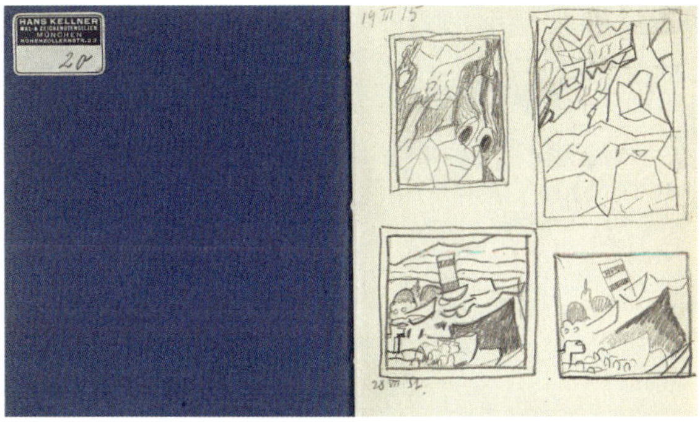

A **Skizzenheftblatt mit vier Kompositionsentwürfen, 1915**
Bleistift auf Papier, 14,6 × 11 cm | Städtische Galerie im Lenbachhaus und Kunstbau München, Inv.-Nr. GMS 1132, S. 1

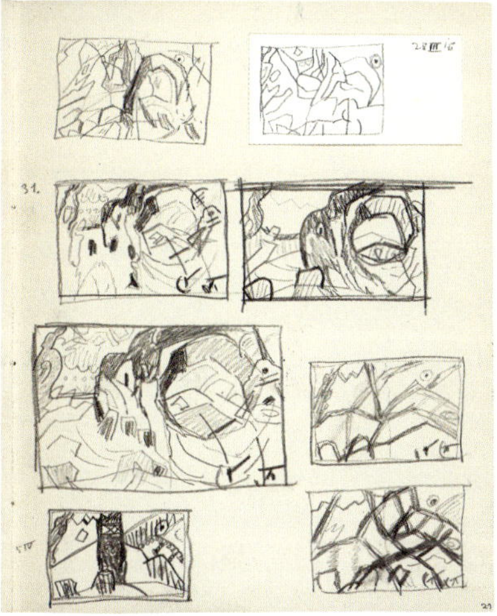

B **Skizzenbuchblatt mit acht Kompositionsentwürfen, 1915**
Bleistift auf Papier, 21,1 × 16,6 cm | Gabriele Münter- und Johannes Eichner-Stiftung, München, Inv.-Nr. Kon. 36/11, S. 21

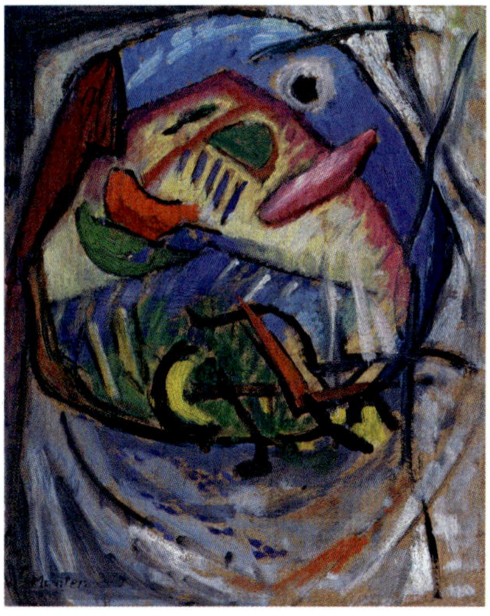

C **Abstrakte Studie, 1915**
Pappe, 41,1 × 33 cm | Gabriele Münter- und Johannes Eichner-Stiftung, München, Inv.-Nr. V 113

geduldet wurde, zeichnete sich wieder eine starke Tendenz zur gegenstandslosen Malerei ab. Münter selbst äußerte sich 1952 folgendermaßen über ihre aktuellen abstrakten Arbeiten: »In den letzten Jahren, wo die naturfreie Malerei eine Epidemie geworden ist, hat es mich gepackt u. ich bin oft ›gegenstandslos spazieren gegangen‹– So habe ich Mappen gefüllt mit freien Studien aus Form u. Farbe, die Möglichkeiten scheinen unerschöpflich zu sein. Aber auf große Formate möchte ich verzichten. Die Verantwortung dem Naturvorbild gegenüber fällt weg – man ist freier und leichter im ›Gegenstandslosen‹«.[9] Münter stand in engem Kontakt mit den Münchner Galeristen Otto und Etta Stangl, deren Ausstellungsprogramm schwerpunktmäßig abstrakte Kunst zeigte.[10] Unter dem Titel »Improvisationen« organisierten sie im Frühjahr 1955 eine Ausstellung von Münters abstrakten Papierarbeiten.[11] Im Vorfeld schrieb die Künstlerin an die Kunstpädagogin Irene von Schaller: »Einstweilen will Stangl bald eine Ausstellung meiner gegenstandslosen Improvisationen machen – was werden da die Leute sagen!?«[12] Unter die Arbeiten auf Papier mischte sich jedoch mindestens ein Gemälde und zwar das Bild *Mit zwei weißen Pfeilen.*[13] Kat. 206 Kandinsky hatte den Begriff »Improvisationen« bereits ab 1909 für eine Gruppe seiner Werke verwendet. Für ihn waren dies »hauptsächlich unbewusste, größtenteils plötzlich entstandene Ausdrücke der Vorgänge inneren Charakters, [...] Eindrücke von der ›inneren Natur‹«[14]. Münter benutzte für ihre abstrakten Bilder einen weiteren Terminus aus dem Werk Kandinskys: »Bagatellen«.[15] Damit waren ihre kleinen und schnell entstandenen abstrakten Arbeiten auf Papier gemeint. Es ist umso bemerkenswerter, dass sie für ihre späten abstrakten Bilder Begriffe aus Kandinskys Welt benutzte, als der Maler selbst diese Bezeichnungen nicht zwangsläufig für abstrakte Kompositionen verwendete.

Die zwei Abstraktionsphasen in Münters malerischem Schaffen unterscheiden sich nicht nur stilistisch, sondern auch hinsichtlich der Bedeutung, welche die Malerin ihnen beimaß. 1952 hatte sie einerseits geschrieben, dass sie

D **Abstrakt, 1914**
Pappe, 33,5 × 41 cm | Gabriele Münter- und Johannes Eichner-Stiftung, München, Inv.-Nr. V 13

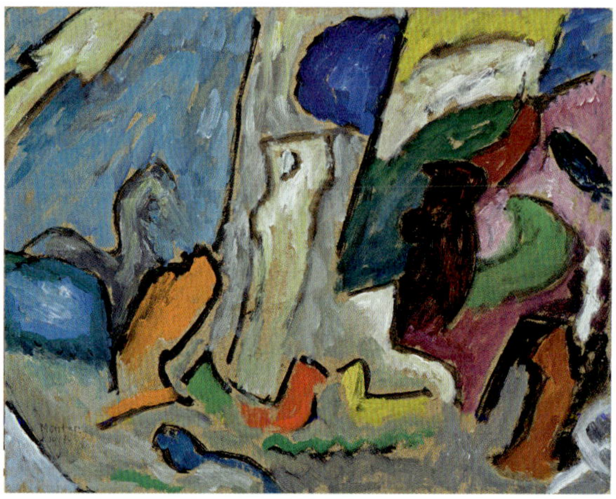

E **Stilleben mit Vögeln, 1914**
Öl auf Leinwand, 60,5 × 78 cm | Privatbesitz

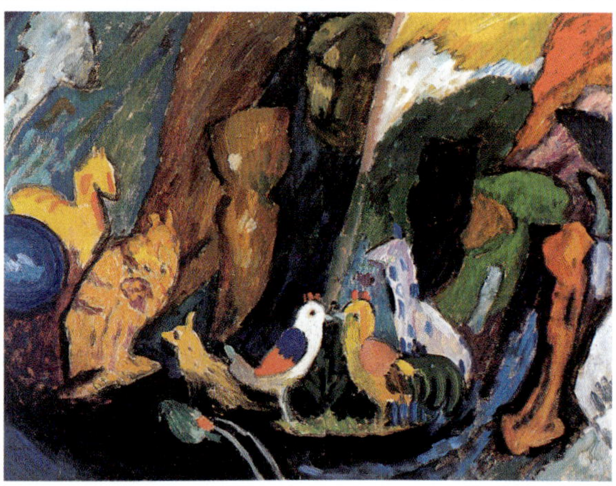

9
Wie Anm. 1.

10
Clelia Segieth, *Etta und Otto Stangl. Galeristen, Sammler, Museumsgründer*, Köln 2000, S. 34.

11
Februar bis März 1955, Kunstkabinett Otto Stangl.

12
Brief vom 31. Dezember 1954, MES.

13
Es ist auf einer Fotografie der Ausstellung zu erkennen, MES.

14
Helmut Friedel und Annegret Hoberg, *Der Blaue Reiter im Lenbachhaus*. München u. a. 2000, Text zu Tafel 12, Wassily Kandinsky, *Studie zu Improvisation 2 (Trauermarsch)*, 1909.

15
Siehe Kapitel »Der ›Primitivismus‹«, S. 144.

16
Gabriele Münter, Der Sturm, 35. Ausstellung, Berlin [Eröffnung: 24. Oktober 1915]; *Gabriele Münter-Kandinsky. Oljemalninger, Glastavler, Grafik*, Den Frie Udstilling, Kopenhagen, 7.–13. März 1918; *Maleriudstilling Gabriele Münter-Kandinsky*, Københavns Ny Kunstsal, Kopenhagen, 4.–20. Oktober 1919. Ein paar abstrakte Gemälde der zweiten Phase zeigte sie vereinzelt im Kunsthandel. Die abstrakten Arbeiten auf Papier aus den 1950er-Jahren stellte sie dagegen aus.

17
Katarina Borgh Bertorp: »Sigrid Hjertén, Erbin Matisses aus dem Hohen Norden« und Annegret Hoberg: »Sigrid Hjertén und Gabriele Münter«, in: Ausst. Kat. *Sigrid Hjertén – Wegbereiterin des schwedischen Expressionismus*, hg. von Katarina Borgh Bertorp [München, Städtische Galerie im Lenbachhaus, 1999; Berlin, Käthe-Kollwitz-Museum, 1999; Borås, Borås Konstmuseum, 1999–2000]. Stockholm 1999, S. 15, S. 43ff. und 49ff.

18
Siehe Kapitel »Landschaften und Szenen im Freien«, S. 55.

19
Diese Ansicht war bereits die Grundidee der KünstlerInnen des ›Blauen Reiter‹.

20
Undatierte Aufzeichnung auf einem Zettel, MES.

21
Aufzeichnung auf einem Zettel, datiert mit 21. Februar 1951, MES.

keine größeren Bilder in dieser Formensprache realisieren wolle, andererseits aber ist das Format ihrer abstrakten Gemälde der 1950er-Jahre tendenziell größer als das der Bilder der Jahre 1914/15. Diese paradoxe Aussage betraf eigentlich die Papierarbeiten, die von kleinem Format und deutlich zahlreicher sind. Ihre Werkauswahl für Ausstellungen ist ein weiteres Indiz für ihre geringere Wertschätzung der abstrakten Werke aus den 1950er-Jahren. Während sie ihre frühen abstrakten Gemälde kurz nach ihrer Entstehung in großen Einzelausstellungen präsentierte, zeigte sie die späteren fast nicht.[16]

Die erste Phase ist gekennzeichnet durch eine tiefgründigere Auseinandersetzung mit Abstraktion. Ihre Zeichnungen und Gemälde zeigen, dass Münter ein ernstes Interesse an dieser Ausdrucksform hatte. Es waren keine Gelegenheitsarbeiten, sondern Ergebnisse ihrer Suche nach neuen künstlerischen Möglichkeiten. Die Resultate stimmten sie jedoch nicht zufrieden, weshalb sie 1915 von dieser Bildsprache abließ. 1915 ist gleichzeitig auch das Jahr, in dem sie nach Stockholm übersiedelte. Dort kam sie in Berührung mit Künstlerinnen und Künstlern, die bei Henri Matisse in Paris gelernt hatten.[17] Für Matisse, den Hauptvertreter des Fauvismus, hatte abstrakte Malerei keine Relevanz. Münter befand sich also plötzlich in einem Milieu von Malerinnen und Malern, die ganz andere Ziele verfolgten, sodass ihre Hinwendung zu einer abstrakten Malweise auch aus diesem Grund nachgelassen haben mag. Sie orientierte sich neu. Tatsächlich zeigen ihre in Skandinavien entstandenen Gemälde einen stilistischen wie auch inhaltlichen Wandel. Die Farbgebung wurde zurückhaltender und das Motiv des Menschen nahm einen zentraleren Stellenwert ein.[18]

Als Münter sich in den 1950er-Jahren erneut der Abstraktion widmete und damit ein weiteres Mal eine für sie neue Bildsprache schuf, war sie bereits über 70 Jahre alt. Es ist verblüffend zu sehen, wie kreativ und offen für Experimente die Künstlerin ihr Leben lang blieb. Leider wird das bis heute häufig übersehen oder willentlich ignoriert, da ihre Arbeit vornehmlich vor dem Hintergrund ihrer Biografie sowie in Bezug auf ihre Beziehung zu Kandinsky betrachtet wurde. Diese Interpretationsweise hat nicht nur zu einer einseitigen Rezeption ihrer Kunst geführt, sondern ist tatsächlich keinesfalls gerechtfertigt. Auch wenn Münter vorzugsweise ihre unmittelbare Umgebung malte, verarbeitete sie nicht einfach ihr Privatleben in ihren Bildern. Ihr Werk ist nicht nur facettenreich, sondern auch atypisch, denn seine Mannigfaltigkeit manifestiert sich simultan und nicht phasenweise. Dies mag zusätzlich für Verwirrung gesorgt haben. Für Münter war der Ausdruck eines Kunstwerks ausschlaggebend und nicht seine Form.[19] Daher war es ihr möglich, verschiedene Bildsprachen gleichzeitig zu verwenden. Sie selbst schrieb: »Alle sehen formalistisch, äußerlich – wenige gibt es, die Kunst innerlich, lebendig erfassen, die den Ausdruck über die Form stellen. Das war immer zu meinem Schaden und ist es noch«.[20] Das hinderte sie aber nicht daran, von ihrem Schaffen überzeugt zu sein, sodass sie 1951 behaupten konnte: »Nach dem Museumsbesuch ist mir etwas klar geworden: Wenn es ein Kunstverstehen gibt, dann werden meine Arbeiten in allen großen Museen der Welt hängen.«[21]

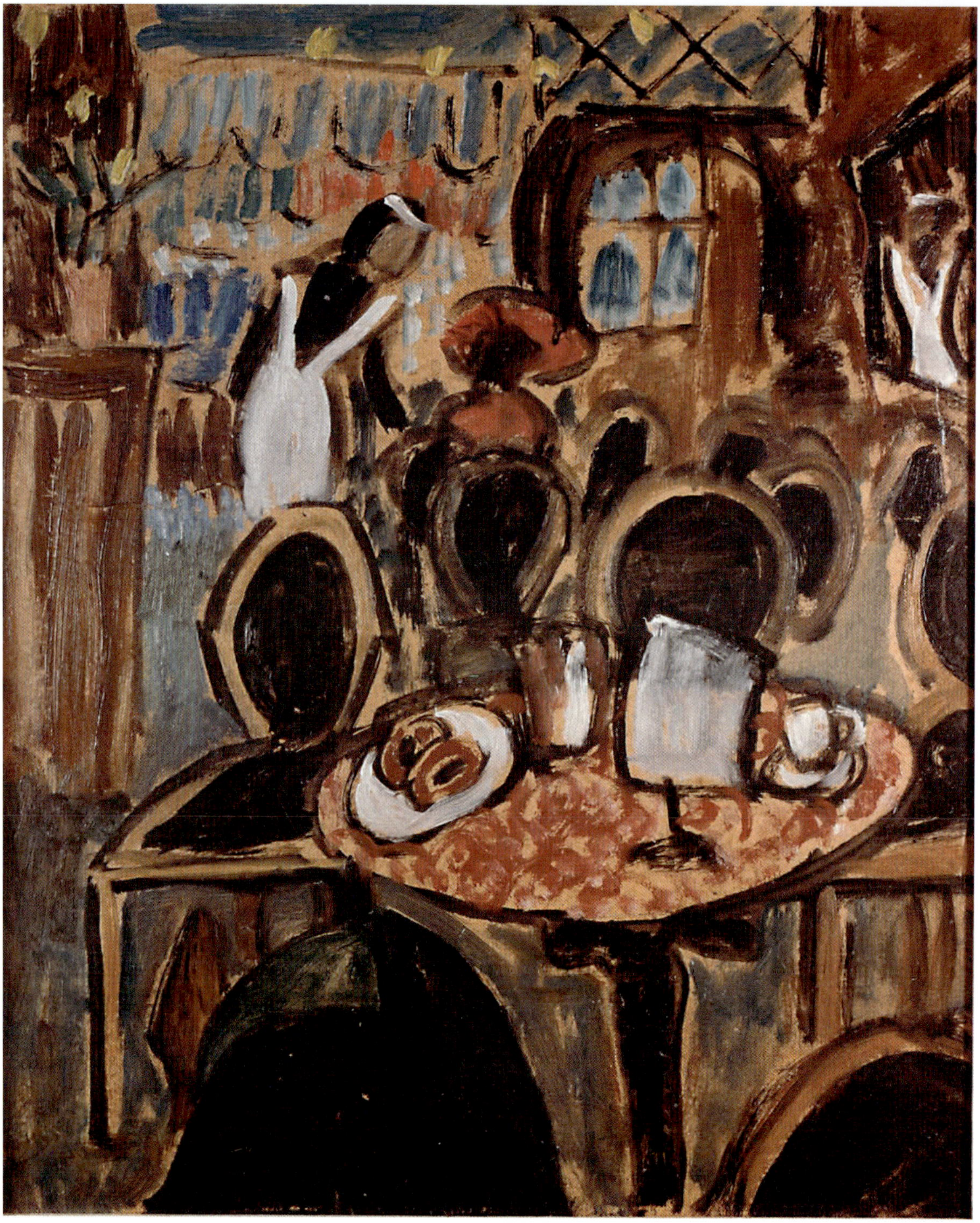

Kat. 200
Im Café, 1914
Öl auf Pappe, 40,3 × 32,5 cm | Privatbesitz

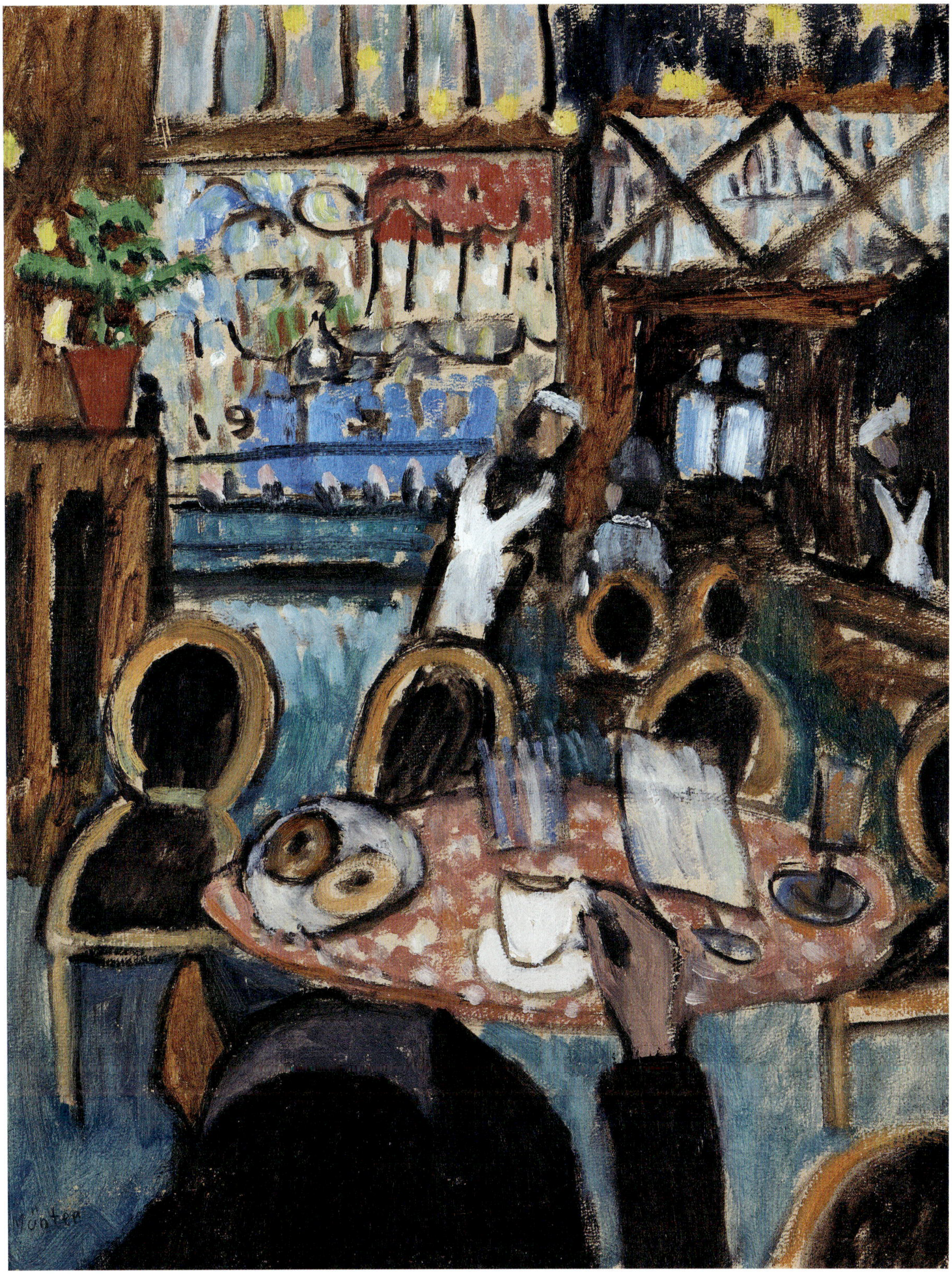

Kat. 201
Im Café, 1914
Öl auf Pappe, 61 × 46,5 cm | Familienbesitz
Dortmund

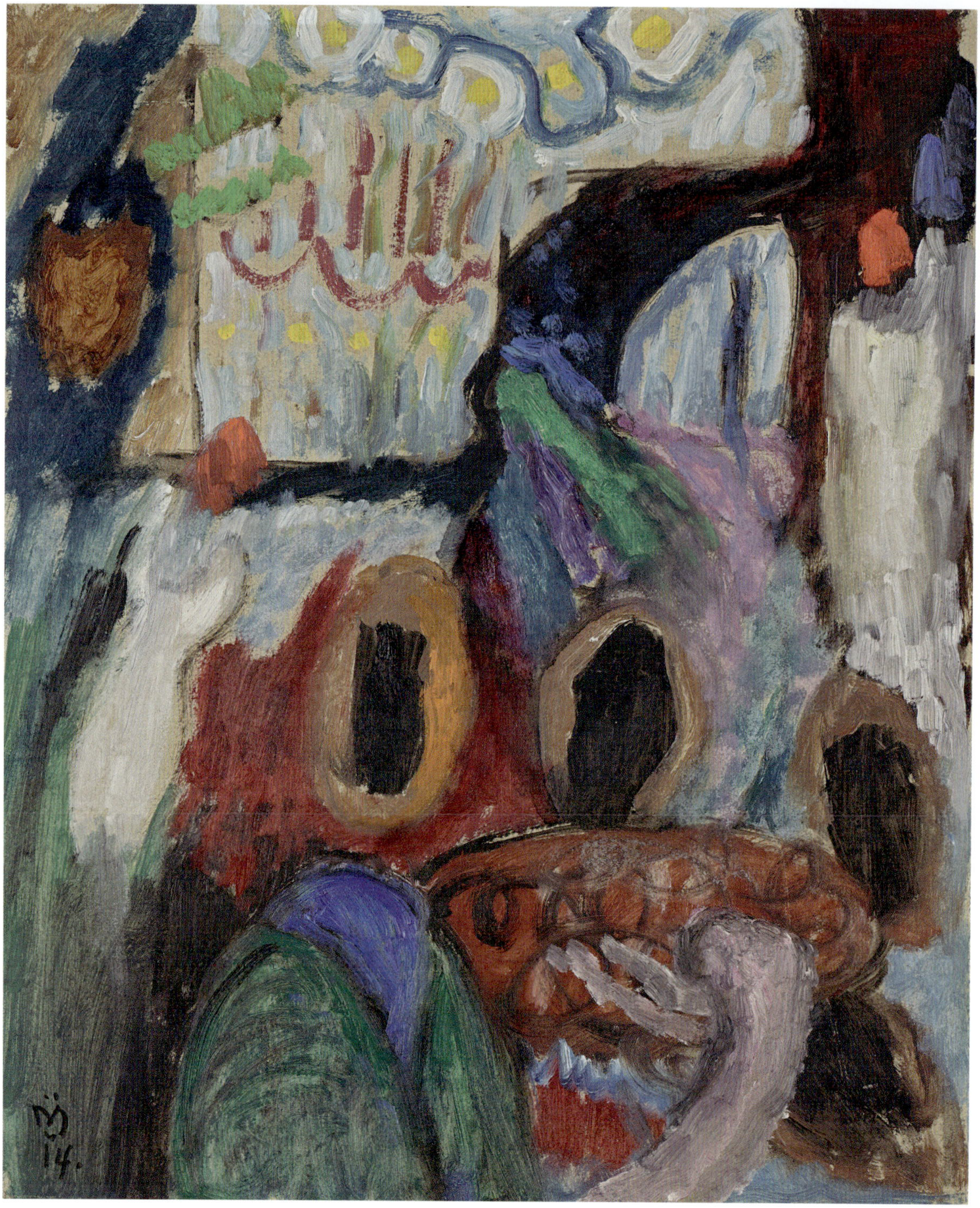

Kat. 202
Abstraktes Interieur, 1914
Pappe, 41 × 33 cm | Gabriele Münter- und Johannes Eichner-Stiftung, München, Inv.-Nr. V 14

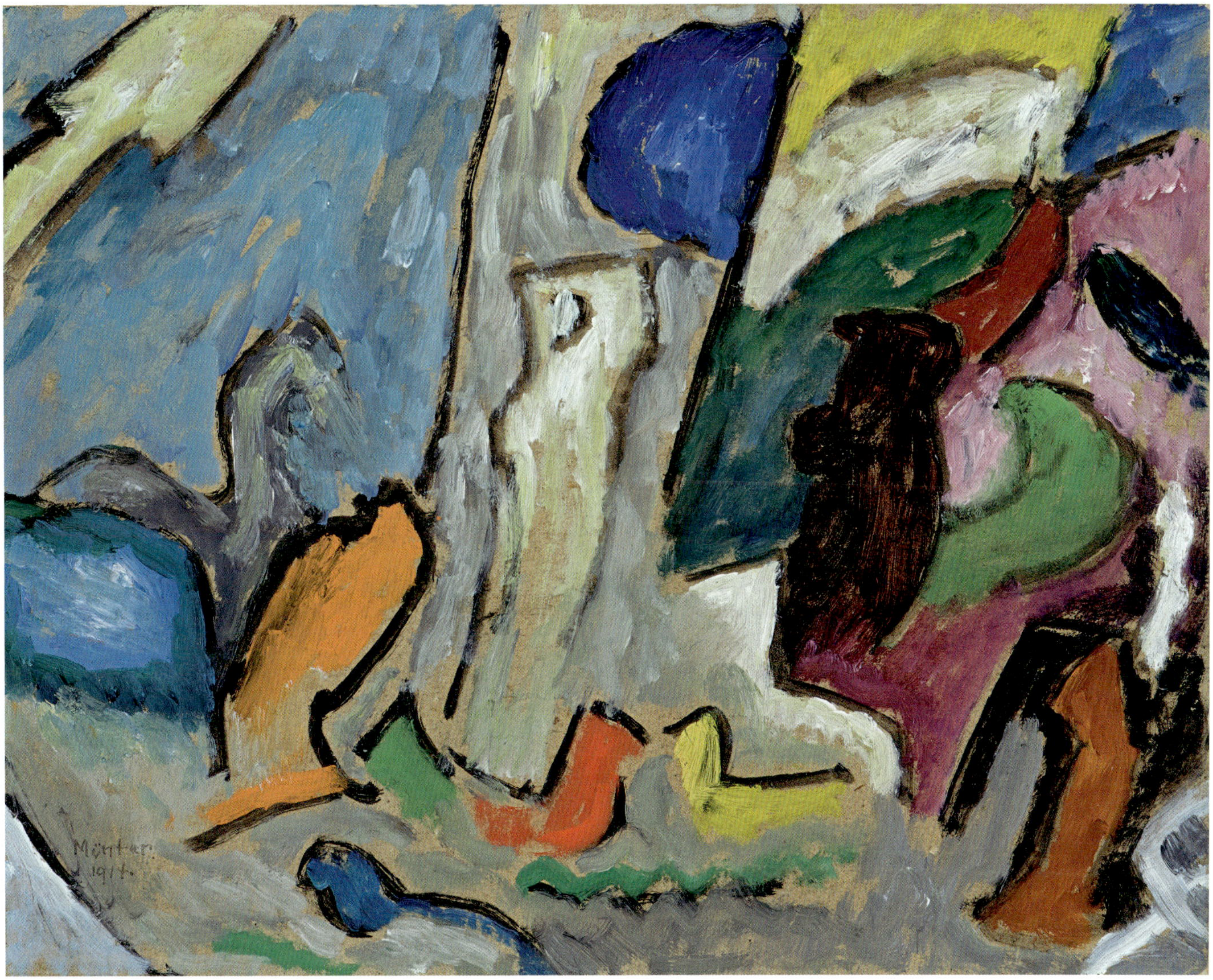

Kat. 203
Abstrakt, 1914
Pappe, 33,5 × 41 cm | Gabriele Münter- und Johannes Eichner-Stiftung, München, Inv.-Nr. V 13

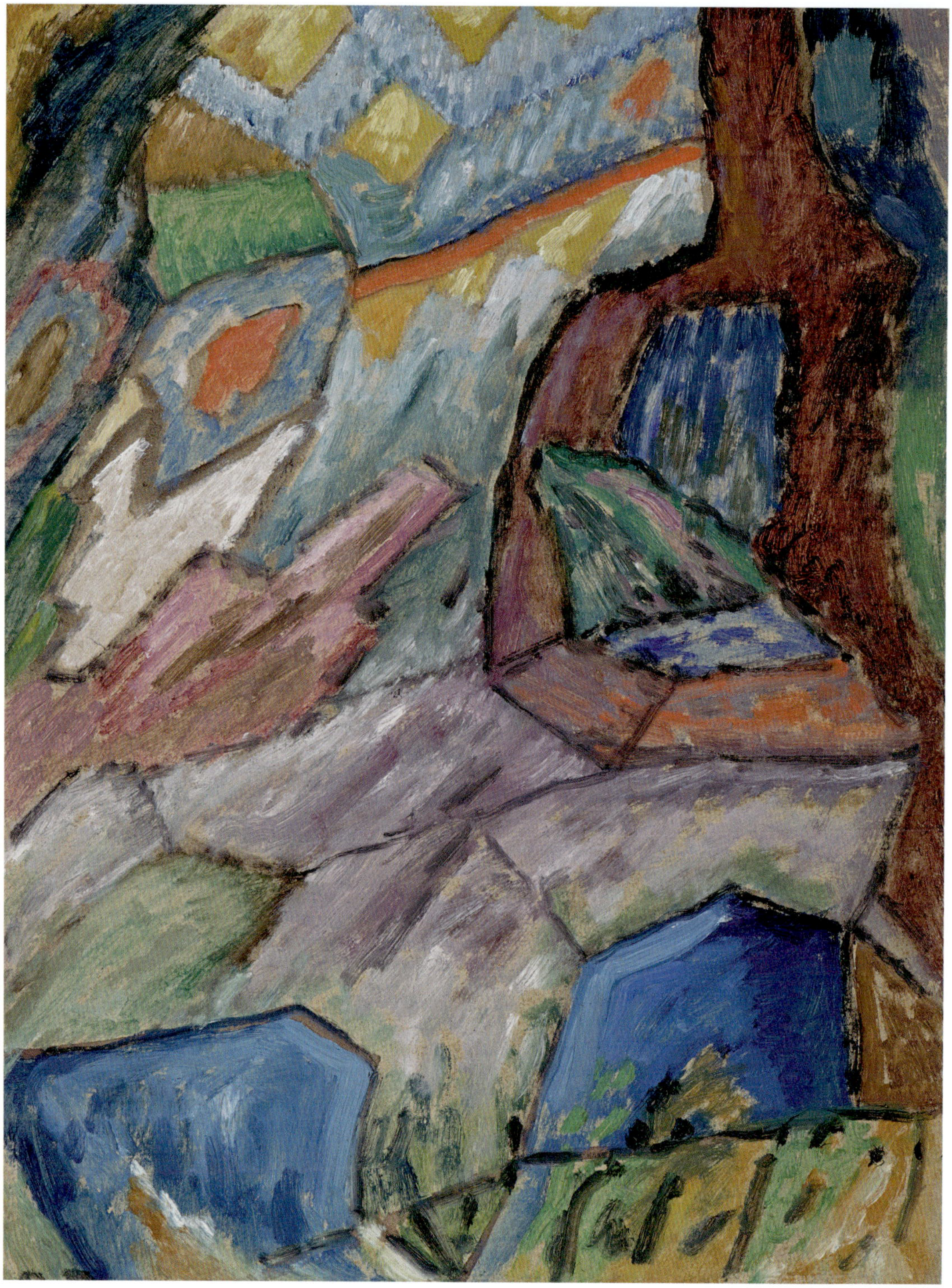

Kat. 204
Abstrakte Studie Nr. 6, 1915
Pappe, 44,9 × 32,9 cm | Gabriele Münter- und Johannes Eichner-Stiftung, München, Inv.-Nr. V 39

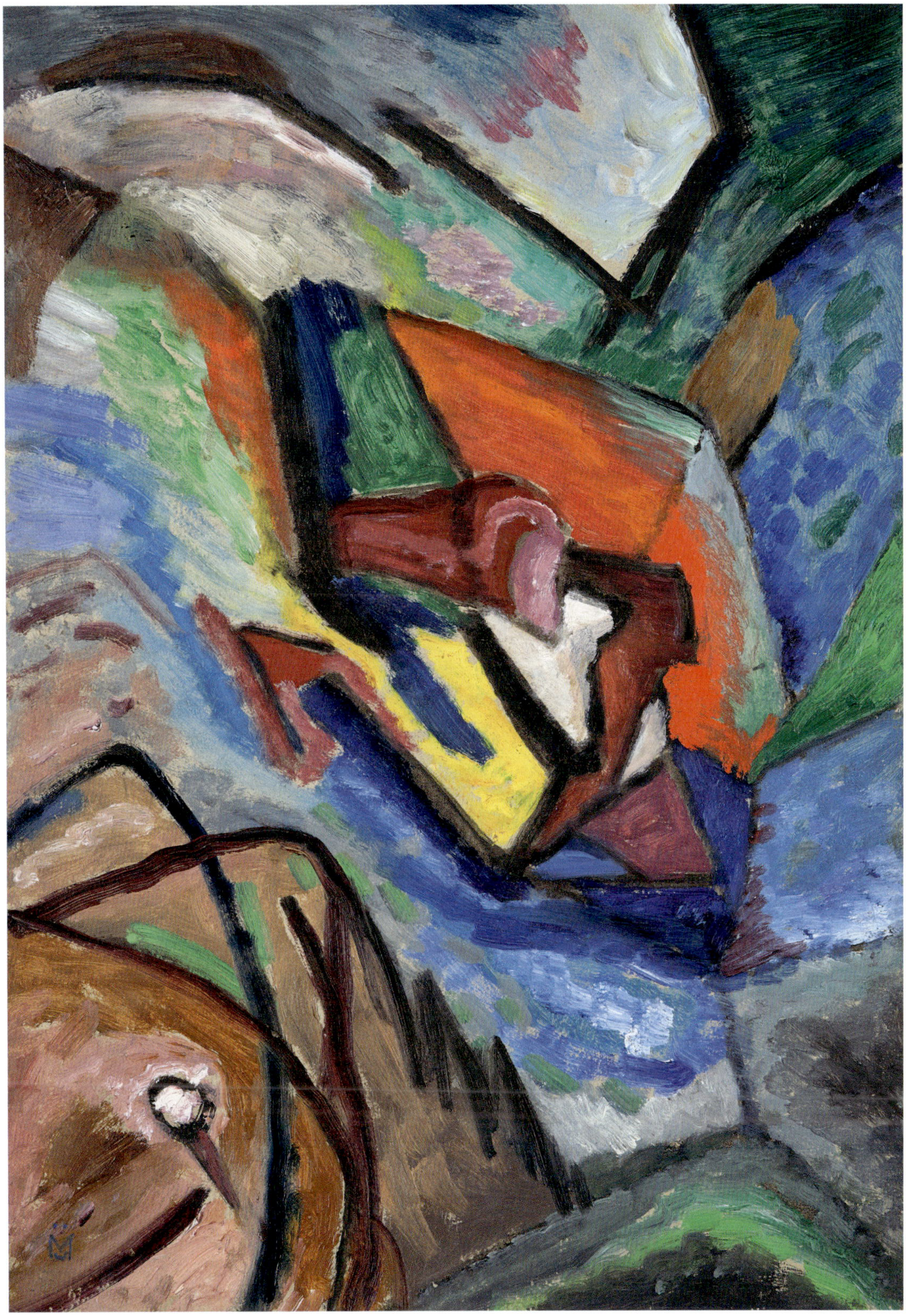

Kat. 205
Abstrakt (Studie), 1918
Pappe, 49,2 × 33,7 cm | Gabriele Münter- und Johannes Eichner-Stiftung, München, Inv.-Nr. V 18

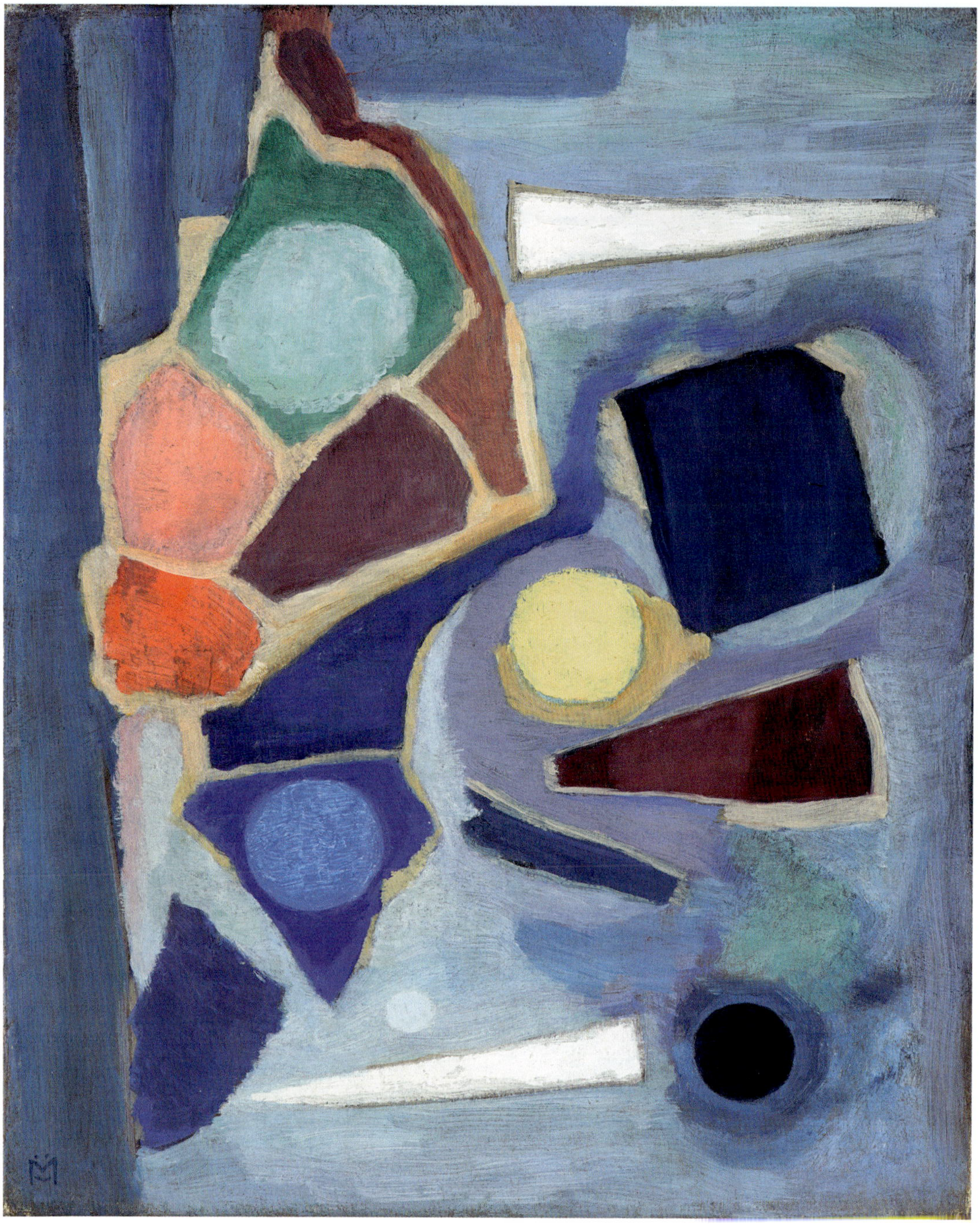

Kat. 206
Mit zwei weißen Pfeilen, 1952
Textiler Bildträger, 41,6 × 33,5 cm |
Gabriele Münter- und Johannes Eichner-Stiftung, München, Inv.-Nr. V 121

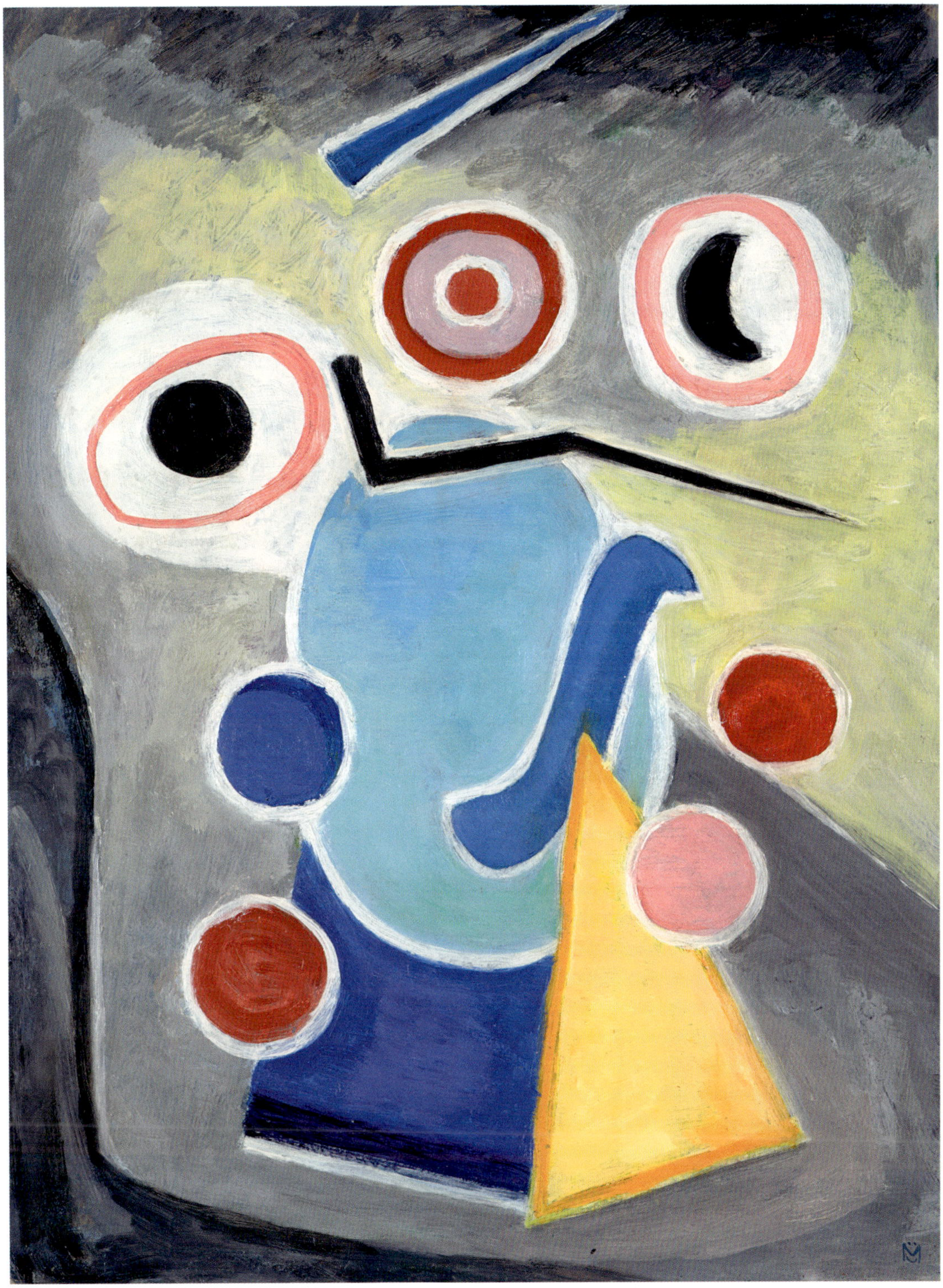

Kat. 207
Abstrakt
(Mitte hellblau, oval), 1954
Pappe, 44,9 × 32,9 cm | Gabriele Münter- und Johannes Eichner-Stiftung, München, Inv.-Nr. V 20

»Ich habe wieder einen Namen bekom̄en u. etliche Bilder sind in Museen hängengeblieben.«[1]

Wege der Verbreitung von Gabriele Münters Werk

Wege der Verbreitung von Gabriele Münters Werk

Gabriele Münter war bereits zu Lebzeiten eine erfolgreiche Künstlerin. 1907 trat sie in Paris zum ersten Mal als Künstlerin an die Öffentlichkeit: Sie zeigte im »Salon des Indépendants«, der von März bis Juni dauerte, sechs Gemälde mit Darstellungen von Sèvres, Bellevue und dem Park von Saint-Cloud. Im Herbst stellte sie eine Auswahl ihrer Holzschnitte im »Salon d'Automne« aus. Wenige Monate später, im Januar 1908, hatte sie sogar ihre erste Einzelausstellung im Kunstsalon Lenobel in Köln, wo sie 57 Gemälde – hauptsächlich mit Motiven aus ihrem Frankreich-Aufenthalt, aber auch einige aus Tunesien und aus Rapallo – präsentierte. Die Kritik reagierte positiv und lobte unter anderem die »elegante Farbenfreudigkeit« der Gemälde.[2] Einen außerordentlichen Erfolg für die Künstlerin bedeutete die anschließende Übernahme dieser Ausstellung in das Kaiser Wilhelm Museum in Krefeld. Kandinsky ist der Vermittler für diese Station gewesen, wie einem Brief von Friedrich Deneken, dem Gründungsdirektor des Museums, an den russischen Künstler zu entnehmen ist: »Sie glauben gar nicht, wie man mit Anfragen von malenden Damen überhäuft wird. Daher halte ich mich immer in solchen Fällen sehr zurück. Ich liess mir aber zur Probe zwei Bilder des Fräulein G. Münter von Lenobel kommen und finde zu meiner Freude, dass hier einmal etwas Gutes von einer Dame geleistet wird. Infolge dessen habe ich Lenobel gebeten, die Kollektion zur Ausstellung hierher zu schicken. Ich nehme an, dass sie in den nächsten Tagen hier eintreffen wird. Ob für die Dame ein finanzieller Erfolg dabei herauskommt, ist natürlich im voraus nicht zu sagen«.[3] Der herabwürdigende Ton des Briefes über »malende Damen« kann zwar als zeittypisch eingestuft werden, aber Deneken war trotzdem hellsichtig genug, um die malerischen Qualitäten dieser unbekannten Künstlerin zu erkennen und ihre Bilder zeigen zu wollen. Deneken war ein progressiver Museumsdirektor, der sich mit großem Engagement um die Propagierung der Moderne bemühte. Tatsächlich zählte er in Deutschland zu den ersten seiner Zunft, die Werke von den Meistern der französischen Moderne wie Cézanne, Signac, Van Gogh, Gauguin, Monet und Rodin zeigten und zum Teil auch erwarben.[4] Zum Zeitpunkt dieser ersten Museumsausstellung war Münter knapp 31 Jahre alt. Als Vergleich sei der nur drei Jahre jüngere Franz Marc angeführt, dem zu seinen Lebzeiten keine monografische Schau in einem Museum zuteil wurde.[5]

Nach der Krefelder Station wanderte die recht umfangreiche Werkübersicht der Künstlerin – teils in veränderter Form – weiter nach Düren, Hamburg, Breslau, Karlsruhe und Stuttgart.[6] Sie kann als Auftakt für Münters langjährige erfolgreiche Ausstellungsaktivitäten gelten. Im Mai 1908 zeigte der Kunstsalon Lenobel eine zweite Einzelausstellung der Künstlerin, die ihrem druckgrafischen Werk gewidmet war und im Juni in der Kunstbuchhandlung Friedrich Cohen in Bonn Station machte.

Fünf Jahre später begann die für Münter äußerst fruchtbare Zusammenarbeit mit dem Berliner Galeristen Herwarth Walden. In dessen ›Sturm‹-Galerie fand 1913 ihre nächste monografische Ausstellung statt, die auf Waldens Initiative hin in verkleinerter Form auch bei der Eröffnung des Neuen Kunstsalons von Max Dietzel in München präsentiert wurde.[7] Bis in die frühen 1920er-Jahre vertrat Walden Münter und zeigte ihre Arbeiten in Einzel- und Gruppenausstellungen sowohl in Deutschland als auch im Ausland. Für die Verbreitung ihrer Kunst spielte er somit eine wesentliche Rolle.[8] 1918 konnte Münter dank seiner Vermittlung mit 100 Gemälden, 20 Hinterglasbildern, 7 Radierungen und zahlreichen Zeichnungen die bis dahin größte monografische Präsentation ihres Werks in den Räumen der Künstlervereinigung ›Den Frie Udstilling‹ in Kopenhagen ausrichten. Abb. A Bereits ein Jahr später war ihr wieder eine umfangreiche Einzelschau in der dänischen Hauptstadt gewidmet und zwar im Ny Kunstsal.[9] Mit diesen Ausstellungen hatte die Rezeption Münters in Skandinavien einen Höhepunkt erreicht. Die Künstlerin wurde sowohl durch die Kritik als auch durch die skandinavische Kunstszene als internationale Avantgardistin anerkannt.[10]

1 Brief an Dr. Gerhard Budde vom 31.10.1953, Privatbesitz. Gerhard Budde war Vorstandsmitglied des Herforder Heimatvereins. Mit Johanna Ahlers ergriff er die Initiative zur Gründung des dortigen Kunstvereins, dessen Vorsitzender er von 1955 bis 1965 war.

2 »Kunst und Wissenschaft. Ausstellung im Kunstsalon Lenobel«, in: *Rheinische Zeitung* vom 7.1.1908.

3 Brief vom 31.1.1908, MES. Kandinsky hatte 1906 selbst dort ausgestellt. Vivian Endicott Barnett, *Kandinsky. Werkverzeichnis der Zeichnungen. Erster Band. Einzelblätter*. München 2006, S. 558.

4 Rainer Stamm, »Aufbruch in die Moderne. Das Kaiser Wilhelm Museum unter seinem ersten Direktor Friedrich Deneken (1897–1922)«, in: Ausst. Kat. *Farbwelten. Von Monet bis Yves Klein. Werke der klassischen Moderne aus den Kunstmuseen Krefeld*, hg. von Rainer Stamm [Bremen, Kunstsammlungen Böttcherstraße, Paula-Modersohn-Becker-Museum, 2009/10; Erfurt, Kunsthalle Erfurt, 2010; Würzburg, Museum im Kulturspeicher, 2010; Cottbus, Museum Dieselkraftwerk, 2010; Freiburg, Museum für Neue Kunst, 2010/11; Rotterdam, Chabot Museum, 2011]. Bremen 2009, S. 9–19.

5 Annegret Hoberg und Isabelle Jansen, *Franz Marc. Werkverzeichnis Band I, Gemälde*. München 2004, S. 301f.

6 Für detaillierte Angaben zu der Ausstellung, siehe Anhang S. 264.

7 Annegret Hoberg, »Gabriele Münter in München und Murnau 1901–1914«, in Ausst. Kat. München/Frankfurt/Stockholm 1992/93, S. 41.

8 Annegret Hoberg, »Gabriele Münter. STURM-Künstlerin in München, Berlin und Skandinavien«, in: Ausst. Kat. Frankfurt am Main 2015/16, S. 228–233, mit weiteren Literaturangaben zu Gabriele Münter und Herwarth Walden. Siehe auch dazu: *Wassily Kandinsky, Gabriele Münter, Herwarth Walden. Briefe und Schriften 1912–1914*, hg. von Karla Bilang, mit einem Vorwort von Jelena Hahl-Fontaine. Bern 2012.

9 Für detaillierte Angaben zu der Ausstellung, siehe Anhang S. 264.

10 Hille 2012, S. 227.

Als Münter 1920 von ihrem fünfjährigen Aufenthalt in Skandinavien nach Deutschland zurückkehrte, musste sie zunächst wieder in ihrer Heimat Fuß fassen. Sie war nun nicht mehr in einen Kreis von Künstlerinnen und Künstlern eingebunden wie in der Zeit des ›Blauen Reiter‹ oder auch zum Teil während der skandinavischen Jahre, sondern musste sich zum ersten Mal allein behaupten. Das Knüpfen neuer Kontakte kostete die Künstlerin viel Energie und Zeit, erwies sich aber letztlich als erfolgreich, wie ihre Wandereinzelausstellung von 1925/26 mit sieben Stationen bezeugt.[11]

Mit ihrer Teilnahme an der »International Exhibition of Modern Art«, von der Société Anonyme in New York 1926/27 organisiert, schaffte Münter den Sprung auf den Neuen Kontinent. Des Weiteren brachte ihre Begegnung mit Johannes Eichner in der Silversternacht 1927 in Berlin nicht nur in ihrem Privatleben, sondern auch beruflich eine Wende mit sich. Der Kunsthistoriker wurde Münters Agent und organisierte bedeutende Wandereinzelausstellungen für sie sowie ihre Teilnahme an zahlreichen Gruppenausstellungen. Abb. B Von 1933 bis 1935 tourte beispielsweise die Ausstellung »Gabriele Münter. ›50 Gemälde aus 25 Jahren (1908–1933)‹« durch sieben deutsche Städte. Gleichzeitig schrieb Eichner Zeitungsartikel über ihr Werk. Münter hatte dadurch wieder den Rücken frei, um sich ganz der Kunst zu widmen, was sich aus ihrer umfassenden malerischen Produktion der 1930er-Jahre ablesen lässt. Ab 1940 entschied sie, sich aus der Öffentlichkeit zurückzuziehen.[12]

1949 fand im Münchner Haus der Kunst eine große ›Blaue Reiter‹-Ausstellung statt, die Ludwig Grote (1893–1974), der spätere und erste Direktor des Germanischen Nationalmuseums in Nürnberg, im Auftrag von Museums, Fine Arts and Cultural Materials Exchange Section Cultural Affairs Branch E. R. Divisions-HQ OMGB, der Bayerischen Staatsgemäldesammlungen und der Städtischen Galerie im Lenbachhaus ausgerichtet hatte. Sie stellte eines der bedeutendsten Ausstellungsereignisse im München der Nachkriegszeit dar. Münter war 1948 in den Ehrenausschuss gewählt worden und präsentierte neun Gemälde.[13] Nach ihrer Überzeugung markierte die Ausstellung den Beginn ihrer »Wiederentdeckung«.[14] Diese Einschätzung ist allerdings nur bedingt richtig, da Münter von da an als Randfigur des ›Blauen Reiter‹ und nicht mehr als eigenständige Malerin angesehen wurde.

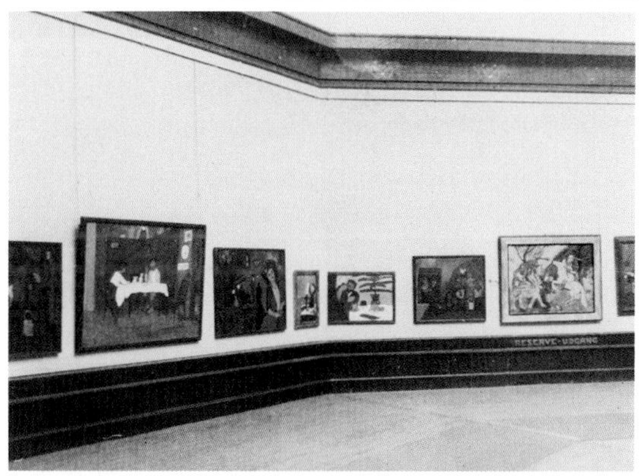

A **Raumansicht von Münters Einzelausstellung in der Künstlervereinigung ›Den Frie Udstilling‹, Kopenhagen, 1918**

Fotografie | Gabriele Münter- und Johannes Eichner-Stiftung, München

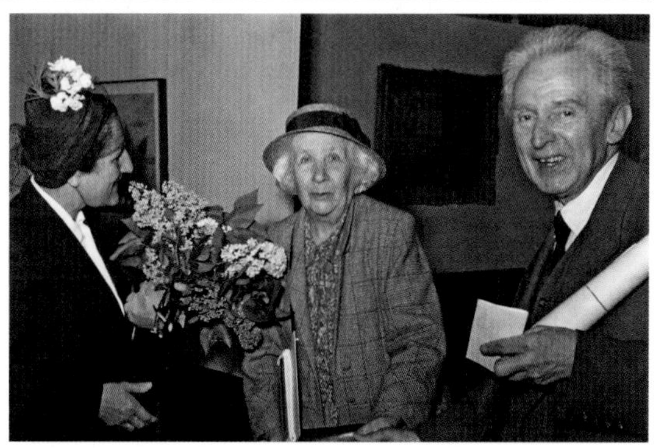

B **Münter und Eichner mit Flora Scherer auf einer Ausstellungseröffnung, um 1955**

Fotografie | Gabriele Münter- und Johannes Eichner-Stiftung, München, Inv.-Nr. 3499

11
Für detaillierte Angaben zur Ausstellung, siehe Anhang S. 264.

12
Sie nahm jedoch 1942 an der Kunstausstellung des Weilheimer Kreistages der NSDAP teil. Siehe Kapitel »Arbeit und Technik«, S. 216–218.

13
Ausst. Kat. München/Frankfurt/Stockholm 1992/93, S. 23. Ausst. Kat. *Der Blaue Reiter. München und die Kunst des 20. Jahrhunderts, 1908–1914,* hg. von den Bayerischen Staatsgemäldesammlungen und der Städtischen Galerie, München [München, Haus der Kunst, September–Oktober 1949]. München 1949.

14
Während nur neun Werke von ihr gezeigt wurden, waren ihre Kollegen Kandinsky, Marc und Macke mit je über 40 Werken vertreten, Hille 2012, S. 206 und Anm. 201, S. 250.

Ab den 1950er-Jahren spielten drei weitere Personen eine bedeutende Rolle in der Verbreitung von Münters Kunst: die Münchner Galeristen Etta Stangl (1913–1990) und Otto Stangl (1915–1990) sowie der Kunsthistoriker Hans Konrad Roethel (1909–1982). Otto Stangl hatte 1948 in München mit seiner Frau Etta die Moderne Galerie Otto Stangl eröffnet. Im gleichen Jahr lernten die Galeristen Münter kennen und nahmen spätestens 1952 Werke der Künstlerin in Kommission. Wie der Kontakt zustande kam, ist bis heute nicht geklärt. Im Kreis der Stangls verkehrten unter anderen Ludwig Grote, Maria Marc, Franz und Juliane Roh, mit denen Münter vertraut war und von denen sie möglicherweise an die Kunsthändler vermittelt wurde. Otto Stangl engagierte sich sehr dafür, ihr Werk bekannter zu machen. Er unterstützte sie und Eichner bei der Organisation von Ausstellungen, arrangierte neue Schauen, tätigte Verkäufe an Privatsammler. Von zentraler Bedeutung aber war seine Vermittlerrolle bei Museen. Auf seine Anregung hin wurde im Dezember 1954 *Das gelbe Haus* (1911) den Bayerischen Staatsgemäldesammlungen gestiftet, die schon 1950 *Mann im Sessel* von 1913 erworben hatten. Abb. E, S. 117 und Abb. C, S. 115 Ebenfalls dank seiner Initiative konnte Münter 1955 bei der ersten documenta in Kassel ein Gemälde ausstellen. Am 14. Mai 1955 schrieb Stangl an Eichner: »Eine erfreuliche Mitteilung kann ich Ihnen machen. Ich habe mit der Ausstellungsleitung der D o c u m e n t a, der grossen Ausstellung, die in Kassel für 2 Monate stattfindet, erreichen können, dass das Bild von Gabriele Münter ›Stillleben grau‹, das zur Zeit in unserer Ausstellung ›Unbekannte Werke‹ ist, ausgestellt wird. Ich bin sehr glücklich darüber, dass Gabriele Münter in dieser sehr bedeutenden Schau, – die einen grossen Ueberblick über das Kunstschaffen der ersten Hälfte des XX. Jahrhunderts gibt, – mit vertreten ist.«[15] Abb. C; D Unter den 147 Teilnehmenden befanden sich nur sieben Künstlerinnen.[16] Bereits 1950 hatte Münter an einer anderen wichtigen internationalen Ausstellung teilgenommen, nämlich an der 25. Biennale in Venedig.[17] Abb. E

Eichner lernte 1952 Hans Konrad Roethel, damals Hauptkonservator an den Bayerischen Staatsgemäldesammlungen, kennen. Im Laufe der Jahre entwickelte sich eine engere Freundschaft und Roethel wurde nach Murnau ein-

C **Stillleben grau, 1909**

Pappe, 34,5 × 50,4 cm | Städtische Galerie im Lenbachhaus und Kunstbau München, Inv.-Nr. GMS 662

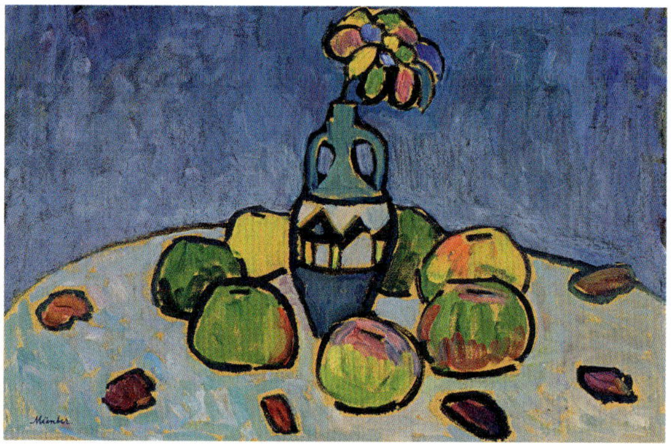

D **Katalog der ersten documenta, 1955**

Vorderseite des Schutzumschlages

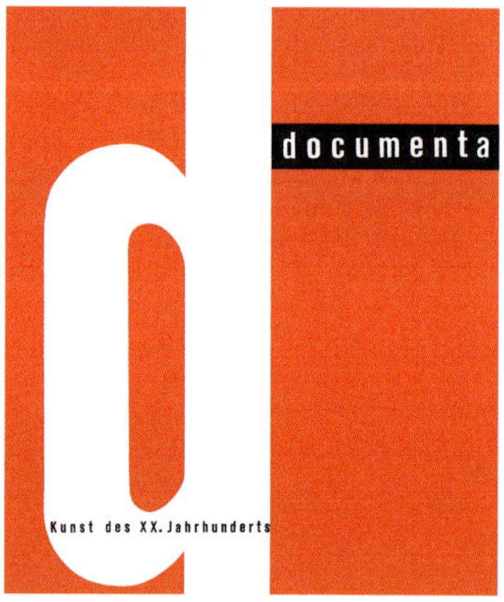

15
Brief in der MES. Ausst. Kat. Kassel 1955, Nr. 470. Münter zeigte auch, vermutlich durch den Einsatz Stangls, ein zweites Gemälde, das im Katalog unter der Nr. 469 wie folgt angegeben ist: *Abendsonne*, 1908, Öl, Dr. Bernhard Sprengel, Hannover. Aktueller Standort unbekannt.

16
Hille 2012, S. 217.

17
Sie zeigte drei Gemälde: *Landschaft mit weißer Mauer*, 1910, Öl auf Leinwand, 50 × 65 cm, Osthaus Museum Hagen, Inv.-Nr. K 1506, Kat. Nr. 49; *Mann im Sessel*, 1913, Öl auf Leinwand, 95 × 125,5 cm, Bayerische Staatsgemäldesammlungen, München, Inv.-Nr. 11227, Kat. Nr. 50; *Stilleben mit Ostereiern*, 1914, Pappe, 48,8 × 55,6 cm, Städtische Galerie im Lenbachhaus und Kunstbau München, Inv.-Nr. GMS 668 , Kat.Nr. 470.

18
Etta und Otto Stangl wurden auch mehrmals nach Murnau eingeladen, aber sie bekamen den verborgenen »Schatz« nie zu sehen. Clelia Segieth beschreibt den Verlauf der Beziehungen zwischen Eichner, Münter und den Stangls in ihrem Buch, *Etta und Otto Stangl. Galeristen, Sammler, Museumsgründer*. Köln 2000, S. 156–161.

19
Zweck der Stiftung ist die Verbreitung der Kunst Gabriele Münters. Sie verwaltet den Nachlass der Künstlerin. Dazu gehört u. a. das Münter-Haus in Murnau, das heute ein Museum zur Kunst und Wirkstätte Münters und Kandinskys geworden ist, wie die Malerin es sich gewünscht hatte.

geladen. Im Dezember 1956 öffneten ihm Münter und Eichner ihren Keller, in dem Hunderte Bilder der Künstlerin sowie ihrer MalerkollegInnen des ›Blauen Reiter‹ und seines Umkreises lagerten. Als Kandinsky 1914 überstürzt Deutschland hatte verlassen müssen, war er gezwungen gewesen, seinen Besitz einschließlich seiner Sammlung in München zurückzulassen. Nach dem Krieg hatte er sich bemüht, sie zurückzuerhalten. Ein jahrelanger, durch Anwälte geführter Rechtsstreit zwischen ihm und Münter zog sich bis 1926 hin. Kandinsky wurden schließlich einige Bilder zurückerstattet, der große Rest seiner Werke verblieb jedoch in Münters Besitz. Die Sammlung befand sich zunächst in einem Münchner Speditionslager. Als die Verfolgungen durch die Nationalsozialisten zu bedrohlich wurden, verbarg Münter sämtliche Kunstwerke in ihrem Murnauer Haus und rettete sie somit vor Beschlagnahmung. 1957, anlässlich ihres 80. Geburtstages, schenkte sie große Teile dieser Sammlung der Städtischen Galerie im Lenbachhaus, deren Direktor Roethel inzwischen geworden war. Für Otto Stangl kam die Nachricht von der Schenkung Münters an das Lenbachhaus umso überraschender als er davon im Vorfeld nicht informiert worden war. Dies bedeutete den Abbruch ihrer Beziehungen.[18]

Das Vertrauen zwischen Roethel, Münter und Eichner blieb dagegen bis zum Tod der Künstlerin bestehen. Und so fand die Gabriele Münter- und Johannes Eichner-Stiftung, die nach einer testamentarischen Verfügung des Paares Münter-Eichner ins Leben gerufen und 1966 rechtsfähig wurde, ihren Sitz in der Städtischen Galerie im Lenbachhaus.[19] Abb. F

Die offizielle Anerkennung für Münters Wirken zeigte sich gleichzeitig in Form von Auszeichnungen: 1956 erhielt sie den ›Kunstpreis der Stadt München für Malerei‹ und im Februar 1957 anlässlich ihres 80. Geburtstages die

E **Stilleben mit Ostereiern, 1914**
Pappe, 48,8 × 55,6 cm | Städtische Galerie im Lenbachhaus und Kunstbau München, Inv.-Nr. GMS 668

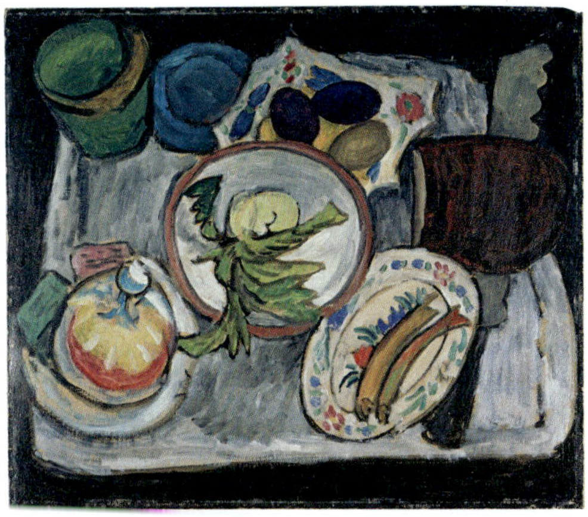

F **Münter im Garten der Städtischen Galerie im Lenbachhaus, 1934**
Fotografie | Gabriele Münter- und Johannes Eichner-Stiftung, München, Inv.-Nr. 3326

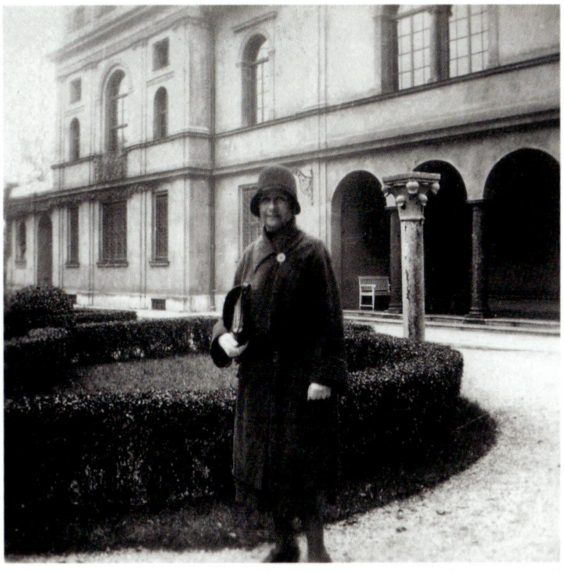

›Goldene Ehrenmünze der Landeshauptstadt München‹ sowie ›Das grosse Verdienstkreuz des Verdienstordens der Bundesrepublik Deutschland‹.

Münter selbst freute sich ihres Erfolgs. Nach Abschluss ihrer Ausstellung »Gabriele Münter. Werke aus fünf Jahrzehnten«, die von 1949 bis 1953 in 22 Städten präsentiert wurde, schrieb sie an Gerhard Budde, Mitbegründer des Herforder Kunstvereins, der sich für die Station der Ausstellung im heimatlichen Herford eingesetzt hatte: »Der Erfolg war überall erfreulich. Ich habe wieder einen Namen bekom̄en u. etliche Bilder sind in Museen hängengeblieben«.[20] Heute sind es vorwiegend deutsche und amerikanische Museen, die Gemälde von Münter besitzen. Das Engagement Roethels, der privilegierte Beziehungen mit den Galeristen Leonard Hutton in New York und Dalzell Hatfield in Los Angeles pflegte, war für die Distribution von Münters Kunst in den USA ausschlaggebend. Seitdem – und besonders auffallend in den letzten 30 Jahren – wuchs kontinuierlich das Interesse an Münters Arbeiten. So besitzt seit 2015 das Musée national d'art moderne im Centre Pompidou in Paris zwei Bilder der Künstlerin, die großformatige Komposition *Drachenkampf* (1913) und *Gartentor in Sèvres, Petite rue des Binelles* (um 1906).[21] Kat. 127 Es handelt sich um die ersten Gemälde von Münter, die Eingang in ein französisches Museum gefunden haben.

Dieser kurze Abriss zeigt, dass Münter im Gegensatz zur allgemeinen Annahme bereits früh und häufig einzeln ausstellte. Dass die Rezeption ihres Schaffens im Lauf von 70 Jahren eine radikale Veränderung erfuhr, beschrieb einleuchtend Karoline Hille.[22] Während 1916 die schöpferische Begabung der Künstlerin noch im Mittelpunkt gestanden hatte, wurde diese nach dem Zweiten Weltkrieg durch ihre Biografie ersetzt. Münter wurde nur noch als Schülerin eines Genies wahrgenommen, die zwar ein interessantes Werk geschaffen hat, aber nur so lange sie an der Seite Kandinskys lebte und arbeitete. Diese Ansicht wurde durch ihre Schenkung an das Lenbachhaus 1957 verstärkt. Münter galt nun als die Frau, die das Frühwerk Kandinskys gerettet hatte. Auch die Rolle, die Eichner und Roethel in der Verbreitung ihrer Kunst spielten, ist zwiespältig: Einerseits stellten sie sie in der Öffentlichkeit so oft wie möglich vor, andererseits reduzierten sie die Malerin durch ihre Texte in den begleitenden Ausstellungskatalogen zu einer naiven, intuitiv arbeitenden Künstlerin, entsprechend dem Vorurteil über »Frauenkunst«.[23]

Um dieser eindimensionalen und zu kurz greifenden Sicht entgegenzuwirken, haben wir in der aktuellen Ausstellung Münters Werk nicht chronologisch, sondern in unterschiedlichen thematischen Sektionen präsentiert. Statt der Biografie und des Fokus auf die ›Blaue Reiter‹-Phase stehen damit ihr Schaffensprozess und ihre Auseinandersetzung mit künstlerischen Fragen im Mittelpunkt. Durch diesen anderen Blickwinkel wird ein differenzierteres Bild der Künstlerin Gabriele Münter und ihres Werks sichtbar gemacht.

20
Ausst. Kat. Wanderausstellung 1949–52. Für die Jahre 1952–53 gab es eine neue Ausgabe des Katalogs von Johannes Eichner mit einer leicht geänderten Werkliste: Ausst. Kat. Wanderausstellung 1952–53, siehe Anhang für detaillierte Angaben. Brief an Dr. Gerhard Budde vom 31.10.1953, Privatbesitz.

21
Gartentor in Sèvres, Petite rue des Binelles, um 1906, Öl auf Leinwand, auf Pappe aufgezogen, 34,4 × 45 cm, Centre Pompidou, Paris. Musée national d'art moderne/Centre de création industrielle – Don de la Société Kandinsky, 2015, Inv.-Nr. AM 2015-151.

22
Karoline Hille, »Gabriele Münter und ihr Publikum. Nachwort«, in: Hille 2012, S. 226–232.

23
Siehe dazu das Kapitel »Der ›Primitivismus‹«, S. 136.

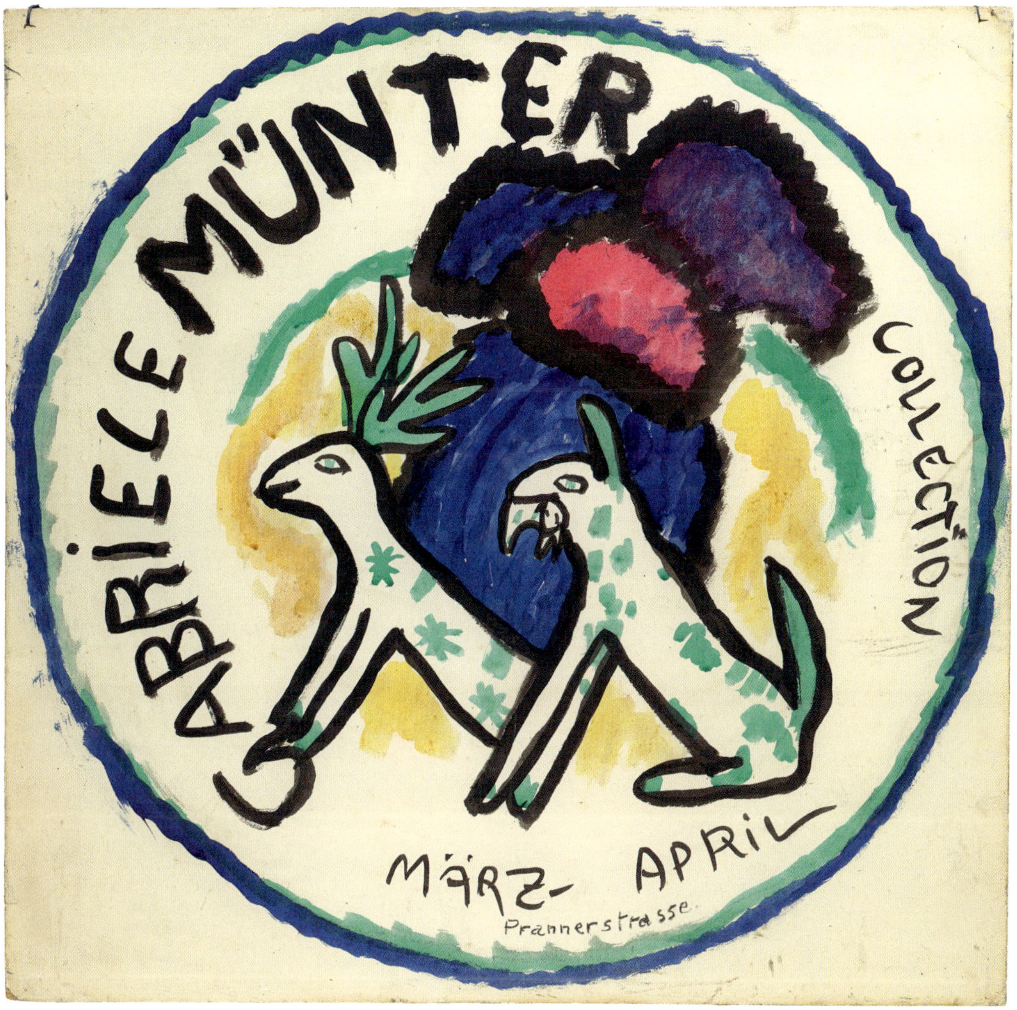

Kat. 208
Plakatentwurf zur Gabriele Münter-Ausstellung im Neuen Kunstsalon Max Dietzel, München 1913, 1913
Aquarellfarbe auf Pappe, 49,5 × 49,8 cm | Gabriele Münter- und Johannes Eichner-Stiftung, München, Inv.-Nr. V 88

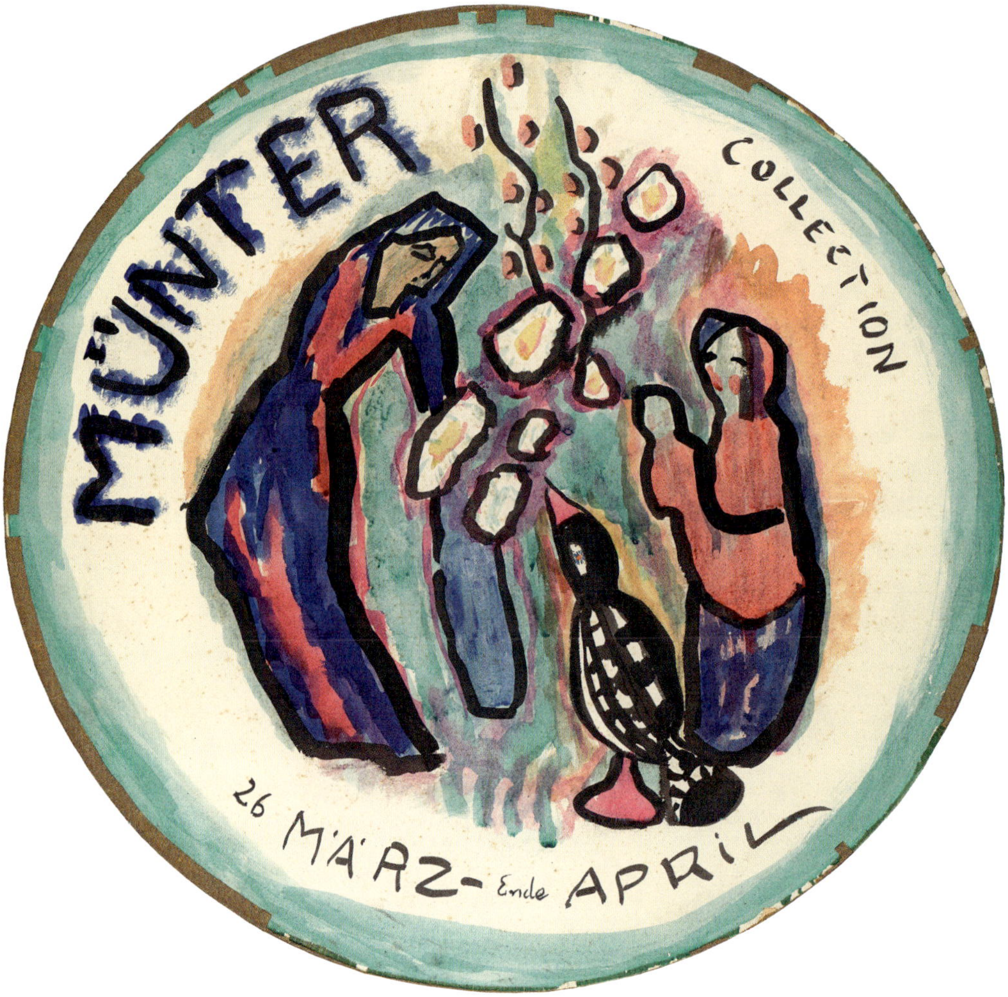

Kat. 209
Plakatentwurf zur Gabriele Münter-Ausstellung im Neuen Kunstsalon Max Dietzel, München 1913, 1913

Aquarellfarbe auf Pappe, Durchmesser: 47,5 cm | Gabriele Münter- und Johannes Eichner-Stiftung, München, Inv.-Nr. V 89

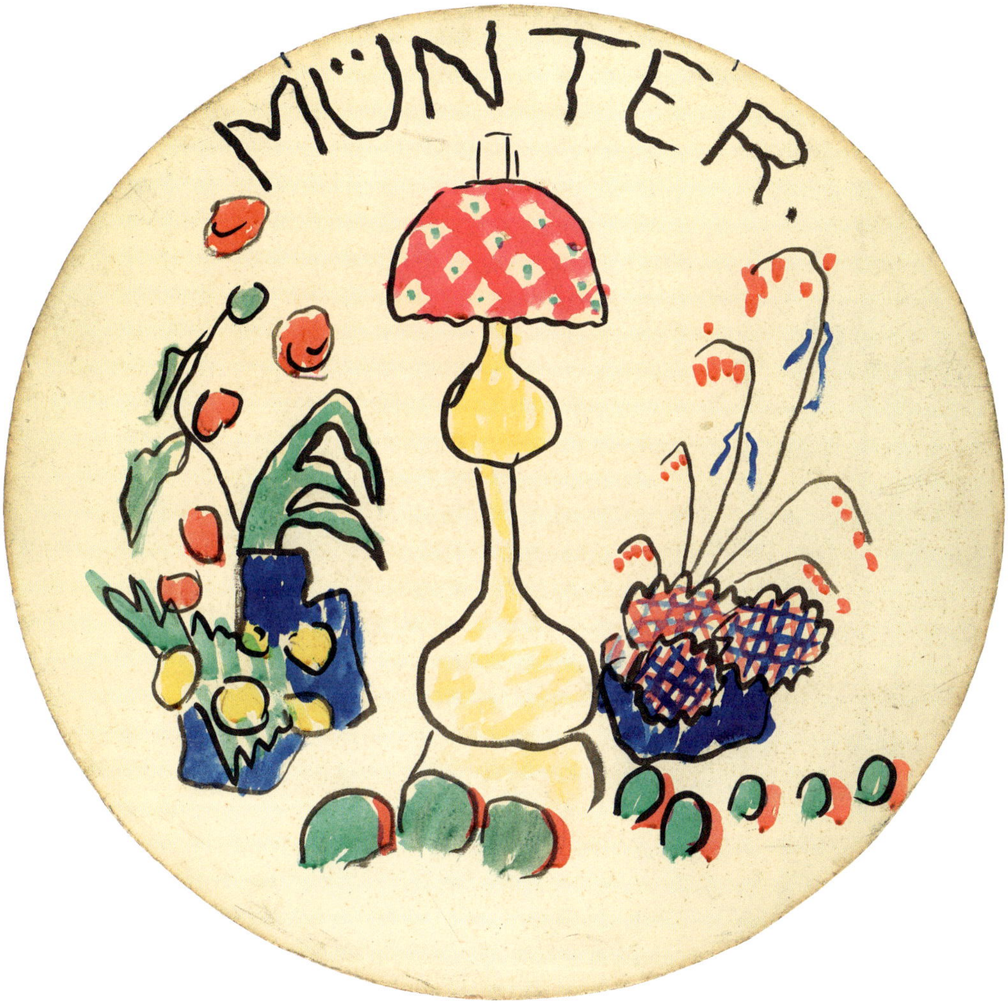

Kat. 210
Plakatentwurf zur Gabriele Münter-Ausstellung im Neuen Kunstsalon Max Dietzel, München 1913, 1913
Aquarellfarbe auf Pappe, Durchmesser: 47,4 cm | Gabriele Münter- und Johannes Eichner-Stiftung, München, Inv.-Nr. V 90

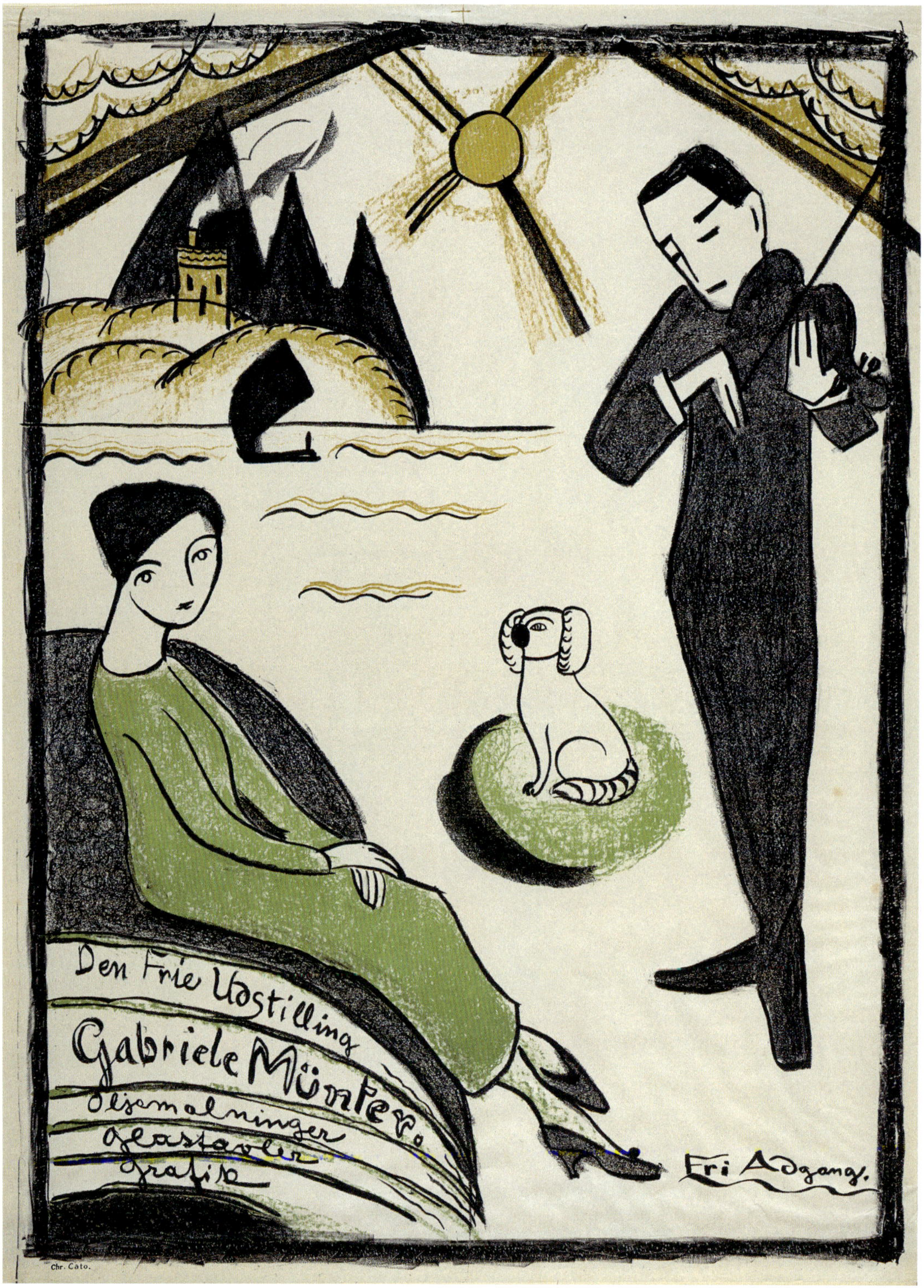

Kat. 211

Plakat für die Gabriele Münter-Ausstellung Kopenhagen, 1918

Farblithografie auf Maschinenpapier, 90 × 64 cm | Städtische Galerie im Lenbachhaus und Kunstbau München, Inv.-Nr. GMS 930

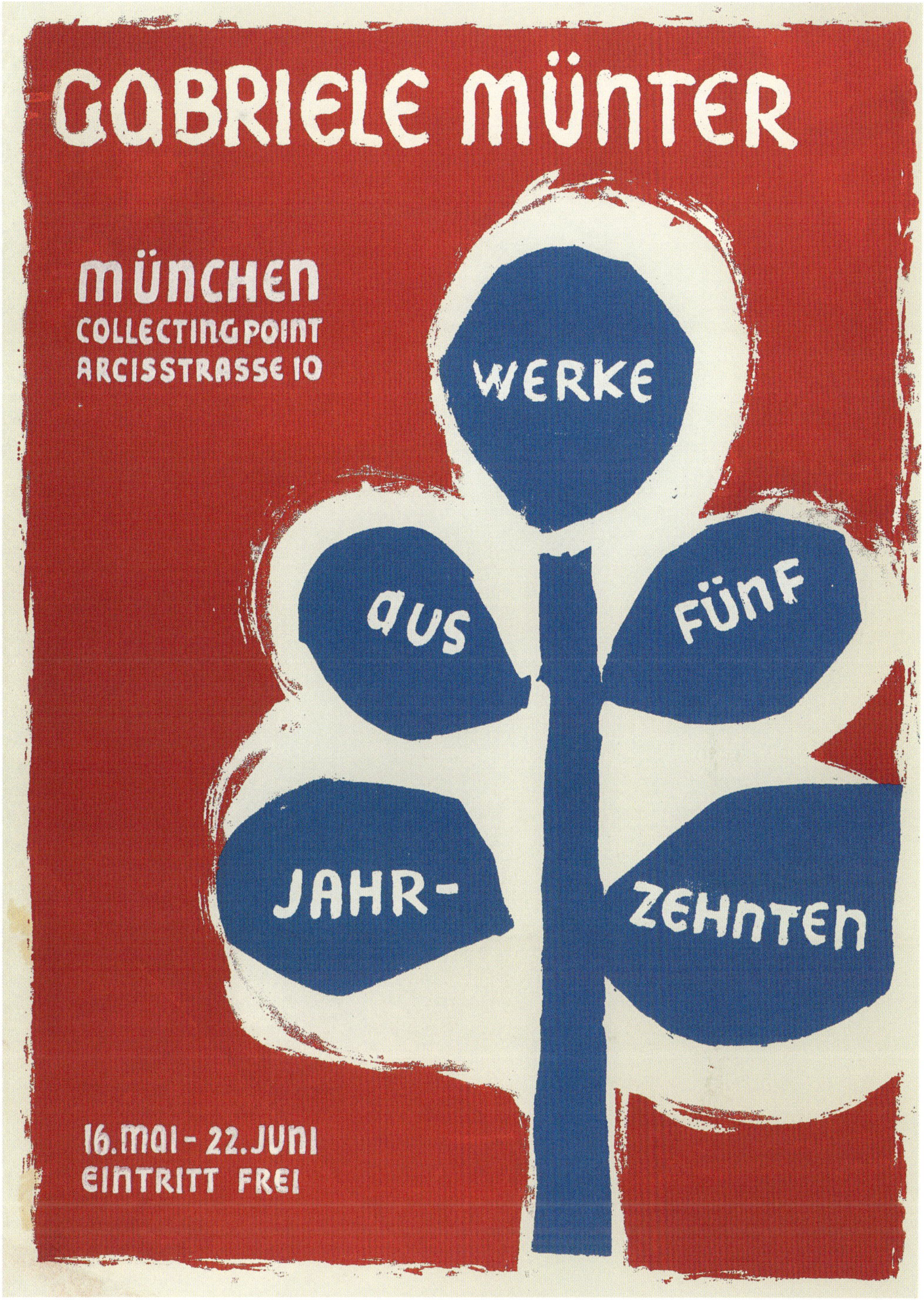

Kat. 212
Plakat zur Münchner Station der Gabriele Münter-Wanderausstellung 1949–53
Linolschnitt von drei Druckstöcken in Blau, Rot und Weiß, 60 × 42 cm | Gabriele Münter- und Johannes Eichner-Stiftung, München

Anmerkung zu maltechnischen Begriffen bei Gabriele Münter

Im vorliegenden Ausstellungskatalog wurden die Angaben zur Maltechnik Gabriele Münters auf die Nennung des Bildträgers reduziert. Hierbei stehen »Pappe« und »textiler Bildträger« stellvertretend für verschiedene Typen von Malkartons und Leinwänden. Diese Entscheidung liegt darin begründet, dass die umfangreiche kunsttechnologische Forschung der letzten Jahre neues Licht, aber auch neue Fragen in den Diskurs über die Materialien und ihre korrekte Bezeichnung gebracht hat. Farbsysteme, die einerseits aussehen wie Ölmalerei, jedoch kaum Öl enthalten, und wässrige Bindemittelsysteme andererseits, die mit hohem Ölanteil funktionieren, zeigen die Komplexität der Farbenzusammensetzung in der Malerei der Moderne.

Die Formel »Öl auf Leinwand« hielt sich trotzdem als gängige Klassifizierung auch unter den Künstlerinnen und Künstlern, da sie letztlich maltechnische Vielfalt vereinfachend abbildete und gleichzeitig auch auf die materielle Wertigkeit des Kunstwerkes verwies. Vereinzelt finden sich auch konkrete Hinweise zu Münters Farbsystemen in den Quellen:

So riet Wassily Kandinsky Münter in ihren Anfängen zu Behrendts Ölfarbe: »...Die Farben von Ehrmann heissen Behrendt's Oelfarben und sind zu beziehen entweder in München Leopoldstr. 41, bei Rahmenmacher Schmid, oder in der Fabrik selbst von Behrendt (Fr. Behrendt, Kunstmaler) Wildenroth und Grafrath. Die Farben sind ganz gut und enorm billig...«.[1]

In den von Münter ab 1929 geführten Arbeitsheften finden sich ebenfalls Angaben zur Maltechnik wie »auf einem Stück harter Leinwand« (1950), aber auch Hinweise auf Bindemittel wie zum Beispiel die Verwendung von »Feigenmilch« an einigen Werken.

In aktuellen Bindemittelanalysen ausgewählter Werke der Malerin wiederum ließen sich häufig Öle nachweisen.[2] Da jedoch nicht zu jedem in dieser Ausstellung gezeigten Gemälde detaillierte Bindemittel- beziehungsweise Faseranalysen der Gewebe und Pappen vorliegen, wurde für die Gemälde der Gabriele Münter- und Johannes Eichner-Stiftung sowie der Städtischen Galerie im Lenbachhaus bewusst auf die Verwendung von »Öl auf Leinwand« und »Öl auf Pappe« verzichtet.

Iris Winkelmeyer

1
Brief vom 17.6.1903, MES.

2
2012–2014 haben die Städtische Galerie im Lenbachhaus, das Doerner Institut der Bayerischen Staatsgemäldesammlungen, München und die Gabriele Münter- und Johannes Eichner-Stiftung ein Projekt zur Maltechnik Münters durchgeführt. Neun Gemälde und eine Palette aus dem Lenbachhaus und aus der Münter-Eichner-Stiftung wurden untersucht. Unveröffentlichter Untersuchungsbericht des Doerner Instituts.

Anhang

Lebensstationen von Gabriele Münter

1877 **Gabriele Münter wird am 19. Februar in Berlin geboren.**

Ihr Vater, Carl Friedrich Münter, war als junger Mann nach Nordamerika ausgewandert, ihre Mutter, Wilhelmine Münter geb. Scheuber, lebte bereits seit ihrer Kindheit in den USA. Beide heirateten 1857 in Savannah, Tennessee, und kehrten 1864 nach Deutschland zurück.

Münter hatte drei ältere Geschwister: August (geb. 1865), Carl Theodor (geb. 1866) und Emmy (geb. 1869).

1878 **Übersiedlung der Familie nach Herford/Westfalen, die Heimatstadt von Münters Vater**
→1

1884 **Umzug der Familie nach Koblenz**
→2

1886 Tod des Vaters

1887 Tod ihres Bruders August

1897 **Juni–Mitte Oktober**

Zeichenunterricht an einer privaten Damenkunstschule in Düsseldorf
Tod der Mutter

1898 **Ende September 1898 – Oktober 1900: Vereinigte Staaten von Amerika**

Leben mit ihrer Schwester Emmy in verschiedenen nordamerikanischen Orten bei Verwandten mütterlicherseits
→3

1900 **22. Oktober 1900 – 30. April 1901: Bonn**

1901 **30. April 1901: Umzug nach München**

Anfängerklasse von Maximilian Dasio (1865–1954), anschließend Aktklasse von Angelo Jank (1868–1940) in der ›Damen-Akademie‹ des ›Künstlerinnen-Vereins‹
→4

1902 Holzschnittkurs in der Wolff-Neumann-Schule

›Phalanx‹-Schule: Bildhauer-Kurs bei Wilhelm Hüsgen (1877–1962), der auch Malunterricht bei Wassily Kandinsky mit einschließt

24. Juni–22. August
Aufenthalt in Kochel mit Kandinskys Malklasse der ›Phalanx‹-Schule

25. August–7. Oktober
Lebensmittelpunkt in Bonn

1. Dezember
Wiedereintritt in die ›Phalanx‹-Klasse von Kandinsky
→5

1903 Mai–Anfang Juni
Herford

19. Juni–18. August
Aufenthalt in Kallmünz mit Kandinskys Malklasse der ›Phalanx‹-Schule

Ende August–Ende September
Bonn bei ihrer Schwester Emmy Schroeter und ihrer Familie

1904 1. April–11. Mai
Bonn bei Emmy Schroeter und Familie

23. Mai 1904 – Anfang Juni 1908: Leben in verschiedenen Städten und Ländern

23. Mai–22. Juni
Reise mit Kandinsky nach Holland

22. Juni–Anfang Dezember
Bonn bei den Schroeters (von Ende Juli bis Anfang September bei ihrem Bruder Carl, auch in Bonn)

6. Dezember
Mit Kandinsky nach Tunis über Straßburg, Basel, Lyon und Marseille

25. Dezember
Ankunft in Tunis

1905 Bis 5. April
Tunis (Ausflüge nach Karthago, Kairouan und Sousse)

Bis 15. April
Rückkehr nach Deutschland über Palermo, Neapel, Florenz, Bologna und Verona

15. April–23. Mai
München

24. Mai–1. Juni
Fahrradtour mit Kandinsky durch Sachsen

1. Juni–15. August
Dresden mit Kandinsky

17. August–November
Bonn (am Anfang bei Carl Münter und danach bei Emmy Schroeter)

18. November
Über Lüttich, Brüssel, Mailand, Sestri Levante und Genua mit Kandinsky nach Rapallo; Ankunft in den Weihnachtstagen

1906 Bis 1. Mai
Rapallo. Mit Kandinsky nach Paris über Genua, Mailand, Luzern und Basel

22. Mai 1906–10. Juni 1907
Paris, Sèvres

28. Juni
Bezug des Erdgeschosses einer Villa in Sèvres, einem Vorort von Paris

17. November 1906–März 1907
Münter mietet ein Zimmer in Paris, während Kandinsky in Sèvres bleibt.

1907 Ab 10 Juni
Bonn

August
Reise durch die Schweiz mit Kandinsky

8. September 1907–Ende April 1908
Berlin mit Kandinsky

1908 Januar
Erste Einzelausstellung im Kunstsalon Lenobel, Köln

Ende April–Anfang Juni
Reise nach Südtirol mit Kandinsky

Anfang Juni 1908 – Anfang August 1914: München

Juni
Erstmaliger Besuch des oberbayerischen Ortes Murnau am Staffelsee

Mitte August–Ende September
Aufenthalt in Murnau mit Kandinsky, Alexej von Jawlensky und Marianne von Werefkin als Gäste im Gasthof ›Griesbräu‹

1909 22. Februar–9. März
Kochel mit Kandinsky und Olga und Thomas von Hartmann

Mitte Juni–Mitte September
Murnau

21. August
Münter erwirbt das Haus in der Kottmüllerallee in Murnau.

Anfang Oktober
Einzug bei Kandinsky in Schwabing, Ainmillerstraße 36

1. – nach dem 15. Dezember
Erste Ausstellung der ›Neuen Künstler-vereinigung München‹ in der Modernen Galerie Heinrich Thannhauser
→6

1910 1. – 14. September
Zweite Ausstellung der ›Neuen Künstler-vereinigung München‹ in der Modernen Galerie Heinrich Thannhauser

1911 Ende Juni–Mitte August
Berlin bei den Schroeters, Herford, Bonn bei ihrem Bruder Carl und Familie

18. Dezember 1911–1. Januar 1912
Erste Ausstellung der Redaktion ›Der Blaue Reiter‹ in der Modernen Galerie Heinrich Thannhauser in München
→7

1912 12. Februar–18. März
Zweite Ausstellung der Redaktion ›Der Blaue Reiter‹ »Schwarz-Weiss« in der Kunsthandlung Hans Goltz in München
→8

1913 20. September–1. November
›Erster Deutscher Herbstsalon‹ in Herwarth Waldens Galerie ›Der Sturm‹ in Berlin

1914 **6. August 1914 – 16. Januar 1915: Schweiz**

6. August–16. November: Mariahalden
Flucht Kandinskys aus Deutschland infolge des Kriegsausbruchs. Gemeinsame Abreise über Lindau in die Schweiz nach Mariahalden bei Goldach

16. November 1914
Nach Zürich mit Kandinsky

25. November
Kandinskys Rückkehr nach Moskau

17. Dezember 1914–5. Januar 1915
Solothurn, Oschwand, Bern, Weggis

5. Januar 1915
Rückkehr nach Zürich

1915 **16. Januar – 3. Juli: München, Berlin**

3. Juni–3. Juli
Berlin

3. Juli 1915 – Februar 1920: Skandinavien

3. Juli–17. Juli
Kopenhagen

17. Juli 1915–Spätherbst 1917
Schweden, vorwiegend in Stockholm (Reisen nach Lappland und Norwegen im Sommer 1916)

23. Dezember 1915–16. März 1916
Aufenthalt Kandinskys in Stockholm. Letztes Treffen beider
→ 9 → 10

1917 Spätherbst 1917–Februar 1920
Dänemark, vorwiegend in Kopenhagen

1918 7.–13. März
Ausstellung in ›Den Frie Udstilling‹ in Kopenhagen: ihre bis dahin größte Einzelausstellung

1920 **28. Februar – 12. Mai: Berlin**

12. Mai 1920 – Anfang Dezember 1924: München, Murnau, Elmau
→ 11

1922 Januar
»Abendakt«-Kurs in München

1924 **9. Dezember 1924 – Mai 1925: Köln**

1925 Februar 1925–Ende Oktober 1926
Wanderausstellung mit 7 Stationen in Deutschland

15. Mai – Oktober: München, Murnau

29. Oktober 1925 – Juni 1929: Berlin

1926 12. August–30. September
Aufenthalt auf der Burg Lauenstein unweit der fränkisch-thüringischen Grenze

Ab November
Kurs in der Malschule von Arthur Segal in Berlin

1927 Anfang Juli–Ende August
Reise ins Tessin, Besuch von Marianne von Werefkin in Ascona

25. August–16. Oktober
Elmau

Ab November
Weiterer Kurs in Segals Malschule

31. Dezember
Erste Begegnung mit Johannes Eichner auf einer Silvesterfeier bei dem Maler und Kunstschriftsteller Hermann Konnerth (1881–1966) in Berlin
→ 12

1928 Januar, April und Juni
Segal-Schule

3. August–20. November
Murnau und München

1929 April
Segal-Schule

4. Juni – 3. Oktober: Murnau

3. Oktober – 25. Oktober: München

26. Oktober 1929 – Ende Oktober 1930: Frankreich

1930 Bis 1. September
Paris, ab März gemeinsam mit Eichner

1.–15. September
Über Chamonix, Avignon und Marseille nach Sanary-sur-Mer mit Eichner

15. September–29. Oktober
Sanary

29. Oktober
Rückkehr über Paris nach Berlin

1. November 1930 – 31. März 1931: Berlin

1931 **1. April: Münter wird in Murnau sesshaft.**

1933 April 1933–Juni 1935
Wanderausstellung mit 7 Stationen in Deutschland

16. Mai–3. Juli
Reise mit Eichner zu den oberitalienischen Seen und nach Norditalien
→ 13

1934 29. Dezember 1934–23. März 1935
München

1935 17. Dezember 1935–3. April 1936
Wohnungssuche in München
→ 14

1936 27. Juli–16. September
Aufenthalt in München während umfänglicher Renovierungsmaßnahmen am Murnauer Haus

1949 Juli 1949–September 1953
Wanderausstellung mit 22 Stationen in Deutschland

September–Oktober 1949
Ausstellung »Der Blaue Reiter. München und die Kunst des 20. Jahrhunderts, 1908–1914« im Haus der Kunst, München, mit neun Gemälden von Münter
→ 15 → 16

1950 Teilnahme an der 25. Biennale in Venedig mit drei Gemälden
→ 17

1955 Beteiligung an der ersten documenta in Kassel mit zwei Gemälden
→ 18

1956 Auszeichnung mit dem ›Kunstpreis der Stadt München für Malerei‹

1957 ›Goldene Ehrenmünze der Landeshauptstadt München‹ und ›Das grosse Verdienstkreuz des Verdienstordens der Bundesrepublik Deutschland‹

Anlässlich ihres 80. Geburtstags schenkt Münter der Städtischen Galerie im Lenbachhaus zahlreiche Werke der KünstlerInnen des ›Blauen Reiter‹ und seines Umkreises. Dadurch wird das Lenbachhaus zu einem Museum mit internationalem Renommee. Diese Stiftung bildet den Grundstock der aktuellen Sammlung ›Der Blaue Reiter‹ im Lenbachhaus.

1958 Eichner stirbt am 11. Februar.

1960 20. Juni–30. Juli
Erste Einzelausstellung in den USA, in den Dalzell Hatfield Galleries, Los Angeles

1962 Münter stirbt in ihrem Haus in Murnau am 19. Mai.
→ 19

1966 Die Gabriele Münter- und Johannes Eichner-Stiftung wird rechtsfähig. Sie wurde nach einer testamentarischen Verfügung Münters und Eichners gegründet. Die Stiftung mit Sitz in der Städtischen Galerie im Lenbachhaus München verwaltet Münters Nachlass, darunter das Münter-Haus in Murnau.

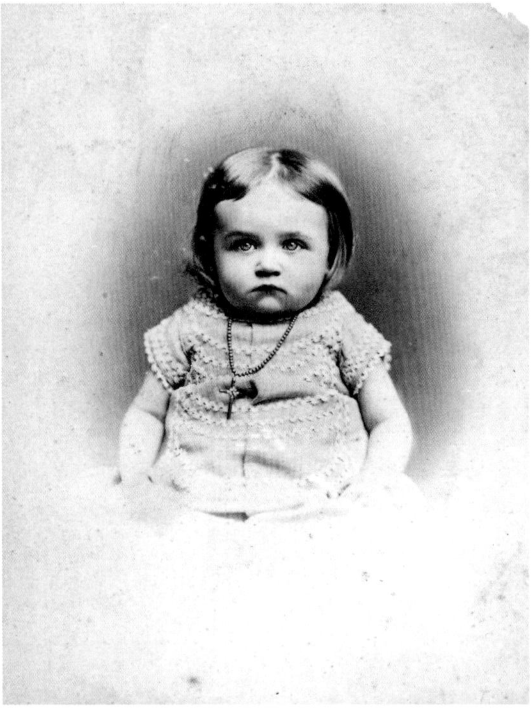

1

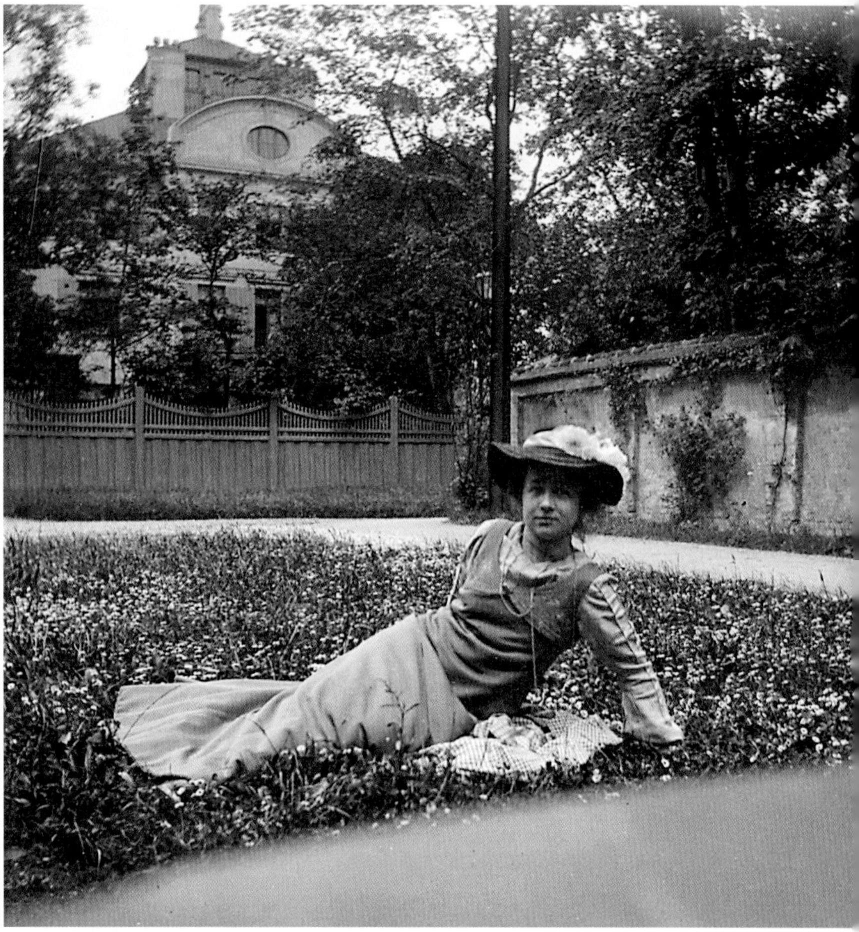

4

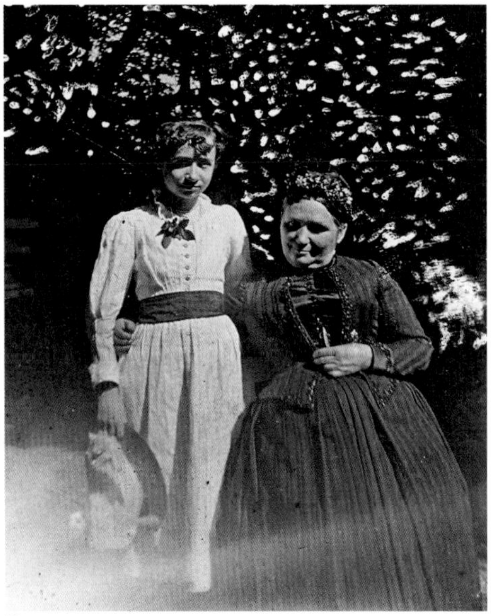

2

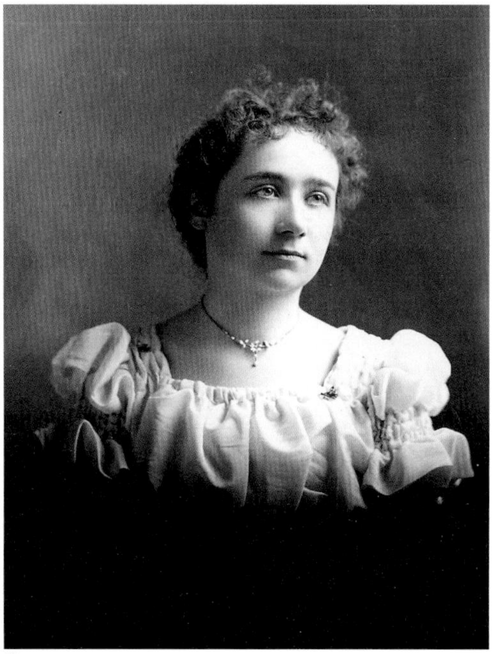

3

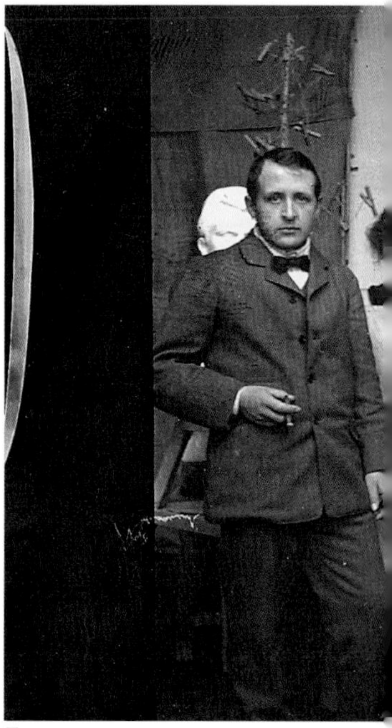

5

1 »Ella Münter im ersten Jahr«, um 1877, Inv.-Nr. 2951

2 Gabriele Münter mit ihrer Mutter in Koblenz, um 1891, Inv.-Nr. 2963

3 Gabriele Münter, 1899, Foto: Fotoatelier Murillo, Saint-Louis, Missouri, USA, Inv.-Nr. 2962

4 Gabriele Münter im Vorgarten des ›Künstlerinnen-Vereins‹, München, 1901, Inv.-Nr. 2137

5 Bildhauerklasse von Wilhelm Hüsgen in der ›Phalanx‹-Schule, Mai 1902. Links: Wilhelm Hüsgen, Gabriele Münter, Inv.-Nr. 2087

6

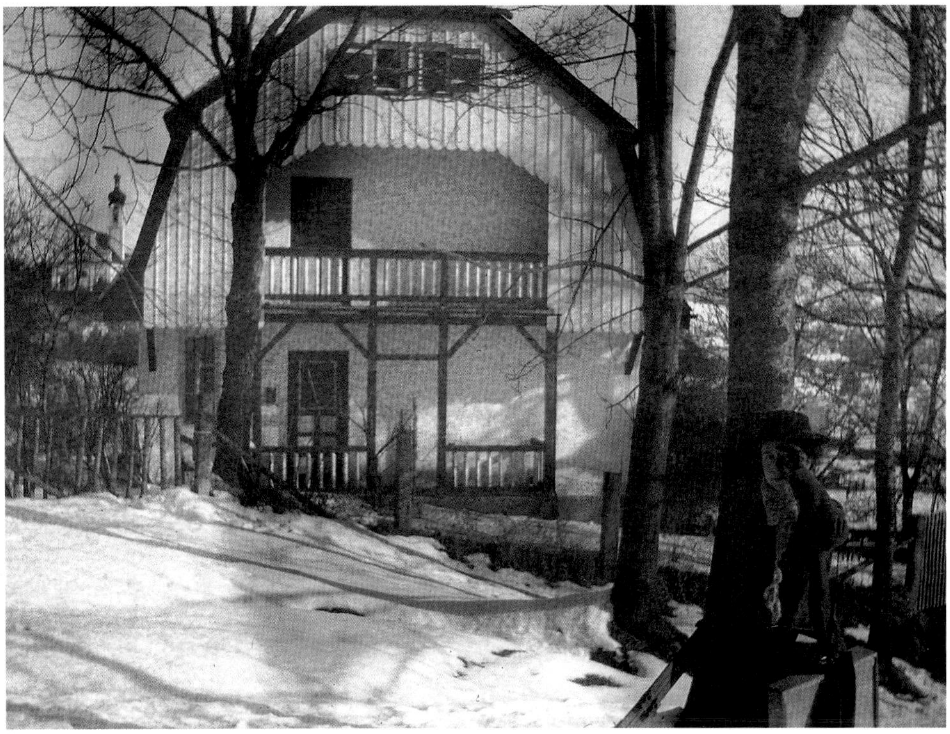

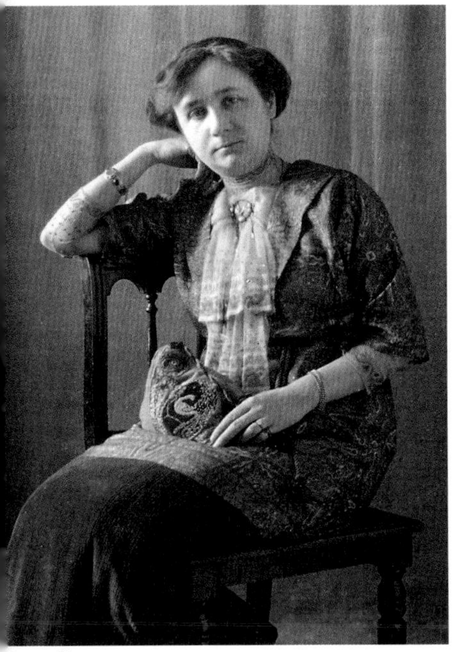

8

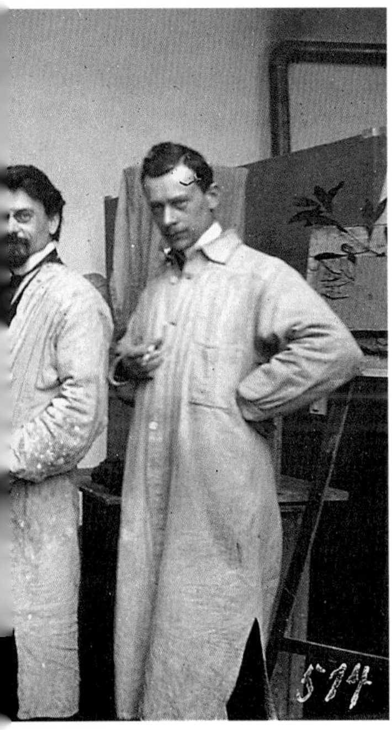

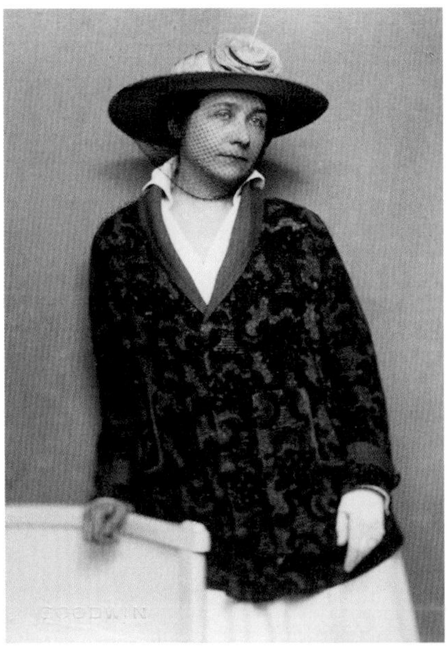

10

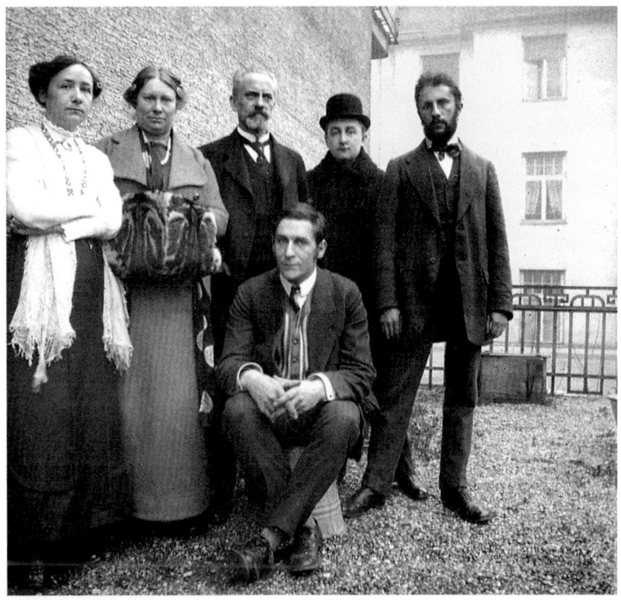

7

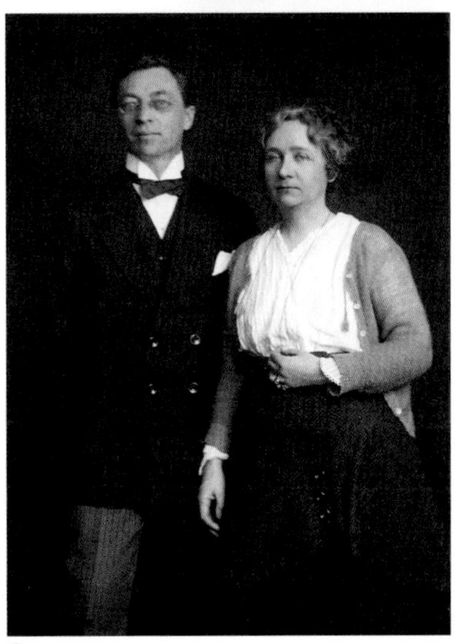

9

6 Gabriele Münter mit Malmaterial vor ihrem Haus in Murnau, Februar 1910, Foto: Wassily Kandinsky, Inv.-Nr. 2253

7 Mitglieder des ›Blauen Reiter‹ auf dem Balkon der Ainmillerstraße 36, München, 1911. Links: Gabriele Münter, Foto: Wassily Kandinsky, Inv.-Nr. 2204

8 Gabriele Münter mit dem selbstentworfenen Handtäschchen mit Pfau, München, um 1912, Inv.-Nr. 2183

9 Gabriele Münter und Wassily Kandinsky in Stockholm, Schweden, 1916, Inv.-Nr. 2900

10 Gabriele Münter in Stockholm, Schweden, 1917 Foto: Henry Goodwin, Inv.-Nr. 3286

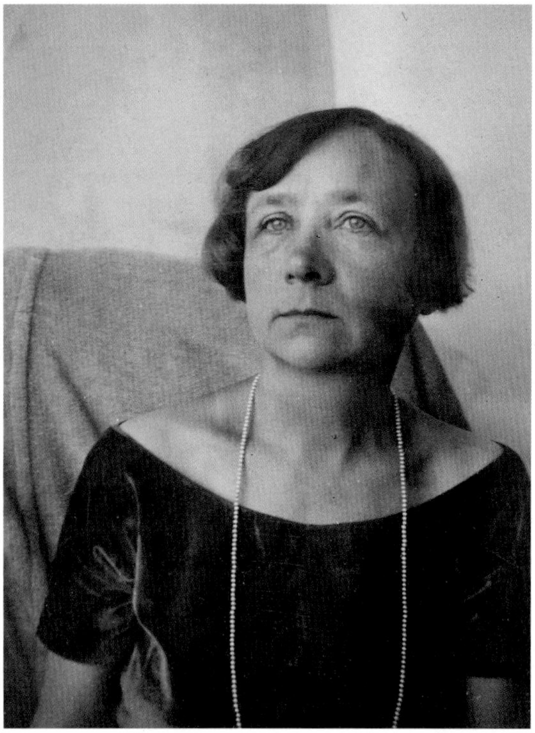

11

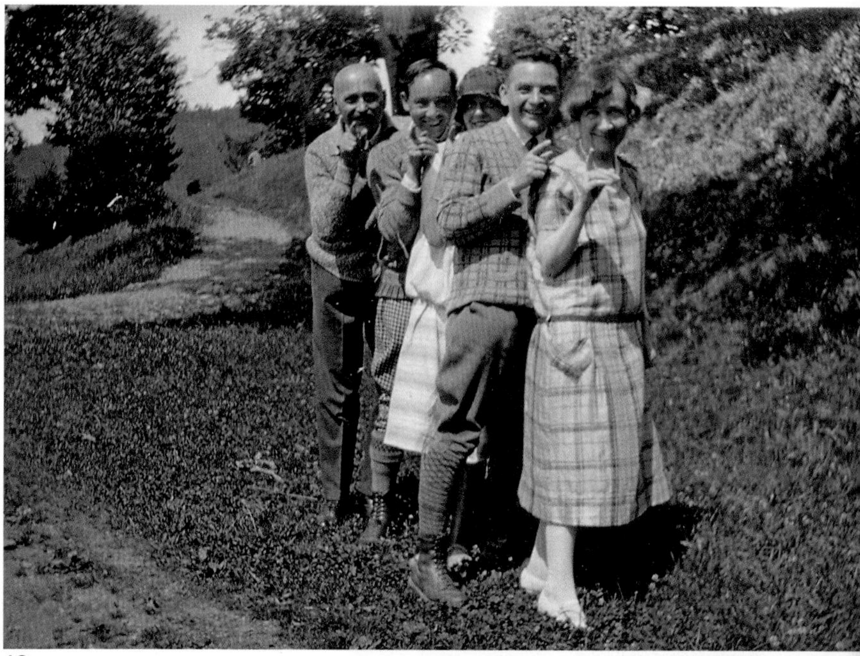

12

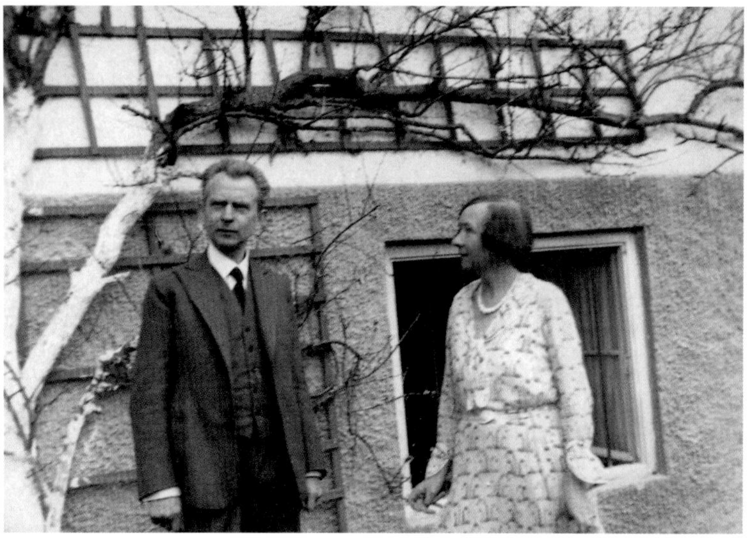

13

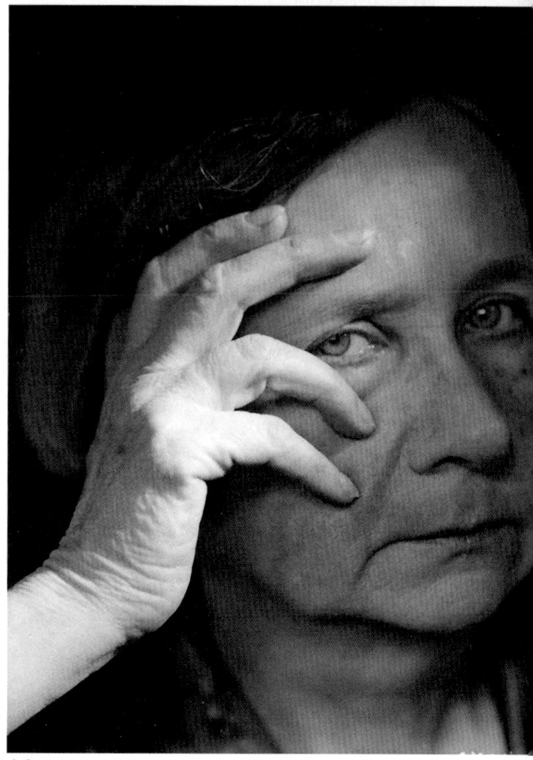

14

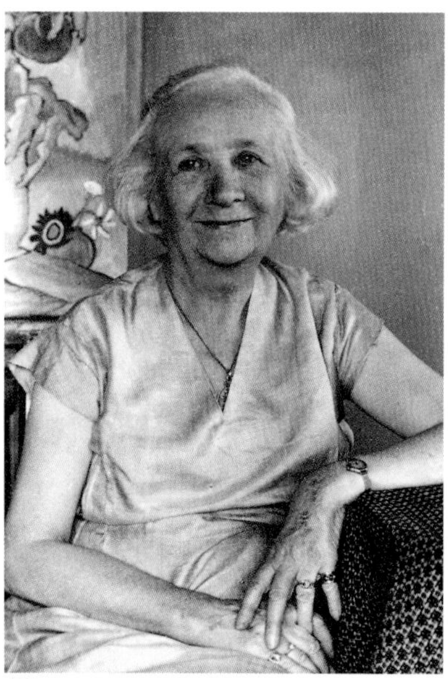

15

11 Gabriele Münter, um 1921, Inv.-Nr. 3301

12 Gabriele Münter mit Freunden in Cademario, Tessin, 1927, Inv.-Nr. 3310

13 Johannes Eichner und Gabriele Münter vor dem Haus in Murnau, Frühling 1933, Foto: Gertrud Haff, Inv.-Nr. 3317

14 Gabriele Münter, um 1935, Inv.-Nr. 3339

15 Gabriele Münter, um 1945, Foto: Kaethe Augenstein, Inv.-Nr. 3363

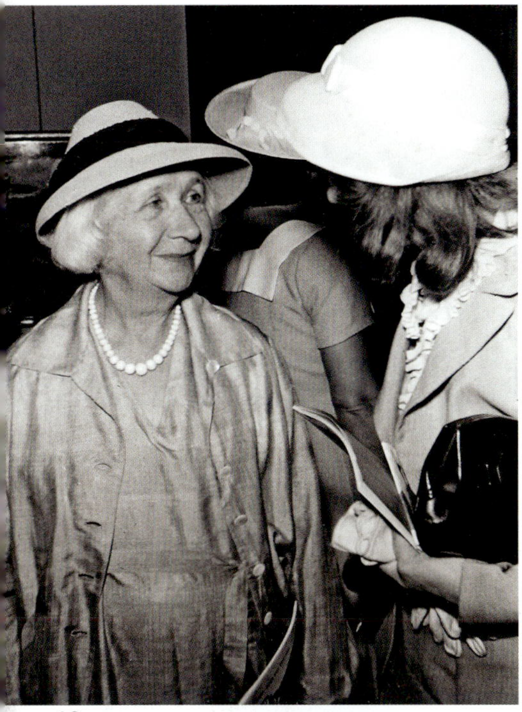

16

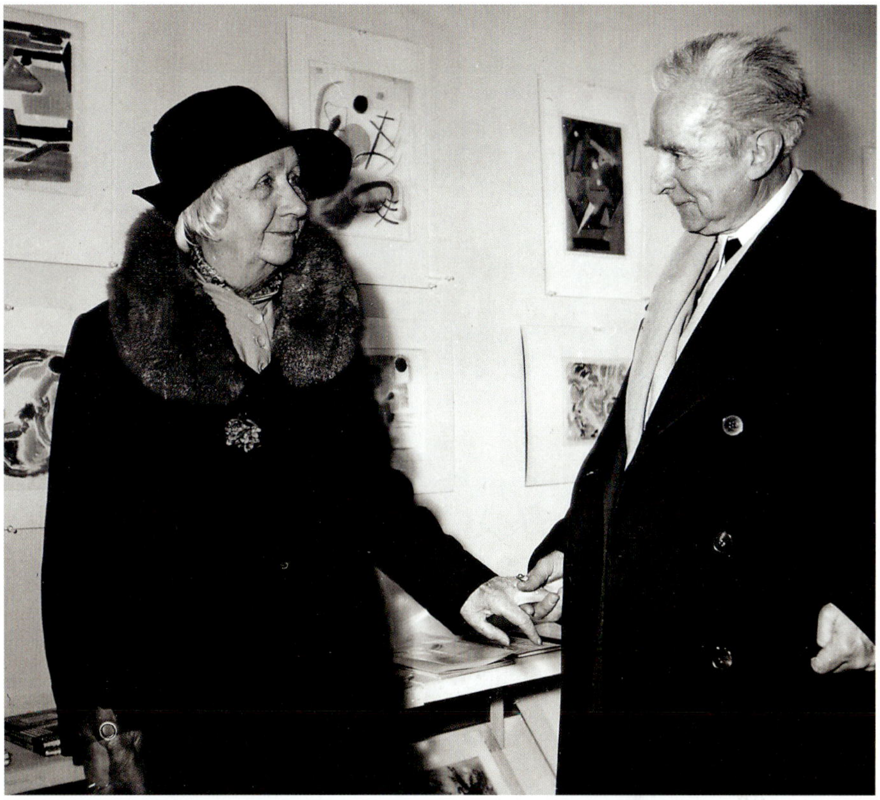

18

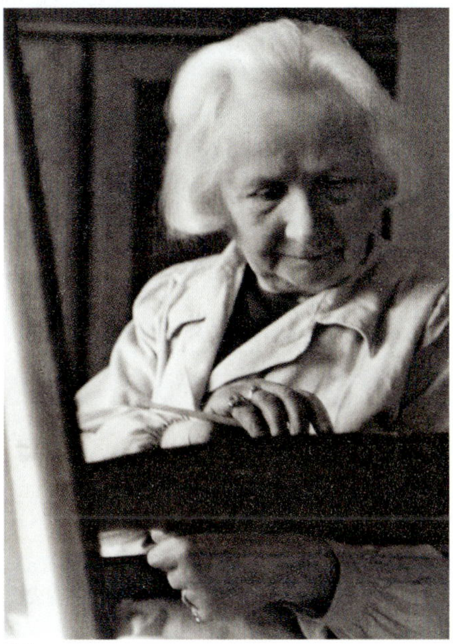

17

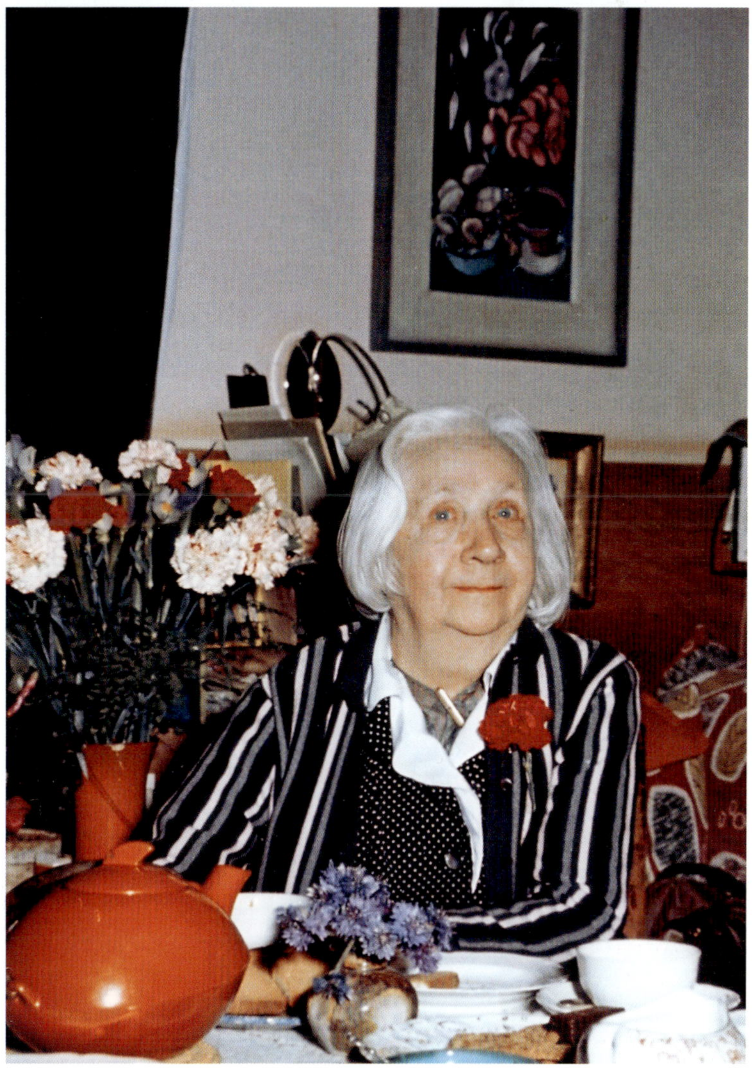

19

16 Gabriele Münter auf der Ausstellungseröffnung »Der Blaue Reiter« im Haus der Kunst, München, 1949, Foto: Felbermeyer, München, Inv.-Nr. 3490

17 Gabriele Münter beim Malen, Murnau, 1952, Foto: Sigrid Bühring, Inv.-Nr. 3385

18 Gabriele Münter und Johannes Eichner im Kunstkabinett Otto Stangl, München, 1955, Inv.-Nr. 3496

19 Gabriele Münter, 1959, Foto: Dalzell Hatfield, Inv.-Nr. 3474

»Wieviel größer ist der Genuß im Kino, als im Theater!«

Gabriele Münters Leidenschaft für den Film
Nachdem sie den Abend im Kino in Murnau verbracht und mit großem Vergnügen den Film *Es war eine rauschende Ballnacht* mit Zarah Leander in der Hauptrolle gesehen hatte, schrieb Gabriele Münter am 9. November 1939 in ihren Kalender: »Und bewundere immer wieder, was aus dem ›Cinematograph‹ von 1899? – als ich mich in Köln über Lausbuben schief lachte – geworden ist. [...] Wieviel größer ist der Genuß im Kino, als im Theater!«

Münter schaute ihr Leben lang mit großer Begeisterung Filme an. Beginnend mit ihrem ersten Besuch einer Filmvorführung – er kann wohl um 1900 datiert werden, da sie sich 1899 noch in den USA aufhielt und erst im Oktober 1900 zurückkehrte – bis zu ihrem Tod spielte das Kino eine bedeutende Rolle in ihrem Alltag. 1955 schrieb sie an die Kunstpädagogin Irene von Schaller über ihr Leben in Murnau: »Ich war ja 3 Jahre nicht in der Stadt gewesen. Mit meiner Arbeit und viel (aktueller) Lektüre u. täglich Spaziergang u. hie u. da Kino bescheide ich mich«.[1] Ihre Lebenspartner, zunächst Wassily Kandinsky und ab 1928 Johannes Eichner, teilten diese Leidenschaft mit ihr. Eichner publizierte sogar Fachartikel über den Film sowie Rezensionen.[2]
Eingedenk dessen, dass Münter ihre künstlerische Laufbahn mit dem Fotografieren begann, ist es nicht erstaunlich, dass sie an dem neuen Medium Film großes Interesse hegte. Die Welt durch den Filter eines Geräts wahrzunehmen, schien sie ganz besonders zu reizen. Das unterstreicht die Modernität Münters wie auch ihre Aufgeschlossenheit. Die jungen Medien Fotografie und Film prägten nachhaltig ihren Blick. In die Ausstellung ist aus diesem Grund eine Auswahl von Filmen integriert, die die Künstlerin gesehen hat.

Ab den 1920er-Jahren notierte sie häufig in ihren Kalendern die Titel der Filme, die sie angeschaut hatte. Diese Aufzeichnungen bilden die Grundlage der folgenden Filmliste, die wir mit den Namen der Regisseure und Hauptdarsteller ergänzt haben. Auffallend ist die große Anzahl der Filme, die die Künstlerin ab 1940 gesehen hat, was sich durch den Mangel an anderen Unterhaltungsmöglichkeiten erklären ließe. Genauso wenig wie Münter sich über die bildende Kunst äußerte, kommentierte sie ihre Kinobesuche, sodass wir selten wissen, wie sie die Filme beurteilte.

1
Brief vom 22. Juni 1955 an Irene von Schaller, MES. Mit »Stadt« ist München gemeint.

2
Kleine 1994, S. 557f.

Filme, die Gabriele Münter gesehen hat, in der Reihenfolge der besuchten Vorführungen (Auswahl)

1914 *Karl der Große. Bilder aus der deutschen Geschichte* (D 1911)
Regie: Franz Porten
Hauptdarsteller: Gerhard Dammann

1919 *Der Rattenfänger von Hameln* (D 1918)
Regie: Paul Wegener
Hauptdarsteller: Paul Wegener

1921 *Sumurun* (D 1920)
Regie: Ernst Lubitsch
Mit Jenny Hasselqvist, Pola Negri, Ernst Lubitsch, Paul Wegener, Carl Clewing, Harry Liedtke u. a.

Der Mann ohne Namen III (D 1921)
Regie: Georg Jacoby
In der Titelrolle: Harry Liedtke

1922 *Seefahrt ist not!* (D 1921)
Regie: Rudolf Biebrach
Mit Rudolf Biebrach, Lucie Höflich, Albert Kunze, Hugo Döblin, Ilka Güning u. a.

1925 *Das große weiße Schweigen* (D 1924)
[Dokumentarfilm mit Originalaufnahmen der englischen Südpolexpedition Robert Falcon Scotts (Terra Nova-Expedition), 1912]

Zapfenstreich (D 1925)
Regie: Conrad Wiene
Mit Owen Gorin, Claire Lotto, Bernhard Goetzke u. a.

Charleys Tante (*Charley's Aunt,* USA 1925)
Regie: Scott Sidney
Hauptdarsteller: Sydney Chaplin

Peter Pan (*Peter Pan,* USA 1924)
Regie: Herbert Brenon
In der Titelrolle: Betty Bronson

1926 *Bismarck 1862–1898*, I. Teil (D 1926)
Regie: Curt Blachnitzky
In der Titelrolle: Franz Ludwig

Der Dieb von Bagdad (*The Thief of Bagdad,* USA 1924)
Regie: Raoul Walsh
In der Titelrolle: Douglas Fairbanks

Manon Lescaut (D 1926)
Regie: Arthur Robison
In der Titelrolle: Lya de Putti

Mensch und Tier im Urwald (D 1924)
Regie: Hans Schomburgk
Kamera: Paul Lieberenz

Goldrausch (*The Gold Rush,* USA 1925)
Regie: Charlie Chaplin
Hauptdarsteller: Charlie Chaplin

Der Geiger von Florenz (D 1926)
Regie: Paul Czinner
Hauptdarstellerin: Elisabeth Bergner

Wehe, wenn sie losgelassen (D 1926)
Regie: Carl Froelich
Mit Henny Porten, Bruno Kastner, Curt Bois u. a.

Menschen untereinander (D 1926)
Regie: Gerhard Lamprecht
Mit Alfred Abel, Aud Egede-Nissen, Erika Glässner, Olga Limburg u. a.

Die Biene Maja und ihre Abenteuer (D 1926)
Regie: Waldemar Bonsels, Wolfram Junghans

Die Abenteuer des Prinzen Achmed (D 1926)
Regie: Lotte Reiniger

1927 *Schaffende Hände. Die Maler* (D 1926)
Produktion: Hans Cürlis

Schaffende Hände. Die Bildhauer (D 1926)
Produktion: Hans Cürlis

Laster der Menschheit (D 1926/27)
Regie: Rudolf Meinert
In den Hauptrollen: Asta Nielsen, Alfred Abel

Moana. A Romance of the Golden Age (USA 1926)
Regie: Robert J. Flaherty
[Dokumentarfilm über Menschen auf Samoa]

Das edle Blut (D 1926/27)
Regie: Carl Boese
Mit Hanna Ralph, Harry Hardt, Wolfgang Zilzer u. a.

Liebe (D 1926)
Regie: Paul Czinner
Hauptdarstellerin: Elisabeth Bergner

Der General (*The General,* USA 1926)
Regie: Buster Keaton
Hauptdarsteller: Buster Keaton

Wunderland Bali (1926/27)
Regie: Lola Kreutzberg

Der Tänzer meiner Frau (D 1925)
Regie: Alexander Korda
In den Hauptrollen: Maria Korda, Willy Fritsch, Michael Varkonyi

Die Dritte Eskadron (A/D 1926)
Regie: Carl Wilhelm
Mit Clair Rommer, Fritz Spira, Eugen Burg u. a.

Der Musterschüler (*College,* USA 1927)
Regie: James W. Horne
Hauptdarsteller: Buster Keaton

Chang (USA/Siam 1927)
Regie: Merian C. Cooper, Ernest B. Schoedsack

Schwere Jungs, leichte Mädchen (D 1927)
Regie: Carl Boese
Mit Lissy Arna, Gustav Fröhlich, Eugen Burg u. a.

1928 *Die Sandgräfin* (D 1927)
Regie: Hans Steinhoff
Mit Christa Tordy, Käthe von Nagy, Jack Trevor u. a.

Madame Pompadour (GB 1927)
Regie: Herbert Wilcox
In der Titelrolle: Dorothy Gish

Matrosenliebchen
(*God Gave Me Twenty Cents,* USA 1926)
Regie: Herbert Brenon
Mit Lois Moran, Lya de Putti, Jack Mulhall u. a.

Der Zirkus
(*The Circus,* USA 1928)
Regie: Charlie Chaplin
Hauptdarsteller: Charlie Chaplin

Schwarzwaldmädel (D 1920)
Regie: Arthur Wellin
In der Titelrolle: Uschi Elleot

Titanic
(*East Side, West Side,* USA 1927)
Regie: Allan Dwan
In den Hauptrollen:
George O'Brien, Virginia Valli, June Collyer

Chicago
(*Chicago,* USA 1927)
Regie: Frank Urson
Hauptdarstellerin: Phyllis Haver

Leichte Kavallerie / Verrat (D 1927)
Regie: Rolf Randolf
Mit Alphons Fryland, André Mattoni u. a.

Der Untergang der »Hesperus«
(*The Wreck of the Hesperus,* USA 1927)
Regie: Elmer Clifton, John Mescall
Mit Virginia Bradford, Frank Marion, Alan Hale u. a.

Der Florentiner Hut
(***Un Chapeau de Paille d'Italie,*** F 1928)
Regie: René Clair
Mit Albert Préjean, Maryse Maia, Olga Tschechowa u. a.

Petronella (D/CH 1927)
Regie: Hanns Schwarz
In den Hauptrollen:
Maly Delschaft, Wilhelm Dieterle, Oskar Homolka

Vom Täter fehlt jede Spur (D 1928)
Regie: Constantin J. David
Mit Hanni Weisse, Gritta Ley, Kurt Gerron u. a.

Der vierte Musketier
(***The Three Musketeers,*** USA 1921)
Regie: Fred Niblo
Hauptdarsteller:
Douglas Fairbanks

1929 *Mönche, Tänzer und Soldaten* (D 1927)
Regie: Wilhelm Filchner

Der Patriot
(***The Patriot,*** USA 1928)
Regie: Ernst Lubitsch
In der Titelrolle: Emil Jannings

Fräulein Else (D 1928/29)
Regie: Paul Czinner
Hauptdarstellerin:
Elisabeth Bergner

Doktor Dolittle und seine Tiere (D 1928)
Regie: Lotte Reiniger

Der König der Gaukler
(*The Best Bad Man,* USA 1925)
Regie: J.G. Blystone
In der Titelrolle: Tom Mix

1930 *Le Mystère de la Villa rose* (F 1929)
Regie: René Hervil, Louis Mercanton
Mit Léon Mathot, Simone Vaudry, Louis Baron fils u. a.

Napoléon (F 1927)
Regie: Abel Gance
In der Titelrolle:
Albert Dieudonné

L'Instinct (F 1929)
Regie: André Liabel, Léon Mathot
Mit Léon Mathot, Madeleine Carroll, André Marnay u. a.

Mon Gosse de Père (F 1930)
Regie: Jean de Limur
In den Hauptrollen:
Adolphe Menjou, Alice Cocéa, Roger Tréville

La Tendresse (F 1930)
Regie: André Hugon
In den Hauptrollen:
Marcelle Chantal, Jean Toulout, José Noguéro

Muche (F 1927)
Regie: Robert Péguy
Mit Nicolas Koline, Elmire Vautier, Madeleine Guitty, Jean Aymé u. a.

Le Ruisseau (F 1929)
Regie: René Hervil
Mit Louise Lagrange, Lucien Dalsace, Olga Day u. a.

L'Homme qui ne ment pas
(*George Washington Cohen,* USA 1928)
Regie: George Archainbaud
In der Titelrolle: George Jessel

Tempête sur l'Asie
(***Potomok Tschingis-Chana,*** UdSSR 1928)
Regie: Wsewolod Pudowkin
Hauptdarsteller: Valéry Inkijinoff

La Nuit est à nous (F 1929)
Regie: Roger Lion
Mit Marie Bell, Henry Roussell, Jean Murat u. a.

Arabesques (F 1929)
Regie: Germaine Dulac

Disque 957 (F 1928)
Regie: Germaine Dulac

Thèmes et Variations (F 1928)
Regie: Germaine Dulac

1931 *Urwaldsymphonie* (D 1930/31)
Regie: Pola Bauer-Adamara

Der unsterbliche Lump (D 1929/30)
Regie: Gustav Ucicky
In den Hauptrollen: Liane Haid, Gustav Fröhlich

Die Drei von der Tankstelle (D 1930)
Regie: Wilhelm Thiele
In den Hauptrollen: Lilian Harvey, Willy Fritsch, Oskar Karlweis, Heinz Rühmann

Stürme über dem Mont Blanc (D 1930)
Regie: Arnold Fanck
Hauptdarstellerin:
Leni Riefenstahl

1932 *Douaumont. Die Hölle von Verdun* (D 1931)
Regie: Heinz Paul

1934 *Flowers and Trees, Mickey's Review* (USA 1932)
Walt Disney-Produktion

Ein Mann will nach Deutschland (D 1934)
Regie: Paul Wegener
In den Hauptrollen: Karl Ludwig Diehl, Brigitte Horney, Hermann Speelmans

1935 *Triumph des Willens* (D 1935)
Regie: Leni Riefenstahl

Kirschen in Nachbars Garten (D 1935)
Regie: Erich Engels
Mit Liesl Karlstadt, Karl Valentin u. a.

1936 *Nanga Parbat. Ein Kampfbericht der deutschen Himalaya-Expedition 1934* (D 1934/35)
Regie: Frank Leberecht

Der Kaiser von Kalifornien (D 1935/36)
Regie: Luis Trenker
In der Titelrolle: Luis Trenker

1937 *Moskau – Shanghai* (D 1936)
Regie: Paul Wegener
In den Hauptrollen: Pola Negri, Gustav Diessl, Wolfgang Keppler

Die Tochter des Samurai (D/JPN 1937)
Regie: Arnold Fanck
Mit Isamu Kusogi, Setsuko Hara, Ruth Eweler u. a.

Ramona (USA 1936)
Regie: Henry King
In der Titelrolle: Loretta Young

Mutterschaft
(*Maternité,* F 1935)
Regie: Jean Choux
Hauptdarsteller: Françoise Rosay, Félix Oudart

1939 *Der Schritt vom Wege* (D 1938/39)
Regie: Gustaf Gründgens
Hauptdarstellerin:
Marianne Hoppe

Lauter Lügen (D 1938)
Regie: Heinz Rühmann
In den Hauptrollen: Hertha Feiler, Albert Matterstock, Fita Benkhoff, Hilde Weissner

Kautschuk (D 1938)
Regie: Eduard von Borsody
In den Hauptrollen:
René Deltgen, Vera von Langen, Gustav Diessl

Der Florentiner Hut (D 1939)
Regie: Wolfgang Liebeneiner
Hauptdarsteller: Heinz Rühmann

Manege (D 1937)
Regie: Carmine Gallone
In den Hauptrollen:
Albert Matterstock, Attila Hörbiger, Anneliese Uhlig

Zigeunerprinzessin
(***Wings of the Morning,*** GB 1937)
Regie: Harold D. Schuster
In den Hauptrollen: Annabella, Henry Fonda, Leslie Banks

Napoleon ist an allem schuld (D 1938)
Regie: Curt Goetz
Mit Curt Goetz, Valérie von Martens, Else von Möllendorff u. a.

Hallo Janine (D 1939)
Regie: Carl Boese
Mit Marika Rökk, Johannes Heesters, Rudi Godden, Else Elster u. a.

Konzert in Tirol (A 1938)
Regie: Karlheinz Martin
Mit Heli Finkenzeller, Ferdinand Mayerhofer, Hans Holt u. a.

Dreizehn Mann und eine Kanone (D 1938)
Regie: Johannes Meyer
Darsteller: Alexander Golling, Otto Wernicke, Herbert Hübner, Erich Ponto u. a.

Robert Koch, der Bekämpfer des Todes (D 1939)
Regie: Hans Steinhoff
In den Hauptrollen:
Emil Jannings, Werner Krauß

Es war eine rauschende Ballnacht (D 1939)
Regie: Carl Froelich
In den Hauptrollen:
Zarah Leander, Hans Stüwe, Marika Rökk

Burgtheater (A 1936)
Regie: Willi Forst
Mit Werner Krauß, Carl Esmond, Hortense Raky, Olga Tschechowa u. a.

1940 *Maria Ilona* (D 1939)
Regie: Géza von Bolváry
In den Hauptrollen:
Paula Wessely, Willy Birgel

Das Lied der Wüste (D 1939)
Regie: Paul Martin
In den Hauptrollen:
Zarah Leander, Gustav Knuth

Der Postmeister (D 1940)
Regie: Gustav Ucicky
Mit Heinrich George, Hilde Krahl

Ein Mann auf Abwegen (D 1940)
Regie: Herbert Selpin
Mit Hans Albers, Charlotte Thiele

Streit um den Knaben Jo (D 1937)
Regie: Erich Waschneck
Mit Lil Dagover, Willy Fritsch

Donauschiffer (D 1940)
Regie: Robert A. Stemmle
Mit Attila Hörbiger, Hilde Krahl

Bal paré (D 1940)
Regie: Karl Ritter
Mit Ilse Werner, Hannes Stelzer

Die 3 Codonas (D 1940)
Regie: Arthur Maria Rabenalt
Mit René Deltgen,
Ernst von Klipstein

Eine kleine Nachtmusik (D 1939)
Regie: Leopold Hainisch
Mit Hannes Stelzer,
Christl Mardayn

Der Herrscher (D 1937)
Regie: Veit Harlan
Mit Emil Jannings,
Marianne Hoppe

Achtung! Feind hört mit! (D 1940)
Regie: Arthur Maria Rabenalt
Mit René Deltgen, Kirsten Heiberg

Das Herz der Königin (D 1940)
Regie: Carl Froelich
Mit Zarah Leander,
Walther Suessenguth

Jud Süß (D 1940)
Regie: Veit Harlan
Mit Ferdinand Marian,
Werner Krauß, Heinrich George

1941 *Aus der Geschichte des Fähnleins Florian Geyer* (D 1940)
Regie: Eduard Wieser,
Adam Eckart Schneider
[Kurzdokumentarfilm]

Das Fräulein von Barnhelm (D 1940)
Regie: Hans Schweikart
Mit Käthe Gold, Ewald Balser

Kora Terry (D 1940)
Regie: Georg Jacoby
Mit Marika Rökk, Will Quadflieg

Das Wunschkonzert (D 1940)
Regie: Eduard von Borsody
Mit Ilse Werner, Carl Raddatz

Der ewige Jude (D 1940)
Regie: Fritz Hippler
Mit Harry Giese

Operette (D 1940)
Regie: Willi Forst
Mit Willi Forst, Maria Holst

Kampfgeschwader Lützow (D 1941)
Regie: Hans Bertram
Mit Christian Kayßler,
Heinz Welzel

Über alles in der Welt (D 1941)
Regie: Karl Ritter
Mit Paul Hartmann,
Hannes Stelzer

Carl Peters (D 1941)
Regie: Herbert Selpin
Mit Hans Albers,
Karl Dannemann

Ohm Krüger (D 1941)
Regie: Hans Steinhoff, Karl Anton,
Herbert Maisch
Mit Emil Jannings, Lucie Höflich

Kopf hoch, Johannes! (D 1941)
Regie: Viktor de Kowa
Mit Klaus Detlef Sierck,
Albrecht Schoenhals

Der Weg ins Freie (D 1941)
Regie: Rolf Hansen
Mit Zarah Leander, Hans Stüwe

Das leichte Mädchen (D 1940)
Regie: Fritz Peter Buch
Mit Willy Fritsch, Friedl Czepa

Friedemann Bach (D 1941)
Regie: Traugott Müller
Mit Gustav Gründgens,
Eugen Klöpfer

Die Goldschläger von Schwabach (D 1934/35)
Regie: Günther L. Arko

Artisten (D 1935)
Regie: Harry Piel
Mit Harry Piel, Hilde Hildebrand

Jungens (D 1941)
Regie: Robert A. Stemmle
Mit Albert Hehn, Hilde Sessak,
Eduard Wandrey

Komödianten (D 1941)
Regie: G. W. Pabst
Mit Käthe Dorsch, Hilde Krahl,
Henny Porten

Annelie (D 1941)
Regie: Josef von Báky
Mit Luise Ullrich,
Karl Ludwig Diehl

Variété (*Variétés*, D/F 1935)
Regie: Nicolas Farkas
Mit Annabella, Hans Albers,
Attila Hörbiger

Der ahnungslose Engel (D 1935/36)
Regie: Franz Seitz Sr.
Mit Lucie Englisch, Joe Stöckel

Clarissa (D 1941)
Regie: Gerhard Lamprecht
Mit Sybille Schmitz,
Gustav Fröhlich

1942 *Kadetten* (D 1941)
Regie: Karl Ritter
Mit Mathias Wieman,
Carsta Löck

Alarmstufe V (D 1941)
Regie: Alois J. Lippl
Mit Heli Finkenzeller,
Ernst von Klipstein

Tanz der Farben (D 1938/39)
Regie: Hans Fischinger

Zwei in einer großen Stadt (D 1942)
Regie: Volker von Collande
Mit Claude Farell, Karl John

Zwischen Himmel und Erde (D 1942) Regie: Harald Braun
Mit Werner Krauß,
Wolfgang Lukschy

Mann für Mann (D 1939)
Regie: Robert A. Stemmle
Mit Gustav Knuth,
Viktoria von Ballasko

Maja zwischen zwei Ehen (D 1938)
Regie: Fritz Kirchhoff
Mit Lil Dagover, Peter Petersen

Liselotte von der Pfalz (D 1935)
Regie: Carl Froelich
Mit Renate Müller, Hans Stüwe

Krach um Jolanthe (D 1934)
Regie: Carl Froelich
Mit Wilhelm P. Krüger,
Marianne Hoppe

Wiener Blut (D 1942)
Regie: Willi Forst
Mit Fred Liewehr, Willy Fritsch

Traumulus (D 1936)
Regie: Carl Froelich
Mit Emil Jannings,
Hilde Weissner

Der Schützenkönig (D 1932)
Regie: Franz Seitz Sr.
Mit Weiß Ferdl, Max Adalbert

Geheimakte W. B. 1 (D 1942)
Regie: Herbert Selpin
Mit Alexander Golling,
Eva Immermann

Frauen sind doch bessere Diplomaten (D 1941)
Regie: Georg Jacoby
Mit Marika Rökk, Willy Fritsch

Die große Liebe (D 1942)
Regie: Rolf Hansen
Mit Zarah Leander, Viktor Staal

Hochzeit auf Bärenhof (D 1942)
Regie: Carl Froelich
Mit Heinrich George,
Lina Carstens, Paul Wegener

Ein Windstoß (D 1942)
Regie: Walter Felsenstein
Mit Paul Kemp, Margit Debar

So endete eine Liebe (D 1934)
Regie: Karl Hartl
Mit Paula Wessely, Willi Forst

Die große und die kleine Welt (D 1935/36)
Regie: Johannes Riemann
Mit Ludwig Schmitz,
Adele Sandrock, Heinrich George

Mutterlied (D/I 1937)
Regie: Carmine Gallone
Mit Beniamino Gigli,
Maria Cebotari

Andreas Schlüter (D 1942)
Regie: Herbert Maisch
Mit Heinrich George, Mila Kopp

Diesel (D 1942)
Regie: Gerhard Lamprecht
Mit Willy Birgel, Hilde Weissner,
Paul Wegener

1955 *Rampenlicht* (*Limelight*, USA 1952)
Regie: Charlie Chaplin
Mit Charlie Chaplin,
Claire Bloom

Uli der Knecht (CH 1954)
Regie: Franz Schnyder
Mit Liselotte Pulver,
Hannes Schmidhauser

Die Wüste lebt (*The Living Desert*, USA 1953)
Regie: James Algar
[Dokumentarfilm]

Ludwig II. – Glanz und Ende eines Königs (D 1955)
Regie: Helmut Käutner
Mit O. W. Fischer, Ruth Leuwerick

Im Tal der Biber (*In Beaver Valley*, USA 1950)
Regie: James Algar
[Kurzdokumentarfilm]

Lili (USA 1953)
Regie: Charles Walters
Mit Leslie Caron, Mel Ferrer

Das Lied von Kaprun (*Das Lied der Hohen Tauern*, D/A 1955)
Regie: Anton Kutter
Mit Albert Lieven, Waltraut Haas

1957 *Im Schatten des Karakorum* (D/A 1955)
Regie: Eugen Schuhmacher

Einzelausstellungen

Mit ›Gemälde‹ sind Bilder gemeint, deren Träger Textil, Pappe oder Holz ist.

Köln 1908, Kunstsalon Lenobel (Gemälde)
Gabriele Münter. Gemälde, Köln, Kunstsalon Lenobel, Januar 1908 (57 Gemälde); weitere Stationen: Krefeld, Kaiser Wilhelm Museum, Februar 1908 (57 Gemälde); Düren, April 1908; Hamburg, Bock und Sohn, Mai 1908; Breslau, Galerie Lichtenberg, Juni–Juli 1908 (43 Gemälde); Karlsruhe, Badischer Kunstverein, September 1908; Stuttgart, Württembergischer Kunstverein, Oktober 1908

Köln 1908, Kunstsalon Lenobel
Gabriele Münter. Farbige Druckgraphik, Köln, Kunstsalon Lenobel, Mai 1908 (24 farbige Drucke); weitere Station: Bonn, Kunstbuchhandlung Friedrich Cohen zusammen mit Karl Jozsa, 1908

Berlin 1913, Der Sturm
11. Ausstellung Der Sturm. Gabriele Münter, Berlin, 6. Januar–Februar 1913 (84 Gemälde); weitere Stationen (verschiedene Werkzusammenstellungen): München, Der Neue Kunstsalon Max Dietzel (siehe nächsten Eintrag); Frankfurt am Main, Kunstsalon des Warenhauses Wronker & Co., 15. Mai (Eröffnung)–25. Juni 1913 (53 Gemälde); Dresden, Kunstsalon Emil Richter, 9. Juli–ca. 25. Juli 1913; Stuttgart, Neuer Kunstsalon am Neckartor, Oktober 1913; Fürth, Kunstverein, Januar 1914; Erlangen, Kunstverein, Februar 1914; Wiesbaden, März 1914

München 1913,
Der Neue Kunstsalon Max Dietzel
Gabriele Münter (1904–1913). Kollektiv-Ausstellung, München, Der Neue Kunstsalon Max Dietzel, 26. März–30. April 1913 (67 Gemälde). Am 26. April wurden 19 Gemälde für die Sturm-Ausstellung in Kopenhagen entfernt und durch neue ersetzt.

Kopenhagen 1913, Der Sturm
[Gabriele Münter], Kopenhagen, Københavns Kunstsalon. 1. Mai (Eröffnung) – Ende Mai 1913 (35 Gemälde)

Berlin 1915, Der Sturm
Der Sturm. Fünfunddreißigste Ausstellung. Gabriele Münter, Berlin, Der Sturm, 24. Oktober 1915 (Eröffnung; 53 Gemälde)

Stockholm 1916, Gummesons Konsthandel
Der Sturms konstutställning, Kollektiv utställning Münter, Oljemålning och grafik, Stockholm, Carl Gummesons Konsthandel, 1.–14. März 1916 (28 Gemälde)

Kopenhagen 1918,
Den Frie Udstilling
Gabriele Münter-Kandinsky. Oljemalninger, Glastavler, Grafik, Kopenhagen, Den Frie Udstilling, 7.–13. März 1918 (100 Gemälde, 20 Hinterglasbilder, 7 Radierungen, eine Wand Zeichnungen)

Kopenhagen 1919, Ny Kunstsal
Maleriudstilling Gabriele Münter-Kandinsky, Kopenhagen, Københavns Ny Kunstsal, 4.–20. Oktober 1919 (93 Gemälde, 18 Hinterglasbilder)

München 1920, Galerie Thannhauser
Gabriele Münter. Gemälde und Zeichnungen, München, Moderne Galerie Heinrich Thannhauser, Dezember 1920

Wanderausstellung 1925/26
Gabriele Münter-Kandinsky, Köln, Kunstverein, 1.–15. Februar 1925 (56 Gemälde, Zeichnungen); Essen, Baedeker, 1.–31. März (49 Gemälde); Krefeld, Kaiser Wilhelm Museum, 1.–30. Juli (49 Gemälde); als Sonderausstellung mit ein paar Abweichungen in der V. Jahrtausend-Ausstellung der Stadt Duisburg, *Neuere rheinische Kunst,* Duisburg, Duisburger Museums-Verein, 1.–30. August (66 Gemälde); Hagen, 1–31. Oktober; Elberfeld, 1.–28. Februar 1926; Dresden, Galerie Baumbach, Sommer 1926; unter dem Titel *Gabriele Münter* in Braunschweig, Gesellschaft der Freunde junger Kunst, Schloß, 1. Ausstellung 1926/27, bis 31. Oktober 1926 (56 Gemälde, 19 Zeichnungen, 14 Aquarelle, 6 Radierungen, 6 Lithografien)

Murnau 1928, Buchhandlung Wiegelmann
Gabriele Münter, Murnau, Buchhandlung Karl Wiegelmann, September 1928

Berlin 1930, Galerie Wiltschek
Kollektiv-Ausstellung Gabriele Münter, Berlin, Galerie Rudolf Wiltschek, 15. November–5. Dezember 1930 (21 Gemälde)

Murnau 1931, Buchhandlung Wiegelmann
Gabriele Münter, Murnau, Buchhandlung Wiegelmann, September 1931

Murnau 1932, Buchhandlung Wiegelmann
[Gabriele Münter], Murnau, Buchhandlung Wiegelmann, Juli 1932

Augsburg 1932, Kunstverein
[Gabriele Münter], Augsburg, Kunstverein, Oktober–November 1932

Wanderausstellung 1933–35
Gabriele Münter. »50 Gemälde aus 25 Jahren (1908–1933)«, Wanderausstellung Bremen, Paula Modersohn-Becker-Haus, April/Mai 1933 (8 Wochen); Barmen, Barmer Kunstverein, Ruhmeshalle, August 1933; Bochum, Städtische Gemäldegalerie, 1933; Jena, Prinzessinnenschlößchen, 14.1.1934; Eisenach, Schloss, 16./17. Februar–Mitte März 1934; Altenburg in Thüringen, Museum, 1935; Stuttgart, Kunsthaus Valentien im Königsbau, Mai/Juni 1935

München 1937, Kunstverein
Gabriele Münter, mit Paul Roloff und Hans Reinhold Lichtenberger, München, Kunstverein, 19. März–4. April 1937 (37 Gemälde). Die Ausstellung ging anschließend nach Stuttgart in die Galerie Valentien (37 Gemälde), wo sie mit Werken August Mackes und Oskar Schlemmers gezeigt wurde.

Herford/Heilbronn 1937/38
Gabriele Münter, Herford, Ausstellung des Herforder Vereins für Heimatkunde in der neuen Ausstellungshalle des Städtischen Museums, 15. Dezember 1937–18. Januar 1938 (über 50 Werke); Heilbronn, 1938

Wanderausstellung 1949–52
Wanderausstellung Gabriele Münter. Werke aus 5 Jahrzehnten, Braunschweig, Kunstverein, Haus »Salve Hospes«, 17. Juli–7. August 1949 (58 Gemälde, ca. 30 Skizzenbuchblätter, 2 Farbholzschnitte); Bremen, Kunsthalle Bremen, 22. Januar–19. Februar 1950 (60 Gemälde, 40 Blätter/Grafiken); Düsseldorf, Galerie Vömel/Kunstsalon Vömel Trojanski, März/April 1950 (60 Ölgemälde); Aachen, Suermont-Museum, 28. April–31. Mai 1950; Krefeld, Kaiser Wilhelm Museum, 6./7.–30. Juli 1950; Witten, Märkisches Museum, 1950 (mit Arbeiten von Ida Kerkovius, Willibald Kramm, Anton Rovers und Hilde Broer); Marburg (Lahn), Universitäts-Museum (Jubiläumsbau, Biegenstraße), 1950 (mit Arbeiten von Robert Budzinski); Frankfurt am Main, Kunstverein, 4. März–1. April 1951 (63 Gemälde, Skizzen, Farbholzschnitte); Karlsruhe, Kunstverein, 1951 (mit Holzschnitten von Gertrud Sentke); Freiburg i. Br., Kunstverein, in den Räumen des Casinos, 1951 (55 Ölgemälde, Skizzen, 2 Handdrucke); Essen, Museum Folkwang, 12. August 1951 (Eröffnung; ca. 60 Gemälde); Hannover, Kestner-Gesellschaft, 1951 (50 Arbeiten und 65 Arbeiten von Paula Modersohn-Becker. Für diese Station erschien ein eigener Katalog unter dem Titel *Paula Modersohn-Becker. Gabriele Münter* mit einem Vorwort von Alfred Hentzen); Bochum, Städtischer Ausstellungsraum, 2. Dezember 1951 (Eröffnung; 70 Bilder, Grafiken); Oberhausen, Städtische Galerie Schloß Oberhausen, März 1952 (90 Arbeiten)

Wanderausstellung 1952/53
Wanderausstellung Gabriele Münter. Werke aus fünf Jahrzehnten, München, Central Collecting Point, Mai 1952 (63 Gemälde, 2 Farbholzschnitte, ca. 30 Skizzenbuchblätter, mit Arbeiten von Max Peiffer-Watenphul); Gießen, Oberhessisches Museum, im Liebig-Realgymnasium, 9. Juli–[?] 1952 (Gemälde, Zeichnungen, Holzschnitte); Bielefeld, Städtisches Kunsthaus, 9.–30.11./–7.12. 1952 (Gemälde, Zeichnungen); Hagen in Westfalen, Karl Ernst Osthaus-Museum, 14. Februar 1953 (Eröffnung; fast 70 Bilder, wenige Zeichnungen); Münster, Westfälischer Kunstverein im Landesmuseum Münster, 15.3.–12.4.1953; Leverkusen, Schloß Morsbroich, 15. April–3. Mai 1953 (63 Werke); Wuppertal, Kunst- und Museumsverein, Mai–7. Juni 1953 (Gemälde, grafische Arbeiten); Herford, Heimatmuseum, Ausstellung des Herforder Kunstvereins, 30. August–22. September 1953 (43 Gemälde, Zeichnungen, kleinere Arbeiten)

Itzehoe 1952,
Itzehoer Künstlerverein
[Gabriele Münter], Itzehoe, Itzehoer Künstlerverein im Ausstellungsraum des Kunstgewerbehauses Otto (25 Nummern: Ölgemälde, Zeichnungen)

München 1955,
Kunstkabinett Otto Stangl
Gabriele Münter. Improvisationen. 1952 bis 1954, München, Kunstkabinett Otto Stangl, Februar–März 1955

Remscheid 1955
[Gabriele Münter], Remscheid, Heimatmuseum (35 Gemälde)

Berlin 1955, Galerie Gerd Rosen
Gabriele Münter, Berlin, Galerie Gerd Rosen, ca. 30. September–ca. 15. November 1955 (17 Gemälde)

Düsseldorf 1957, Galerie Alex Vömel
Gabriele Münter. Oelbilder, Düsseldorf, Galerie Alex Vömel, 6. Februar–5. März 1957

Berlin 1957
Gabriele Münter. Gemälde, Graphik. Berlin, Haus am Lützowplatz, 1.–21. Dezember 1957 (81 Gemälde, 16 Zeichnungen, 8 Holzschnitte)

Los Angeles 1960,
Dalzell Hatfield Galleries
Gabriele Münter. First American Exhibition with Seven Additional Major Paintings by Kandinsky, Los Angeles, Dalzell Hatfield Galleries, 20. Juni–30. Juli 1960 (13 Gemälde)

San Francisco 1960,
Dalzell Hatfield Galleries
Münter, San Francisco, California Palace of the Legion of Honor, in Zusammenarbeit mit den Dalzell Hatfield Galleries (Los Angeles), 13. August–11. September 1960 (40 Gemälde, 20 farb. Papierarbeiten, 5 Gemälde von Kandinsky)

London 1960,
Marlborough Fine Art Ltd.
Gabriele Münter. Oil paintings 1903–1937. London, Marlborough Fine Art Ltd., September–Oktober 1960 (50 Gemälde)

Köln 1960/61, Galerie Änne Abels
Gemälde von Gabriele Münter, Köln, Galerie Änne Abels, 10. Dezember 1960–28. Januar 1961

Mannheim 1961
Gabriele Münter, Mannheim, Kunsthalle Mannheim, 30. September–29. Oktober 1961 (59 Gemälde)

New York 1961,
Leonard Hutton Galleries
Gabriele Münter. Murnau to Stockholm (1908–1917), New York, Leonard Hutton Galleries, 22. November–30. Dezember 1961 (44 Gemälde)

München 1962
Gabriele Münter 1877–1962. Städtische Galerie im Lenbachhaus, München, 13. Oktober–2. Dezember 1962 (126 Gemälde, 20 Druckgrafiken, 8 Handarbeiten, 5 Aquarelle, Zeichnungen)

Los Angeles 1963,
Dalzell Hatfield Galleries
Gabriele Münter 1877–1962, Memorial Exhibition, Los Angeles, Dalzell Hatfield Galleries, 1.–25. Mai 1963 (9 Gemälde)

Böblingen 1963, Firma Eisenmann KG
Gabriele Münter, Böblingen, Firma Eisenmann KG, 19.–27. Oktober 1963 (30 Werke). Die Ausstellung wurde parallel zu einer Ausstellung mit Werken von Mitarbeitern der Firma Eisenmann KG gezeigt.

Zürich 1965, Galerie Daniel Keel
Gabriele Münter, Zürich, Galerie Daniel Keel, 3. Juni–7. August 1965 (29 Gemälde)

New York 1966,
Leonard Hutton Galleries
Gabriele Münter 1877 to 1962. Fifty Years of Her Art. Paintings: 1906–1956, New York, Leonard Hutton Galleries, März/April 1966 (66 Gemälde)

New York 1966/67, Leonard Hutton Galleries
An Exhibition of Unknown Work by Gabriele Münter, 1877–1962. Hinterglasmalerei (Painting on glass), Woodcuts in color, Etchings, Collages, New York, Leonard Hutton Galleries, Dezember 1966–Januar 1967 (43 Hinterglasbilder, 32 Farbholzschnitte, 12 Radierungen, 8 Holzschnitte, 6 Lithografien, 6 Klebearbeiten)

München 1967
Gabriele Münter. Das druckgraphische Werk, München, Städtische Galerie im Lenbachhaus, 10. März–23. April 1967

Heidelberg/Stuttgart/Münster1967/68
Gabriele Münter. Gedächtnisausstellung zum 90. Geburtstag, Heidelberg, Heidelberger Kunstverein, 2. Juli–13. August 1967 (54 Gemälde, 13 Hinterglasbilder, 4 Arbeiten in Öl auf Papier, 2 Aquarelle); Stuttgart, Württembergischer Kunstverein, 24. August–1. Oktober 1967; Münster, Westfälischer Kunstverein, 7. Januar–11. Februar 1968

Düsseldorf 1968, Galerie Alex Vömel
Münter, Düsseldorf, Galerie Alex Vömel, 8. Januar–3. Februar 1968 (25 Gemälde)

Bremen 1969, Kunsthandlung Voigt
Gabriele Münter. Gemälde, Graphik, Bremen, Graphisches Kabinett, Kunsthandlung U. Voigt KG, 7. Februar–26. April 1969 (12 Gemälde, 12 Druckgrafiken, 1 Gouache)

München 1969/70, Galerie Gunzenhauser
Gabriele Münter. Ölbilder und Graphik, München, Galerie Gunzenhauser, 12. November 1969–31. Januar 1970 (43 Druckgrafiken, 21 Gemälde, 1 Gouache)

München 1971, Galerie Gunzenhauser
Münter. Frühe Ölbilder, München, Galerie Gunzenhauser, bis 30. April 1971 (30 Gemälde)

Bremen 1972/73
Gabriele Münter: Aquarelle und Handzeichnungen, Bremen, Kunsthalle Bremen, 10. Dezember 1972–21. Januar 1973

Düsseldorf 1973, Galerie Wilhelm Grosshennig
Sonderausstellung Gabriele Münter, Düsseldorf, Galerie Wilhelm Grosshennig, 15. August–15. Oktober 1973 (21 Gemälde)

Frankfurt am Main 1974, Kunstkabinett Hanna Bekker vom Rath
Gabriele Münter 1877–1962. 30 Gemälde aus den Jahren 1906 bis 1959, Frankfurt am Main, Frankfurter Kunstkabinett Hanna Bekker vom Rath, 25. Januar–23. März 1974 (31 Gemälde)

Düsseldorf 1974, Galerie Vömel
Ölbilder von Gabriele Münter, in Zusammenarbeit mit der Galerie Gunzenhauser (München), Düsseldorf, Galerie Vömel, 25. November/Dezember 1974 (30 Gemälde)

Herford 1975, Herforder Kunstverein
Gabriele Münter. Graphik aus dem Lenbachhaus München, Herford, Herforder Kunstverein, 23. November–14. Dezember 1975

Garbsen (b. Hannover) 1976, Schloß Ricklingen
Gabriele Münter, Garbsen, Schloß Ricklingen, Auktionshaus, 1976 (12 Gemälde)

München 1977
Gabriele Münter 1877–1962. Gemälde, Zeichnungen, Hinterglasbilder und Volkskunst aus ihrem Besitz, München, Städtische Galerie im Lenbachhaus, 22. April–3. Juli 1977 (81 Gemälde, 34 Zeichnungen, 30 Hinterglasbilder, 8 farb. Papierarbeiten, 3 Handarbeiten, 1 Plastik, 54 Volkskunstobjekte)

München 1977, Galerie Gunzenhauser
Gabriele Münter. Aus Anlaß ihres 100. Geburtstages. Ölbilder, Holzschnitte, München, Galerie Gunzenhauser, 5. Mai (Eröffnung)–15. Juli 1977

Herford 1977, Herforder Kunstverein
Gabriele Münter, Herford, Herforder Kunstverein im Daniel Pöppelmann-Haus, 17. September–16. Oktober 1977 (41 Gemälde, 24 Zeichnungen)

Stuttgart 1977, Galerie Maercklin
Gabriele Münter. Gemälde, Stuttgart, Galerie Maercklin, 21. Oktober–3. Dezember 1977

Laguna Beach 1978
Gabriele Münter (1877–1962), Laguna Beach, Kalifornien, Laguna Beach Museum of Art, 10. Januar–28. Februar 1978 (40 Gemälde, 19 Druckgrafiken, 1 Papierarbeit).

München 1978/79, Galerie Gunzenhauser
Gabriele Münter. 50 unbekannte Aquarelle, Handzeichnungen und ausgewählte Handdrucke, München, Galerie Gunzenhauser, 2. November 1978 (Eröffnung)–31. Januar 1979 (30 Zeichnungen, 14 Druckgrafiken, 10 Aquarelle, 1 Gouache, 1 Eiöltempera)

Cambridge/Princeton 1980/81
Gabriele Münter. Between Munich and Murnau, Cambridge, Mass., Busch-Reisinger-Museum, 25. September–8. November 1980; Princeton, NJ, Princeton University Art Museum, 22. November 1980–18. Januar 1981 (36 Gemälde, 17 Zeichnungen, 10 Linolschnitte, 1 Holzschnitt, 6 farb. Papierarbeiten, 1 Lithografie, 1 Probedruck für ein Ausstellungsplakat 1918)

Köln 1981, Galerie Orangerie-Reinz
Gabriele Münter 1877–1962, Köln, Galerie Orangerie-Reinz, 1981 (24 Gemälde, 21 Zeichnungen, 7 farb. Papierarbeiten, 5 Druckgrafiken, 1 Hinterglasbild)

München 1985
Gabriele Münter. Zeichnungen und Aquarelle, München, Städtische Galerie im Lenbachhaus, 17. Juli–3. November 1985 (70 Zeichnungen, 13 Aquarelle, 3 Gouachen; begleitende Publikation: Pfeiffer-Belli 1979)

Bad Säckingen 1986, Kunstverein Hochrhein
Gabriele Münter. Ölbilder, Aquarelle, Zeichnungen, Bad Säckingen, Kunstverein Hochrhein e.V., Villa Berberich, 7. September–5. Oktober 1986 (41 Gemälde, 12 Zeichnungen, 10 farb. Papierarbeiten, 4 Druckgrafiken)

Hamburg/Darmstadt/Aichtal-Aich 1988
Gabriele Münter, Hamburg, Kunstverein, 9. April–29. Mai 1988; Darmstadt, Hessisches Landesmuseum, 29. Juni–21. August 1988; Aichtal-Aich, Firma Eisenmann KG, 3.–25. September 1988 (83 Gemälde, 40 Zeichnungen, 13 Druckgrafiken, 8 farb. Papierarbeiten)

München/Frankfurt/Stockholm 1992/93
Gabriele Münter 1877–1962. Retrospektive, München, Städtische Galerie im Lenbachhaus, 29. Juli–1. November 1992; Frankfurt am Main, Schirn Kunsthalle, 29. November 1992–10. Februar 1993; Stockholm, Liljevalchs Konsthall, 4. April–31. Mai 1993; Station in Berlin, Staatliche Kunsthalle, 3. Juli–22. August 1993 (157 Gemälde, 41 Zeichnungen, 28 Druckgrafiken, 24 farb. Papierarbeiten)

München 1994/95, Galerie Thomas
Gabriele Münter. Gemälde und Aquarelle, München, Galerie Thomas, 22. November 1994–28. Januar 1995

Murnau/Bonn 1996/97
Gabriele Münter malt Murnau. Gemälde 1908–1960 der Künstlerin des »Blauen Reiters«, Murnau, Schloßmuseum Murnau, 26. Juli–3. November 1996; Bonn, Verein August Macke Haus, 10. November 1996–16. Februar 1997 (43 Gemälde, 10 Aquarelle, 2 Hinterglasbilder, 1 Holzschnitt, 1 Zeichnung)

München 1996/97
Hinterglasbilder aus der Sammlung Gabriele Münter, München, Städtische Galerie im Lenbachhaus, 26. November 1996–8. Juni 1997

Milwaukee/Columbus/Richmond/San Antonio 1997–99
Gabriele Münter. The Years of Expressionism 1903–1920, Milwaukee, Wisconsin, Milwaukee Art Museum, 5. Dezember 1997–1. März 1998; Columbus, Ohio, Columbus Museum of Art, Columbus, 18. April -21. Juni 1998; Richmond, Virginia, Virginia Museum of Fine Arts, 13. Juli–20. September 1998; San Antonio, Texas, Marion Koogler McNay Art Museum, San Antonio, 3. November 1998–3. Januar 1999 (59 Gemälde, 16 Druckgrafiken, 7 Zeichnungen)

Bietigheim-Bissingen 1999
Gabriele Münter, Bietigheim-Bissingen, Städtische Galerie, 3. Juli–19. September 1999 (76 Gemälde, 24 Druckgrafiken, 20 Zeichnungen)

München 1999, Galerie Gunzenhauser
Kabinettausstellung »Gabriele Münter«, München, Galerie Gunzenhauser, 10. September–3. November 1999 (9 Gemälde, 6 Druckgrafiken, 2 Zeichnungen, 1 Ausstellungsplakat)

München/Bonn/Murnau 2000/01
Gabriele Münter. Das druckgraphische Werk, München, Städtische Galerie im Lenbachhaus, 16. Dezember 2000–16. April 2001; Bonn, August Macke Haus, 29. April–8. Juli 2001; Murnau, Schloßmuseum Murnau, 20. Juli–4. November 2001 (88 Druckgrafiken)

München 2001, Galerie Thomas
Gabriele Münter. Gemälde, München, Galerie Thomas, 11. Oktober–31. Dezember 2001 (10 Gemälde, 1 Papierarbeit)

Mannheim 2002
Gabriele Münter zum 125. Geburtstag. Das druckgraphische Werk, Mannheim, Städtische Kunsthalle Mannheim, 13. Juli–22. September 2002 (ca. 50 Grafiken, 4 Gemälde)

Bordeaux 2004/05
Gabriele Münter, une artiste du Cavalier Bleu, Bordeaux, Musée des Beaux-Arts, 25. Oktober 2004–23. Januar 2005 (begleitende Publikation: Hoberg 2003, frz.)

München 2004/05, Galerie Gunzenhauser
Gabriele Münter. Ölbilder, anläßlich des 40-jährigen Jubiläums der Galerie Gunzenhauser, München, Galerie Gunzenhauser, 5. November 2004–Januar 2005 (5 Gemälde, 5 Arbeiten in Öl auf Karton, 1 farb. Papierarbeit)

London 2005
Gabriele Münter. The Search for Expression 1906–1917, London, Courtauld Institute of Art Gallery, 23. Juni–11. September 2005 (21 Gemälde)

München 2006, Galerie Gunzenhauser
Gabriele Münter (1877–1962). Ausgewählte Arbeiten, Galerie Gunzenhauser, München, 2006

München 2006/07
Gabriele Münter. Die Reise nach Amerika. Photographien 1899–1900, München, Städtische Galerie im Lenbachhaus, 30. September 2006–14. Januar 2007 (130 Fotografien)

München 2006/07, Galerie Gunzenhauser
Gabriele Münter (1877–1962), München, Galerie Gunzenhauser, 9. November 2006–10. Januar 2007 (5 Gemälde, 1 Papierarbeit)

München 2007
Gabriele Münter. Die Jahre mit Kandinsky. Photographien 1902–1914, München, Städtische Galerie im Lenbachhaus, 10. Februar–3. Juni 2007 (225 Fotografien)

Bad Homburg 2007
Gabriele Münter – ›Verwandlung der Wirklichkeit‹. Druckgraphiken aus der Sammlung des Lenbachhauses, München, Bad Homburg, Sinclair-Haus, 30. November 2007–10. Februar 2008 (88 Druckgrafiken, 6 Zeichnungen, 4 Gemälde, 2 Aquarelle, 1 Gouache)

Chemnitz 2008
Gabriele Münter. Gemälde, Hinterglasmalerei, Arbeiten auf Papier, Chemnitz, Kunstsammlungen Chemnitz, Museum Gunzenhauser, 2. November 2008–19. April 2009 (42 Druckgrafiken, 11 Gemälde, 1 Aquarell, 1 Hinterglasbild)

Würzburg 2009
Gabriele Münter. Zwischen Paris und Murnau. Druckgraphik aus dem Lenbachhaus München, Würzburg, Museum im Kulturspeicher, 13. November 2008–1. März 2009 (89 druckgrafische Blätter, 6 Zeichnungen, 1 Aquarell)

Murnau 2012
Gabriele Münter. Die Zeit nach Kandinsky in Murnau, Murnau, Schloßmuseum Murnau, 26. Juli–4. November 2012 (37 Gemälde, 15 Zeichnungen, 9 farbige Papierarbeiten, 2 Lithografien)

Hannover 2015/16
Kontur, Farbe, Licht: Das Wesentliche zeigen. Gabriele Münter 1877–1962, Hannover, Stiftung Ahlers Pro Arte / Kestner Pro Arte, 11. September 2015–10. Januar 2016

Berlin 2017
Gabriele Münter Preis 2017, Berlin, Akademie der Künste, 14. März–17. April 2017 (6 Gemälde, 2 Papierarbeiten, 9 Fotografien)

Murnau/Oberammergau 2017
Gabriele Münter und die Volkskunst. »Aber Glasbilder, scheint mir, lernten wir erst hier kennen«, Murnau, Schloßmuseum Murnau; Oberammergau, Oberammergau Museum, 27. Juli–12. November 2017 (18 Gemälde, 18 Druckgrafiken, 10 Hinterglasbilder, 4 Tuschzeichnungen, 3 handbemalte Objekte, 1 Aquarell)

München/Humlebæk/Köln 2017–19
Gabriele Münter. Malen ohne Umschweife/ Gabriele Münter. Painting to the Point, München, Städtische Galerie im Lenbachhaus und Kunstbau München, 31. Oktober 2017–8. April 2018; Humlebæk, Louisiana Museum of Modern Art, 3. Mai–19. August 2018; Köln, Museum Ludwig, 15. September 2018–13. Januar 2019 (133 Gemälde, 38 Fotografien, 2 Zeichnungen, 7 farbige Papierarbeiten, 11 Druckgrafiken, 6 Volkskunstobjekte, 1 Textilarbeit)

München 2017/18, Galerie Thomas
Gabriele Münter, München, Galerie Thomas, 10. November 2017–10. Februar 2018 (23 Gemälde, 2 farbige Papierarbeiten)

Murnau 2019–23
Zu Gast bei Gabriele Münter. Das Münter-Haus als Ort der Begegnungen, Murnau, Münter-Haus, September 2019–2023 (13 Gemälde, 9 Fotografien) (Heft)

Murnau 2021/22
Schneefarben. Winterbilder von Gabriele Münter, Murnau, Schloßmuseum Murnau, 7. Dezember 2021–27. März 2022 (10 Gemälde, 2 farbige Papierarbeiten) (ohne Kat.)

Bern 2022
Gabriele Münter. Pionierin der Moderne, Bern, Zentrum Paul Klee, 29. Januar–8. Mai 2022 (85 Gemälde, 49 Fotografien, 7 Zeichnungen, 2 farbige Papierarbeiten, 15 Druckgrafiken, 6 Volkskunstobjekte, 5 Textilarbeiten) (ohne Kat.)

Hamburg 2023
Gabriele Münter. Menschenbilder, Hamburg, Bucerius Kunst Forum, 11. Februar–21. Mai 2023

Ausgewählte Bibliografie

Eigene Artikel

Münter 1948
Gabriele Münter, »Gabriele Münter über sich selbst«, in: *Das Kunstwerk, 2/7 (1948), S. 25*

Münter 1952
Gabriele Münter, »Bekenntnisse und Erinnerungen«, in: Hartlaub 1952, o. S.

Münter 1952 a
Gabriele Münter, »Gabriele Münter: Mein Bild ›Mann im Sessel‹«, in: *Die Kunst und das schöne Heim, 51/2 (1952), S. 53*

Monografien

Busch/Hanfstaengl u. a. 1952
Der Malerin Gabriele Münter zum 75. Geburtstag, am 19. Februar 1952. 23 Stimmen zu ihrer Würdigung, Geburtstagsadressen von G. Busch, E. Hanfstaengl, W. Passarge, C. G. Heise, L. Grote, P.F. Schmidt, M. Unold, K. Hofer und anderen. Bochum 1952

Hartlaub 1952
Gustav Friedrich Hartlaub, *Gabriele Münter. Menschenbilder in Zeichnungen. Mit Erinnerungen der Künstlerin.* Berlin 1952

Eichner 1952
Johannes Eichner, »Ein Nachklang aus dem ›Blauen Reiter‹: Gabriele Münter«, in: *Die Kunst und das Schöne Heim,* Sonderdruck, 49. Jg., (1951), S. 282–285.

Eichner 1957
Johannes Eichner, *Kandinsky und Gabriele Münter. Von Ursprüngen moderner Kunst.* München 1957

Eichner 1957/58
Johannes Eichner, »Gabriele Münter, die Achtzigjährige«, Sonderdruck aus der Zeitschrift *Westfalen*, 35/3, (1957/58), S. 131–145.

Röthel 1957
Hans Konrad Röthel, *Gabriele Münter.* München 1957

Helms 1967
Gabriele Münter. Das druckgraphische Werk, bearb. von Sabine Helms, Slg.-Kat. Städtische Galerie im Lenbachhaus München. München 1967

Lahnstein 1971
Peter Lahnstein, *Münter.* Ettal 1971

Pfeiffer-Belli 1979
Erich Pfeiffer-Belli, *Gabriele Münter. Zeichnungen und Aquarelle, mit einem Katalog von Sabine Helms.* Berlin 1979

Gollek 1981
Rosel Gollek, *Gabriele Münter. Hinterglasbilder.* München/Zürich 1981

Kleine 1990
Gisela Kleine, *Gabriele Münter und Wassily Kandinsky. Biographie eines Paares.* Frankfurt am Main 1990 (weitere Auflagen 1991, 1992, 1993, 1994, 1998, 2008, 2009)

Windecker 1991
Sabine Windecker, *Gabriele Münter. Eine Künstlerin aus dem Kreis des »Blauen Reiter«.* Berlin 1991

Hoberg 1994
Wassily Kandinsky und Gabriele Münter in Murnau und Kochel. 1902–1914. Briefe und Erinnerungen, hg. von Annegret Hoberg. München u. a. 1994 (weitere Auflage 2005)

Kleine 1997
Gisela Kleine, *Gabriele Münter und die Kinderwelt.* Frankfurt am Main/ Leipzig 1997

Gockerell 2000
Nina Gockerell, *Hinterglasbilder, Schnitzereien und Holzspielzeug von Gabriele Münter gesammelt, kopiert und in ihren Werken dargestellt.* München u. a. 2000

Hoberg 2003
Annegret Hoberg, *Gabriele Münter.* München u. a. 2003

Hille 2012
Karoline Hille, *Gabriele Münter. Die Künstlerin mit der Zauberhand.* Köln 2012

Schury 2012
Gudrun Schury, *Ich Weltkind. Gabriele Münter. Die Biographie.* Berlin 2012

Hoberg 2016
Annegret Hoberg, *Gabriele Münter.* Reihe Junge Kunst, Bd. 22. München 2016

Hoberg 2017
Annegret Hoberg, *Gabriele Münter.* Wienands kleine Reihe der Künstlerbiografien. Köln 2017

Brauchitsch 2017
Boris von Brauchitsch, *Gabriele Münter. Eine Biografie.* Berlin 2017

Gruppenausstellungen (Einzelausstellungen siehe S. 265–267)

München 1909/10, Neue Künstlervereinigung München
Neue Künstlervereinigung München e.V. [1. Ausstellung]. Turnus 1909–1910, hg. von der Neuen Künstlervereinigung München e.V. [München, Moderne Galerie Heinrich Thannhauser, 1.–15. Dezember 1909; anschl.: Brünn, Elberfeld, Barmen, Hamburg, Düsseldorf, Wiesbaden, Schwerin, Frankfurt am Main]. München 1909

München 1910/11, Neue Künstlervereinigung München
Neue Künstlervereinigung München e.V. [2. Ausstellung]. Turnus 1910/11, hg. von der Neuen Künstlervereinigung München e.V. [München, Moderne Galerie Heinrich Thannhauser, 1.–14. September 1910; anschl.: Karlsruhe, Mannheim, Hagen, Berlin, Leipzig, Dresden, Weimar]. München 1910

Odessa 1910/11, Salon Isdebsky
Салон 2. Международная Художесвенная Выставка. Устроитель В. А. Издебский [Salon 2. Internationale Kunstausstellung. B. A. Isdebsky; Odessa, Salon Isdebsky, Dezember 1910]. Odessa 1910

Moskau 1910/11, Bubnovy Valet
Каталог выставки »Бубновый Валет«. Москва [Katalog der Ausstellung »Bubnovy Valet« (Karo Bube). Moskau; Moskau, Levinjskij Haus, 10. Dezember 1910–16. Januar 1911 (27. November 1910–3. Januar 1911)]. Moskau 1910

München 1911, Der Blaue Reiter
Die erste Ausstellung der Redaktion Der Blaue Reiter. 1911–12, hg. von Wassily Kandinsky und Franz Marc [München, Galerie Thannhauser, 18. Dezember 1911–1. Januar 1912]. München 1911

Moskau 1912, Bubnovy Valet
Каталог Выставки Картин Общества Художников » Бубновый Валет«. Москва. 1912 год. [Katalog der Gemäldeausstellung der Künstlervereinigung »Bubnovy Valet« (Karo Bube). Moskau. 1912; Moskau, Januar 1912]. Moskau 1912

München 1912, Der Blaue Reiter
Die zweite Ausstellung der Redaktion Der Blaue Reiter. Schwarz-Weiss, hg. von der Kunsthandlung Hans Goltz [München, Kunsthandlung Hans Goltz, 12. Februar–18. März 1912]. München 1912

Berlin 1912, Der Sturm
Der Sturm. Erste Ausstellung. Der Blaue Reiter. Franz Flaum. Oskar Kokoschka. Expressionisten, hg. von Herwarth Walden [Berlin, Tiergartenstraße 34a, 12. März–10. Mai 1912]. Berlin 1912

Zürich 1912, Moderner Bund
Kunsthaus Zürich. Ausstellung, hg. von der Zürcher Kunstgesellschaft [Zürich, Kunsthaus Zürich, 7.–31. Juli 1912]. Zürich 1912

München 1912, Neue Kunst Hans Goltz
Neue Kunst Hans Goltz München Odeonsplatz. Erste Gesamt-Ausstellung [München, Neue Kunst Hans Goltz, Oktober 1912]. München [1912]

Budapest 1913
Katalogus a Művészház nemzetközi postimpresszionista kiállításához (Katalog zur internationalen post-impressionistischen Ausstellung des Künstlerhauses) [Budapest, Művészház (Künstlerhaus), Mai 1913]. Budapest 1913

Berlin 1913, Der Sturm
Erster Deutscher Herbstsalon. Berlin 1913. Der Sturm, hg. von Herwarth Walden [Berlin, Potsdamerstraße 75, 20. September–1. November 1913]. Berlin 1913

Dresden 1914, Galerie Ernst Arnold
Expressionistische Ausstellung. Die neue Malerei, hg. von der Galerie Ernst Arnold, Vorwort von Richard Reiche-Barmen [Dresden, Galerie Ernst Arnold, Januar 1914]. Dresden 1914

Leipzig 1914, Leipziger Sezession
Juryfreie Ausstellung Leipziger Sezession 1914. Offizieller Katalog, hg. von der Leipziger Sezession [Leipzig, Leipziger Sezession, Februar–April 1914]. Leipzig 1914

Helsinki/Trondheim/ Göteborg 1914, Der Sturm
Der Sturm. Der Blaue Reiter, hg. von Herwarth Walden, Vorwort von Franz Marc [Helsinki, Februar–März 1914; Trondheim, April–Mai 1914; Göteborg, Juni–Juli 1914]. Berlin [1913]

Den Haag 1916, Der Sturm
Der Sturm. Zweite Ausstellung. Den Haag/ Holland. Expressionisten. Kubisten, hg. von Herwarth Walden [Den Haag, Kunstzalen d'Audretsch, 17. März–16. April 1916]. Berlin 1916

Christiania (Oslo) 1916, Der Sturm
Der Sturm. Zweite Ausstellung. Christiania. Kandinsky. Gabriele Münter, hg. von Herwarth Walden [Christiania, Permanent Kunstutstilling , C. W. Blomquist, 1916]. Berlin [1916]

Stockholm 1917
Föreningen Svenska Konstnärinnor. Vereinigung Bildende Künstlerinnen Österreichs [Liljevalchs Konsthall. Katalog No 5. Stockholm, Liljevalchs Konsthall, Januar–Februar 1917]. Stockholm 1917

Berlin 1917, Der Sturm
Einblick in die Kunst. Expressionismus. Futurismus. Kubismus, hg. von Herwarth Walden, begleitende Publikation zur fünfzigsten Sturm-Ausstellung [Berlin, Der Sturm, März 1917]. Berlin 1917

Helsingborg 1917
Föreningen Svenska Konstnärinnor och Vereinigung Bildende Künstlerinnen Österreichs [Katalog för Konst-Utställningen i Hälsingborg. Helsingborg, April–Mai 1917]. Helsingborg 1917

Stockholm 1917, Nya Konstgalleriet Ciacelli
Utställning av Georg Pauli och Gabriele Münter, hg. von Nya Konstgalleriet Ciacelli [Stockholm, Nya Konstgalleriet Ciacelli, 3.–14. Mai 1917]. Stockholm 1917

Berlin 1917, Der Sturm
Der Sturm. Achtundfünfzigste Ausstellung. Gösta Adrian-Nilsson. Paul Klee. Gabriele Münter. Gemälde und Aquarelle. Zeichnungen, hg. von Herwarth Walden [Berlin, Der Sturm, Dezember 1917]. Berlin 1917

München 1924, Neue Secession
Münchener Neue Secession. X. Ausstellung, hg. von der Münchener Neuen Secession [München, Glaspalast, 1924]. München 1924

New York 1926/27
International Exhibition of Modern Art, assembled by the Société Anonyme, Einführung von Katherine S. Dreier [New York, Brooklyn Museum, 19. November 1926–1. Januar 1927]. New York 1926

Berlin 1927, Galerie Johannes Hinrichsen im Künstlerhaus
Ausstellung. Die schaffende Frau in der bildenden Kunst, hg. von Johannes Hinrichsen im Künstlerhaus [Berlin, Galerie Johannes Hinrichsen im Künstlerhaus, 1927]. Berlin 1927

Berlin 1927, Verein der Künstlerinnen zu Berlin
Verein der Künstlerinnen zu Berlin. Herbst-Ausstellung, hg. vom Verein der Künstlerinnen zu Berlin [Berlin, November/Dezember 1927]. Berlin 1927

Berlin 1928
Grosse Berliner Kunstausstellung 1928, hg. vom Kartell der Vereinigten Verbände bildender Künstler Berlins e.V. [Berlin, Landesausstellungsgebäude, 9. Mai–Ende Juli 1928]. Berlin 1928

Chicago 1931/32
The Arthur Jerome Eddy Collection of modern paintings and sculpture, hg. vom Art Institute of Chicago [Chicago, Art Institute of Chicago, 22. Dezember 1931–17. Januar 1932]. Chicago 1931

München 1936
Ausstellung. Die Strassen Adolf Hitlers in der Kunst 1936, hg. von der Ausstellungsleitung München e. V. im Auftrage des Generalinspektors für das deutsche Strassenwesen [München, 1936]. München 1936

Weilheim 1942
Kunstausstellung des Weilheimer Kreistages der NSDAP, 13.–17. Mai 1942

München 1949
Der Blaue Reiter. München und die Kunst des 20. Jahrhunderts. 1908–1914, hg. von den Bayerischen Staatsgemäldesammlungen und der Städtischen Lenbach-Galerie, Einführung von Ludwig Grote, bearb. von Leonie v. Wilckens [München, Haus der Kunst, September–Oktober 1949]. München 1949

Basel 1950
Der Blaue Reiter 1908–14. Wegbereiter und Zeitgenossen, hg. von der Kunsthalle Basel, Einführung von Ludwig Grote [Basel, Kunsthalle Basel, Frühjahr 1950]. Basel 1950

Venedig 1950
XXV Biennale di Venezia. Catalogo, hg. von »La Biennale di Venezia«, Vorwort von Giovanni Ponti, Presidente della XXV Biennale [Venedig, XXV Esposizione Biennale Internazionale d'Arte bandita dall'Ente Autonomo »La Biennale di Venezia«, 8. Juni–15. Oktober 1950]. Venedig 1950

New York 1954, Curt Valentin Gallery
Der Blaue Reiter, hg. von der Curt Valentin Gallery [New York, Curt Valentin Gallery, 7. Dezember 1954–8. Januar 1955]. New York 1954

München 1954/55, Moderne Galerie Otto Stangl
Kandinsky, Marc, Münter. Unbekannte Werke, hg. von der Moderne Galerie Otto Stangl, Einführung von Hans Konrad Röthel [Moderne Galerie Otto Stangl, München, Oktober–November 1954; Essen, Folkwang Museum, Januar–Februar 1955; Bremen, Kunsthalle Bremen, 15. Mai–12. Juni 1955; Bern, Galerie Gutekunst und Klipstein]. München 1954

Cambridge, Mass. 1955
Artists of the Blaue Reiter. Exhibition of Painting and Graphic Works, hg. vom Busch-Reisinger Museum, Harvard University [Cambridge, Mass., Busch-Reisinger Museum, Harvard University, 21. Januar–24. Februar 1955]. Cambridge, Mass. 1955

Witten 1955
Gabriele Münter – Hans Brasch, hg. vom Märkischen Museum Witten [Witten, Märkisches Museum, 20. Februar–20. März 1955]. Witten 1955

Kassel 1955
documenta. Kunst des XX. Jahrhunderts. Internationale Ausstellung im Museum Fridericianum in Kassel, hg. von Arnold Bode, Einführung von Werner Haftmann [Kassel, Museum Fridericianum, 15. Juli–18. September 1955]. München 1955

Düsseldorf 1956, Deutscher Künstlerbund
Deutscher Künstlerbund. 6. Ausstellung, hg. vom Deutschen Künstlerbund [Düsseldorf, Ausstellungshallen, 2. Mai–8. Juni 1956]. Düsseldorf 1956

München/Herford 1957
Kandinsky, Gabriele-Münter-Stiftung und Gabriele Münter. Werke aus fünf Jahrzehnten, hg. von Hans Konrad Röthel [München, Städtische Galerie im Lenbachhaus, 19. Februar–31. März 1957; Herford, Herforder Kunstverein, September 1957]. München 1957

Hamburg 1958/59
Wassily Kandinsky, Gabriele Münter. Gabriele-Münter-Stiftung, hg. von Hans Konrad Röthel [Hamburg, Kunstverein, 22. November–11. Januar 1959]. Hamburg 1958

London 1960
The Blue Rider Group, hg. vom Arts Council of Great Britain, bearb. von Hans Konrad Röthel [London, Tate Gallery, 30. September–30. Oktober 1960]. London 1960

München 1960, Deutscher Künstlerbund
Deutscher Künstlerbund. Zehnte Ausstellung. Mit Sonderausstellung »Das frühe Bild – Malerei und Plastik«, hg. vom Deutschen Künstlerbund [München, Haus der Kunst, 18. Oktober–11. Dezember 1960]. München 1960

Baden-Baden 1960
Alfred Lörcher, Gabriele Münter, Emy Roeder, hg. von der Staatlichen Kunsthalle Baden-Baden [Staatliche Kunsthalle Baden-Baden, 4.–31. Dezember 1960]. Baden-Baden 1960

Edinburgh 1960
The Blue Rider Group. An Exhibition Sponsored by the Edinburgh Festival Society and Arranged Jointly with the Royal Scottish Academy and the Arts Council of Great Britain, hg. von der Royal Scottish Academy, Texte von Hans Konrad Röthel [Edinburgh, Royal Scottish Academy, 1960]. Edinburgh 1960

Paris 1961, Club International Féminin
Club International Féminin. 6e exposition. Peintures. Sculptures. Tapisseries. Catalogue, hg. vom Club International Féminin [Paris, Musée d'Art moderne de la Ville de Paris, 12.–30. April 1961]. Paris 1961

Winterthur 1961
Der Blaue Reiter und sein Kreis. Ausstellung im Kunstmuseum Winterthur, hg. vom Kunstmuseum Winterthur [Kunstmuseum Winterthur, 23. April–11. Juni 1961]. Winterthur 1961

Berlin 1961
Der Sturm. Herwarth Walden und die europäische Avantgarde Berlin 1912–1932, hg. von der Nationalgalerie, Berlin, West, Vorwort von Leopold Reidemeister [Berlin, Orangerie des Schlosses Charlottenburg, 24. September–19. November 1961]. Berlin 1961

Bergen/Stavanger/Trondheim/Oslo 1962
Ekspresjonisme. Tysk maleri fra 1900 til 1915. Expressionismus. Deutsche Malerei von 1900 bis 1915, hg. vom Landesmuseum für Kunst und Kulturgeschichte Münster/Westfalen, bearb. von Carl Bäufer und Herbert Rickmann [Kunstforeningene Bergen; Stavanger; Trondheim; Oslo, 1962]. Münster 1962

New York 1963, Leonard Hutton Galleries
Exhibition »Der Blaue Reiter«, hg. von den Leonard Hutton Galleries, Vorwort von Will Grohmann [New York, Leonard Hutton Galleries, 19. Februar–30. März 1963]. New York 1963

Florenz 1964
L'espressionismo. Pittura, scultura, architettura, hg. von Marisa Volpi Orlandini und Giovanni Klaus König [Florenz, Palazzo Strozzi, Mai–Juni 1964]. Florenz 1964

Marseille 1965
Expressionnisme allemand. 1900–1920, hg. von Marielle Latour und Simone Collin [Marseille, Musée Cantini, 17. Mai–15. August 1965]. Marseille 1965

Paris/München 1966
Le Fauvisme français et les débuts de l'Expressionnisme allemand/Der Französische Fauvinismus und der deutsche Frühexpressionismus, hg. von Michel Hoog und Leopold Reidemeister [Paris, Musée national d'art moderne, 15. Januar–6. März 1966; München, Haus der Kunst, 26. März–15. Mai 1966]. München 1966

London 1966, Marlborough Fine Art Ltd.
Kandinsky and his friends. Centenary exhibition, hg. von der Marlborough Fine Art Ltd. [London, Marlborough Fine Art Ltd., November–Dezember 1966]. London 1966

New York 1968, Leonard Hutton Galleries
Fauves and expressionists, hg. von den Leonard Hutton Galleries [New York, Leonard Hutton Galleries, 18. April–12. Juni 1968]. New York 1968

Los Angeles 1968, Dalzell Hatfield Galleries
Artorama VIII. Creators and Masters of German Expressionist Art, hg. von den Dalzell Hatfield Galleries und Artorama VIII [Los Angeles, Dalzell Hatfield Galleries, 30. August–26. September 1968]. Los Angeles [1968]

Tokio 1971
Der deutsche Expressionismus, hg. von Horst Keller [Ausstellung veranstaltet von dem Nationalmuseum für Westliche Kunst, Tokio mit der Unterstützung des Auswärtigen Amtes der Bundesrepublik Deutschland, Tokio, Kokuritsu Seiyō Bijutsukan, 15. Januar–14. März 1971]. Tokio 1971

Turin 1971
Il Cavaliere Azzurro. Der Blaue Reiter, hg. u. bearb. von Luigi Carluccio und Luigi Mallé [Turin, Galleria Civica d'Arte Moderna, 18. März–16. Mai 1971]. Turin 1971

Wien 1971
Der Blaue Reiter, hg. von der Städtischen Galerie im Lenbachhaus München, bearb. von Johannes Segieth, Einführung von Erika Hanfstaengl [Wien, Sonderausstellung der Städtischen Galerie München anlässlich der Wochen »München in Wien«, Secession, 8. - 24. Oktober 1971]. München 1971

New York 1972/73, Leonard Hutton Galleries
German expressionist paintings, drawings, watercolors, sculpture, hg. von den Leonard Hutton Galleries [New York, Leonard Hutton Galleries, November 1972–Februar 1973]. New York 1972

Pasadena 1974
German Expressionist Painting and Sculpture from California Collections, hg. vom Norton Simon Museum [Pasadena, Museum of Modern Art, 16. April–2. Juni 1974]. Pasadena 1974

Villingen-Schwenningen 1975
Der Blaue Reiter und sein Kreis. Der Blaue Reiter und die Neue Künstlervereinigung München. Gemälde, Aquarelle, Zeichnungen, Graphik. 24. Kunstausstellung Villingen-Schwenningen, hg. von Margarete Willmann [Stadtbezirk Schwenningen, Beethovenhaus, 26. April–19. Mai 1975]. Villingen-Schwenningen 1975

Belgrad 1976
Plavi Jahač. Der Blaue Reiter, hg. von Wolf-Dieter Dube [Belgrad, Muzej savremene umetnosti, 4. März–4. April 1976]. Belgrad 1976

Los Angeles/Austin/ Pittsburgh/New York 1976/77
Women artists. 1550–1950, hg. von Ann Sutherland Harris und Linda Nochlin [Los Angeles, Los Angeles County Museum of Art, 21. Dezember 1976–13. März 1977; Austin, University Art Museum, 12. April–12. Juni 1977; Pittsburgh, Museum of Art, 14. Juli–4. September 1977; New York, Brooklyn Museum, 8. Oktober–27. November 1977]. New York 1976

New York 1977, Leonard Hutton Galleries
Der Blaue Reiter und sein Kreis, hg. von den Leonard Hutton Galleries [New York, Leonard Hutton Galleries, 18. März–Mai 1977]. New York 1977

Sapporo 1977
Münchner Malerei 1892–1914. Von der Sezession zum Blauen Reiter, hg. von Liselotte Camp und Wolf-Dieter Dube [Sapporo, Hokkaidōritsu Kindai Bijutsukan, 21. Juli–21. August 1977]. Sapporo 1977

Chicago 1978
German and Austrian Expressionism. Art in a turbulent era, hg. von Peter Selz [Chicago, Museum of Contemporary Art, 10. März–30. April 1978]. Chicago 1978

Paris 1978
Paris - Berlin. 1900–1933. Rapports et Contrastes France–Allemagne 1900–1933. Art, Architecture, Graphisme, Littérature, Objets industriels, Cinéma, Théâtre, Musique, hg. von Marie-Laure Besnard-Bernadac und Günter Metken [Paris, Centre national d'art et de culture Georges Pompidou, 12. Juli–6. November 1978]. Paris 1979

New York 1980, Leonard Hutton Galleries
Jawlensky & Major German Expressionists, hg. von den Leonard Hutton Galleries [New York, Leonard Hutton Galleries, Eröffnung: 17. Oktober 1980]. New York 1980

München 1982
Kandinsky und München. Begegnungen und Wandlungen. 1896–1914, hg. von Armin Zweite [München, Städtische Galerie im Lenbachhaus, 22. Januar–21. März 1982]. München 1982

New York 1982
Kandinsky in Munich. 1896–1914, hg. von Peg Weiss [New York, The Solomon R. Guggenheim Museum, 1982]. New York 1982

Chicago 1983
Naive and Outsider Painting from Germany and Paintings by Gabriele Münter, hg. von John Hallmark Neff, Mary Jane Jacob und Carol Schreiber [Chicago, Museum of Contemporary Art, 26. März–29. Mai 1983]. Chicago 1983

Florenz 1986
Capolavori dell'espressionismo tedesco. Dipinti 1905–1920, hg. von Erich Steingräber und Annegret Hoberg [Florenz, Palazzo Medici Riccardi, 20. September–30. November 1986]. Mailand 1986

Bern 1986/87
Der Blaue Reiter, hg. von Hans Christoph von Tavel [Bern, Kunstmuseum Bern, 21. November 1986–15. Februar 1987]. Bern 1986

München 1988, Galerie Gunzenhauser
Jawlensky, Münter, Kandinsky und der Blaue Reiter, hg. von der Galerie Gunzenhauser [München, Galerie Gunzenhauser, 12. April–31. Mai 1988]. München 1988

Essen 1990, Galerie Neher
Gabriele Münter und ihre Zeit. Malerei der Klassischen Moderne in Deutschland, hg. von Marion Agthe [Essen, Galerie Neher, 10. November–18. Dezember 1990]. Essen 1990

Paris 1992/93
Figures du Moderne. L'Expressionnisme en Allemagne. 1905–1914. Dresde, Munich, Berlin, hg. von Suzanne Pagé [Paris, Musée d'Art moderne de la Ville de Paris, 18. November 1992–14. März 1993]. Paris 1992

München/Basel 1993, Galerie Thomas
Künstler des Blauen Reiter. Gemälde, Aquarelle, Zeichnungen, Graphiken, hg. von Gabriele Karpf, Giannina Spargnapani und Silke Thomas [München, Galerie Thomas, 16. Juni–30. September 1993; Basel, ART Basel 24'93, 16.–21. Juni 1993]. München 1993

Wanderausstellung 1993, Sammlung Firmengruppe Ahlers
Expressionistische Bilder. Sammlung Firmengruppe Ahlers, hg. von der Adolf Ahlers AG, bearb. von Jutta Hülsewig-Johnen [Berlin, Käthe-Kollwitz-Museum; München, Städtische Galerie im Lenbachhaus; Duisburg, Wilhelm-Lehmbruck-Museum; Frankfurt am Main, Schirn Kunsthalle; Emden, Kunsthalle in Emden, Stiftung Henri Nannen; Bielefeld, Kunsthalle Bielefeld]. Stuttgart 1993

Bietigheim-Bissingen 1994/95
Von Gabriele Münter bis Georg Baselitz. Die Geschichte des Linolschnitts. Beispiele aus der Sammlung der Städtischen Galerie Bietigheim-Bissingen, hg. von Herbert Eichhorn [Bietigheim-Bissingen, Städtische Galerie, 26. November 1994–22. Januar 1995]. Bietigheim-Bissingen 1994

München/Bern 1995
Jonathan Fineberg, *Mit dem Auge des Kindes. Kinderzeichnung und moderne Kunst*, hg. von Helmut Friedel und Josef Helfenstein [München, Städtische Galerie im Lenbachhaus und Kunstbau München, 31. Mai–20. August 1995; Bern, Kunstmuseum Bern, 7. September–26. November 1995]. Ostfildern 1995

Dortmund 1996
Von der Brücke zum Blauen Reiter. Farbe, Form und Ausdruck in der deutschen Kunst von 1905 bis 1914, hg. von Tayfun Belgin [Dortmund, Museum am Ostwall, 15. September–15. Dezember 1996]. Heidelberg 1996

Sendai/Tokio/ Nagoya/Sapporo 1996/97
Wassily Kandinsky – Gabriele Münter. 1901–1917, hg. vom Miyagi Museum of Art u. a. [Sendai, Miyagi-ken-Bijutsukan, 26. Oktober–8. Dezember 1996; Tokio, Sezon-Bijutsukan, 14. Dezember 1996–2. Februar 1997; Nagoya, Aichi-ken-Bijutsukan, 8. Februar–16. März 1997; Sapporo, Geijutsu-no-Mori-Bijutsukan, 5. April–25. Mai 1997]. Tokio 1996

Hannover/Wuppertal 1996/97
Garten der Frauen. Wegbereiterinnen der Moderne in Deutschland 1900–1914, hg. von Ulrich Krempel und Susanne Meyer-Büser [Hannover, Sprengel Museum, 17. November 1996–9. Februar 1997; Wuppertal, Von der Heydt-Museum, 2. März–27. April 1997]. Hannover 1996

Murnau 1998
Der Almanach »Der Blaue Reiter«. Bilder und Bildwerke in Originalen, hg. von Brigitte Salmen [Murnau, Schloßmuseum, 1998]. Murnau 1998

Berlin/Tübingen 1998/99
Der Blaue Reiter und seine Künstler, hg. von Magdalena M. Moeller [Berlin, Brücke-Museum, 3. Oktober 1998–3. Januar 1999; Tübingen, Kunsthalle Tübingen, 16. Januar–28. März 1999]. München 1998

München 1999
Der Blaue Reiter und das Neue Bild. Von der »Neuen Künstlervereinigung München« zum »Blauen Reiter«, hg. von Annegret Hoberg und Helmut Friedel [München, Städtische Galerie im Lenbachhaus und Kunstbau München, 2. Juli–3. Oktober 1999]. München u. a. 1999

Paris 1999/2000
Le fauvisme ou »l'epreuve du feu«. Éruption de la modernité en Europe, hg. von Suzanne Pagé und Juliette Laffon [Paris, Musée d'Art moderne de la Ville de Paris, 29. Oktober 1999–27. Februar 2000]. Paris 1999

Bremen 2000
Der Blaue Reiter, hg. von Christine Hopfengart [Bremen, Kunsthalle Bremen, 25. März–12. Juni 2000]. Köln 2000

München 2001
Mattis-Teutsch und Der Blaue Reiter, hg. vom Haus der Kunst München [München, Haus der Kunst, 6. Juli–7. Oktober 2001]. München 2001

Bietigheim-Bissingen 2001
KinderBlicke. Kindheit und Moderne von Klee bis Boltanski, hg. vom Kultur- und Sportamt der Stadt Bietigheim-Bissingen, Städtische Galerie, bearb. von Herbert Eichhorn und Isabell Schenk [Bietigheim-Bissingen, Städtische Galerie, 7. Juli–16. September 2001]. Ostfildern-Ruit 2001

Ibaraki 2002
Deutscher Expressionismus. Werke von 1905–1930, hg. von Kunio Motoe [Ibaraki, Museum of Modern Art, 2002]. Tokio 2002

Bielefeld 2003/04
Der Blaue Reiter. Avantgarde und Volkskunst. Sammlung Hertha Koenig, hg. von Jutta Hülsewig-Johnen [Bielefeld, Kunsthalle Bielefeld, 5. Oktober 2003–11. Januar 2004]. Bielefeld 2003

Ludwigshafen 2003/04
Der Blaue Reiter. Die Befreiung der Farbe, hg. von Richard W. Gassen [Ludwigshafen, Wilhelm-Hack-Museum, 11. November 2003–29. Februar 2004]. Ostfildern-Ruit 2003

Saint-Tropez 2006
Le Cavalier Bleu. Der Blaue Reiter, hg. von Jean-Paul Monery [St. Tropez, Musée de l'Annonciade, 1. Juli–16. Oktober 2006]. Saint-Tropez 2006

Murnau 2006
Maler des »Blauen Reiter«, Paul Klee, Deutsche Expressionisten. Eine Privatsammlung, bearb. von Brigitte Salmen [Murnau, Schloßmuseum Murnau, 20. Juli–5. November 2006]. Murnau 2006

Wien 2006/07
Deutsche Expressionisten. Mit Meisterwerken aus der Sammlung Thyssen-Bornemisza, hg. von Rudolf Leopold und Michael Fuhr [Wien, Leopold Museum, 28. September 2006–10. Januar 2007]. Wien 2006

Murnau 2008
1908–2008. Vor 100 Jahren. Kandinsky, Münter, Jawlensky, Werefkin in Murnau, bearb. von Brigitte Salmen [Murnau, Schloßmuseum Murnau, 11. Juli–9. November 2008]. Murnau 2008

Kochel am See 2009
Der Große Widerspruch. Franz Marc zwischen Delaunay und Rousseau, hg. von der Franz-Marc-Museumsgesellschaft durch Cathrin Klingsöhr-Leroy [Kochel am See, Franz Marc Museum, 21. Juni–13. September 2009]. Berlin/München 2009

Paris 2009/10
Fauves et expressionnistes. De van Dongen à Otto Dix. Chefs-d'œuvre du Musée Von der Heydt, hg. vom Musée Marmottan, bearb. von Christine Poullain [Paris, Musée Marmottan, 28. Oktober 2009–20. Februar 2010]. Paris 2009

Murnau 2010/11
Gabriele Münter und Wassily Kandinsky. Perlenstickereien und Textilarbeiten, hg. von Helmut Friedel, Gabriele Münter- und Johannes Eichner-Stiftung, bearb. von Isabelle Jansen [Murnau, Münter-Haus, 19. Oktober 2010–15. April 2011]. München 2010

Wiesbaden 2010/11
Das Geistige in der Kunst. Vom Blauen Reiter zum Abstrakten Expressionismus, hg. von Volker Rattemeyer [Wiesbaden, Museum Wiesbaden, 31. Oktober 2010–27. Februar 2011]. Wiesbaden 2010

Paris 2011/12
Expressionismus & Expressionismi. Der Blaue Reiter vs Brücke. Berlin-Munich, 1905–1920, hg. von Marc Restellini [Paris, Pinacothèque de Paris, 13. Oktober 2011–11. März 2012]. Paris 2011

Murnau 2012/13
»Die blaue Reiterei stürmt voran«. Bildquellen für den Almanach Der Blaue Reiter. Die Sammlung von Wassily Kandinsky und Gabriele Münter, hg. von Helmut Friedel und Isabelle Jansen, Gabriele Münter- und Johannes Eichner-Stiftung [Murnau, Münter-Haus, 10. Mai 2012 –1. Dezember 2013]. München 2013

Innsbruck 2014
Tirol – München. Begegnungen von 1880 bis heute, hg. von Wolfgang Meighörner [Innsbruck, Tiroler Landesmuseum Ferdinandeum, 11. April–24. August 2014]. Innsbruck 2014

München 2014/15
Ab nach München! Künstlerinnen um 1900, hg. von Antonia Voit [München, Münchner Stadtmuseum, 12. September 2014–8. Februar 2015]. München 2014

Kochel am See 2015
Schöne Aussichten. Der Blaue Reiter und der Impressionismus, hg. von der Franz-Marc-Museumsgesellschaft durch Cathrin Klingsöhr-Leroy [Kochel am See, Franz Marc Museum, 22. März–19. Juli 2015]. München 2015

Frankfurt am Main 2015/16
Sturm-Frauen. Künstlerinnen der Avantgarde in Berlin 1910–1932, hg. von Ingrid Pfeiffer und Max Hollein [Frankfurt am Main, Schirn Kunsthalle Frankfurt, 30. Oktober 2015–7. Februar 2016]. Köln 2015

Turin 2017
L'Emozione dei Colori nell'Arte, hg. von Carolyn Christov-Bakargiev, Marcella Beccaria und Elif Kamisli [Turin, Galleria Civica d'Arte Moderna e Contemporanea, GAM, 14. März–23. Juli 2017]. Mailand 2017

Kochel am See 2018
Lektüre. Bilder vom Lesen – vom Lesen der Bilder, hg. von der Franz-Marc-Museumsgesellschaft durch Cathrin Klingsöhr-Leroy [Kochel am See, Franz Marc Museum, 17. Juni–23. September 2018]. München 2018

Metz/London 2018/19
Couples modernes 1900–1950, hg. von Emma Lavigne mit Elia Biezunski, Cloé Pitiot und unter Mitwirkung von Pauline Créteur [Metz, Centre Pompidou-Metz, 28. April–20. August 2018]. Paris 2018; *Modern couples. Art, intimacy and the avant-garde,* hg. von Jane Alison und Coralie Malissard [London, Barbican Art Gallery, 10. Oktober 2018–27. Januar 2019]. München/London/New York 2018

New York/Paris 2018/19
Franz Marc and August Macke, 1909–1914, hg. von Vivian Endicott Barnett [New York, Neue Galerie New York, 4. Oktober 2018–21. Januar 2019]. München/London/New York 2018; *Franz Marc, August Macke. L'aventure du Cavalier bleu,* hg. von Musées d'Orsay et de l'Orangerie Paris [Paris, Musée de l'Orangerie, 6. März–17. Juni 2019]. Paris 2019

München 2018/19
Phantastisch! Alfred Kubin und der Blaue Reiter, hg. von Annegret Hoberg und Matthias Mühling [München, Städtische Galerie im Lenbachhaus und Kunstbau München, 9. Oktober 2018–17. Februar 2019]. Köln 2018

Halle (Saale) 2019
Die schaffende Galatea. Frauen sehen Frauen, hg. von Matthias Rataiczyk [Halle (Saale), Kunsthalle „Talstrasse", 13. Juli–13. Oktober 2019]. Halle (Saale) 2019

Berlin 2019
Straying from the line, Berlin, Schinkel Pavillon e. V., 13. April–28. Juli 2019

Krefeld 2019/20
Folklore & Avantgarde. Die Rezeption volkstümlicher Traditionen im Zeitalter der Moderne, hg. von Katia Baudin und Elina Knorpp [Krefeld, Kunstmuseen Krefeld, Kaiser Wilhelm Museum, 10. November 2019–23. Februar 2020]. München 2020

München/Wiesbaden/Ascona 2019/20
Lebensmenschen – Alexej von Jawlensky und Marianne von Werefkin/Compagni di vita – Alexej Jawlensky e Marianne Werefkin, hg. von Roman Zieglgänsberger, Annegret Hoberg und Matthias Mühling [München, Städtische Galerie im Lenbachhaus und Kunstbau München, 22. Oktober 2019–16. Februar 2020; Wiesbaden, Museum Wiesbaden, Hessisches Landesmuseum für Kunst und Natur, 13. März–12. Juli 2020; Ascona, Museo Comunale d'Arte Moderna Ascona, 2. August–8. November 2020]. München 2019

Bonn 2020
Mit Stich und Faden. Expressionistische und zeitgenössische Kunst im Gegenüber, hg. von Klara Drenker-Nagels und Ina Ewers-Schultz [Bonn, Museum August Macke Haus, 6. März–1. November 2020]. Bonn 2020

Würzburg/Zwickau/Bonn 2020/21
Italiensehnsucht! Auf den Spuren deutscher Künstlerinnen und Künstler 1905 bis 1933, hg. von Martina Padberg, Klara Drenker-Nagels, Henrike Holsing und Petra Lewey [Würzburg, Museum im Kulturspeicher Würzburg, 14. November 2020–7. März 2021; Zwickau, Kunstsammlungen Zwickau Max-Pechstein-Museum, 27. März–30. Mai 2021; Bonn, Museum August Macke Haus, 18. Juni–19. September 2021]. Köln 2020

Marseille/Metz 2020/21
Folklore. Artistes et folkloristes, une histoire croisée, hg. von Jean-Marie Gallais und Marie-Charlotte Calafat [Metz, Centre Pompidou-Metz, 21. März–4. Oktober 2020; Marseille, Musée des civilisations de l'Europe et de la Méditerranée, geplante Daten: 4. November 2020–22. Februar 2021 – konnte wegen der COVID-19-Pandemie nicht geöffnet werden]. Paris/Marseille/Metz 2020

München 2020/21
Mehr Moderne für das Lenbachhaus. Die Neuerwerbungen in der Sammlung Blauer Reiter, München, Städtische Galerie im Lenbachhaus und Kunstbau München, 13. Oktober 2020–7. Februar 2021 (Heft)

Kochel am See 2021
Ich bin mein Stil. Künstlerbildnisse im Kreis von Brücke und Blauem Reiter, hg. von der Franz-Marc-Museumsgesellschaft durch Cathrin Klingsöhr-Leroy [Kochel am See, Franz Marc Museum, 20. Juni–3. Oktober 2021]. München 2021

Murnau 2021
Punkt, Linie, Fläche. Die Kinderzeichnung und der Expressionismus, hg. von Sandra Uhrig [Murnau, Schloßmuseum Murnau, 29. Juli–7. November 2021]. München 2021

München 2021–24
Gruppendynamik. Der Blaue Reiter, hg. von Matthias Mühling, Annegret Hoberg und Anna Straetmans [München, Städtische Galerie im Lenbachhaus und Kunstbau München, 23. März 2021–Februar 2024]. Berlin 2021

Madrid/Marseille/Roubaix 2021/22
Alexéi von Jawlensky. El paisaje del rostro/Jawlensky. La promesse du visage, hg. von Fundación MAPFRE [Madrid Fundación MAPFRE, 11. Februar–9. Mai 2021; Marseille, Le musée Cantini, 11. Juni–26. September 2021; Roubaix, La Piscine, Musée d'art et d'industrie André Diligent, 6. November 2021–6. Februar 2022]. Madrid/Paris 2021

Wuppertal/Chemnitz/Bernried 2021/22
Brücke und Blauer Reiter, hg. von Frédéric Bussmann, Roland Mönig, Daniel J. Schreiber [Wuppertal, Von der Heydt-Museum, 21. November 2021–27. Februar 2022; Chemnitz, Kunstsammlungen Chemnitz, 27. März–26. Juni 2022; Bernried am Starnberger See, Buchheim Museum der Phantasie, 16. Juli–13. November 2022]. Köln 2021

München 2020–22
Unter freiem Himmel. Unterwegs mit Wassily Kandinsky und Gabriele Münter, hg. von Sarah Louisa Henn, Matthias Mühling [München, Städtische Galerie im Lenbachhaus und Kunstbau München, 13. Oktober 2020–30. Januar 2022]. München 2020

Dortmund 2022
Flowers! Blumen in der Kunst des 20. und 21. Jahrhunderts, hg. von Regina Selter, Stefanie Weißhorn-Ponert [Dortmund, Museum Ostwall im Dortmunder U, 30. April–25. September 2022]. München 2022

Murnau 2022
»Und morgen nach Murnau!«: Meisterwerke von Gabriele Münter und Wassily Kandinsky aus Privatsammlungen, hg. von Schloßmuseum des Marktes Murnau [Murnau, Schloßmuseum Murnau, 6. Juli–9. Oktober 2022]. München 2022

München 2022/23
Was von 100 Tagen übrig blieb ... Die documenta und das Lenbachhaus, München, Städtische Galerie im Lenbachhaus und Kunstbau München, 19. Juli 2022–11. Juni 2023

Essen 2022/23
Expressionisten am Folkwang. Entdeckt-Verfemt-Gefeiert, hg. von Museum Folkwang [Essen, Museum Folkwang, 20. August 2022–8. Januar 2023]. Essen 2022

Speyer 2022/23
Künstlerpaare der Moderne. Hans Purrmann und Mathilde Vollmoeller-Purrmann im Diskurs, Speyer, Museum Purrmann-Haus, 25. September 2022–26. März 2023. Tagungsband als begleitende Publikation, hg. von Felix Billeter, Hans Purrmann Archiv München und Maria Leitmeyer, Purrmann-Haus Speyer. Berlin 2021

München 2022/23
Kunst und Leben 1918 bis 1955, hg. von Karin Althaus, Sarah Bock, Lisa Kern, Matthias Mühling, Melanie Wittchow – Städtische Galerie im Lenbachhaus und Kunstbau München [München, Städtische Galerie im Lenbachhaus und Kunstbau München, 15. Oktober 2022–16. April 2023]. Berlin 2022

München 2022/23
Etel Adnan, hg. von Sébastien Delot mit Matthias Mühling für das Lenbachhaus sowie mit Susanne Gaensheimer für die Kunstsammlung Nordrhein-Westfalen [München, Städtische Galerie im Lenbachhaus und Kunstbau München, 25. Oktober 2022–26. Februar 2023; Düsseldorf, Kunstsammlung Nordrhein-Westfalen, 1. April–16. Juli 2023]. München 2022

London 2022/23
Making Modernism. Paula Modersohn-Becker, Käthe Kollwitz, Gabriele Münter and Marianne Werefkin, hg. Royal Academy of Arts [London, Royal Academy of Arts, 12. November 2022–12. Februar 2023]. London 2022

Im Text zitierte Einzelausstellungskataloge

Wanderausstellung 1949–52
Johannes Eichner, *Gabriele Münter. Werke aus 5 Jahrzehnten* [Orte und Laufzeiten, siehe Liste der Einzelausstellungen im vorliegenden Katalog, S. 264–265]. Braunschweig 1949

Wanderausstellung 1952–53
Johannes Eichner, *Gabriele Münter. Werke aus fünf Jahrzehnten* [Orte und Laufzeiten, siehe Liste der Einzelausstellungen im vorliegenden Katalog, S. 264–265]. München 1952

Los Angeles 1960, Dalzell Hatfield Galleries
Gabriele Münter. First American Exhibition with Seven Additional Major Paintings by Kandinsky, hg. von den Dalzell Hatfield Galleries [Los Angeles, Dalzell Hatfield Galleries, 20. Juni–30. Juli 1960]. Los Angeles [1960]

München 1977
Gabriele Münter 1877-1962. Gemälde, Zeichnungen, Hinterglasbilder und Volkskunst aus ihrem Besitz, hg. von der Städtischen Galerie im Lenbachhaus, bearb. von Rosel Gollek [München, Städtische Galerie im Lenbachhaus, 22. April–3. Juli 1977]. München 1977

Cambridge/Princeton 1980/81
Gabriele Münter. Between Munich and Murnau, hg. von Anne Mochon [Cambridge, Mass., Busch-Reisinger-Museum, 25. September–8. November 1980; Princeton, NJ, Princeton University Art Museum, 22. November 1980–18. Januar 1981]. Cambridge 1980

München/Frankfurt/Stockholm 1992/93
Gabriele Münter 1877–1962. Retrospektive, hg. von Annegret Hoberg und Helmut Friedel [München, Städtische Galerie im Lenbachhaus, 29. Juli–1. November 1992; Frankfurt am Main, Schirn Kunsthalle, 29. November 1992–10. Februar 1993; Stockholm, Liljevalchs Konsthall, 4. April–31. Mai 1993; Station in Berlin, Staatliche Kunsthalle, 3. Juli–22. August 1993]. München u. a. 1992

Milwaukee/Columbus/Richmond/San Antonio 1997-99
Gabriele Münter. The Years of Expressionism 1903–1920, hg. von Reinhold Heller [Milwaukee, Wisconsin, Milwaukee Art Museum, 5. Dezember 1997–1. März 1998; Columbus, Ohio, Columbus Museum of Art, Columbus, 18. April -21. Juni 1998; Richmond, Virginia, Virginia Museum of Fine Arts, 13. Juli–20. September 1998; San Antonio, Texas, Marion Koogler McNay Art Museum, San Antonio, 3. November 1998–3. Januar 1999]. München u. a. 1997

Bietigheim-Bissingen 1999
Gabriele Münter, hg. von der Städtischen Galerie Bietigheim-Bissingen, bearb. von Herbert Eichhorn und Barbara Wörwag [Bietigheim-Bissingen, Städtische Galerie, 3. Juli–19. September 1999]. Ostfildern-Ruit 1999

München/Bonn/Murnau 2000/01
Gabriele Münter. Das druckgraphische Werk, hg. von Helmut Friedel [München, Städtische Galerie im Lenbachhaus, 16. Dezember 2000–16. April 2001; Bonn, August Macke Haus, 29. April–8. Juli 2001; Murnau, Schloßmuseum, 20. Juli–4. November 2001]. München 2000

München 2006/07
Gabriele Münter. Die Reise nach Amerika. Photographien 1899–1900, hg. von Helmut Friedel, Gabriele Münter- und Johannes Eichner-Stiftung [München, Städtische Galerie im Lenbachhaus, 30. September 2006–14. Januar 2007]. München 2006

München 2007
Gabriele Münter. Die Jahre mit Kandinsky. Photographien 1902–1914, hg. von Helmut Friedel, Gabriele Münter- und Johannes Eichner-Stiftung [München, Städtische Galerie im Lenbachhaus, 10. Februar–3. Juni 2007]. München 2007

Murnau 2012
Gabriele Münter. Die Zeit nach Kandinsky in Murnau, hg. vom Schloßmuseum des Marktes Murnau, bearb. von Sandra Uhrig [Murnau, Schloßmuseum, 26. Juli–4. November 2012]. Murnau 2012

Weitere zitierte Literatur

Friedel/Hoberg 2000
Helmut Friedel und Annegret Hoberg, *Der Blaue Reiter im Lenbachhaus München.* München u. a. 2000

Kandinsky/Marc 1912
Wassily Kandinsky und Franz Marc (Hg.), *Der Blaue Reiter.* München 1912

Kandinsky 2007
Wassily Kandinsky. Gesammelte Schriften 1889-1916. Farbensprache, Kompositionslehre und andere unveröffentlichte Texte, hg. von Helmut Friedel, mit Essays von Boris P. Chichlo, Barbara Mackert-Riedel, Jean-Claude Marcadé, Reinhard Richardi, Friedrich-Christian Schroeder, Felix Thürlemann und Peter Vergo. München u. a. 2007

Köllner 1984
Sigrid Köllner, *Der Blaue Reiter und die »Vergleichende Kunstgeschichte«,* Diss. Universität Karlsruhe 1984

Lankheit 1965
Der Blaue Reiter. Herausgegeben von Wassily Kandinsky und Franz Marc, dokumentarische Neuausgabe von Klaus Lankheit. München 1965 [weitere Aufl. 1967, 1979; überarb. Neuausg. 1984, 1987, 1997]

Lankheit 1983
Wassily Kandinsky, Franz Marc, Briefwechsel, hg., eingeleitet und kommentiert von Klaus Lankheit. München/Zürich 1983

Leeb 2013
Susanne Leeb, *Die Kunst der Anderen. »Weltkunst« und die anthropologische Konfiguration der Moderne,* Diss. Europa-Universität Viadrina Frankfurt an der Oder 2006, 2013 online publiziert [URL: https://opus4.kobv.de/opus4-euv/frontdoor/index/index/docId/69][URN: urn:nbn:de:kobv:521-opus-807](überarbeitete Buchfassung: Berlin 2015)

Macke/Marc 1964
August Macke, Franz Marc. Briefwechsel, hg. von Wolfgang Macke. Köln 1964

Mühling/Jansen 2014
Matthias Mühling und Isabelle Jansen (Hg.), *Das Münter-Haus in Murnau.* München 2014

Obler 2014
Bibiana K. Obler, *Intimate collaborations. Kandinsky & Münter, Arp & Taeuber.* New Haven, CT/u. a. 2014

Priebe 2010
Evelin Priebe, *Kandinsky und die Kunsterziehungsbewegung.* Göttingen 2010

Roditi 1960
Edouard Roditi, *Dialogues on art.* London 1960

Roditi 1991
Edouard Roditi, *Dialoge über Kunst,* aus dem Engl. übers. von A. E. Leroy und Nikolaus Bornhorn. Frankfurt am Main 1991 (2. veränd. Aufl.)

Wienand 2015
Kea Wienand, *Nach dem Primitivismus? Künstlerische Verhandlungen kultureller Differenz in der Bundesrepublik Deutschland, 1960-1990. Eine postkoloniale Relektüre.* Bielefeld 2015

Wörwag 1995
Barbara Wörwag, »Es ist eine unbewußte enorme Kraft im Kinde. Zur Bedeutung der Kinderzeichnung bei Wassily Kandinsky und Gabriele Münter«, in: *Kinderzeichnung und die Kunst des 20. Jahrhunderts,* hg. von Jonathan Fineberg. Ostfildern-Ruit 1995, S. 172

Wörwag 2001
Barbara Wörwag, »Die Wirklichkeit ›mit ungewohnten Augen‹ schauen. Die Künstler des Blauen Reiters und die Kinderzeichnung«, in: Ausst.-Kat. *KinderBlicke. Kindheit und Moderne von Klee bis Boltanski, Städtische Galerie Bietigheim-Bissingen.* Ostfildern-Ruit 2001, S. 146.

Diese Publikation erschien anlässlich der Ausstellung
Gabriele Münter (1877–1962). Malen ohne Umschweife

Eine Ausstellung der Gabriele Münter- und Johannes Eichner-Stiftung, München, und der Städtischen Galerie im Lenbachhaus und Kunstbau München in Kooperation mit dem Louisiana Museum of Modern Art, Humlebæk, und dem Museum Ludwig, Köln.

Städtische Galerie im Lenbachhaus und Kunstbau München
31. Oktober 2017 – 8. April 2018

Louisiana Museum of Modern Art, Humlebæk, Dänemark
3. Mai – 19. August 2018

Museum Ludwig, Köln
15. September 2018 – 13. Januar 2019

HerausgeberIn
Isabelle Jansen
für die Gabriele Münter- und Johannes Eichner-Stiftung, München
Matthias Mühling
für die Städtische Galerie im Lenbachhaus und Kunstbau München
Konzeption von Ausstellung und Katalog
Isabelle Jansen
Assistenz
Marta Koscielniak
Texte
Isabelle Jansen
Redaktion
Isabelle Jansen und Marta Koscielniak
Lektorat
Karin Althaus, Elisabeth Giers, Ursula Keltz: Städtische Galerie im Lenbachhaus und Kunstbau München. Marta Koscielniak: Gabriele Münter- und Johannes Eichner-Stiftung, München.
Umschlag-Vorderseite
Dame im Sessel, schreibend (Stenographie. Schweizerin in Pyjama), 1929, textiler Bildträger, 61,5 × 46,2 cm, Gabriele Münter- und Johannes Eichner-Stiftung, München

3., aktualisierte Auflage 2023

Redaktion für die 3. Auflage:
Isabelle Jansen und Carmen Kühnert

© Gabriele Münter- und Johannes Eichner-Stiftung, München, und Städtische Galerie im Lenbachhaus und Kunstbau München und Prestel Verlag, München · London · New York, 2023, in der Penguin Random House Verlagsgruppe GmbH, Neumarkter Straße 28 · 81673 München

© für die Texte bei den Autoren

© für die abgebildeten Werke von Otto Dix, Fernand Léger, Henri Matisse und Gabriele Münter bei VG Bild-Kunst, Bonn 2023

Die Deutsche Nationalbibliothek verzeichnet diese Publikation in der Deutschen Nationalbibliografie; detaillierte bibliografische Daten sind im Internet über http://www.dnb.de abrufbar.

Gabriele Münter- und Johannes Eichner-Stiftung, München

Kuratorin und Geschäftsführerin
Isabelle Jansen
Assistentinnen
Maite Ruge
Carmen Kühnert

Verwaltungsrat
Matthias Mühling
(1. Vorsitzender)
Hans-Werner Hürholz
(Stellvertretender des 1. Vorsitzenden)
Beatrix Burkhardt
(Vertreterin des Stadtrates)
Alexander Farenholtz

Luisenstraße 33
80333 München
www.muenter-stiftung.de

Das Münter-Haus in Murnau

Kottmüllerallee 6
82418 Murnau
Tel. + 49 88 41 62 88 80
Fax + 49 88 41 62 88 81

Öffnungszeiten: täglich außer montags von 14–17 Uhr
Besuch außerhalb der Öffnungszeiten nach Vereinbarung
Kein Parkplatz vor dem Münter-Haus
Bahnverbindung München-Murnau stündlich

Städtische Galerie im Lenbachhaus und Kunstbau München

Städtische Galerie im Lenbachhaus und Kunstbau München
Luisenstraße 33
80333 München
Tel. +49 89 233 969 33
Fax +49 89 233 320-03
www.lenbachhaus.de

Der Verlag weist ausdrücklich darauf hin, dass im Text enthaltene externe Links vom Verlag nur bis zum Zeitpunkt der Buchveröffentlichung eingesehen werden konnten. Auf spätere Veränderungen hat der Verlag keinerlei Einfluss. Eine Haftung des Verlags ist daher ausgeschlossen.

Projektleitung Verlag
Anja Besserer, mit Unterstützung von Laura Ilse
Lektorat
Frauke Berchtig, Berlin
Gestaltung
Hug & Eberlein, Leipzig–Basel
Herstellung
Cilly Klotz
Lithografie
Reproline Mediateam, München
Druck und Bindung
Alföldi AG, Debrecen
Schrift
Lyon Display
Theinhardt
Papier
135 g/qm Magno matt

MIX
Papier | Fördert gute Waldnutzung
FSC® C010328

Penguin Random House Verlagsgruppe FSC® N001967

ISBN 978-3-7913-7983-8
(Deutsche Ausgabe)
ISBN 978-3-7913-7984-5
(Englische Ausgabe)

Printed in Hungary

Abbildungsnachweis

(3. Auflage)

Ascona, Hubertus Melsheimer, Ascona / Foto: Börries Brakebusch, Düsseldorf, S. 201
Augsburg, Collectio Artium / Foto: Simone Gänsheimer, Ernst Jank, Städtische Galerie im Lenbachhaus und Kunstbau München / © VG Bild-Kunst, Bonn 2023, S. 67 oben u. Mitte
Berlin, © Fotostudio Bartsch, Karen Bartsch, S. 91 unten
bpk | Bayerische Staatsgemäldesammlungen, S. 115, 117
bpk | CNAC-MNAM / Georges Meguerditchian, S. 155
bpk | CNAC-MNAM / Jean-Claude Planchet / © VG Bild-Kunst, Bonn 2023, S. 203
bpk | Kunstsammlung Nordrhein-Westfalen, Düsseldorf / Achim Kukulies, S. 119
bpk | Nationalgalerie, SMB / Jörg P. Anders, S. 188 unten
bpk | RMN – Grand Palais / Gérard Blot / © VG Bild-Kunst, Bonn 2023, S. 201 unten
bpk | Saarbrücken, Saarlandmuseum Saarbrücken, Stiftung Saarländischer Kulturbesitz / Tom Gundelwein; S. 140 oben
Chemnitz, Kunstsammlungen Chemnitz – Museum Gunzenhauser / PUNCTUM/Bertram Kober, S. 68, 76, 188
Des Moines Art Center, Iowa (USA) / Foto: Rich Sanders, Des Moines, Iowa, S. 105
Dortmund, Foto: Jürgen Spiler, S. 235
Düsseldorf, Galerie Ludorff / Foto: Achim Kukulies, S. 88
Frankfurt am Main, Sammlung Deutsche Bank / Foto: Haydar Koyupinar, München, S. 65
Hannover, ahlers collection / Foto: Thomas Ganzenmüller, Hannover, S. 143 oben
Jerusalem, The Israel Museum / Foto: David Harris, S. 121
Köln, Museum Ludwig © Rheinisches Bildarchiv Köln, rba_d048547, S. 104
Linz, LENTOS Kunstmuseum Linz / Foto: Reinhard Haider, S. 86 oben
Lörrach, Dreiländermuseum Lörrach, S. 111
Milwaukee, Milwaukee Art Museum / Foto: Efraim Lev-er, © Artists Rights Society (ARS), New York / ADAGP, Paris, S. 80
Milwaukee, Milwaukee Art Museum / Foto: P. Richard Eells, © Artists Rights Society (ARS), New York / VG Bild-Kunst, Bonn, S. 82
München, Foto: Christian Mitko, S. 55 unten
München, Gabriele Münter- und Johannes Eichner-Stiftung, S. 9, 17, 18 Mitte, 20-45, 53 Mitte, 138, 140 unten, 245, 247 unten, 258-261 / Foto: Gunther Adler, Ernst Jank, Städtische Galerie im Lenbachhaus und Kunstbau München, S. 147 Mitte / Foto: Simone Gänsheimer, Ernst Jank, Städtische Galerie im Lenbachhaus und Kunstbau München, S. 46–49, 58, 60–64, 67 unten, 70, 74, 83, 84, 89, 91 oben, 92–97, 101 oben, 103 oben u. unten, 108–110, 118, 124–127, 129–131, 133, 143 Mitte u. unten, 144, 145, 147 unten, 148, 149, 150–153, 154 rechts, 156, 157–161, 164, 165, 167, 169–181, 187 unten, 194–197, 203 oben u. Mitte, 205, 207–211, 215 oben u. Mitte, 217, 220–227, 231 Mitte u. unten, 232 oben, 236–241, 249–251, 253
München, Karl & Faber Kunstauktionen GmbH, S. 87
München, Städtische Galerie im Lenbachhaus und Kunstbau München / Foto: Simone Gänsheimer, Ernst Jank, S. 18 oben, 53 oben, 66, 69, 75, 78, 85 unten, 106, 120, 128, 147 oben, 162, 163, 166, 190, 191, 193, 215 unten, 231 oben, 246 oben, 247 oben, 252
Murnau, Schloßmuseum, Foto: Städtische Galerie im Lenbachhaus und Kunstbau München, S. 59; © Bildarchiv, Schloßmuseum Murnau, S. 185 unten
New York, Neue Galerie New York / Foto: Hulya Kolabas, S. 81, 123
New York, © 2023. The Museum of Modern Art, New York/Scala, Florence, S. 206
Princeton, © 2023. Princeton University Art Museum/Art Resource NY/Scala, Florence, S. 107, 192
Ravensburg, Kunstmuseum Ravensburg / Foto: Thomas Weiss, S. 187
San Francisco, San Francisco Museum of Modern Art / © Succession H. Matisse / VG Bild-Kunst, Bonn 2023 / Foto: Ben Blackwell, S. 101 unten
Washington DC, National Museum of Women in the Arts / Foto: Lee Stalsworth, S. 132
Wien, Arnold Schönberg Center / © Belmont Music Publishers, S. 117 oben

Nicht in allen Fällen war es möglich, Rechtsinhaber der Abbildungen ausfindig zu machen. Berechtigte Ansprüche werden selbstverständlich im Rahmen der üblichen Vereinbarungen abgegolten.